Johann Auer / Joseph Ratzinger

Kleine Katholische Dogmatik

KLEINE KATHOLISCHE DOGMATIK

von

Johann Auer und Joseph Ratzinger

Band III

Die Welt – Gottes Schöpfung

VERLAG FRIEDRICH PUSTET REGENSBURG

Johann Auer

Die Welt - Gottes Schöpfung

VERLAG FRIEDRICH PUSTET REGENSBURG

ISBN 3-7917-0191-6 (Gesamtausgabe)
ISBN 3-7917-0407-9 (Band III)
ISBN 3-7917-0192-4 (Band V)
ISBN 3-7917-0297-1 (Band VI)
ISBN 3-7917-0327-7 (Band VII)
Mit kirchlicher Druckerlaubnis

Gesamtherstellung: Friedrich Pustet Regensburg
Umschlag: Manfred Sayer Stuttgart
Printed in Germany 1975

Den Forschern und Bekennern,

deren Wort

das neue Verständnis der Natur

zum Hymnus an den Schöpfer

werden läßt

INHALTSVERZEICHNIS

ABKÜRZUNGEN

Die Bücher des Alten und Neuen Testamentes sowie die Zeitschriften haben hier die im Lexikon für Theologie und Kirche (LThK), 2. Aufl., verwendeten Abkürzungen.

Androutsos	Chr. Dogmatik der orthodoxen östlichen Kirche (Griech.), Athen ^{2}1956
Barth, K. KD	Karl Barth. Kirchliche Dogmatik, Zollikon–Zürich 1932 ff
BFS	Bibliotheca franciscana scholastica medii aevi, Quaracchi–Florenz 1903 ff
BL	Bibel-Lexikon (Haag), Einsiedeln ^{2}1968
BThW	Bibeltheologisches Wörterbuch (Bauer), 2 Bde., Graz ^{3}1967
Cat	Catholicisme – Hier – Aujourd'hui – Demain, dir. par G. Jaquement, Paris 1948 ff
Conc	Concilium, Internationale Zeitschrift für Theologie, Einsiedeln–Mainz 1965 ff
D	H. Denzinger, Enchiridion Symbolorum, Definitionum et Declarationum de rebus fidei et morum, Freiburg i. Br. ^{31}1957
DACL	Dictionnaire d'Archéologie Chrétienne et de Liturgie, 15 Bde. / 2 Suppl., Paris 1924–1953
DBS	Dictionnaire de la Bible, Supplément, Paris 1928 ff
DHGE	Dictionnaire d'Histoire et de Géographie Ecclésiastiques, Paris 1912 ff
DS	H. Denzinger – A. Schönmetzer, Enchiridion Symbolorum, Definitionum et Declarationum de rebus fidei et morum, Freiburg i. Br. ^{32}1964, ^{33}1965, ^{34}1967
DSAM	Dictionnaire de Spiritualité, Ascétique et Mystique, Paris 1932 ff
DThC	Dictionnaire de Théologie Catholique, 15 Bde. / 2. Suppl., Paris 1903–1950
EC	Enciclopedia Cattolica, 12 Bde., Città del Vaticano 1949–1961
EKL	Evangelisches Kirchenlexikon, 4 Bde., Göttingen 1956–1961
Funk	F. X. Funk, Didascalia et Constitutiones Apostolicae I, Paderborn 1905

Gd	Gottesdienst (Information und Handreichung der Liturgischen Institute Deutschlands, Österreichs und der Schweiz), Freiburg i. Br. 1967 ff
HB	Herder Bücherei, Freiburg i. Br. 1957 ff
HDG	Handbuch der Dogmengeschichte, hrsg. von M. Schmaus, J. R. Geiselmann, A. Grillmeier, Freiburg i. Br. 1951 ff
HerKorr	Herder Korrespondenz, Freiburg i. Br. 1946 ff
HPTh	Handbuch der Pastoraltheologie I–IV, Freiburg i. Br. 1964–1969
HThG	Handbuch theologischer Grundbegriffe, hrsg. von H. Fries, 2 Bde., ³1962/63
HThK	Herders theologischer Kommentar zum NT, Freiburg i. Br. 1953 ff
HWPh	Historisches Wörterbuch der Philosophie, Hrsg. J. Ritter, Darmstadt 1971 ff
IKZ	Internationale katholische Zeitschrift, Köln 1972 ff
KKD	J. Auer-J. Ratzinger, Kleine Katholische Dogmatik, 8 Bde., Regensburg 1970 ff
KlP	Der Kleine Pauly, Lexikon der Antike, Stuttgart 1964 ff
LCI	Lexikon der Christlichen Ikonographie, Freiburg i. Br. 1968 ff
LThK	Lexikon für Theologie und Kirche, 10 Bde., Freiburg i. Br. ²1957–1965
Meyer K	Kritisch-exegetischer Kommentar über das Neue Testament, hrsg. von H. A. W. Meyer, Göttingen
MS	Mysterium Salutis, Grundriß Heilsgeschichtlicher Dogmatik, Einsiedeln–Köln 1965 ff
NCE	New Catholic Encyclopedia, 15 Bde., New York 1967
NR	Neuner-Roos, Der Glaube der Kirche in den Urkunden der Lehrverkündigung, hrsg. von K. Rahner u. K. H. Weger, Regensburg ⁸1971
RAC	Reallexikon für Antike und Christentum, Stuttgart 1950 ff
RGG	Die Religion in Geschichte und Gegenwart, 7 Bde., Tübingen ³1957–1965
RNT	Regensburger Neues Testament, hrsg. von A. Wikenhauser u. O. Kuss, 10 Bde., Regensburg 1938 ff
Sacr.M	Sacramentum Mundi, 5 Bde., Freiburg i. Br. 1966 ff

SBM	Stuttgarter Biblische Monographien. Kath. Bibelwerk, Stuttgart 1967 ff
SBS	Stuttgarter Bibelstudien. Kath. Bibelwerk, Stuttgart 1965 ff
Scheffczyk	L. Scheffczyk, Schöpfung und Vorsehung, HDG II 2a, Freiburg i. Br. 1963
StL	Staatslexikon, Recht – Wirtschaft – Gesellschaft, 8 Bde., Freiburg i. Br. ^{6}1957–1963; 3 Erg. Bde. (9–11) 1969–1970
ThW	Theologisches Wörterbuch zum Nt, hrsg. von G. Kittel, 10 Bde., Stuttgart 1933 ff
ThWAT	Theologisches Wörterbuch zum AT, hrsg. von G. J. Botterweck, H. Ringgren, Stuttgart 1973 ff
Tixeront	J. Tixeront-, Histoire des Dogmes dans l'Antiquité Chrétienne, Paris I ^{12}1930, II ^{10}1931, III ^{8}1928
Trempela	P. N. Trempela, Dogmatik der orthodoxen katholischen Kirche. (Griech.) 3 Bde., Athen 1959–1961 (Franz.) 3 Bde., Chevetogne 1966–1968
TU	Texte und Untersuchungen zur Geschichte der altchristlichen Literatur, Archiv für die griechisch-christlichen Schriftsteller der ersten drei Jahrhunderte, Leipzig–Berlin 1882 ff
UB	Urban-Bücher. Die wissenschaftliche Taschenbuchreihe, Stuttgart 1952 ff
II VK	Das Zweite Vatikanische Konzil, Konstitutionen, Dekrete und Erläuterungen, Lateinisch und Deutsch, LThK 3 Bde., Freiburg i. Br. 1966–1968
WA	Martin Luther, Werke. Kritische Gesamtausgabe (»Weimarer Ausgabe«) 1883 ff
WbB	Wörterbuch zur biblischen Botschaft, hrsg. von X. Léon-Dufour, Freiburg i. Br. 1964

VORWORT

Die Kleine Katholische Dogmatik (KKD) ist als kurzgefaßtes Lehrbuch für Theologen gedacht. Es erscheint in Taschenbuchformat, um ein Begleiter des Studierenden auch auf besinnlichen Wegen sein zu können. Wer den ganzen sechssemestrigen Kursus der Dogmatik allein bestreiten muß, weiß, daß es nicht möglich ist, für jeden Traktat das Wissen eines Handbuches, das von vielen Mitarbeitern erstellt wird, wie etwa das neue Mysterium Salutis, zu erarbeiten. Dafür mag ein solches kurzgefaßtes Lehrbuch durch seine Auswahl und seine innere Systematik manches deutlich machen, was in einem Sammelwerk mit vielen Mitarbeitern vielleicht nicht so zum Ausdruck kommt.

Wir haben uns zur Herausgabe dieses kleinen Lehrbuches entschlossen, weil wir glauben, daß es geeignet ist, eine noch vorhandene Lücke auszufüllen: Es soll eine Grundlage bieten für das, was in den Vorlesungen weiter zu entfalten und zu vertiefen ist, und vor allem auch für das theologische Gespräch, das in der Dogmatik nur sinnvoll ist, wenn es eine gewisse Kenntnis des Stoffes voraussetzen kann.

Dieses kleine Lehrbuch möchte besonders auf drei Momente achten, die heute für die Dogmatik bedeutsam erscheinen:

1. auf die biblische Grundlegung der Lehren, weshalb Bibeltexte vielfach wörtlich aufgenommen wurden. Sie sollen nicht nur die Lehrwahrheiten, sondern auch den Geist dieser Lehrwahrheiten vermitteln;

2. auf die Geschichte einzelner Lehren, weil in dieser Geschichte die Vielseitigkeit des Problems ebenso wie die Mannigfaltigkeit der möglichen menschlichen Antworten am leichtesten sichtbar zu machen ist;

3. auf die innere Systematik der Lehre, weil dogmatische Aussagen immer Aussagen über einen Teil eines Ganzen sind, das als Ganzes mehr als die Summe der Teile darstellt, und weil in dieser Darlegung der einzelnen Teile darum auch das Ganze gewahrt sein und in Erscheinung treten soll. Die Hauptnot der Dogmatik besteht ja darin, daß sie in einer Vielheit von Aussagen und wenigstens durch sechs Semester hindurch eine Wirklichkeit und eine Wahrheit zu entfalten hat, die im Grunde ein einziges Ganzes darstellt, das in seiner Größe und Tiefe erst und nur soweit aufscheinen kann, als wir es auf einmal und mit einem einzigen Blick erfassen können.

Im übrigen hoffen wir, daß dieses Lehrbuch den, der es nicht nur als Lehrbuch, sondern auch als Sammlung von Unterlagen für sein theologisches Nachdenken, für seine theologische Besinnung und Betrachtung nimmt, zu dem anregt, was echtes Theologisieren verlangt: Offenheit für die Einmaligkeit des theologischen Gegenstandes; Sinn für die verschiedenen hier notwendigen Methoden und Bereitschaft zu ihrer Einübung; Verständnis dafür, daß zum Wissen das Glauben und aus diesem Glaubenswissen das Existieren und Handeln kommen muß; Aufgeschlossenheit dafür, daß das theologische Bemühen des Einzelnen durch die Arbeit derer, die das für uns schon geleistet haben oder neben uns heute leisten, notwendig ergänzt und in die große Geschichte der Theologie in unserer Kirche eingeordnet und in ihr aufgehoben sein muß; endlich ein Wissen darum, daß alle Theologie als Reflexion auf die Lehre der Kirche an der »Geschichtlichkeit« eben dieser Kirche wie jedes einzelnen Theologen teilhat. Damit behält Theologie immer eine gläubige wie eine kritische, eine personale wie eine kirchliche Seite.

Möge dieses Lehrbuch, das den Evangelien gemäß Nova et Vetera (Mt 13,52) bietet, der Theologie und den Theologen eine kleine Hilfe sein in unserer Zeit großer Umbrüche.

Johann Auer / Joseph Ratzinger

Dieser Band erscheint nicht ganz termingerecht: die Fülle der Fragen und der in unserer Zeit versuchten Antworten auf dem hier behandelten Gebiet hat die Arbeit verzögert. Was geboten wird, ist – entsprechend der Aufgabe der KKD, wie sie im vorausgehenden Vorwort vorgestellt ist – nicht bloß Bericht über das Vielerlei der heutigen Versuche, kann und will aber auch nicht ein neuer Versuch neben den vorgelegten sein: es soll vielmehr auch auf diesem Gebiet die Glaubenslehre der Kirche, wie sie aus der Schrift und in der Tradition gewachsen ist, vor den Fragen und Gedanken unserer Zeit selbst neu »in Frage gestellt« und »aussagbar« gemacht werden. Das Grundproblem, das so ziemlich alle neuen Erscheinungen zu diesem Thema beherrscht, ist: Wie ist das statische Weltbild der Antike und des Mittelalters mit dem dynamischen Weltbild, das die moderne Naturwissenschaft entwickelt hat, vereinbar? Was ist in der biblischen Aussage für uns heute unverbindliches »Weltbild«, was ist »verbindliche Offenbarungsaussage«? Wie läßt sich das in der Offenbarung in einem nicht mehr verbindlichen Weltbild Ausgesagte in dem modernen Weltbild verstehen und artikulieren? Daneben klingt das andere Problem an: Wie sind Weltgeschichte und Heilsgeschichte auf dem Hintergrund der verschiedenen Auffassungen über das Wesen und das Verhältnis der natürlichen Welt unseres Wissens und der diese natürliche Welt »überschreitenden« Welt, die mit dem klassischen Wort der Theologie »übernatürlich« genannt wird und die eigentliche Welt der Theologie ist, miteinander zu vereinbaren? – In dem hier vorgelegten Versuch über die katholische Schöpfungslehre wird neben den genannten zwei Problemkreisen, dem wissenschaftskritisch-hermeneutischen und dem geschichtstheologischen, auch der philosophische Problemkreis im Sinne der alten »Metaphysik«, vor allem bei Erörterung der »Schöpfungsidee«, ein wenig verdeutlicht in der Hoffnung, daß damit manche Gegensätze, die in den beiden anderen Problemkreisen mit Notwendigkeit auftreten, etwas zur Konvergenz zu bringen sind. Das Problem, das Hermann Schell um die Jahrhundertwende in die Worte gekleidet hat »der alte Glaube und die neue Zeit«, ist durch die fortschreitenden naturwissenschaftlichen Erkenntnisse in besonderer Weise aktuell geworden. Doch auch beim Hören auf die Fragen und Forderungen unserer Zeit, die neue Antworten erheischen, wird man nicht außer acht lassen können, daß die Theologie es mit Aussagen über eine Wirklichkeit zu tun hat, die immer neu auch jede neue natürliche Erkenntnis überschreitet, und daß der Glaube immer etwas zu verwalten, zu bekennen und zu bewahren hat, was keine natürliche Erkenntnis des Menschen finden und darum auch nicht beurteilen kann. Nicht »Tradition oder Fortschritt« heißt das Problem, Glaube und Wissen, natürliche Welt und übernatürliche Wirklichkeit stehen sich gegenüber. Wie der Mensch sein »Menschsein« in der wissenschaftlich-technischen Welt immer neu als etwas finden muß, das größer ist als alle natürliche Wissenschaft, und bewahren muß, weil es Voraussetzung ist für jede Wissenschaft, so muß der Theologe, der darum weiß, daß Theologie eine Wirklichkeit zum Gegenstand hat, die für das Menschsein des Menschen von allerletzter Bedeutung ist, diese Wirklichkeit des Glaubens der Kirche und in der Kirche auch immer neu erfassen und in allem Fortschritt der Wissenschaft »Theologie« als das andere, als »die Wirklichkeit des Glaubens«, bewahren und verkünden.

Je mehr die Schöpfungslehre, das Thema dieses Bandes, in diesem Geiste durchdacht wird, um so mehr zeigt sich, daß eben dieser Problemkreis von allerhöchster Bedeutung für die Theologie und für den Menschen heute ist. In der Schöpfungslehre muß das christliche Bild vom Menschen ja immer neu bedacht und vorgestellt werden. In der Schöpfungslehre wird dieses Bild vom Menschen aber auch in einmaliger Weise in das Ganze des Weltbildes der Zeit hineingestellt. In der Schöpfungslehre wird endlich das Verständnis von »Welt« als »Schöpfung Gottes« und als »Welt des Menschen« behandelt, ein Thema, das an die letzten Fragen des Glaubens und der Religion schlechthin rührt, wenn Glaube und Religion nicht als Ideologie, sondern als letzte Möglichkeiten eines Welt- und Selbstverständnisses des Menschen verstanden werden, der in seiner eigenen Tiefe zwischen Gott und Welt steht, auf Gott hin orientiert ist und von Gott her sich und seine Welt verstehen muß. Wer die christliche Schöpfungslehre heute recht durchdenkt, wird das Grundproblem des Glaubens unserer Zeit, das Gottesproblem, neu sehen. Ja, er wird zu der Überzeugung kommen, daß die »Gottesnot« unserer Tage nicht zuerst im Gottesbild als solchem, sondern vielmehr im Weltverständnis des Menschen verankert ist. Der Mensch, der selbst ein Stück dieser Welt und Herr dieser Welt ist, wird Gott nicht mehr verstehen, wenn er das Universum und damit aber auch die von ihm selbst gestaltete Welt nicht mehr als »Geschenk und Schöpfung Gottes« zu verstehen vermag. Im Welt- und Selbstverständnis ruht unser Gottesverständnis, sofern es mit seinem Sitz im Leben konkret gesehen wird. Wenn daraus eine Folgerung gezogen werden darf, müßte sie meines Erachtens lauten: Wenn christlicher Glaube nicht nur Theorie, sondern Leben ist, das in besonderer Weise in der »christlichen Kultfeier« seine Mitte hat und sich entfaltet, dann müßte die Kirche in diesen Tagen ein neues kirchliches Fest inaugurieren, und darin gehe ich mit meinem Kollegen, dem Lehrer für Biblische Theologie des Alten Testaments in Regensburg, Heinrich Groß, einig; das Festgeheimnis müßte lauten: »die Welt, das Universum, Gottes Schöpfung«. In diesem Fest könnte und müßte sich die im 2. Vatikanischen Konzil gewonnene Neubejahung dieser unserer Welt mit dem alten Gottesglauben verbinden, und die absolut einzigartige Gottesvorstellung unseres Glaubens müßte in diesem neuen Fest ihre alte biblische Größe wiederfinden. Nur so ist die »Gott-ist-tot-Theologie«, diese surrealistische Theologie unserer Tage, zu überwinden, deren ideologisches Stigma eben darin besteht, daß sie für das Gottesbild keinen Sitz im Leben mehr findet. Diese Überzeugung von der Bedeutung der Schöpfungslehre, zu der die Lektüre dieses Bändchens führen möchte, hat mich veranlaßt, das Bändchen im Vorspann »Den Forschern und Bekennern« – das heißt »Professoren« – zu widmen, »deren Wort das neue Verständnis der Natur zum Hymnus an den Schöpfer werden läßt«. – Seit der Reform von Cluny hat in unserer Kirche der Lobpreis für Gott im Rahmen der Feste des Kirchenjahres seinen besonderen Ausdruck im »Dreifaltigkeitsfest« gefunden. In unserer Zeit müßte dieses Fest durch das Fest vom »Universum als Gottes Schöpfung« (Festivitas totius mundi Dei creaturae) ergänzt und für den modernen Menschen neu begründet werden.

Ich darf den Band III nicht der Öffentlichkeit übergeben, ohne meiner Sekretärin, Frau Ruth Hapke, für die Hilfe bei der Erstellung, meinem Assistenten, Herrn Dr. Heribert Roßmann, für die gewissenhafte Durchsicht der Manuskripte und den Damen und Herren des Verlages Friedrich Pustet für die drucktechnischen Arbeiten meinen aufrichtigen Dank gesagt zu haben.

Regensburg, Fronleichnam 1974 Johann Auer

EINLEITUNG

Jede Zeit hat ihre eigenen Fragen und sucht die ihr gemäßen Antworten auf diese Fragen. Es ist eine Aufgabe der Theologie, diese zeitbedingten Fragen und Antworten der Menschen abzuhören und zu versuchen, ihre eigene Glaubensüberzeugung auf dem Hintergrund dieses jeweiligen »Zeitdenkens« sowohl hinsichtlich der Fragestellung wie der Antwort zu artikulieren. Die Theologie muß jedoch mehr als jede andere Humanwissenschaft (und hierher gehören nicht nur Psychologie und Soziologie, sondern auch Ethik, Pädagogik und Philosophie) aufgrund ihres Menschenbildes, das in Beziehung zum Bilde Gottes steht, darauf achten, daß sie dem Menschen auch immer neu ein »Bild vom Menschen« vor Augen hält, dem der Mensch noch nicht entspricht, dem er aber entsprechen soll! »Wenn wir die Menschen nur nehmen, wie sie sind, so machen wir sie schlechter; wenn wir sie behandeln, als wären sie, was sie sein sollten, so bringen wir sie dahin, wohin sie zu bringen sind« (J. W. Goethe, Wilhelm Meisters Lehrjahre VIII, Kap. 4). Die Grundlage für dieses Menschenbild muß die Theologie immer neu in den Schriften der Offenbarung suchen, die in einer zeitbedingten Darstellung die immer gültige Wahrheit enthalten. Das Verhältnis von zeitbedingter Gestalt der Darstellung zu immer gültiger Wahrheit freilich muß von jeder Zeit neu gesucht werden: Wir besitzen die veritas pura nie so, daß wir die zeitbedingte Einkleidung von Anfang an davon unterscheiden könnten. Es bedarf vielmehr der differenzierenden Zusammenschau unseres Weltbildes mit dem Weltbild der Schrift (soweit wir es jeweils kennen), um die immer gültige Wahrheit der Offenbarung je immer neu erfassen und für die Zeit zur Darstellung bringen zu können. Erst im Zusammenwirken der drei Komponenten – dem Erfassen des gegenwärtigen Zeitgeistes, dem Festhalten an dem immer neu zu findenden Zielbild und der Auswertung der immer neu zu verstehenden aus der Vergangenheit kommenden Offenbarung – wird im theologischen Denken und Bekennen das Katholische, d. h. »das Ganze im Fragment«, das »Gültige im einzelnen und besonderen« sichtbar und aussagbar werden.

Diese methodische Vorüberlegung und die daraus resultierende Grundhaltung ist heute von besonderer Bedeutung in der *Schöpfungslehre*, weil hier die Unterschiede im Welt- und Selbstverständnis des biblischen und des modernen Menschen besonders groß, ja teilweise geradezu gegensätzlich erscheinen und doch ein Verzicht auf diese Zusammenschau entweder zu einem zeitbedingten Irrtum führen müßte, der das »Ganze« verfehlt, oder zu einer idealistischen Sprechweise, die aus unserem Glauben eine Ideologie machen würde.

Diese Vorüberlegung zwingt uns, der Schöpfungslehre eine »Einleitung« vorauszuschicken, in der wir Ort und Bedeutung der Schöpfungslehre im dogmatischen System klären (§ 1), aus dem Schriftverständnis der Offenbarung erheben (§ 2) und endlich in einer kurzen Geschichte der theologischen Schöpfungslehre den Wandel der Fragestellungen und der Antworten durch die Jahrhunderte bis in unsere Zeit verfolgen. (§ 3)

Die Schöpfungslehre selbst sei sodann in vier größeren Teilen vorgeführt:

Nachdem in einem ersten Teil über Tatsache und Sinn der Schöpfungsidee und des Schöpfungsglaubens gehandelt wird (allgemeine Schöpfungslehre), muß in einem zweiten Teil die geschaffene Wirklichkeit, die sich für uns als »Welt« in einem ganz bestimmten Sinne präsentiert, bedacht werden: zunächst die Welt, von der auch der Mensch ein Teil ist *(Kosmologie)*, sodann vor allem der Mensch, der sich seine eigene Welt baut *(Anthropologie)*, und schließlich die dem modernen Menschen schwer faßbare, aber in der Schrift eindeutig vorgestellte Welt der Geister und Mächte, die wir Engel nennen *(Angelologie)*. Ein dritter Teil hat sich mit dem besonderen Verhältnis der geistigen oder geistbegabten Geschöpfe (Engel und Menschen) zum göttlichen Wesen zu befassen und die Probleme zu erörtern, die in der Theologie unter dem Thema Gnade oder »das Übernatürliche« behandelt werden *(Charitologie)*. In einem vierten Teil endlich muß der Zusammenhang zwischen den mannigfaltigen in dieser Welt erfahrbaren Übeln und Mängeln, dem Geheimnis des Versagens und der Bosheit in dieser Welt, zumal in der Welt des Menschen und der geschöpflichen Freiheit des Menschen durchdacht werden, um einiges über das Geheimnis auszusagen, das wir Sünde nennen (Hamartiologie). Die vollständige Schöpfungslehre müßte noch in einem fünften Teil die allgemeine Eschatologie, die den Sinn und das Endziel der gegenwärtigen Welt darstellt, behandeln. Doch dieses Thema wird üblicherweise dem letzten Traktat der Dogmatik, der Eschatologie, vorausgestellt.

§ 1 Ort und Bedeutung der Schöpfungslehre im dogmatischen System

LThK 9 (1964) 470–474: Schöpfungslehre, kath. (K. Rahner). – K. Rahner, Schriften zur Theologie V, 183–221.

1. Die Fülle der Weltwirklichkeit und die Beschränktheit des menschlichen Wesens bringen es mit sich, daß nicht zu jeder Zeit das Ganze mit all seinen Teilen und in seiner Tiefe zur Darstellung kommt. – Als 1960 die Professoren des Priesterseminars in Chur ihre »Fragen der Theologie heute« herausbrachten, fand unter den Fragen der Dogmatik die Gottesfrage oder die Schöpfungsfrage keinen Platz. – Als 1969 J. Ratzinger seine »Einführung in das Christentum« veröffentlichte, kam in den großen Ausführungen über Gott »Gott der Schöpfer« oder »die Welt als Schöpfung« nicht zur Sprache, obwohl sich die Darlegungen an das Apostolicum hielten. – Das entspricht dem Denken und Fragen der westlichen Welt von heute. Die Aufklärung des 18. Jahrhunderts und der Materialismus des 19. Jahrhunderts haben gerade die Erzählungen von Gen 1–11 zum Gegenstand ihrer Polemik gemacht. E. Haeckels »Welträtsel« (1899) versuchten die Schöpfungsidee ad absurdum zu führen, und das materialistische Schulbuch des Ostens »Weltall, Erde, Mensch« (Berlin, Verl. Neues Leben, 1955) baut uneingeschränkt darauf auf. Auf dem Boden des perfekten Säkularismus, wie er etwa bei H. Cox, »Stadt ohne Gott« (Stuttgart [4]1968), oder bei Leeuwen vertreten wird, haben die Schöpfungsidee und der Schöpfungsglaube keinen Platz mehr. C. Westermann nennt in seinem Buch »Schöpfung« (Stuttgart 1971) noch drei andere Gründe für den Ausverkauf der urchristlichen Schöpfungslehre in unserer Theologie. Er sagt: 1. Die christliche Theologie hatte schon seit den Apologeten des 2. Jahrhunderts »aus der *Erzählung* von der Schöpfung und dem Lob des Schöpfers (in der Schrift) eine *Lehre* von der Schöpfung gemacht«. 2. »Das christlich-kirchliche Reden von Schöpfung und Schöpfer hatte faktisch von Kepler, Galiläi und Kopernikus an (also seit Entstehung der Naturwissenschaften) bis zur Ausbildung der marxistisch-materialistischen Ideologie dem Siegeszug der wissenschaftlichen Erklärung des Entstehens der Welt und des Entstehens der Menschheit nichts Ernsthaftes entgegenzusetzen.« 3. Wie schon Augustinus den Schöpfungsbericht symbolisch oder allegorisch deutete, so hat das theologisch-kirchliche Denken seit dem 19. Jahrhundert in dieser Sache ganz allein auf den Menschen (F. Schleier-

macher) oder auf seine Geschichte (Tübinger Schule) gebaut und allein vom menschlichen Selbstverständnis her auch die Schöpfungsidee zu deuten versucht.

2. Diese Ausrichtung ist noch deutlich wirksam in der christozentrischen Anthropologie als Ausgangspunkt der kirchlichen Dogmatik bei K. Barth sowie in dem transzendentalanthropologischen Ausgangspunkt in den theologischen Überlegungen bei K. Rahner (MS II [1967] 405–420). – Das, was die Schrift und noch mehr die Kirche bis in unsere Zeit, wenn auch manchmal mit einem veralteten Weltverständnis als »Schöpfungsglauben« zum Ausdruck gebracht hat, ist durch den Versuch, die naturwissenschaftlichen Erkenntnisse über die Welt zu verstehen und nachzusprechen, mehr und mehr abgelöst worden. Das wird besonders deutlich im neuzeitlichen Gottesbild: der Schöpfergott des AT mit seiner Hoheit und Macht wird soziologisch aus dem falschen Welt- und Selbstverständnis des atl. Menschen erklärt und, ausgehend von der Gottebenbildlichkeit des Menschen, die in Christus ihre gnadenhafte und heilsgeschichtliche Vollendung gefunden hat, wird das Verhältnis des Menschen zu Gott in Christus primär als ein »partnerschaftliches Verhältnis« verstanden. Theologiegeschichtlich könnte man vielleicht sagen: Das thomistische Gottesbild ist mehr und mehr durch das Gottesbild der Jesuitentheologie, besonders eines Suarez und seiner Nachfolger, abgelöst und durch das moderne Welt- und Selbstgefühl des Menschen im technokratischen Zeitalter rationalisiert, verweltlicht oder wenigstens »humanisiert« worden.

3. Von diesen Voraussetzungen her muß die Frage nach Ort und Bedeutung der Schöpfungslehre im dogmatischen System gestellt werden.

a) Wenigstens seit dem *Hirten des Hermas* um 150 ist für das christliche Verständnis von »Schöpfung« die »creatio ex nihilo«, die Ausdeutung des ersten Schöpfungsberichtes in Gen 1 durch den Verfasser von 2 Makk 7,28 (oder wenigstens durch den griechischen Übersetzer dieser Aussagen) maßgeblich geworden. Das bedeutet: Eine außermenschliche, die materielle Wirklichkeit ist als notwendiges Verstehenselement in das heilsgeschichtliche Verhältnis zwischen Gott und Mensch eingebaut. Neben den personalen Wirklichkeiten Gott und Mensch steht nun eine nicht personale Wirklichkeit, die materielle Welt, an der der Mensch durch seine Körperlichkeit teilhat und die als Welt dem Menschen vorgegeben und aufgegeben ist. Das personale Verhältnis des Menschen zu Gott kann nicht mehr ohne oder neben dieser apersonalen Wirklichkeit verstanden und geordnet werden. Die »geschöpfliche Personalität« des Menschen muß sich selbst von der Erschaffung der apersonalen, materiellen Wirklichkeit ex nihilo her verstehen, kann nicht vom »dialogalen Verhältnis des Menschen zu Gott« allein ausgehen, das die wesenhafte und absolute Personalität Gottes und die geschöpfliche Personalität des Menschen auf gleiche Ebene stellen würde.

b) Auf diesem Verständnis der Schöpfungsidee und des Schöpfungsglaubens baut auf, was die kirchliche Theologie seit alters »Kreaturgefühl« nennt. Nicht nur, was ich habe, was ich bin, ist Geschenk Gottes, ist Gott verdankt; auch, daß ich bin, ist nicht eine Gegebenheit, die sich aus sich selbst versteht, sondern Werk der schöpferischen Liebe Gottes, die mich aus dem Nichtdasein ins Dasein gerufen hat. Das Kreaturgefühl ist also nicht ein atavistisches Gefühl, das aus einem falschen Verständnis von der Bindung des Menschen an den Kosmos und aus einem daraus resultierenden falschen sakralen Gesellschafts- und Autoritätsverständnis kommt: es ist vielmehr die freie Anerkennung des allein absoluten Schöpfergottes durch den geschaffenen Menschen. Man könnte das Wort des hl. Paulus (1 Kor 4,7), das er im Zusammenhang mit der Amtsfrage ausspricht, hierfür anführen: »Was hast du, das du nicht empfangen hättest? Hast du es aber empfangen, was rühmst du dich, als hättest du es nicht empfangen?« (Vgl. H. Volk, Kreatürlichkeit, in: Gott alles in allem, Mainz 1961, 7–25).

c) In dieser biblischen Auffassung der Schöpfungsidee und aus diesem Kreaturgefühl heraus sind die entscheidenden Wirklichkeiten unseres Glaubens zu verstehen: hier ist das christliche Verständnis und das christliche Reden von der »Transzendenz Gottes« aufgehoben, durch die die Wirklichkeit Gottes gegenüber einem pantheistischen ebenso wie einem atheistischen Welt- und Selbstverständnis festgestellt und gedeutet werden soll. In der Schrift kommt dies zum Ausdruck, wenn Paulus die Aussagen der stoischen (pantheistischen) Kosmologie, daß »alles aus, durch und auf Gott zu« sei, aufgreift und in Hinsicht auf den absoluten und transzendenten Gott, den Jahwe der Offenbarung des AT, heilsgeschichtlich umdeutet und schreibt: »Denn wenn es auch sogenannte ›Götter‹ gibt, sei es im Himmel oder sei es auf Erden, wie es ja auch viele ›Götter‹ und viele ›Herren‹ gibt, so existiert für uns nur ein einziger Gott, der Vater, aus dem das All ist und für den wir sind, und ein einziger Herr, Jesus Christus, durch den das All ist und auch wir sind durch ihn« (1 Kor 8,5; vgl. dazu Röm 11,36; Kol 1,16: E. Lohse, Die Briefe an die Kolosser und an Philemon [Meyers Krit. Kommentar], Göttingen 1968, 77–103; N. Kehl, Der Christushymnus Kolosser 1 [SBM I], Stuttgart 1967). – In diesem Kreaturgefühl ist aber auch aufgehoben das christliche Verständnis von Sünde, zumal von Erbsünde, die Schuldigkeit aus Geschuldetheit, nicht persönliche Schuld meint. – Von hier aus ist auch erst die Christusgestalt und damit die Menschwerdung Gottes, die Geschöpfwerdung des Schöpfers, recht zu verstehen. Auch Kirche und Sakrament, Gnade und die eschatologischen Wirklichkeiten, die zu einer neuen Schöpfung, einem neuen Himmel und einer neuen Erde und einem neuen Menschen hinführen, müssen von hierher verstanden werden.

d) So wird verständlich, wenn M. Scheeben in seinem »Handbuch der katholischen Dogmatik« (1880) wie Th. Simar in seinem »Lehrbuch der Dogmatik« (1880), also die Dogmatiker in Köln und Bonn zur Zeit der Entstehung der industriellen Welt eben in diesem Raum, einleitend zu ihrem Traktat über die Schöpfung sagen: »Das Kreationsdogma ist die Voraussetzung und die Grundlage aller übrigen Glaubenswahrheiten« (Simar, 217). Wie die Geschichte der Schöpfungstheologie noch zeigen wird, bleibt dabei die Frage, wie dieser Traktat im Gesamtsystem der Dogmatik gesehen wird: (1) Gehört er einer der speziellen Theologie vorgelagerten fundamentalen Theologie an (K. Rahner) oder ist er ein Teil der speziellen Dogmatik, der von der Sache her grundlegend für die anderen Teilgebiete ist (Scheeben und Simar)? – (2) Ist er als fundamentale Theologie von der Erfahrung der transzendentalen Orientiertheit der Anthropologie her begründet oder ist er aus den Offenbarungsdaten abzuleiten, auch wenn er nachträglich vom menschlichen Welt- und Selbstverständnis her gesehen werden kann und muß? Erstere Ansicht gerät in die Not, aus dieser Glaubenswahrheit eine Aussage zu machen, die vor dem modernen naturwissenschaftlichen Weltbild und besonders dem Materialismus als »Ideologie« erscheinen müßte. Die positiv-biblische Begründung allein führt in die Gefahr, die menschliche Tiefe dieser Glaubenswahrheit nicht genügend auszuloten. – (3) Im Hintergrund steht noch die Auseinandersetzung zwischen einer mehr metaphysischen und einer mehr heilsgeschichtlichen Betrachtung der Schöpfungsidee; zwischen diesen beiden Betrachtungsweisen gibt es ebenfalls keine »Zwischenlösung«. An anderer Stelle (§ 4) wird uns dieses Dilemma nochmals beschäftigen.

§ 2 *Themen der Schöpfungslehre gemäß Gen 1–11 und den anderen Zeugnissen des AT und NT*

R. Koch, Erlösungstheologie. Gn 1–11 (Theol. Brennpunkte 1), Bergen-Enkheim 1965. – C. Westermann, Schöpfung (Themen der Theologie, Bd. 12), Stuttgart 1971. – Th. Schwegler, Die biblische Urgeschichte im Lichte der Forschung, München ²1962. – A. Stöger, Gott und der Anfang, München 1961. – P. Morant, Die Anfänge der Menschheit, Luzern 1962. – P. Heinisch, Probleme der biblischen Urgeschichte, Luzern 1947. – A. van Leeuwen, Christentum in der Weltgeschichte. Das Heil und die Säkularisation, Stuttgart 1966. – G. v. Rad, Theologie des AT, München ⁴1962. – W. Eichrodt, Theologie des AT, Stuttgart ⁵1964 (im Vorwort Auseinandersetzung mit G. v. Rad). – P. van Imschoot, Théologie de l'Ancien Testament I. Dieu, Paris 1954. – BL 1546–1552: Schöpfung (J. Nelis). – V. Notter, Biblischer Schöpfungsbericht und ägyptische Schöpfungsmythen (SBS 68), Stuttgart 1974.

1. Christliche Theologie muß immer aufbauen auf der Reflexion über die Aussagen der Schriftoffenbarung. Das AT enthält wenigstens zwei Berichte (Gen 1,1–2,4a; 2,4b–3,24), die mit den Kosmogonien und Kosmologien der Umwelt von Altisrael, also vor allem der Sumerer, Babylonier, Assyrer, Ägypter und Perser inhaltlich und in manchen formalen Zügen vergleichbar sind. Dieser Vergleich zwingt zu der ersten, entscheidenden Feststellung: Für alle diese Völker ist die Aussage, daß die Welt entstanden ist und irgendwie von Göttern oder einem Gott in ihrer jetzigen Form geschaffen oder gegründet wurde, nicht ein religiöses Glaubensbekenntnis, sondern Grundlage ihres Weltbildes und ihrer Weltanschauung, man müßte also sagen: vorwissenschaftliches Welt- und Selbstverständnis, nicht religiöser Glaube. Gewiß wird durch die absolute Einmaligkeit der Gottesvorstellung in Israel und durch die Entwicklung dieses Gottesbildes in Israel auch die Vorstellung von der Schöpfung der Welt vertieft und wird um des Gottesglaubens willen selbst die »Schöpfungsidee« allmählich zu einer Glaubenssache. Besonders durch die Person und die Botschaft Christi entstehen auch hier neue Perspektiven, die durch die Apologeten des 2. und 3. Jahrhunderts zu einem dezidierten »Schöpfungsglauben« entwickelt werden, der schon bei den griechischen Vätern des

4. und 5. Jahrhunderts und besonders durch Augustinus mit Hilfe der neuplatonischen Metaphysik, noch mehr dann in der Scholastik des Mittelalters mit Hilfe der aristotelischen Metaphysik als theologische Glaubenslehre entfaltet wird. Der Exeget C. Westermann nennt diese Entwicklung gegenüber der »erzählenden Darstellung der Schrift« eine »Fehlentwicklung«. Wer die theologische Schöpfungslehre der Kirche nicht apologetisch, sondern als einen Verstehensversuch begreift, wird diesem Urteil nicht zustimmen können. Die neuere Entwicklung der exakten Naturwissenschaften wird vielmehr der bisherigen Entwicklung der Schöpfungstheologie nicht widersprechen, auch wenn sie die theologische Aussage nicht bestätigen kann (vgl. LThK VI [1961] 567–74: Kosmogonie: J. Meurers u. a.).

2. Das Verständnis der Schöpfungsaussagen der Schrift hat in den letzten 100 Jahren eine außerordentliche Klärung und Vertiefung gefunden. Nachdem die *literarkritische* Forschung (J. Wellhausen) die verschiedenen Quellen (Jahwist, Elohist, Priesterkodex, Deuteronomist) herausgestellt hatte und die *überlieferungsgeschichtliche* Forschung gezeigt hatte, daß die einzelnen Texte dieser oder ähnlicher Quellen selbst nicht ursprünglich, sondern Resultat einer langen und lebendigen Überlieferung sind, wiesen endlich *Religionsgeschichte, Orientalistik* und *Mythenforschung* auf folgendes hin:

a) Die sumerische, babylonische, assyrische und ägyptische Kosmologie und Kosmogonie sind zusammen mit den biblischen Aussagen synoptisch zu erklären.

b) In all diesen Berichten gehören Schöpfungserzählungen und Fluterzählungen zu einem Ganzen zusammen.

c) Sinn und Motiv dieser Erzählungen ist nicht, eine Antwort auf die Frage nach dem »Woher« der Welt zu geben, sie dienten vielmehr der Erklärung der Welterhaltung und der Daseinssicherung des Menschen. Es geht um eine Existenzfrage, nicht um eine Frage des Intellektes.

d) Der Mythos als Darstellungselement steht ursprünglich nicht Geschichte und Wissenschaft gegenüber, sondern ist vielmehr ein Element der Daseinsbewältigung und ein Mittel zur Darstellung von Wirklichkeiten, die über die Erfahrungswelt des Menschen hinausreichen.

e) Die Frage nach dem Woher der Welt ist erst in hellenistischer Zeit aus dem griechischen Denken (Ursachdenken) geboren.

f) Das Weiterschreiten von der heilsgeschichtlichen Darstellung des Jahwisten (J) zum aitiologischen Schöpfungsbericht des Priesterkodex (P) ist nicht ein Verfall, sondern eine Erweiterung und Vertiefung des Gottesbildes aufgrund der neuen Fragen aus dem babylonischen Weltbild.

3. Die wichtigste Feststellung der neueren Exegese ist, daß das Schöpfungsthema nicht nur in den ersten drei, sondern in den ersten elf Kapiteln der Genesis behandelt wird, wie ein Vergleich mit den außerbiblischen Kosmogonien deutlich zeigt. Die christlich-kirchliche Darstellung der Schöpfungszusammenhänge aus den ersten drei Kapiteln der Genesis, bedingt durch das griechische Denken der Zeit, hat dazu geführt, daß die hier fälligen Fragen allein vom Menschen und schließlich vom Einzelmenschen her gesehen wurden. An die Erzählung vom Sündenfall konnte unmittelbar die Lehre von der Erlösung des einzelnen Menschen durch Jesus Christus anknüpfen. Im Denken Altisraels hingegen war der Mensch vielmehr als soziales Wesen in Familie, Sippe und Volk gesehen. Dazu gehörte seine Arbeit und sein Kulturwerk, und das Volk Israel selbst verstand sich politisch im Rahmen der es umgebenden Völker. Der Mensch in dieser Welt mit ihren Naturkatastrophen und Schwierigkeiten, in der Geschichte der Menschen mit ihren Kriegen und politischen Zwistigkeiten war das Thema der Anthropologie, »eine grundlegend andere Sicht des Menschen in seiner Welt als die uns aus der christlich-kirchlichen Tradition geläufige« (vgl. C. Westermann, 32).

4. Dies alles zeigt vor allem eine Untersuchung des Textes von Gen 1–11. Nicht nur Kap. 1–3 und 4–11 gehören zusammen, das Ganze gliedert sich vielmehr richtiger in Kap. 1–5 und 6–11. Im ersten Teil ist mehr die Sozialanthropologie, im zweiten Teil mehr die politische Anthropologie entfaltet. Quer durch beide Stücke hindurch gehen die Probleme der Kulturanthropologie. Das ganze Stück ist aus J und P zusammengefügt, die beide offenbar, jede Quelle in ihrer Art, den ganzen Stoff dieser Kapitel behandelt haben. J weicht von P darin ab, daß er die Begrenztheit des von Gott geschaffenen Menschen in einer Reihe von Erzählungen über Schuld und Strafe aufzeigt (vgl. Gen 3, Vertreibung aus dem Paradies; 4,3–16, Kain und Abel; 6,1–4, Sünde der Göttersöhne; 9,20–27, Noes Söhne und ihre Strafe; 11,1–9, Turmbau von Babel). Innerhalb dieses ganzen Textes gibt es wichtige »Parallelerzählungen«, die Zeugnis für die Zusammengehörigkeit des ganzen Textes ablegen; z. B.:

a) Gen 3,9: Adam, wo bist du? – Gen 4,9: Wo ist dein Bruder Abel?

b) Gen 1,28; 2,15: Kulturbefehl allgemein und an Einzelne: Mehret euch; erfüllet die Erde und macht sie euch untertan! – Gen 4, 17: Henoch, Erbauer der Stadt; 4,20: Jabal, Ahnherr der Hirten; 4,21: Jubal, Ahnherr der Zither- und Flötenspieler; 4,22: Tubal Kain, Schmid, der Eisen und Erz bearbeitet. Wo die Parallelität dieser kulturanthropologischen Aussagen nicht gesehen wird, kann, wie es öfter geschehen, das in Kap. 4 Berichtete dahin mißverstanden werden, als wäre die erste Kultur von den fluchbeladenen Kainiten geschaffen worden.

c) Die Wirkung des Segens von Gen 1,28 wird im 5. Kap. in der Aufzählung der Nachkommen Adams und seines Stammbaumes vorgeführt; die Wirkung des Segens über die Söhne Noes (Gen 9,1) wird im 10. Kap. durch die Völkertafel gezeigt, nachdem im 4. Kap. die Söhne Adams und Evas und in 6,3; 7,13; 9,18 f die Söhne Noes vorgestellt wurden.

d) Die Hybris des Menschen wird in 4,24 im Drohlied des Lamech, in 11,1–9 im Turmbau von Babel vorgeführt.

e) Der Verführung durch die Schlange (Gen 3,1–24) entspricht die Verführung durch die Göttersöhne (Gen 6,1–4); wie die Schuld des Kain gegen Abel (Gen 4,2–16) als Schuld vor Gott gedeutet wird, so versündigt sich der Mensch im Turmbau (Gen 11,1–9) unmittelbar gegen Gott.

f) Die Paradiesessünde wird durch die Entfernung von Gott (Gen 3,21–24), die Sünde Kains durch seine Heimatlosigkeit (Gen 4,12.16) und die Sünde der Menschheit durch die Zerstörung ihres Werkes (Gen. 11,6–9) von Gott gestraft. Deutlich werden hier individuelle und Gemeinschaftsgeschichte, Kulturgeschichte und politische Geschichte des Menschen immer wieder zusammengefügt. – Die Bedeutung einzelner Aussagen für die Anthropologie in diesen Kapiteln wird unten (vgl. § 17) eingehend zu behandeln sein.

5. Ehe wir nunmehr die anderen Zeugnisse zur Schöpfungslehre aus der Hl. Schrift kurz vorführen, muß einleitend auf folgendes hingewiesen werden:

a) Wenn der Aufzählung die Reihenfolge der Bücher gemäß ihrem literarischen Genus zugrunde gelegt wird (Geschichtsbücher, Propheten, Psalmen, Weisheitsliteratur), ist zu beachten, daß wenigstens die ersten drei Gruppen zeitlich parallel laufen, daß also das mythische Denken der Frühzeit, das geschichtliche Denken seit der

Königszeit und das ethisch-religiöse Denken seit den frühen Propheten gemeinsam weiterwirken, bis in der Weisheitsliteratur das hellenistisch-philosophische Denken dem gemeinsamen altorientalischen Denken etwas Neues hinzufügt.

b) Auch wenn die Schöpfungsidee im Sinne der Erschaffung der Welt durch Gott ausdrücklich erst im babylonischen Exil, im Priesterkodex ausgesprochen wird, ist der Glaube an Jahwe als den Schöpfergott viel älter, wie die atl. Lieder Gen 27,28; 49,1–32 (Jakobssegen), Ex 15,8 (Meerlied des Moses), Dtn 33,13 f (Segen des Moses über Joseph) zeigen. Sobald eben das assyrisch-persische Problem der Kosmogonie als Denk- und Glaubensproblem in Israel bewußt wurde, mußte die Antwort darauf von Israels Gottesbild her einfach lauten: Jahwe ist der Schöpfer der Welt. Dadurch wurde aber auch der Monotheismus in Israel (Jahwe ist nun auch Gott der anderen Völker) geklärt und gefestigt.

c) Nirgendwo erscheint in Israel Gott in den Werdeprozeß der Welt einbezogen, noch weniger kann von einer Theogonie die Rede sein. Im Gegensatz zu dem bis in das Jahr 2400 v. Chr. zurückreichenden Gilgamesch-Epos (Enuma elisch), dessen poetische Formulierungen mehrfach auch in der Schrift Israels erscheinen, wird in Israel das schöpferische Tun Gottes als geistig-freies Tun einer in sich selbst die Norm tragenden Person verstanden. Dafür prägt Israel ein eigenes Wort, das nur für das göttliche Schaffen gebraucht wird, wie wir unten (§ 4) näher sehen werden.

d) Die Eigenart des israelitischen Glaubens an den Schöpfergott wird besonders dadurch deutlich, daß Israel mit all den umliegenden orientalischen Völkern ein gemeinsames *Weltbild* hat: das Beherrschende sind die Wasser, die den Grund abgeben, auf dem die Erdscheibe schwimmt oder wie auf Säulen durch die Wurzeln der Berge gestellt ist. In den Quellen brechen diese Urwasser aus der Erde hervor. Der sichtbare Himmel, an dem die Gestirne festgemacht sind oder wandeln, bildet eine Feste (Firmament), die die Wasser oben, die im Regen auf die Erde herabkommen, zurückhält. Über dieser Welt des Menschen ist der Ort der Götter und auch Jahwes des einzigen Gottes Israels. In oder unter der Erde oder unter den Wassern ist die Schëol, die Unterwelt, die gewissermaßen einen Gegenort gegenüber der Wohnung der Götter oben darstellt. Hier weilen die verstorbenen Menschen, die nicht in Abrahams Schoß sind. Der Mensch und seine Welt sind in diesem vom Menschen konstruierten statischen Weltbild die Mitte des Kosmos. Erst die Naturwissenschaften seit Kopernikus schaffen zunächst das heliozentrische und dann das neue dynamische Weltbild, das kein Zentrum mehr kennt. Welche Bedeutung diese grundlegende Verschiedenheit im Weltbild für unsere theologischen Aussagen über Gott und sein Schöpfungswerk haben kann, wird im Verlauf der Schöpfungslehre mehrfach zu erörtern sein.

e) Ist im räumlichen Denken das alte Weltbild grundsätzlich durch das Weltbild der Naturwissenschaften überholt, so darf doch vom zeitlichen Weltbild der Offenbarung gesagt werden, daß es wegen der Rückbeziehung der geschaffenen Zeit auf den überzeitlichen, ewigen Schöpfergott höchste Dynamik enthält, die die Schrift von einer »neuen Schöpfung« am Ende der Zeiten, von einem »neuen Himmel und einer neuen Erde« (vgl. Is 51,6; 34,4; 65,17; 66,22; Ps 102,26 ff) sowie heilsgeschichtlich dann von einem neuen Bund (Jer 31,31 ff; 32,37 ff; Ez 16,60 ff; 34,25–31; 37,15–28) sprechen läßt. In diesem dynamischen Zeitbild findet die biblische Rede von Sünde und Gnade, Gericht und Heil ihr immer gültiges Fundament. Eben wegen dieses Zeitdenkens kann das biblische Weltbild nicht als »kosmozentrisches« dem christlichen und modernen Weltbild als »anthropozentrischem« gegenübergestellt werden. Die Grundidee von Gott in Welt und Welt aus Gott fordert ein viel komplizierteres Verhältnis dieser Weltbilder.

6. Die literarisch verschiedenen Schriften des AT zeigen verschiedene Gesichtspunkte und Anliegen der Schöpfungsidee, die hier in Kürze noch vorgestellt seien:

a) In den *Geschichtsbüchern* ist der eine Gott Jahwe der Schöpfer des Alls, auch der Materie; gegenüber allen dualistischen Aussagen, wie sie sich in der Umwelt Israels vielfach zeigen, betonen daher die Schriften des AT durchgehend die »innere Güte der Welt«. Das gilt nicht nur für den Schöpfungsbericht des Priesterkodex (Gen 1,1–2,4a), der nach jedem Tageswerk sagt: »Gott sah, daß es gut sei«, und nach der Erschaffung des Menschen ausdrücklich hervorhebt: »Gott sah, daß es sehr gut sei«; auch nach den Darstellungen des Jahwisten haftet der von Gott geschaffenen Welt keine Unvollkommenheit an. Etwas anderes ist es um »Übel und Leid«, das den Menschen trifft: es wird nach altisraelitischer Auffassung auch von Gott geschaffen (vgl. Am 3,6: »Geschieht in der Stadt wohl ein Unheil, ohne daß der Herr es bewirkt?«; Is 45,7: »Das Licht bilde ich und schaffe die Finsternis, wirke das Heil und schaffe das Unheil: Ich, der Herr bin es, der alles das wirkt.« Auch bei Ijob läßt Gott noch all das Übel und das Leid zu). Wie sich das Verständnis für den Sinn des Leidens wandelt (Strafe, Erziehungsmittel, gnädige Sendung Gottes), so muß sich auch die Aussage über die Ursächlichkeit Gottes für dieses Leid (schaffen, wirken, zulassen) wandeln. Von dem Bösen, das für den Menschen stets ein Geheimnis bleibt und das in der Schrift »der große Drache, die alte Schlange, die den Namen Teufel und Satan trägt« (Apk 12,9), genannt wird, ist später in der Engellehre (§ 45) zu handeln. Die Schöpfung findet in dem »Bund« (mit Noe, Abraham, David) Fortsetzung und Erfüllung.

b) Ein neuer Aspekt der Schöpfungsidee wird bei den *Propheten* deutlich, die ihre Mahnungen, Drohungen und Verheißungen vielfach durch einen Hinweis auf den Schöpfergott unterstreichen. Die Macht Gottes, die eben in seinem Schöpfungswerk zum Ausdruck kommt, soll dem Wort Gottes, das der Prophet im Namen Jahwes zu verkünden hat, Gewicht verleihen. So endet Amos seine Mahnrede (4,2–13) an Israel: »Denn seht, der die Berge gebildet und den Wind geschaffen hat, der den Menschen verkündet, welche Pläne er hat, der die Morgenröte und das Dunkel macht, der brüllt über die Höhen der Erde, ›Jahwe, Gott der Heerscharen‹ ist sein Name« (vgl. 5,4–9). Is 48,12–19 beginnt die Mahnung an Israel, die falschen Götter Babels zu lassen, mit dem Hinweis: »Höre, Jakob, auf mich, Israel, mein Berufener: Ich bin es, ich bin der Erste und bin der Letzte; die Erde ist gegründet von meiner Hand, meine Rechte spannte den Himmel aus. Als ich sie rief, standen sie sogleich da!« (vgl. Mal 2,10,15). Durch alle Zeiten stützt sich das prophetische Wort auf die Macht des Schöpfergottes, der auch das Wort der Prophezeiung spricht.

c) In den hymnisch-poetischen Texten der Frömmigkeit Israels, besonders in seinen *Psalmen*, wird die Schöpfungsidee auslösender Faktor für die verschiedensten religiösen Grundhaltungen, vor allem für Lobpreis, Dank, Bewunderung und Vertrauen. Am Handeln Gottes in der Vergangenheit wie in der Gegenwart, in der Natur wie in der Geschichte des Menschen, entzündet sich der Lobpreis für Gott in Israel. In Ps 8 führt die Betrachtung des nächtlichen Himmels (»wenn ich den Himmel betrachte, das Werk deiner Hände«) den Sänger zu dem wiederholten Ruf: »Jahwe, unser Herr, wie gewaltig ist dein Name auf der ganzen Erde!« Ps 19 (2–7) preist Gottes Größe bei der Betrachtung des Himmels und der Sonne: »Die Himmel erzählen von Gottes Ehre und vom Werk seiner Hände kündet das Firmament.« Der Beter von Ps 29 wird durch das Erlebnis eines gewaltigen Gewitters mit Blitz und Donner, einmal über dem Meer, dann im Gebirge, dann in der Wüste zu hymnischem Lobpreis für den Schöpfergott angeregt (»Die Stimme des Herrn voll Kraft, die Stimme des Herrn voll Pracht! Die Stimme des Herrn zerschmettert die Zeder ... Die Stimme des Herrn sprüht Feuerflammen, die Stimme des Herrn erschüttert die Wüste.«). Das Klagelied (vgl. Ps 89,6–19) und ähnlich das Pilgerlied (vgl. Ps 24.1 ff) erheben den Ruf: »Dein ist der Himmel und dein ist die Erde, die Welt und was sie erfüllt, du hast sie gegründet.« Wie Ps 103 von der Güte Gottes, so handelt Ps 104 von der Größe des Schöpfers in seiner Vorsehung und Sorge um die ganze Welt: »Alle harren sie dein, daß zu rechter Zeit du sie speisest ... Verbirgst du dein Antlitz, vergehen sie vor Schrecken; ziehst du zurück deinen Odem, verscheiden sie und kehren zum Staub zurück; sendest du aus deinen Odem, entstehen sie neu und du erneuerst der Erde Gestalt ... Jahwe will ich singen mein Leben lang, spielen meinem Gott, solang ich bin. Möge mein Dichten ihm gefallen, Jahwe ist meine Freude.« Wie Ps 148, so rufen die Jünglinge im Feuerofen (Dan 3,51–90) alle Wesen, Elemente und Ereignisse in der Schöpfung auf, den Schöpfer zu preisen. – In manchen Versen und Psalmen und in prophetischen Büchern erscheinen Chaosmächte personifiziert wie Rahab oder Leviathan (vgl. Is 51,9 f, Ps 104,26; Ps 74,14; 89,11) oder Behemoth (Ijob 40,15 ff), wie am Ende der Schrift in der Apk (Kap. 13) das Tier vom Land und das Tier vom Meer, gegen die Gott kämpft. Mag eine literarische Anlehnung an mythologische Kosmogonien vorliegen, von einer mythologischen Schöpfungsidee neben der theologischen Schöpfungsidee ist in der Schrift nicht die Rede. – Auch die Psalmen des Tempelgottesdienstes, die heute »Thronbesteigungspsalmen« genannt werden (vgl. Ps 95,3–6; 96,4–10; 100,3: »Er hat uns gemacht, ihm gehören wir, sein Volk, seiner Weide Herde sind wir.«), bringen vielfach den Hinweis auf die Größe Jahwes durch den Hinweis auf sein Schöpfertum zum Ausdruck.

d) Eine Wende im Verständnis der Schöpfungsidee bringt die *Weisheitsliteratur*, die im Weltbild, wenn auch nicht literarisch, vom Hellenismus abhängig erscheint. Daher kommt es, daß an die Stelle der soteriologisch-heilsgeschichtlichen Betrachtung der vorausgehenden Zeit nunmehr eine rationale Betrachtung tritt, in der »das Geschaffene selbst« neues Gewicht erhält. Es geht zuerst um das Geschaffene, das den Menschen auf den Schöpfer hinweist (vgl. Weish 13,1–9: Gottesbeweis aus der Schöpfung), nicht um den Schöpfergott, der sich in seiner Schöpfung offenbart; es geht zuerst um das Wunder der Ordnung im Geschaffenen, nicht um den

Schöpfergott, der alles ordnet. Elihu fordert Ijob auf: »Steh still und achte auf die Wundertaten Gottes« (37,14). Als Jahwe dem Ijob sein Schöpfertum offenbart (Kap. 38), steht ebenfalls die Betrachtung der Werke und ihrer Ordnung, nicht die schöpferische Tat Gottes im Vordergrund. Das Ziel der Belehrung ist darum auch nicht so sehr Gott selbst, sondern vielmehr die Weisheit Gottes, die sich in der Schöpfung zeigt und als Lebensordnung vom Menschen angenommen werden soll: »Seht, Furcht des Herrn, das ist Weisheit, und Meiden des Bösen, das ist Einsicht« (Ijob 28,28). So erscheint Gott in seiner Schöpfung und deren Ordnung als Spender der Weisheit, der Einsicht und der Klugheit (vgl. Spr 2,5–12; Weish 6,11–25). Das führt zu einer Verschiebung in der Frömmigkeit Israels, die vor allem deutlich wird, als der Intellektualismus der hellenistischen Weisheitsliteratur sich mit dem Ethizismus des Pharisäismus verbindet. Nach dem Zeugnis der Evangelien hat Christus gegen diese Gestalt der Frömmigkeit vielfach Stellung genommen. – Es kann freilich nicht übersehen werden, daß diese Entwicklung nicht nur einen Verfall, sondern auch eine notwendige Antwort Israels auf die neuen Fragen und Bedürfnisse dieser Zeit bedeutet. Das Bild des Pharisäers erscheint, nicht zuletzt durch die paulinische Theologie, in den Schriften des NT etwas verzeichnet (vgl. R. Travers Herford, Die Pharisäer, Köln 1931).

e) Daß die Weisheitsliteratur innerhalb der religiösen Grundtendenz des Denkens Altisraels geblieben ist, mag vor allem die Tatsache zeigen, daß gerade hier die Schöpfungsidee um ein wesentliches Stück erweitert wurde. Die *Weisheit* erscheint personifiziert als schöpferisches *Mitprinzip im Schöpfungswerk Jahwes*. Die wichtigsten Texte für diese Aussage seien wörtlich vorgestellt, da sie für die christologische Weiterbildung der Schöpfungsidee im NT von großer Bedeutung sind. Spr 8 stellt sich die Weisheit vor und bietet für das Leben des Menschen ihren Rat an (1–21), dann fährt sie fort (22): »Mich schuf der Herr als Erstling seines Wirkens, vor seinen Werken in der grauen Urzeit, (23) in fernster Zeit bin ich gebildet worden, im Anfang vor dem Anbeginn der Erde. Als (27) er den Himmel schuf, war ich zugegen, als er die Wölbung ausmaß über Wassertiefen, (28) als er befestigte die Wolken oben, als er erstarken ließ die Quellen aus der Tiefe, (29) als er dem Meere seine Grenzen setzte, die Wasser sein Gebot nicht überschritten, als er der Erde Fundamente legte, (30) da stand ich als Liebling an seiner Seite« (vgl. G. v. Rad, 199: die Ägyptische Göttin Maat als Göttin der Ordnung und Gerechtigkeit, Liebling der Gottheit) »und ich war seine Wonne Tag für Tag, spielend vor ihm allezeit, (31) spielend auf dem Erdenrund und meine Wonne findend bei den Menschenkindern« (vgl. 9,1–5, die Einladung der Weisheit zum Gastmahle mit Brot und Wein, die von den Vätern auf die hl. Eucharistie gedeutet wurde: Zusammenhang von Schöpfung und Bund). Die Weisheit Israels ist hier nicht zu vergleichen mit der griechischen Weisheit, sondern vielmehr ihr gegenüber immer als Ordnung der Welt und Einsicht des Menschen »Geschenk Gottes« (vgl. G. v. Rad, Weisheit in Israel, Neukirchen-Vluyn 1970). – Jesus Sirach (24,1–22) betont vor allem, daß diese Weisheit Gottes nur in Israel ihren Sitz habe: »(3) Ich bin hervorgegangen aus dem Mund des Höchsten und wie ein Nebel deckte ich die Erde; (4) ich wohnte in den Himmelshöhen, auf einer Wolkensäule stand mein Thron. (8) Da gab der Weltenschöpfer mir die Weisung, der mich erschaffen, ließ mein Zelt die Ruhe finden. Er sprach: In Jakob sollst du dein Zelt aufschlagen und in Israel Erbbesitz gewinnen. (9) Von Urzeit her, von Anfang an ward ich erschaffen ...« (vgl. Epistel zu manchen Marienfesten seit dem 8. Jh.).« (19) Kommt zu mir, die ihr nach mir verlangt, und sättigt euch an meinen Früchten. (21) Die mich genießen, hungern noch, und die mich trinken, dürsten. (22) Wer auf mich hört, wird nicht zuschanden werden, und wer mir dient, wird nicht sündigen.« Ausdrücklich weist G. v. Rad (216) darauf hin, daß hier die Weisheit versucht, sich das Phänomen der Tora (untraditionell!) von ihren Voraussetzungen her zu erklären. – Noch bedeutsamer sind die Aussagen von Weish 7, 21 – 8,1, wo die Weisheit als Bildnerin aller Dinge erscheint und als Wohnung des Geistes Gottes. 7,17–20 erzählt Salomo, wie Gott ihm »untrügliches Wissen über das Seiende gab, zu erkennen den Aufbau der Welt und das Wirken der Elemente, Anfang, Mitte und Ende der Zeiten, der Sonnenwenden Wechsel und den Wandel der Jahreszeiten, den Kreislauf der Jahre und die Stellung der Gestirne« und alle Tiere, Pflanzen und Menschen, und er fährt dann fort: »(21) Alles, was verborgen und was offenbar war, erkannte ich. Denn aller Dinge Bildnerin, die Weisheit, hat es mich gelehrt. (22) Denn es wohnt ihr ein Geist inne: denkend, heilig, einzigartig, vielfältig, fein, beweglich, durchdringend, unbefleckt, (23) klar, unverletzlich, das Gute liebend, scharf, unhemmbar, wohltätig, menschenfreundlich, sicher, fest, arglos, alles vermögend, alles beobachtend, alle Geister durchdringend, die denkenden, reinen und feinsten. (24) Denn beweglicher als alle Bewegungen ist die Weisheit: sie geht hindurch und durchdringt alles vermöge ihrer Reinheit. (25) Sie ist ja ein Hauch der Kraft Gottes (Pneuma), ein lichter Ausfluß der Herrlichkeit des Allherrschers ... (26) Denn sie ist ein Abglanz ewigen Lichtes und ein ungetrübter Spiegel des göttlichen Wirkens, ein Abbild seiner Vollkommenheit »(vgl. Hebr 1,3).« (27) ... Sie stattet Gottes Freunde und Propheten aus, (28) denn Gott liebt nichts außer dem, der mit der Weisheit zusammenwohnt. (8,1) Sie erstreckt sich kraftvoll von einem Ende zum anderen und leitet das All vortrefflich.« – Bei Ijob ist die Weisheit ganz Sache Gottes; er nur kennt sie und kennt den Weg zu ihr (28,23). Grundsätzlich wird hier die göttliche Weisheit von aller menschlichen Weisheit unterschieden (vgl. 1 Kor 2,6 f). Wiederum ist der Sinn der Offenbarung der Weisheit an den Menschen, daß der Mensch von ihr lerne, weise zu sein: »Seht, Furcht des Herrn, das ist Weisheit, und Meiden des Bösen, das ist Einsicht« (Ijob 28,28). – Das Entscheidende ist, daß in dieser Weisheitsliteratur neben dem einen Schöpfergott »die Weisheit Gottes« als eine eigene schöpferische Größe erscheint. Dies ist von höchster Bedeutung für das NT.

7. a) Im NT wird die Schöpfung nicht ausdrücklich behandelt. Die zahlreichen Hinweise auf den Zustand »vor Grundlegung der Welt« (vgl. Mt 13,35; 25,34; Mk 13,19; Lk 11,50: meist in Straf- oder Gerichtsreden; Mk 10,6–12: »von Anfang an«, Hinweis auf die Unauflöslichkeit der Ehe) zeigen den selbstverständlichen inneren Zusammenhang zwischen AT und NT.

b) Für Paulus ist Schöpfung durch Gott nicht bloß Anfang der Welt, sondern noch mehr Verpflichtung für den Menschen: denn Gott hat das Licht aufscheinen lassen aus der Finsternis (2 Kor 4,6), und darum gibt es in der Welt nichts Unreines (1 Kor 10,25 f). Das Entscheidende in der Theologie des hl. Paulus ist aber die Aussage, daß Christus der Mitschöpfer in der Erschaffung der Welt ist. 1 Kor 8,6: »So existiert für uns nur ein einziger Gott, der Vater, aus dem alles ist und für den wir sind, und ein einziger Herr, Jesus Christus, durch den alles ist und wir durch ihn.« –

Eine erste große Darstellung erfährt diese Lehre in dem Hymnus auf die Heilsgeschichte Eph 1,3–14. Die Aussagen der Weisheitsliteratur Altisraels finden hier eine neue Gestalt, indem Christus als Weisheit Sohn des Vaters genannt wird, der der Schöpfergott ist: »Gepriesen sei der Gott und der Vater unseres Herrn Jesus Christus, der uns in Christus gesegnet hat mit allem geistlichen Segen im Himmel.« War die altisraelitische Weisheit nur Geist und Einsicht, so erscheint Christus vor allem als der Erlöser. Alles, was

Gott uns schenkt, schenkt er uns durch und in Christus: »Er hat uns auserwählt in ihm vor Grundlegung der Welt ... Er hat uns vorherbestimmt zur Kindschaft vor ihm durch Jesus Christus ... In ihm haben wir die Erlösung ... nach dem Reichtum seiner Gnade, die er ausströmen ließ auf uns in aller Weisheit und Einsicht. Er tat uns kund das Geheimnis seines Willens gemäß seinem Ratschluß, den er im voraus gefaßt hat in ihm, um eintreten zu lassen die Fülle der Zeiten und alles zusammenzufassen in Christus, was im Himmel ist und was auf Erden ... In ihm fandet ihr auch zum Glauben und wurdet besiegelt mit dem heiligen Geist der Verheißung, der das Angeld ist für unser Erbe.« Ein neues Verständnis von Heilsgeschichte und überhaupt von Zeit bricht hier auf, wo an Stelle der geschaffenen Weisheit des Alten Bundes der ewige Sohn des ewigen Vaters als Anfang, Mitte und Ziel der Heilsgeschichte erscheint. Der Prediger des Hebräerbriefes bringt dies einleitend ebenfalls zum Ausdruck, wenn er sagt: »Er, der als Abglanz seiner Herrlichkeit und als Abbild seines Wesens das Weltall trägt durch sein machtvolles Wort, hat Reinigung von den Sünden vollbracht und sich gesetzt zur Rechten der Majestät in der Höhe« (vgl. Ps 110,1) ... »Er ist sein Sohn, den er eingesetzt hat zum Erben des Alls, durch den er auch die Welten geschaffen hat« (vgl. Hebr 1,2 f). Eine vertiefte Darstellung desselben Gedankens bringt der Christushymnus des Kolosserbriefes, wo es heißt: »Er (Christus) ist das Bild Gottes, des Unsichtbaren, der Erstgeborene vor aller Schöpfung. Denn in ihm wurde alles erschaffen, was im Himmel ist und auf Erden, das Sichtbare und das Unsichtbare ..., alles ist durch ihn und auf ihn hin erschaffen. Er ist vor allem und alles hat in ihm seinen Bestand ... Er ist der Anfang, der Erstgeborene aus den Toten ..., denn es war Gottes Ratschluß, in ihm alle Vollkommenheit wohnen zu lassen und durch ihn alles mit sich zu versöhnen« (Kol 1,15–20). Christus erscheint als die Mitte der Schöpfungsgeschichte ebenso wie der Heilsgeschichte. In ihm, durch ihn und auf ihn hin hat alles seinen Bestand (συνέστηκεν).

c) War bei Paulus an die Stelle der Weisheit der Sohn des Vaters und sein Geist getreten, so wird im Prolog des Johannesevangeliums an Stelle der Weisheit das »Wort Gottes« genannt. Entsprechend dem gnostischen Ternar »Sein, Leben, Licht« tritt hier das Wort Gottes als das schöpferische Wort, als das Wort des Heiles und das Licht der Offenbarung auf. Das Entscheidende ist, daß dieses Wort selber »Gott« genannt wird: »Im Anfang war das Wort, und das Wort war bei Gott, und das Wort war Gott ... Alles ist durch es geworden, und ohne es ward auch nicht ein Ding. Was geworden ist, war Leben in ihm, und das Leben war das Licht der Menschen. Das Licht leuchtete in der Finsternis, die Finsternis aber hat es nicht ergriffen ... Das wahre Licht, das jeden Menschen erleuchtet, kam in die Welt. Er war in der Welt, und die Welt wurde durch ihn, aber die Welt hat ihn nicht erkannt. Er kam in sein Eigentum, aber die Seinen nahmen ihn nicht auf. Die ihn aber aufnahmen, ihnen gab er Vollmacht, Kinder Gottes zu werden, als denen, die glauben an seinen Namen, die nicht aus dem Blute, nicht aus dem Wollen des Fleisches und nicht aus dem Wollen des Mannes, sondern aus Gott geboren sind. Und das Wort ist Fleisch geworden und hat unter uns sein Zelt aufgeschlagen, und wir haben seine Herrlichkeit geschaut, die Herrlichkeit als des Eingeborenen vom Vater, voll Gnade und Wahrheit« (Joh 1,1–5; 9–14). Hier wird das Geheimnis der Schöpfung und der Erlösung weitergeführt hinein in das Geheimnis des Bösen in der Welt, das dem Reich der Gnade und der Wahrheit Christi entgegensteht.

d) Im letzten Buch der Hl. Schrift, in der Apokalypse, wo vom Gericht über die Welt gehandelt wird, heißt es von dem Engel, der dem Seher das Buch der neuen Offenbarung übergibt: »Der Engel aber, den ich stehen sah auf dem Meer und auf dem Land, hob seine rechte Hand zum Himmel und schwur bei dem, der in alle Ewigkeit lebt, der den Himmel geschaffen und was darin ist, und die Erde und was in ihr ist, und das Meer und was in ihm ist« (Apk 10,5 f). Nachdem der Widersacher Gottes, Babylon, gefallen ist und der Logosreiter gesiegt und das tausendjährige Reich angehoben hat, heißt es zum Schluß: »Und ich sah einen neuen Himmel und eine neue Erde; denn der erste Himmel und die erste Erde sind vergangen, auch das Meer ist nicht mehr. Ich, Johannes, sah die heilige Stadt, das neue Jerusalem, niedersteigen aus dem Himmel von Gott her wie eine Braut gekleidet, geschmückt für den Bräutigam, und ich hörte eine laute Stimme vom Thron her rufen: ›Seht das Zelt Gottes unter den Menschen! Er wird bei ihnen wohnen, und sie werden sein Volk sein, und Gott selbst wird als ihr Gott bei ihnen sein‹« (Apk 21,1–3). So schließt sich der Kreis: Die erste Schöpfung hat in einer neuen Schöpfung ihre Vollendung gefunden; das Wort Gottes, in dem alles geschaffen ist und das unter uns sein Zelt aufgeschlagen hat (Johannesprolog), wohnt nun inmitten seines Volkes, das Gottes Volk ist, wie es im ersten Bund verheißen war. Durch den Eingeborenen vom Vater werden die

Menschen Kinder Gottes. Die Schöpfungsidee hat in der Heilsidee zur Vollendung der Schöpfung geführt. Die erste wie die zweite Schöpfung, die Schöpfung wie der Bund sind nichts anderes als »Gnade Gottes«. »Der auf dem Thron Sitzende sprach: Siehe, ich mache alles neu ... Es ist geschehen. Ich bin das Alpha und das Omega, der Anfang und das Ende. Umsonst werde ich dem Dürstenden geben von der Quelle des Lebenswassers. Der Sieger wird dies als Erbe erhalten, und ich werde ihm Gott sein, und er wird mir Sohn sein« (Apk 21,5–7).

8. Die »Neuheit der Schöpfung« wird gewiß ihre Vollendung am Ende empfangen. Sie ist jedoch schon angebrochen in Jesus Christus. In ihm, durch ihn und auf ihn hin ist sie »Gegenwart«.

a) Christus wird darum bei Paulus der neue Adam, der neue Anfang der Menschheit genannt (vgl. Röm 5,12–21; 1 Kor 15,45). Wer in Christus ist, ist eine neue Schöpfung (vgl. 2 Kor 5,17; Gal 6,15; Röm 6,4: vgl. ThW III: καινός [Behm], 415 f). Die Menschen werden zu Christen durch eine neue Geburt (vgl. Röm 8,14; 1 Kor 4,15; Gal 3,26; Joh 3,6; 1 Petr 1,3.23). Aber nicht nur der Mensch, die ganze Welt liegt in Wehen und harrt der Erlösung durch das Offenbarwerden der Kinder Gottes (Röm 8,19–23). Was bei den Propheten und was in der Apk als Untergang im Gericht erscheint, ist im theologischen Verständnis doch immer nur ein »Wandlungsprozeß« (vgl. Röm 8,24: Auf Hoffnung hin sind wir erlöst). Auch der menschliche Leib wird diesem Wandlungsprozeß unterliegen (vgl. 1 Kor 15,36.42), so wie das Samenkorn in die Erde fallen und sterben muß, wenn es wachsen und neue Frucht bringen soll (vgl. Joh 12,24).

b) Dieses Sein im eschatologischen Äon verlangt vom Menschen auch ein Leben, das diesem schöpferischen Wandlungsprozeß entspricht. Der Christ ist aufgefordert, den alten Menschen, der in seinen trügerischen Gelüsten den Weg des Verderbens geht, abzulegen und neu zu werden in Geist und Gesinnung, den neuen Menschen anzuziehen, der nach Gott geschaffen ist in wahrer Gerechtigkeit und Heiligkeit (vgl. Eph 4,22 ff). »Belügt nicht einander, die ihr den alten Menschen samt seinen Werken ausgezogen und angezogen habt den neuen, den man in seiner Erneuerung wiedererkennen soll an dem Bilde dessen, der ihn schuf« (vgl. Kol 3,9 f; Gen 1,27). Leben in diesem eschatologischen Äon bedeutet also leben in Christus. Dies hinwiederum ist für den Menschen in dieser Welt ständige Bekehrung oder Reform, die jedoch nicht

»Rückkehr zum urkirchlichen Verständnis des Christlichen« (vgl. Reformation) besagt und auch nicht ethische und liturgische Planung der Zukunft bedeutet – die vielmehr nichts anderes ist, als das je immer neue sich Ausrichten an dem gegenwärtigen Herrn, das sich in der Gnade des Geistes Ergreifen-lassen von Christus, der allein forma vitae und lex viva ist (vgl. Ansprache von Papst Paul VI. 1963 an das 2. Vatikanische Konzil). Das bedeutet: »Wir schauten (und schauen) seine Herrlichkeit, eine Herrlichkeit als des Eingeborenen vom Vater, voll Gnade und Wahrheit« (Joh 1,14; vgl. dazu den Segenswunsch des Paulus am Anfang oder Ende seiner Briefe: »Gnade und Friede von Christus, unserem Herrn«).

§ 3 *Kurze Geschichte der Schöpfungstheologie*

L. Scheffczyk, Schöpfung und Vorsehung, HDG II 2a, Freiburg i. Br. 1963 (Lit.!); ders. HThG II (1963) 500–508.

Die Geschichte der Schöpfungstheologie, die hier nur in den Grundlinien dargestellt sei, soll uns für das Wachstum der Schöpfungsidee in unserer Theologie den »Sitz im Leben« zeigen, damit uns die Schöpfungsidee, die ein Stück Weltanschauung und ein Glaubensgeheimnis ist, nicht zu einer Ideologie werde.

1. Nach der Grundlegung der Schöpfungstheologie in der Schrift ist hier zuerst auf die »Bekenntnisformeln und Glaubenssymbole« hinzuweisen, in denen die Urkirche ihren Glauben wie in Kurzformeln gefaßt hat. Dabei ist festzustellen, daß in den primitiven Symbolen (und in den meisten Bekenntnisformeln bis ins 3. Jahrhundert) einfach Gott der Vater als der Pantokrator, der Sohn als der Soter genannt wird (vgl. DS 1–17,23,25). Vielleicht war die Auseinandersetzung mit den dualistischen Lehren der Gnosis gegen Ende des 2. Jahrhunderts Anlaß dafür, daß in den Taufsymbolen die neutestamentliche Formel vom Vater als dem »Herrn des Himmels und der Erde« (vgl. Mt 11,25; Lk 10,21: Jubelruf Christi!; vgl. Apg 17,24) oder als dem »Schöpfer des Alls« (vgl. Eph 3,9; Apg 17,24; 14,15) wenigstens seit Beginn des 4. Jahrhunderts Aufnahme fand, wobei die termini ›factor‹ oder ›creator‹ (ποιητής – κτιστής) wechselweise gebraucht wurden (vgl. DS 21, 22, 27–51). Dabei hat offenbar der christliche Osten weiterhin mehr Interesse an Christus als dem Mitschöpfer gezeigt (vgl. Origenes, De princ. I praef. 4:

cum in omnium conditione Patri ministrasset Christus; vgl. Taufsymbol des Eusebius, Kyrill von Jerusalem, Epiphanius, Anthanasius), während der Westen (Hirte des Hermas, Mand. I 1; Martyrium Justini 2,5) mehr an den Vater dachte als den, der das Sichtbare und das Unsichtbare aus dem Nichts erschaffen hat. Die Rezeption der Formel von Nizäa im eigenen Symbol geschah in den verschiedenen Landstrichen der Kirche zu verschiedenen Zeiten (zuerst wohl in Afrika unter Augustinus, dann erst in Rom und Mailand: vgl. C. Eichenseer, Das Symbolum Apostolicum beim hl. Augustinus, St. Ottilien 1960, 187–195).

2. Die apostolischen Väter fügten der biblischen Botschaft nichts Neues hinzu. Der Hirte des Hermas (um 150) legte seinen Schöpfungsglauben im Anschluß an 2 Makk 7,28 deutlich gegenüber der griechischen Kosmogonie fest in den Worten (Mand. I 1): »Glaube, daß es einen Gott gibt, der alles erschaffen und vollendet und aus nichts gemacht hat, damit es sei (vgl. Weish 1,14), indem er auch alles umfaßte, während er allein unfaßbar ist.« Die Lehre von Christus als dem Mitschöpfer kommt nicht hinreichend zum Ausdruck (vgl. Sim. IX 12,2). Ähnlich ist die Lehre in der Didache (vgl. 1,2; 5,2). Der Barnabasbrief fordert (19,2): »Du sollst den lieben, der dich geschaffen hat, und den fürchten, der dich gebildet hat!« Vielleicht ist hier die antijüdische Haltung der Grund dafür, daß er auf Christus als Mitschöpfer in stärkerer Weise hinweist (vgl. 6,12 f).

3. Bei den Apologeten des 2. und 3. Jahrhunderts gewinnt in der Auseinandersetzung mit der griechischen Kosmogonie die Schöpfungsidee an Bedeutung. Im Geiste des mittleren Platonismus und der Stoa begegnet uns hier Gott als Ursprung des Alls (ἀρχὴ τῶν ὅλων), als Prinzip des Ganzen (vgl. Aristides, Apol. I 2–3; Justin, II Apol. 6,10; Tatian, Or. ad Graecos IV 3). Als Gegengewicht gegen die etwas abstrakte Aussage über die Schöpfung wird die Mittlerfunktion des Logos in der Schöpfung, wenn auch mehr im Geiste Philos von Alexandrien, hervorgehoben (vgl. Justin, Dial. 61,3 f; Theophilos von Antiochien, Ad Autolycum I 3: subordinatianisch!). Theophilos (II 10.22) verwendet zur Erklärung dieses mitschöpferischen Prinzips die stoische Unterscheidung zwischen dem λόγος ἐνδιάθετος und dem λόγος προφορικός. Der logos ist Diener (ὑπουργός) des Vaters. Alle Apologeten nehmen in ihrer Lehre von der Freiheit des Schöpferaktes gegen den stoischen Monismus und

den platonischen Dualismus Stellung und vermeiden die phantastischen antiken Kosmogonien (vgl. Scheffczyk, 41).

4. Gegenüber der Gnosis und ihrem Dualismus haben die großen Apologeten von 180–250 vor allem das heilsgeschichtliche Verständnis der Schöpfungsgeschichte herausgearbeitet. An erster Stelle ist hier Irenäus von Lyon zu nennen, der Schöpfungs- und Erlösungslehre zusammenschaut und die Identität des Schöpfungswortes mit Christus hervorhebt (vgl. Adv. haer. III 9,3; 16,6–8). Die Adam-Christus-Parallele lehrt, daß Gott schon bei der Erschaffung Adams Christus, den Erlöser, gemeint habe (III 21,10). Gott wollte nur jemanden haben, dem er seine Wohltaten erweisen konnte (IV 14,1). Vor allem die Rekapitulationstheologie im Anschluß an Eph 1,10 sowie seine Aussagen über die göttliche Ökonomie (Heilsplan) zeigen das konstruktive Denken des Bischofs von Lyon. Tertullian, der nicht so heilsgeschichtlich orientiert ist, mußte dennoch gegenüber dem Dualismus eines Markion die Identität des Schöpfergottes mit Christus als dem schöpferischen Wort besonders hervorheben (vgl. Adv. Marc. II 5–11; De praescript. XIII: »Es gibt nur einen Gott und keinen anderen neben dem Weltenschöpfer, der alles aus nichts hervorgebracht hat durch sein zuerst, vor allem hervorgegangenes (emissum) Wort, das sein Sohn genannt worden ist.«). Hippolyt von Rom hat sich in seiner Refutatio (besonders Buch X) eingehend mit den Irrtümern gnostischer Auffassungen über das Werden der Welt auseinandergesetzt, um dann Kap. 32–33 die für diese Zeit eingehendste Schöpfungslehre zur Darstellung zu bringen: Der eine Gott, aus seiner Freiheit Schöpfer der vier Elemente und aller Dinge, und der Logos, der in sich den Willen des Erzeugers trug und den Gedanken des Vaters wohl kannte, als Schöpfer der sichtbaren Welt. – Gegenüber diesen vorsichtigen westlichen Versuchen in der Schöpfungstheologie haben die alexandrinischen Theologen, wie schon der Jude Philo (De opificio mundi XIII–XVI), im Kampf gegen die Gnosis manche gnostischen Elemente selbst aufgenommen. Vor allem bei Origenes († 253) wird das deutlich in seiner Lehre von der Präexistenz der Seelen sowie von der Ewigkeit der geschaffenen Welt (vgl. Contra Celsum I 32 f; De princ. I 5,4; II 8 f), auch wenn er ausdrücklich die christliche Lehre von der Schöpfung aus nichts festhält (De princ. II 1,4). Er schrieb den ersten ausführlichen Kommentar zur Genesis, dem später die großen Werke des Basilius, Gregor von Nyssa, Ambrosius und Augustinus folgten. Klemens von Alexandrien († 215) unterscheidet in seiner platoni-

schen Theologie eine zweifache Welt, eine sinnenfällige und eine intelligible (Strom. V c 14, 93 f), und nimmt eine gleichzeitige Schöpfung unter Aufhebung der Abfolge der Schöpfungstage (Strom. VI c 16) sowie eine creatio continua an.

5. Das 4. Jahrhundert leitet eine neue Entwicklung ein: die Klärung der Christologie seit 325 und der Pneumatologie seit 381 führt zu einer besseren Aussage in der heilsgeschichtlichen Schöpfungslehre. Das stärkere Eindringen der griechischen Philosophie und Naturvorstellung seit der Freiheit der Kirche fordert eine entschiedenere Scheidung zwischen der heilsgeschichtlichen und der metaphysischen Betrachtungsweise. Der Osten bedient sich dabei mehr der mystisch-neuplatonischen Sprechweise, während der Westen mehr stoischen Ethizismus aufnimmt.

a) Eusebius von Cäsarea († 339), der Hofbischof des Kaisers Konstantin, behandelt in seiner Praeparatio evangelica (VII 9–22: PG 21,529–584) eingehend die Schöpfungslehre, wobei die Materie richtig als Geschöpf Gottes, nicht als Grundlage der Schöpfung herausgestellt wird, während Christus so sehr als Mitschöpfer erscheint, daß die Christologie von Nizäa dabei nicht mehr zum Zuge kommt. – Athanasius († 373), der große Theologe des Konzils, hat demgegenüber den Vater und den Logos als das einzige Schöpfungsprinzip deutlich herausgestellt (vgl. Contra Arianos I 16; II 24 f; III 6), wobei freilich die Schöpfungsfunktion des Logos gegenüber seiner Heilsfunktion entscheidend zurücktritt. – Von den großen Kappadokiern sei vor allem Basilius († 379) genannt, der mit seinen 9 Homilien zum Hexaemeron den bedeutendsten Kommentar zur Schöpfungsgeschichte in dieser Zeit verfaßt hat. Durch den engen Anschluß an den biblischen Bericht mit seinem antiken Weltbild erscheint freilich hier die Schöpfungslehre mehr als eine monotheistische Kosmogonie, eine Weltentstehungslehre mit religiös-ethischer Abzweckung. – Gregor von Nyssa († 394) hat in seinen exegetischen Schriften zum Hexaemeron und De opificio hominis die Lehren des Basilius in Richtung der damals sich entwickelnden Trinitätslehre weitergeführt. In seiner berühmten Großen Katechese (Kap. 4–5) schreibt er dazu (4,1): »Wer lehren würde, der Schöpfer des Weltalls habe sich eines gewöhnlichen Wortes oder Odems bedient (bei der Schöpfung), würde die Ähnlichkeit unserer Natur mit Gott soweit ausdehnen, daß Gott ganz vermenschlicht erschiene« (vgl. Ps 32,6). Die Freiheit der Schöpfung aus nichts durch die göttliche Liebe, besonders bei der Erschaffung des Menschen, wird von ihm in mystischen Reden entwickelt. – Johannes Chrysostomus († 407) hat in seinen Homilien zum Kolosserbrief beim Christushymnus desselben (Kol 1,15 ff) die Bedeutung des Logos für die Erschaffung, Erhaltung und Vorsehung der Welt (Hom. III 2) und in seiner zweiten Homilienreihe zur Genesis den Ratschluß des dreieinigen Gottes zur Schöpfung (In Gen. sermo II: PG 54, 588) behandelt (vgl. Scheffczyk, 57–59).

b) In der westlichen Theologie ist zunächst hinzuweisen auf Ambrosius († 397), der in seinen 6 Büchern zum Hexaemeron eine breite allegorisierende Exegese bietet, die das Mysterium der Schöpfung ebenso wie die ethischen Folgerungen aus der Schöpfungswirklichkeit zum Ausdruck bringt. – Während Laktanz († nach 317: Institutiones divinae) wie später Zeno von Verona († um 372) mehr die freie Schöpfungstat Gottes hervorhebt, bietet Marius Victorinus aus Afrika († nach 362) eine Schöpfungslehre, die stark vom neuplatonischen Emanatismus bestimmt ist (Adv. Arium I 25; vgl. Scheffczyk, 60). – Die bedeutendste Darstellung der Schöpfungslehre im Westen finden wir bei Augustinus († 430). Die Auseinandersetzung mit dem Manichäismus wie mit dem Neuplatonismus hat ihn immer wieder zu diesem Thema geführt; 388/389 verfaßte er 2 Bücher De Genesi contra Manichaeos, in denen er Gen 1–3 behandelte und vor allem die Güte der Welt hervorhob. 393/394 schrieb er das unvollendete Buch De Gen. ad lit., in dem er das 1. Kapitel der Genesis behandelt. Von 401–415 arbeitete er immer wieder an den 12 Büchern De Gen. ad lit., die ebenfalls die ersten drei Kapitel der Genesis in umfassender Weise behandeln. Vor allem die Engellehre und Anthropologie finden hier einen großen Raum. Einleitend zu seinem Werk von 393 faßte er die katholische Glaubenslehre in drei Sätzen zusammen (De Gen. ad. lit. lib. imperf. I 2–4: PL 34, 221 f). 1. Der dreifaltige Gott, der *ein* Gott ist, hat alles gemacht und geschaffen, was ist. Diese Wirklichkeiten sind nicht de dei natura, sed a deo facta de nihilo. Daher kann man nicht sagen oder glauben, das All sei consubstantiale deo oder coaeternum mit ihm. 2. Alles, was Gott gemacht hat, ist sehr gut. Die mala sind nicht naturalia, sondern entweder Sünde oder Strafe dafür. Sünde aber ist Tat des Willens. 3. Dadurch, daß wir in Sünde geboren werden, wird die Sünde uns natürlich; aber durch Christus (Tod und Auferstehung) sind wir erlöst, haben den Geist Christi und in der Kirche die Verheißung des ewigen Lebens. – Dennoch spielt das neuplatonische Denken in Augustins Überlegungen keine geringe Rolle: Gott erscheint auch als summa essentia (De Trin. III c 9 n 16:

PL 42, 877) und die Schöpfung wird manchmal in der Abstufung des Seins wie im Neuplatonismus dargetan (vgl. De Gen. ad lit. op. imperf. IV 11: PL 34, 224; De Gen. contra Manich. I 7, 11 f: PL 34, 178 f). Daneben wird freilich die heilsgeschichtliche Betrachtung der Schöpfung, vor allem als Geschehen vom trinitarischen Gott her, nicht weniger hervorgehoben (vgl. De Trin. IX; X; XI; XIV; 16,22: PL 42, 959 ff: 1052–1054; De civ. Dei XI 28: PL 41, 341 f). Er fügt der Schöpfungslehre zwei neue Probleme ein, die in der späteren Theologie eine große Rolle spielen sollten: die Überlegungen zu Zeit und Ewigkeit (vgl. Conf. XI: PL 32,810–826; De civ. Dei XI: PL 41, bes 319–325 [c 4–8]) sowie seine aus dem Platonismus geborenen Überlegungen zu den ewigen Ideen in Gott für die zeitliche Schöpfung (De 83 qq. q 46: PL 40, 29). – Auf diese Lehren des hl. Augustinus stützen sich die zusammenfassenden Werke der folgenden Zeit: Gennadius († um 500) behandelt diese Lehren eingehend in seinem Liber de ecclesiasticis dogmatibus, Kap. 12–21 (PL 58, 984 f). Fulgentius von Ruspe († 533) kommt in seinem Werk De fide ad Petrum, Kap. 3, (PL 65, 683) immer wieder darauf zurück, und Isidor von Sevilla († 636) resumiert sie in seinen Sentenzen I, Kap. 7–12, sowie in den Quaestionen zur Genesis, Kap. 1 und 2 (PL 83,209–216; 548–563). Eine eingehende, primär heilsgeschichtliche Darstellung der Schöpfungslehre bietet Bischof Avitus von Vienne († um 518) in seinen 5 Libelli de mosaicae historiae gestis (PL 59, 523 ff).

c) Den Lehren der großen griechischen Väter zu diesem Thema fügt Ps.-Dionysius Areopagita (um 520) in seinem Werk De divinis nominibus, vor allem Kap. 4, (PG 4,393–700) eine weitgehend neuplatonisch gefaßte Schöpfungslehre bei, die durch Maximus Confessor († 662) kommentiert und durch die Übersetzung von Johannes Scotus Eriugena († um 877) auch für die große abendländische Theologie des MA von Bedeutung geworden ist. Maximus Confessor entwickelt wohl als erster die Lehre, daß Christus als Ziel der Schöpfung auch Mensch geworden wäre, wenn der Mensch nicht gesündigt hätte (Cent. gnost. I 66 f: PG 90, 1108 A/B; vgl. H. U. v. Balthasar, Kosmische Liturgie. Das Weltbild Maximus' des Bekenners, Einsiedeln ^{2}1961, 270 f). Die klassische Zusammenfassung der östlichen Theologie bietet Johannes von Damaskus († etwa 749) in seinem Werk De fide orthodoxa, Buch 2, wo er in 30 Kapiteln vor allem im Anschluß an Gregor von Nazianz, Basilius und Ps.-Dionysius Areopagita die Schöpfungslehre zur Darstellung bringt. Einleitend faßt er die Lehre so zusammen (Kap. 2): »Da also der gute und übergute Gott nicht genug hatte an der Anschauung seiner selbst, sondern aus Überfluß der Güte wollte, daß etwas werde, dem er wohl tue und das an seiner Güte teilnehmen könne, bringt er alles aus dem Nichtsein in das Dasein hervor und schafft es, das Unsichtbare und das Sichtbare und den aus Sichtbarem und Unsichtbarem zusammengesetzten Menschen. Er schafft aber, indem er denkt, und der Gedanke subsistiert als Werk, durch das Wort vollbracht und durch den Geist vollendet.« (PG 94, 864).

6. Im Westen geht die Kirche in die Hände der germanischen Völker über, und die Theologie muß in diesem Raum neu beginnen. In der karolingischen Renaissance werden vor allem Platos Timaios, des Nemesius von Emesa († um 450) Schrift De natura hominis sowie die Werke des Boethius († 524) maßgeblich für den Neuanfang. Auf die Schöpfungslehre wirken sich die Neuanfänge vor allem im 12. Jahrhundert in der Schule von Chartres aus. Thiery von Chartres († um 1150) kommt in seinem Werk De sex dierum operibus zu der Lehre, Gott der Vater sei causa efficiens, der Sohn causa formalis, der Geist causa finalis im Schöpfungswerk. Bernhard Silvester († um 1160) bringt in seinem Werk De mundi universitate libri duo die Ideenlehre des Plato ein, zeigt jedoch nicht mehr genügend Verständnis für den Dreifaltigkeitsspiegel der Welt bei Augustinus. Ebenso wird bei Wilhelm von Conches († um 1154) sowie bei Honorius Augustodunensis († 1180) das platonische Denken in diesen Fragen maßgeblich, das kurz nach 1200, vor allem bei Amalrich von Bena († um 1206) und David von Dinant († nach 1215) zu einer pantheistischen Weltkonzeption führt. – Beeinflußt von den logischen Werken des Boethius entwickeln demgegenüber Abailard († 1142) sowie Gilbert Porreta (von Poitiers; † 1154) eine mehr dialektische Theologie. Der neue Geist dieser Theologie wird in den Werken von Anselm von Laon († 1117) und Wilhelm von Champeaux († 1121) sowie in den darauf aufbauenden Sententiae divinitatis schon darin sichtbar, daß das theologische System mit der Erschaffung des Menschen und der Welt beginnt und mit der Trinitätslehre endet (wie im heutigen Holländischen Katechismus). Das ganze theologische System wird als opus conditionis und opus restaurationis dargestellt, wie es nachher wieder zu finden ist in der Schule von St. Victor, vor allem bei Hugo von St. Victor († 1141) in seinem Werk De sacramentis christianae fidei. Eine eigenwillige Vertiefung der augustinischen Lehren bietet Anselm von Canterbury († 1109) in seinem Monologium, Kap. 7–14, für die Schöp-

fungslehre sowie in seinem Werk Cur deus homo für die Heilslehre. Der augustinische Weltoptimismus, gesteigert durch das Werk des Abailard (vgl. Sententiae Florianenses und Sententiae Hermanni [PL 178, 1695–1758]), findet in der heilsgeschichtlichen Theologie des Rupert von Deutz († 1129/30) sowie bei Gerhoh von Reichersberg († 1169) in dessen Hexaemeronkommentar eine reiche Entfaltung. – Die Sententiae des Petrus Lombardus († 1160) bieten in ihrem 2. Buch eine gut gegliederte, biblisch begründete, systematische Schöpfungslehre (44 Kapitel), die sich schon im Caput Firmiter des 4. Laterankonzils 1215 zeigte und sich vor allem in den großen Kommentaren zum Sentenzenwerk des Lombarden auswirkte, das im Abendland Lehrbuch bis ins 17. Jahrhundert geblieben ist (vgl. Scheffczyk, 71–82).

7. An der Schwelle der Hochscholastik stehen die Werke des Wilhelm von Auvergne, Bischof von Paris, († 1249), der im 2. Buch (De universo creaturarum, 6 Teile) seines siebenteiligen Magisterium divinale (zwischen 1223 und 1240 verfaßt) seine Schöpfungslehre in apologetischer Weise gegen den manichäischen Dualismus sowie die neuen Irrlehren aus Aristoteles, Avicenna und Maimonides entfaltet. Einleitend zu seinem Traktat über den Glauben (De fide, Kap. 3) schreibt er: »Radicale fundamentum omnium credendorum est esse ipsius creatoris . . . Ipsum solum esse et principium universitatis ac singularis et universalis imperii dominum omnium saeculorum.« In ähnlicher Weise hat Robert Grosseteste (Bischof von Lincoln, † 1253) in seinem Hexaemeronkommentar von der Schöpfung gehandelt (vgl. J. T. Muckle, The Hexaemeron of R. Gr., Med. Studies VI [1944] 151–174). – Auch Bonaventura († 1274) hat in seinem Sentenzenkommentar um 1254 sowie noch in seinem Breviloquium die Schöpfungslehre mehr aus dem Augustinismus entwickelt. In seinen Collationes in Hexeameron aus seinem letzten Lebensjahr werden noch die heilsgeschichtlichen Ideen des Joachim von Fiore wirksam (vgl. J. Ratzinger, Die Geschichtstheologie des hl. Bonaventura, München 1959). Eine neue Behandlung findet die Schöpfungslehre durch die Rezeption des Aristoteles bei Albertus Magnus († 1280) in seiner Summa de creaturis, ergänzt durch die neuplatonische Sicht in seinem Kommentar zu De divinis nominibus (Neuedition [Op. om. XXXVII, 1] durch P. Simon, Münster 1972). Die grundlegenden Fragen der Schöpfungslehre werden nunmehr auf dem Boden einer Metaphysik behandelt, die aristotelisches und neuplatonisches Denken zu ver-

einen sucht. Bei Thomas von Aquin († 1274) findet diese Behandlungsweise in seinem Sentenzenkommentar (2. Buch) wie in seiner theologischen Summe (Pars I) und seiner Summa contra gentiles (2. Buch) ihre klassische Darstellung. – Eine Vermittlung zwischen dem Denken des Bonaventura und des Thomas bieten die umfangreichen Quaestionen des Matthäus von Aquasparta († 1302; Sent. Com. II, mit 349 Quaestionen; De productione rerum, Qq. [BFS XVII]). Das Charakteristische für diese Zeit ist, daß die Schöpfungslehre weit mehr von den (neuplatonisch verstandenen) metaphysischen Fragen als von den biblischen Aussagen über den persönlichen Schöpfungsgott her gesehen wird (vgl. Z. Hayes, OFM, The general doctrine of creation in the 13th century, Paderborn 1964). – Die subtilen Fragen des Johannes Duns Scotus († 1308) führen zu einer umfassenden Kontroverse über die göttlichen Ideen, die in der Schöpfung wirksam werden (vgl. J. D. Scotus, Ox. I d 35; Wilhelm von Alnwick, De esse intelligibili [6 qq.: BFS X]; Petrus Thomae, De esse intelligibili [qq.]. Vgl. O. Wanke, Die Kritik Wilhelms von Alnwick an der Ideenlehre des J. D. Scotus [Diss.], Bonn 1965). – Die weitere Entwicklung führte dahin, daß im Zusammenhang mit der aristotelischen Philosophie die Fragen nach der Erkenntnis der Einzeldinge (vgl. Wilhelm v. Ockham Qlb I 13), nach der Erfahrungskenntnis (vgl. Vitalis v. Four († 1327) De rerum principio, ed. M. F. Garcia, Quaracchi 1910, qq. 13–24: singulare, numerus, tempus, instans) und einer intuitiven Erkenntnis der Weltdinge (vgl. S. J. Day, Intuitive Cognition. A key to the significance of the later Scholastics, St. Bonaventure/New York 1947) weitergetrieben und so Glauben und Wissen deutlicher unterschieden, ja fast getrennt wurden. Der Prozeß, der schon bei J. D. Scotus beginnt, führte zu einem nominalistischen Denken (vor allem seit Wilhelm von Ockham, † 1349), in dem Gott nicht mehr in seiner Seinsfülle, sondern vielmehr in einer mehr personalistisch verstandenen Allmacht gesehen wurde, die nicht mehr in Gott selbst, sondern nur in dem sachlichen Widerspruchsgesetz der Dinge ihre Grenze haben sollte (so Ockham, Qlb. IV 1). Bei Johannes von Mirecourt (um 1350) und Nikolaus von Autrecourt († nach 1350) führte dieser nominalistische Voluntarismus zu theologischen Lehren über die von Gott verursachte Sünde im Menschen und die Mitteilbarkeit der göttlichen Allmacht an den Menschen, die durch die Universität in Paris und die Kirche zurückgewiesen werden mußten (vgl. H. Denifle – A. Chatelain, Chartularium Univ. Paris II 576, 587, 610 ff: Scheffczyk, 101). Dennoch wirkten diese Lehren in der Freiheitslehre des Thomas Bradwardinus († 1349) und in der Kirchenlehre des John Wyclif († 1384) weiter. – Mehr zum intellektualistischen Extrem führte dieses Denken in der Mystik eines Meister Eckhart († 1327), der, vom neuplatonischen Seinsdenken bestimmt, zu emanatistischen Thesen in der Schöpfungslehre kam und die Teilhabe menschlichen Seins am göttlichen Sein in einer Weise erklärte, die in seiner Zeit pantheistisch verstanden werden konnte. Von ihm angeregt und durch neuplatonische Studien vertieft, kam Nikolaus von Cues († 1464) zu einem Seinsbegriff, in dem er sagen konnte: »Omnis creatura quasi infinitas finita, aut deus creatus« (De docta ign. II 2). Aus diesem Denken erwuchs später die Behauptung von der Ewigkeit der Welt (weil Gott sie von Ewigkeit geschaffen habe) bei Giordano Bruno, Spinoza und Jakob Böhme. – Die Restauration der mittelalterlichen thomistischen Theologie, vor allem bei Johannes Capreolus († 1444), die bei Franciscus Silvestris († 1528) und Cajetanus († 1534) ihre Fortsetzung fand, führte zu der Festlegung der thomistischen Schöpfungslehre im Decretum pro Jacobitis auf dem Konzil von Florenz 1442 (vgl. D 706 – DS 1333).

8. Was im Nominalismus angefangen hatte, fand in der Renaissance und im Humanismus, neugestaltet und vertieft durch den Platonismus der Florentiner Akademie (Marsilius Ficinus, G. Pico della Mirandola), eine Ausgestaltung, die durch ein mehr pantheistisch gefärbtes Weltverständnis und durch eine neu konzipierte Anthropozentrik bestimmt war. Bei Giordano Bruno († 1600) erscheint die Natur als die Gottheit, die als natura naturans (= Gott) und natura naturata (= Welt) den Menschen umfaßt, der selbst als Individuum ein homo secundus deus genannt wird (vgl. G. Pico della Mirandola, † 1494; Nikolaus von Cues, † 1464; G. B. Possovini, † 1565). Dieser so verstandene Mensch hat ein neues Weltbild gefunden durch die Perspektive in der Malerei und ein neues Verständnis von Geschichte, das in der Historiographie des Humanismus (im Gegensatz zu den Weltchroniken der vorausgehenden Zeit) gekennzeichnet ist. Der neue Lebensstil der Este in Ferrara, der Medici in Florenz und der Visconti und Sforza in Mailand wie schließlich der Renaissancepäpste in Rom ist Ausdruck dieses neuen Weltverständnisses.

9. Im Gegensatz zu dieser Welt tritt die Reformation hervor: M. Luther (†1546) entwickelt als Bibeltheologe (nicht systematischer Theologe) eine streng biblische Schöpfungslehre, in der das geozen-

trische Weltbild der Bibel maßgeblich bleibt. Der Mensch tritt entsprechend der Zeit, anders als in der mittelalterlichen Lehre, in den Mittelpunkt der Betrachtung, auch wenn er gegenüber der Größe und Übermacht Gottes in seiner Nichtigkeit und Sündhaftigkeit erscheint. Die Abwertung der Kreatur geschieht um der Gottheit Gottes willen. J. Calvin († 1564), mehr systematischer Theologe, hebt vor allem in seiner Prädestinationslehre die Allursächlichkeit und Macht Gottes neben seiner Güte noch mehr hervor. Die Belastung des christlichen Menschenbildes durch die Reformation, wie sie auch noch bei Bajus († 1589) und C. Jansenius († 1638) erscheint, wird durch die Rechtfertigungsdekrete des Konzils von Trient im Geiste der hochscholastischen Anthropologie eines Thomas von Aquin korrigiert. Auch in der folgenden großen Theologie Spaniens (vgl. J. a S. Tomás OP, † 1644; Salmantizenser, Karmeliten des 17. Jahrhunderts; Jesuitentheologie vor allem unter F. de Suarez, † 1619) steht nunmehr in der Mitte der Schöpfungslehre der Mensch.

10. Die eigentlich christliche Note erhält diese Theologie in der Barockzeit vor allem durch eine neue christozentrische Ausrichtung, so bei L. Thomassin († 1695) sowie vor allem im Oratorium des Kardinals P. de Bérulle († 1629). Der neue, der Welt zugewandte Geist dieser Theologie wird deutlich, wenn wir R. Bellarmins († 1621) De ascensione mentis in deum mit dem Itinerarium mentis in deum des Bonaventura († 1274) vergleichen. Am Ende des Barock beginnt jene Bewegung, die wir heute »Säkularisierung« nennen möchten. Sie zeigt sich in dem mechanistischen Weltbild des R. Descartes († 1650) und, in der darauffolgenden Aufklärung, in dem deterministischen Weltbild der Philosophie eines Ch. Wolff († 1754) sowie bei I. Kant. Vor allem der englische Deismus (vgl. H. von Cherbury, † 1648; J. Locke, † 1704) und der Mechanismus der französischen Philosophie (vgl. G. O. de Lamettrie: L'homme machine, 1748; P. H. d' Holbach, Système de la nature, 1770; P. S. de Laplace, Mécanique céleste, 1799–1825) sind hier zu nennen. – Demgegenüber ist eine pantheistisch-modernistische Richtung zu beobachten, die im Okkasionalismus eines A. Geulincx († 1669) und N. de Malebranche († 1715) zuerst erscheint (Natur und Gnade werden nicht mehr hinreichend unterschieden) und nachher im großen System des B. Spinoza († 1677) ihren vollkommensten Ausdruck findet. Was Spinoza in seiner Ethik (1665) in den 36 Sätzen des ersten Buches über Gott und Welt entwickelt, vertieft in einer neu konzipierten Geistphilosophie wieder G. W. F. Hegel († 1831).

Das Nebeneinander von christlicher und säkularisierter Weltbetrachtung führt zur Physikotheologie des 18. Jahrhunderts, die vor allem mit Hilfe mathematischen Denkens ein neues Verständnis der Schöpfungsdaten versucht (vgl. St. Wiest O. Cist., † 1797, Institutiones theologicae).

11. Nirgendwo wirkt sich der Zusammenbruch des christlichen Weltbildes so sehr aus, wie in der Schöpfungslehre. Dies wird besonders deutlich im 19. Jahrhundert, wo katholische Theologen vor allem im Anschluß an große Philosophen der Zeit ihr System bauen. Von G. W. F. Hegels pantheistischer Geistphilosophie (vgl. Encycl. § 564) sind die Werke von F. Brenner († 1846) und F. A. Staudenmaier († 1856) beeinflußt. G. Hermes († 1821) wird von der kritischen Denkweise I. Kants bestimmt. Auf F. W. v. Schellings mystischer Seinslehre sucht A. Günther († 1863) sein Lehrsystem aufzubauen; J. Böhmes Denken wird maßgeblich für F. Baader († 1841) in München. Gegen diese idealistisch pantheisierenden Systeme erhebt sich um 1850 der mächtige Materialismus eines Moleschott, Büchner und L. Feuerbach, sehr bald unterbaut durch den politischen Marxismus. Das Glaubensdekret des 1. Vatikanums nimmt gegen diese Strömungen der Neuzeit Stellung. Die Lehrbücher von J. Kleutgen († 1883): Theologie der Vorzeit, 5 Bde. Münster [2]1867–72) und von M. Scheeben († 1888 Mysterien des Christentums 1865; Handbuch der Kath. Dogmatik, 1880) bieten erneut im Anschluß an die große Theologie der Hochscholastik und der nachtridentinischen spanischen Zeit die Schöpfungslehre im Geiste der Neuscholastik, der jedoch vom 20. Jahrhundert nicht mehr angenommen wird.

12. Schon im 19. Jahrhundert war dem Idealismus der Materialismus gegenübergetreten. Aus beiden entwickelte sich der Atheismus eines Nietzsche, Freud und Marx sowie der Nihilismus eines Nietzsche und Sartre, dessen Fragen weder in der scholastischen Seinsphilosophie noch in der idealistischen Geistphilosophie zu beantworten sind. Das Weltbild der klassischen Naturwissenschaften seit Kopernikus und Newton wurde im Materialismus des 19. Jahrhunderts zu einer Weltanschauung geprägt. Der Neuaufbruch der Naturwissenschaften seit Einstein (1910) und besonders durch die Atomphysik hat mit den Methoden der Naturwissenschaften selbst der materialistischen Weltanschauung den Boden entzogen. Doch die neue Welt der Technik, das legitime Kind der Naturwissen-

schaften, führte zu einem Gesellschaftsverständnis (Konsum- und Leistungsgesellschaft der technokratischen Welt), das ein Hinterfragen der menschlichen Situation in dieser Welt erschwert und so den Nihilismus in den verschiedensten Gestalten stützt. Die katholische Theologie sucht seit der Mysterienlehre O. Casels und vor allem seit dem 2. Vatikanum auf dem Boden einer heilsgeschichtlichen Betrachtung die Frage der Theologie, auch der Schöpfungstheologie, neu zu bedenken (vgl. MS II). Das bedingt nicht nur ein neues, tieferes Verständnis für das Christusgeheimnis unseres Glaubens bis hinein in die Darstellung der paulinischen Theologie von einem kosmischen Christus; das verlangt auch ein neues Verständnis vom Menschen, von seiner Freiheit, die trotz der menschlichen Geschöpflichkeit nicht notwendig an die Ordnungen Gottes gebunden ist, sondern sich frei daran binden muß. Die kommenden Entwicklungen der Geistesgeschichte des Abendlandes werden die Wahrheit des Satzes von Wilhelm von Auvergne bestätigen: »Radicale fundamentum omnium credendorum est esse ipsius creatoris« (De fide, c 3). Wo der Mensch Gott recht erfassen soll, muß er ihn als den Schöpfer erfassen, um sich selbst als Geschöpf vor ihm zu wissen.

1. TEIL
DIE ALLGEMEINE SCHÖPFUNGSLEHRE

Nach diesen einleitenden Vorüberlegungen wenden wir uns den Fragen des 1. Teiles zu, der allgemeinen Schöpfungslehre, die in drei Abschnitten vorgestellt seien. Ein erster Abschnitt hat unter dem Gesetz der Spannung zwischen Glauben und Wissen das Verhältnis der Welt zu Gott als das Verhältnis der Schöpfung zum Schöpfer, und zwar mit Blick auf das Dasein der Welt zu bedenken. Ein zweiter Abschnitt wird dasselbe Verhältnis mit Blick auf Bestand und Wirken der Weltwirklichkeit untersuchen. In einem dritten Abschnitt seien einige Folgerungen für unser menschliches Welt- und Selbstverständnis aus den in den Überlegungen gewonnenen Einsichten gezogen.

1. ABSCHNITT

DIE WELT, SCHÖPFUNG GOTTES
GOTT, SCHÖPFER DER WELT

Das Thema dieses Abschnittes zeigt schon in der Zweigliedrigkeit seiner Ankündigung, daß hier ein Problem angesprochen wird, das nicht aufzulösen ist. Schöpfer und Geschöpf erscheinen, auch wenn dies dem christlichen Verständnis dieses Problems nicht gerecht wird, wie wir noch zeigen werden, zunächst als ein Relationsverhältnis wie Ursache und Wirkung, so daß es einer menschlichen Vorentscheidung überlassen bleiben muß, ob wir im vorherrschend biblischen Denken des Glaubens vom Schöpfergott ausgehend die Welt als Schöpfung betrachten oder ob wir von der innerweltlichen Erfahrung ausgehend die Welt erst auf mögliche Daten ihrer Geschöpflichkeit abfragen, um dann die biblischen Aussagen als Antworten auf die in den Welterfahrungen erfaßten Geschöpflichkeitsdaten einzuführen. Wir wollen hier den letzteren Weg beschreiten, einmal, weil unsere Zeit anders als frühere Zeiten diesen Weg ermöglicht, und dann, weil bei diesem Vorgehen die Größe der Offenbarungswahrheit von der Schöpfung der Welt besser aufleuchtet, als wenn wir den umgekehrten Weg gehen. – Wir betrachten also in einem 1. Kapitel die Welt als Schöpfung, um dann in einem 2. Kapitel Gott als den Schöpfer der Welt im Anschluß an die biblischen Aussagen zu bedenken.

1. Kapitel
DIE WELT ALS GESCHÖPF

Das Problem dieses Kapitels versuchen wir zu erhellen, indem wir aus unserem heutigen Weltverständnis Grund, Recht und Sinn für unsere Frage nach der Geschöpflichkeit der Welt erheben (§ 4). Darauf lassen sich Überlegungen über den philosophischen und theologischen Sinn der Schöpfungsidee und des Schöpfungsglaubens bauen (§ 5), die eine schon immer, aber für unsere Zeit besonders bedeutsame Sicht der Geschöpflichkeit freigeben, die Sicht auf die Zeitlichkeit der Welt als Schöpfung, mit deren Klärung die philosophisch-theologischen Überlegungen über die Schöpfungsidee (§ 6) einen vorläufigen Abschluß finden können, der uns in besonderer Weise den Zugang zu den Fragen des 2. Kapitels über Gott als den Schöpfer freigibt.

§ 4 Grund, Recht und Sinn unserer Frage nach der Erschaffung der Welt (Das Weltbild)

W. Heisenberg, Physik und Philosophie, Stuttgart 1959. – Ders., Wandlungen in den Grundlagen der Naturwissenschaft, Stuttgart [9]1959. – Ders., Der Teil und das Ganze, München 1969. – Ders., Schritte über die Grenzen, München 1971. – P. Jordan, Der Naturwissenschaftler vor der religiösen Frage, Oldenburg 1963. – Ders., Schöpfung und Geheimnis, Oldenburg 1970. – J. Mussard, Gott und Zufall, 3 Bde., Zürich 1965–67. – J. Monod, Zufall und Notwendigkeit, München 1970. – Hoimar v. Ditfurth, Im Anfang war der Wasserstoff, Hamburg 1972. – F. L. Boschke, Die Schöpfung ist noch nicht zu Ende, München 1962. – H. de Terra, Perspektiven Teilhards de Chardin, München 1966. – A. Glässer, Konvergenz. Die Struktur der Weltsumme Pierre Teilhards de Chardin (Eichstätter Studien IV), Kevelaer 1970. – H. Rohrbach, Naturwissenschaft, Weltbild, Glaube, Wuppertal 1967. – O. Spülbeck, Der Christ und das Weltbild der modernen Naturwissenschaft, Berlin [4]1957. – Fr. de la Noë, Die Welt in der Schöpfung, Paderborn 1960. – B. Philiberth, Der Dreieine, Anfang und Sein. Die Struktur der Schöpfung, Stein am Rhein (Schweiz) 1970.

Das Wort »Welt« (Kosmos) hat in der Schrift selbst verschiedene Bedeutungen: Es meint den natürlichen Kosmos (Himmel und Erde) als Gottes gute Schöpfung; es meint aber auch die vom Menschen gestaltete Weltwirklichkeit, die für ihn Auftrag und Verheißung ist, aber auch Gefährdung wie Bereicherung bedeutet

(Kulturwelt: vgl. Gen 4,17.20–22; 1,28; Apk 21,10). Welt kann sodann auch einfach die Gesamtheit der Menschen in ihrer Geschichte bezeichnen (vgl. Mt 18,7; 2 Petr 2,5); vor allem bei Johannes, aber auch bei Paulus, ist Welt vielfach der Bereich der gottwidrigen Mächte (vgl. Joh 1,10; 12,31; 17,14: BL, Welt, 1883–1886). Wenn hier von »Welt« gehandelt wird, ist vor allem der erste Begriff angesprochen, der den Menschen vorgegebene Kosmos, von dem er selber, wenigstens in seiner leiblichen Existenz, ein Teil ist. (LThK 10 [1965] 1021–1027).

1. Hier fragen wir zuerst: Welche Momente in dieser Welt veranlassen uns, über den positiven Befund, wie ihn die Naturwissenschaft etwa uns heute vorlegt, hinaus zu fragen, die in Erscheinung tretende Wirklichkeit zu hinterfragen?

a) Als ersten Grund dafür könnten wir nennen: weil wir Menschen aller Zeiten und Zonen immer wieder diese sichtbare Welt hinterfragt haben. Die großen Religionen der Menschheit, die in der ältesten Geschichte schon greifbar sind, ebenso die philosophischen Versuche der späteren Zeit reden von einer »Gottheit« oder von Göttern, von einem ersten oder absoluten Sein, von einem Weltgrund und wie sonst die Aussagen hier lauten mögen (vgl. HWPh I [1971] 12–31: Das Absolute). Die ausdrückliche Leugnung einer solchen Überwirklichkeit in manchen Zeiten und bei manchen Menschen scheint in den Menschen, nicht in der Welt und der Weltsicht selbst begründet zu sein.

b) Der zweite Grund ist in der Weite des menschlichen Geistes und der Tiefe des menschlichen Herzens zu suchen, in der der Mensch um seine Größe gegenüber aller nichtmenschlichen Welt weiß – er allein kann sie reflektierend erkennen und dadurch schöpferisch verändern und eine neue Kulturwelt setzen –; dies ist vor der Tatsache und dem Erlebnis der totalen Abhängigkeit von eben dieser Welt nicht nur in Geburt und Tod, sondern auch in seinem schöpferischen Gestalten, nur zu begreifen, wenn der Mensch seine Größe in jenem absoluten Du verankert weiß, das auch das schöpferische Du für die ganze nichtmenschliche Welt ist. Der Horizont all seiner möglichen Welten verweist den Menschen auf dieses absolute Du, »Gott«. – Entweder ist also die Gottesidee, die nach Johannes von Damaskus dem Menschen eingeboren ist (vgl. De fide orth. I c. 3), das »Urböse«, gegen das der Mensch oder die Menschheit immer kämpfen muß, wenn sie sich selbst finden will (so der kämpferische Atheismus unserer Tage), oder es ist umgekehrt: der Mensch muß immer gegen die restriktiven Kräfte seines Geistes und seines Herzens kämpfen, die ihn unfrei machen und den Blick für die Weite und Tiefe und Höhe der dem menschlichen Geist möglichen und naheliegenden »Gottesidee« rauben.

c) Ein dritter Grund ist der modernen Naturwissenschaft zu entnehmen, die uns den Kosmos als eine im Werden begriffene Wirklichkeit vorstellt, die immer zwischen Extensions- und Kontraktionsphasen pulsiert (vgl. W. Büchel, StdZ 177 [1966] 119–126). Der Mensch, der das Wesen ist, in dem diese Welt zum Selbstbewußtsein kommt, sieht sich aus diesem seinem personalen (mit Freiheit, Gewissen, Verantwortung begabten) Selbstbewußtsein heraus gefordert zu fragen, ob diese Welt notwendig dasein kann, wenn er selbst als Stück dieser Welt und als höchste Wirklichkeit in ihr zufällig und kontingent ist (vgl. Enc. filos. I [1957] 1213–1217: Contingenza). Ebenso stellt ihn die wissenschaftliche Erkenntnis einer durchgängigen, auf Höherentwicklung von den Grundelementen der Materie bis zum seiner selbst bewußten, freien Menschen hin angelegten inneren Ordnung der Welt vor die Frage, ob wirklich diese durchgehende und sich immer weiter explizierende Weltordnung durch eine »Unzahl von glücklichen Zufällen« (H. v. Ditfurth) bestimmt sein kann, ob nicht vielmehr »die komplexe Textur der Dinge« einen hier vorausliegenden oder innewohnenden »göttlichen Weber« erheischt (J. Mussard).

2. Das bisher Gesagte gibt dem Menschen aber auch ein Recht, die Welt als »Schöpfung eines ihr absolut vor- und übergeordneten Schöpfers« anzusprechen. Dieses Recht hat das sog. »naturwissenschaftliche Weltbild«, wie es sich aus der klassischen Physik in der Aufklärung und besonders im 19. Jahrhundert unter dem Einfluß der materialistischen Philosophie eines Moleschott und Büchner entwickelt hat, bis in die dreißiger Jahre unseres Jahrhunderts dem gläubigen Denken abgesprochen, und der dialektische Materialismus tut dies heute noch. – Ein Blick auf die Entwicklung des menschlichen Weltbildes soll hier die neue Situation der Theologie und des Glaubens angesichts des neuen Weltverständnisses durch die Naturwissenschaften zeigen. Wir können wenigstens vier geschichtliche Weltbilder unterscheiden (vgl. H. Rohrbach, 43–57, 75–94).

a) Das *vorwissenschaftliche Weltbild* der Antike, das auch als Darstellungsrahmen in der Bibel erscheint, war ein echtes Weltbild, d. h. es umfaßt das Ganze der Wirklichkeit, die für den

Menschen erfahrbar und denkbar war. Es war ein naives und demütiges Weltbild in dem Sinne, daß es auf einer sehr lückenhaften Kenntnis der wirklichen Welt aufbaute, die Lücken aber nicht durch eigene menschliche Ansprüche, sondern durch den im Glauben erfaßten und verehrten Gott füllte. Gott hatte in diesem Weltbild Platz, ja, gehörte wesentlich zu diesem Weltbild, freilich in dem Sinne, daß er es sich gefallen lassen mußte, in den Rahmen dieses mangelhaften Welt- und Selbstverständnisses eingespannt zu werden.

b) Von anderer Art war das *sogenannte »naturwissenschaftliche Weltbild«*, wie es mit der Entwicklung der Naturwissenschaften und aus dem Geist des spätmittelalterlichen Nominalismus entstand, bis es im 19. Jahrhundert aus dem Geist der Aufklärung und aus dem materialistischen Gegenschlag gegen den philosophischen Idealismus der Zeit seine feste Gestalt erhielt. Raum und Zeit und Materie waren in diesem Weltbild je für sich absolut gesehen: Raum und Zeit galten als unendliche Größen, und die Materie wurde als eine dinghafte Wirklichkeit angesehen, die von in sich notwendigen Naturgesetzen bestimmt sei. Dieses sog. Weltbild war eigentlich kein »Weltbild«, weil es durchaus nicht alles erfassen und klären konnte, was den Menschen in dieser Welt angeht. Es war die Welt der »Welträtsel« (vgl. E. Haeckel). Es war ein naiver Versuch eines Weltbildes, der von einer noch sehr ungenügenden Erkenntnis der Natur ausging, wie die darauffolgende Atomphysik gezeigt hat, und der die tatsächlichen Lücken in diesem »rätselhaften Weltbild« durch den selbstherrlichen, autonomen Menschen ausfüllen wollte, also nicht bescheiden, sondern von menschlicher Hybris getragen war. Hier war darum auch kein Platz für Gott (P. S. de Laplace: »Ich brauche die Hypothese Gott in meinem Weltbild nicht mehr«), aber auch nicht für die wahre menschliche Freiheit und Größe. Der Mensch wurde zur Funktion der Gesellschaft, die ihrerseits als Funktion der Wirtschaft galt.

c) Von ganz anderer Art ist demgegenüber das *»Naturbild« der modernen Naturwissenschaften.* Es ist kein Weltbild mehr für den Menschen und will es nicht sein, weil es über das im Experiment Erfahrbare nicht hinausgehen kann und somit den großen Bereich des im Experiment nicht mehr Erreichbaren nicht fassen kann, aber auch nicht durch sachfremde metaphysische Positionen oder Postulate ergänzen will. Hier bilden Raum und Zeit und Materie zusammen ein wesenhaftes Ganzes; Raum und Zeit sind begrenzte (aber auch unendliche) Größen, und Materie ist nicht als Sache, sondern als Energie, als dynamisches Geschehen zu verstehen ($E = mc^2$: A. Einstein). Die in dieser Welt geltenden Gesetze sind in ihrer Grundlegung im atomaren Geschehen nicht notwendige und kontinuierliche, sondern statistische. Das atomare Geschehen macht Sprünge (M. Planck); in seine Beschreibung geht eine Unsicherheitskonstante ein (W. Heisenberg). Dieses Naturbild ist naiv aus Erkenntnis, da es sich streng auf das im Experiment verifizierbare Geschehen beschränkt, ist aber auch naiv aus Bescheidenheit, insofern es nichts vom Menschen her einengt, sondern alles offen läßt für das Nichts (in der Rede vom Zufall) ebenso wie für Gott, der jedoch in diesem Bild selbst keinen Platz finden kann, soll er der wahre, absolute, transzendente bleiben, dem der Mensch nur im Existenzakt des Glaubens, nicht aber im intellektuellen Experiment mit der Welt begegnen kann. Gewiß steht dieses Naturbild wegen seiner eigenen Beschränkung auch dem Nihilismus offen; das entscheidende ist: dieses neue Naturbild der neuen Naturwissenschaften gibt dem Menschen das Recht, von einem Schöpfergott zu sprechen, wenn er diesen Schöpfergott aus seinem Glauben und aus der Tiefe seines menschlichen Herzens, nicht aus dem Sachverstand allein, mit dem er die Natur zu erfassen sucht, ins Spiel bringt.

d) Von diesem neuen Naturbild her wird auch das *»Weltbild« der Bibel* neu zu bedenken und zu verstehen sein. Das biblische »Weltbild«, das aus der Umwelt des Orients und der Antike genommen war, in dem auch die Glaubensaussagen, die Offenbarungsaussagen der Schrift niedergelegt sind, ist, recht verstanden, nicht »das Weltbild der Bibel«. Das »Weltbild der Bibel« ist unabhängig vom antiken Weltbild. Es meint vielmehr das gültige Verständnis für das einmalige Verhältnis zwischen Gott und Mensch, ein Verhältnis, in das die Natur, unabhängig von dem richtigen oder falschen Verständnis von ihr, als der von Gott gegebene und aufgegebene Raum des Menschen eingebracht wird. Das Weltbild der Bibel gipfelt in den Aussagen: »Gott ist der Schöpfer der Welt, der Mensch ist nach dem Bilde Gottes geschaffen, ihm ist die Welt Gottes anvertraut, daß er sie gestaltet und vor seinem Herrn verantworte.« – Das Geheimnis dieses Weltbildes ist Geschichte geworden in Jesus Christus, der darum als der zweite Adam (vgl. 1 Kor 15,22; Röm 5,17–19) und als die Mitte erscheint, in der »die Welt« (des Menschen) ihren Bestand hat (vgl. Kol 1,15–17).

e) In diesem Weltbild, dem das moderne Naturbild der Wissenschaft in keiner Weise mehr entgegensteht, auch wenn es ebensowenig Grundlage für dieses Weltbild sein kann, das immer ein »menschliches Weltbild« über dem Naturbild der Naturwissenschaften bleibt – in diesem Weltbild finden vor allem die zwei Grundfragen menschlichen Lebens eine Erhellung, mit der der Mensch leben, sein Leben gestalten und verantworten kann: die Frage nach dem *»Sinn«* des menschlichen Daseins und das Problem des *»Übels«* und des Bösen in der Welt. Der Dienst des Menschen an der Schöpfung Gottes zu Ehren Gottes des Schöpfers und zum Heile der Menschen ist als »Sinnangabe« von höchster Bedeutung. Das Böse, das in sich ein Geheimnis bleibt, wie der Mensch sich selbst ein Geheimnis ist, findet wenigstens in der Möglichkeit der »Vergebung der Schuld« durch den allmächtigen und liebenden Schöpfergott eine Antwort, mit der der Mensch leben kann. Das Übel als Leid gehört zum menschlichen Leben, wenn es als Leben in dieser Welt verstanden werden soll.

3. Diese Überlegungen weisen nicht nur auf, daß der Mensch ein Recht hat, seine Welt als »Geschöpf des Schöpfers« zu verstehen, sie weisen auch die Richtung auf, in der der Sinn unseres Redens von Schöpfung liegt: Das Reden von Schöpfer und Geschöpf ermöglicht ein Weltbild, in dem der Mensch ein Selbstverständnis finden kann, mit dem er leben kann, mit dem er die Rätsel seines Lebens beantworten kann, ohne etwas von dieser Welt zu verlieren, was für sein wahres Menschsein bedeutsam ist. Die »Dialektik der Wette« von B. Pascal (vgl. Pensées Nr. 84–93) hat hier ihren logischen Ort. Nur hier ist es möglich, das Letzte und Entscheidendste einzubringen, das den Menschen in dieser Welt zum Menschen macht: die menschliche Verantwortung nicht nur vor den Zeitgenossen, sondern ebenso vor den Dingen der Welt und vor der Geschichte der Menschheit (vgl. W. Schulz, Philosophie in der veränderten Welt, Pfullingen 1972, der das Ganze seines Systems aufbaut auf den Feststellungen und Forderungen: Verwissenschaftlichung der Welt, Verinnerlichung des Menschen, Vergeistigung und Verleiblichung der Weltkultur, Vergeschichtlichung der Lebensordnungen, Verantwortung als menschliches Grundethos).

4. Diese neue Situation für die Aussage des Glaubens und der Theologie in der neu verstandenen Welt und gegenüber den neuen und größeren Forderungen dieser Welt an den Menschen von heute ist ein Anruf für den gläubigen Christen, sich seiner Verantwortung bewußt zu werden, in die ihn diese Entwicklung des menschlichen

Welt- und Selbstverständnisses nicht nur entlassen hat, sondern nun auch in neuer Weise ruft. Es gilt im »Bekenntnis und Zeugnis« der Welt die innere Freiheit des Glaubens vor Augen zu führen und so beizutragen, daß die den Menschen immer bedrohenden Irrtümer des *Rationalismus* (der Aufklärung und des technischen Machtmenschen), des *dialektischen Materialismus* (der marxistisch-bolschewistischen Weltsicht) wie des *dialektischen Idealismus* (in der Gestalt des individualistischen Existentialismus etwa eines Sartre) in der jeweils neuen Gestalt jeder jeweils neuen Generation überwunden werden können. Die »Wissenschaftsreligion« der Aufklärung und der »Fortschrittsglaube« des technokratischen Zeitalters wie der »Nihilismus« einer sinnvernichtenden Seinsvergessenheit müßten den Menschen in den Abgrund führen, wenn er sich nicht auf sich selbst und seinen Lebenssinn und seine Lebensaufgabe besinnt, wozu ihm das gläubige Wissen um die Kontingenz der Welt, die Transzendenz Gottes, die insecuritas humana und die nur im freien Dienen zu verwirklichende Verantwortung des Menschen für die ihm anvertraute Welt zu verhelfen vermag (vgl. W. Stolz, Schöpfung und Selbstbesinnung, Zürich 1973).

§ 5 Möglichkeit und Tatsächlichkeit der Welterschaffung (Inhalt und Sinn der Schöpfungsidee, des Schöpfungsglaubens, der naturwissenschaftlichen Aussage)

O. Gigon, Der Ursprung der griechischen Philosophie, Basel 1945. – R. Jockel (Hrsg.), Götter und Dämonen. Mythen der Völker, Darmstadt 1953. – H. E. Hengstenberg, Sein und Ursprünglichkeit. Zur philosophischen Grundlegung der Schöpfungslehre, München 1958. – B. Bavink, Weltschöpfung in Mythen und Religion. Philosophie und Naturwissenschaft, München ²1951. – DThC III (1908) 2034–2201; Création (H. Pinard). – Cath. III (1952) 276–288: Création (P. Beillevert). – LThK 9 (1964) 460–466: Schöpfung (J. Ratzinger). – RGG³ (1961) 1469–1484–1490: Schöpfung (G. Gloege u. a.). – Bibel und Kirche 1973, H. 2: Im Anfang erschuf Gott (Lit.!). – V. v. Weizsäcker, Am Anfang schuf Gott Himmel und Erde, Göttingen ⁶1963. – H. Haber, Der Stoff der Schöpfung, Stuttgart 1966. – B. Sticker Bau und Bildung des Weltalls, Freiburg i. Br. 1970. – J. Charon, Geschichte der Kosmologie (Kindler UB), München 1970. – Scholastischer Text: Matthäus von Aquasparta OFM, De productione rerum (9 qq.) et de providentia (6 qq.), ed. Gàl (BFS XVII), Quaracchi 1956. – J. Pieper, Kreatürlichkeit (Bemerkungen über die Elemente eines Grundbegriffes), in: L. Oeing-Hanhoff, Thomas v. A. 1274–1974 (München 1974) 47–70.

Eine erste Überlegung soll die Möglichkeit, d. h. die innere Widerspruchslosigkeit der Schöpfungsidee und ihren Sinn zur Darstellung bringen, eine zweite Überlegung hat die Grundlage des tatsächlichen Schöpfungsglaubens vorzuführen.

1. Möglichkeit und Sinn der Schöpfungsidee

a) Die allein mögliche und gültige Schöpfungsidee kommt außerhalb der jüdischen (und der ihr folgenden christlichen sowie der mohammedanischen) Offenbarungsreligion nicht vor. Dies mag als Hinweis dafür gelten, daß diese Idee nicht aus der Welterfahrung und Weltdeutung des Menschen allein zu gewinnen ist, sondern das einmalige Gottesbild voraussetzt, wie es in der jüdischen Offenbarung zuerst gegeben erscheint und in Christus und seiner Lehre die höchste Gestalt gewonnen hat. – Freilich ist dabei nicht zu verkennen, daß die Mythen der ältesten Kulturen sowie der primitivsten Stämme noch in unserer Zeit nicht etwa nur geschichtliche Sagen oder Märchen sind, sondern ebenso wie die ersten philosophischen Versuche der griechischen Welt aus dem »mit tiefem, metaphysischem Erkenntnisgehalt erfüllten Erlebnis der Abhängigkeit des Menschen in seinem Sein und Sosein von einer transzendenten Tiefe, von unbegreiflichen, geheimen Wirkensmächten« verstanden werden müssen (vgl. RGG V [1961] 1469–1473). Das Entscheidende bleibt, daß im Reden von einer Vielzahl von Göttern kosmogonische und theogonische Ideen stets durcheinandergehen und daß selbst dort, wo neben anderen Göttern wenigstens ein einziger Hochgott erscheint, dieser in der mythischen Vorstellung ganz fern und unbekannt bleibt, weil das menschliche Herz und der menschliche Geist ohne die Offenbarung nicht jene einmalige Gottesvorstellung erreichen kann, wie sie in der Offenbarung des AT und des NT uns gegeben ist.

Was in den *Mythen* noch im Bereich des Personalen angesiedelt erscheint, wird im *philosophischen Denken* der Vorsokratiker zu einer Rede von sachlichen Urprinzipien (ἀρχαί), von denen her in dieser ersten »Aufklärung« die Welt, die nun schon mehr und mehr eine Welt des Menschen ist, in ihrer Entstehung und Begründung verstanden wird. Dabei sehen die einen diesen Urgrund der Welt in einer stofflichen Wirklichkeit (so in der milesischen Naturphilosophie Thales [† 545 v. Chr.] im Wasser, Anaximenes [† 524] in der Luft, darauf bauend Heraklit von Ephesos [† 475] im Urfeuer und schließlich Empedokles von Agrigent [† 430], die Erde hinzufügend, in den vier Elementen Erde, Wasser, Luft und Feuer, denen

Aristoteles noch den Äther beigesellt, Elemente, die bis ins 18. Jahrhundert aufgezählt werden); andere nennen Formkräfte als Urgründe der Welt (so Anaximander von Milet [† 547] das Unbegrenzte (ἄπειρον), das Unendliche und Unbestimmte, das Ungewordene und Unvergängliche, Pythagoras von Samos [† um 500 in Süditalien] die Zahl, wie sie in der Musik und in der Geometrie sich erschließt, Anaxagoras schließlich [† 428], der Philosoph des perikleischen Athen, den denkenden Geist (νοῦς), der das Chaos zum Kosmos gestaltet).

b) Für uns ist das absolute Mysterium des geoffenbarten Gottes das Fundament für die geoffenbarte Idee von der Schöpfung. Schöpfung meint hier nicht eine Theorie der Weltentstehung, wie sie jeweils aus dem menschlichen Weltverständnis entwickelt wird; Schöpfung meint vielmehr eine Aussage über Gott, in der Gott selbst sich uns in einer Weise offenbart und erschließt, die uns und unsere Welt so absolut in Frage stellt, wie sie die Wirklichkeit Gottes zum einmalig Absoluten macht. Diese eigentliche »theologische Schöpfungsidee« soll im nächsten Kapitel (§ 7–10) näher erörtert werden. – Nachdem jedoch die Offenbarung uns diese Schöpfungsidee bereitstellt, ist es möglich und notwendig, sie soweit als dies geschehen kann, auch durch das menschliche Denken zu erhellen, damit »alle Vernunftgebilde und alles Hochfahrende, das sich gegen die Erkenntnis Gottes erhebt, niedergerissen und jeder Gedanke in den Gehorsam Christi eingefangen werde« (2 Kor 10,5). – Creatio, Schöpfung der Welt, meint demgemäß die Hervorbringung der Dinge hinsichtlich ihres ganzen Seins, aus dem Nichtsein ins Dasein, ohne daß irgendein Suppositum vorausgesetzt wäre (creatio est productio alicuius rei e non esse in esse secundum suam totam substantiam, nullo praesupposito: vgl. Thomas v. Aquin, STh. I q 65 a 3). Die Erschaffung (Ur-Schaffung) der Welt setzt also material und formal nichts voraus, gibt dem Gegenstand sein erstes und ganzes Sein mit all den realen Möglichkeiten einer speziellen und individuellen Entfaltung. Das meint die Aussage von 2 Makk 7,28, daß Gott Himmel und Erde aus nichts (οὐκ ἐξ ὄντων) gemacht habe. Mag diese Formulierung gegen die Lehren der griechischen Philosophie, vielleicht gegen Epikurs († 270 v. Chr.) Ansicht von den »seligen Göttern« gestaltet sein, sie drückt doch nur den ursprünglichen Sinn von Gen 1,1 aus, wogegen Weish 11,17 (»die allmächtige Hand Gottes, die aus gestaltlosem Stoff die Welt erschuf«) wohl von der Ausstattung der Welt (vgl. Gen 1,24: »die Erde bringe hervor«), nicht von der ursprünglichen Erschaffungstat (Gen 1,1) spricht. Wenn der Epikureer Lukrez († 55 v. Chr.) später schreibt: »Nullam rem e nilo gigni divinitus umquam« (aus nichts wird auch von Gott her nichts: De rer. nat. I v. 150, ähnlich Aristoteles, Phys. A 4 u. 8, 187 a 26–29; 191 a 30–31; vgl. PL 90, 992 D), ist dies nur Ausdruck dafür, daß er den Gott der Offenbarung nicht kennt und Schöpfung als natürlichen Kausalzusammenhang versteht. – In dem Schöpfungsverständnis der Offenbarung ist nicht nur das Gegensatzpaar von *Sein und Nichtsein,* sondern ebenso das von *absolutem und relativem Sein,* von *ewigem* (zeitlosen) und *zeitlichem Sein* eingefangen, wobei für unser menschliches Denken der Gegensatz zwischen *sachlichem und personalem Sein* das eigentliche Fundament für das Verständnis dieser Idee bildet.

c) Die Schrift selbst bietet verschiedene *Hilfsvorstellungen* an, durch die die Schöpfungsidee zwar nicht erklärt, wohl aber verständlicher gemacht werden soll. Die älteste Hilfsvorstellung ist die vom »künstlerischen Schaffen« etwa des Töpfers (vgl. Gen 2,7; Is 45,9; Röm 9,21), wobei ausdrücklich noch die Belebung des Tongebildes durch Gottes Odem dazu kommt (vgl. Ps 104,29 f; Ijob 34,14 f; 1 Kor 15,45). – Eine andere Hilfsvorstellung, die vor allem in den sumerischen und ägyptischen Mythologien schon verwendet wurde, ist die Idee »der lebendigen Zeugung oder Geburt«. Für den primitiven Menschen ist dies ein unerklärlicher Neuanfang. So sagt Gen 2,4 den ersten Schöpfungsbericht zusammenfassend: »Dies sind die toledot (= Geburten = Entstehungen) des Himmels und der Erde.« Die monotone Darstellung der Ereignisse der einzelnen Schöpfungstage erinnert an die Aufzählung einer Genealogie. – Die bedeutendste Hilfsvorstellung aber ist die des »Schaffens durch das Wort«, die ebenfalls in Babylon und Ägypten (Memphis) in den Kosmogonien verwendet wurde, die jedoch beim Verfasser der Priesterschriften eine neue Note erhielt. Sie taucht erst hier sowie bei Deutero-Isaias, in späteren Psalmen und in der Weisheitsliteratur auf und ist sehr vielschichtig in ihrem Sinngehalt. Nur selten kommt diese Vorstellung direkt vor: »Durch das Wort des Herrn sind die Himmel geschaffen und ihr ganzes Heer durch den Hauch seines Mundes ... Wenn er sprach, dann geschah es; er gebot, da stand es da« (Ps 33,6.9). »Er sandte sein Wort auf die Erde hinunter (und es entstanden Schnee, Reif und Eis) ... er sandte sein Wort und taute sie auf« (vgl. Ps 147, 15–18). Sonst erscheint das schöpferische Wort Gottes bald als ein »Rufen« (vgl. Is 48,13;

Ps 147,4; Röm 4,17: Er ruft, was nicht ist, daß es sei), als ein »Sprechen« (vgl. Ps 33,9), bald als ein »Befehlswort« (vgl. Gen 1,3.6.9.11.14 usw.). Dabei wird im Schöpfungsbericht der Priesterschrift deutlich, daß hier Wortbericht und Tatbericht nebeneinander laufen und zusammengefaßt erscheinen: So Gen 1,6 f (»Gott sprach, es entstehe ... Gott bildete«), Gen 1,11 f (»Gott sprach, die Erde lasse sprießen ... die Erde brachte hervor«), Gen 1,14–17 (»Gott sprach, es sollen werden ... so machte denn Gott ... Gott setzte sie als Leuchten ein«), Gen 1,20 f (»Gott sprach: Die Wasser sollen wimmeln ... Gott schuf die großen Seetiere«). Bei den Landtieren wird auch die Fortpflanzung in dieser zweifachen Weise als Befehl und als Segen vorgeführt (Gen 1.21 f), ebenso wie beim Menschen (Gen 1,28). Auch erscheint das »Wort Gottes« in den älteren Schichten der atl. Offenbarung zuerst noch als Wort der Weisung und der Verheißung, des Wunders und als prophetisches Wort und erst seit dem Exil (Deuteronomium, Priesterschrift) als schöpferisches Wort. So werden durch diese Aussagen vom »Schaffen durch das Wort« Schöpfung und Heilsgeschichte miteinander verbunden, wie dies noch besonders deutlich in Ps 19 und Ps 147 erscheint, wo auf einen Schöpfungshymnus ein Hymnus auf das Gesetz Gottes folgt.

d) Wenn in diesem Zusammenhang auch die *Schöpfung selbst als ein »Schall« oder eine »Sprache«* erscheint, in der sich Macht und Herrlichkeit des Schöpfers ausspricht, ist doch nicht zu verkennen, daß dies »ohne Wort und Rede, mit nicht vernehmbarer Stimme« geschieht (vgl. Ps 19,2–5). Ebenso wird die Aufforderung an die ganze Schöpfung, Gottes Lob zu singen (vgl. Ps 148; Dan 3,52–90), wohl metaphorisch zu verstehen sein: am Ende wird der Mensch aufgefordert, als Herold der Welt das Lied der Schöpfung vor dem Schöpfer zu singen. Vielleicht ist hier auch schon jenes Denken am Werk, das die besonders am Sternenhimmel festgestellte Ordnung auf eine transzendente Ordnung und schließlich auf den göttlichen Ordner selbst zurückführt, so wie im späteren Aristotelismus die Sphärengeister für die Bewegung der kosmischen Sphären verantwortlich sind und der unhörbare Zusammenklang nach Maß und Zahl geordneter Planeten die »Sphärenmusik« erzeugt, von der Cicero in seinem »Traum des Scipio« handelt (De civ. VI, n 18), eine Idee, die durch Macrobius († um 400 n. Chr.) sowie durch die jüdischen Philosophen (Abraham Ibn Daud, † um 1180; Moses Maimonides, † 1204: Dux perplexorum II 5) dem christlichen Mittelalter vermittelt wurde. So erscheint der Kosmos selbst als ein »Lied Gottes«, das wiederum der Mensch vernehmen und beantworten kann (vgl. Bonaventura, Sent. II d 13 a 1 q 2 ad 2: Divinae dispositioni placuit, mundum quasi carmen pulcherrimum quodam decursu temporum venustare).

e) In neuerer Zeit ist eine eigene *»Philosophie des Wortes«* (F. Ebner) und des Dialogs als Raumes des lebendigen Wortes (M. Buber) entwickelt und bei K. Barth (KD I) entfaltet worden, die besonders durch R. Guardini (Welt und Person, Würzburg 1939) in das katholische Denken Eingang fand. Das »Wort« ist hier (besonders in der Schule K. Rahners: F. A. Gerken; B. Langemeyer) zu einer allumfassenden Kategorie entwickelt worden, wie sie Hegel einst aus dem »Geist« gemacht hatte. Dem schöpferischen Wort Gottes steht die geschaffene Wirklichkeit als Antwort gegenüber. Der Mensch bringt nach dieser Lehre durch sein Wort die Dinge nicht nur zum »Worten« (vgl. L. Weisgerber), sondern gibt ihnen erst ihre echte Dinghaftigkeit, so wie der Mensch seine eigene Menschlichkeit erst im Dialog mit dem Mitmenschen findet (vgl. MS II [1967] 472–477). – Vielleicht wird es in Zukunft gut sein, das personale Wort und das sachliche Wort wieder klarer zu unterscheiden, um so auch die geistige Ordnung des Geschaffenen und die vom Menschen zu schaffende Ordnung, die freie Schöpfungstat des Schöpfergottes und das schöpferische Tun des Menschen in ihrer tiefgreifenden, wesenhaften Unterschiedenheit deutlicher zu machen. So würde die menschliche Verantwortung für die von Gott frei geschaffene und vom Menschen frei zu gestaltende Welt besser unterschieden und hervorgehoben. Das Denken im »dialogischen Personalismus« gerät leicht in die Gefahr eines »dialektischen Idealismus«, der über der Schönheit der Ordnung im dialogischen Wortspiel gar zu leicht den Ernst der Entscheidung in der freien Tat übersieht. Erst die Unterscheidung könnte uns befähigen, die unerhörten neuen Einblicke in die Wunder der atomaren Welt zu neuen Schöpfungspsalmen zu gestalten, wie der Sänger des Alten Bundes durch die Betrachtung des nächtlichen Sternenhimmels oder durch das Erlebnis des Gewitters zu seinen gewaltigen Psalmen angeregt worden ist.

f) Das AT weist auf die absolute *Einmaligkeit des göttlichen Schaffens* (gegenüber allem menschlichen Schaffen) hin, indem es dafür ein eigenes Wort geprägt hat: bara (38mal im Qal, 10mal im Niphal). Nur für Gottes Schaffen wird dieses Wort gebraucht. Im Schöpfungsbericht der Priesterschrift, die hier eine vorgegebene ältere Überlieferung durch Zusätze und Änderungen interpretiert, wird dem Tun Gottes ein »Gott sprach« vorausgestellt, wodurch die Tat als Befehl Gottes, als Ausdruck des geistigen Willens Gottes erscheint (vgl. oben c: Wort- und Tatberichte). Wo diese Erweiterung durch das »Gott sprach« nicht geschah, wird an Stelle des asa (= machen) das Wort bara (= schaffen) gebraucht; so in Gen 1,1.21.27 (3mal), 2,2.3.4 a: (ThWAT [Stuttgart 1973] 769–777).

g) Wie besonders die neuere naturwissenschaftliche Überlegung zeigt, steht hinter der »Schöpfungsidee« als einer von Menschen konzipierten Idee das alte eleatische Problem, das Plato in seinem Parmenides behandelt und als Grundproblem im Neuplatonismus wieder auftritt: die Frage nach dem *Verhältnis von dem Vielen zum Einen* (wo die 1 nicht nur Anfang der Zahlenreihe, sondern Prinzip über der Zahlenreihe ist) oder vom *Teil zum Ganzen* (wo das Ganze mehr ist als die Summe der Teile). Die Vorsokratiker hatten, wie oben angezeigt, hier bereits eigene materiale oder formale Prinzipien als Urgrund der Welt genannt. Der Schöpfungshymnus der Priesterschrift, der nicht Philosophie, sondern Theologie und Teil des Kultes ist, führt beides, das Viele wie das Eine, das Ganze wie die Teile auf den transzendenten, personalen Schöpfer Gott zurück. So konnte Augustinus (und im Anschluß an ihn Anselm und Thomas von Aquin) den Schöpfungsbericht mit neuplatonischen Aussagen interpretieren, ohne die für den jüdischen Gottesglauben unbrauchbare Emanationslehre eines Philon oder Proklus anzuwenden.

h) *Die modernen Naturwissenschaften* können aufgrund ihres experimentellen Ausgangspunktes nur Teile und ein Vielerlei aufweisen und werden doch durch ihre mathematische Methode selbst zur Frage nach dem Ganzen und dem Einen angeregt (vgl. A. Einstein; W. Heisenberg). – Um die Vielfalt der im naturwissenschaftlichen Experiment erfahrenen Wirklichkeiten auf einen einheitlichen Grund zurückzuführen, setzen manche (J. Monod; H. v. Ditfurth) an den Anfang »eine ungezählte Zahl glücklicher Zufälle«, um so die Entwicklung (Evolution) des Kosmos aus den Uranfängen bis hinauf zum Menschen verständlich zu machen. (Schon Aristoteles berichtet: »Es gibt sogar Denker, die für den Himmel und die ganze Welt um uns herum den Zufall [αὐτόματον] verantwortlich machen wollen; von ungefähr sei ein Wirbel entstanden und damit die Bewegung, die die Sonderung eingeleitet und alles in die gegenwärtige Ordnung gebracht hat« [Phys. II 4: 196 a 24–28].) Doch führt der Mensch mit seinem reflektierenden, logisch-mathematischen Denken, mit seinem sich seiner selbst bewußt werdenden

Denken und seinem gestaltenden Handeln nicht eben diese Theorie selbst ad absurdum? Darum nehmen J. Mussard und andere Naturwissenschaftler für die unendlich verschlungene Textur der Welt gläubig einen Weber an, der alles in Gang gebracht und geordnet hat. Naturwissenschaft ist für den Menschen nicht das Letzte und nicht das Ganze (so schon A. Einstein). Die Frage nach dem Sinn des menschlichen Daseins und nach der menschlichen Verantwortung für die Welt läßt sich mit naturwissenschaftlichen Methoden nicht beantworten.

Im einzelnen hat die Naturwissenschaft zur Frage nach der Entstehung der Welt vor allem folgende Theorien entwickelt: Nachdem N. Kopernikus das geozentrische Weltbild zugunsten der heliozentrischen Sicht überwunden und I. Newton das allgemeine Gravitationsgesetz gefunden hatte, das eine Zusammenschau des ganzen Kosmos ermöglichte, haben Astronomie und Physik, vor allem durch A. Einsteins allgemeine Relativitätstheorie gefördert, eine Sicht des Kosmos entwickelt, in der das Universum als ein einheitliches Ganzes gefaßt wird, in dem Homogenität und Isotropie herrschen, so daß jedwedes Feld des Universums die gleiche Daseinsbedingung hätte. – Schon im Anschluß an eine Rezension von Th. Wright entwickelte 1755 I. Kant in seiner »Allgemeinen Naturgeschichte und Theorie des Himmels« seine Idee von dem rotierenden Gasball, aus dem sich das Gesamt der Gestirne entwickelt habe, eine Idee, die P. S. Marquis de Laplace 1796 in seinem Exposition du système du monde weiter ausbaute. C. F. von Weizsäcker baute auf die astronomische Erkenntnis von der interstellaren Materie 1943 seine Turbulenztheorie, wonach die Gestirne durch Zusammenballung der heute noch vorfindbaren interstellaren Materie entstanden seien. P. Jordan gab 1958, aufbauend auf die Erkenntnisse der modernen Atomphysik und auf die Einsicht, daß Materie und Universum sich ausdehnen, zu bedenken, ob nicht das Universum aus einem einzigen Ionenpaar, das sich mit Lichtgeschwindigkeit ausdehnte, entstanden sei. Die neuere Theorie, daß das Universum eine pulsierende Wirklichkeit sei, d. h., daß sein Radius sich bald ausdehne, bald zusammenziehe, führte zur Theorie des Big-bang, die besagt, daß das Universum ursprünglich eine absolute Temperatur von etwa Tausend Milliarden Kelvim gehabt habe (– damit wäre in Einklang zu bringen, warum Gen 1 als erstes Geschöpf das Licht hinstellt –). Der noch kleine Raum des Universums war von Strahlungen erfüllt, die durch einen großen Knall (Big bang = Atomexplosion vor etwa 10 Milliarden Jahren) sich auszudehnen und dadurch abzukühlen begann bis zur heutigen Temperatur des Universums von 3° Kelvim (= –271°). Zu all diesen Versuchen ist wohl zu sagen, was Charon in die Worte faßt: Auch »moderne Forscher sind geteilter Meinung darüber, ob das Universum endlich sei oder unendlich, ob es geschaffen oder nicht geschaffen sei, ob es sich auf einen vorher bestimmten Zustand hin entwickelt oder nicht usw. Auf jeden Fall führen alle diese Fragen noch heute an die Grenze unserer Erkenntnis und lassen sich fast in gleichem Maße der Physik wie auch der Metaphysik zuweisen« (Charon, 191).

i) Hier stehen sich aber nicht nur Naturwissenschaft und Glaube gegenüber: zwischen beiden steht das, was in unserer Zeit sehr umstritten, deshalb aber nicht weniger notwendig ist: *das metaphysische Denken,* das den Glauben nicht begründen und das auf den Ergebnissen der Naturwissenschaft nicht mit naturwissenschaftlichen Methoden aufgebaut werden kann. Dennoch ist es nicht ein »mythisches Denken«, in dem der Mensch das noch Unbekannte und Unverstandene durch Analogien aus seinem Selbstverständnis zu deuten versucht. Es ist aber auch nicht Glauben, was eine personale, totale menschliche Entscheidung auf eine andere Person hin, zumal auf Gott zu, meint. Das metaphysische Denken baut vielmehr gegenüber dem positivistischen Erfassen der Summe der Einzelwirklichkeiten und gegenüber einer existentialen Anthropozentrik, wie die Mathematik in ihrer wertfreien Logik, auf dem Erfassen der Welt als ganzer (zu der auch der Mensch in seiner Ganzheit, Gemeinschafts- und Weltbezogenheit gehört), die immer Sein in Wert und Wert in Sein umschließt, auf: es sucht mit dem diesem Weltverständnis allein entsprechenden intentionalen und transzendierenden Denken bis zu jenen Elementen des Erkennens und des Verstehens weiter, wo der verantwortliche Mensch offen bleibt für den absoluten Gott, vor dem die letzte Verantwortung erst möglich wird. Nicht nur die Ethik, auch eine natürliche Philosophie von einem ersten Grund und letzten Ziel menschlichen Daseins, also eine natürliche Theologie, sind noch Gegenstand einer solchen möglichen Metaphysik. Die große Aufgabe unserer Zeit wird sein, die echte Metaphysik von den Resten des als falsch erkannten antiken Weltbildes zu befreien und ihre menschlich immer gültigen Aussagen im Rahmen des neuen, naturwissenschaftlichen Weltbildes aussagbar zu machen (vgl. dazu E. Topisch, Vom Ursprung und Ende der Metaphysik, München 1972 [negativ]. – W. Struve, Philosophie und Transzendenz, Freiburg i. Br. 1969 [vermittelnd]. – B. Lakebrink, Klassische Metaphysik, Freiburg i. Br. 1967 [mittelalterl. Metaphysik]. – J. Möller, Von Bewußtsein zu Sein, Mainz 1962 [phänomenologischer Ansatz]. – E. Coreth, Metaphysik, München ²1964 [mehr existenzphilosophisch]).

2. Die Tatsächlichkeit der Welterschaffung
(Zum Schrift- und Traditionsbeweis vgl. oben § 2 und § 3).

In den Lehräußerungen der Kirche wurde die Schöpfungslehre, entsprechend den jeweils neuen Fragen der Zeit, immer differenzierter und umfassender dargestellt. Die wichtigsten Aussagen sind:

Credo in Deum Patrem omnipotentem, universorum creatorem (DS 21.22: Africa latina saec. 5–6);

visibilium omnium et invisibilium creatorem (Nizäa 325: D 54 – DS 125 – NR 155);

creatorem caeli et terrae, visibilium omnium et invisibilium (Konstantinopel 381: D 86 – DS 150 – NR 250);

Wir glauben, daß Gott der eine Ursprung aller Dinge ist, der Schöpfer der sichtbaren und unsichtbaren, der geistigen und körperlichen. Er hat in seiner allmächtigen Kraft zu Anfang der Zeit in gleicher Weise beide Ordnungen der Schöpfung aus dem Nichts geschaffen, die geistige und die körperliche, d. h. die Engelwelt und die irdische Welt und dann die Menschenwelt, die gewissermaßen beide umfaßt, da sie aus Geist und Körper besteht (Lateranense IV, 1215: D 428 – DS 800 – NR 295);

Gott, der Schöpfer alles Sichtbaren und Unsichtbaren. Aus seiner Güte schuf er, wann er wollte, alle Geschöpfe: geistige wie körperliche. Sie sind gut, weil sie vom Höchsten Gut erschaffen wurden, doch veränderlich, weil sie aus dem Nichts erschaffen worden sind. Das Böse besitzt keine Natur, weil alle Natur, insoweit Natur, gut ist (Florentinum 1442: D 706 – DS 1333 – NR 301);

Einer ist der wahre und lebendige Gott, der Schöpfer und Herr des Himmels und der Erde, allmächtig, ewig, unermeßlich, unbegreiflich, an Verstand und Willen und an aller Vollkommenheit unendlich. Da er ein einziges, für sich bestehendes, ganz einfaches und unveränderliches geistiges Wesen ist, muß man ihn als wirklich und wesentlich von der Welt verschieden verkünden, als in sich und aus sich ganz glücklich und über alles unaussprechlich erhaben, was außer ihm ist und gedacht werden kann. Dieser allein wahre Gott schuf aus seiner Güte und mit allmächtiger Kraft – nicht um seine Seligkeit zu mehren, noch um sich Vollkommenheit zu erwerben, sondern um seine Vollkommenheit zu offenbaren, durch die Güter, die er den Geschöpfen mitteilt – in freiestem Willensentschluß zu Beginn der Zeit aus nichts in gleicher Weise beide Ordnungen der Schöpfung, die geistige und die körperliche, d. h. die Engelwelt und die irdische Welt, und dann die Menschenwelt, die gewissermaßen beide umfaßt, da sie aus Geist und Körper besteht (1. Vaticanum, 1870: D 1782 f – DS 3001 f – NR 315 f).

Die umfassendste Darstellung der allgemeinen Schöpfungslehre gibt die Versammlung der Kölner Kirchenprovinz 1860 (vgl. NR 303–313: gegen G. Hermes [† 1831] und A. Günther [† 1863] verfaßt).

3. Bedeutung der Schöpfungsidee

Die Schöpfungsidee, die im folgenden noch vor allem von Gott her weiter geklärt werden wird, garantiert vor allem die für das menschliche Selbst- und Weltverständnis entscheidenden Aussagen:

a) Trotz der absoluten Unterscheidung zwischen dem Schöpfer Gott und der geschaffenen Welt ist Gott als Schöpfer seiner Schöpfung innerlicher, als die Schöpfung sich selbst sein kann.

b) Dadurch wird das wahre Gottesbild (Gottes unendliche Ferne und Gottes unendliche Nähe) ebenso wie das wahre Menschenbild (Gottes Geschöpf und Gottes Ebenbild) zusammengeschaut und gesichert.

c) Vor allem die Unterscheidung zwischen dem Bösen und dem Übel sowie die Sinnhaftigkeit des Übels ist allein hier aufhellbar.

d) Die Seinsspannungen zwischen Sein und Werden, zwischen dem absoluten Sein Gottes und dem Werdesein der Welt, zwischen dem Werdesein der Welt und der personalen Freiheit des Menschen werden hier durchschaubar.

e) Erst hier wird das Geheimnis der Gnade als des »Übernatürlichen« für den Menschen aussagbar.

f) Auch die eschatologische Wirklichkeit, die Verklärung der Welt und die Neuschöpfung von Himmel und Erde werden nur hier verständlich.

§ 6 Die Zeitlichkeit der Welt
(Erschaffung einer zeitlichen Welt durch den ewigen Gott)

Th. Esser, Die Lehre des hl. Thomas von Aquin über die Möglichkeit einer anfanglosen Schöpfung, Münster 1895. – E. Gilson, Der hl. Bonaventura, Hellerau 1929 (übers. v. Ph. Böhner) 261–285: Die Schöpfung. – C. F. v. Weizsäcker, Die Geschichte der Natur, Göttingen [2]1954, 31–43. – J. Meurers, Das Alter des Universums, Meisenheim am Glan 1954. – E. Whittaker, Der Anfang und das Ende der Welt. Die Dogmen und die Naturgesetze, Stuttgart 1955. – M. Gierens, Controversia de aeternitate mundi, Rom 1933. – A. Rohner, Das Schöpfungsproblem bei Moses Maimonides, Albertus Magnus und Thomas v. Aquin, Münster 1913. – Boethius v. Dacien, De aeternitate mundi (ed. Géza Sajó), Berlin 1964. – E. Behler, Die Ewigkeit der Welt I (Die Problemstellung in der arabischen und jüdischen Philosophie des Mittelalters), München 1965. – Ders., in: HWPh II (1972) 844–848: Ewigkeit der Welt. – W. Mayer, (Hrsg.), Das Zeitproblem im 20. Jahrhundert, Bern 1964. – LThK 10 (1965) 1324–1334: Zeit. (H. Rollink, A. Darlapp).

Von besonderer Bedeutung für das Verständnis der Schöpfungsidee und des Schöpfungsglaubens ist seit der Auseinandersetzung des christlichen Offenbarungsglaubens mit dem Aristotelismus die Frage nach der Zeitlichkeit der Welt.

1. Für Aristoteles ist die Zeit als »Zahl (= Maß) der Bewegung« ungeworden (ἀγένητος), d. h. ewig (ἀίδιος) wie die Bewegung selbst (Phys. VIII 1: 251 b 17–23; 252 a 4). Das bedeutet jedoch schon bei Aristoteles nicht, daß deshalb Zeit und Bewegung »unendlich« (ἄπειρος) seien; das durch Vermehrung unendlich Große oder durch Teilung unendlich Kleine ist für ihn keine Wirklichkeit, sondern nur eine Möglichkeit, Stoff für Vollendung der Größe und für das Ganze: »Als Unendliches umfängt es nichts, sondern wird umfangen; daher ist es auch als solches unerkennbar, da der Stoff noch keine Gestalt hat« (Phys. III 6: 207 a 21–26). Nur das ist unendlich, das immer noch etwas außen (ἔξω) läßt (ebd.: 206 b 33–207 a 4). Wenn auch von ganz anderen Voraussetzungen her entwickelt, ist diese Aussage sachgleich mit der Aussage der modernen Naturwissenschaft, daß »das Universum unbegrenzt, aber endlich sei« (wie die Kreisbewegung: vgl. A. Antweiler, Unendlich, Freiburg i. Br. 1934). Insofern freilich das griechische Denken primär auf den »Urstoff« gerichtet war, galt sein Hauptinteresse dessen »Ewigkeit«, und einem metaphysischen Denken mußte diese mehr naturwissenschaftliche Aussage immer als Behauptung von einer »Ewigkeit der Welt« erscheinen.

2. Die biblische Schöpfungsidee mußte demgegenüber, sobald sie in der Priesterschrift vom israelitischen Jahweverständnis her konzipiert war, die Schöpfung vom Schöpfer gerade dadurch unterscheiden, daß Jahwe der zeitlichen Welt gegenüber als der »Überzeitliche« erschien, dessen Ewigkeit zu seinem Sein gehörte, wie die Zeitlichkeit zur geschaffenen Welt gehört. Die Ewigkeit ist so der Zeit transzendent, wie Gott der Welt. Wenn schon das »Im Anfang« von Gen 1,1 nicht hinreichend klar erschien, so sprachen wenigstens spätere Zeiten der Schrift eine deutlichere Sprache: »Ehe die Berge geboren wurden, Erde und Welt entstanden, von Ewigkeit zu Ewigkeit bist du, o Gott« (Ps 90,2). »Mich schuf der Herr als Erstling seines Wirkens (spricht die Weisheit), vor seinen Werken, in der grauen Urzeit« (Spr 8,22). Paulus spricht von der göttlichen Erwählung »vor Grundlegung der Welt« (Eph 1,4) und Christus selbst betete: »Verherrliche mich, Vater, bei dir, mit der Herrlichkeit, die ich bei dir hatte, ehe die Welt ward« (Joh 17,5; vgl. 17,24). Dennoch mag auffallen, daß auch hier, besonders im NT, wegen der Problematik des Zeitbegriffes mehr von dem, was »seit Grundlegung der Welt« besteht, gesprochen wird, als von dem, was vorher war (vgl. Mt 13,35; 25,34; Lk 11,50; Hebr 4,3; 9,26).

3. a) Außer Origenes, der eine ewige Welt annimmt (De princ. I 2,10: PG 11, 138 ff), ist die Lehre der Väter, daß Zeit nicht »ewig« sei, einhellig. Auch die Aussage, daß der ewige Gott »von Ewigkeit die Welt geschaffen hätte« wird ausdrücklich als innerer Widerspruch zurückgewiesen (so Zacharias Scholasticus, † 553, Disputatio de mundi opificio: PG 85, 1111 ff; Augustinus, De civ. Dei XII 16: PL 41, 365; vgl. 320). Besonders im christologischen Streit von 325 (Christus ... genitus, non factus) mußte diese Lehre deutlich gemacht werden (vgl. Athanasius Or. I contra Arian. n 29: PG 26,71).

b) Seit dem 8. Jahrhundert suchten die Karäer bei den Juden und die Mutaziliten bei den Mohammedanern zwischen der naturwissenschaftlichen und der biblischen Aussage zu vermitteln. Im 11. Jahrhundert bemühten sich demgegenüber arabische und christliche Theologen (vgl. Anselm von Canterbury) zu beweisen, daß die Welt nicht ewig sein könne, ebenso wie die Philosophen (Averroes; Avicenna, Met. VIII 7) die Ewigkeit der Welt zu beweisen suchten. Das veranlaßte Moses Maimonides († 1204) zu der breiten Behandlung dieser Frage in seinem »Führer der Verwirrten« (Buch 2,

Kap. 1–29). Seine Meinung geht dahin, daß die Beweise des Aristoteles für die Notwendigkeit und Ewigkeit der Welt, wenn er sie selbst so verstanden hat, nicht zwingend seien, daß aber das Festhalten an einem Entstehen einer zeitlichen Welt Sache des Glaubens sei. Weder für noch gegen die Ewigkeit der Welt gebe es hinreichend philosophische Beweise (vgl. I c 21: Ed. Munck, Osnabrück 1964, 347 f).

c) Das MA nahm zu dieser Frage entsprechend seinem Verständnis vom Verhältnis zwischen Glauben und Wissen mehrfach Stellung. Alexander von Hales bereits betonte gegenüber Moses Maimonides, daß Schöpfung und Ewigkeit manifestam contradictionem einschlössen (Summa theologica I n 64; II nn 49, 67, 71). Bonaventura baute darauf seine fünf Beweise dafür, daß die geschaffene Welt nicht ewig sein könne: (1) Ex nihilo geschaffen schließt auch die Zeit als Voraussetzung aus; (2) Zeit kann grundsätzlich wachsen: dem Unendlichen sei aber nichts hinzuzufügen; (3) Weltzeit habe Maß und Ordnung, was der Ewigkeit nicht zukomme; (4) das Endliche könne das Unendliche nicht begreifen; die Welt aber begreift sich; (5) die Welt ist für den Menschen da und eine ewige Welt würde unendlich viele Menschen voraussetzen, was nicht möglich sei (Sent. II d 1 p 1 a 1, q 2 ad opp.). Zeit wird hier offensichtlich mehr metaphysisch verstanden. Ähnlich wie Bonaventura urteilen Matthäus von Aquasparta (De prod. rer. q 9, ed. Gàl, Quaracchi 1956, 201–227), Heinrich von Gent, aber auch Albertus Magnus in seiner Frühzeit. – Demgegenüber geben der Lombarde, Albertus in seiner Summa de creaturis, Thomas von Aquin, Aegidius Romanus, Duns Scotus und spätere dem Moses Maimonides Recht und halten daran fest: Nur im Glauben sei die Nicht-Ewigkeit der Welt zu fassen, im Denken könne weder die Ewigkeit noch die Nicht-Ewigkeit bewiesen werden (vgl. Thomas v. A. S.Th. I q 46 a 1; a 2 ad 1, 2, 6. 7,8 richten sich gegen Bonaventura: E. Gilson, Bonaventura 272, A. 1). – Da die nachfolgenden Zeiten mehr zum Nominalismus neigten und naturwissenschaftlich dachten, wurde vor allem in den Artistenfakultäten die aristotelische Lehre von der Ewigkeit der Welt gelehrt und in der oben vorgestellten Weise verstanden (vgl. Boethius von Dacien; Siger von Brabant [† 1284: vgl. F. van Steenberghen, Siger de Brabant, 2 Bde. Löwen 1931–41]). – Schon F. W. von Schelling hatte gegen die Lehre des Thomas im Namen der Philosophie Stellung genommen (vgl. H. Fuhrmanns, Die Philosophie der Weltalter: Studia Philosophica, Jahrb. der Schweizer. Philosoph. Gesellsch., 14 [Basel 1954] 162–

178); und die Neuscholastik des 19. Jahrhunderts, die gegen den Fideismus kämpfen mußte, griff ebenfalls die Frage nach dem philosophisch beweisbaren Zusammenhang zwischen Schöpfung und Zeitlichkeit der Welt wieder auf (vgl. E. Behler).

4. In der modernen Naturwissenschaft ist Zeit eine notwendige Komponente der räumlichen Welt ($E = mc^2$), und man spricht aufgrund von astronomischen (Expansion des Kosmos, Entstehung neuer Sterne und neuer Materie: C. F. v. Weizsäcker) sowie von physikalischen Beobachtungen (Zerfall der Elemente: P. Jordan) von einem »Alter der Welt« (Alter der Erde: etwa 3 Milliarden Jahre; Alter des Kosmos: 10^{39} Jahre: E. Whittaker). Allgemein wird vom Kosmos gesagt, daß er »unbegrenzt, aber endlich« sei. Doch diese naturwissenschaftlichen Aussagen geben weder die Möglichkeit noch das Recht, hinter diese Weltzeit zurückzufragen, also nach einem absoluten Anfang und damit nach einer »Schöpfung« zu fragen. – Eine echte Frage bleibt freilich, ob nicht der Mensch als geistige Person, die nicht nur Funktion der materiellen Welt ist, eine Zeit hat und kennt, die ihm die »metaphysische Frage« nach dem Woher und damit nach der Schöpfung erlaubt, ja sie von ihm fordert.

5. a) Diese Frage taucht erneut auf, wenn wir im theologischen Denken festhalten, daß die *Zeitvorstellung* der Offenbarung grundsätzlich eine lineare (mit Anfang und Ende) gegenüber der zyklischen Zeitvorstellung der Antike ist. Der biblische Glaube an den Schöpfergott hat auch eine neue Zeitvorstellung gebracht. Diese ist freilich für den modernen Menschen problematisch, insofern sie in die Not gerät, nun auch die »Ewigkeit Gottes« (ähnlich wie bei dem biblischen Wort olam = Ewigkeit) als eine »irdische Zeit ohne Anfang und Ende« (im Gegensatz zur Definition des Boethius, De cons. phil. V, prosa 6 [PL 63, 858 A]: interminabilis vitae tota simul et perfecta possessio) vorzustellen, was den wesenhaften Unterschied zwischen Gott und Welt, Schöpfer und Geschöpf übersehen heißen müßte.

b) Wenn die Kirche den pantheistischen Irrlehren der Albigenser im Mittelalter (vgl. Lateranense IV) und eines J. Frohschammer (vgl. 1. Vatikanum) gerade dadurch zu begegnen suchte, daß sie durch die Lehre von der zeitlichen Schöpfung der Welt den absoluten Unterschied zwischen Gott und Welt hervorhob, ist dabei nicht so sehr der Zeitbegriff, als vielmehr »die Freiheit der göttlichen Schöpfungstat« angesprochen. Wegen der Schwierigkeit des Zeitbegriffes sind auch neuere Theologen (vgl. P. Schoonenberg, Gottes werdende Welt, Limburg 1963) zu Aussagen gekommen, die noch hinterfragt werden müssen, soll die christliche Aussage von der Schöpfung der Welt nicht verdunkelt werden.

c) W. Kern versucht (MS II 525–29) hier einen Beweis für die Zeitlichkeit der Welt, der vom ntl. Verständnis der Heilsgeschichte ausgeht und weiter bedacht werden muß. Nach der Lehre des hl. Paulus ist Christus »die Mitte der Welt« (vgl. Kol 1,16 f: »In ihm wurde alles erschaffen ... alles ist durch ihn und auf ihn hin erschaffen; er ist vor allem und alles hat in ihm seinen Bestand«: vgl. dazu Bonaventura, Hexaëmeron I 10–39: Christus medium tenens in omnibus). Wie im Streit gegen den Arianismus die griechische zyklische Zeitvorstellung (und damit der Hellenismus) eben durch das »genitum, non factum« überwunden wurde, so muß unsere Zeit in christozentrischem Denken die materialistische Zeitvorstellung von heute gläubig zu überwinden suchen. – Jesus Christus hat in dieser Welt als »geschichtliche Gestalt« einen Anfang und ein Ende genommen, obwohl in ihm der präexistente »eingeborene Sohn Gottes« (Joh 1,18) anwesend war und obwohl er als der »erhöhte Herr« in seiner Kirche allen Zeiten bis zum Ende der Zeit (Mt 24,35; 28,20) gegenwärtig bleibt. In der Person Christi ist also gemäß der Aussage der Schrift selbst eine »Zeit«, die eindeutig »Anfang und Ende« hat und die der göttlichen »Ewigkeit« absolut gegenübersteht, durch die »Geburt des präexistenten Logos« (Joh 1,14; Phil 2,6 f) und durch die »Erhöhung (des irdischen Jesus) durch den Vater« (Phil 2,9; Apg 2,23 f) gegeben. – Wenn die irdische Zeit, naturwissenschaftlich gesehen, notwendig Bezug zur räumlichen Masse hat, so hat diese heilsgeschichtliche Zeit in Christus eindeutig Bezug zur Ewigkeit Gottes, und zwar durch Ereignisse, die für das Leben des christlichen Menschen dasselbe bedeuten, was für den Kosmos »Schöpfung« und »Neuschöpfung« (Apk 21,1; Is 66,22; 2 Petr 3,13) sind. So führt das Entstehen des »Christus, Mitte der Welt« zu einem Verständnis der Welt, zu dem die »Erschaffung der Welt durch Gott« gehört. – Zugleich ist in diesem heilsgeschichtlichen Versuch das Verhältnis von »Glauben und Wissen« in dieser Frage in ihrer wirklichen Komplexheit aufgehoben. (»Notwendig«, wie MS II 529 gesagt wird, darf man diese Schlußfolgerung freilich nicht nennen, weil sonst die Freiheit des Glaubens, die allein die Gestalt des Christus tragen kann, gefährdet würde).

2. Kapitel

GOTT, DER SCHÖPFER DER WELT

Hier gilt es, die Einmaligkeit der biblischen Schöpfungsidee aus dem Geheimnis des Schöpfergottes zu deuten, wie ihn die Offenbarung vorstellt und wie ihn die Theologie zu verstehen sucht. – Dies soll geschehen, indem wir den dreieinigen Gott als den Schöpfer der Welt betrachten (§ 7), seine Ideen, seinen Ratschluß und seine Allmacht als den Urgrund dieser Schöpfungstat bedenken (§ 8), das Geheimnis des Schöpfungsereignisses im Geheimnis der göttlichen Freiheit aufsuchen (§ 9) und eine theologisch vertretbare Antwort auf die menschliche Frage, warum Gott in der Freiheit seines Seins und seiner Seligkeit überhaupt etwas außer sich geschaffen hat, erarbeiten (§ 10).

§ 7 *Der dreieinige Gott, der eine Schöpfer des Alls* *(Dreifaltigkeitsspiegel der Welt)*

H. SCHELL, Das Wirken des dreieinigen Gottes, Mainz 1885. – FR. DE LA NOË, Die Welt in der Schöpfung, Zürich 1960. – Zum Dreifaltigkeitsspiegel: vgl. THOMAS V. AQUIN, S.Th. I q 45 a 7: Utrum in creaturis sit necesse inveniri vestigium trinitatis?. – AUGUSTINUS, De Trin. XIV. – BONAVENTURA, Itinerarium mentis in deum c. 1,1–4. – J. M. BISSEN, L'exemplarisme divin selon St. Bonaventure, Paris 1929. – E. DUBOIS, De exemplarismo divino, 4 Bde., Rom 1899–1900. – PH. RECH, Inbild des Kosmos, 2 Bde., Salzburg 1966. – CL. KALIBA, Die Welt als Gleichnis des dreieinigen Gottes, Salzburg 1952. – B. PHILBERTH, Der Dreieine, Stein am Rhein (Schweiz) 1970. – Zur Analogia unitrinitatis bei Nikolaus v. Cues vgl. E. ZELLINGER, Cusanus-Konkordanz, München 1960, 38–43; R. HAUBST, Das Bild des Einen und Dreieinen Gottes in der Welt nach Nikolaus v. Kues, Trier 1952.

1. Oben (§ 2) haben wir gesehen, wie bereits in der Weisheitsliteratur des AT die Weisheit als Mitprinzip im Schöpfungswerk Gottes erscheint (S. 35 f) und wie bei Paulus diese Lehre dahin weiterentwickelt wurde, daß »in Christus, durch Christus und auf Christus hin« Gott der Vater die Welt geschaffen hat (vgl. Eph 1,3–14; Kol 1,15–20; oben S. 37 f). In Christus ist uns auch das Heil begegnet, das im Geiste Gottes geschenkt und vollendet wird (Röm 8,1–30). – Erst die Theologie des 4. Jahrhunderts (Athanasius) hat schon in Gen 1,1–3 das Wirken des dreieinigen Gottes

(des Vaters, des Wortes und des Geistes) deutlich gesehen. Doch schreibt bereits Irenäus († um 202), daß wir in der Liebe Gottes, die uns durch das Wort zu Gott hinführt, »immer besser verstehen werden, daß Gott so groß ist und durch sich selbst alles beschlossen, erwählt und ausgeschmückt hat und alles umfängt . . .«. Immer ist bei ihm das Wort und die Weisheit, der Sohn und der Geist genannt, durch die und in denen Gott alles aus freiem Willen und Entschluß geschaffen hat (Adv. haer. IV 20,1: PG 7, 1032). Doch die Christologie und erst recht die Trinitätslehre ist bei ihm noch nicht geklärt. Erst bei *Athanasius* († 373) wird die Christologie und die Trinitätslehre auch in Hinsicht auf das Schöpfungsgeheimnis klar; in seinem ersten Brief an Serapion schreibt er um 358 (Kap. 28): »Die Trinität ist also heilig und vollkommen, ihre göttliche Natur wird im Vater, im Sohn und im Heiligen Geist dargetan . . . Sie ist ganz schöpferische und bildende (κτίζειν καὶ δημιουργεῖν) Kraft. Sie ist sich selbst gleich und ihrer Natur nach unteilbar, und ihre Wirksamkeit ist nur eine einzige. Denn der Vater tut alles durch den Logos im Heiligen Geist . . . So wird in der Kirche ein Gott verkündigt, der . . . ›über allem‹, nämlich als Vater, als Anfang und Quelle, ›durch alles‹ aber, durch den Logos, und ›in allem‹ (Eph 4,6), im Heiligen Geist ist« (PG 26, 596). Ebenso stammen alle Gnadengaben vom dreieinigen Gott (ebd. Kap. 30: PG 26,597, 600): »Wie die Taufe, die im Vater und im Sohn und im Heiligen Geist gespendet wird, eine ist, und wie der Glaube an die Trinität einer ist . . . so hat auch die heilige Trinität, die sich selbst gleich ist, mit sich selbst geeint ist, nichts von den gewordenen Dingen an sich . . .« Mit Berufung auf 1 Kor 12,4–6 (verschiedene Gnadengaben, ein Geist; verschiedene Ämter, ein Herr; verschiedene Kraftwirkungen, ein Gott) sagt er weiter: »Was nämlich der Geist jedem zuteilt, das wird vom Vater durch den Logos gespendet.« Ebenso lehrt er mit Berufung auf 2 Kor 13,13 (die Gnade Christi, die Liebe Gottes des Vaters und die Gemeinschaft des Heiligen Geistes): »Die Gnade und die Gabe, die in der Trinität verliehen wird, wird vom Vater durch den Sohn im Heiligen Geist verliehen« – *Basilius* († 379) spricht um 375 dieselben Gedanken aus, wobei er noch mehr hervorhebt, daß der Vater der ursprungslose Ursprung sei, das Wirken des Sohnes die Erfüllung des Willens des Vaters bedeute und der Geist das Werk des Sohnes vollende und festige, das Wirken der Drei aber eine einzige Tat sei, wie ihr Sein ein einziges Wesen ist (vgl. De spir. S. 16,38; PG 32, 136; Ep. 38,4: PG 32, 329). – *Gregor von Nazianz* († um 390) bringt die Dreifaltigkeit des

Wirkens in der Einheit des Schöpfungsaktes Gottes zum Ausdruck, indem er dem Vater den Ratschluß (εὐδοκεῖν) dem Sohn das Mitwirken (συνεργεῖν), dem Geist das Beleben (ἐμπνεῖν) zuspricht (Or. theol. 2,1: PG 36, 25). Sie alle heben hervor, was dann Gregor von Nyssa († 394) so formuliert: »Weder hat der höchste Gott das All durch den Sohn gemacht, als ob er irgendeiner Mitwirkung bedürfte, noch wirkt der einziggeborene Sohn alles im Heiligen Geist, weil seine Kraft für seinen Ratschluß nicht hinreichend wäre ...« (Adv. Maced. c 13: PL 45, 1317; vgl. Ad Ablabium: PG 45, 125). – Was hier erarbeitet worden ist, hat *Kyrill von Alexandrien* († 444) in seinem Thesaurus und in seinen Dialogi über die Trinität zusammengefaßt und durch zahlreiche Vergleiche (die Blume und ihr Duft, die Sonne und ihr Glanz) gezeigt, wie Vater, Sohn und Geist ein einziges dreifaltiges Wirkprinzip sind: »Der Vater wirkt, indem er sich des Sohnes als seiner eigenen Macht bedient, die lebendig ist und nicht verschieden von ihm selbst, da sie ja Gott aus Gott ist, und in Gott wesenhaft, wenn es auch einem jedem von beiden zukommt, in einer Existenzweise für sich gedacht zu werden« (Dial. V de trin.: PG 75, 989 B). – *Johannes von Damaskus* († um 750) faßt, durch das Denken des Ps.-Dionysius Areopagita bereichert, diese Lehren zusammen (De fide orth. I c. 8), um dann das trinitarische Wirken nach dem Bilde der Sonne (Glut, Licht, Strahl) zu deuten und die Schöpfung der Welt zu bestimmen durch die Aussage: »Da also der gute und übergute Gott nicht genug hatte an der Anschauung seiner selbst, sondern aus Überfluß der Güte wollte, daß etwas werde, dem er wohltue und das an seiner Güte teilhabe, bringt er alles aus dem Nichtsein in das Sein hervor und schafft es ... Er schafft aber, indem er denkt, und der Gedanke subsistiert als Werk, durch das Wort vollbracht und durch den Geist vollendet« (ebd. II c 2; vgl. H. Schell, 84 ff).

2. Was hier im östlichen Verständnis der Trinität durch die Zusammenschau der Proprietäten der Personen in Gott (Macht, Weisheit, Liebe) gedeutet wird, findet eine neue, mehr dynamische Darstellung in der westlichen Theologie, wo die Personen in Gott mit Hilfe der Relationsvorstellung gefaßt werden. Dies wird schon bei Hilarius, noch mehr bei Ambrosius in den Werken über die Trinität sichtbar. *Augustinus* († 430) endlich wird nicht müde, das Schöpfungsgeheimnis vom dreieinigen Gott als dem einzigen Schöpfungsprinzip her denkerisch immer wieder zu erhellen (vgl. De Gen. ad lit. lib. imperf. 1,2). Nachdem er das Geheimnis des dreieinigen

Gottes durch die anthropologischen Ternare »Sein, Erkennen, Lieben« (mens, intellectus, caritas) auszusagen versucht hat, scheint ihm dieser dreieinige Gott in Hinsicht auf die Erschaffung der Welt als summa origo omnium rerum et perfectissima pulchritudo et beatissima delectatio (De Trin. VI c 10 n 12: PL 42,932). Immer wieder knüpft er an Röm 11,36 an (»Ex quo omnia, per quem omnia, in quo omnia«), um die Schöpfung als das eine Werk des dreieinigen Gottes zu erweisen (vgl. Contra Adimant. Man I 1). Alles, was von Gott geschaffen ist, besitzt darum modus, species und ordo (De nat. boni I c 3). Dem Sohn wie dem Geist eignet, was in Gott dem Vater ist: esse, virtus, sapientia (De Trin. VI c 1; VII c 1; vgl. 1 Kor 1,24). Der Mensch ist Gottes Ebenbild (imago), weil ihm mens, notitia, amor und memoria, intelligentia, voluntas eignen, die unter sich eins und von einem Wesen sind (De Trin. IX und X; vgl. De civ. Dei XI c 24). Weil er, im Gegensatz zur östlichen Theologie, die Trinität primär von der Einheit Gottes her, den Sohn als Selbsterkenntnis Gottes, den Geist als Liebe zwischen Vater und Sohn erklärt, ist verständlich, daß er auch den Schöpfungsakt nach außen aus dem inneren Wirken Gottes herleiten muß: »Ita creationem rerum visibilium deus interius operatur, exteriores autem operationes ... secundum imperium suum et a se impertitas distributiones potestatum et appetitiones commoditatum« (De Trin. III c 8 n 14: PL 42,876; im Anschluß an 1 Kor 3,6: Ich habe gepflanzt, Apollo hat gegossen, Gott aber hat das Wachstum gegeben). Ebenso sagt er von den Engeln: »Ipsam quoque creaturam melius ... in sapientia dei tamquam in arte, qua facta est, quam in ea ipsa sciunt« (De civ. Dei XI c 29: PL 41,343). Je mehr die Innerlichkeit des göttlichen Schöpfungsaktes betont wird, um so ernster wird gegen jeden Pantheismus hervorgehoben, daß die Schöpfung nicht Emanation aus Gott sei, sondern creatio ex nihilo und darum eine veränderliche Wirklichkeit schafft: »Tu vero, si fateri nolueris, a Patre per Filium in bonitate Spiritus Sancti, quae trinitas consubstantialis et aeterna et incommutabilis semper manet, de nihilo factam esse creaturam, bonam quidem, sed tamen imparem creatori atque mutabilem, cogeris utique sacrilegia dicere (vgl. Contra Secundinum Man. c 8: PL 42,584). Ebenso hebt er im Anschluß an Röm 1,25 (»sie verehrten das Geschöpf mehr als den Schöpfer«) hervor, daß das Geschöpf nicht aliena a deo sein könne, wie auch der Schöpfer und das Geschöpf nicht eiusdem substantiae sind (ebd. c 7: PL 42,583; vgl. De civ. Dei VII c 30: PL 41,219 f). Auch kann das Geschöpf selbst nichts schaffen, sondern allein Gott ist Schöpfer. Wenn Geschöpfe Bedingungen schaffen, in denen etwas Neues wird (z. B. der Landmann, wenn er sät), kommt das Neue nur durch die rationes seminales, die Gott der Schöpfer in die Dinge gelegt hat (Qq. in Hept. II q 21: PL 34,602 f). So hat Augustinus fast alle Fragen behandelt, die das Geheimnis des Zusammenhangs zwischen dem dreifaltigen Schöpfer und der Welt berühren. – Noch deutlicher führt später Thomas von Aquin († 1274) das Werk des göttlichen Schöpfers auf das Geheimnis der innergöttlichen Hervorgänge selbst zurück, wenn er schreibt: »Deus Pater operatus est creaturam per suum verbum, quod est Filius, et per suum amorem, qui est Spiritus Sanctus. Et secundum hoc processiones personarum sunt rationes productionis creaturarum« (und so sind die Hervorgänge der Personen in Gott der Grund der Erschaffung der Kreaturen), inquantum includunt essentialia attributa, quae sunt scientia et voluntas (S.Th. I q 45 a 6). An anderer Stelle greift er die Deutung der Trinität durch die anthropologische Analogie von Erkennen und Wollen bei Augustinus auf und sagt dazu: »In uns schließt sich ein Zirkel (seelischer Akte) hinsichtlich dessen, was außer uns ist, da das außen vorgefundene Gut unseren Intellekt bewegt und der Intellekt den Willen bewegt und der Wille zum Handeln übergeht durch das Streben und die Liebe zu dem Gut draußen. In Gott aber schließt sich dieser Zirkel auf ihn selbst zu (in deo iste circulus clauditur in seipso: in Gott ist Erkennen und Wollen nicht passiv, sondern schöpferisch und beide haben als letztes Ziel das Wesen Gottes selbst: De pot. q 9 a 9). Diese heilsgeschichtliche Lehre von der Schöpfung der Welt durch den einen dreieinigen Gott, in dem alles eins (ein Wesen) ist, soweit nicht die personalen Relationen entgegenstehen (vgl. Anselm von Canterbury, de proc. Sp. S., c 2: PL 158, 288 C; Decretum pro Jacobitis: D 703 – DS 1330 – NR 284), wurden bereits auf dem Lateranense IV (1215) in die Worte gefaßt: »Wir glauben fest und bekennen mit aufrichtigem Herzen, daß es nur einen, wahren, ewigen, unermeßlichen und unveränderlichen, unfaßbaren, allmächtigen und unaussprechlichen Gott gibt: den Vater, den Sohn und den Heiligen Geist: drei Personen, aber eine Wesenheit, Substanz und ganz einfache Natur; der Vater ist von keinem, der Sohn vom Vater allein und der Heilige Geist von beiden zugleich. Ohne Anfang, immerwährend und ohne Ende zeugt der Vater, wird der Sohn gezeugt, geht der Heilige Geist hervor: gleichen Wesens und gleicher Vollkommenheit, gleich allmächtig und gleich ewig: ein Ursprung aller Dinge, der Schöpfer aller sichtbaren und unsichtbaren, geistigen und körperlichen Wirklichkeiten, der durch seine allmächtige Kraft zu Anfang der Zeit zugleich beide Ordnungen der Schöpfung aus dem Nichts geschaffen hat« (D 428 – DS 800 – NR 277 und 295).

3. Diese Aussage von der Schöpfung vom dreifaltigen Gott her schließt eine Anzahl von Fragen ein, die sich teils auf unser Gottesverständnis (A), teils auf unser Weltverständnis (B) erstrecken, in der Theologie der verschiedenen Zeiten intensiv bedacht wurden und heute wieder besondere Bedeutung haben.

A. a) Für das außerbiblische antike Denken war die göttliche Wirklichkeit ein Stück seines natürlichen Weltbildes; das führte dazu, daß das Böse und Mangelhafte in der Welt mit der Idee vom Schöpfergott vielfach in der Weise ausgesöhnt werden mußte, daß entweder den himmlischen Gottheiten chthonische Gottheiten (Babylon) oder den guten Gottheiten böse (Parsismus) gegenübergestellt wurden. Um vor der ewigen Gottheit die Zeitlichkeit der Welt festhalten zu können, führte Plato einen eigenen guten, wohlwollenden Demiurgen ein (Timaios, 28–30), während die Gnosis den Demiurgen oder die Äonen für das Böse in der Welt verantwortlich gemacht hat (vgl. Plotin, En. II 9). – Die neuplatonische Philosophie, in der das schöpferische Geschehen als Emanation aus Gott verstanden wurde, postulierte verschiedene Zwischenstufen (gnostische Elemente: Äonen), um das Hervorgehen des Vielfältigen aus dem absolut Einen zu erklären (vgl. Liber de causis; Proklos, Stoicheiosis).

b) Das biblische Denken bediente sich zur Darstellung der Weltschöpfung durch Gott vor allem der anthropologischen Analogie des Schaffens durch das Wort, das nicht nur befiehlt, sondern selbst hervorbringt. Vielleicht liegt der biblischen Aussage noch ein magisches Verständnis vom »Wort« zugrunde, das ihm schöpferische Wirkung zuspricht. Uns bleibt unverständlich, wie das geistige Wort die materielle Wirklichkeit unmittelbar hervorbringt, und an dieses Dilemma knüpfen eine Menge von theologischen Überlegungen in der Folgezeit an. Im Anschluß an Alfarabi († 950) hat die ersten gründlichen metaphysischen Gedanken zu diesen Fragen Avicenna († 1037), der persische Philosoph und Arzt, entwickelt, indem er die neuplatonische Lehre von den Seinsschichten, vor allem die Rede vom absoluten und relativen Sein, mit den aristotelischen Gedanken von Akt und Potenz, Sosein und Dasein und seiner Idee vom »ersten unbewegten Beweger« verknüpft hat (vgl. Aristoteles, Metaph. III 8: 1012 b 30 s; zur Schöpfungslehre Avicennas vgl. Soheil M. Afnan, Avicenna, London 1958, 126–128, 175–178). Seine Gedanken standen im Hintergrund, als die Hochscholastik die Frage erörterte, wie der unveränderliche (immutabilis) Gott etwas schaffen könne, ohne selbst eine Veränderung (mutatio) zu erleiden. Alexander von Hales (II n 41), Bonaventura (Sent. I d 8 p 1 a 2 q 1) und Thomas von Aquin (De pot. q 3 a 2) zeigten, daß die sechs Arten von Bewegung oder Veränderung, die Aristoteles in seinen Kategorien aufzählt (c 14: 15 a 13 s), auf Gott nicht anwendbar seien. Eingehend behandelt dann Matthäus von Aquasparta († 1302) die Frage, quomodo stat effectus novitas cum eius (dei) immutabilitate (BFS XVII, ed. Gál, Quaracchi 1956, 179–200). Nachdem er die Lehre der Philosophen, daß sich mit dem einfachen Wesen des ersten Prinzips nicht vereinbaren lasse, daß es durch eine neue Tätigkeit Neues hervorbringe, als allgemeinen Irrtum herausgestellt hatte, suchte er die Schöpfungstat Gottes durch vier Überlegungen, vor allem im Anschluß an Augustinus, als vereinbar mit dem unwandelbaren Wesen Gottes zu erweisen: (1) durch sein ewiges Wort spricht und durch seinen ewigen Willen verfügt Gott, daß ein neuer Effekt in der Zeit (oder besser »und mit ihm die Zeit«) entstehe (vgl. Augustinus, De Gen. ad lit. I c 18 n 36: PL 34, 260); (2) in Gott sind Wesen, Intellekt und Wille ebenso wie Wesen und Wirken identisch und der Effekt ist nur cointellectus et connotatus und als solcher zeitlich und in der Zeit. (Hier wird freilich nach unserer Auffassung das Zeitdenken als Vermittlung für den ganz anderen Gegensatz zwischen dem geistigen Willen und der materiellen Wirklichkeit angesetzt: der geistige Gott schafft die materielle Wirklichkeit!); (3) im ewigen Gott, in dem gemäß der Definition des Boethius von Ewigkeit alles tota simul ist, ist auch agere und operari, die Betätigung des eigenen Wesens und das Wirken nach außen gleichzeitig, nicht ein Nacheinander, wie bei uns Menschen (vgl. Augustinus, De civ. Dei XII c 17 n 2: PL 41, 367); (4) das Geschaffensein bedeutet eine Relation zum Schöpfer, zu deren Entstehung nicht im Schöpfer, sondern nur im Geschöpf eine Änderung notwendig ist, so, wie wenn etwa ein geprägtes Stück Metall zu einem Geldwert erklärt wird (vgl. Augustinus, De Trin. V c 16 n 17: PL 42, 922 s; Thomas von Aquin, De pot. q 7 a 10). Hier wird es für unser heutiges Denken noch schwieriger, die »Metabasis«, den Übergang von der idealen zur realen Sphäre hinzunehmen. Im Hintergrund all dieser Gedanken steht eben ein Denken, für das die Schöpfungswirklichkeit (Welt = Schöpfung) so selbstverständlich ist, daß nur die ideale Relation, nicht das reale Entstehen der Welt zur Frage steht. – Die Grundlage all dieser Verstehensversuche liegt im neuplatonischen Gedanken vom vollkommenen Sein, das alles andere, unvollkommene Sein einschließt, und von der Ewigkeit als Überzeitlichkeit, in der ebenfalls alle Zeit aufgehoben ist. Dieses Seinsdenken macht uns heute Schwierigkeiten. Wiederum könnten wir versuchen, durch den theologischen Gedanken von »Christus, Mitte der Welt« her auch diesen Gedankengang zu erhellen. Gott ist durch die Menschwerdung in Christus nicht nur in einer idealen Seinsweise, sondern in der geschichtlichen Realität der Welt dieser Schöpfung innerlicher geworden, als diese Welt als Realität sich selber sein kann (so in der Sprache der personalistischen Mystik eines Tauler: Predigten, Edition Vetter, S. 144). – Wenn diese Aussage, als Glaubenserkenntnis ernst genommen, ein Stück unserer christlichen Weltanschauung geworden ist, bekommen die von Matthäus von Aquasparta vorgetragenen Argumente ein neues Gesicht und ein neues Gewicht. Sie setzen freilich ein gläubiges Weltverständnis voraus, das heute mehr von der Christozentrik her zu sehen ist, während es das MA mehr vom Schöpfungsgedanken her konzipiert hat.

c) Von hier aus wird auch die Aussage des Thomas von Aquin, daß in der Schöpfungstat auch der innergöttliche dreipersonale Lebensprozeß selbst mit am Werke sei, neu aktuell und verständlich. Wenn Gottes Wirken nach außen nicht real getrennt werden kann von seinem inneren Lebensvollzug, muß dieser Lebensvollzug auch im Spiele sein in der Schöpfungstat Gottes und damit in der Schöpfung selbst. Was die Hl. Schrift von Christus sagt, daß in ihm die Welt erschaffen wurde (Joh 1,3) und daß der Sohn nichts tut, was nicht auch der Vater tut (Joh 5,19), das ist in gleicher Weise von der dritten Person in Gott, dem Heiligen Geist, zu sagen (vgl. Joh 14,10; 16,13). Die Aussagen des hl. Augustinus, die wir oben (2) vorgestellt haben, haben es uns bereits gezeigt: Gott erkennt sich ganz und vollkommen, und diese Selbsterkenntnis ist sein Sohn, sein Wort der Selbstoffenbarung an uns, sein Wort, durch das alles geschaffen ist (Joh 1,3). Vater und Sohn lieben einander aus ihrer Ganzheit sich ganz, und diese Liebe, in der sie sich ganz schenken, so daß in der personalen Perichorese die Einheit des Wesens zur wesenhaften Einheit des dreipersönlichen Gottes wird, ist die Fruchtbarkeit der dreieinigen Allmacht, der Schöpfungsakt, in dem der ewige Gott die zeitliche Welt schafft und trägt. – Was Augustinus und das MA in einem mehr neuplatonischen Seinsverständnis dargestellt haben (vgl. dazu Matthäus v. Aquasparta, De product. rerum, q 7: BFS XVII, Quaracchi 1956, 162–178; dreimal hat er diese Frage in seinen Werken behandelt), das muß in der heilsgeschichtlichen Sicht unserer Tage, aus dem »Christus, Mitte des Alls« erneut und tiefer durchgedacht werden.

B. a) Von diesem Verständnis des göttlichen Schöpfungsaktes her ist auch neu zu bedenken, was seit Augustinus sich in der Aussage niedergeschlagen hat, daß die Schöpfung als Geschöpf des dreieinigen Gottes, des ewigen Gottes, der immer am Wirken (actus purus) ist, auch eine Spur (vestigium) oder ein Abbild (imago) dieses dreieinigen Wirkens Gottes für unseren menschlichen Verstand erkennen lassen muß. Man hat diese innerliche Spur Gottes den *»Dreifaltigkeitsspiegel«* genannt (vgl. die Lit. zu Beginn des Paragraphen). Dieses Thema erscheint schier unerschöpflich, sobald der Mensch aus dem Reichtum seines eigenen dreifaltigen Geistes (Sein, Erkennen, Wollen) sich und seine Welt, die tote wie die lebendige und die geistige Welt auf ihre innere Struktur hin bedenkt. Gott, der dreieinige, ist der Welt als seiner Schöpfung, wie schon Gregor von Nazianz gesagt und die mittelalterliche Theologie weiter ausgeführt hat, potentialiter (durch seine Schöpfungsmacht), essentialiter (durch die Menschwerdung des Logos) und praesentialiter (als der erhöhte Herr und sein Geist) gegenwärtig. In allen geschaffenen Wirklichkeiten läßt sich eine dreifaltige Struktur aufzeigen, die von dem dreifaltigen Schöpfer kündet. – Der Mensch, der unmittelbar die Weltwirklichkeiten als Ganzheiten betrachtet, entdeckt in ihnen eine Dreierstruktur, die ihn an den dreieinigen Schöpfer dieser Ganzheiten denken läßt: das Universum sieht er als Erde – Meer – Himmel, die Geschöpfe als tote – lebendige – geistbegabte, die Lebewesen als Pflanzen – Tiere – Menschen; in seinem eigenen Wesen erkennt er Sein – Erkennen – Wollen; Leib – Seele – Geist; er wächst aus der Familie mit Vater – Mutter – Kind; der eine Raum ist dreidimensional, die erlebte Zeit hat Vergangenheit – Gegenwart – Zukunft; die Welt der Farben ist aus blau – rot – gelb, die Welt der Töne aus Ton – Intervall – Rhythmus aufgebaut; das Ganze seiner frei geschaffenen Welt (Kultur) ist Welt der Sprache und des Tones – Welt der Farbe und der Gestalt – Welt des Raumes und der Technik; ganz besonders im Bereich der Sprache, (Subjekt – Prädikat – Objekt), der Logik (Schluß in drei Sätzen) und der Metaphysik (Sosein – Dasein – Existenz; Möglichkeit – Wirklichkeit – Notwendigkeit usw.) sind eine Menge solcher Ternare genannt worden (vgl. Nikolaus v. Cues). Mag mancher Versuch in Spiel ausarten: ein Mensch, der in den einfachen Dingen des Lebens die eigentlichen »Probleme« erkennt, wird an diesen Analogien nicht unbeeindruckt vorübergehen können. Hier gilt das Wort Bonaventuras: »Wer von einem solchen Glanz der geschaffenen Dinge nicht erleuchtet wird, ist blind; wer durch dieses laute Rufen der Natur nicht geweckt wird, ist taub; wer von diesen Wundern der Natur beeindruckt, nicht Gott lobt, ist stumm; wer durch diese Signale der Welt nicht auf den Urheber hingewiesen wird, ist ein Tor. – Öffne darum deine Augen, wende dein geistiges Ohr ihnen zu, löse deine Zunge und öffne dein Herz, damit du in allen Kreaturen deinen Gott entdeckest, hörest, lobest, liebest, verehrest, verherrlichest und ihm huldigest, damit nicht der ganze Erdkreis sich gegen dich (anklagend) erhebe!« (Itinerarium, c 1,15). – Was hier im mittelalterlichen Denken allein vom Schöpfungsdogma her gesehen und ausgesagt ist, muß in unseren Tagen vom heilsgeschichtlichen Denken her, aus der Geschichte des einzelnen und der Völker gesehen und dem obigen zugefügt werden.

b) Damit tritt die Frage nach Sinn und Bedeutung der Natur mit ihren eigenen Gesetzen ins Blickfeld. Im Anschluß an Aristoteles haben Thomas von Aquin, Duns Scotus und vor allem dann die Jesuitentheologie der nachtridentinischen Zeit die *Eigenständigkeit der Welt* mit ihren Naturgesetzen und die Eigenständigkeit der menschlichen Kulturwerte hervorgehoben, während die augustinische Schule Bonaventuras und der ihm folgenden Franziskaner (im 17. Jahrhundert auch die thomistische Schule) ihr Augenmerk mehr dem Mitwirken Gottes in allem menschlichen Wirken geschenkt hat. In der Gnadenlehre, in der dieses Problem im Streit zwischen Molinisten und Thomisten deutlich geworden ist, wird der Weg zu einer Lösung des Problems immer wieder über die Besinnung auf die Innerlichkeit der Gnade führen müssen (vgl. KKD V, 249–254; H. U. v. Balthasar, In Gottes Einsatz leben, Einsiedeln 1971). Für das Kulturwerk des Menschen wird ein vertieftes Verständnis der »Natur als Schöpfung« notwendig sein, wenn wir in unserem technokratischen Zeitalter, wo der Mensch im einzelnen beinahe alles zu verwirklichen vermag, was er vollbringen möchte, das Maß finden sollen, das wir selbst unserem Werk setzen müssen, wollen wir nicht die Welt zerstören, in der und von der wir leben müssen.

c) Ein letzter Gedanke, der mit dieser Einsicht in die Schöpfung als Werk des dreieinigen Gottes verknüpft ist, führt also zur Frage nach unserem menschlichen Kulturwerk. Wenn die Weltwirklichkeit als Schöpfung Gottes uns auf das innergöttliche Leben und Wirken Gottes zurückverweist, wird unser menschliches Handeln und Wirken selbst zur Frage. Die Tatsache, daß der Mensch nach dem Ebenbild Gottes geschaffen ist, gibt den Grund dafür ab, daß allein der Mensch (im Gegensatz zu aller außermenschlichen Welt) von Gott als causa instrumentalis oboedientialis zugelassen ist, d. h. daß der Mensch mit seinem freien Wirken am schöpferischen Wirken Gottes durch Gottes Huld teilhaben darf und sein kreatives Wirken dem Schöpferwirken Gottes korrespondieren kann. Das führt zu der Frage, die in der Anthropologie unten (vgl. § 31) näher zu behandeln ist, der Frage, welchen Sinn und welche Bedeutung das menschliche Kulturwerk in der Schöpfung Gottes besitzt: ob der Mensch durch sein Tun den Schöpfungsplan Gottes zu Ende führen muß (idealistische Übertreibung; vgl. F. Dessauer, Philosophie der Technik, Bern 1927), ob das Kulturwerk des Menschen Ausdruck und Folge der Sünde des Menschen ist (pessimistische Übertreibung aus einem falschen Sündenverständnis: vgl. D. Brinkmann, Mensch und Technik, Bern 1946; vgl. auch Lebendiges Zeugnis 1949, H. 2/3) oder ob nicht vielmehr primär vom Menschen her, der mit seinem Kulturwerk am Schöpfungswerk Gottes mitwirken muß zu seiner eigenen Entsühnung und zur Entfaltung seiner Gottebenbildlichkeit, Sinn und Zweck des Kulturwerkes zu sehen sei.

§ 8 Gottes Ideen, Ratschluß und Allmacht als Urgrund seiner Schöpfungstat

E. A. Vigener, De ideis divinis, Münster 1869. – D. Ross, Plato's Theory of Ideas, Oxford ²1953. – M. Grabmann, Des heiligen Augustinus Quaestio de ideis in ihrer inhaltlichen Bedeutung und mittelalterlichen Weiterwirkung, Mittelalterliches Geistesleben II (1936) 25–34. – H. Rüssmann, Zur Ideenlehre der Hochscholastik, Freiburg i. Br. 1938. – O. Wanke, Die Kritik Wilhelms von Alnwick (und des Petrus Thomae) an der Ideenlehre des Johannes Duns Scotus, Bonn 1965 (Diss.). – LThK V (1960) 604 f: Ideen, göttliche (L. Scheffczyk).

1. Der Widerstreit zwischen der Vergänglichkeit der irdischen Dinge und der überwältigenden Größe in der Vielfalt ihrer Formen und Gestalten hat Plato, ausgehend von der sokratischen und pythagoräischen Philosophie, in den Schriften seiner reifen Jahre

zu seiner Ideenlehre geführt. Durch das Zusammenwirken von Gestalt-, Wert- und Seinsdenken werden die Ideen als ursprüngliche Gattungsbegriffe zu den nur geistig faßbaren (Tim. 52 a) objektiven, ewigen, raum- und zeitlosen, unveränderlichen und einfachen Wesenheiten (Symp. 210 e – 211 e), die den Grund für das Sein der Einzelwesen abgeben, in dem diese an ihnen Anteil (μέθεξις) gewinnen (Parm. 132 d). Das menschliche Erkennen der Einzeldinge wird ermöglicht durch die Erinnerung (ἀνάμνησις: Phaidros 246 a – 249 c; Pol. V: 474 c; VII: 522 b; 516 c) an die in der Präexistenz der Seele geschauten Ideen. Wie schon bei dem älteren Plato die Ideen das Wesen der Zahlen angenommen haben (Parm. 130 ff; Pol. V: 478 c; X: 596 a), so sieht Aristoteles später in den den Dingen einwohnenden »ewigen Formen« die Ideen (Met. I 9; VII 13). Die Stoa versteht unter den Ideen nur subjektive Vorstellungen oder Gedanken des Menschen (Chrysipp: Stoicorum veterum fragmenta, Ed. Arnim II 365). Bei Philon werden sie zu geistigen Geschöpfen (Bildern), durch die die Gottheit die Materie gestaltet (Leg. All. I, 9,23; de opif. 4,19), und für Plotin sind sie Bestandteile des aus dem göttlichen »Einen« hervorgehenden Geistes, die als geistige Kräfte in den Dingen wirken (En. III 9; IV 8,3). Das macht verständlich, daß nun Augustinus im Blick auf die biblischen Aussagen von Gott als dem Urbild des Menschen (Gen 1,26 f), von der schöpferischen Weisheit (Spr 8,22) und von Christus als dem Mitprinzip der göttlichen Erschaffung (Joh 1,3 f; Kol 1,15 f) in den Ideen Inhalte des göttlichen Denkens selbst sieht, an denen die von Gott geschaffenen Dinge Anteil haben. »Diese Sinngründe (rationes) aller zu schaffenden und geschaffenen Dinge sind im Geiste Gottes enthalten ... ewig und unveränderlich ... Durch Teilnahme an ihnen entsteht, was immer ist und wie es ist« (De 83 Qq., q 46: PL 40, 30). Bei Ps.-Dionysius (um 520: De div. nom. c V § 8: PG 3, 821, 824) und noch mehr bei Maximus Confessor († 662) werden diese Ideen in Gott mit seinem schöpferischen Wirken verbunden. »Die Dinge, von deren Wesen Ideen bei Gott vorausbestehen, sind eben jene, die nach dem göttlichen Ratschluß ins Dasein treten sollen« und sie heißen oft »göttliche Wollungen oder Vorausbestimmungen« (PG 91, 1329 B; 90, 621 A: vgl. H. U. v. Balthasar, Kosmische Liturgie, Einsiedeln ²1961, 114 ff, 110–131). Scotus Eriugena entwickelt diese Gedanken auf dem Boden eines neuplatonischen Pantheismus weiter. Die Hochscholastik versucht, die der Ideenlehre zugrunde liegenden Fragen zu klären, indem sie vom schöpferischen Erkennen Gottes ausgehend eine mit dem göttlichen

Wesen identische Idee in Gott annimmt, die sich in die Vielheit der Gattungsbegriffe der Dinge (rationes) hinein und selbst in die unendliche Zahl der Individuen hinein ausspricht (vgl. Bonaventura, Sent. I d 35 a un.: Ed. Quaracchi I, 602–604 [Scholion]; Coll. in Hex. 6,2). Thomas von Aquin (Sent. I d 36 q 2; De ver. q 3: De ideis; S.Th. I q 15) lehrt: Die Ideen sind formae exemplares, und zwar sowohl im praktischen Verständnis vom Schöpfer her wie im spekulativen Verständnis vom Menschen her. Nicht nur das neuplatonische Denken bei Augustinus und Ps.-Dionysius, sondern auch das noch wirksame heilsgeschichtliche, trinitarische Denken war der Grund dafür, daß hier die Idee noch ganz mit dem göttlichen Wesen identifiziert wurde. Bei J. D. Scotus, der Glauben und Wissen stärker trennt, bekommt die erkenntniskritische Frage mehr Gewicht, und so lehrt er, daß die Ideen formal vom Wesen Gottes unterschieden, von seinem Intellekt hervorgebracht werden, denn (aristotelisch verstanden) idea lapidis non est nisi lapis intellectus (Ox. I d 35, n 12: X d 55, n 4 a). Das führt zunächst zu einem großen Streit um die Ideen, dessen Hintergrund die Auseinandersetzung zwischen einer mehr augustinisch-neuplatonischen und einer mehr aristotelischen Denkweise ist und in die neben vielen anderen vor allem der Scotusschüler Wilhelm von Alnwick (De esse intellegibili, Ed. A. Ledoux, BFS X, Quaracchi 1937) und Petrus Thomae verwickelt sind (vgl. O. Wanke). Im heraufkommenden Nominalismus gewann die erkenntniskritische Richtung die Oberhand, bis Nikolaus von Cues († 1464) in seinem neuplatonischen Denken, das jedoch auch von Meister Eckhart her mitbestimmt war, den Partizipationsgedanken ebenso wie den trinitarischen Exemplarismus der großen Theologie des 4. Jahrhunderts wieder mächtig zur Geltung brachte, ohne damit freilich weiter zu wirken (vgl. R. Haubst, Das Bild des Einen und Dreieinen Gottes in der Welt nach N. v. Kues, Trier 1952). Neben der erkenntniskritischen Betrachtung der Ideen vor allem in der Tübinger Schule (F. Staudenmaier) und der auf Thomas bauenden Neuscholastik (J. Kleutgen) hat in unserer Zeit die russische Theologie (W. Solowjew, S. Bulgakow) eine neue Variante der göttlichen Ideenlehre in ihrer Sophia-Lehre entwickelt (vgl. B. Schultze, Russische Denker, Wien 1950, 253–290; 317–358).

2. Wie dieser kurze geschichtliche Aufriß zeigt, werden grundlegende theologische Probleme ins Spiel gebracht, wo die Fragen nach den göttlichen Ideen bedacht werden. Das Verhältnis von

Schöpfer und Geschöpf wird dadurch vor allem in folgenden Momenten zu klären sein:

a) In Hinsicht auf die Dinge der Welt, die für uns nur real sind, insofern sie auch erkannt werden, wird zu dem Problem »Erkennen und Sein« immer wieder festgestellt: das Erkennen Gottes ist schöpferisch: Gott erkennt die Dinge in seinem eigenen Wesen und verwirklicht sie durch seinen freien Willen als Schöpfer; unser menschliches Erkennen ist rezeptiv und passiv und die Kreativität des Menschen ist eine konstruktive, nicht ursprünglich schöpferische: der Mensch verwertet für all seine neuen Gebilde vorhandene Wirklichkeiten, insoweit er sie kennt.

b) Die absolute Einfachheit Gottes und der Formenreichtum der geschaffenen Dinge werden in eben dieser Lehre von den Ideen durch die Unterscheidung der einen Idee in Gott von den vielen rationes in den geschaffenen Dingen und den unzähligen Formen in den Individuen dahin ausgeglichen, daß noch mehr Weisheit und Allmacht Gottes in eben diesem Reichtum der Schöpfung für uns offenbar werden. Dabei werden vielfach die neuplatonischen Lehren über das Verhältnis von dem Einen zu dem Vielen angewandt. Doch diese philosophischen Gedankengänge müssen nur helfen, das theologische und religiöse Problem zu erhellen, das selber mehr meint.

c) Wie in den Dingen Sosein und Dasein unterschieden werden, so spricht die Theologie im Anschluß an die Hl. Schrift (vgl. Eph 1,11: βουλή τοῦ θελήματος; Apg 2,23: ὡρισμένη βουλή) außer von den Ideen vor allem von dem schöpferischen Wort und dem Ratschluß Gottes, um so die Wirksamkeit der Ideen und die Allmacht und Freiheit Gottes deutlicher zu machen. Das deutsche Wort »Rat-Schluß« bringt diesen Sachverhalt deutlich zum Ausdruck, insofern der Rat des Geistes und der Entschluß des Wollens hier schon in dem einen Wort sprachlich verbunden erscheinen. Von dieser Unterscheidung im Schöpfergott her läßt sich auch die Schöpfung als Wirklichkeit treffend mit dem deutschen Wort »Tat-Sache« kennzeichnen: die freie Tat des einen personalen Wesens Gottes schafft eine sachliche Sache; das Geheimnis einer materialen Schöpfung durch eine geistige Person wird damit schon im Wort angedeutet.

d) Durch dieses Verständnis der Welt als Schöpfung aus der Schöpfungstat Gottes heraus werden Seinsrecht und Seinsmacht, Größe und Würde der Welt für den Christen begründet. In den Sentenzenwerken der Hochscholastik werden darum an die Betrachtung über die Ideen in Gott unmittelbar die Fragen nach dem

»Sein der Kreatur in Gott« und dem »Sein Gottes in der Kreatur« angefügt (Sent. I d 36 und 37). Da Gott, der unendliche, actus purus, ewig mit sich selber identischer Seinsvollzug ist, sind die Idee von der Schöpfung und der Wille zur Schöpfung in ihm ewig, auch wenn sie eine zeitliche Welt verwirklichen. In dem einen, dreipersonalen Schöpfergott hat die zeitliche Welt also ein ewiges Sein. Diese theologische Aussage auf dem Boden des in der Theologie konzipierten Gottesverständnisses hat nichts gemeinsam mit dem Problem, das die Naturwissenschaften durch die Frage nach einer notwendigen oder zufälligen Welt zum Ausdruck bringen.

e) Insofern die Welt als Schöpfung in Sosein und Dasein von Idee, Ratschluß und Allmacht Gottes abhängig ist, kann sie in keinem eigentlichen Sinne autonom sein: die in ihr wirkenden Naturgesetze sind rationes seminales, die an der ewigen Idee Gottes ebenso wie an der wandelbaren Gestalt der Welt teilhaben. Zugleich wird in ihnen, wie oben gezeigt, die Freiheit des Schöpfergottes und die Notwendigkeit der makrokosmischen, materialen Ordnung wirksam. Seins- und Sinnerfüllung der Welt hängen davon ab, wie weit sie die Ideen Gottes ausprägt, seinen Ratschluß verwirklicht und seiner Macht sich frei unterordnet, soweit sie eine freie Natur ist. – Dem widerspricht nicht die Eigengesetzlichkeit der Natur im einzelnen, die nur zum Ausdruck bringt, daß der Schöpfergott, wie es besonders die negative Theologie gelehrt hat, so sehr über der Welt steht, daß gerade in der Eigengesetzlichkeit der Einzeldinge diese transzendente Größe Gottes offenbar wird, ohne die das Ganze (καθ' ὅλον) nicht zu begreifen ist. Die Forderung mancher Naturwissenschaftler nach einer »Unzahl von glücklichen Zufällen« als Erklärung für die Notwendigkeit der Ordnung im Ganzen (Makrokosmos) gegenüber der nicht notwendigen Ordnung im Kleinen (Mikrokosmos) ist demgegenüber keine befriedigende Antwort für die Frage des menschlichen Geistes an die Weltordnung. Die vorher genannte theologische Antwort ist freilich keine Wissensantwort, sondern eine Glaubensantwort.

f) Mit diesem Verständnis von Schöpfer und Schöpfung hängt die Frage zusammen, ob nur die wirklichen Dinge, die je gewesen sind, jetzt sind oder sein werden, in Gott eine Idee haben oder ob auch die nur möglichen, nie wirklichen, vom Menschen nie gedachten und zu denkenden Dinge in Gott durch eine Idee Wirklichkeit besitzen können. Durch diese Frage soll nicht nur die Unendlichkeit Gottes gegenüber der Endlichkeit der Welt wieder einmal bestätigt werden, vielmehr wird damit auch die Frage nach der Wirklichkeit erst zu einer theologischen Frage. In Gott, so lautet gewöhnlich die Antwort, ist unendlich viel mehr durch Ideen wirklich, als das, was in der geschaffenen Welt je Wirklichkeit war, ist oder sein wird. Damit ist zugleich die Schöpfung wiederum als freie Tat Gottes und als »Tat-Sache« verstanden. – Noch weiter führt die Frage, ob die Dinge in Gott mehr Wirklichkeit besitzen, als sie in sich selber haben. Die Fragestellung, wie die bejahende Antwort, ist zunächst gewiß vom neuplatonischen Seinsdenken mit seinen Seinsstufen her genommen. Theologisch jedoch steht dahinter das ganz andere Seinsverständnis, das durch die Idee vom Schöpfergott und von der Welt als Schöpfung begründet ist. – Damit hängt schließlich die Frage zusammen, inwieweit auch das Böse (malum) in Gott durch eine Idee Realität besitze. Ausgehend von der Lehre, daß das Böse nur privatio, ein Mangel an notwendigem Guten, sei und daß in Gott nichts Negatives sein könne, wird allgemein gesagt: Eine Idee des Bösen könne in Gott nicht sein; das Böse werde darum auch nicht vom Schöpfergott mitgeschaffen, sondern nur vom freien Geschöpf verursacht und von Gott nicht durch eine Idee, sondern durch ein Bild (similitudo) erkannt. Wiederum wird hier die Problematik der neuplatonischen Seinsdenkweise wie ihrer Erkenntnislehre deutlich. Dennoch hieße es Gott nach dem Bilde des Menschen gestalten, wollte man diese Frage grundsätzlich theologisch ausklammern. Wie das Seinsdenken immer wieder durch das heilsgeschichtliche Denken der Bibel ergänzt werden muß, muß letzteres ebenso durch das Seinsdenken vertieft werden, soll aus der bloßen Verkündigungssprache der Schrift theologische Besinnung und theologisches Urteil erwachsen. – Dies zeigt nicht nur die Entwicklung der Theologie im Judentum, wie im Islam und im Christentum; dafür mag auch das Buch Ijob des AT ein Beispiel sein: Ijob, der in den Schicksalserschütterungen seines Lebens seinen kindlichen Glauben bewahrt hat (Gott hat es gegeben, Gott hat es genommen, der Name des Herrn sei gebenedeit!), wird durch die heilstheologischen Überlegungen seiner Freunde (im Geiste der deuteronomistischen Vergeltungstheologie) so erschüttert, daß er den Tag seiner Geburt verdammt und an Gott irre wird. Erst der Rekurs auf den Schöpfungsgedanken, besonders wie er in der Rede Jahwes selbst (Kap. 38 ff) erscheint, führt mit seinem Seinsdenken Ijob zur Antwort: »Bisher habe ich dich durch Hörensagen gekannt, jetzt hat mein Auge dich geschaut« (42,5).

g) Auf die Frage, wie Gott, der Schöpfer, in dieser Welt als seiner Schöpfung gegenwärtig ist, wird seit dem Lombarden (Sent. I d 37 c 1: im Anschluß an Glossa Ordinaria zu Cant. 5,17: PL 113, 1157) immer wieder die Antwort gegeben, Gott sei der Welt gegenwärtig potentialiter, d. h. durch den Einfluß seiner Schöpfermacht, praesentialiter, er umfasse die ganze Welt secundum praesentialitatis indistantiam, und schließlich essentialiter, insofern er als der persönliche, geistige Schöpfergott der Welt einwohnt wie die Seele dem Leib (vgl. Bonaventura, Sent. I d 37 p 1 a 3 q 2 c; Thomas v. A. S.Th. I q 8 a 3). – Daneben wird für die heilsgeschichtliche Betrachtung dieser Frage Augustinus (Ep. 187 ad Dardanum c 12 f: PL 33, 845) zitiert, wonach Gott anders in den Kreaturen (durch Natur), in den Heiligen (durch die einwohnende Gnade) und in Christus (durch die hypostatische Union) gegenwärtig ist. Diese Unterscheidung wird zusammengeschaut mit einem Schema aus Ps.-Dionysius, der die Kreatur, die aus Gott hervorgeht, die zu Gott zurückkehrt (durch die anfangende bzw. die vollendete Gnade oder die Glorie) und die bei Gott angekommen ist (durch die unio mit Gott im Gottmenschen Christus) unterscheidet (vgl. De div. nom. c 4 § 4.10.14: PG 4, 697 ff). Letzterer vergleicht diese drei Arten der Nähe zu Gott geistvoll mit einer Geraden, einer gekrümmten Linie und dem Kreis (ebd. § 8: vgl. Bonaventura, l. c. Ed. Quaracchi, I, 648 f).

4. Die eigentlich christliche Dimension erhalten die theologischen Gedanken über das Sein der Kreatur in den Ideen Gottes, wenn sie mit der Lehre »Christus, Mitte des Kosmos« verknüpft werden. Von Christus sagt die Offenbarung, daß er »der Abglanz der Herrlichkeit Gottes und das Abbild seines Wesens sei, der das Weltall trägt durch sein mächtiges Wort« (Hebr 1,3); »in ihm wollte Gott alles zusammenfassen (ἀνακεαλαιώσασθαι) was im Himmel und was auf Erden ist« (Eph 1,10). Er ist das Maßbild der ganzen Schöpfung, »das Abbild (εἰκών) des unsichtbaren Gottes, der Erstgeborene vor aller Schöpfung (πρωτότοκος). In ihm ist alles erschaffen, durch ihn und auf ihn hin (ἐν-διά-εἰς). Er ist vor dem All, und das All hat in ihm seinen Bestand ... Er ist der Urgrund (ἀρχή), der Erstgeborene aus den Toten, damit er im All den Primat einnehme, da es Gott gefallen habe, in ihm die ganze Fülle (πλήρωμα) wohnen zu lassen und durch ihn das All mit sich zu versöhnen, ... alles auf Erden und alles im Himmel« (Kol 1, 13–20). – Wenn die Ideenlehre mehr zeigt, wie zu denken sei, daß der Kosmos, das All von Ewigkeit Realität in Gott besitze, so kann

dieses heilsgeschichtliche Verständnis von Christus in einmaliger Weise zeigen, wie nach Gottes eigenem ewigen Ratschluß und Wirken er selbst, in der Welt anwesend, Realität in der Welt werden wollte und geworden ist und immer bleibt. – Was die Lehre von den Ideen des Kosmos in Gott seit Augustinus zu deuten versucht, das hat der sich offenbarende Gott selbst durch die geschichtliche Sendung Jesu Christi in dieser Welt geoffenbart und allen Zeiten für immer als Wirklichkeit und Glaubenserfahrung geschenkt. – Das Geheimnis der Schöpfungsidee, das durch die Lehre von den Ideen der Schöpfung im Schöpfergott theologisch erhellt werden sollte, ist in der heilsgeschichtlichen Wirklichkeit des Jesus von Nazareth zu einem neuen Geheimnis mit neuer Tiefe und neuem Wirklichkeitsgehalt geworden. – Wie im AT die Schöpfungstat der äußere Grund des Bundes ist, und der Bund als der innere Grund der Schöpfung erscheint (vgl. K. Barth, KD III 1 § 41), so ist im NT der Logos des Vaters die ewige reale Idee des Kosmos in Gott und der menschgewordene Christus ist der Geschichte gewordene, Kosmos gewordene Gotteslogos. Das Schöpfungsgeheimnis, das an der absoluten Grenze zur zeitlichen Welt hin steht, ist im Christusgeheimnis zur »Mitte der Zeit« geworden (vgl. Gal 4,4; Eph 1,10). Über dieses heilsgeschichtliche Geheimnis Christi hat Bonaventura in seinem letzten Werk, dem Hexaemeronkommentar unter dem Thema: »Christus, medium tenens in omnibus« eine tiefe Betrachtung angestellt, wo er ausgehend von den sieben Ereignissen aus dem Leben Jesu (ewige Geburt, zeitliche Geburt, Leiden, Auferstehung, Himmelfahrt, künftiger Richter, ewiges Heil) einen siebenfachen Sinn von »Christus, Mitte des Kosmos« herausstellt, den er durch die sieben Disziplinen der damaligen Zeit (metaphysicus, physicus, mathematicus, logicus, ethicus, politicus, theologicus) erörtern läßt (Coll. in Hex. I n 10–39, besonders 11; vgl. A. Gerken, Theologie des Wortes. Das Verhältnis von Schöpfung und Inkarnation bei Bonaventura, Düsseldorf 1963, 335–351).

§ 9 Freiheit des göttlichen Schöpfungsplanes und -werkes
Warum hat Gott die Welt erschaffen?
(Weltoptimismus und Weltpessimismus)

H. Fuhrmans, Die Philosophie der Weltalter, Basel 1954 (siehe § 6). – R. Spaemann, Zur Frage der Notwendigkeit des Schöpfungswillens Gottes, Philos. Jahrb. 60 (1950) 88–92. – Eisler-Loretz,

Wörterb. der philos. Begriffe II, Berlin [4]1929, 351 ff: Optimismus; ebd. 404–408: Pessimismus. – Joannis D. Scoti (Vitalis de Furno), De rerum principio, ed. M. F. Garcia, Quaracchi 1910.

War in den vorausgehenden Untersuchungen über die Ideen der Schöpfung im Schöpfergott die Realität und Seinsmacht der Weltdinge gefragt, so geht es in der Frage nach der Freiheit der Erschaffung der Welt durch Gott besonders um Wert und Sinn des Kosmos. Bevor jedoch davon gesprochen werden kann, müssen wir überlegen, wie wir mit unseren menschlichen, aus der geschaffenen Welt gewonnenen Begriffen und überhaupt über die »Freiheit Gottes« reden können.

1. Schon bei der Ideenfrage war durch die Unterscheidung zwischen den Ideen in Gott, den rationes in der Schöpfung und den similitudines von der Schöpfung her dieses Problem berührt worden. Doch erweist sich die kritische Differenz zwischen philosophischer und theologischer Aussage noch tiefer in den Fragen nach der Freiheit Gottes.

a) Bei uns Menschen ist die Freiheit ein Grenzbegriff, der seine Erhellung findet von der Wirklichkeit her, die wir »Geist« nennen. Schon hier unterscheidet sich die aristotelisch-thomistische und die franziskanisch-scotistische Denkweise darin, daß in der thomistischen die Freiheit des Willens primär durch die Reflexivität des geistigen Denkens begründet erscheint (voluntas est appetitus rationalis), während in der franziskanisch-scotistischen Denkweise die Freiheit vielmehr ein Moment im aktiven Wollen selbst ist. Er kann hinter seinen eigenen aktiven Willensakt (velle) in einem, vielleicht »aktuell« zu nennenden, Akt des Willens (volo) gewissermaßen zurückgehend eine eigentliche Akt-Freiheit (volo velle), nicht bloß eine Wahl-Freiheit besitzen. – Dabei vermag keines der beiden Systeme die menschliche Freiheit vollgültig und voll befriedigend auszusagen. Im scotistischen System wird die Motivierung des Willens problematisch, und es ist oft schwierig, das ethisch freie Handeln von einer unethischen Willkür zu unterscheiden. Das thomistische System vermag die Motivierung besser aufzuzeigen, hat freilich seine Schwierigkeit, wenn es die innere personale Freiheit des Willens darlegen will.

b) Bei Anwendung dieser philosophischen Gedanken auf die Frage nach der Freiheit Gottes werden diese Differenzen wieder sichtbar und bekommen ein noch größeres Gewicht. Die thomistische Richtung neigt hier dazu, im Wesen Gottes als dem natürlichen Grund seines Wollens von einer Notwendigkeit zu sprechen, die nicht nur auf die Zeugung des Sohnes durch den Vater, sondern auch auf seine Selbsterkenntnis und sein Selbstwollen anzuwenden ist: Gott kann nichts außer sich wollen, wenn er es nicht um seines Wesens willen will, das höchstes Gut und darum letztes Ziel für alles Wollen ist. Freiheit, so wie wir Menschen sie aus unserer Selbsterfahrung verstehen, ist damit in Gott allein in Hinsicht auf seine schöpferische Tätigkeit nach außen zu finden. Da die Welt, die er schafft, nicht selbst Ziel, sondern nur auf das Ziel in Gott hingeordnet ist, ist hier die Freiheit, zu schaffen oder nicht zu schaffen, dieses oder jenes zu schaffen, also Wahlfreiheit, möglich (vgl. S.Th. I q 19 a 2 und 3; S.c.G. I c 74 und 75; De ver. q 23 a 4; De pot. q 3 a 15; Sent. I d 43 q 2). Demgegenüber denkt die franziskanisch-scotistische Richtung die Freiheit Gottes als eine innere Aktfreiheit, die aus sich heraus, unabhängig von Zweck und Ziel zunächst als personale Freiheit wirkt (vgl. Vitalis de Furno, † 1327, De rerum principio, q 2 a 3, n 70: per modum gratuitae voluntatis expressivae et effectivae artis et immensae potestatis de nihilo omnia creavit [ed. Garcia, 32]). – Hier ist nicht so sehr das neuplatonische Prinzip eines Ps.-Dionysius maßgeblich, demgemäß bonum = diffusivum sui, d. h. das Gut als eine Wirklichkeit verstanden wird, die sich selbst verströmen muß, wie diese Idee noch bei Nikolaus von Cues erscheint. Hier ist vielmehr ein Denken am Werk, wie es uns wiederum bei dem Oratiorianer G. Juenin erscheint (Inst. Theol. II [Lugduni [3]1704] 340 f: Forma, per quam Deus constituitur liber, est actus immanens seu velle, non quidem, prout terminatur ad bonitatem divinam, sed prout terminatur ad creaturas. Vgl. Scotus, Ox. I d 38 n 4 [X, 605 a]) und schließlich bei Fr. W. Schelling auftritt, der die Schöpfungstat Gottes als explicatio dei erklärt, weil sie Offenbarung der Freiheit der göttlichen Liebe sei, die sein Wesen ausmache. Alles Seiende will sich aussprechen, das höchste Seiende hat sich im All ausgesprochen. Dadurch soll die Welt »eigenen Rang« erhalten, der ihr im platonischen Denken fehlt, wo Welt nur durch »Teilhabe« an Gott etwas bedeutet. Seine Gedanken erinnern an die platonische Aussage, der Kosmos sei »erfahrbare Gottheit« (ϑεὸς αἰσϑητός: Plato, Tim. 92 C), eine Aussage, die wohl nicht pantheistisch gedeutet werden muß.

c) W. Kern (MS II 494–507) sucht die Tatsache der Welterschaffung durch die freie Mitteilung der göttlichen Liebesherrlichkeit aus der heilsgeschichtlichen Betrachtung, vor allem des Christusereignisses zu verdeutlichen: Die Liebestätigkeit Gottes in der Führung des Bundes, ganz besonders im Christusereignis des Neuen Bundes offenbar, muß hineingeschaut werden in das Schöpfungsereignis, das materialer Grund des Heilswirkens Gottes ist. – Noch wichtiger als dieser heilsgeschichtliche Ansatzpunkt ist der sich daraus ergebende Gottesbegriff. Wenn Gottes Wesen, wie das NT hervorhebt (vgl. 1 Joh 4,8.16), selbst »Liebe« ist, muß Erschaffung der Welt als Ausdruck dieses Wesens der Liebe selbst Freiheit sein. Diese Freiheit der Liebe ist freilich von einmaliger Art, insofern hier das Geheimnis Gottes selbst, dessen personales Wesen, nicht mehr hinreichend vom menschlichen Personbegriff her verstanden werden kann. Der dreipersonale Gott hat ein einziges personales Wesen, insofern der Personbegriff der drei Personen in Gott primär als Relation verstanden werden muß. Die Geistnatur dieses göttlichen personalen Wesens ist von einer inneren Freiheit, die nur lieben, nicht nicht lieben kann, ohne daß deshalb dieses personale Wesen Teil hätte an einer Notwendigkeit wie sie einem nicht-personalen Wesen eignet. In Gott ist alles personal, es gibt nicht nicht-personales in Gott. Die diesen Fragen zugrunde liegende Schwierigkeit wurzelt in unserem menschlichen Personverständnis und dem daraus fließenden Verständnis von Freiheit, das immer wieder auf die beschränkte Selbsterfahrung des Menschen rekurriert und damit den nur im reinen Denken zu fassenden Begriff von göttlicher Personalität und Freiheit verfehlt. Im personalen Wesen Gottes ist nur Freiheit, auf die jedoch unsere mit der menschlichen Erfahrung verknüpften Begriffe von Freiheit und Notwendigkeit nicht mehr gültig anzuwenden sind. Gottes Freiheit ist nicht Willkür, sie ist Liebe, die durch das göttliche Wesen der Liebe selbst motiviert ist. Die Welt wäre demnach eine explicatio caritatis dei zu nennen.

Aus dem Gesagten erhellt, daß die Ansicht P. Teilhards de Chardin, die Pleromisation, die Schöpfung, Erlösung und endliche Vollendung der Welt im Punkte Omega mit einschließt, sei gleich der Trinitisation (d. h. der Entfaltung des einen personalen Wesens Gottes in dem dreipersonalen Leben Gottes) von innerer Notwendigkeit, wenigstens vom Begriff her nicht haltbar erscheint, da in ihr das Geheimnis der wesenhaften Freiheit Gottes als Grundaussage des geoffenbarten Gottesbildes nicht hinreichend artikuliert oder gesichert erscheint (vgl. Comment je crois 1934; A. Gosztonyi, Der Mensch und die Evolution, München 1968, 233–240).

d) Die Kirche hat zuerst gegenüber Abailards pragmatischem Ontologismus die Freiheit Gottes verteidigen müssen (vgl. D 374–DS 726). Vor allem gegen G. W. Hegels Pantheismus (vgl. Syllabus:

D 1701 f – DS 2901 f – NR 314) und gegen A. Günthers neuplatonischen Ontologismus hat sie auf dem 1. Vatikanum die Schöpfung als freie Tat der göttlichen Liebe ausdrücklich herausgestellt: »Dieser einzig wahre Gott hat aus seiner Güte und Allmacht, nicht um seine eigene Seligkeit zu vermehren oder zu gewinnen, sondern um seine Vollkommenheit durch die Güter, die er den Geschöpfen mitteilt, zu offenbaren, aus freiestem Ratschluß, zugleich mit dem Anfang der Zeit, die beiden Welten, die geistige und die körperliche, aus dem Nichts hervorgebracht« (D 1783 – DS 3002 – NR 316, vgl. 304–306; vgl. Joh. von Damaskus, De fide orth. II c 2). – Die dafür angeführten Schriftstellen erhalten ihren rechten Sinn erst, wenn sie von diesem theologischen Verständnis von der Freiheit und Liebe Gottes her gesehen werden: Ps 115,3 (M): »Er hat alles gemacht, was er gewollt hat«; Ps 135,6: »Alles, was dem Herrn gefällt, das führt er aus im Himmel und auf Erden«; Eph 1,11: »Gott, der alles nach dem Ratschluß seines Willens wirkt«; Apk 4,11: »Durch deinen Willen sind die Dinge und sind sie geworden.« – Es ist für die oben dargestellte Unterscheidung zwischen dem thomasischen und scotistischen Denken bezeichnend, wenn Thomas jede naturalis necessitas in Gott für den Schöpfungsakt verneint (De pot. 3 a 15 c), während Scotus sogar jede externa et interna determinatio (Quodl. q 16 n 8 [XXVI 194 a]) ablehnt.

e) Zur Frage »Warum hat Gott die Welt erschaffen?« ist also zu sagen: Soweit diese Frage um unseres menschlichen Gottesbildes wegen eine Antwort erheischt – und nur um unseres menschlichen Gottesbildes wegen kann diese Frage gestellt werden –, kann sie nur in dem deutenden Bekenntnis bestehen: Gott ist die Liebe, und aus dieser Liebe schafft er die Welt auf den Menschen zu und um des Menschen willen. Das Motiv seiner Liebe ist seine Liebe selbst, deren Grundakt nicht Antwort auf ein Gut außer sich selbst, sondern schöpferisches Setzen aller Güter ist. – Die Orientierung des theologischen Denkens an Thomas von Aquin und damit am griechischen Denken ist wohl der Grund dafür, daß in unserer Theologie die Freiheit Gottes gegenüber der Welt nur auf dem Hintergrund der Notwendigkeit in seinem eigenen Wesen aussagbar erscheint. So erklärte 1866 die Diözesan-Synode von Köln: »Es ist klar, daß Gott mit demselben ganz einfachen Akt, mit dem er sich und seine Güte notwendig will und liebt, alle anderen Dinge frei will; denn dieser Akt ist unendlich und genügt deshalb ohne neuen Zuwachs für alles andere. Er ist zu allem vermögend« (NR 306). – Für ein modernes, personalistisches Denken würde sich im rechtgläubigen Gottesbild nichts ändern, wenn das Wollen und die Liebe Gottes auch gegenüber seinem eigenen Wesen als »frei« bezeichnet würde, wenn diese Freiheit selbst als »Prinzip im Sinne der Liebe« verstanden wird. Liebe kann nicht nicht lieben, und dennoch liebt sie immer frei, sonst wäre sie nicht mehr Liebe. Die Tatsache, daß das göttliche Wesen als dreipersonale Einheit west, kann wenigstens hinsichtlich der Selbstliebe nicht in demselben Sinne »notwendig« sein, wie es hinsichtlich der Selbsterkenntnis notwendig ist. Doch diese Fragen sind in der Gotteslehre zu behandeln. Die hier angedeuteten Gedanken möchten nur dazu dienen, die göttliche Liebe, die zur Erschaffung der Welt geführt hat, in ihrer göttlichen Tiefe noch mehr zu bedenken, jener Tiefe, zu der auch die Schöpfung nach dem Zeugnis des Apostels (1 Kor 15,28) am Ende der Welt zurückkehren soll, damit »Gott das All im All sei«.

2. Mit den hier angeführten Fragen nach der Freiheit der Erschaffung der Welt durch Gott hängen die Probleme zusammen, die auch in der Theologie unter dem Namen Weltoptimismus oder Weltpessimismus behandelt worden sind. Die Fragestellung selbst ist dabei sehr vielschichtig. Man hat gefragt, ob Gott eine bessere Welt hätte schaffen können hinsichtlich des Ganzen und hinsichtlich ihrer Teile; ob er das, was er gemacht hat, jeweils hätte besser machen können. In neuerer Zeit hat man von der Welt her gefragt, ob diese selbst die denkbar beste (G. W. v. Leibniz) oder ob sie die denkbar schlechteste (A. Schopenhauer) sei. Bei einer philosophischen, weltimmanenten Fragestellung wird die Antwort meist von einer vorlogischen, psychologischen Grundhaltung her bestimmt bleiben, die aus einer ausgeglichenen bzw. unausgeglichenen Grundbefindlichkeit kommt, im Krankheitsfalle aus einem zyklothymen (Optimismus) bzw. schizothymen (Pessimismus) seelischen Befund. – Wo die Frage theologisch gestellt wird, ist die Antwort nicht nur vom Gottesbild des Menschen, sondern auch von seinem Gottesverhältnis und seinem Weltverhältnis her bestimmt. Schon die Fragestellung, »ob Gott die Welt, die er gemacht hat, hätte besser machen können,« zeigt den vielschichtigen erkenntniskritischen Grund dieser Frage. So ließe sich anhand eben dieser Frage die Mannigfaltigkeit der theologischen Ausgangspunkte, Prinzipien und Methoden aufzeigen. Hier sei zur vorgetragenen Frage allgemein nur folgendes gesagt:

a) *Optimismus:* Schon im philosophischen Denken der Antike war der Optimismus vorherrschend: wie nach Plato der Demiurg die beste Welt geschaffen hat, die geradezu eine Erscheinung der Gottheit genannt wird (Tim. 30 a; 92 c: θεὸς αἰσθητός), so müht sich die Stoa (Chrysipp: Cicero, De nat. deorum II 37) und noch mehr der Neuplatonismus (Plotin: En. III 2,5; Proklus: De causa mali) zu zeigen, daß Gott auch das Übel für den Menschen zum Guten wendet. Auch in der Offenbarung herrscht dieses Denken vor: der Schöpfungsbericht des Priesterkodex (Gen 1) beschließt das Werk Gottes vom dritten Tage an jeweils mit dem Satz »Und Gott sah, daß es gut sei«, und nach der Erschaffung des Menschen mit dem Satz »Und Gott sah, daß es ganz gut sei«. Ebenso ist die große Patriarchengeschichte erfüllt von einem optimistischen Verständnis der Geschichte (Heilsgeschichte! vgl. die Geschichte des ägyptischen Joseph [Gen 37–50]; Exodusereignis). Aber auch die prophetische Rede endet immer wieder nach aller Drohrede in einer Verheißung, und der Psalmist wird nicht müde, die Herrlichkeit Gottes und seiner Schöpfung zu preisen (Schöpfungsoptimismus). Für eine kommende Zeit wird ein neuer Bund (Jer 31,31) und ein neuer Himmel und eine neue Erde verheißen (Is 66,22). In ganz neuer Weise verkündet bei Johannes Christus selbst: »So sehr hat Gott die Welt geliebt, daß er seinen Sohn dahingab, damit alle, die an ihn glauben, nicht verloren gehen, sondern das ewige Leben haben« (Joh 3,16). Paulus, der Evangelist der Gnade, kann hervorheben: »Wo die Sünde sich mehrte, wurde noch größer die Gnade« (Röm 5,20), und: »Denen, die Gott lieben, gereicht alles zum Besten« (Röm 8,28). Darauf aufbauend haben die Kirchenväter und Theologen immer wieder um des christlichen Gottesbildes und des christlichen Weltauftrages willen diese Frage aufgegriffen und die Tatsache der Übel, des Leides und der Sünde vor dem Hintergrund der Allmacht, Weisheit und Güte Gottes, wie sie sich in den Herrlichkeiten der Natur und des gestirnten Himmels zeigt, bedacht (vgl. Gregor v. Nyssa, De hom. opif. I; Augustinus Conf. VII c 12 f; De civ. Dei XI c 22–24; im Anschluß an Augustinus, 83 Qq, q 50, stellen der Lombarde in seinen Sentenzen, I d 44, und anschließend an ihn alle Sentenzenkommentare der kommenden Jahrhunderte die Frage nach der Möglichkeit einer besseren Welt durch Gott. Dabei wird immer wieder unterschieden die Welt als Ganzes und die Welt in ihren Teilen, die wirkliche Welt und eine andere, dem Menschen denkbare Welt).

Die Antworten lassen sich im wesentlichen in folgende Sätze fassen: (1) Die wirkliche Welt als Ganzes ist angesichts der Allmacht, Weisheit und Liebe Gottes die beste Welt, wenn Leid und

Übel mit Sünde und ihrer Strafe zusammengeschaut und so der Mensch in seiner geschichtlichen und heilsgeschichtlichen Wirklichkeit gesehen werden. (2) Der unendliche und allmächtige Gott hätte an sich eine andere Welt schaffen können, die im einzelnen vollkommener wäre, als uns unsere Welt erscheint. Dies leugnen hieße die Freiheit Gottes in der Erschaffung der Welt verkennen. (3) Ob es eine vollkommenere Welt als die gegenwärtige geben könne, wird freilich eine Frage sein, die der Mensch nicht beantworten kann; er kann nur sagen, daß er sich eine Welt denken könne, in der Mängel, wie er sie erlebt, nicht vorkämen, ohne aber sagen zu können, ob diese Welt dann wirklich als ganze eine vollkommenere sei. Es müßte ja dann auch der Mensch selbst, der diese Gedanken hegt, ein anderer sein. – Auf das Ganze gesehen entspricht dem christlichen Gottes- und Weltverständnis ein relativer Optimismus. Der absolute Optimismus, wie ihn etwa G. W. v. Leibniz in seiner Theodizee (Sur la bonté de Dieu, la liberté de l'homme et l'origine du mal, 1710) vertreten hat und wie er mit anderer Begründung von Malebranche wieder vorgetragen wurde, steht meist unter dem Verdikt, die Freiheit Gottes nicht hinreichend ernst zu nehmen. Dazu wäre freilich zu sagen, daß der Freiheitsbegriff etwa bei Leibniz im Sinne der scotistischen Denkweise personaler genommen ist, so daß Leibniz wohl selber diesen Vorwurf zurückweisen würde. – Es sei noch erwähnt, daß der Terminus »Optimismus« zuerst im Journal de Trévoux 1758 verwendet wird.

b) Schwieriger ist es, die Frage zu beantworten, wie es um den *Pessimismus* in der Theologie unserer Kirche steht. A. Schopenhauer hat dem AT Optimismus, dem NT Pessimismus zugewiesen (Paralip. II c 15 § 179). Es ist wohl richtig gesehen, daß im AT die Sünde beinahe schicksalhaft jeweils ausgeglichen erscheint in der Heilsgeschichte Israels wie der Einzelnen. Im NT steht demgegenüber vor dem Hintergrund des Kreuzes Christi die Schuld des Einzelnen ganz anders da. Darum hat auch in der Botschaft und im Wirken Jesu, so wie es uns durch die Evangelisten überliefert wird, Satan und sein Wirken einen ganz anderen Stellenwert als im AT. Die gewaltige Abwertung der Weltweisheit bei Paulus (1 Kor 1 f), das düstere Bild des Kosmos bei Johannes, die zahlreichen Stellen im NT, in denen der Ernst des Vollkommenheitsstrebens hervorgehoben werden soll (Mt 7,13 f: der enge Weg zum Heil und die breite Straße zum Verderben; Mt 20,16; Lk 13,23 ff; Mt 22,14: »Viele sind berufen, wenige aber auserwählt«, usw.), haben in der Kirche von der Väterzeit bis in die neueste Zeit zu dem Urteil geführt, der größere Teil der Menschheit gehe verloren (Heilspessimismus: Dionysius Carth., Dialogion de fide cath. V, 19: Op. om. XVIII [Monstrolii 1899], 430: Die Zahl der Verdammten sei größer als die Zahl der Dämonen, der guten Engel und der Seligen zusammen; W. Schamoni, Die Zahl der Auserwählten, Paderborn 1965; DThC IV [1911] 2350–2378: Élus, nombre de [A. Michel]). Auch die Lehre vom Schicksal der ungetauft gestorbenen Kinder von Augustinus bis ins 19. Jahrhundert (H. Schell) ist hier zu nennen. Das Mittelalter, besonders in seiner Spätzeit, hat unter dem Eindruck der Pestnöte zahlreiche Werke De contemptu mundi hervorgebracht (Edition R. Bultot, Christianisme et valeurs humaines. La doctrine du mépris du monde, en Occident, de S. Ambroise à Innocent III, Louvain, 1963 ff). Die Frömmigkeit vom 14. bis zum 16. Jahrhundert trägt einen gewissen pessimistischen Zug. Luthers Sündenpessimismus und Calvins Prädestinationspessimismus sind hier noch zu nennen. – Hinter all diesen Erscheinungen steht gewiß kein Schöpfungspessimismus, wie ihn etwa der Prediger des AT und Schopenhauer vertraten. Es handelt sich vielmehr um eine exzessive Aufforderung zu größeren Anstrengungen für das Heil oder eine große Hoffnung auf die Seligkeit im Jenseits, die durch diese Strenge gegenüber dem irdischen Leben erreicht werden soll. Dennoch wird man sagen dürfen: Es ist gewiß nicht nur Folge eines aufklärerischen Denkens, sondern urchristliches Anliegen, wenn unsere Zeit die Weltbejahung im Namen der christlichen Weltaufgabe besser sieht und entschiedener hervorhebt. Dabei soll der notwendige Ernst christlicher Existenz, der sich in diesen pessimistischen Aussagen artikulieren möchte, nicht übersehen werden. Echter christlicher Realismus wird beide Grundhaltungen, die des Schöpfungs-Optimismus wie die des Heils-Pessimismus, durchzutragen versuchen, wobei freilich das Geheimnis des Bösen für den gläubigen Christen vor dem Wissen um Christi Erlösungstat und um die Größe der Gnade sowie um das Geheimnis und die Größe der Liebe Gottes nicht ein Gewicht bekommen darf, das dem Wort des Johannes nicht mehr gerecht wird: »Deus maior« (1 Joh 3,20). Eben in diesem Brief des Johannes wird der Ernst der christlichen Weltsicht mit der Kraft des Glaubens und der Freude an Gott und der Liebe zu Gott und den Menschen zusammengeschaut und durchgetragen. Ja, der Gedanke der Liebe und der Freude überspielt jede Furcht (vgl. The Enc. of Philos. VI [London 1967] 114–121: Pessimism and Optimism; Enc. filos. 4 [Florenz 1967] 1537–1545: Pessimismo; 1243 f: Ottimismo).

§ 10 Sinn und Ziel der göttlichen Schöpfungstat Wozu hat Gott die Welt geschaffen?

MS II 499–507. – J. STUFLER, Die Lehre des hl. Thomas von Aquin über den Endzweck des Schöpfers und der Schöpfung, ZKTh 41 (1917) 656–700. – E. HAIBLE, Schöpfung und Heil. Ein Vergleich zwischen Bultmann, Barth und Thomas, Mainz 1964. – TH. STEINBÜCHEL, Der Zweckgedanke in der Philosophie des Thomas v. Aquin, Münster 1912. – W. HOFFMANN, ὁ ϑεὸς ἀπροσδεής Gottes Bedürfnislosigkeit in den Schriften der frühen Väter (Diss. der Theol. Fak. d. Gregoriana), Rom 1965. – E. L. BALÁS, Μετουσία ϑεοῦ. Man's Participation in God's Perfections according to St. Gregory of Nyssa (Studia Anselmiana, 55), Rom 1966.

1. a) Auch von dieser Frage gilt, was von der vorausgehenden gesagt wurde: sie wird gestellt um unseres menschlichen Gottesbildes willen, in dem die Aussagen der Offenbarung über Gott und unser menschliches Welt- und Selbstverständnis denkend augeglichen werden müssen. Mag für das fromme Stehen vor Gott, dem Unbegreiflichen und Unaussprechlichen, diese Frage kein Recht und keinen Sinn mehr haben: unser theologisches Reden von Gott muß immer wieder von der Ansicht ausgehen und zu ihr hinführen, daß das Handeln Gottes, von dem wir gesagt haben, daß es aus der reinen Liebe Gottes geboren ist, deren Motiv wiederum die Liebe ist, nicht ohne Ziel und Sinn sein kann, insofern zum Wesen des Geistes gehört, daß er handelnd eine Ordnung erkennt oder eine Ordnung schafft. Der umfassende stoische Begriff des Logos hat eben in diesen Gedanken seine Wurzeln. Die Behauptung von H. Schell, wenn man vom Handeln Gottes spricht, könne man nicht von einem Zweck oder einem Ziel sprechen, ist nur richtig, wenn Zweck und Ziel wie beim menschlichen Handeln außerhalb des Subjektes als ein dem Subjekt gegenüber Fremdes gedacht werden (vgl. Dogm. II [1890], 121 ff).

b) Damit wird bereits deutlich, daß die Problematik unserer Frage wie der Antwort auf sie vor allem darin besteht, daß der Zweck und das Ziel des göttlichen Handelns nicht außer Gott liegen kann. Es würde darum das Bild des Schöpfers zerstört, wenn als Ziel des göttlichen Schöpferhandelns nur die Glückseligkeit der Geschöpfe angenommen würde (wie bei R. Descartes und I. Kant) oder wenn darin der erste Zweck des schöpferischen Handelns Gottes und in der gloria Dei der zweite Zweck (so bei G. Hermes und A. Günther) gesehen würde. Auch durch den Hinweis auf die Liebe Gottes könnte dies nicht hinreichend begründet werden, wie in

Christus zu sehen ist, dessen Opfertod zur Erlösung der Menschheit nicht das Einzige und Letzte sein sollte: dessen Opfertod selbst seine Erfüllung in der Erhöhung Christi fand. Darum konnte der Apostel sagen: Wir müssen glauben an Jesus, »der hingegeben wurde unserer Sünden wegen und auferweckt wurde unserer Rechtfertigung wegen« (Röm 4,25; vgl. Phil 2,5–11: »darum hat ihn Gott erhöht...«).

c) Es müßte aber auch das Gottesbild der Offenbarung zerstören, würde der Zweck der Schöpfungstat in der Erreichung oder Vermehrung der Glückseligkeit Gottes selbst gesehen werden, wie es E. v. Hartmann in seiner pantheistischen Weltauffassung lehrt und wie es bei G. W. F. Hegel grundgelegt erscheint (vgl. Enc. 3. Teil III C § 477).

d) Johannes Damascenus (De fide orth. II 2) sagt hierzu noch: »Da also der gute und übergute Gott nicht genug hatte an der Anschauung seiner selbst, sondern aus Überfluß der Güte wollte, daß etwas werde, dem er wohltue und das an seiner Güte teilnehmen solle, bringt er alles aus dem Nichtsein ins Sein hervor.« – Eingehend setzt sich dann die Kölner Synode von 1860 mit den Lehren des G. Hermes und des A. Günther auseinander und lehrt: »Wenn man nach dem Zweck des Schaffenden fragt, so lautet die Antwort: Nichts, was von ihm verschieden ist, konnte Gott dazu veranlassen, zu schaffen. Da er sich selbst genügt, kann er nichts für sich erstreben ... Wenn man nach dem Zweck des Werkes fragt, ist zu sagen: Daß er das erstrebt habe und noch immer erstrebe, was so mit seinem Wirken verbunden ist, daß es von ihm nicht getrennt werden kann, das ist ... (1) notwendig den Geschöpfen etwas Gutes mitzuteilen, denn das Sein, das sie erhalten haben, ist ein Gut ... (2) die Offenbarung der göttlichen Vollkommenheiten, vor allem der Macht, der Weisheit und der Güte. Diese Offenbarung wird Gottes äußere Ehre genannt, da durch sie Gott gelobt wird. Daß aber Gott die Anerkennung und Liebe seiner Vollkommenheiten, ... seine äußere Ehre wirklich beabsichtigt hat, steht über allem Zweifel ... (3) Ganz eng mit der Verherrlichung Gottes ist das Heil der Menschen verknüpft ... Der letzte Zweck des Werkes ist die Verherrlichung Gottes (gloria Dei); auf sie muß das Glück der Geschöpfe und besonders der Menschen (salus animarum) hingeordnet sein. Gottes Verherrlichung ist von höherer Ordnung als das Glück der Menschen ...« (NR, 309–313). – Im Hintergrund dieser Ausführungen steht die Lehre des hl. Thomas von Aquin, der diese Fragen sehr eingehend erörtert hat (vgl. Comp. theol. c 100–103;

S.Th. I II q 1 a 2; S.c.G. III c 1–3: vgl. J. Stufler) und der gerade hier den aristotelischen Zweckgedanken für die Interpretation der neuplatonischen Lehren vom sich selbst verströmenden Guten reichlich benutzt und entfaltet hat (vgl. Th. Steinbüchel). – Das 1. Vatikanum faßt diese Lehren kurz zusammen: »Der allein wahre Gott schuf aus seiner Güte und mit allmächtiger Kraft – nicht um seine Seligkeit zu mehren noch um seine Vollkommenheit zu erlangen, sondern um seine Vollkommenheit zu offenbaren durch die Güter, die er den Geschöpfen mitteilt – in freiestem Willensentschluß zu Beginn der Zeit aus nichts ... die Welt« (D 1783–DS 3002–NR 316). – Die große Bedeutung dieser Aussage, aber auch ihre Voraussetzung liegt in der innigen Verquickung von Seinsvorstellung und Personvorstellung in unserem Reden von Gott. Bloßes Seinsdenken geriete in die Gefahr einer leeren Abstraktion, bloßes Persondenken erniedrigte Gott leicht auf die Ebene des bloß menschlichen Selbstverständnisses von Person.

2. Aus dem Gesagten ergeben sich drei Folgerungen für unser christliches Weltverständnis:

a) Der dreifaltige Gott, der von Johannes mit dem geheimnisvollen Wort »Liebe« (ἀγάπη: 1 Joh 4,7.16) belegt wird, hat aus Freude an seinem eigenen Gutsein und in Betätigung seiner unendlichen Seinsvollkommenheit in freier Liebe die Welt geschaffen. Darum ist auch der bestehenden Welt gegenüber die Grundhaltung Gottes »Liebe«. So sagt schon der Verfasser des Buches der Weisheit: »Gott, du liebst alles, was ist, und verabscheust nichts von dem, was du geschaffen hast. Denn hättest du etwas gehaßt, dann hättest du es nicht geschaffen. Wie könnte etwas bestehen, wenn du es nicht willst, oder wie könnte nicht von dir ins Dasein Gerufenes erhalten bleiben? Ja, alles schonst du, weil es dein Eigen ist, du Leben liebender Herr« (δέσποτα φιλόψυχε: Weish 11,24–26).

b) Wie der dreifaltige Gott als Schöpfer der Welt seit Augustinus deutend verstanden wird als Selbsterkenntnis und Selbstliebe des unendlichen göttlichen Wesens selbst, so ist auch die Schöpfung als »Werk und Offenbarung« des dreieinigen Gottes erst vollendet im Menschen, in dem die geschaffene Welt (nicht der Schöpfer) zu ihrem Selbstbewußtsein gelangt und durch dessen geistige Freiheit die untermenschliche Welt zu einer menschlichen Welt in allen Bereichen menschlicher Kultur und Zivilisation weiterentwickelt werden kann und soll. Dadurch ist der Mensch »Krone der Schöpfung« (vgl. die Lehre der Stoa vom Menschen seit Panaitios; Laktanz, De ira Dei, cap. 13–14). Das eigentliche Geheimnis des Menschen und seiner Aufgabe wird freilich erst deutlich, wenn der Mensch als Ebenbild Gottes (vgl. Gen 1,26 f) verstanden wird.

c) Als Gottes Ebenbild ist der Mensch nicht nur Ziel der Weltschöpfung und Weltentwicklung, sondern Spiegelbild Gottes in dieser Welt, das zur freien geistigen Antwort der Schöpfung auf das Wort des Schöpfers befähigt und berufen ist. Nicht Gott kommt im Menschen zu seinem Selbstbewußtsein, wie es Hegel in seinem System dargetan hat (»Gott ist nur Gott, insofern er sich selber weiß; sein Selbstwissen ist ferner ein Selbstbewußtsein im Menschen und das Wissen des Menschen von Gott, das fortgeht zum Sich-Wissen des Menschen in Gott«, Enc. 3. Teil III B § 465 ff), sondern Gott hat den Menschen eben darin zur »Krone der Schöpfung« (Laktanz) gemacht, daß er ihm Geist und Freiheit, die Kraft zur Erkenntnis der Welt und seiner selbst und die Kraft und den Auftrag zur freien Tat in Gerechtigkeit gegen Gott, den Schöpfer, und gegen den Mitmenschen als Bruder vor Gott gegeben hat. Indem der Mensch eben diese »Werke der Gerechtigkeit« erfüllt, in seiner religio Gott Dank und Gehorsam, Lobpreis und Anbetung, und in seinem Kulturwerk dem Mitmenschen Gerechtigkeit und Liebe erweist, erfüllt sich der Sinn der Schöpfung als gloria dei und salus animarum. Die Schöpfung, die durch die freie Schöpfertat der Liebe Gottes entstanden ist und steht, findet so ihre Erfüllung in der freien Antworttat des Menschen gegenüber Gott und den Menschen. Indem Gott das Lobpreisen der Schöpfung durch den Menschen »durch Christus«, sein schöpferisches Wort, in seine schöpferische Liebe zurücknimmt, wird sich am Ende der Zeiten erfüllen, was Paulus in das Wort gekleidet hat: »Daß Gott das All in allem sei« (vgl. 1 Kor 15,28). – Was im pantheistischen Neuplatonismus vereinfachend als Ausgang und Rückkehr (πρόοδος-ἐπίστροφη) gekennzeichnet worden war, erweist sich im Weltverständnis der Offenbarung als ein reziprokes Geschehen, das im freien Schöpferwort Gottes und in der freien Antwort des Geschöpfes Mensch west und als Ganzes von der schöpferischen und geschaffenen Gnade Gottes getragen ist: zugleich Gnade und Freiheit im Menschen, zugleich Seinswirklichkeit und Freiheit der sich selbst mitteilenden Liebe in Gott.

2. ABSCHNITT

ENDZIEL UND ERHALTUNG DER WELT

Bisher haben wir das Schöpfungsproblem primär vom Schöpfergott her betrachtet. Anknüpfend an die zuletzt behandelte Frage, wozu Gott die Welt geschaffen habe, gilt es nunmehr, die Probleme des vorausgegangenen Abschnittes neu aufzurollen und die Frage nach dem Ziel der Welt von der Welt selbst her, vor allem vom Selbstverständnis und Weltverständnis des Menschen her zu stellen. Dadurch kommen Gesichtspunkte der Betrachtung ins Spiel, die wir hier unter der Frage »Endziel der Welt und Erreichung dieses Zieles« (Kapitel 1) betrachten wollen. Diese Überlegungen müssen eine Ergänzung und einen Abschluß finden in Gedanken über die »Erhaltung der Welt« (Kapitel 2), die in vertiefter Weise die Fragen nach dem Verhältnis des der Schöpfung immanenten Schöpfergottes zur Eigenständigkeit der von Gott geschaffenen Welt sichten und beantworten sollen.

1. Kapitel

DAS ENDZIEL DER WELT UND DIE ERREICHUNG DIESES ZIELES

Die Frage nach dem Endziel der Welt und nach der Erreichung dieses Zieles soll in drei Gedankengängen aufgegriffen werden. Zuerst müssen wir uns über das »Ziel der Welt als einer weltlichen Welt« (§ 11) als Theologen unserer Zeit Gedanken machen, die uns die zuletzt genannte Reziprozität bewußt machen können. Möglichkeit und Wege zur Erreichung dieses Zieles sollen sich uns erschließen, indem wir darüber nachdenken, was seit alter Zeit mit dem Reden von der »Vorsehung Gottes« angesprochen wurde (§ 12), um dann erneut von unserem natürlichen und wissenschaftlichen Weltverständnis her das innere Wirken des Schöpfergottes inmitten der Schöpfung neu deuten zu lernen in dem Thema »Schöpfung und Evolution« (§ 13).

§ 11 Die weltliche Welt und ihr Ziel

H. R. SCHLETTE, Die Nichtigkeit der Welt. Der philosophische Horizont des Hugo von Sankt Viktor, München 1961. – Vgl. dazu: GuL 35 (1962) 66–73 (Besprechung durch J. Möllerfeld). – GuL 35 (1962) Heft 2 mit Beiträgen von F. WULF, J. B. METZ, A. BÖHM, Z. ALSZEGHY, N. SCHIFFERS, L. SCHEFFCZYK und Lit. S. 234 f. – Dass. 37 (1964) 258–272: O. SEMMELROTH, Erwägungen über das christliche Weltverständnis. – J. B. METZ (Hrsg.), Weltverständnis im Glauben, Mainz 1965. – DERS., Zur Theologie der Welt, Mainz 1968. – E. SYNDICUS, Entsakralisierung. Ein Literaturbericht. Theol. u. Philos. 42 (1967) 577–590. – Vgl. KKD VI, 113 (Lit.). – H. MYNAREK, Der Mensch – Sinnziel der Weltentwicklung, Paderborn 1967. – A. GLÄSSER, Konvergenz. Die Struktur der Weltsumme P. Teilhards de Chardin (Eichstätter Stud. N. F. IV), Kevelaer 1970.

1. Die Fragen »warum hat Gott die Welt erschaffen« und »wozu hat Gott die Welt erschaffen« können, wie gezeigt, trotz mannigfaltiger Schwierigkeiten, vom Gottesbild her, das wir aus der Hl. Schrift immer differenzierter erheben müssen, in Hinblick auf apriorische Prinzipien der Weltbetrachtung (Zweckidee und Sinnidee) eindeutig beantwortet werden. Jedoch schon hier muß vom »menschlichen« Gottesbild ausgegangen werden; vor der unbegreiflichen und unaussprechlichen Wirklichkeit Gottes müßte die Antwort offen bleiben. – Noch schwieriger gestaltet sich das Finden einer Antwort, wenn nunmehr nach dem Ziel der weltlichen Welt gefragt wird. Hier gilt es zuerst den Begriff der »weltlichen Welt« etwas zu klären (a), um dann von diesem Weltverständnis her über das Ziel dieser Welt in sich, in Hinsicht auf den Menschen sowie schließlich in Hinsicht auf Gott, den Schöpfer, (b) nachzudenken.

a) Mit »Welt« bezeichnen wir Menschen eine Wirklichkeit, die durch mannigfaltige Erfahrungsdaten, Erkenntnisse und Vorstellungen gebildet, durch unsere Deutungs- und Verstehensschemata als etwas bestimmt wird, das maßgeblich ist für unser Sein und Handeln, das selbst wieder durch Wünsche und Befürchtungen, Pläne und Zielideen initiiert und gestaltet wird. Unter den mannigfaltigen »Weltbildern« der Menschen der verschiedenen Zeiten und Kulturen sei hier nur das »biblische Weltbild« angesprochen, das wir im vorausgehenden als eine sinnvolle Ganzheit erkannten, die von Gott für den Menschen in freier Liebe zur Ehre Gottes und zum Heil des Menschen geschaffen ist. – Diesem heute gern »integral« genannten, vor allem aus neuplatonischem Denken entwickelten Weltverständnis gegenüber vertrat schon Thomas von Aquin, vor allem beeinflußt von Aristoteles, die Lehre von dem Eigenwert und der Eigenständigkeit der weltlichen Güter und Werte. Im Kampf zwischen Sacerdotium und Imperium zerbrach das einheitliche politische Weltbild des christlichen Mittelalters. Humanismus und Renaissance entwickelten ein Weltbild, das von einem weltimmanenten Verständnis und einem autonomen Menschenverständnis getragen ist, den Menschen in die Mitte stellt und die Welt als saeculum dem Bereich der Kirche, wie schon im alten Rom das profanum dem Heiligen, (vgl. Horaz, Od. III, 1,1: Profanum vulgus) gegenüberstellt. In den Verhandlungen des Westfälischen Friedens am 8. 4. 1646 (vgl. J. G. v. Meiern, Acta pac. Westph. II 15 § 14) wird die Aufhebung kirchlicher Institutionen und die Übereignung kirchlicher Güter in weltliche Hand zuerst, nachher wieder 1803 unter Napoleon, »Säkularisation« genannt. Der englische Sozialpolitiker G. J. Holyoake nannte 1854 »Säkularismus« eine vom Christentum losgelöste, natürliche Welt- und Lebensanschauung, wie sie von der englischen Freidenkerorganisation »Secularists« vertreten wurde (vgl. J. Hoffmeister, Wörterb. d. philos. Begriffe, Leipzig 1954, 604). – Vor allem F. Gogartens Untersuchungen über »Die Säkularisierung als theologisches Problem« (Verhängnis und Hoffnung der Neuzeit, Stuttgart 1958) sowie R. Bultmanns Entmythologisierung durch existentialistische Interpretation der Schrift führten zu den großen Versuchen über ein neues »christliches« Weltverständnis angesichts des modernen naturwissenschaftlichen Weltbildes (das freilich von der Naturwissenschaft selbst bereits wieder überwunden wurde). – Es ist gut, hier zwischen einer »weltlichen Welt« und einer »säkularisierten Welt« zu unterscheiden. Mit *»weltlicher Welt«* war hier ursprünglich (J. Metz) einfach jene Welt verstanden, die nach Überwindung des heidnischen Pantheismus der Antike als »entgötterte Welt«, als »Welt der naturwissenschaftlichen Erkenntnis«, in der Gott nicht vorkommt (ohne ausdrücklich geleugnet zu werden), gesehen wurde, auch wenn daraus immer mehr (seit 1960) eine »entsakralisierte Welt« wurde (vgl. H. Mühlen, Entsakralisierung, Paderborn 1970). Anders ist demgegenüber die *»säkularisierte Welt«* gesehen, die bei den Verhandlungen der 4. Plenarsitzung des Pastoralkonzils der niederländischen Kirche (vgl. E. Kleine, Glaube im Umbruch, München 1970, 139–168) zur Grundlage der Reformpläne gemacht wurde. Hier »verweist Welt auf eine vom Menschen entworfene, auf den Menschen bezogene Wirklichkeit, auf die Natur als Material, das der Mensch ausbeutet, auf die Geschichte als eine vom Menschen gemachte«. Es handelt sich um eine radikal weltimmanente Weltinterpretation, die Begriffe sind der erfahrenen Wirklichkeit entlehnt und einer überirdischen Kontrolle entzogen (vgl. ebd. 164–168). Dieses Weltverständnis ist wohl nicht sachlich wertfrei, sondern von den Wertungen der antichristlichen Aufklärung getragen und mit einem biblischen Weltverständnis nicht mehr in Einklang zu bringen.

b) Nicht von dem säkularisierten Weltverständnis, wohl aber vom rechten christlichen Verständnis von einer »weltlichen Welt« her ist hier nach dem Ziel dieser Welt zu fragen. Diese Frage ist uns durch verschiedene Fakten heute aufgezwungen. (1) Einmal ist festzustellen, daß durch den Fortschritt in Wissenschaft und Technik der Raum der Welt, die der Mensch selbst gestaltet, immer größer wird gegenüber der Welt, die dem Menschen als Schöpfung vorgegeben erscheint. Nicht nur die Kulturlandschaft zeigt dies gegenüber den Naturschutzgebieten, noch mehr wird Welt als Raum der menschlichen Lebensverhältnisse und Berufstätigkeit fast ausschließlich vom Menschen selbst gestaltet. Für das aber, was der Mensch selbst gestaltet, ist auch die Zielidee, wie vorher schon das Strukturmodell, vom Menschen selbst zu benennen. – (2) Da jedoch der Mensch als Teil des Kosmos ganz in die vorgegebenen natürlichen Ordnungen des Kosmos eingebunden ist, führt sein freies kulturschaffendes Wirken immer wieder zu Ereignissen und Fakten, die für dieses freie Wirken des Menschen absolute Grenzen bedeuten, die zu immer neuem Bedenken des eigenen Wollens und Tuns und zu immer neuer Klärung oder Korrektur des eigenen Planens und Handelns zwingen. Ein erstes Ereignis dieser Art ist das »Bevölkerungswachstum« (die Bevölkerungsexplosion bei manchen Völkern), das zu umsichtigen Planungen nicht nur in der Welternährungsfrage, sondern noch mehr in der Raumverteilungsfrage und in machtpolitischem Handeln der einzelnen Gruppen und Völker führen muß. Große, nicht nur technische, sondern auch menschliche Fragen (Geburtenregelung) stehen hier an. – (3) In dem Maße, in dem der Mensch durch eigene schöpferische Weltgestaltung in das natürliche Getriebe des Kosmos eingreift, in dem Maß muß er die Gesetze des »Lebenskampfes« (struggle of life: Ch. Darwin) durch eine »Weltordnung der Gerechtigkeit« ersetzen, die eine nicht selbstverständliche Selbstlosigkeit, Sachlichkeit und schließlich sogar wohlwollende Liebe vom Menschen fordert. Nur so werden die geschichtlich bedingten wirtschaftlichen Gegensätze zwischen armen und reichen Ländern, hoch entwickelten und unterentwickelten Völkern zu überwinden und auszugleichen sein (vgl.

Wissen im Überblick: Die moderne Gesellschaft, Freiburg i. Br. 1972. – W. Pank, Der Hunger in der Welt, Freiburg i. Br. 1959 (HB 38). – (4) Die technische Entwicklung führt zu einer Menge von gesellschaftlichen Problemen: berufsständische Gliederung, Lohn- und Preisgefüge, Arbeitsschutz und Freizeitgestaltung, Informationswesen, Erziehungs- und Bildungswesen sowie gesundheitliche Versorgung der verschiedenen Räume und Menschengruppen sind neu zu bedenken. Der Mensch als geistiges und sittliches Wesen wächst nicht von selbst mit dem Wachstum seines Kulturwerkes. Die menschliche Entwicklung ist eine weit größere Aufgabe und Schwierigkeit als die Entwicklung des menschlichen Kulturwerkes (vgl. R. Jungk [Hrsg.], Menschen im Jahr 2000, Frankfurt a. M. 1969 [29 Beiträge]. – Geplante Zukunft? Perspektiven für die Welt von morgen, hrsg. von R. Schmid-W. Beck, Göttingen 1966 [7 Beiträge]. – P. Jordan, Wie sieht die Welt von morgen aus?, München 1958. – O. v. Nell-Breuning, Wirtschaft und Gesellschaft heute, 3 Bde., Freiburg i. Br. 1969). – (5) Die Ereignisse seit dem 2. Weltkrieg haben den naiven Fortschrittsglauben erschüttert, haben gezeigt, daß der von der Technik erwartete neue Reichtum, die neue Entlastung von einem drückenden Arbeitsjoch und die dadurch mögliche Beseitigung der vielfachen wirtschaftlichen Mängel keineswegs der Menschheit immer größere Freiheit, bessere Ordnungen und dauerhaften Frieden schenken. Ja, die durch die Technik geschaffenen Industriezentren und menschlichen Ballungsräume haben neben neuen Verkehrsproblemen die großen Umweltschutzprobleme gebracht. Die Einengung der reinen Naturbereiche und die durch die Technik erzeugte Verschmutzung von Wasser und Luft gefährden nicht nur die Menschen in diesen Räumen, sondern allmählich die ganzen Kulturnationen. Naturwissenschaft und Technik haben den Menschen befähigt, Kunststoffe zu erzeugen, die für die Herstellung der Gegenstände seines täglichen Lebens von großer Bedeutung sind, deren Beseitigung jedoch, wenn sie unbrauchbar geworden sind, große Schwierigkeiten bereitet. Ihre Vernichtung stört den Haushalt (Oikologie) der Natur, die wohl all ihre eigenen Produkte abbauen kann, nicht aber die Kunststoffe, die der Mensch erzeugt hat. Eine billige Beseitigung durch Verbrennen schädigt Wasser und Luft, die Grundelemente allen Lebens. Eine kostspielige Vernichtung dieser Kunststoffe stellt die Wirtschaftlichkeit großer Industrien in Frage (vgl. H. Rieker, Alltag im Jahre 2000, Freiburg i. Br. 1966 [HB 267]. – (6) Von jeher hat der Mensch im politischen Raum nicht nur durch Verträge, sondern noch mehr durch Kriege neue Ordnungen zu schaffen versucht. Das führte im Laufe der Geschichte zu immer größeren politischen Räumen, die jedoch ebenso wie die kleineren Räume infolge der größeren Macht festeren und längeren Frieden nicht schaffen konnten. Nach dem 1. Weltkrieg versuchte der »Völkerbund« in Genf (von 1920–18. 4. 1946) als internationale Staatengemeinschaft den Frieden zu erhalten (1939 begann der 2. Weltkrieg). Seitdem widmen sich die »Vereinten Nationen« (UN) in New York der Aufrechterhaltung des Friedens und der internationalen Zusammenarbeit auf allen Gebieten. – Durch die Entwicklung der Atombombe (1. Explosion am 16. 7. 1945 in Almogordo und erster Einsatz in Hiroshima 6. 8. 1945) ist ein Machtinstrument von einer Größenordnung entstanden, das durch seine Abschrekkung seit 1945 unter den Weltmächten einen »Waffenstillstand« erhalten konnte, der jedoch einen gelegentlichen Einsatz dieser unmenschlichen Waffe in Zukunft keineswegs ausschließt. Eine damit verbundene Menschheitskatastrophe würde kaum zu einem gerechten Frieden führen, mit mehr Wahrscheinlichkeit müßte sie eine despotische Supermacht zur Weltherrschaft führen (C. F. v. Weizsäcker, Gedanken über unsere Zukunft, Göttingen 1966. – Der Zwang zum Frieden (6 Beiträge), Stuttgart 1966. – D. Senghaas (Hrsg.), Zur Pathologie des Rüstungswettlaufs, Freiburg i. Br. 1970. – G. Schweder, UNO, Instrument der Weltinnenpolitik?, Düsseldorf 1971.) – Vor all diesen Tatsachen wird die Frage nach dem Ziel der weltlichen Welt, die sich der Mensch im Laufe seiner Entwicklung und vor allem durch die neuere wissenschaftlich-technische Entwicklung selbst geschaffen hat, immer dringlicher, und der Theologe wird diese Frage vor seinem eigenen Verständnis vom Ziel der Welt als Schöpfung Gottes für den Menschen bedenken müssen.

2. Wie im Bereich der Natur der in der Mikrostruktur noch vorhandene Unsicherheits- und Freiheitsraum in der Makrostruktur nicht mehr in Erscheinung tritt, sondern in den notwendig wirkenden Naturgesetzen aufgehoben ist, so erscheint auch in der Entwicklung der Menschheit der Punkt erreicht, wo durch die Größendimension der Entwicklung der menschlichen Kultur eine Eigendynamik mit Eigenzwängen sich durchsetzt. Mit der sich vergrößernden Zahl, Wucht und Präzision der rationalen Planungen greifen diese Zwänge immer tiefer in die nie angemessen durchschaubaren Zusammenhänge der natürlichen, sozialen und wirt-

schaftlichen Welt ein, so daß sich immer schneller und unausweichlicher unbeabsichtigte Nebenfolgen einstellen, die wegen der Effizienz der eingesetzten Mittel nicht mehr durch individuelle Anpassungen abgefangen werden können. Der Mensch erlebt sein eigenes Kulturwerk immer mehr als Zwang und Weg zur Selbstentfremdung in einer Leistungs- und Konsumgesellschaft, und die negativen Folgen für die Natur und ihren Gesamthaushalt, von dem der Mensch lebt, sind noch nicht hinreichend durchschaut. Werden sie aber einmal erfahrbar, ist es zu spät, sie zu beheben. Der Mensch muß als Christ in dieser »Grenzsituation« seiner geschichtlichen Entwicklung erkennen, daß bloß innerweltliche, wissenschaftliche Erkenntnisse nicht hinreichen, sein menschliches Verhalten rechtzeitig und wirksam zu ordnen und zu planen. Der Mensch ist als »Krone der Schöpfung« nur Herr der Schöpfung, soweit er seine Verpflichtung als »Ebenbild Gottes« entsprechend seiner geistigen Entfaltung immer neu erkennt, anerkennt und erfüllt. Das bedeutet:

a) Der Mensch kann sein eigenes Wesen mit seinen Möglichkeiten und Gefahren, mit seinen Höhen und Tiefen nicht aus seiner bloßen ratio verstehen; er bedarf dazu noch einer tieferen Kraft, die im sozialen Bereich Liebe, im metaphysischen Bereich Glauben heißt. Nur wo der Mensch neben seiner rationalen Vernunft die Kraft seiner menschlichen Liebe und die Kraft seines auch noch den Menschen übersteigenden Glaubens bewahrt und betätigt, wird er auch die Probleme der von ihm neu geschaffenen und zu schaffenden Kulturwelt verstehen. Ohne diese Kräfte wird ihm sein Kulturwerk in der verkürzten Perspektive seines rationalen Verständnisses von Welt und Mensch selbst zum Rätsel und zum Verhängnis.

b) Was bisher aus den Aussagen der Offenbarung über den Menschen erhoben wurde, versucht P. Teilhard de Chardin von seinem biologischen Weltverständnis her, in das er seinen Glauben (wenn auch in vielleicht ungewöhnlicher, gnostisch anmutender Weise) eingebaut hat, durch die drei Aussagen auszudrücken: (1) Der Mensch ist geboren und wächst geschichtlich in Abhängigkeit von der ganzen Materie und dem ganzen Leben; (2) mit seinem axialen, lebenden Teil triftet das Universum gleichzeitig und identisch in Richtung des Superkomplexen, des Superzentrierten, des Superbewußten (das bedeutet in der Sprache des scholastischen Denkens etwa, daß nicht nur die personale Tiefe des Menschen, sondern überhaupt alles Lebendige auf ein Transzendentes, bei Teilhard

»Omega« genannt, hingeordnet ist, das in etwa dem verklärten und erhöhten Christus entspricht); (3) die Humanisierung durch Erlösung ist darum durch die Humanisierung durch Evolution zu ergänzen. Teilhard möchte durch menschliches Mitwirken mit der Evolution erreichen, daß der erhöhte Christus, »da sich in Ihm die Energien des Himmels und der Erde vereinen, der Erlöser, übernatürlich für unseren Glauben, in eben dem Zentrum seinen Platz findet, in dem, natürlich für unsere Wissenschaft, die Strahlen der Evolution konvergieren« (Mein Glaube, Freiburg-Olten 1972, 166–177). – Vom Offenbarungswort der Schrift her werden wir sagen, daß dieses Ziel nicht durch unsere menschliche Arbeit erreicht werden wird; der neue Himmel und die neue Erde und das neue Jerusalem kommen als Geschenk Gottes von oben (vgl. Apk 21,1–5: »Siehe ich mache alles neu.«). Aber eines scheint in der neuen Sicht Teilhards richtig, daß es eine echt christliche Aufgabe für den Menschen ist, nicht nur nach rückwärts auf Christus, den Erlöser, sondern auch nach vorwärts auf Christus, den Richter der Endzeit, zu schauen, der auch nach Teilhard als »Christus universalis« nicht selbst das Endziel, sondern der Durchgang sein wird zum »Gott alles in allem« (1 Kor 15,28; vgl. A. Gosztonyi, Der Mensch und die Evolution, München 1968, 234).

3. Je weiter Wissenschaft und Technik fortschreiten, um so mehr werden sie in der Kulturwelt, die sie für den Menschen bereiten, »Lücken« sichtbar machen, die nur von einem Weltverständnis aus der Tiefe des menschlichen Herzens, also von einem gläubigen Weltverständnis her verstanden und gefüllt werden können. Wie den Menschen vor der rationalen Revolution der Naturwissenschaften die Lücken in seinem unwissenschaftlichen Weltbild mit ihren Zwängen an Furcht und Angst vielfach auf Gott verwiesen haben, so werden den Menschen mit seinem modernen naturwissenschaftlichen Weltbild neue, tiefere Einsichten in die Oikologie der Welt, als deren Mitte sich nun der Mensch nicht nur weiß, sondern auch durch sein Kulturwerk versteht und benimmt, hinweisen auf die Weisheit und Gültigkeit des in der Offenbarung vorgestellten Bildes von der »Welt als Schöpfung Gottes« und dem Menschen als »Geschöpf Gottes und Ebenbild Gottes«. Ja, die menschliche Gottesvorstellung selbst gewinnt hier neue Weite und Tiefe: der lebendige Gott ist als Schöpfer der Schöpfung innerlicher, als die Welt als Natur sich selber sein kann (vgl. § 14). Diese neuen Einsichten werden den Menschen nicht mit Zwängen auf Gott verweisen; das

geoffenbarte Weltbild wird sich für sein Denken selbst als das »rationalere« erweisen, wenn er es nicht, bewußt und in freier Entscheidung gegen Gott, ablehnt. Schaden und Untergang als Folgen dieser Ablehnung wird der Mensch dann so wenig als Folgen seines Unglaubens verstehen, wie er vorher durch die rationalere Ordnung nicht zum Glauben gefunden hat. Glaube ist und bleibt eine freie Antwort auf Gottes Wort in seiner Welt und in seiner Offenbarung, auch wenn er, einmal angenommen und vollzogen in der Gnade Gottes, sich als Weg zum rationaleren Verständnis des Ganzen der Welt erweist. Darum bezeichnet die Offenbarung den Ungläubigen mit dem Ausdruck »Tor«. »Der Tor spricht in seinem Herzen: es gibt keinen Gott« (Ps 14,1); »Liegt doch vor Gottes Augen eines jeden Weg, und alle seine Lebensbahnen ebnet er; die eigenen Vergehen fangen jenen ... ob der Menge seiner Torheit taumelt er« (Spr 5,21 ff).

§ 12 Das Ziel der Welt und die göttliche Vorsehung

DThC XIII (1936) 935–1023. – Enc. Filos. III (1957) 1691–1696; II (1957) 273–276. – ThW IV (1942) 1004–1011. – BL 1859 f (P. v. Imschoot). – LThK 10 (1965) 885–889 (J. Schmid – K. Rahner). – RGG 5 (1962) 1496–1499 (J. Konrad). – D. Amand, Fatalisme et liberté dans l'antiquité gre'que, Louvain 1945. – O. Bauhofer, Die rettenden Gewalten, Wien 1950. – H. Beck, Vorsehung und Vorherbestimmung in der theologischen Literatur der Byzantiner, Rom 1937. – J. A. Berrenberg, Das Leiden im Weltplan (frühere Aufl.: Thomas Molina), Heidelberg [3]1942. – F. Billicsich, Das Problem der Theodizee im philosophischen Denken des Abendlandes, Innsbruck 1936. – Ders., Das Problem des Übels in der Philosophie des Abendlandes, 2 Bde., Wien 1952/55. – J. J. Duin, La doctrine de la providence dans les écrits de Siger de Brabant, Louvain 1954. – U. A. Farantos, Die Lehre von der göttlichen Vorsehung und Vorherbestimmung bei Gennadios Scholarios (griech.), Athen 1965. – H. Fries, E. Wiechert, Eine theologische Besinnung, Speyer 1949. – J. Goergen, Des hl. Albertus Magnus Lehre von der göttlichen Vorsehung und dem Fatum, Vechta 1932. – St. Grün, Gespräche über die göttliche Vorsehung, Aschaffenburg 1948. – R. Guardini, Freiheit, Gnade, Schicksal. Drei Kapitel zur Deutung des Daseins, München [4] 1956. – H. E. Hengstenberg, Von der göttlichen Vorsehung, Münster 1940. – Jean Chrysostome, Sur la providence de Dieu. Ed. A.-M. Malingrey (SC 79), Paris 1961. – J. Konrad (ev.), Schicksal und Gott, Gütersloh 1947. – H. de Lubac, Über die Wege Gottes, Freiburg i. Br. 1958. – F. Nötscher, Schicksalsglaube in Qumrân und Umwelt, Bibl. Zschr. N.F. 3 (Paderborn 1959) 205–234, 4 (1960) 98–212. – Procli Diadochi Tria opuscula. Ed. H. Boese, Quellen und

Studien z. Geschichte d. Philos., Berlin 1960. – C. H. KATSCHOW, Das Heilshandeln und das Welthandeln Gottes. Gedanken zur Lehrgestaltung des Providentia-Glaubens in der ev. Dogmatik, Neue Zschr. f. system. Theol. 1 (1959) 25–80. – L. SCHEFFCZYK, Schöpfung und Vorsehung (HDG II 2 a), Freiburg i. Br. 1963. – R. SCHNEIDER, Der Mensch vor dem Gericht der Geschichte, Augsburg 1948. – H. KOCH, Pronoia und Paideusis (Origenes), Berlin 1932.

Noch mehr als das Ziel der Welt wird vor der Kulturwelt des modernen Menschen »die göttliche Vorsehung« zum Problem. Aufgabe unserer Zeit ist es, diese Vorsehung wieder im theozentrischen, soteriologischen und eschatologischen Verständnis der Offenbarung zu fassen.

1. Wort und Idee der »Vorsehung« in der Geschichte

Die Ursprache des AT (Hebräisch) hat kein eigenes Wort für das, was wir in der Theologie der Kirche »Vorsehung« nennen. Auch die griechische Heilige Schrift gebraucht nur an zwei Stellen im jüngsten Buch des AT (Weish 14,3; 17,2) den ursprünglich stoischen Terminus (πρόνοια) für die »Vorsehung Gottes«. Die Sache, recht verstanden, gehört freilich zu den Grundwahrheiten der Offenbarung. – Als grundlegende Lehre eines *religiösen Weltverständnisses* wurde die Vorsehungslehre in der STOA ausgebildet: Vielleicht von Sokrates († 399 v. Chr.; vgl. Xenophon, Memorabilia I, 4; IV, 3) in die griechische Philosophie eingeführt, war der Gedanke von einer umfassenden Sorge des Göttlichen für die Welt von Zeno († 264 v. Chr.) zu einer Unterscheidungslehre der Stoa gegenüber der Schule Epikurs († 270 v. Chr.), der im großen Weltgeschehen den »Zufall« am Werk sah (vgl. Lukrez, † 55 v. Chr., De rer. nat. II 165–182), gemacht worden; Panaitios († um 110 v. Chr.) schrieb die erste Monographie über die Vorsehung, die über Cicero († 43 v. Chr., De nat. deorum II, 29–35) und Seneca († 65 n. Chr., De prov. ad Lucilium) in die römische Stoa weiterwirkte. Ihr Grundgedanke lautete: Durch die Vorsehung der Götter ist die Welt dauerhaft, vollkommen und schön, und das Übel dient der Ausbildung der menschlichen Tugend. – Noch eingehender behandelte der die jüdische und christliche Offenbarung schon kennende, mehr religiös denkende *Neuplatonismus* die Vorsehungslehre, so Plotin († um 270 n. Chr., En. III 2 und 3) und Proklos († 485 n. Chr.; 1. De prov. et fato et eo quod est in nobis; 2. De X dubitationibus circa prov.; 3. De causa mali [Ed. H. Boese]). Ihm erschien der Kosmos als Gebilde gottgewirkter Einheit und Harmonie, in dem der platonische Dualismus zwischen Geist und Materie Ursache und Grund für das menschliche Streben ist, über die Reinigung und Tugend zur Gottähnlichkeit und Gottschau in der Ekstase zu gelangen. – Als die *christlichen Apologeten* zum erstenmal vor allem stoische Vorsehungsgedanken mit der Offenbarungslehre von dem allmächtigen, allweisen und liebenden, personalen und transzendenten Gott als dem einzigen Herrn der Welt und der Geschichte verbanden, geschah es vor allem, um die Güte der Welt und die Freiheit des Menschen gegenüber dem Manichäismus und der Gnosis und dem Sternenglauben der Zeit zu verteidigen. So schreibt ATHENAGORAS (De resur. mort. c 18): »Glaubt man an Gott als den Schöpfer dieses Alls, so muß man, sofern man seinen eigenen Prinzipien nicht untreu werden will, aus seiner Weisheit und Gerechtigkeit den Schluß ziehen, daß er für alles Geschaffene wacht und sorgt ... und daß sich die Aufmerksamkeit des Schöpfers auf alles in gleicher Weise erstreckt, auf Unsichtbares und Sichtbares, auf Kleines und Großes.« IRENÄUS verteidigt den Vorsehungsglauben gegen Marcion, der den vorsorgenden Gott der Juden und den richtenden Christus der Christen nicht anerkennen will (Adv. haer. III c 25), und ORIGENES hebt gegenüber Celsus (Contra Celsum IV 99) die Vorsehung für das einzelne und in Sonderheit für den Menschen hervor. LAKTANZ schreibt in der Auseinandersetzung mit dem Deismus des Epikur und Lukrez die erste Monographie über die Vorsehung (De ira Dei). – Gegenüber den Bedenken, die sich gegen die Vorsehungslehre immer wieder aus der menschlichen Schwäche erheben, verteidigen BASILIUS († 379, Quod Deus non est auctor malorum: PG 31, 341, 344) und Johannes CHRISOSTOMUS († 407, Ad Stagirium: PG 47, 423 ff) diese Lehre, und gegen die großen Schwierigkeiten, die sich gegen diese Lehre in den Wirren der Völkerwanderung ergaben, verfassen THEODERET VON CYRUS († um 466, Graecarum affectionum curatio VI: PG 83, 956 ff; Or. decem de prov.: PG 83, 556 ff), SALVIAN VON MARSEILLE († nach 480, De gubernatione Dei II. VIII: PL 53) und AUGUSTINUS († 430; vgl. Conf. VII, 11–14; De civ. Dei I, prol. 28 u. ö.) ihre großen Werke. BOETHIUS, († 524, De cons. phil. IV prosa 6: PL 63, 814 f) und JOHANNES DAMASCENUS († 749, De fide orth. II c 29: PG 94, 964 ff) faßten diese Lehren zusammen. Das hohe Mittelalter behandelte diese Lehre nur nebenbei in echt biblischer Weise im Rahmen des göttlichen Vorherwissens und der göttlichen Vorherbestimmung (Sent. I d 38/39); nur THOMAS VON AQUIN († 1274) und ALBERTUS MAGNUS († 1280) haben die Vorsehungslehre wieder ausdrücklich aufgegriffen, offenbar in der Auseinandersetzung mit dem mohammedanischen »Fatalismus«

(Averroismus; vgl. S. c. G. III c 71–126; S.Th. I q 22; Albertus Magnus, De fato opusculum und Com. in II. Phys. Tr. II c 10–21; Summa Hal. I n 195–203), gegen den auch die fünf bedeutsamen Abhandlungen des spätbyzantinischen Theologen GENNADIOS SCHOLARIOS (Über die Vorsehung, verfaßt 1459 ff: PG 160, 539–565, 1105–1156) geschrieben sind. Eine gute Zusammenfassung bieten MATTHÄUS VON AQUASPARTA († 1302, De providentia (6 qq), BFS XVII, Quaracchi 1956, 231–395) und ULRICH VON STRASSBURG († 1277, Summa de bono II tr. 5 c 16–18). – Die Auseinandersetzung vor allem mit dem Calvinismus sowie die Gnadenstreitigkeiten im eigenen Lager führten im 16. Jahrhundert zu einer eingehenderen Behandlung der Vorsehungslehre unter Einbeziehung der Lehre vom »immediatus concursus divinus« in den Kommentaren zur Summe des hl. Thomas durch Dominikaner und Jesuiten (vgl. D. Ruiz de Montoya SJ, De prov. 1631; L. Lessius SJ, De prov. numinis, 1613; J. B. Gonet OP, 1660, I tr. IV disp. VIII). – Gegenüber den Angriffen auf die Vorsehungslehre durch P. Bayle und gegenüber dem die Vorsehung leugnenden »Deismus« eines J. Toland (1696) verfaßte G. W. v. LEIBNIZ († 1716) seine »Theodicée« (Über die Güte Gottes, die Freiheit des Menschen und den Ursprung des Übels, 1710). – Das Weiterwirken der deistischen Gedanken, atheistisch-nihilistische Ideen in unserer Zeit sowie die großen Erschütterungen vor allem durch die Katastrophen des 2. Weltkrieges (vgl. J.-P. Sartre und E. Wiechert) lassen eine neue Besinnung auf die christliche Vorsehungslehre als notwendig erscheinen. Maßgeblich mag dabei eine Rückbesinnung auf die biblischen Grundlagen sein, in denen die Vorsehungslehre als echtes »Glaubensgeheimnis« erscheint, das wohl menschliches Verständnis sucht (fides quaerens intellectum), aber nicht durch eine philosophische Lehre ersetzt werden kann.

2. *Schicksalsgedanke und Vorsehungsglaube*

Um die Vorsehungsidee zu erhellen, ist es notwendig, die *»Schicksalsidee«* etwas zu klären, die damit eng verknüpft ist und eine große Geschichte hat, aus der nur einige Andeutungen beigebracht seien. Der nicht auf dem Boden des Gottesglaubens der Offenbarung stehende Mensch erfährt in gleicher Weise seine individuelle, personale Freiheit und Selbstherrlichkeit wie seine Abhängigkeit von einer ihn umgebenden und tragenden und oft nötigenden Welt (Natur und Geschichte) in mannigfacher Weise. Wie die eigene Freiheit als Macht (Selbstmacht = αὐτεξουσία) erlebt wird, so werden auch hinter den verschiedenen Gestalten der Abhängigkeit und äußeren

Notwendigkeit »Mächte« gesehen, die in den verschiedenen Gestalten des »Schicksals« ihre Deutung erfahren. Da stehen am Anfang die Schicksalsbilder, die »zwingende Notwendigkeit und unabwendbares Verhängnis« meinen (ἀνάγκη – εἱμαρμένη: Plato, Pol. VIII 566 A); wo in einem mehr naturwissenschaftlichen Denken oder in einem pantheistischen Materialismus (Stoa) der Mensch als Teil des Kosmos erscheint, bleibt kein Raum mehr für seine Freiheit. Wo aber ein gütiger Urheber oder Gestalter hinter der Welt gesehen wird (Plato, Tim. 29 E), erstreckt sich die »Notwendigkeit« nur auf die Folgen aus den selbst frei bleibenden Handlungen des Menschen (so Ps.-Plutarch, De fato; Alexander von Aphrodisias [um 210], Περὶ εἱμαρμένης; Nemesius von Emesa [um 400], Περὶ φύσεως ἀνθρώπου c 42–44: PG 40, 780 ff; Ps.-Dionysius Areopagita, De div. nom. c 12: PG 3, 970 C). Insofern dieser Gott aber doch nicht im Sinne der Offenbarung als absolut und transzendent, sondern als weltimmanent erfaßt wird, erscheint seine Weltregierung als Tat einer »undurchschaubaren, willkürlich wirkenden Macht« (μοῖρα), die auch Rächerin, (νέμησις: Ps.-Aristoteles, Über die Welt [Περὶ κόσμου] 401 b 8–29) ist, und »dunkle Macht in der eigenen Brust« (δαίμων: Aristoteles, Top. II 6: 112 a 38 f). Der Mensch, der an sein »Schicksal« die Frage nach dem »Lebenssinn« stellt, sieht diese über ihm stehende Macht als ein rätselhaftes Wesen (Sphinx, Aristoteles, Phys. IV 1: 208 a 27–31) oder als unberechenbaren, sinnlosen Zufall (τύχη-αὐτόματον: Aristoteles, Phys. II 4–6: 195 b 31–198 a 13; vgl. dazu den Kommentar des Albertus Magnus und sein Werk De fato; Ulrich von Straßburg, Summa de bono II tr 5 c 16–18). In jedem Fall erlebt der Mensch sich hier, dem »Schicksal« gegenüber, als ein Stück in einer ihn einschließenden Welt, ohne den Punkt zu sehen, von dem aus er sich in seiner Einmaligkeit, Freiheit und personalen Würde aufgehoben und gesichert wüßte. Soll dieser Schicksalsglaube erhellt werden, muß der Mensch fähig und bereit sein, in seinem eigenen Schicksal Gott zu suchen und zu begegnen oder sich in seinem Schicksal von Gott suchen und rufen zu lassen, was Glauben an die »Vorsehung Gottes« inmitten des eigenen »Schicksals« verlangt und ermöglicht (Darauf weisen die Begriffe selbst schon hin (εἱμαρμένη = das Zugeteilte, fatum = das Zugesprochene, Schicksal = das Geschickte: von Gott).

3. Inhalt und Horizont des Vorsehungsbegriffes

Vorsehung (πρόνοια – providentia) meint im menschlich natürlichen Sinn die kluge »Vorschau« auf künftige Ereignisse, verbunden mit liebender »Vorsorge« für ihr gutes Gelingen (vgl. Plato, Def. 414 a; Prometheus-Mythos bei Hesiod, Theog. 521 ff, und Aischylos). Sobald dieser menschliche Begriff auf den Gott der Offenbarung angewandt werden soll, wird in einem theologischen Denken das Moment des »Zukünftigen« durch die »Ewigkeit« (Überzeitlichkeit), Allgegenwart und Einfachheit Gottes aufgehoben. So wandelte sich dieser menschliche Vorsehungsbegriff bei den griechischen Vätern dahin, daß unter »Vorsehung Gottes« das Wirken des Schöpfergottes nach außen in der Erhaltung der Welt in Sein, Leben und Bewegung und in der Regierung der Welt durch wirksame und liebende Ordnung der Verhältnisse zum Heile des Ganzen und jedes Einzelnen verstanden wurden. So übernimmt Johannes Damascenus (De fide orth. II 29: PG 94, 964) die Definition des Nemesios (PG 40, 792): »Vorsehung ist der Wille Gottes, durch den alles Seiende die zuträgliche Leitung erhält«, und Boethius (De consul. phil. IV prosa 6: PL 63, 814 f) sagt: »Die Vorsehung ist jene im allerhöchsten Herrn gegründete göttliche Vernunft (ratio) selbst, die alles ordnet.« Die neuplatonischen (Wille) bzw. stoischen (Vernunft-Logos) Vorstellungen werden hier in der christlichen Theologie wirksam. Unter dem Einfluß der aristotelischen Lehre von der Klugheit (Nik. Eth. VI c 12: 1143 a) hat später Thomas von Aquin (S. Th. I q 22 a, 1) den »Zielgedanken« in seine Definition aufgenommen und erklärt: »Die Vorsehung ist der Grund für die Ordnung der Dinge auf ihr Ziel hin, insofern dieser im göttlichen Verstand existiert.« Damit wird die Vorsehung im ewigen, absoluten Vorherwissen Gottes, ja in seinem göttlichen Wesen, in seiner Heiligkeit und seinem Herrsein verankert (so bes. auch bei Albertus Magnus und Ulrich v. Straßburg). Dabei wird an das Endziel der Schöpfung überhaupt gedacht: Gloria Dei et salus animarum. Hat auch die Weisheitsliteratur (Sir 16,24 – 17,32) in einem fast stoischen Sinn die »Naturgesetze« als Werk der Vorsehung (im weitesten Sinne) herausgestellt, so ist doch festzuhalten, daß im biblischen Sinne der eigentliche Raum der »Vorsehung Gottes« (im engeren Sinne) dort ist, wo der lebendige Schöpfergott und die freien, geistigen Geschöpfe (Engel und Mensch) sich gegenüberstehen und die Dinge der Welt in Hinsicht auf den Menschen als Krone und Sinngrund der Schöpfung von Gott jeweils geordnet werden (Heilsgeschichte). Im eigentlichen (im engsten) Sinne ist Vorsehung Gottes dort, wo es um das letzte Ziel der Schöpfung, das »Reich Gottes« (Mt 6,25–33) in dieser Welt geht, das im »immerwährenden« (allgegenwärtigen und ewigen) Heilstun Gottes mit den natürlichen, aber auch mit außerordentlichen (Wundern) Mitteln oder mit außernatürlichen (Engeln) und übernatürlichen Kräften (der Gnade im Heiligen Geist) von Gott in dieser Welt durchgesetzt und aufgerichtet wird, nicht ohne Mitwirken des Menschen freilich. So wird die »Vorsehung« in einer Reihe göttlicher Wirkungsweisen in dieser Welt sichtbar, die die Theologie im Anschluß an Offenbarungsaussagen so aufzählt: Göttliches Vorherwissen (praescientia, Jer 1,5; Apg 2,23), Vorherbestimmung (praedestinatio, Röm 8,29; Eph 1,5.11), Vorsehung (providentia, Weish 14,3; 17,2) und schließlich eine Vorherbewegung (praemotio, Joh 6,44), wobei das prae (vorher) nicht eigentlich ein zeitliches sondern ein sachliches »vorher« meint, das für den zeitgebundenen Menschen die Wirklichkeit der Allgegenwart des ewigen Gottes (Ps 139) zum Ausdruck bringen soll. – Väter und mittelalterliche Theologen behandeln die Vorsehungslehre in der »Gotteslehre«, während die Theologie der Neuzeit sie meist in der »Schöpfungslehre« unterbringt.

4. *Die christliche Vorsehungslehre*

a) *Kirchliche Lehre.* Das 1. Vatikanische Konzil hat gegenüber dem Deismus und Rationalismus der Zeit die Vorsehungslehre der Kirche herausgestellt mit den Worten: »Alles, was Gott schuf, schützt und leitet er mit seiner Vorsehung, ›kraftvoll von einem Ende zum anderen reichend und alles mit Milde ordnend‹ (Weish 8,1). ›Es liegt ja alles bloß und nackt vor seinen Augen‹ (Hebr 4,13), auch das, was durch die freien Handlungen der Geschöpfe geschehen wird« (D 1784–DS 3003–NR 317; vgl. D 1702, 606 f–DS 2901, 1176 f; D 421–DS 790–NR 294: im Glaubensbekenntnis für die Waldenser 1208 wird der Dreieinige Gott creator, factor, gubernator et dispositor omnium corporalium et spiritualium, visibilium et invisibilium genannt. Gegen die Astrologen schreibt Sixtus V. am 5. 1. 1586 seine Bulle »Coeli et terrae creator«).

b) *Das biblische Verständnis der Vorsehung.* Haben die »Väter« in ihrer Zeit, da die »Naturwissenschaften« noch mit der Philosophie und der Theologie verbunden waren, ihre Aufgabe darin gesehen, die Offenbarungslehren auch in den Denkformen der Philosophie und Naturerkenntnis auszudrücken, so mag es heute bei der durch die christliche Offenbarung geschehenen klaren Scheidung von Naturwissenschaften, Philosophie und Theologie an der Zeit sein, das spezifisch Theologische auch in der Vorsehungslehre aus der Offenbarung zu erheben. Folgende Offenbarungswahrheiten wird der moderne Mensch lebendig erfassen müssen, soll die »Vorsehungslehre« für ihn wieder Sitz im Leben gewinnen: (1) Der Mensch muß nicht nur die Schallmauer seiner »erfahrbaren« Welt, sondern auch die Lichtmauer seiner »verstandenen« Welt durchbrechen, um die Wirklichkeit und die Größe des Dreifaltigen Gottes, des Schöpfers des Alls, seines Schöpfers, Herrn und Vaters wieder ergreifen zu können. – (2) Erst im Gegenüber zum Schöpfergott wird der Mensch auch seine Geschöpflichkeit bis hinein in das Innerste seines Personseins erfassen können, seine absolute Bedingtheit, Abhängigkeit und Zufälligkeit (Kontingenz) im Bereich des natürlichen Seins. – (3) Dieser unendliche Abstand zwischen dem Schöpfergott und dem Geschöpf wird im Wirken Gottes, wie es uns die Offenbarung enthüllt, in der Weise überbrückt, daß aus dem »fernen« Gott des Sünders der innig »nahe« Gott des Gotteskindes wird. Wo der Mensch, für den alles verloren schien, plötzlich sich von Gott aufgehoben und getragen weiß, bringt die Offenbarung das zum Ausdruck mit einem hebräischen Wort, das etwa übersetzt werden dürfte: Gott, du siehst (mich) (Gen 16,13 f Hagar; Gen 22,14 Abraham; vgl. Joh 1,48). Der ins Nichts gestellte Mensch weiß plötzlich um seine Geborgenheit in der Hand des großen Gottes: »Von vorn und von hinten umschließt du mich und legst auf mich deine Hand! Ein Wunder, Herr, so hoch, ich kann es nicht fassen!« (Ps 139,5). Die persönlichsten Aufmerksamkeiten und Zärtlichkeiten erfährt der Mensch von diesem seinem Gott, und alle Phasen des menschlichen Lebens sind je eigens davon bestimmt und getragen (vgl. Geschichte der Patriarchen des Alten Bundes, bes. des ägyptischen Josef, und des außerwählten Volkes; Christus spricht diese göttliche Fürsorge der ganzen Schöpfung und jedem Einzelmenschen zu: »Euer Vater im Himmel weiß, daß ihr all dessen bedürfet!« Mt 6,8.32). – (4) Der Mensch muß aber die Hierarchie der Güter und Werte beachten und die Sorge um das dem Geschöpf Notwendige dem Schöpfer überlassen, um ganz frei zu sein für die Sorge, die dem Menschen in dieser Welt aufgegeben ist, »das Reich Gottes und seine Gerechtigkeit zu suchen« (Mt 6,33). – (5) Ebenso muß der Mensch, soll Gottes liebender, sorgender Blick auf ihm ruhen, dem »Vater im Himmel« ähnlich werden in der Liebe bis hinein in die »Feindesliebe« (Mt 5,44–48; 6,14 f), da erst darin die »unnatürliche« Selbstherrlichkeit des Menschen vor Gott überwunden wird. – (6) Gott hat den Menschen zu seinem Ebenbild (Gen 1,26 f) und »Partner« gemacht, darum gehören auch die eigene Mühe um das Reich Gottes (Mt 11,12) und das vertrauende Bittgebet (Mt 7,7–11; Joh 13,13 f; 16,26 f) zu diesem in Gottes Liebessorge stehenden

Gotteskind. – (7) Wie die Heilsgeschichte Gottes aber in Christus Jesus ihren Höhepunkt und ihre Mitte gefunden hat (Kol 1,13–23), so ist Christus auch das »Maß« des Menschen geworden, und Christus fordert nun, daß der Mensch als Bruder Jesu Christi, des Ur-Ebenbildes Gottes (2 Kor 4,4; Kol 1,15; Röm 8,29), in »Selbstverleugnung und Tragen des eigenen Kreuzes« ihm nachfolge (Mt 16,24). So sind Kampf und Leid des Menschen in der biblisch verstandenen »Vorsehung Gottes« nicht aufgehoben, sondern eingeschlossen. – (8) Das Endziel der Schöpfung (Apk 21) wirkt der Schöpfer allein aus sich: der neue Himmel und die neue Erde und das neue Jerusalem sind allein Gottes Geschenk. In der Entfaltung der Natur und der Geschichte bedient sich die göttliche Vorsehung der Dienste der Kreatur, in natürlichen wie in Heilsdingen, wobei im mittelbaren Wirken Gottes durch das Mitwirken der Geschöpfe sein unmittelbares Wirken aufgehoben bleibt (vgl. §§ 14 und 15).

c) *Menschliche Einwände und das »Glaubensgeheimnis« der Vorsehung.* Hier werden die großen Einwände des Menschen laut gegen die Vorsehung Gottes, die er menschlich (philosophisch) verstehen möchte: Woher Übel und Leid und Sünde in der Welt, wenn es eine »göttliche Vorsehung« gibt? Warum vernichtet Gott nicht die Verbrecher, verhindert er nicht die Verbrechen, schützt er nicht die Unschuldigen in dieser Welt? Von je hat der Mensch (im Heidentum wie im Christentum) mit dem Hinweis auf die wesenhaft-existentielle Notwendigkeit der Freiheit für das Menschsein, auf den notwendigen Gemeinschaftsbezug des Menschen, auf den Sinn auch von Übel und Leid in der wirklichen Welt wie durch die Lehre vom Zusammenwirken von Erst- und Zweitursachen eine Antwort auf diese Fragen versucht. Die christliche Antwort wird auf die absolute Größe Gottes verweisen müssen, in der die Vorsehung Gottes ein echtes »Glaubensgeheimnis« bleibt, das schon der Prophet anspricht, wenn er verkündigt: »Meine Gedanken sind nicht eure Gedanken, und eure Wege sind nicht meine Wege: Spruch des Herrn!« (Is 55,8), und das Paulus meint, wenn er am Ende seiner Betrachtung über die Geschichte des auserwählten Volkes und die Begnadigung der Heiden schreibt: »So hat Gott alle zusammen (Juden wie Heiden) ungehorsam werden lassen, damit er sich aller erbarme (vgl. Joh 9,3): O Abgrund des Reichtums und der Weisheit und der Einsicht Gottes! Wie unergründlich sind seine Gerichte und wie unerforschlich seine Wege!« (Röm 11,33). In diesem christlichen Vorsehungsglauben hat die »Torheit des Kreuzes« Platz, und diese »verborgene Weisheit Gottes im Geheimnis« steht der »Weisheit der Welt« immer wieder entgegen, »damit unser Glaube sich nicht gründe auf Weisheit von Menschen, sondern auf die Kraft Gottes« (1 Kor 1,18 – 2,7), die nichts anderes ist als die Liebe des »Gottes des Schauens« (Gen 16,13 f; vgl. Is 45,5–13).

§ 13 Schöpfungsglaube und Evolutionstheorie

H. MEYER, Geschichte der Lehre von den Keimkräften von der Stoa bis zum Ausgang der Patristik, Bonn 1914. – Schöpfungsglaube und Evolutionstheorie, Stuttgart 1955 (Kröner). – W. ZIMMERMANN, Evolution. Die Geschichte ihrer Probleme und Erkenntnisse, Freiburg i. Br. 1953 (Orbis academicus). – G. HEBERER-F. SCHWANITZ (Hrsg.), Hundert Jahre Evolutionsforschung, Stuttgart 1960. – H. VOLK, Schöpfungsglaube und Entwicklung, in: Ders. Gott alles in allem, Mainz 1961, 26–42. – P. SMULDERS, Theologie und Evolution. Versuch über Teilhard de Chardin, Essen 1963. – P. TEILHARD DE CHARDIN, Die Zukunft des Menschen, Olten 1963. – DERS., Die menschliche Energie, ebd. 1966. – DERS., Die lebendige Macht der Evolution, ebd. 1967. – A. HAAS, Teilhard de Chardin-Lexikon, 2 Bde., Freiburg i. Br., 1971 (HB 407/408), hier I, 290–301: Evolution. – P. OVERHAGE, Die Evolution des Lebendigen. Die Kausalität (QD 26/27), Freiburg i. Br. 1965. – H. SCHÄFER, Die Automatik des Lebens, Frankfurt/M. 1967 (Ullstein Naturgeschichte). – Vom Ursprung der Arten (9 Beiträge von Querner, Heberer u. a.), Hamburg 1969 (RoRoRo). – Neue Anthropologie, hrsg. von H.-G. GADAMER-P. VOGLER, Bd. 1 (dtv-WR 4069), Stuttgart-München 1972 (Beiträge von R. Bachmann, A. Remane, H. M. Peters u. a.). – D. VOGELLEHNER, Paläontologie, Freiburg i. Br. 1972.

Als letztes Teilproblem zur Klärung der Schöpfungsidee sei hier die Frage nach dem Verhältnis von Schöpfungsglauben und Evolutionstheorie aufgegriffen. In der Evolutionstheorie wird die »weltliche Welt« im Verständnis der Naturwissenschaften, vor allem der Biologie vorgestellt, und es erhebt sich auch hier die Frage nach dem besonderen Wesenscharakter dessen, was wir von der Offenbarung her »Schöpfung durch Gott« genannt haben.

1. *Geschichtliches*

a) Schon in der Antike hat man die Vielfalt der Formen und Wirklichkeiten in der Natur festgestellt und sie in ein System zu ordnen versucht. Vielleicht die älteste Systematisierung, die schon im Schöpfungsbericht des Priesterkodex (P) als wirksam erscheint, ist die Rede von einem »Schichtensystem«, das wenigstens »Steine,

Pflanzen, Tiere, Menschen« umfaßt, und bei Porphyrios († nach 300) bereits als »tote, lebendige, geistige Welt« im neuplatonischen (Plotins) Verständnis auftritt.

b) Was bei Plato durch seine Ideenlehre noch in einem statischen Denken erfaßt wurde, die Vielfalt der Wesensformen, das hat die Stoa in ihrem pantheistischen Denken bereits dynamisch als wirksame Teile der kosmischen Urordnung im Logos, als Samenkräfte (λόγοι σπερματικοί) erfaßt. Augustinus hinwiederum hat dies in seinem christlichen Gottes- und Weltverständnis als rationes seminales (Keimkräfte) gekennzeichnet, die Gott in die geschaffene Welt ursprünglich eingesenkt hat, damit sie sich in ihr entfalten.

c) Diese augustinische Lehre war so stark, daß selbst eine echte Naturwissenschaft bis ins 15. Jahrhundert blockiert wurde, obwohl längst (besonders seit Albertus Magnus und Roger Bacon im Anschluß an die große Tiergeschichte des Aristoteles) umfangreiche Naturbeobachtungen vorgenommen worden waren. Es blieb bei einem statischen, systematischen Naturverständnis.

d) Erst Renaissance und Humanismus, die den Menschen in die Mitte ihrer Weltbetrachtung stellten, bereiteten vor, was die Aufklärung zu einem Grundthema werden ließ: das Verständnis von »Geschichtlichkeit«. Doch daß die nicht-menschliche Natur eine besondere Gestalt von Geschichtlichkeit besitzt, das entdeckte erst die Romantik, und der theologisch und biologisch vorgebildete Privatgelehrte Ch. R. Darwin (1809–1882) hat durch geniale Zusammenschau des alten morphologischen (statischen) und des neuen geschichtlichen (dynamischen) Denkens, unterstützt durch die von der Paläontologie bereitgestellten neuen geschichtlichen Daten, die Evolutionslehre entwickelt. Seine grundlegenden Arbeiten waren: 1859: Über die Entstehung der Arten oder Erhaltung der begünstigten Rassen im Kampf um das Dasein; 1868: Abänderung von Tieren und Pflanzen durch Züchtung; 1871: Die Abstammung des Menschen. Selektion und Akkomodation sind nach ihm die Hauptfaktoren der Entwicklung.

e) Eine neue Vertiefung fand diese Evolutionslehre durch die Vererbungslehre, wie sie schon von C. v. Linné (1742: Pepria!) angezeigt und durch J. G. Mendel (1822–1884) in seinen Zuchtversuchen mit Bohnen und Erbsen 1858–1871 entwickelt wurde. Die Mendelschen Gesetze basieren auf Uniformität, Prävalenz, Spaltung und Autonomie der Merkmale. – Vor allem die neueste Vererbungslehre (vgl. Ziba Symposion, London 1963), entwickelt auf dem Boden der chemischen Vorgänge in der Erbbiologie (Genen: DNS–

mRNS: Zellenlehre), sowie die Theorie von den »Mutationen« (Sprüngen in der Erbentwicklung) haben die Evolutionslehre weitergeführt.

f) Eine weitere, entscheidende Phase im Evolutionsverständnis bedeutet die Hereinnahme des »teleologischen Prinzips« in die Evolution, die bisher nur kausal erklärt worden war, durch P. TEILHARD DE CHARDIN, wodurch Evolution zu einem ständigen komplexen »Prozeß« in allem Seienden erklärt wurde. Diese neueste Entwicklung verweist freilich auf Grenzen, von denen noch zu sprechen ist.

2. *Was ist Evolution?*

a) Evolution meint also nicht etwa nur Entfaltung von in nuce Vorhandenem. Evolution bedeutet vielmehr Weiterentwicklung im Sinne einer Veränderung des Vorhandenen.

b) Bis in die neueste Zeit war das Verständnis der Evolution gemäß ihrer Herkunft aus dem 19. Jahrhundert durch rein kausales Denken bestimmt. Teleologie galt nicht als eigentliches Entwicklungsprinzip, das dem Transformismus vorausliegt.

c) Diese Denkweise muß jedoch dort problematisch werden, wo in der Evolution qualitative Übergänge vorliegen, die nicht mehr quantitativ erklärt werden können (vom Toten zum Lebendigen, vom Lebendigen zum Geistig-Freien). Was schon H. Bergson (1859–1941) von einer évolution créatrice (Paris 1907) sprechen ließ, veranlaßte seinen geistigen Schüler P. Teilhard de Chardin († 10. 4. 1955), Evolution nun nicht mehr als Übergang von einer Daseinsphase zur anderen zu betrachten; er deutete sie vielmehr als einen ununterbrochenen inneren Prozeß, in dem die verschiedenen Phasen gegenwärtig bleiben. Grundlage für sein Denken war der scholastische Satz, daß die Wirkung nicht größer sein könne als die Ursache, daß also das Höhere schon im Niedrigeren beim Entwicklungsvorgang vorhanden und bestimmend wirksam sein müsse. Demgemäß vertrat Teilhard die Ansicht, daß schon in der Materie der Geist angelegt und anwesend sei. Teilhard sprach daher wie Bergson von einer »spirituellen Evolution«. Der Theologe Teilhard ging über Bergson hinaus, als er schließlich von einer christologischen Evolution sprach, insofern die Evolution im Punkt Omega, in dem der verklärte Christus mitgedacht und anwesend sei, ihr Ziel habe. So versteht er in seinem Brief, den er drei Tage vor seinem Tode am 7. 4. 1955 schrieb, den Kosmos als ein Gebilde, das ständig im Werden sei, und in diesem Werden müßten anwesend bleiben die vier Prozesse, von Kosmogenese, Biogenese, Noogenese und Christogenese (Materie, Leben, Geist, der erhöhte Herr).

3. Kritik an Teilhard

Das Sacrum Officium erließ am 30. Juni 1962 ein Monitum (AAS 54 [1962] 526), wozu der Osservatore Romano vom 1. Juli 1962 (Nr. 148) einen ausführlichen Kommentar gab. Hier wurde auf sieben Mängel in dem System hingewiesen: (1) Der Begriff der Schöpfung ist nicht mehr im biblischen Sinne verwendet; (2) die Überweltlichkeit Gottes ist darum nicht genügend ausgesagt; (3) Natur und Übernatur, (4) Materie und Geist sind nicht hinreichend unterschieden; (5) das Geheimnis des Bösen und (6) die Engelwelt haben in diesem System keinen gesicherten Platz mehr, und (7) die Freiheit der Schöpfung und des Menschen ist nicht klar ausgesprochen. – Auch H. de Lubac hebt diese Schwierigkeiten noch in seinen Untersuchungen unter dem Titel »Der Glaube des Teilhard de Chardin« (Wien 1968) hervor. Dabei sei nicht verkannt, was oben schon hervorgehoben wurde, daß Teilhard mit Recht die Evolution teleologisch sowie die Innerlichkeit Gottes neu gesehen hat.

4. Schöpfung und Evolution

a) Bei einer Zusammenschau von Schöpfung und Evolution ist von Anfang an festzuhalten, daß Schöpfung eine »transzendentale« Glaubensaussage über die Welt bedeutet, während Evolution eine weltimmanente Erfahrungstatsache ausspricht. – Diese Feststellung erhält ihr besonderes Gewicht, wenn die Evolution nicht nur durch die Faktoren der Natur, sondern auch durch das Mitwirken des Menschen im biologischen (Züchtung neuer Arten) wie im chemisch-physikalischen (Kunststoffe) Bereich geschieht. – Damit hängt eine zweite Unterscheidung zusammen: Hatte die wissenschaftliche Entwicklungslehre bis Teilhard im wesentlichen nach der Entwicklung einzelner Exemplare oder Arten gefragt, so stellt Teilhard die umfassende Frage nach dem Ziel und dem Wesen aller Entwicklung, nach der Entwicklung des Universums überhaupt.

b) In Hinsicht auf diese Unterscheidung ist festzuhalten: (1) Das Verhältnis von Schöpfer und Geschöpf ist nicht ein Kausalverhältnis (Ursache und Wirkung). Die innerweltliche Ursächlichkeit hat darum ihr eigenes Recht und ihren eigenen Sinn gegenüber dem Schöpfer-Geschöpf-Verhältnis, die für das Ganze wie für das Einzelne der Schöpfung quer durch die innerweltliche Evolution hindurch erhalten bleiben. – (2) Ist die innerweltliche Evolution durch die raumzeitliche Ordnung der Welt bestimmt, so bleibt im Schöpfer-Geschöpf-Verhältnis der überräumliche und überzeitliche, allgegenwärtige und ewige Gott allem Raum und aller Zeit gegenüber transzendent. Diese Transzendenz ist aber keine bloß äußere, wie sie im Denken des antiken wie des mittelalterlichen Weltbildes erschien (jenseits, über- und außerhalb der Welt), sondern vielmehr ebenso eine innerliche in dem einmaligen Sinn, daß Gott als Schöpfer aller Weltwirklichkeit innerlicher ist, als diese sich selbst sein kann. Hier steht der absolut personale Gott aller geschöpflich-personalen wie apersonalen Welt gegenüber. (Zum »In-Sein« Gottes des Schöpfers in aller geschöpflichen Wirklichkeit vgl. §§ 14 und 15). – (3) Eine tiefere Einsicht in dieses Schöpfer-Geschöpf-Verhältnis und damit in den Zusammenhang zwischen Schöpfung und Evolution brachte die Aussage über das Verhältnis von causa prima und causa secunda, die wir in § 14 bedenken müssen. – (4) Der Übergang vom Toten zum Lebendigen wie vom Lebendigen zum Geistigen bleibt weiterhin ein Geheimnis, das im natürlichen Bereich weiter zu untersuchen ist, im Glaubensbereich aber im Geheimnis des Schöpfergottes selbst verborgen bleibt. Für eine befriedigende natürliche Antwort fehlt es an Fülle und Tiefe der Beobachtungen, und eine Glaubensantwort kann auf die Frage nach dem Grund und dem Sinn dieser Unterscheidung sowenig wie aus unserem Gottesverhältnis abgeleitet werden. Die sachliche Zusammenschau von Materie, Leben und Geist, wie sie Teilhard versucht, ist bloß idealistische Spekulation, die weder naturwissenschaftlich noch theologisch verständlich gemacht und begründet werden kann. – (5) Eines wird durch das hier offenbar gewordene Problem erreicht: sowohl die Welt als Schöpfung wie Gott als der Schöpfer erhalten eben durch diese Problematik für unser menschliches Denken und Verstehen eine neue Weite und Tiefe, die unsere anbetende Ehrfurcht vor Gott, wie unsere Hochachtung und Verantwortung für die Welt verdichten und verstärken kann und muß. – In der Offenbarung kommen diese Wahrheiten durch folgende Sätze zum Ausdruck: »Das Harren der Schöpfung (Warten auf ihre volle Entfaltung) ist ein Warten auf das Offenbarwerden der Kinder Gottes. Die Schöpfung ist ja der Hinfälligkeit unterworfen, nicht aus sich selbst heraus, sondern nach dem Willen dessen, der sie unterwarf, zugleich mit der Hoffnung, daß auch sie, die Schöpfung, von der Knechtschaft der Vergänglichkeit befreit wird zur Freiheit der Herrlichkeit der Kinder Gottes« (Röm 8,19–21). Auf diese Stelle baute Teilhard seine Idee vom Punkt Omega als Zielpunkt der Schöpfung, der für uns Menschen in der gläubigen Erfahrung vom erhöhten Herrn Christus greifbar ist. – In diesem eschatologischen Weltbild haben auch Sünde und Leid ihren Platz, so daß der Apostel sagen kann: »Ich bin der Überzeugung, daß die Leiden dieser Zeit (als Folgen der Sünde) nicht zu vergleichen sind mit der Herrlichkeit (des erhobenen Herrn, unseres Erlösers Christus), die sich offenbaren soll an uns« (Röm 8,18). »Wenn wir mit ihm leiden, werden wir mit ihm verherrlicht werden« (Röm 8,17; 1 Petr 4,13; 2 Kor 4,10 u. a. Stellen: vgl. unter S. 215 [J. Ratzinger]).

2. Kapitel

DIE ERHALTUNG DER WELT DURCH GOTT

Wie die Schöpfungstat Gottes nicht nur die äußere Ordnung, sondern das innere Sein des Alls begründet hat, so wird auch die Vorsehung Gottes für dieses All von uns Menschen erst verstanden, wenn wir die Fragen nach der Erhaltung der Welt durch Gott im Sein (§ 14) und im Wirken nach dem Mitwirken der Kreatur (§ 15) bedenken. Das Grundgeheimnis der Religion, die Frage nach dem Sein Gottes über der Welt und in der Welt, d. h. die Überwindung aller Immanenzlehren, die das absolute Anderssein Gottes verkennen, durch das rechte Verständnis der Transzendenz Gottes, die zugleich eine äußere und eine innere ist und darum das Gottsein Gottes ebenso wie das Weltsein der Welt als Schöpfung dieses Gottes garantiert, muß hier, soweit dies dem menschlichen Geist im Glauben möglich ist, erhellt und bedacht werden.

§ 14 Die Erhaltung der geschaffenen Welt im Sein durch den Schöpfergott (Conservatio mundi)

E. Przywara, Gott in uns oder Gott über uns?. Stimmen der Zeit 105 (1923) 343–362. – Ders., Gottgeheimnis der Welt, München 1923, 134–176. – Ders., Gott, München 1926, 45–60. – Ders., Was ist Gott? Eine Summula, Nürnberg 1946. – Ders., Liebe, Freiburg 1924. – B. Gertz, Glaubenswelt als Analogie. Die theologische Analogie-Lehre Erich Przywaras und ihr Ort in der Auseinandersetzung um die analogia fidei, Düsseldorf 1969. – J. Splett, Deus datus. Über Trans-Immanenz als Freiheitsverhältnis, Theol. u. Phil. 47 (1972) 321–340. – E. Mechels, Analogie bei E. Przywara und K. Barth, Neukirchen-Vluyn 1974.

Was oben (§ 5) über Inhalt und Form der Schöpfungsidee und des Schöpfungsglaubens gesagt wurde, soll hier seine Verdeutlichung erfahren.

1. Die Lehre von der Erhaltung der geschaffenen Welt durch den Schöpfergott hat sich im Glauben und im theologischen Denken der Kirche von Anfang an, besonders aber seit dem MA entfaltet; sie besagt: Jede Kreatur bedarf für ihren Bestand, um im Sein erhalten zu bleiben, der physischen, direkten und positiven Erhaltung durch Gott (vgl. Cat. Rom. I c 2 q 19: Das All würde sogleich in das Nichts zurücksinken, wofern nicht Gottes immerwährende Fürsorge bei den geschaffenen Dingen gegenwärtig wäre und sie mit derselben Kraft, mit der sie von Anfang an erschaffen wurden, erhielte [conservaret]).

Grundlage für diese Aussage ist, daß Gott die Welt aus Liebe geschaffen hat (vgl. § 9). So sagt der Weise des AT: »Du liebst alles, was ist, und verabscheust nichts von dem, was du geschaffen hast; denn hättest du etwas gehaßt, dann hättest du es nicht erschaffen. Wie könnte etwas bestehen, wenn du es nicht wolltest, oder wie könnte nicht von dir ins Dasein Gerufenes erhalten bleiben?« (Weish 11,24 f; vgl. Ps 103,28 f). Darum ist auch der Sinn der Schöpfung der Dinge, daß sie Bestand haben und behalten: »Alles hat er erschaffen, damit es sei (Bestand habe)« (Weish 1,14). »Gott vernichtet kein geschaffenes Ding, auch wenn er es vernichten könnte« (S.Th. I q 104 a 3–4). Ausdrücklich sagt der Verfasser des Buches der Weisheit: »Gott erschuf den Menschen zur Unvergänglichkeit, und als Abbild seines eigenen unvergänglichen Wesens machte er ihn. Aber durch des Teufels Neid kam der Tod in die Welt« (Weish 2,23 f). So läßt Goethe den Mephisto verkünden: »Denn alles, was entsteht, ist wert, daß es zugrunde geht« (Faust 1339 f). Schon der Verfasser des Hebräerbriefes sieht im schöpferischen Wort Gottes zugleich das welterhaltende Wort, wenn er sagt: »Gott trägt das All durch sein machtvolles Wort« (Hebr 1,3: φέρων τὰ πάντα τῷ ῥήματι τῆς δυνάμεως αὐτοῦ), und noch deutlicher ist das Wort des hl. Paulus: »Der Sohn Gottes, Jesus Christus ... kam nicht als Ja und Nein, sondern in ihm ist das Ja gekommen; denn all die Verheißungen Gottes erhielten in ihm das Ja, und so erfolgt auch durch ihn das Amen, Gott zur Ehre durch uns« (2 Kor 1,19 f).

2. Gegenüber dieser allgemeinen Offenbarungswahrheit von der Erhaltung der Welt durch Gott hat die Theologie in der Ausein-

andersetzung mit dem menschlichen Welt- und Selbstverständnis vor allem die Fragen gestellt: (a) Worauf erstreckt sich diese Erhaltung der Welt? (b) Wodurch geschieht sie? (c) und wie ist sie zu verstehen?

a) Worauf erstreckt sich die Erhaltung der Welt durch Gott? Die allgemeine Erfahrung vom ständigen Wandel alles Wirklichen, vom Werden und Vergehen der verschiedenen Erscheinungsformen dieser Welt, vom Entstehen und vom Sterben alles Lebendigen haben von Anfang an zu dieser Frage gedrängt. Augustinus hat noch im Anschluß an Joh 5,17 (»mein Vater wirkt bis zur Stunde, und auch ich wirke«) gelehrt: »So müssen wir glauben, oder, wenn es möglich ist, einsehen, daß Gott bis jetzt wirkt, da die von ihm geschaffenen Dinge, sobald er ihnen sein Wirken entzieht, ins Nichts zurücksinken« (ut si conditis ab eo rebus operatio eius subtrahatur, intercidant. De Gen. ad lit. 5, 20: PL 34, 335). Ähnlich sagt später Gregor d. Gr.: »Alles, was aus nichts geworden ist, würde wieder zum Nichts streben, wenn es nicht der Schöpfer des Alls mit seiner lenkenden Hand zurückhalten würde. Nichts nämlich, was geschaffen ist, vermag aus sich zu bestehen oder sich zu bewegen; es besteht nämlich nur insoweit, als es das empfängt, was es zum Sein braucht« (Mor XVI c 37 n 45: PL 75, 1143 C). – Thomas von Aquin, der bereits mit Aristoteles zwischen Substanz und Akzidens, Wesen und Erscheinungsform der Dinge klar unterscheidet, lehrt, daß viele Dinge durch Vermittlung ihrer inneren Eigengesetze, der Zweitursachen, erhalten werden (S.Th. q 104 a 2; S.c.G. III c 65). »Wir nehmen von den geschaffenen Dingen nicht ihr Eigenwirken weg, obgleich wir alle Wirkungen der geschaffenen Dinge Gott als dem, der in allem wirkt, zuschreiben« (S.c.G. III c 67; vgl. S.Th. I q 105 a 5). Im Anschluß an Thomas von Aquin sprach Heinrich von Gent von einer »mittelbaren Erhaltung« der Welt durch Gott und Durandus von einer »indirekten Erhaltung der Dinge«, d. h. Erhaltung ihrer Kräfte, nicht ihrer Erscheinungsformen. Nachdem im 17. Jahrhundert der Deismus (begründet von J. Bodin 1596 in Frankreich und Herbert von Cherbury 1624 in England) jede Erhaltung der Welt durch Gott abgelehnt und eine rein weltimmanente Betrachtung zur Vorherrschaft gebracht hatte, erklärten einige katholische Theologen im 19. Jahrhundert, die Erhaltung der Welt durch Gott sei nur als negative Erhaltung (er vernichtet sie nicht) zu verstehen (so H. Klee, München 1840; A. Berlage, Münster 1848). – Angesichts der Einsteinschen Konzeption von der Welt als »Energie« ($E = mc^2$) könnte diese Aussage als die sachgemäßere erscheinen.

Dennoch hält die kirchliche Theologie an der Aussage von einer conservatio physica, directa, positiva der Welt fest. Warum, wie ist diese Lehre zu verstehen?

b) Das 1. Vatikanum hat zu dieser Lehre nicht ausdrücklich Stellung genommen und das 2. Vatikanum betont ihr gegenüber ausdrücklich den Wert des menschlichen Schaffens selbst (Gaudium et spes, Art. 34). – Dennoch darf die traditionelle Lehre als zu Recht bestehend erachtet werden, denn der Lehre der Kirche liegt ein Verständnis von Gott und der Welt zugrunde, das diese Aussage von der Erhaltung der Welt durch Gott nicht nur rechtfertigt, sondern wesenhaft fordert. – *Gott* ist nicht eine Wirklichkeit im Sinne der Weltdinge; er ist vielmehr jene Wirklichkeit, die durch philosophisch-metaphysische Aussagen wie »reiner Geist«, »ens a se«, »höchstes vollkommenstes, einfachstes absolutes Sein« gekennzeichnet wurde, um das absolute »Anderssein« Gottes gegenüber aller Weltwirklichkeit, wie sie uns Menschen durch Erfahrung und Denken zugänglich und bekannt ist, zum Ausdruck zu bringen. Gott ist ein absolutes Glaubensgeheimnis. Er steht als personale Wirklichkeit dem Menschen gegenüber und ist doch ganz anders personale Wirklichkeit als der Mensch selbst: der eine personale Gott in drei Personen. Weil der Mensch als Person für unser menschliches Weltverständnis das höchste Sein in dieser Welt ist, können wir Menschen Gott nur noch »analog« zu diesem Personsein verstehen: Gott muß uns so als unser absolutes ›Du‹ begegnen, wie es in der jüdischen Offenbarung, erfüllt in Jesus Christus, zum Ausdruck kommt. Dennoch muß er der ganz Andere bleiben, soll das Gottsein Gottes und damit die geschichtliche Wirklichkeit Gottes für uns Menschen gewahrt und gesichert werden; er muß personale Wirklichkeit sein, auch wenn der unendliche Abstand zwischen Gott und Mensch das Verständnis Gottes immer wieder in die Nähe einer unpersonalen Macht vom Personalen weg drängen möchte. Doch ohne dieses schlichte Du-sagen des Menschen zu Gott, seinem Vater, ist ein christliches Gottesverständnis und Gottesverhältnis nicht möglich. – Mit diesem Gottesverständnis ist innerlich verknüpft, wie der Mensch sich das *Verhältnis zwischen Gott und Welt*, Schöpfer und Geschöpf denkt. Die soeben angedeutete Spannung zwischen dem Personsein und dem Überpersonalen in der Gottesvorstellung wirkt sich hier als Polarität aus, wie sie durch die Mystik immer wieder angesprochen wurde und wie sie durch das naturwissenschaftliche Weltbild unserer Zeit besonders gefordert erscheint. Es ist dies die Vorstellungspolarität zwischen

»Gott absolut über der Welt« und »Gott, der Welt innerlicher, als die Welt sich selbst sein kann«. Im antiken Weltbild der Bibel erscheint die Größe des Schöpfer-Gottes gegenüber der Schöpfung vor allem durch die Vorstellung vom »Himmel« als Ort der Götter über dem Firmament zum Ausdruck gebracht. In diesem primitiven Weltbild ist das »über, außerhalb, jenseits« der Terminus für das Seinsverständnis, das im Neuplatonismus durch den Terminus der Transzendenz gekennzeichnet wurde. Was im primitiven Weltbild noch in der Aussageordnung des räumlich Vorstellbaren erscheint, das wird in dieser philosophischen Aussage als etwas Intentionales, als immer erstrebtes und nie erreichbares Ziel eines rein geistigen Denkprozesses vorgestellt. Diesem philosophischen Tranzendenzverständnis müßte im christlichen Nachdenken über Gott ein neues, die personale Spitze des Seins berücksichtigendes Transzendenzverständnis folgen. Augustinus hat diese christliche Entwicklung zuerst in seinem frühen Werk De vera religione als Schilderung eines geistigen Prozesses so dargestellt: Bei der Suche nach der höchsten Schönheit schreitet er vom Erlebnis der convenientia in der sinnlichen Schönheit zu derselben in der geistigen Schönheit fort und nennt dabei als die zwei Wege des Geistes den transzendierenden und den kritischen Denkvorgang. (a) »Suche also zu verstehen, wie die höchste Konvenienz aussieht. Gehe dabei nicht nach außen, in dich selber kehre ein (noli foras ire, in teipsum redi); im inneren Menschen wohnt die Wahrheit. Und wenn du deine eigene Natur als eine unzuverlässige (mutabilem) antriffst, überschreite auch dich selbst (transcende teipsum). Bleib dir aber eingedenk, daß du, wenn du dich selbst überschreitest, deine rational denkende Seele überschreitest. Strebe also dorthin, woher das Licht der Vernunft selbst entzündet wird (nach der Wahrheit). Wohin denn gelangt jeder zuverlässige Denker, wenn nicht zur Wahrheit selbst? Die Wahrheit ist ja, was die Denker erstreben; kommt doch die Wahrheit nicht selbst denkend zu sich selbst. Schaue hier die höchstmögliche Übereinkunft und komme selbst mit ihr überein (vide ibi convenientiam, qua superior esse non possit, et ipse conveni cum ea) ... So soll der innerliche Mensch mit der ihm einwohnenden Wahrheit nicht durch eine niedrige und fleischliche, sondern durch die höchste und geistige Leidenschaft übereinkommen.« (b) Diese innerste ›transzentale‹ Erkenntnis muß jedoch durch einen kritischen Denkvorgang gesichert sein, für den Augustinus folgende Denkregel aufstellt: »Jeder, der sich selbst als einen Zweifelnden erkennt, erkennt Wahres, und er ist (zugleich) dieser Erkenntnis gewiß: also ist er des Wahren gewiß« (omnis qui se dubitantem intelligit, verum intelligit et de hac re, quam intelligit, certus est: de vero igitur certus est. Augustinus, De vera rel. c 39 n 72 f; vgl. Conf. VII c 8 n 12; c 10 n 16 u. 27, Vgl. R. Descartes, Med. de prima phil.). – Dieses selbstkritische, nach innen zielende Denken des Menschen führt zu einem Verständnis von Gottes Transzendenz, die nicht mehr außer und über dem Menschen, sondern zuerst im Innersten des Menschen gesucht werden muß. Bei Bonaventura findet sich zuerst die Aussage: »Gott ist jeder Sache innerlicher, als die Sache sich selbst ist, und das Sein der Sache hängt mehr vom sie erhaltenden Gott, als von ihren eigenen inneren Prinzipien ab« (Deus magis est intimus unicuique rei, quam ipsa sibi, et plus pendet esse rei a Deo conservante, quam ab ipsis principiis intrinsecis: Sent. III d 29 a. un. q 2 ad 6). – Der geistige Grund dieser Lehre ist vor allem ein zweifacher. Schon Augustinus setzt sich in seinem Brief an Dardanus (Ep. 187; PL 33, 832 ff) mit der Frage nach der Allgegenwart Gottes aufgrund seines Wesens als Geist und Schöpfer des Alls auseinander. Die Glossa ordinaria bringt (zu Cant. 5,17 [Vulg.]) ein pseudo-gregorianisches Zitat, wonach Gott den geschaffenen Dingen potentia (als Schöpfer), essentia (als erstes Sein, dem alles andere Sein sein Sein verdankt) und praesentia (aufgrund seiner einfachen Geistnatur) innewohne, was durch den Lombarden (Sent. I d 37: vgl. oben § 8, 3 g) in die Theologie der Scholastik und der Folgezeit eingegangen ist. Eine Vertiefung findet der Gedanke der Allgegenwart Gottes in der neuplatonischen Seinsphilosophie (vgl. Thomas v. Aquin, S.Th. I q 8, a 1 c: Esse autem est id, quod est magis intimum cuilibet, et quod profundius omnibus inest. Einfluß Avicennas?), besonders aber durch die Gedanken über das Verhältnis causa prima und causa secunda (vgl. § 15, 2 b). Dadurch wird der Sinn der transzendenten Innerlichkeit des Schöpfers in seiner Schöpfung begrifflich irgendwie angebbar, ohne das Geheimnis der Schöpfungsidee aufzulösen. – Dieses Verständnis von einer transzendenten Innerlichkeit Gottes, des Schöpfers, in seiner Schöpfung, begegnet uns mehr personalistisch wieder in der Mystik des 14. Jahrhunderts (vgl. Johannes Tauler, Predigt 37: Hoffmann S. 274; Marquard v. Lindau, De nobilitate creaturarum, Basel F V 15, fol. 71 vd). Den bedeutendsten Text bietet Meister Eckhart in Predigt 36 zu dem Vers: Scitote, quia prope est regnum dei (Lk 21,31), wo er sagt: »Ich habe eine Kraft in meiner Seele, die Gottes ganz und gar empfänglich ist. Ich bin des so gewiß, wie ich lebe, daß mir nichts so ›nahe‹ ist wie Gott. Gott ist mir näher, als ich mir selber bin; mein Sein hängt daran, daß mir Gott ›nahe‹ und gegenwärtig sei! Er ist es auch einem Steine und einem Holze, sie aber wissen nichts davon. Wüßte das Holz um Gott und erkennte es, wie ›nahe‹ er ihm ist, so wie der höchste Engel dies erkennt, so wäre das Holz ebenso selig wie der höchste Engel. Und darum ist der Mensch seliger als ein Stein oder ein Holz, weil er Gott erkennt und weiß, wie ›nahe‹ ihm Gott ist. Und um soviel seliger ist er, je mehr er dies erkennt, und um soviel weniger ist er selig, je weniger er dies erkennt. Nicht dadurch ist er selig, daß Gott in ihm ist und daß er Gott hat, sondern dadurch, daß er erkennt, wie ›nahe‹ Gott ihm ist und daß er um Gott wisse« (Meister Eckehart, Deutsche Predigten und Traktate, hrsg. und übersetzt v. J. Quint, München 1955, S. 323). »Gott ist uns ›nahe‹, wir aber sind ihm fern; Gott ist drinnen, wir aber sind draußen; Gott ist (in uns) daheim, wir aber sind in der Fremde« (ebd. S. 327). In der ursprünglichen Fassung des Bonaventura ist, so scheint mir, das Gottesbild gegeben, das die moderne Naturwissenschaft und das von ihr gestaltete moderne Weltbild von uns fordert. Wie die moderne Naturwissenschaft alle Ursachen des Naturgeschehens und Seins im Innersten der Natur selbst sucht und hier das eigentliche Geheimnis der Natur erkennt, d. h. jenes Stück ihres Wesen, das immer Gegenstand des wissenschaftlichen Forschens und Suchens ist und bleibt, so muß der Theologe in dieser Zeit erst recht den Ort des menschlichen Urgeheimnisses, von dem er zu sprechen hat, das Geheimnis Gottes, in dieser »Innerlichkeit des Schöpfers in seiner Schöpfung« suchen und finden. Diese Innerlichkeit ist freilich nicht im Sinne einer natürlichen Immanenz (in Richtung auf einen Pantheismus oder Panentheismus oder Theopanismus) zu deuten. Sie wird nur verstanden, wenn sie als »transzendente Innerlichkeit« begriffen wird. Gott erscheint hier nicht als der innerpersonale Gesprächspartner, das absolute Du (vgl. K. Rahners Transzendentalanthropologie), Gott ist auch nicht die immer unbekannt bleibende Tiefe der menschlichen Natur, auch wenn diese transzendent verstanden wird, wenn selbstherrlicher Agnostizismus diese transzendente Wirklichkeit verbirgt (wie im Humanismus Sczesnys). Um auf dem Weg zu dieser transzendenten Innerlichkeit Gottes zu sein, ist vielmehr das oben vorgestellte »transcende teipsum« des Augustinus ebenso notwendig wie das radikale und totale »Sich-lassen« des Menschen im Geiste der Mystik eines Meister Eckehart und Johannes Tauler (vgl. LThK 4 [1960] 631 ff: Gelassenheit [H. Vorgrimmler]; RGG 2 [1958] 1309 f: Gelassenheit [F. Heiler]; M. A. Lücker, Meister

Eckhart und die Devotio moderna, Leiden 1950, 153–155; I. Weilner, Johannes Taulers Bekehrungsweg, Regensburg 1961, 200–202, 254 ff). Erst durch diese beiden Wege wird die absolute Andersartigkeit Gottes, das Mysterium Gottes, bewußt gemacht, wie es in den verschiedenen mehr oder weniger gültigen Formen der sog. negativen Theologie schon früher angesprochen wurde (vgl. E. Stakemeier, Verborgene Gottheit, Paderborn 1937: der überwesentliche Gott: M. Eckhart; Gott in der Finsternis: Seuse, Tauler; Abgrund der Unaussprechlichkeit: J. v. Ruysbroek; das überlichte Licht: Angelus Silesius). – Wichtig ist dabei, daß dieser »Transzendenz nach innen« immer die alte antik-biblische »Transzendenz nach außen« korrespondieren wird und muß, die freilich nun gerade als dialektisches Gegenüber zur ersteren eine neue Gestalt finden soll. E. Przywara hat in seinen zahlreichen Untersuchungen über »Gott in uns oder Gott über uns« seit 1923, wenn auch noch ohne die notwendige Hinordnung zum neuen naturwissenschaftlichen Weltbild, diese Forderung des menschlichen Geistes bedacht und in Hinsicht auf das dialektische Gottesbild des gläubigen Menschen mehrfach entwickelt. Die beiden Gestalten des Transzendenzverständnisses bilden eine polare Einheit gemäß der für den Menschen als »Geist in Leib« notwendigen Polarität zwischen Geistigkeit und Sinnlichkeit, Objektivität und Subjektivität, Sein und Werden.

c) Hier erhebt sich die Frage: Wie ist theologisch die Erhaltung der Welt durch Gott von der Erschaffung der Welt durch Gott zu unterscheiden? Was ist diesen beiden göttlichen Taten gemeinsam, wodurch unterscheiden sie sich? Thomas von Aquin hat die klassische Bestimmung geschaffen: Conservatio mundi est continuatio actionis [creationis] (S.Th. I q 104 a 1 ad 4; ebd.: continuatus influxus. Vgl. S.c.G. III c 65). Dabei ist festzuhalten, daß »continuatio« nicht die Aneinanderreihung von immer neuen Akten ist, sowenig wie das Continuum der Linie die Summe von Punkten darstellt. Man könnte beides als ein durch Hinzufügen der Zeitkomponente zur Raumkomponente entstandenes Gebilde verstehen: Linie = Punkt + Bewegung; Erhaltung der Welt = Erschaffung + Seinsgeschichte. Dabei ist zu beachten, daß die Erhaltung der Welt ebenso wie die Erschaffung der Welt durch Gott wesenhaft bestimmt ist durch das Geheimnis des »aus Nichts«: die Erschaffung der Welt wie die Erhaltung der Welt ist also theologisch nur als »transzendierender Akt« zu verstehen, als Akt, der zwischen dem welttranszendenten Gott und der von diesem Gott wesenhaft und absolut verschiedenen Welt seinen Platz hat, der zwischen dem übergeschichtlichen Gott und der geschichtlichen Welt west und realisiert wird. Alle natürlichen Veränderungen, die in den Weltdingen geschehen bis hinein in die vom Menschen vollzogene Atomspaltung und den damit verbundenen Aufbau neuer Elemente und Stoffe bleiben im irdischen Raum; sie sind damit wesenhaft verschieden von diesem transzendierenden Akt der Erhaltung der Welt durch Gott und können daher auch diesen Akt nicht berühren, obwohl sie alle diesen göttlichen Akt voraussetzen.

d) Von diesem Verständnis von Weltschöpfung und Welterhaltung her ist auch all das zu sehen, was im christlichen Glauben durch den Begriff »Wandlung« (conversio – consecratio) angedeutet wird. Der Sachverhalt begegnet zuerst in der Verklärung Christi, besonders des Auferstandenen (vgl. Verherrlichung, Joh 13,31 f: δόξασις; Erhöhung, Joh 3,14; 8,28: ὕψωσις; Verwandlung, Mk 9,3: μεταμόρφωσις), als Offenbarungsmoment, sodann in der biblischen Aussage vom »Neuen« (καινόν) in der eschatologischen Erfüllung, und zwar sowohl als gnadenhafte Wirklichkeit (ein neuer Mensch: Eph 2,15; 4,24), wie aber auch in der Aussage von einer neuen Schöpfung (2 Kor 5,17), die ihren kosmischen Ausdruck findet in der Rede vom »neuen Himmel und der neuen Erde« (Is 66,22; Apk 21,1). Das Wort des apokalyptischen Herrn »Siehe, ich mache alles neu« (Apk 21,5; vgl. Is 43,19) korrespondiert dem ersten Wort der Schrift »Im Anfang schuf Gott Himmel und Erde« (Gen 1,1). Dieses Neuschaffen baut nicht auf der Vernichtung der alten Erde auf, sondern stellt sich als Verwandlung dar, wie sie uns in der großen heilsgeschichtlichen Dichte immerdar begegnet im »eucharistischen Geschehen des hl. Meßopfers«, das am Anfang wie in der großen Verteidigung des Tridentinums einfach mit dem Geheimnis der Menschwerdung Christi (= »und das Wort ist Fleisch gworden« = Joh 1,14) interpretiert worden ist (KKD VI 174 f). Das Geheimnis der Schöpfung wie der Menschwerdung findet seine Korrespondenz in dem Satz des hl. Paulus über das Ende: »Wenn ihm (Gott) das All unterworfen sein wird, wird auch der Sohn dem unterworfen werden, der ihm alles unterworfen hat, damit Gott das All im All sei« (1 Kor 15,28). – Von hier aus wird erneut deutlich, daß auch die Aussage über die Erschaffung der Welt am Anfang ein absolutes Geheimnis offenbart: Das Geheimnis des absoluten Abstandes zwischen Schöpfer und Geschöpf, der dennoch durch die absolute Allmacht, Weisheit und Liebe im Schaffen so überbrückt wird, daß durch die gnadenhafte Huld Gottes dieser

Seinsabstand geschenkweise je immer aufs neue in einer »Selbstmitteilung« Gottes aufgehoben erscheint.

§ 15 Die Erhaltung der Welt im Wirken durch Gott (Concursus divinus)

O. Bardenhewer, Die pseudo-aristotelische Schrift »Über das reine Gute«, bekannt unter dem Namen Liber de causis, Freiburg i. Br. 1882. – Thomae Aquinatis in librum de causis expositio, ed. C. Pera, P. Caramello, C. Mazzantini, Turin 1955. – Proclus, The Elements of Theology, ed. E. R. Dodds, Oxford ²1963. – Vgl. KKD V 219 ff, 249 ff. – LThK 7 (1962) 502 f (K. Rahner).

Noch bedeutsamer wird für den Menschen die Frage nach der Erhaltung der Welt, wenn wir unser Augenmerk dem Geschehen in der Welt als Wirken der Geschöpfe, vor allem als freies Wirken der freien Geschöpfe zuwenden. Oben (S. 113 ff) haben wir bereits gezeigt daß durch dieses freie Wirken freier Geschöpfe »Tat-Sachen« entstehen, d. h. Wirklichkeiten in der sachlichen Welt, die nur durch die Taten der freien Personen, die wesenhaft Höheres und Größeres sind als alles bloß Sachliche, Realität gewinnen. – Doch alle menschliche Freiheit ist »geschöpfliche« Freiheit, an die notwendigen Vorgegebenheiten alles Geschöpflichen geknüpft, und darum wird gerade vom Verständnis des Menschen für sein eigenes menschliches Tun her auch das Geschehen in der untermenschlichen Welt als ein Geschehen erkannt, in dem das Problem des »Wirkens des Schöpfers im Wirken seiner Schöpfung« zum theologischen Problem wird.

1. a) Zum Ganzen der Welt wie zu jedem Einzelding gehört im gläubigen Weltverständnis der besondere Indikator »Geschöpf«. Aus dem bisher entwickelten Verständnis dieses Indikators ergibt sich die theologische Aussage: Das Wirken Gottes im Wirken aller Kreaturen, d. h. der influxus dei creatoris in singulas creaturarum operationes, der Einfluß des Schöpfers auf die einzelnen Handlungen oder Taten der Geschöpfe ist 1. ein natürlicher (naturalis, nicht übernatürlich im Sinne einer Gnade: vgl. KKD V §§ 35 und 36), 2. ein allgemeiner (universalis, auf alle Geschöpfe und Taten ohne Ausnahme), 3. ein physischer (physicus, d. h. dem natürlichen Wesen des Geschöpfes gemäß, nicht bloß durch Ordnung und Gesetz gegeben), 4. ein unmittelbarer (immediatus gegenüber dem

Geschehen und Handeln, nicht bloß durch Erhaltung der selbstwirkenden geschöpflichen Kräfte, wie Durandus meinte), 5. in den Handlungen und Taten als Geschehen, wie in den daraus resultierenden Wirkungen gegenwärtig (in operationibus et effectibus, insofern durch alle diese Handlungen und Taten der Geschöpfe immer auch neue Wirklichkeiten gesetzt werden, die ohne diese Handlungen und Taten nicht entstünden).

b) In den Aussagen der Hl. Schrift sind meistens natürliche und übernatürliche, physische und moralische Einwirkungen durch Gott nicht unterschieden, sondern vielmehr zusammengeschaut, wenn dieser Sachverhalt ausgesprochen wird. Es soll damit einfach die Einzigartigkeit und Absolutheit des Schöpfergottes gegenüber seiner Schöpfung, besonders gegenüber dem Menschen, den seine Gottebenbildlichkeit im Geheimnis der Sünde vielfach zur »Selbstherrlichkeit«, zur Hybris der Selbstvergottung führt, gezeigt werden. Als Beispiele biblischer Aussagen seien genannt: »Herr, schaffe uns Heil durch dein Gericht, denn all unsere Taten hast du in uns gewirkt« (Is 26,12). »In Christus wurden wir auserwählt und vorherbestimmt nach der Absicht dessen, der alles wirkt nach dem Ratschluß seines Willens« (Eph 1,11). »Sein (Gottes) Geschöpf sind wir, geschaffen in Christus Jesus zu guten Werken, die Gott im voraus bereitet hat« (προητοίμασεν), damit wir in ihnen wandeln« (Eph 2,10). »Von Christus her wird der ganze Leib (der Kirche) zusammengeführt und zusammengehalten durch jedes Band des Zusammenwirkens (συναρμολογούμενον καί συμβιβαζόμενον διὰ πάσης ἀφῆς τῆς ἐπικορηγίας), entsprechend der dem einzelnen Glied zugemessenen Kraft, und wird das Wachstum des Leibes gewirkt zu seiner Auferbauung in Liebe« (Eph 4,16). »Wirket euer Heil mit Furcht und Zittern; denn Gott ist es, der in euch sowohl das Wollen wie das Vollbringen bewirkt (ἐνεργῶν) zu seinem Wohlgefallen« (Phil 2,12 f). »Niemand kann zu mir kommen, wenn ihn nicht der Vater, der mich gesandt hat, zieht« (Joh 6,44). »Ich bin der Weinstock, ihr seid die Reben; wer in mir bleibt und in wem ich bleibe, der bringt viele Frucht; denn getrennt von mir könnt ihr nichts tun« (Joh 15,5).

c) Gegenüber dem Pantheismus, der den Unterschied zwischen Schöpfer und Geschöpf verkennt, wie gegenüber dem Pelagianismus und Deismus, die das Geschöpf vom Schöpfer trennen und es so verselbständigen, haben die Väter diese Lehre immer wieder ausgesprochen: »Gott wirkt immer in dem, was er geschaffen hat« (Augustinus, De Gen. ad lit. IV 12,23: PL 34, 304 f). »Der Mensch ist nämlich nicht ein Wesen von der Art, daß er, geschaffen, etwas Gutes gewissermaßen aus sich tun könnte, wenn ihn der verläßt, der ihn geschaffen hat: seine ganze gute Tat ist vielmehr, sich dem zuzuwenden, von dem er geschaffen ist, und durch ihn gerecht, fromm, weise und für immer glücklich zu werden. Dies wird er jedoch nicht, um dann zu gehen, wie er vom Arzt des Leibes geheilt wird und fortgeht. Der Arzt des Leibes wirkt von außerhalb des Menschen und dient der Natur, die innerlich unter Gott wirksam wird, der alles Heil durch das doppelte Werk seiner Vorsehung wirkt ... Nicht so also soll der Mensch sich Gott zuwenden, daß er, von ihm gerecht gemacht, sich wieder von ihm trenne, sondern so, daß er immer durch ihn gerecht gemacht werde. Denn eben dadurch, wenn er nicht von ihm sich trennt, wird er durch seine Gegenwart gerechtfertigt, erleuchtet und beseligt, indem Gott wirkt und behütet und über den herrscht, der sich im Gehorsam ihm unterwirft (Gottes Wirken ist nicht wie das Tun des Landmannes, das als Werk im Acker gegenwärtig bleibt, auch wenn der Landmann selbst weggeht, sondern vielmehr wie das Tun des Lichtes, das nur durch seine Gegenwart die Luft erhellt) ... Wir müssen immer durch ihn werden und vollendet werden (semper ab illo fieri, semperque perfici debemus), indem wir ihm anhangen (inhaerentes ei) und in der Hinwendung zu ihm verharren« (als Beweis werden Eph 2,8–10 und Phil 2,12 f angeführt: Augustinus, ebd. VIII c 12 n 25–27: PL 34, 382 f). In der mittelalterlichen Scholastik wird diese Tatsache, mehr platonisch, durch die Aussage erklärt, daß das geschöpfliche Sein ein esse participatum, ein Sein durch Teilhabe sei, das darum, mehr aristotelisch gesprochen, als kontingentes, zufälliges (nicht notwendiges) Sein immer der Erhaltung durch den Schöpfergott in Sein und Wirken bedürfe (vgl. § 14, 2 a).

2. Das »Wie« des Zusammenwirkens zwischen dem Schöpfergott und dem Geschöpf ist ein absolutes Geheimnis wie die Schöpfung selbst. Das theologische Denken hat dieses Geheimnis zu erhellen versucht durch Überlegungen über das Zusammenwirken verschiedener Ursachen, Überlegungen, in denen nicht nur die geistige Tiefe der mittelalterlichen Metaphysik, sondern ebenso die Tiefe des sie tragenden Glaubens sichtbar wird.

a) Was heute durch die Verselbständigung der einzelnen wissenschaftlichen Disziplinen leicht übersehen wird, wurde in dem noch weniger differenzierten wissenschaftlichen System des Mittelalters noch bewußt und bedacht in den Überlegungen über die Mannigfaltigkeit dessen, was man »Ursache« nennt, und in dem Versuch, durch eine Zusammenschau der verschiedenen ursächlichen Beziehungen die einzelnen Ursacharten in ihrer Eigenart wie in ihrer Zusammengehörigkeit besser sichtbar zu machen. Aufbauend auf den bekannten vier Ursachen und zwei Ursachpaaren des Aristoteles (vgl. Met. V 2: 1013 a–1014 a; Phys. II 3: 194 b–195 b) wurden vor allem herausgestellt (1) die Effektiv- oder Wirkursache und die Final- oder Zielursache in ihrem Verhältnis zueinander (Lehre der Mechanik: Impetuslehre), (2) die Material- und die Formalursache und ihr Verhältnis zueinander (Lehre vom künstlerischen Wirken im materiellen [Bildhauer] bzw. ideellen [Literatur] Werk des Menschen). (3) Im Mittelalter führte vor allem die Offenbarungs- und Sakramentenlehre zu tiefen Besinnungen über die »Instrumentalursache«, die vermittelnd zwischen den genannten vier Ursachen steht, an allen vieren teilhat, aber in ihrer inneren Möglichkeit über diese vier Ursachweisen hinaus bereits auf eine personal ordnende Macht hinweist (vielfach zitiert: Is 10,13–15, wo zum erstenmal das Zusammenwirken von Gott und Mensch in den primitiven Beispielen des Gebrauches der Säge oder des Stockes durch den Menschen deutlich gemacht werden soll). (4) Als Ursachpaar von besonderer Art erscheint in dieser Zeit das »männliche und weibliche Prinzip« im einheitlichen Geschehen der Zeugung. (Auch das moderne Verständnis dieses Geschehens kann das Geheimnis nicht auflösen.) (5) Ganz besonders in den Fragen, wie menschliches Erkennen oder Wollen oder Handeln verursacht wird, fanden die verschiedenen Schemata von Ursachzusammenhängen, wie wir sie bisher aufgezeigt, Anwendung und die verschiedenen Schulen (besonders die aristotelisch denkenden Dominikaner und die mehr augustinisch orientierten Franziskaner) unterschieden sich gerade darin, daß sie dabei mehr sachliche Ursachpaare des Aristotelismus oder schon mehr das biologische Ursachpaar zur Erklärung heranzogen. Dabei wurde die tiefe Unterscheidung zwischen der Ermöglichung der Erkenntnis und der Auslösung und Motivierung der menschlichen Tat immer deutlicher gesehen und festgehalten. – Alle diese Überlegungen jedoch erfaßten nur Ursachen und Ursachpaare, die der erfahrbaren Menschenwelt angehören; für das Verhältnis Gottes zur Welt und des Menschen zu Gott waren die hier erfaßten und bedachten Formen von Ursächlichkeit unzureichend, ja unzutreffend.

b) Für eine Aussage über ein Kausalitätsverhältnis zwischen

Gott und Mensch eröffnete sich eine neue Möglichkeit durch die Tatsache, daß schon Aristoteles mehrfach von einer »ersten Ursache« (πρώτη αἰτία) sprach (De gen. et corrupt. I 7: 324 a 27) und schließlich seine metaphysische Lehre von der Erkenntnis darauf aufbaute, daß nämlich, um das Wesen einer Sache zu erkennen, die ersten Ursachen, die ersten Prinzipien und dazu die Grundelemente (αἰτίαι – ἀρχαίστοιχεῖα) erkannt werden müßten (Phys. II 3: 194 b 20; I 1: 184 a 13; Met. III 1: 1003 a 31). Wie hier deutlich wird, ist mit erster Ursache etwas gemeint, was bereits über die obengenannten Arten von Ursachen in unserer erfahrbaren Welt wesenhaft hinausgeht. Die jenseits der Erfahrung gelegenen Urelemente und Urgründe werden aufgesucht. Einen Schritt weiter führt der Neuplatoniker Proklos († 485), wenn er in seiner Στοιχείωσις θεολογική lehrt, daß alles, was existiert, aus einer einzigen Erstursache kommen müsse, da ein Austausch zwischen Ursache und Wirkung, wie ein Regreß in der Ursachreihe in infinitum ausgeschlossen sei. Für alles Wirkliche aber ist das »Gute« dieses Prinzip, diese Erstursache (vgl. Prop. 11 und 12). Diesem ersten Sein und ersten Prinzip stellt er alles andere als sekundär Seiendes gegenüber und lehrt: »All das, was durch sekundäres Seiendes hervorgebracht wird, wird in höherem Maße von den ersten und wirksameren Wirklichkeiten hervorgebracht, von denen das sekundär Seiende selbst hergeleitet ist« (Prop. 56). – Was hier noch im neuplatonischen Seinsverständnis ausgesprochen wird, fand eine bedeutende theologische Vertiefung im Islam. Al-Kindi († 873) entwickelt in seiner aus Plotin (Enn. IV–VI) erarbeiteten »Theologia Aristotelis« Gedanken, die in der Schule des Alfarabi († 950) weiterentfaltet wurden und schließlich in dem Liber de causis (aus Proklus zusammengestellt) um 1150 ihren besonderen Niederschlag fanden. Es ist ungeklärt, ob der spanische Jude Daud († um 1180) oder der Archidiakon von Segovia, Dominicus Gundissalinus (etwa 1150–1180), der Verfasser dieses Werkes ist. Vor 1187 wurde es durch Gerhard von Cremona ins Lateinische übersetzt. Alanus von Lille († 1202) benützt es und Alexander von Hales zitiert es in seiner Glosse in IV libros Sententiarum (verfaßt 1223–27: II 37). Albertus Magnus wertet es in seinem Werk De causis et processu universitatis (II tract. I c 1) reichlich aus und bemerkt, daß der Jude David es aus Aussagen des Aristoteles, des Avicenna, des Algazel und des Alfarabi gesammelt habe. Thomas von Aquin endlich, der seit 1268 auch die lateinische Übersetzung des Wilhelm von Moerbeke für das Werk des Proklos »Elementatio theologica« besaß, schrieb zum

Liber de causis um 1270 einen eingehenden Kommentar. Gleich in der ersten seiner 22 Thesen lehrt dieser Liber de causis: »Jede Erstursache übt auf ihr Verursachtes einen größeren Einfluß aus als alle Zweitursachen; wenn also alle Zweitursachen ihre Wirkkraft von der Sache zurückziehen, nimmt die universale Erstursache ihre Wirkkraft von dieser nicht zurück; der Grund hierfür ist: die universale Erstursache wirkt in dem, was die universale Zweitursache wirkt, noch ehe diese ihre Wirkung ausübt.« Thomas faßt diese Lehre in seinem Kommentar zusammen mit den Worten: »Diese These hat demgemäß einen dreifachen Aussagesinn: Der erste ist, daß die Erstursache einen größeren Einfluß ausübt auf die Wirkung als die Zweitursache; der zweite ist, daß der Einfluß der Erstursache erst später von der Wirkung weicht und der dritte ist, daß er ihr früher zukommt.« (Comm. n 14). Ausdrücklich hebt er dazu hervor, daß diese Aussage nur für die Ursachen per se ordinatis, nicht per accidens ordinatis gelte, und zeigt die Wahrheit dieser Aussagen anhand der vier aristotelischen Ursachen und zwei Ursachenpaare auf. Die Ursache selbst erklärt der liber de causis noch so: »Wenn also die Zweitursache, die dem Verursachten folgt, wirksam wird, wird ihr Wirken von der Erstursache, die über der Zweitursache steht, nicht ausgeschlossen. Und wenn die Zweitursache vom Verursachten, das ihm folgt, getrennt wird, wird von ihm nicht die erste Ursache weggenommen, die über der Zweitursache steht, weil sie Ursache auch für sie ist (Prop. 1 n 4 u. 5). – Das durch die Zweitursache Verursachte entsteht also nur durch die Kraft der Erstursache (non fit igitur causatum causae secundae, nisi per virtutem causae primae). Das bedeutet, wenn eine Zweitursache eine Sache hervorbringt, wirkt die Erstursache (influit causa prima), die über ihr steht, auf dieselbe Sache ein aufgrund ihrer besonderen Ursachkraft« (de virtute sua. Ebd. n 16 u. 17).

c) Diese Rede von der Erst- und Zweitursache besagt nach den hier vorgestellten Quellen, daß nicht von einer physischen, sondern von einer metaphysischen Ursachordnung die Rede ist, daß die Erstursache als eine »transzendente Ursache« zu verstehen ist. Dabei ist schwer zu entscheiden, wie sich das neuplatonische Reden von Erst- und Zweitursache von dem jüdischen, islamischen und christlichen Reden von Erst- und Zweitursache unterscheidet. Wichtig ist, daß damit die Redeweise von der Ursächlichkeit in das eingegangen ist, was ursprünglich und biblisch überhaupt mit dem Ursachgedanken doch nicht ausgesagt werden konnte: das Verhältnis des Schöpfergottes zur Schöpfung. Wenn in der Theologie seit dem Liber de causis Gott als causa prima allen innerweltlichen Ursachen als causae secundae gegenübergestellt wird, ist das nur eine Redeweise der Theologie, die, wie jede Wissenschaft, durch technische Begriffe im Rahmen ihrer sachlichen und methodischen Möglichkeiten eine Sache aussagbar machen will, die bisher so nicht aussagbar war. Für die Theologie bedeutet das: Durch diese Begrifflichkeit wird eine Glaubenssache bedeutend erhellt; das Glaubensgeheimnis freilich wird dadurch in keiner Weise aufgelöst. Doch die Spannung zwischen Glaubensgeheimnis und Glaubensverständnis ist ein Grundelement jeder echten Theologie, wie der ganze christliche Glaube davon lebt, das Geheimnis Gottes für das menschliche Denken zu erhellen und im menschlichen Denken das göttliche Geheimnis zu wahren. Die Rede von der »Transzendenz« will diese Spannung nur deutlich machen und durchtragen.

3. Was bedeutet diese Rede von Erst- und Zweitursache nun für unser hier gestelltes Thema von der Erhaltung der Welt im Wirken durch Gott?

a) Zunächst wird damit nichts anderes versucht, als das im vorausgehenden über das Verhältnis von Schöpfer und Geschöpf im Sein der Welt Ausgesagte auf das Geschehen und Wirken in der Welt anzuwenden. Wie dort ist auch hier zu sagen: Je mehr der christliche Mensch der Moderne mit ihrer neuen Einsicht in die Weltwirklichkeit diese Wahrheit erfaßt, um so größer und für sein Denken realistischer wird sein *Gottesbild,* um so stärker und wirksamer wird seine Ehrfurcht und sein Verantwortungsgefühl für die *Weltwirklichkeit.* Nicht nur im Sein, sondern auch im Wirken der Welt ist »Gott der Welt innerlicher, als sie sich selbst sein kann«. Diese Innerlichkeit ist freilich eine transzendente Innerlichkeit, nicht eine Innerlichkeit im Sinne des Immanentismus, die der reinen Erfahrungswelt angehört. Die grundlegende Frage, die sich hier ergibt, lautet: Wie ist dann in Hinsicht auf den Effekt, auf das Gewirkte, das Verhältnis von Erst- und Zweitursache zu sehen; welchen Anteil am Gewirkten hat die Erst-, welchen Anteil die Zweitursache? Ist das Werk, ist die Leistung des Menschen nun *seine* Leistung oder ist sie Gottes Leistung oder in welchem Sinn ist sie das eine, in welchem Sinn das andere? – Alles Handeln und alles Gewirkte dem Menschen allein zuzuschreiben, hieße die Welt und besonders die Welt des Menschen deistisch oder pelagianisch sehen (vgl. LThK 3 [1959] 195–199: Deismus [J. Th. Engert]). Das Wirken des Menschen nur als Auswirkung oder Fortsetzung göttlichen Wirkens sehen zu wollen hieße, es im Sinn des Okkasionalismus deuten (vgl. LThK 7 [1962] 1123–1125: Okkasionalismus [J. Latour]). – Die christliche Antwort auf die hier gestellte Frage kann nur lauten: Der Effekt des Handelns und Wirkens der weltlichen Wirklichkeiten und insonderheit des Menschen kann nicht qualitativ oder quantitativ (im natürlichen Verständnis) zwischen irdischem oder menschlichem und göttlichem Wirken aufgeteilt werden. Der ganze Effekt ist vielmehr von beiden Ursachen zugleich in der Weise, daß die erste Ursache wie die universale Zweitursache oder die verschiedenen Zweitursachen zusammen je in ihrer Weise »Totalursache des totalen Effektes« sind. Alles, was eine Seinsvollkommenheit im Effekt bedeutet, ist von der causa prima und von der causa secunda zugleich, entsprechend der Bedeutung dieser wesenhaft verschiedenen Ursachen für das in sich vielschichtige Sein des Effektes. Der Komplexität des Seins entspricht die Komplexität der Kausalität. Diese Komplexität ist hier aber nicht nur, wie bei der causa instrumentalis, eine innerweltliche, ist auch nicht nur durch apriorische oder aposteriorische Elemente, wie im menschlichen Erkenntnisvorgang, zu deuten: sie ist vielmehr eine Komplexität, die durch das Zueinander, Füreinander und Miteinander des transzendenten Wirkens des Schöpfergottes mit dem innerweltlichen Wirken der geschaffenen Wirklichkeiten (bis hinein in das freie Wirken der menschlichen Person) gekennzeichnet wird. Nur in diesem theologischen Verständnis bleibt das rechte Verhältnis vom Glauben und Wissen im Denken wie im Gedachten gewahrt.

b) Die Wahrheit vom Wirken Gottes als causa prima im Wirken der Geschöpfe als causa secunda wird erneut zum Problem, wenn die *Mängel und das Übel in der Schöpfung,* besonders aber, wenn die Sünde bedacht werden sollen. – Hier ist zunächst die Feststellung wesentlich, daß Übel (malum) wie Sünde (peccatum) als irdisches Geschehen oder menschliche Tat selbst komplexe Wirklichkeiten sind. Schon das Übel ist nicht nur eine Seinswirklichkeit in der geschaffenen Welt, es ist vielmehr eine »mangelhafte Seinswirklichkeit« und nur als solche wird sie Übel genannt. Ebenso ist die Sünde eine menschliche Tat, die den Seinssinn dieser Tat verfälscht oder vefehlt. – Von dieser Bestimmung des Übels und der Sünde ausgehend, ist zu der hier gestellten Frage nach dem Zusammenwirken von causa prima und causa secunda zu sagen: Übel und Sünde als innerweltliche Gesamteffekte stammen von beiden Ursachen zugleich und ganz; der diese Wirklichkeiten bestimmende Defekt jedoch ist jeweils von der gesamten Zweitursache oder von einer der verschiedenen Zweitursachen her zu deuten. Die Bewegung der Erstursache wird dabei in die Bewegung der Zweitursache gemäß der Art des Wirkens der Zweitursache aufgenommen (secundum modum recipientis, wie wiederum der Liber de causis imer wieder hervorhebt: §§ 9, 13, 19: ed. O. Bardenhewer, Freiburg i. Pr. 1882). So läßt sich z. B. sagen: Das Hinken im Gehen des Menschen kommt nicht von der Seele des Menschen, aus der die Gehbewegung ihren Ursprung empfängt, sondern vielmehr von einem Mangel im Bein (Nerven, Muskel, Knochen), d. h. von irgendeiner Zweitursache. So kommt die große Theologie zu der Aussage: Actio peccati est a deo, sed peccatum non est a deo: die innerweltliche Wirklichkeit »Sünde« kommt von Gott, aber die Sündhaftigkeit der Sünde ist nicht von Gott: (Thomas v. Aquin, De malo q 3 a 2; Bonaventura Sent. II d 37 a 1 q 1 ad 5). Wiederum wird hier deutlich: Nur in einer metaphysischen Betrachtungsweise von causa prima und secunda, die um die Transzendenz der causa prima weiß, ist diese Aussage verständlich und gültig. In einer rein rationalen, physisch-geschichtlichen Sprechweise verliert diese Aussage ihre Gültigkeit. Nur im metaphysischen Verständnis des Verhältnisses von causa prima und causa secunda ist das rechte Verhältnis von Glauben und Wissen gewahrt, und Sünde ist eine Glaubenswahrheit, nicht Sache bloßen Wissens, das höchstens von Irrtum oder Versagen, Unfall oder Mißverständnis sprechen kann.

c) Besonders deutlich und drängend ist die Problematik im Zusammenwirken zwischen Gott und Mensch als Erst- und Zweitursache in den Fragen der *Gnadenlehre* einmal geworden. Das Thema, das in KKD V §§ 46 und 47 seine Darstellung gefunden hat, sei hier nur in Grundlinien angedeutet. So wie in der Offenbarungsaussage über den Menschen schon die zwei Grundaussagen vom Menschen als Geschöpf (»Was hast du, das du nicht empfangen hättest?«, 1 Kor 4,7) und vom Menschen als Gottes Ebenbild (Gen 1,26 ff: »Er soll herrschen über die geschaffene Welt«) nebeneinander stehen, so finden sich auch nebeneinander die Aussagen, die dem Menschen die volle Verantwortung für sein Tun zusprechen, und solche, die die totale Abhängigkeit des Menschen von Gott auch im Wirken dartun (vgl. oben 1 b). Je nachdem, ob die Theologie mehr in einem sachlichen (neuplatonischen) Denken oder mehr in einem personalen (skotistischen oder nominalistischen) Denken diese Fragen erfaßt und beantwortet, entsteht ein je anderes Denkschema. Im Anschluß an Thomas und bestimmt durch skotistische Elemente (nachgewiesen durch H. Schwamm) hat Dominikus Bañez PO († 1604) den sog. Thomismus begründet, der in einem sachlichen Denken das Wirken Gottes in einer (metaphysisch verstandenen) praemotio physica dem menschlichen Wirken vorordnet, ohne deshalb zu einem Okkasionalismus zu gelangen. Luis de Molina SJ († 1600) hat demgegenüber das göttliche wie das menschliche Wirken mehr personal verstanden und einen concursus divinus im Zusammenwirken des Göttlichen und Menschlichen behauptet, um dann durch eine scientia media Gottes (zwischen der das Reale erfassenden scientia visionis und der das Irreale bestimmenden scientia simplicis intelligentiae gelegen) die erste Ursächlichkeit Gottes gegenüber allen Zweitursachen des Menschen wieder einzubringen. Gregor von Valencia SJ († 1603) hat eine mehr psychologische Vermittlung gesucht durch seine Lehre von der selbständigen accommodatio libertatis hominis an die Gnade Gottes, und Alfons von Ligouri († 1787) hat später eine praktische Lösung durch aktualistisch-historische Betrachtung des göttlichen wie des menschlichen Wirkens versucht. Die von der Kirche eingesetzte Congregatio de auxiliis gratiae hat in zehn Jahren Tätigkeit (1597–1607) den Streit der Meinungen nicht zu lösen vermocht. Eine Lösung des Problems kann eben hier nicht in der Auflösung der Polarität zwischen causa prima und causa secunda liegen; diese Polarität ist vielmehr in ihrer ontologischen wie erkenntniskritischen Vielschichtigkeit durchzutragen. Dann bleibt die Antwort gültig: Tota operatio (totalitate causae primae) est a deo et tota operatio (totalitate causae secundae) est a libero arbitrio.

d) Als analoges Bild zum Verständnis der hier angedeuteten Probleme sei kurz auf das »Musikverständnis« hingewiesen, das nicht nur die Vielfalt und Mannigfaltigkeit der Ursachelemente, sondern auch die tiefe (im irdischen Bereich wesenhaft zu nennende) Verschiedenheit dieser Elemente zeigen kann. Von Gott sind jene geheimnisvollen Größen in der Schöpfung, die die Musik objektiv tragen: Ton (Schwingungszahl), Intervall (Verhältnis von Schwingungszahlen zueinander) und Rhythmus (Abfolge der Töne in Raum und Zeit). Und doch muß dies alles in der Welt von Menschen gesetzt und konzipiert werden. Von Gott ist die Luft, die den Ton trägt, das Ohr, das ihn vernimmt, die Seele, die ihn versteht. Aber der Mensch muß den Ton zum tönen bringen, muß sein körperliches und geistiges Ohr den Tönen zuwenden. Von Gott ist die Anlage der Musikalität; der Mensch aber muß sie gebrauchen und ausbilden. Gott hat die Fähigkeit des menschlichen Geistes gegeben, der Musikinstrumente gemäß den natürlichen Möglichkeiten und Gesetzen schuf, und den Geist, der die Gesetze der Musik und den Reichtum ihrer Werte finden und immer neu verwirklichen läßt. – Wo das natürliche Denken von Reichtum und Tiefe der menschlichen Anlagen spricht, wird christliches Denken von »Begabung« reden, die Gottes Gnade und menschliche Aufgabe ist. Säkularisiertes Denken wird diese Gaben der »Natur« (wie sie im goetheschen Zeitalter der Aufklärung verstanden wurde) zusprechen. Christliches Weltverständnis kann dies alles nur vom Schöpfer Gott her verstehen, der als personale Wirklichkeit vor und über allem steht, was »Natur« heißt, so wie der Mensch als schöpferisch gestaltende Person über alles sich erhebt, was ihm als Natur vorgegeben ist und was er als Kultur gestaltet. – Die Rede von Gott und Schöpfung als causa prima und causa secunda erweist sich so als das tiefere Verständnis dessen, was in liberaler, säkularisierter Sicht der Aufklärung als »Natur und Mensch« gegenübergestellt erscheint. Das Entscheidende ist, daß in dieser säkularisierten Gegenüberstellung der Mensch sich selbst betrügen kann, indem er sich scheinbar der hohen Natur unterwirft, die er bewußt und selbstherrlich stets zu beherrschen trachtet, während das christliche Weltbild noch jede nachträglich eingeführte Selbstherrlichkeit (die immer als Versuchung für den Menschen besteht) in dem im gläubigen Denken festgehaltenen Verständnis von Welt immer neu erkennen, verneinen und bewältigen muß. – Je mächtiger der Mensch in seinem Kulturwerk wird, um so wesentlicher wird die Werthaftigkeit des gläubigen Weltbildes sein, soll der Mensch nicht durch den Selbstbetrug der säkularisierten Weltsicht sich in eine verhängnisvolle Selbstherrlichkeit gegenüber der Welt hineinbegeben, in der er eben die »Natur« zerstört, von der er, als Teil der Natur, wesenhaft leben muß. (Es sei hier freilich nicht verschwiegen, daß auch das christliche Weltverständnis in einem verkürzten Denken zu einer Ideologie entarten kann, die ebenfalls den natürlichen Boden menschlicher Existenz zerstört, wie manche Auswüchse im späten Mittelalter [Inquisition, Hexenwahn usw.] zeigen können).

3. ABSCHNITT

FOLGERUNGEN AUS DER ALLGEMEINEN SCHÖPFUNGSLEHRE

J. M. Verweyen, Welt und Welten. Grundlegung einer Weltanschauung, Breslau 1936. – Sammelbände »Wissen im Überblick«: 1. Bd. Die Natur. (Leben, Mensch, Weltgeschichte, Moderne Gesellschaft, Technik, Kunst, Literatur), Freiburg i. Br. 1968 ff. – LThK 10 (1965) 1027–1029, Weltanschauung. (G. Söhngen).

Können hier im Rahmen des Ganzen auch nur einige Andeutungen zu dem wichtigen Thema »Folgerungen aus der allgemeinen Schöpfungslehre« gemacht werden, so sollen sie doch wegen der Wichtigkeit des Themas nicht unterschlagen sein. Was für alle theologischen Aussagen gilt, das hat in der Schöpfungslehre besondere Bedeutung: die hier vorgestellten Wahrheiten können nie bloße Theorie sein, sie sind zugleich immer auch praktische Wahrheiten, weil sie als Aussagen über das umgreifende Sein immer auch Wertungen und Sollensforderungen mit einschließen (anders als etwa rein naturwissenschaftliche oder rein mathematische Aussagen). – Dabei ist, wie in jeder Wissenschaft, von Anfang an die Frage nach der gültigen Begriffssprache für die gemeinte Sache besonders zu beachten. Einige wichtige termini technici seien hier kurz vorgestellt als Hinführung zu den folgenden Besinnungen:

Was wir bisher von verschiedenen Ausgangspunkten aus als »Schöpfung« Gottes betrachtet haben, wird in unserer menschlichen Sicht einfach *»Welt«* genannt.

a) Welt meint, wie schon das mhd. werelt andeutet, das All im Verständnis des Menschen, der allein zu einem solchen Verständnis des Alls fähig ist. In diesem Wort ist erfaßt, was der griechische Logos »Kosmos« (geordnetes All), das römische Denken »universum« (durch Macht und Recht erfaßtes All) und das christliche Denken »saeculum« (als Übersetzung von αἰών = menschliches Zeitalter = Generation) genannt hat.

b) Dieser allgemeine Weltbegriff ist zunächst von dem getragen, was man seit der Romantik *»Weltanschauung«* nennt. Welt ist hier Bezeichnung für ein Ganzes, in dem Struktur und Ziel des Ganzen wie Sinnwert und Bedeutung des Einzelnen im Ganzen nicht nur von der Erfahrung des Menschen und seinem Wissen her, sondern ebenso von seiner erkennenden Phantasie, aus seinem schlußfolgernden Denken, seinem innersten Wünschen und seinem überlegten Planen erfaßt und zusammengeschaut wird. In dieser Weltanschauung erscheint die »Welt« als ursprüngliche Interpretation des Weltphänomens durch den Menschen.

c) Einen Schritt weiter führt das, was wir *»Weltbild«* nennen. Damit ist eine mit wissenschaftlichen Begriffen und Methoden erarbeitete Gestalt von Weltverständnis gemeint, über das sich der Mensch bewußt und ausdrücklich Rechenschaft gibt. Entscheidend ist, daß dieses Weltbild noch grundsätzlich »das Ganze« der Welt zu erfassen sucht, während

d) das eigentliche *»Weltverständnis«* im wissenschaftlichen Sinn sich auf das im Weltganzen beschränkt, was bis zur Stunde wirklich mit wissenschaftlichen Methoden und Begriffen erfaßbar und aussagbar geworden ist. Hier wird also nicht mehr eigentlich das Ganze, das immer mehr ist als die Summe der Teile, angezielt und erfaßt.

e) Dieses wissenschaftliche Weltverständnis, mit dem eine wissenschaftliche Welterfahrung gekoppelt ist, muß durch *»Weltgebrauch und Weltgestaltung«* ergänzt werden, sobald die Rede ist von der Welt als »menschlicher Kulturwelt«, d. h. von Welt, die gerade von der vorgegebenen »Natur« als menschliche »Kultur« abgehoben wird. Dabei ist festzustellen, daß die Kulturwelt immer mehr im Wachsen ist, während Natur immer mehr durch die menschliche Kulturwelt eingeengt wird. Schon lebt der Mensch mehr von dem, was er selbst aus der Natur gemacht hat, als von dem, was ihm die Natur von sich aus schenkt.

Angesichts dieses vielschichtigen Weltverständnisses erhebt sich die Frage, welche Folgerungen sich für diese so verstandene Welt aus der Offenbarungs- und Glaubensaussage ergeben, da am Ganzen wie an jedem einzelnen Stück dieser Welt der Koeffizient »geschaffen« anzubringen ist. Was macht der Koeffizient »geschaffen« aus dieser Welt und welche Folgerungen ergeben sich daraus für unser menschliches, christliches Leben?

§ 16 Folgerungen für unser christliches Weltverständnis und unsere Weltgestaltung aus der Schöpfungsidee und dem Schöpfungsglauben

CH. DAWSON, Die wahre Einheit der europäischen Kultur, Regensburg 1935. – J. MARITAIN, Die Zukunft der Christenheit, Einsiedeln 1938. – TH. ST. GREGORY, Das unvollendete Universum, Einsiedeln

1938. – F. Dessauer, Begegnung zwischen Naturwissenschaft und Theologie, Düsseldorf 1952. – K. Jaspers, Die geistige Situation der Zeit, Berlin 1931. – W. Schulz, Philosophie in der veränderten Welt, Pfullingen 1972. – H. Mynarek, Der Mensch – Sinnziel der Weltentwicklung, Paderborn 1967. – F. W. Faber, Schöpfer und Geschöpf, Regensburg 1929 (Übers. v. K. Preysing). – A. H. André, Wunderbare Wirklichkeit. Majestät des Seins, Salzburg 1955. – G. Thils, Theologie der irdischen Wirklichkeiten, Salzburg 1955. – GuL 35 (1962) H. 3. – Ebd., 234 f. – M. Mead, Hoffnung und Überleben der Menschheit, Stuttgart 1972. – W. Hochkeppel, Modelle des gegenwärtigen Zeitalters, München 1973. – Dazu die Lit. zum Dreifaltigkeitsspiegel der Welt vor § 7.

1. Die Gegensätze und das Gemeinsame

Wenn hier von den wichtigsten Folgerungen aus der allgemeinen Schöpfungslehre für unser Weltverständnis und unsere Weltgestaltung gesprochen werden soll, muß am Anfang ein Moment der großen klassischen Metaphysik der Antike wie des christlichen Mittelalters wie aber auch des deutschen Idealismus kurz angesprochen werden, in dem grundsätzlich und wesenhaft aufgehoben ist, was von der Schöpfungsidee und vom Schöpfungsglauben her dann zu entfalten ist: die Einheit im Gegensätzlichen.

a) Wo immer Welt als das umfassende große Ganze geschaut wird, in das der Mensch als immerwährendes Sinnziel eingebunden ist, geschieht menschliche Erkenntnis als ein Prozeß, der von Gegensätzen, die als polare Spannungseinheit erfahren und angenommen werden, angetrieben und in Gang gehalten wird. Als polare Spannungen erscheinen diese Gegensätze aber nur, weil ihnen ein verbindendes Einheitsprinzip übergeordnet ist. So haben schon die Pythagoräer dem übergeordneten Einheitsprinzip Zahl gegenüber zehn derartige Gegensatzpaare aufgezählt (vgl. Aristoteles, Metaph. I 5: 986 a). Plato und Aristoteles haben diese Lehre zur eigentlichen philosophischen Wissenschaft erhoben durch eine besondere Weise, wie sie Erkenntnislehre und Seinslehre miteinander verbanden (vgl. die zahlreichen Stellen über ἐναντίον = entgegengesetzt anhand der Verbalkonkordanzen zu den Werken des Plato und des Aristoteles). – Was bei Heraklit noch vereinfachend als »Gesetz der Entwicklung allen Seins aus Gegensätzlichem« erscheint (vgl. Ps.-Aristoteles, De mundo V: 396 b 7. 20), wobei das Einheitsprinzip im positiv »Unendlichen« (ἄπειρον) gesehen wird, findet schon bei Zenon von Elea (vgl. Diogenes Laertius, Vitae VIII 57) und besonders bei Plato seine Weiterentwicklung als Kunst der Dialektik (vgl. Pol. VI 21; VII 14: 511 b; 533 c ff; vgl. dazu R. Guardini,

Der Gegensatz. Versuche zu einer Philosophie des lebendig Konkreten, Mainz 1925. – K. Wucherer-Huldenfeld, Die Gegensatzphilosophie Romano Guardinis in ihren Grundlagen und Folgerungen, Wien 1968). Nikolaus von Cues spricht später von einer coincidentia oppositorum (vgl. HWP I [1971] 1022 f; D. Malsuke, Unendliche Sphäre und Allmittelpunkt, Berlin 1937).

b) Wie alles schlußfolgernde Denken durch die übergeordnete Gemeinsamkeit zwischen dem im Obersatz und dem im Untersatz Ausgesagten bestimmt ist, so lebt jede Polarität im Seinserfassen und jede Dialektik im Denkprozeß von dem gemeinsamen, übergeordneten Mittelbegriff. Dadurch werden nicht nur der Teil und das Ganze (das immer mehr ist als die Summe der Teile: Neuplatonismus), das Sein und das Werden (Problem der Eleaten), sondern auch Sache und Person, Erfahrung und Denken vermittelt und zur übergeordneten Einheit geführt. Dadurch wird auch die Brücke geschlagen für jene Grundhaltungen des Menschen in dieser seiner Welt, die zusammenwirken müssen, um das Ganze zu erfassen und nicht zu verlieren: existentielle – intellektuelle – ontisch schauende Erkenntnis, Erkennen – Wollen – Handeln, Glauben – Wissen – Tun.

c) Der Weg von der Einzelerkenntnis zur Erfassung des Ganzen, zur Erfassung des Einzelnen im Ganzen und des Ganzen im Einzelnen (vgl. »Das Ganze im Fragment«, H. U. v. Balthasar), geschieht in der Verbindung zwischen dem differentialen und integralen Denkprozeß, und die Einheit und Ganzheit wird in der ontischen Denkweise der Antike und des MA im »Substanzbegriff«, in der dialektischen Denkweise der Moderne in der »Formel«, die im wesentlichen relationale Funktionseinheiten zum Ausdruck bringt, erfaßt. Wo die Einheit in der Vielheit und die Vielfalt in der Einheit nicht mehr hinreichend gesehen werden, entstehen jene Grundhaltungen, die im Verständnis des Weltganzen die erste Fehlerquelle darstellen: der Dualismus (der die Einheit nicht mehr hinreichend sieht: vgl. LThK III [1959] 582–89) und der Monismus (der die Vielheit in der Einheit ignoriert: vgl. LThK VII [1962] 553–55). Plato und der Neuplatonismus überwinden diese Fehlhaltungen durch ihre Lehre von der »Teilhabe« (μέθεξις); Aristoteles hat in seinem Denksystem dafür die Idee der »Relation« (πρός τι) ausgebildet. Das moderne »funktionale« Denken vermittelt nicht mehr vom Einzelnen zum Ganzen, sondern nur in einem erfahrungsmäßigen Ganzen, das als »Summe von Teilen« anzusprechen ist. Das funktionale Denken führt leicht zu einem

Relativismus, den das alte metaphysische Denken wohl zu meiden wußte.

2. Das unvollendete Universum: die Lücke im natürlichen Ganzen

Sobald wir in unsere Betrachtung des natürlichen Ganzen das geoffenbarte Bild von der Welt einbeziehen, wird die Problematik, die wir im philosophischen Weltbild aufgezeigt haben, eine neue, viel tiefere. Was bereits im Neuplatonismus durch die Einführung des Metanoetischen (Glaubenswahrheit?) und Metaontischen (Gotteswirklichkeit?: E. Przywara, Analogin Entis) als philosophischem Ausgangspunkt für das real Transzendente eingebracht wurde, wird durch die Schöpfungsidee und das in ihr begründete Verständnis von Gott und Welt als Schöpfer und Geschöpf und das damit gegebene Schöpfer-Geschöpf-Verhältnis auf eine neue Ebene erhoben. Dies wirkt sich schon in der Erkenntnisebene (Erkenntnis des Geglaubten) entscheidend aus, wie ein Blick auf die einzelnen Grundordnungen zeigen kann. Die natürlichen Ordnungen der Philosophie werden von der Offenbarung her immer gesprengt, aufgehoben, auf eine höhere Ebene gebracht, in der sie in neuer Gestalt als »Philosophie im Schatten Gottes« erscheinen. Die menschlich-philosophische Metaphysik wird zu einer kreatürlich-theologischen Metaphysik, könnte man sagen, wobei hier »theologisch« noch im Sinne einer natürlichen Theologie zu verstehen ist.

a) Die *Zweckordnung* aus dem sachlichen Denken: In dem Maß, in dem die Offenbarungswahrheit seit dem Hellenismus in ein denkbares System eingebracht wurde, kamen Seinsschichtendenken (platonisch) und Zweckdenken (aristotelisch) zur Geltung und der Neuplatonismus als komplizierter Versuch einer Verbindung der beiden Schulrichtungen wurde immer mehr zum maßgeblichen Denkschema der Theologie. Schon im späten Judentum wurde das deutlich, aber noch mehr in der Theologie des Islam, in dem jedoch als Vermittlung zwischen Gott und Welt rein geistige Wesen, Engel, gesehen wurden, die sowohl die Schöpfung wie die Offenbarung Gottes in die leibgeistige Welt der Menschen und in die körperliche untermenschliche Welt vermitteln sollten. Dieses nicht christliche Schema eines Weltverständnisses entsprach der neuplatonischen Einteilung der Welt in die vier Schichten: göttliche Einheit, Intelligenzen (reine Geister), Seelen (Leben) und Körperwelt. Schon in seinem Sentenzenkommentar (1254: II d 18 q 2 a 2) wandte sich Thomas von Aquin ausdrücklich gegen die Lehre des Liber de causis (prop. 3 und 5), wo er diese Vermittlung der Erschaffung und des

Wirkens der menschlichen Seele durch die Engel vorfand und in den De pot. (1268: q 3 a 4 ad 10) schreibt er (ebd., c): »Einige Philosophen vertraten die Meinung, Gott habe die niedrigen Kreaturen durch Vermittlung höherer Kreaturen geschaffen, wie im Liber de causis, in der Metaphysik des Avicenna (IX c, 4; vgl. De intelligentiis c 4 div. 3) und bei Algazel zu lesen ist.« – Demgegenüber tritt in der biblischen Offenbarung klar an die Stelle des neuplatonischen Emanationskontinuums das absolute Gegenüber von Schöpfergott und unmittelbar von ihm geschaffenem All, das seine eigene Mitte im leibgeistigen Menschen als Sinnziel der Schöpfung hat. Daher ist auch das Böse nicht eine Bestimmtheit der materiellen Welt, wie bei Plato, sondern vielmehr Tat des leibgeistigen Menschen, und die Erlösung geschieht durch die Menschwerdung Gottes (Joh 1,14; Hebr 1,2–2,18), nicht durch das Wirken irgendeines Engels. Christus, der Gottmensch, ist darum auch Mitte der Schöpfung (Kol 1,13–23), nicht etwa irgendeine Engelwelt (vgl. Hebr 1,4–14). In Christus ist der leibgeistige Mensch als Mitte des Kosmos erlöst; von einer Erlösung der reinen Geister, der Engel, spricht die Offenbarung nicht. Das Geheimnis von Sünde und Freiheit wird nicht in einem Weltsystem gelöst, das in Seinsschichten zu begreifen wäre; die durch Sünde und Freiheit angedeutete Lücke dieses Seins ist vielmehr durch Schöpfung und Erlösung allein auszufüllen. – Hier wird wiederum die Problematik des geschlossenen Systems Teilhards offenbar: der Kosmos der heilsgeschichtlichen Offenbarung ist ein offener Kosmos, ein unvollendetes Universum, in dem darum Sünde und Erlösung, Notwendigkeit und Freiheit, Gnade und Leistung als Momente der kosmischen Geschichte erscheinen, die nicht notwendig Evolution, sondern Ausreifung im Zusammenwirken von Gott und Mensch meint, wobei das Wirken der causa prima Anfang und Ende, Gnadengeschenk und Gericht, Schöpfung und Neuschöpfung umfaßt.

b) Noch deutlicher wird diese von der »Schöpfungsidee« bestimmte einmalige Struktur des christlichen Kosmos bei Betrachtung der inneren *Sinnordnung* der Welt. Sinn meint gegenüber dem sachlichen Zweck eine personal ausgerichtete Ordnung. Der Sinn des Kosmos ist vom personalen Schöpfergott her gegeben (gloria dei und salus animarum) und wird vom Menschen erlebt als Übereinkunft seiner selbst mit sich selbst (seinem Gewissen), wobei diese Übereinkunft für ihn als Geschöpf zugleich Übereinkunft mit der vom Schöpfergott vorgegebenen Seinsordnung bedeutet. Erfüllung dieser Sinnordnung ist nicht in einem idealistischen Sinn verständlich, wie es noch beinahe im deuteronomistischen Weltbild des alten Israel vorliegt (Lohn des Guten und Strafe des Bösen: vgl. Ps 1), auch nicht und noch weniger im teilhardschen System einer notwendigen Evolution zum Punkt Omega hin, auch nicht bloß im modernen existentialistischen Scheitern als Weg zu einem transzendierenden Reifen, auch nicht in einem biologistischen Weltverständnis, das in einem mechanischen »Stirb und Werde« den Einzelnen opfert für die Art: christliche Sinnordnung der Welt ist nur zu verstehen als Wandlung durch das Geheimnis Christi, das Geheimnis von »Kreuz und Auferstehung« hindurch, wie es vor allem der hl. Paulus entfaltet hat, indem das Offenbarungsgeheimnis von Schöpfung und Freiheit, von Heiligkeit und Sünde, von Gnade und menschlichem Wirken am Werke ist.

c) Die Sicht für dieses offene Sein des Weltsystems im christlichen Verständnis gewinnt erst recht an Tiefe bei Betrachtung der *Seinsordnung*. Gerade hier drängt sich die neuplatonische Weltsicht so gerne vor, die sich als ontische Weltordnung vielfach mit manichäischen Tendenzen verbindet. Ausdrücklich hebt demgegenüber die christliche Offenbarung immer wieder hervor, daß höher als jede im sachlichen Erkennen und Feststellen zugängliche *ontische Wertordnung* immer die *personale Dienstordnung* bleibt. »Jeder, der sich selbst erhöht, wird erniedrigt werden, und wer sich selbst erniedrigt, wird erhöht werden« (vgl. Lk 14,11: erster Platz beim Gastmahl; Lk 18,14: Pharisäer und Zöllner; Lk 22,26: »Der Größte unter euch werde der Geringste und der Gebietende der Dienende«; Mt 20,28: »So, wie der Menschensohn gekommen ist ... zu dienen und sein Leben hinzugeben;« vgl. Joh 13,4 ff 15–17: Fußwaschung: »Ein Knecht ist nicht größer als sein Herr und der Gesandte nicht größer als der, der ihn gesandt hat:« vgl. ThW II (1935) 264–283: δοῦλος). Dadurch kann im Christentum die neuplatonische Wertordnung geradezu umgekehrt werden, wenn z. B. die materielle Welt so hoch steht, daß sie heilsträchtiges Zeichen der Sakramente wird bis hinein in das Geheimnis der eucharistischen Wandlung. Der Dienst am Menschen wird darum gerade dem Dienst für Gott gleichgestellt (vgl. Mt 10,42: Becher Wasser für den durstigen Apostel; Mt 25,40.45: »Was ihr dem Geringsten meiner Brüder getan ...«). Nicht um persönliche Demut, um die christliche Weltordnung geht es zuerst in diesen Worten Christi. Hier ist selbst das »sich selbst Bewahren« nur noch christlich, wenn es das letzte »sich selbst Verschenken« mit einschließt: »Wer sein Leben um meinetwillen verliert, wird es gewinnen« (Mt 16,25 Par.).

d) Schließlich kann die *»Gnadenordnung«* in diesem christlichen Weltbild zeigen, daß das geschaffene Universum ein immer offenes und unvollendetes Universum ist, das nur von Gott im Endgericht zu jener Vollendung geführt werden kann und wird, die selbst Offenheit in die absolute Offenheit Gottes bedeutet. Gott als der Unendliche ist für alle Schöpfung ewige Offenheit, und alle Schöpfung findet in dieser Offenheit Gottes ihre einzig mögliche von Gott gegebene Vollendung. Weil Welt als Schöpfung Werk der ewigen Huld Gottes ist, Ausfluß und Ausdruck seiner ewigen Liebe, die nicht im Sinn des neuplatonischen diffusium sui, sondern im Sinn des Geheimnisses von Schöpfung, Menschwerdung und Kreuzestod Christi zu verstehen ist, darum ist alles Natürliche und Materiale nicht das Letzte, sondern vielmehr Fundament der Gnade als des Übernatürlichen, das diese Natur nicht zerstört, sondern vollendet und zur Verklärung führt. Hier wird die letzte Offenheit des Universums deutlich im Glaubensgeheimnis der ewigen Prädestination Gottes (vgl. Eph 1,4 f; Röm 8,28–30), in dem alle Gesetze der menschlichen Geschichte und autonomen Ethik aufgebrochen und brauchbar gemacht werden für den Gehorsam des Glaubens, für das absolut freie Geschenk der Gnade (vgl. Mt 10,8; Röm 3,24) zur Ehre Gottes (vgl. Eph 1,12.14; Phil 1,11), der die Liebe ist (vgl. 1 Joh 4,8).

3. Spannungseinheit als Tat und Prozeß aus dem Paradox des Glaubens

Was sich schon im natürlichen Denken als das Geheimnis des Werdens allen Seins aus Gegensätzen zeigte, hat unter Zuhilfenahme der Schöpfungsidee zu einem Weltverständnis geführt, das in allen Ordnungen, in der sachlichen Zweckordnung, der personalen Sinnordnung, der geschöpflichen Seinsordnung und der heilsgeschichtlichen Gnadenordnung jeweils eine »Lücke« herausstellte, die nur durch ein zugehöriges Glaubensgeheimnis, das Geheimnis der Menschwerdung, das Geheimnis von Kreuz und Auferstehung und das Geheimnis der christlichen Demut sowie durch das Geheimnis des existentiellen Dienens zu überbrücken ist. – Eine letzte Vertiefung des Schöpfungsgeheimnisses erschließt sich uns, wenn wir nicht nur die Schöpfungsidee, sondern das konkrete gläubige Wissen um unsere wesenhafte Geschöpflichkeit, den *Schöpfungsglauben* in Anschlag bringen. Hier wird deutlich, daß der Mensch, der nicht nur ein denkendes und wollendes, sondern vielmehr ein handelndes Wesen ist, auch nur im Handeln seine Geschöpflichkeit erfüllen und in dem durch dieses Handeln in Gang gebrachten Weltprozeß von Gott her Erfüllung seines Wesen als Gnade – auch der Lohn ist Gnade – empfangen kann. Der Schöpfungsglaube (und Glaube ist totale Überantwortung des Menschen in Freiheit an Gott: 2. Vatikanum, Konst. Dei verbum Art. 5) führt zum rechten menschlichen und christlichen Verhältnis zu Natur, Kultur, Geschichte und zur eigenen Person, aber nicht ohne Hinnahme der Paradoxalität, die der Glaube unserer Weltsicht immer wieder auferlegt. Wo versucht wird, die Paradoxalität im philosophischen Denken allein zu bewältigen, macht sich jener vielgestaltige »Kulturpessimismus« geltend (vgl. W. Hochkeppel, Modelle des gegenwärtigen Zeitalters, München 1973), der dem christlichen Weltverständnis nicht entspricht und nicht zu eigen werden darf.

a) Erst und nur im Schöpfungsglauben ist je immer neu die rechte *Ordnung der Weltdinge* zu finden, weil nur hier Daseinsmacht, Wesenswert und Sinngehalt des Ganzen und damit der einzelnen Dinge zu bestimmen und zu sichern sind. In seinem echten »Kreaturbewußtsein und Kreaturgefühl« findet der Mensch die Kraft und den Ansporn zu jener Tathaltung, die die erbsündliche Grundhaltung des Selbstgenusses, der Selbstgenügsamkeit, der Selbstherrlichkeit und der Weltverlorenheit je immer neu in der Gnade Gottes zu überwinden vermag. Nur so wird für den Christen auch die Welt wieder durch das Paradox des Glaubens hindurch »Licht«, d. h. sie läßt ihren Sinn, Stoff und Raum für den Dienst des Menschen am Menschen und zuletzt vor Gott zu sein, wieder aufscheinen. Schon Augustinus hat darum als erste sachliche Frage in seiner »Unterweisung über den christlichen Glauben« (De doctr. christ. I c 3–5; vgl. III c 10, 16) die berühmte Unterscheidung zwischen den Wirklichkeiten, die wir genießen (frui) sollen, und den Dingen, die wir nur gebrauchen (uti) dürfen, eingeführt. »Es gibt Wirklichkeiten, die man genießen soll, und andere, die man nur gebrauchen darf, und wieder andere, die zu genießen und zu gebrauchen sind.« Mit der ersten Wirklichkeit ist nur Gott gemeint, mit den zweiten sind die Dinge der Welt angesprochen und mit den dritten meint der Platoniker Augustinus jene hohen Werte (göttlichen Ideen), die zwar geschaffen und darum nicht Gott selber sind, aber doch über dieser Erde stehen. Wenn wir das, was wir nur gebrauchen dürfen, genießen wollen, wird unser Weg behindert und vom rechten Ziele abgelenkt. – Der Pariser Bischof Petrus Lombardus hat diese Lehre in sein Lehrbuch für die Theologie um 1150 (Sententiae) aufgenommen, und so wurde diese Überlegung zur ersten Frage der großen

Sentenzenkommentare, die die theologischen Lehrbücher über fünf Jahrhunderte waren. Ignatius von Loyola stellt diese Sentenz als Fundament an den Anfang seines Exerzitienbüchleins (Nr. 23: »Der Mensch ist geschaffen, um Gott, unseren Herrn, zu loben, zu ehren und ihm zu dienen und dadurch sein Seelenheil zu wirken. Die übrigen Dinge auf Erden aber sind des Menschen wegen erschaffen, und zwar, damit sie ihm bei der Verfolgung des Zieles, für das er geschaffen ist, behilflich seien. Hieraus folgt, daß der Mensch sie insoweit benützen soll, als sie ihm zur Erreichung seines Zieles dienen, und daß er sich von ihnen trennen muß, insofern sie ihn daran hindern«: Hinführung zur Indifferenz im Sinne der Gelassenheit) und in den Katechismen seit dem »Canisi« ist sie die erste Frage geblieben (»Wozu bin ich auf Erden?«). Erst die neuesten Versuche von Katechismen weichen von dieser christlichen Urtradition und dieser menschlichen Urweisheit ab. Im Holländischen Katechismus und seinen Nachfolgern erscheint die Gottesfrage am Ende: Gott soll nur eine Wirklichkeit sein, auf die der Mensch nach diesem Leben, dessen Sinn er selbst zu erfüllen hat, hoffen darf. – Immer erscheint dem sündigen Menschen das irdische Glück im Sinne des »Selbstgenusses« als verborgenes Lebensziel und die geschöpfliche Grundforderung des »Dienens«, des Daseins für andere und schließlich für Gottes Reich gilt ihm als paradox. Nicht zuletzt die heutige Konsumgesellschaft des Westens zumal krankt an diesem Leiden (vgl. die Entartungen in allen Formen des natürlichen Lebensgenusses: L. Lavelle, Der Irrtum des Narziß, Wien 1955).

b) Noch deutlicher wird das Paradox des christlichen Weltverständnisses für den sündigen Menschen bei Betrachtung des *menschlichen Kulturwerkes*. Wo immer der Mensch das sapere aude in allen Formen menschlicher Aufklärung zum Prinzip seines Lebens erhoben hat, hat er in immer steigendem Maß vergessen, daß ein menschliches Sein nur ein Sein der Teilhabe am Ganzen der Welt ist, hat er in der irrigen Grundhaltung der »Selbstherrlichkeit« sich selbst zum Herrn der Welt gemacht auch in allen Bereichen, wo er nur dienend bewahren, entfalten oder weiterführen sollte, was ihm gegeben ist. Im Drängen der »Leistungsgesellschaft« der verschiedenen Perioden der Menschheitsgeschichte, besonders aber auch unserer Zeit, hat er nicht nur den Menschen als Person und die menschliche Gesellschaft ihres rechten Sinnes und Seins beraubt (vgl. die absolutistischen Gesellschaftsformen des 20. Jahrhunderts mit ihren menschenvernichtenden, menschenunwürdigen

Konzentrationslagern und der Entwicklung der ABC-Waffen [atomare, biologische, chemische Waffen]). Was die Offenbarung sagt mit dem Wort »Gottes Mitarbeiter sind wir« (1 Kor 3,9), erscheint dem prometheischen, säkularisierten Denken paradox. Dennoch ist nur aus dem Bewußtsein und innersten Gefühl der Kreatürlichkeit jene Tathaltung im Menschen zu erreichen, die als letzten Sinn der Kulturarbeit die Entfaltung der vorgegebenen Natur erkennen und verwirklichen muß, damit dadurch der Mensch seine Selbstentfaltung finde, die ihn erst zur wirklichen Liebe zu Gott, zum Menschen und zur geschaffenen Wirklichkeit befähigt, und so auch das menschliche Kulturwerk zu einem »Gottesdienst« macht (vgl. Röm 12,1; L. LAVELLE, Die Gegenwart und das Ganze. Entwurf einer Philosophie des Seins und der Teilhabe, Paderborn 1952. – G. MARCEL, Geheimnis des Seins, Wien 1952. – F. DESSAUER, Prometheus und die Weltübel, Frankfurt/M. 1959).

c) Noch offenkundiger wird der Irrtum des säkularisierten Menschen und zeigt sich die Bedeutung des Schöpfungsglaubens bei Betrachtung der *menschlichen Geschichte.* Die säkularisierte Welt, die ihre höchste Entfaltung mit den Mitteln des menschlichen Geistes, der Wissenschaft und Technik und der politischen Macht durch K. Marx und W. J. Lenin im dialektischen und historischen Materialismus gefunden hat, hat seit dem 1. Weltkrieg (1917) eine Geschichtsperiode für die Menschheit gebracht, die gekennzeichnet ist durch die Grundhaltung der »menschlichen Selbstgenügsamkeit«. Der Mensch, der alles Große im Menschen und in seiner Welt ohne Gott, ja, im Kampf gegen den Gottesglauben zu entfalten sucht, sieht sein (ideologisches) Ziel in einer klassenlosen Gesellschaft, in der jedes Individuum sein höchstes persönliches Glück, das für alle Menschen gleich sein muß, erreichen soll. Was schon in der Theorie des Marxismus nicht unterzubringen ist, ist das Geheimnis der menschlichen geschöpflichen Freiheit (im dialektischen und historischen Materialismus ist die Freiheit wie der Mensch als Person nur Funktion der Materie und der durch sie bestimmten Wirtschaft und Gesellschaft). Diese Freiheit als das innerste Wesen der Person ist freilich auch jedem erbsündlichen Menschen, der nicht Marxist ist, also auch dem Christen, ein Paradox, das er nur im Glauben aus der Gnade Gottes durch seine Tat je immer neu als innerstes Existential verwirklichen kann. Der Mensch, der um seine Geschöpflichkeit weiß, versteht die Geschichte als Werk des Menschen, der zugleich in seiner Gebundenheit an die Natur und in seiner Verbundenheit mit der menschlichen Gemeinschaft, durch sein Kulturwerk kraft des objektiven Geistes seine eigenen Ziele sich setzt und seine Pläne verwirklicht, dabei sich aber im Dienste eines höheren Planes weiß und fühlt, der ihn immer aus seiner eigenen Selbstgenügsamkeit herausführt und fordert und ihn offenläßt und neu offen macht für den absoluten Geist, die absolute Macht, das absolute Sein, in dem und über dem Gott west und wirkt. Nur hier lassen sich die paradoxalen Polaritäten menschlichen Verhaltens vernünftigerweise und in sittlicher Verantwortung durchtragen: bewahren und wagen, sich bewahren und sich verschenken, gehorchen und planen, selbst gestalten und dienen, dem treu bleiben, was man ist, und mit Energie erstreben, was man werden soll: alle diese polaren Haltungen stehen in einem höheren Dienst, sind nicht Äußerungen menschlicher Laune. Erfolg oder Mißerfolg ist nicht Kriterium richtigen Handelns. Lob und Tadel sind nicht letzte Urteile über das Gute oder das Schlechte im Menschen: Lob macht den Menschen nicht besser, und Tadel macht ihn nicht schlechter, als er ist. (»Seid klug (φρόνιμοι) wie die Schlangen und einfältig (ἀκέραιοι) wie die Tauben« (Mt 10,16). »Seid weise (σοφοί) für das Gute und ungeschickt (ἀκέραιοι) für das Böse« (Röm 16,19). All das ist freilich auch für den Christen, der selbst unter den Folgen der Erbsünde steht und in einer sündigen Welt lebt, nicht etwa eine logische Folge aus seinem christlichen Weltverständnis, sondern vielmehr eine ständige Aufgabe, die ihm nicht immer und meist nur bruchstückhaft gelingt. Darum mahnt der Apostel: »Tut alles, ohne Murren und Widerstreben« (auch wenn es paradox erscheint), »so daß ihr ohne Tadel und Makel seid, Gottes Kinder ohne Schuld und Fehl inmitten eines bösen und verkehrten Geschlechtes, unter dem ihr leuchten sollt wie die Sterne im Weltall« (Phil 2,14 f). – Das Entscheidende ist, daß das Weltverständnis aus dem Glauben auch das natürliche Paradox in dieser Welt licht- und sinnvoll macht und in der Nachfolge Christi, dessen Kreuz in seiner Auferstehung endgültig überwunden wurde, zu einer menschlichen Tat befähigt, in der eben das Paradox zur Quelle neuer, größerer Wirklichkeit wird (Imitatio Christi II 6, 18–20).

d) Die Bedeutung des Schöpfungsglaubens wird besonders deutlich, wenn wir das Verhältnis des Menschen zu sich selber, zur Findung und *Verwirklichung seines Lebenssinnes* und Lebenszieles betrachten. Erst der Schöpfungsglaube weist dem Menschen den rechten Ort im Weltganzen an, wodurch er befähigt wird, seine innere Freiheit und Offenheit und Entscheidungskraft im sachlichen Bereich (schöpferisch und dienend), im seelisch-sittlichen Bereich (sich bewahrend und sich verschenkend) und im personalen Bereich (sich findend in der Totalhingabe an den dreipersönlichen Gott) zu erkennen und zu ergreifen. In der Grundhaltung des Menschen zur Welt (Ehrfurcht und Verantwortung), zu den Mitmenschen (Geduld, Mitmenschlichkeit, Nächstenliebe bis zur Feindesliebe), zu den tragenden Werten und Gütern der Menschheit in Wissenschaft, Wirtschaft, Kultur, Gesellschaft und Staat (Bewahrung des Ererbten und Planung und Verwirklichung des Neuen), zu sich selbst (Wahrhaftigkeit und Treue, Ernst [Schwermut], Gleichmut und Großmut) und in seiner letzten »Unruhe zu Gott«, dem letzten Seinsgrund (vgl. Augustinus, Conf. I 1 = quia fecisti nos ad te et inquietum est cor nostrum donec requiescat in te. Willibrord Verkade, Die Unruhe zu Gott, Beuron [9]1954) wird das christliche Kreaturgefühl sichtbar und wirksam. Hier findet der Mensch Schutz- und Heilmittel gegen die symptomatischen Krankheiten der säkularisierten, gottlosen Welt, gegenüber Einsamkeit (F. Nietzsche), gegenüber Angst (S. Kierkegaard, M. Heidegger), Ekel und Verzweiflung (J.-P. Sartre). – Das Geheimnis des Menschen, christlich verstanden, ist das Geheimnis Gottes, und dieses Geheimnis wird für die Menschen in dieser Welt nur greifbar im Geheimnis der Schöpfung, das, als Idee erfaßt im Glauben, als Wirklichkeit ergriffen in Hingabe und Anbetung des Geschöpfes vor dem Schöpfer, den Menschen teilhaben läßt an der Schöpfermacht und Liebe Gottes und ihn so in die Freiheit der Liebe entläßt, die das letzte Geheimnis alles Christlichen ist, freilich echtes Geheimnis, das auf Erden nur mit der Gewalt des existentiellen Einsatzes gefunden (vgl. Mt 11,12: »das Himmelreich leidet Gewalt«) und nur als unverdiente Gnade empfangen werden kann (1 Kor 4,7: »Was hast du, was du nicht empfangen hättest?«), die jedoch immer angeboten wird von Gott (vgl. Apk 3,20: »siehe, ich stehe vor der Türe und klopfe an«), der die Liebe ist.

2. TEIL

DIE NATÜRLICHEN GESCHÖPFE IM EINZELNEN
(SPEZIELLE SCHÖPFUNGSLEHRE)

Die theologische Schöpfungslehre ist primär eine Folgerung aus dem geoffenbarten Gottesbild. Die Offenbarung selbst stellt Gott, den Herrn der Geschichte Israels, wenigstens seit dem babylonischen Exil im 7. Jahrhundert, als den Schöpfer des Weltalls vor. So mußten die wesentlichsten Fragen der Schöpfungslehre in der allgemeinen Schöpfungslehre, die wir bisher behandelt haben, zur Sprache kommen.

Wie aber der Glaube das Wissen sucht (fides quaerens inttellectum: Anselm von Canterbury), so ist Theologie immer auch darauf angewiesen, ihre Glaubensaussagen in der erfahrenen Welt vorzustellen, zu erkennen, sie aus ihr zu erhellen und in ihr deren Bedeutung zu erweisen. Ja, die einzelnen Bereiche der geschaffenen Welt werfen eine Menge neuer Fragen im Bereich des Schöpfungsglaubens auf, die nun im einzelnen kurz angesprochen seien. Der wesentlichste Bereich ist der Bereich des Menschen, die Anthropologie (5. Abschnitt), die den größten Teil der Untersuchungen einnehmen wird. Daneben steht der nur aus der Offenbarung bekanntgewordene Bereich der Engelwelt, die Angelologie (6. Abschnitt), die im Anschluß daran erörtert sei. Der große Bereich der außermenschlichen irdischen Welt, der ganze Kosmos, der heute ausschließlich von den Naturwissenschaften erforscht wird, müßte in einer theologischen Kosmologie (4. Abschnitt) seine Behandlung finden, die jedoch bei dem heutigen Stand der Wissenschaft über das, was in der allgemeinen Schöpfungslehre bereits (§§ 4 und 5) gesagt wurde, hinaus noch nicht gut zu schreiben ist. Dafür müßte vor allem die »Innerlichkeit Gottes des Schöpfers in seiner Schöpfung« noch besser durchdacht sein, um dann auch die an die Grenzen der Transzendenz reichenden Einblicke der Naturwissenschaften in unseren Kosmos theologisch, d. h. vom Geheimnis des dreieinigen Gottes, vom Geheimnis der Menschwerdung, vom Geheimnis der sakramentalen Welt und vom Geheimnis der eschatologischen Wirklichkeit her aussagen zu können. – Als Hinführung zur Anthropologie seien jedoch jene Fragen nochmals aufgegriffen, über die schon in der allgemeinen Schöpfungslehre Wesentliches gesagt wurde und die mit den heutigen Fragen zur Kosmologie etwas zu tun haben.

4. ABSCHNITT

VORFRAGEN ZU EINER MÖGLICHEN KOSMOLOGIE

Nur zwei Bereiche seien hier angesprochen, da zu dem schon Gesagten noch einige Ergänzungen zu bringen sind. Es ist dies der Bereich der biblischen Schöpfungsberichte, die auch über den außermenschlichen Kosmos etwas aussagen (§ 17); dazu gehören noch Fragen über das christliche Weltbild, in denen die Stellung des Menschen im Kosmos berührt wird (§ 18) und die darum für die Anthropologie bedeutsam sind.

§ 17 Die biblischen Schöpfungsberichte (Gen 1–3) im christlichen Verständnis von heute

Vgl. dazu die neueren Genesis-Kommentare (H. Junker; G. v. Rad ...). – MS II 421–439 (H. Groß). – H. Renckens, Urgeschichte und Heilsgeschichte, Mainz ³1964. – E. Haible, Schöpfung und Heil, Mainz 1964. – P. de Haas, Die Schöpfung als Heilsmysterium, Mainz 1964. – V. v. Weizsäcker, Am Anfang schuf Gott Himmel und Erde, Göttingen ⁶1963 (1. Aufl. 1954). – M. Landmann, Ursprungsbild und Schöpfertat. Zum platonisch-biblischen Gespräch, München 1966. – O. Loretz, Schöpfung und Mythos (SBS 32), Stuttgart 1968. – Cl. Westermann, Genesiskommentar (Neukirchen-Vluyn seit 1966 in Lieferungen). – H. Blumenberg, Die Legitimität der Neuzeit, Frankfurt/M. 1966. – V. Notter, Biblischer Schöpfungsbericht und ägyptische Schöpfungsmythen (SBS 68), Stuttgart 1974. – E. Lerle, Das Weltbild der Bibel, Berlin 1973.

In Ergänzung zu dem, was in § 2 zum Thema dieser Schöpfungsdarstellung allgemein gesagt wurde, sei hier auf folgende Beobachtungen, besonders zu Gen 1–3, hingewiesen:

1. Das 1. Buch des Moses mit dem Titel Genesis weist in den ersten drei Kapiteln zwei sogenannte »Schöpfungsberichte« auf: Gen 1,1 – 2,4 a; 2,4 b – 3,24. Allgemein läßt sich zunächst von diesen beiden Stücken sagen:

a) Es handelt sich nicht um Berichte im Sinne einer Reportage, sondern um Theologumena, um theologische Antworten auf allgemein menschliche Probleme und Fragen. Die Traumhypothese F. v. Hummelauers von 1910, wonach Gott dem Adam im Traum, da er ihm die Eva schuf, auch die Schöpfung der Welt geoffenbart habe, so daß Adam diese »Uroffenbarung« seinen Nachkommen in einer mündlichen Tradition weitergeben konnte, geht von alten, nicht mehr haltbaren theologischen Meinungen über das Alter der Menschheit, die Person des Adam und die Entstehung der Schrift aus und ist darum gegenstandslos.

b) Die zentrale Frage in beiden Berichten ist die Frage nach dem Menschen, wenn sie auch in beiden Berichten ganz verschieden gestellt und beantwortet wird. Die Antwort wird im wesentlichen in mytischer Sprache gegeben; sie stellt jedoch nicht eine Sammlung von Mythen dar, sondern ist eine Glaubensaussage des Verfassers mit den mythischen Mitteln der Zeit. In dieser Glaubensaussage des Verfassers ist die Führung Gottes (Inspiration) am Werke.

2. Wenden wir uns zunächst dem älteren Bericht zu!

a) Der ältere Bericht, heute der ältesten literarischen Schicht des Jahwisten (J) zugeordnet, gibt im wesentlichen Antwort nur auf die Fragen: woher das Leid und der Tod des Menschen, woher das Übel in der Welt kommt, wo doch beides, Welt und Mensch, Gott zum Schöpfer hat. Die Antwort wird in Gestalt einer Menschheitsgeschichte gegeben. Der Verfasser wählt zum Ausgangspunkt dafür ein durch Subtraktion des Reichtums des erfahrenen Bildes gewonnenes primitives Bild von Welt und Mensch.

(1) Der Kosmos erscheint als wüste Steppe, ohne Pflanze und Tier.

(2) Der Mensch, repräsentiert durch den Mann, wird von Gott (wie im alten ägyptischen Mythos; vgl. H. Bonnet, Reallexikon der ägyptischen Religionsgeschichte, Berlin 1952, 135–140) wie von einem Töpfer aus dem Boden des Ackers gebildet und empfängt das Leben von Gott, weil alles Leben von Gott stammt.

(3) Für diesen Menschen schafft Gott den Garten mit Bäumen und Flüssen.

(4) Von Anfang an ist diese Welt ein Ort der Bewährung: das Verhalten des Menschen zu bestimmten Bäumen (Baum der Erkenntnis von Gut und Böse und Baum des Lebens) wird von Gott durch ein Gebot geregelt, das dem Menschen den Zusammenhang zwischen seiner sittlich-religiösen Entscheidung und seinem irdischen Leben bewußt machen soll. Menschliches Leben ist nicht nur biologisches Leben, es ist vielmehr sittlich-religiöses Leben, Entscheidung für das Gebot als Entscheidung für Gott und damit Entscheidung zum eigenen Leben.

(5) Dies wird besonders deutlich, als der Mann eine Lebensgefährtin sucht, die er nicht unter den Tieren finden kann, die Gott eigens für den Menschen geschaffen und die der Mensch mit Namen nennt und damit beherrscht. Aus dem Fleisch des Mannes wird von Gott die Eva, sein Weib gebildet.

(6) Damit wird zugleich das tiefe Geheimnis der Lebens- und Liebesgemeinschaft zwischen Mann und Frau als Grundlage des menschlichen Weiterlebens in mythischer Weise erfaßt.

(7) Darauf baut die einzigartige Erzählung des 3. Kapitels von Versuchung, Sündenfall und Bestrafung auf, in der die Grundfrage nach dem Woher von Sünde, Leid und Tod ihre Antwort findet.

(8) Das Entscheidende in diesem Bericht ist wohl, daß nicht der Mensch allein, sondern daneben eine mythische Größe – die Schlange mit ihrer Rede, die das Bild der Offenbarung vom guten Gott (»Warum hat euch Gott verboten ...?«) und das Bild der Offenbarung vom Menschen als Geschöpf Gottes (»Ihr werdet sein wie Gott!«) untergräbt und vernichtet – maßgeblich wird für die Schuld des Menschen.

(9) Die Antwort Gottes auf diese Schuld ist das Strafurteil, in dem Beispiele der verschiedenen Übel in dieser Welt (das Kriechen der Schlange im Staub, Schmerzen des Gebärens und der Unterwürfigkeit unter den Mann für die Frau, Mühe mit dem Kulturwerk und schließlich Tod für den Mann) vorgestellt werden.

(10) Der Mensch wird aus dem Garten vertrieben, der für ihn Freude in der Gemeinschaft mit Gott bedeutet hatte; damit wird das große Thema vom »verlorenen Paradies« zum Anklingen gebracht und nochmals hervorgehoben, daß am Anfang der Menschheit ein Glückszustand war, wie er im Menschenleben der frühen Kindheit zugeschrieben wird. Ursprünglichste Menschheitserfahrungen und Menschheitswünsche sind der Ausgangspunkt der diesen Darstellungen zugrunde liegenden Mythen.

(11) Wichtig in diesem ältesten Bericht aber bleibt, daß die Menschheitsfrage nach Sünde, Leid und Tod einzig aus dem Verhältnis des Menschen zu Gott verstanden wird, das selbst in seinem sittlichen Wesen gründet und vom natürlichen Leben in der Gemeinschaft getragen ist, immer jedoch bedroht von gottfeindlichen Mächten, die das rechte Gottesbild und das rechte Menschenbild zerstören möchten. Vom rechten Gottes- und Menschenbild hängt das Heil des Menschen selber ab.

b) Von ganz anderer Art ist der jüngere Bericht Gen 1,1 – 2,4 a, der heute der literarischen Schicht der »Priesterschrift« (P; etwa aus dem 7. Jahrhundert) zugewiesen wird. Auch wenn hier wiederum der Mensch in der Mitte steht, ist doch zu sagen:

(1) Am Anfang steht Gott, und zwar als der Schöpfer des Alls, Schöpfer durch sein allmächtiges Wort und seine Liebe: eine Vorstellung, die in dieser Weise im Jahwistenbericht noch nicht angeklungen ist, die offenbar in dieser Zeit der Auseinandersetzung des Glaubens Israels mit den babylonischen Götterglauben neu gebildet wurde.

(2) Ausgangspunkt ist eine allkosmische Weltbetrachtung, und Zielpunkt ist der Mensch als innerweltlicher Herr der Welt.

(3) Das ganze Schöpfungswerk Gottes wird in den Rahmen des menschlichen Lebensrhythmus von sieben Tagen gestellt, um damit zuerst den Gedanken des Lebensrhythmus selbst im Göttlichen zu verankern.

(4) Auch der Kosmos wird als ein System gesehen, das nicht nur den babylonischen und ägyptischen Erkenntnissen dieser Zeit entspricht, sondern darüber hinaus eine eigene geistige Leistung darstellt. Die ersten drei Tage bringen die großen Scheidungen zwischen Licht und Finsternis (1. Tag), Himmel (= Firmament) und Erde (2. Tag) und Meer und Land (3. Tag), wodurch der umfassende Lebensraum aller Lebewesen vorgeführt ist.

(5) Schon am dritten Tag beginnt die Austattung dieses Raumes, indem Gott durch sein Schöpferwort auf dieser Erde alles Grüne, Pflanzen und Bäume, wachsen läßt, die sich selbst durch ihre Samen weiter vermehren. Das Geheimnis des sich selbst reproduzierenden Lebens findet hier seinen ersten Ausdruck. Warum die Erschaffung der Pflanzenwelt schon hier geschieht, vorgezogen erscheint, wird schwer zu sagen sein; vielleicht soll damit die pflanzliche Welt noch aus der besonderen Welt des Menschen herausgenommen werden, weil in dieser ältesten biblischen Darstellung der Mensch wohl über die Tiere, nicht aber über die Pflanzen herrscht. Die Pflanzen sind zudem Nahrung für Tier und Mensch.

(6) Am vierten Tag wird das Firmament, der Himmel, ausgestaltet: Sonne, Mond und Sterne entstehen, die zugleich den Tagesrhythmus bestimmen. Daß das Licht, das am ersten Tag erscheint, mehr ist, als was Sonne, Mond und Sterne schenken, scheint dem primitiven Menschen selbstverständlich.

(7) Es ist bemerkenswert, daß bei der Erschaffung der Tiere bereits die Ordnung: Seetiere, Tiere der Luft, Landtiere erscheint,

obwohl der Verfasser dieses Werkes noch keine Ahnung von der Entwicklungslehre gehabt haben kann.

(8) Ebenso ist bedeutsam, daß am selben Tag (6. Tag) die Landtiere und der Mensch erschaffen werden (so wie im Schöpfungsbericht des Jahwisten der Erschaffung der Eva die Erschaffung der Tiere vorausgeht).

(9) Trotzdem wird die Erschaffung des Menschen als eine einmalige und einzigartige Tat Gottes vorgestellt. Dem einfachen Menschen ist der tiefe Unterschied zwischen Tier und Mensch selbstverständlich. Erst die Naturwissenschaft hat mit dem Entwicklungsgedanken die Ähnlichkeit zwischen Tier und Mensch entdeckt, dabei die Gottesverwandtschaft des Menschen und damit überhaupt das Gottesbild manchmal verloren. Die materialistische Gleichsetzung des Menschen mit dem Tier ist nicht eine Vertiefung, sondern eine Verdunkelung der menschlichen Selbsterkenntnis.

(10) Im Schöpfungsbericht des Priesterkodex, der von unten nach oben seine Welt entfaltet, erscheint die Größe des Menschen einmalig dargestellt durch den besonderen Schöpfungsakt Gottes, durch die Gottesebenbildlichkeit des Menschen, die sich in seiner Herrschaft über alles Getier offenbaren soll.

(11) Vom Bösen, vom Leid und vom Tod ist in diesem Bericht nicht die Rede; im Gegenteil, von der Scheidung der Erde vom Meer und der damit verbundenen Schaffung der Pflanzenwelt an (vom 3. Tage an) wird jeder Tagesbericht geschlossen mit dem Satz: »Und Gott sah, daß es gut sei,« und zum Abschluß des ganzen Schöpfungswerkes wird gesagt: »Und Gott sah, daß es sehr gut sei.« Ob dieser Schöpfungsbericht des P, der in seiner literarischen Struktur selbst Zeichen der Redaktion aufweist (vgl. § 2), überhaupt nichts zur Frage Sünde, Leid und Tod gesagt hat, zu der der J ausschließlich Stellung nahm, oder ob der Endredaktor, der die beiden Berichte zusammengenommen und an den Anfang des ersten Buches der Genesis gestellt hat, um des Jahweberichtes wegen im P einiges weggelassen hat, läßt sich nicht sagen. Da wir die Quellenschriften als solche nicht kennen, können wir nur aus dem vorliegenden Text entnehmen, was literarisch und redaktionell bedeutsam ist.

3. Das Verständnis dieser archaischen Texte hat seine Geschichte, für die nur die allerwesentlichsten Stationen genannt seien:

a) Obwohl die verschiedenen literarischen Schichten der Schrift aus verschiedenen Zeiten stammen, haben doch die nachfolgenden Darstellungen derselben Sache noch nicht kritisch Stellung genommen zu den anderen Darstellungen in früheren Schichten. Alles war »*heilige Schrift*«, durch Gottes Geist hervorgebracht und nicht persönlicher Deutung überlassen (vgl. 2 Petr 1,20 f: »Wisset vor allem dies: ein prophetisches Wort der Schrift ist nicht Sache eigener Deutung. Denn nicht durch eines Menschen Willen wurde eine prophetische Aussage hervorgebracht, sondern vom heiligen Geist getrieben, sprachen von Gott her heilige Menschen.« vgl. 1 Thes 2,13).

b) Erst in spätjüdischer und frühchristlicher Zeit, vor allem seit Philo von Alexandrien ist die *allegorische Auslegung* der Schrift dort eingeführt worden, wo gegensätzliche Aussagen der Schrift selbst oder Widersprüche der Schrift gegenüber alltäglichen Erfahrungen oder dem Wissen der Zeit ausgeglichen werden mußten.

c) Justin, vor allem aber Origenes, fügen dem noch die *typologische (heilsgeschichtliche) Auslegungsmethode* bei (Adam – Christus: vgl. G. T. Armstrong, Die Genesis in der alten Kirche, Tübingen 1962, 49). Dabei wird vor allem die *wörtliche (literarische) Auslegung* der Schrift betont.

d) Augustinus geht darüber hinaus, wenn er mit Hilfe der neuplatonischen Metaphysik die Aussage der Schöpfungslehre noch mehr zu systematisieren sucht, besonders in seinem großen Werk über die Genesis (12 Bücher). Dabei wertet er ausdrücklich die bloße Naturerkenntnis ab, um die durch seine neuplatonische Metaphysik interpretierten Schriftaussagen um so mehr hervorzuheben (vgl. De Gen. ad lit. II c 9 n 20: PL 34, 270; vgl. O. Loretz, Schöpfung und Mythos, (SBS 32) Stuttgart 1968, 20 ff).

e) Was bei Augustinus bereits angedeutet worden war (De Gen. ad lit. I c 1: PG 34, 247), wird im MA ausgebaut und praktiziert: es wird ein *sensus litteralis* (historicus) und ein *sensus spiritualis* der Schrift unterschieden und letzterer als allegorischer, *tropologischer* oder *moralischer* und prophetisch-*anagogischer* Sinn vorgestellt (vgl. Thomas v. Aquin, S.Th. I q 1 a 9 und 10; vgl. M. A. Reyero, Thomas von Aquin als Exeget, Einsiedeln 1971). Die Frage nach dem *Urheber oder Verfasser* dieser Schriften wurde immer noch beantwortet mit Gregor d. Gr.: der äußere Verfasser ist der in der Schrift genannte Mann (Moses, Salomon usw.), der innere Verfasser ist in allem der heilige Geist (Gregor d. Gr., Praef. in Job: PL 75, 517).

f) Das eigentliche Problem der Auslegung kam erst in den Blick, als man an die Frage heranging, woher diese Schriften stammen, wie sie entstanden sind. Das Verständnis ihres Entstehens ist der einzig gültige Weg zu ihrer Auslegung. Erst der Geist der Aufklärung des 18. Jahrhunderts hat hier die ersten Schritte getan. Nach guten Vorarbeiten des französischen Oratorianers R. Simon († 1712) und des katholischen Arztes J. Astruc († 1766) stellten vor allem deutsche Exegeten wie J. D. Michaelis († 1791), J. G. Eichhorn († 1827) und K. D. Ilgen († 1834) Ende des 18. Jahrhunderts die sog. *Fragmentenhypothese* auf, die das ganze Werk der fünf Bücher des Moses in drei Hauptquellen und 17 Einzelurkunden auflöste und keine Verfasserschaft des Moses mehr annahm. Die folgende Zeit anerkannte wieder einen mosaischen Kern, der im Lauf der späteren Geschichte Israels mehrfach ergänzt worden sei (*Ergänzungshypothese* von H. Ewald, † 1875). Die darauf folgende *neue Urkundenhypothese* des evangelischen Exegeten und Orientalisten Graf J. Wellhausen († 1918) verwarf die Verfasserschaft des Moses wieder völlig und nahm Ende des 19. Jahrhunderts vier Quellen für den Pentateuch an (J = Jahwist, E = Elohist, P = Priesterkodex, Dt = Deuteronomist), die aber erst zur Zeit der Propheten, also etwa 800 v. Chr., enstanden seien und von Esra 444 v. Chr. in dem einen Pentateuch vereinigt wurden. Grundlage dieser Hypothese war die unbegründbare Behauptung, daß im Volke Israel sich aus Animismus und Fetischismus erst um 800 ein Monotheismus entwickelt habe.

g) *Gattungs-, form-* und *überlieferungsgeschichtliche Forschungen* haben seit der Jahrhundertwende diese Theorie als unhaltbar erwiesen. Elemente nicht nur der jahwistischen Darstellung, sondern auch der jüngeren Quellen werden durch diese Untersuchungen vielfach in mosaische Zeit zurückverwiesen, auch wenn die literarische Fassung der einzelnen Quellen, besonders ihre Endredaktion, gewiß erst mit der Auseinandersetzung Israels mit Babylon und Ägypten seit etwa dem 8. Jahrhundert anzusetzen ist.

h) Vor allem die *religionsgeschichtliche Schule*, die *Orientalistik* und die *Mythenforschung* der neueren Zeit haben zu einem tieferen Verständnis eben dieser ältesten Teile wie der Schöpfungsberichte Entscheidendes beigetragen. – Die dogmatische Konstitution über die göttliche Offenbarung (Dei verbum, 1965) des 2. Vatikanischen Konzils hat die katholischen Prinzipien der Schriftauslegung in Kürze zusammengefaßt.

4. Um die Schöpfungsberichte recht interpretieren zu können, ist es wichtig, das rechte Verständnis für das *»Weltbild«* zu haben, in dem der biblische Bericht geschrieben ist und aus dem wir heute

die Schrift verstehen müssen. Was oben (§ 4 Nr. 2) über Weltbild gesagt wurde, ist hier einzubringen:

a) Das eigentliche Weltbild der Schrift ist nicht das naturwissenschaftliche Weltbild, das die Schrift mit Babylon, Ägypten und Kanaan gemeinsam hatte und das später mit hellenistischen Elementen verbunden wurde; denn das Aussageziel der Offenbarung ist nicht zuerst die Natur, sondern vielmehr der Mensch und seine Heilsgeschichte. Deshalb findet das eigentliche Weltbild der Schrift seinen Ausdruck in der »heilsgeschichtlichen Sicht von Welt und Mensch«. Dieses letztere Weltbild bleibt darum immer irgendwie verbindlich, während das Verständnis des Kosmos einschließlich des Menschen als eines bloßen Lebewesens zeitbedingt und durch die naturwissenschaftlichen und humanwissenschaftlichen Einsichten unserer Zeit überholt ist.

b) Auch das heilsgeschichtliche Denken ist durch Vorstellungen geprägt, die wir heute *Mythos* nennen (vgl. K. Kerényi, Auf den Spuren des Mythos, Darmstadt 1967; H. J. Brosch – H. M. Köster [Hrsg.], Mythos und Glaube, Essen 1972). Hatte ein aufklärerisches Denken im Mythos eine der Wissenschaft und der Geschichte entgegenstehende Mär gesehen, so erkennt unsere Zeit im Mythos vielmehr ein legitimes literarisches Element der Schriftoffenbarung, ein menschliches Vorverständnis für das geoffenbarte Mysterium. Wenn die Schriftsteller der Bibel sich der in ihrer Zeit und Umgebung vorhandenen Mythen zur Darstellung ihrer in der Gnade gewachsenen Glaubensüberzeugung bedienen, wollen sie damit nur am tiefen Verständnis der Zeit für die überweltliche und übermenschliche Wirklichkeit anknüpfen, um dieses Verständnis in den Dienst zu nehmen für das neue Erfassen der Offenbarung Gottes bis hinein in die menschgewordene Offenbarung durch Jesus Christus (vgl. dazu H. Rahner, Griechische Mythen in christlicher Deutung, Zürich ³1966; ders., Symbole der Kirche, Salzburg 1964). – Wer die Bedeutung etwa des apokryphen Jakobusevangeliums oder des legendären Transitus Mariae für unsere heutige Mariologie recht verstehen will, wird nicht umhin können einzugestehen, daß hier selbst bis zur Legende abgeschwächte Mythen eine Vorform wurden für die erst allmählich mit Hilfe philosophisch-theologischen Denkens gewonnenen Glaubensüberzeugungen, die in den kirchlichen Lehren eine allgemein verbindliche Gestalt fanden (vom Transitus Mariae 520 führt der Weg zum Dogma der »Aufnahme Mariens in den Himmel« 1950).

c) Damit kommt auch die Frage nach der Bedeutung der sog.

Methaphysik für die Ausgestaltung der Glaubenslehre, die aus der Schriftoffenbarung erhoben wird, nochmals in Sicht. Was oben (§ 5, 1 i) bereits zu diesem Thema gesagt wurde, erhält hier neue Bedeutung. Es geht nicht an, die Metaphysik auf die platonisch-neuplatonische symbolische oder die aristotelisch logische Form allein festzulegen und sie dann in der verkürzten Betrachtung der Gegenüberstellung »biblisches – griechisches Denken« abzulehnen. Immer, besonders im Mittelalter, hat die Theologie ihre eigene Philosophie und Metaphysik entwickelt, und unsere Zeit muß hierin eine besondere Aufgabe sehen, will sie die Schwierigkeiten überwinden, die sich im Anschluß an das 2. Vatikanum herausgestellt haben. Vielleicht trägt an diesen Schwierigkeiten das 2. Vatikanum selbst einige Schuld, insofern es bei all seiner klaren Orientierung an Schrift und Verkündigungspraxis das Fundament für alles theologische Denken, die Denkschemata, die durch die Philosophie und besonders durch die Metaphysik bereitgestellt werden können und müssen, ganz außer acht gelassen hat, wie es dem Geist der Théologie nouvelle in etwa entsprach. Wenn in den letzten Jahren seit dem Konzil vielfach die Ansicht vertreten wurde, es gäbe eben eine Pluralität von Philosophien und jede Gestalt von Philosophie sei brauchbar für die Theologie, so ist es an der Zeit zu sagen: hier liegt ein Irrtum über Philosophie und Theologie vor. Auch in der Philosophie gibt es die Wahrheitsfrage, und nicht jedes philosophische System ist gleich brauchbar, die Wirklichkeit richtig zu erfassen. Noch weniger ist jede Philosophie geeignet, Aussageform für die Glaubenswahrheiten der Offenbarung zu sein. Die Theologie hat darum auch, wo immer sie große Theologie war, das eben neu in Mode gekommene (den Aristotelismus durch die Araber im Mittelalter) oder neu geschaffene philosophische System (die idealistischen Systeme im 19. Jahrhundert) nicht etwa einfach angenommen und appliziert; sie hat vielmehr immer wieder in dem Zusammenspiel von Glaube und Wissen die philosophischen Systeme »getauft« und so akkommodiert, daß etwas Neues daraus geworden ist (vgl. J. Stenzel, Metaphysik des Altertums, München 1931; A. Dempf, Metaphysik des Mittelalters, ebd. 1930; H. Heimsoeth, Metaphysik der Neuzeit, ebd. 1934; ders., Die sechs großen Themen der abendländischen Metaphysik und der Ausgang des Mittelalters, Darmstadt [5]1965).

5. Nach diesen allgemeinen Anmerkungen zum Schöpfungsbericht seien zum Schluß die wichtigsten Glaubensaussagen herausgestellt,

die in der zeitbedingten Darstellung dieser Berichte, nach dem Verständnis, das wir gegenwärtig von ihnen haben, enthalten sind:

Zum 1. Kapitel: (1) Vor und außerhalb aller raumzeitlichen Welt existiert der eine personale Gott, Jahwe. (2) Dieser eine Gott hat die ganze Welt erschaffen, und zwar schon den Urstoff und allein durch sein schöpferisches Wort. – Diese beiden Glaubensaussagen finden sich in keinem außerbiblischen Mythos; immer ist dort schon Urstoff vorhanden, aus dem Welt und Götter entstehen, wie im babylonischen Enuma Eliš. – Diese Aussagen widersprechen auch nicht naturwissenschaftlichen Hypothesen, die über die Herkunft des Urstoffes – einerlei wie sie diesen denken – keine Aussage machen; Naturwissenschaft will das vorhandene Wirkliche nicht hinterfragen, sondern als Gegebenes deuten. – Die Anthropomorphismen in der Darstellung dieser Schöpfungsberichte wollen nicht den großen Gott verniedlichen und widersprechen nicht den naturwissenschaftlichen Aussagen über die Entwicklung des Kosmos; sie wollen vielmehr nur die Personalität des einen Schöpfergottes klar herausstellen. – (3) Weil es nur einen Gott gibt und alles außer ihm sein Geschöpf ist, darum hat nichts außer dem einen Gott Anrecht oder Anspruch auf göttliche Verehrung, nicht die Sterne (wie bei den Babyloniern: 4. Tag), nicht die Tiere (wie bei den Ägyptern: 5. und 6. Tag) noch ein Mensch (wie die ägyptischen Herrscher: 6. Tag). Dem einen Schöpfergott allein gebührt Anbetung. Der Schöpfungsbericht ist in dieser Weise Begründung und Explikation des ersten Gebotes Gottes. (4) Gott hat die Welt selbst unmittelbar geschaffen und ausgestattet, sich nicht eines Demiurgen bedient, wie er in assyrischen und babylonischen Mythen begegnet. (5) Die irdische Welt, von der der Mensch lebt (Pflanze, Tier), ist gut. Das Böse ist nicht ein Element in ihr noch ein Prinzip über ihr, wie es in den heidnischen Mythen des Orients meist angenommen wurde (Babylon und besonders Persien). (6) Der Mensch ist vom Tier radikal und wesenhaft verschieden; er muß vom Schöpfergott selbst her (Gottes Ebenbild) verstanden werden. (7) Die Welt ist für den Menschen geschaffen, damit er sie beherrsche (Fortpflanzungs- und Kulturbefehl); sie ist Geschenk und Aufgabe für ihn (»Erfüllet die Erde und macht sie euch untertan!«). (8) Die Sieben-Tage-Woche und die Sabbatruhe sollen durch den anthropomorphen Hinweis auf das Schaffen und die Ruhe des Schöpfergottes motiviert werden. Das Schaffen der sechs Tage und der Segen des siebten Tages (bara-barak) gehören zusammen. Der Sabbat als geheiligter Tag des Herrn wird Zeichen des Bundes Jahwes mit Israel (vgl. Ex 31,

12–17). – Diese Glaubensaussagen lassen sich als Gegensatz zu den heidnischen Mythen ebenso wie als Bestandteil der weiteren Glaubensentwicklung Israels und im Neuen Bunde verstehen.

Zum 2. Kapitel: Bei der mythischen Darstellung des Jahwistenberichtes ist es schwerer, die einzelnen Glaubenssätze hervorzuheben. (1) Mit Berufung auf Gen 1,27 und 2,24 begründet Christus später seine Forderung der Unauflöslichkeit der Ehe. In diesen Darstellungen ist also eine Glaubensaussage über die Einpaarigkeit der Ehe gegeben. (2) In Hinblick auf die weitere Entwicklung darf vielleicht aus Gen 2,7 auch das leib-geistige Wesen des Menschen erschlossen werden. Dem Wortlaut nach steht hier nur, daß alles Leben von Gott ist, während der Leib von Erde genommen ist. (3) Mit den hier gegebenen und den folgenden Berichten wird gleichfalls die Stammeseinheit der Menschheit ausgesprochen, auch wenn die Frage nach der Abstammung aller Menschen von einem Menschenpaar erst nach Klärung der Adamsvorstellung und im Zusammenhang mit der naturwissenschaftlichen Aussage über die Entwicklung des Menschen beantwortet werden kann. Im Zusammenhang mit der Erbsündenlehre ist auch noch davon zu handeln.

Zum 3. Kapitel: In diesem Kapitel werden Glaubenswahrheiten grundgelegt, die freilich erst im folgenden, vor allem aber auch in der Weisheitsliteratur ihre Artikulierung finden: (1) Das eigentliche Übel für den Menschen in dieser Welt kommt von der Sünde des Menschen. In der weiteren Entwicklung, vor allem im NT, wird diese Wahrheit lauten: Das eigentliche Übel des Menschen ist seine Sünde. Alle anderen Übel können dem Menschen auch zum Heile sein. (2) Als letzte Ursache der Sünde erscheint der Verlust des rechten Gottes- und des rechten Menschenbildes. Nicht aus der Natur des Kosmos oder des Menschen kommt das Böse, sondern aus dem Herzen des Menschen. (3) Zu diesem Verlust des wahren Gottes- und Menschenbildes kommt es im Menschen durch das Wirken einer bösen Macht, die als eine außer- und übermenschliche Macht vorgestellt wird. In der weiteren Entwicklung der Offenbarung wird diese Macht Satan oder Teufel genannt. (4) Als entscheidendste Folge der Sünde wird der Tod des Menschen herausgestellt. Was mit diesem Tod gemeint ist, muß in der Eschatologie des näheren dargestellt werden.

Die aus den beiden Schöpfungsberichten hier erhobenen Glaubensaussagen haben im Verlauf der weiteren Entwicklung der Offenbarung in der Schrift eine entscheidende Entfaltung und Ausgestaltung gefunden, von der her wiederum in einem theologischen

Verständnis auch die Schöpfungsberichte neu gesehen und verstanden wurden. In diesem Sinne geht das theologische Verständnis der Schrift über das historisch-philologische Verständnis hinaus.

§ 18 Das christliche Weltbild heute – Die Stellung des Menschen im Kosmos (Theologie und Naturwissenschaft)

I. KANT, Allgemeine Naturgeschichte und Theorie des Himmels, München 1971. – V. v. WEIZSÄCKER, Am Anfang schuf Gott Himmel und Erde, Göttingen 1954 (⁶1963). – J. MEURERS, Das Weltbild im Umbruch der Zeit. Eine Studie zur Situation der exakten Naturwissenschaften, Aschaffenburg 1962. – K. SCHÜTTE, Unser astronomisches Weltbild heute, Freiburg i. Br. 1971 (HB 383). – J. HERRMANN, Leben auf anderen Sternen, Gütersloh 1963. – H. PLESSNER, Die Stufen des Organischen und der Mensch, Berlin 1928. – M. SCHELER, Die Stellung des Menschen im Kosmos, Köln 1928. – P. TEILHARD DE CHARDIN, Der Mensch im Kosmos, Paris 1947, München 1965. – B. PHILBERTH, Der Dreieine. Anfang und Sein, die Struktur der Schöpfung, Stein am Rhein 1970. – J. CHARON, Geschichte der Kosmologie (UB), München 1970. – H. MESCHKOWSKI, Das Christentum im Jahrhundert der Naturwissenschaften, München 1961. – E. FÖHR, Naturwissenschaftliche Weltsicht und christlicher Glaube. Freiburg i. Br. 1974. – H. AICHELIN-G. LIEDKE, Naturwissenschaft und Theologie, Neukirchen-Vluyn 1974. – N. M. WILDIERS, Weltbild und Theologie, vom Mittelalter bis heute, Köln 1974.

1. Wer heute Weltbild sagt, kann nur ein durch die exakten Wissenschaften entwickeltes und vorgestelltes Weltbild meinen. Wer Wissenschaft sagt, spricht von einem geistigen Unternehmen des Menschen, das immer auf dem Wege ist: scientia viatrix (K. Jaspers). Seit der Entdeckung der Atomspaltung und dem damit in den Naturwissenschaften eingeschlagenen Weg der Forschung hat die *Naturwissenschaft* geradezu einen Sprung nach vorne gemacht und ein Tempo der Entwicklung genommen, das es fast verbietet, zu diesem Thema in einem kleinen Lehrbuch noch etwas zu sagen. Wie oben (§§ 4 und 5) dargetan, ist für den Theologen das bedeutendste Ereignis in dieser Entwicklung darin zu sehen, daß die Starrheit der Naturvorstellung, die eine materialistische Weltanschauung zum Grund und zur Folge hatte, überwunden worden ist. Vor allem durch die Begründung der Relativitätstheorie für den Makrokosmos durch A. Einstein (1879–1955) und der Quantentheorie für den Mikrokosmos durch M. Planck (1858–1947), W. Heisenberg (geb.

1901) u. a. wurde deutlich, daß der Mensch, der in der klassischen Naturwissenschaft eliminiert war, durch seine Fragestellung, Erkenntnishaltung und Verhaltensrichtung in das Resultat der Naturwissenschaft wieder mit eingeht und damit auch in der Naturwissenschaft der Materialismus in seiner naiven wie in seiner dialektischen Form unhaltbar geworden ist. »Wenn von einem Naturbild der exakten Naturwissenschaften in unserer Zeit gesprochen werden kann, so handelt es sich nicht mehr um ein Bild der Natur, sondern um ein Bild unserer Beziehungen zur Natur« (W. Heisenberg). Die neue Sicht von der Korrelation von Raum und Zeit in einem vierdimensionalen Raum-Zeit-Kontinuum (durch H. Minkowski und A. Einstein), die Einsicht in die primär statistische Gestalt der Gesetzlichkeit im Mikrokosmos (durch W. Heisenbergs Unbestimmtheitsprinzip) öffnet den Blick dafür, daß nicht nur der Mensch, sondern auch die außermenschliche Natur in ihrem Mittelpunkt wie in ihrer Peripherie an das Geheimnis rührt, das den Menschen frei macht von seiner Selbstherrlichkeit und offen macht für die transzendente Unendlichkeit. – Zugleich ist damit der Weg zu einer Geisteshaltung eröffnet, die von Anfang an das Einzelne nicht mehr in seiner Abgeschlossenheit zu bestimmen sucht, sondern es vielmehr in dem großen Netz der Beziehungen sieht, in dem es begründet ist und west. Das bedeutet nicht einen subjektiven Relativismus für die Geisteswissenschaften, zumal nicht für Philosophie und Theologie, in denen es wesensbestimmte Werte und apriorisch gegebene Prinzipien gibt (vgl. E. May, Am Abgrund des Relativismus, Berlin 1941), das macht vielmehr nur frei für die lebendige Wirklichkeit des Ganzen, in der auch der Mensch steht und aus der er lebt. In dieser lebendigen Wirklichkeit gilt eine »Korrelationalität«, in der auch das christliche »Gebot der Liebe« begründet ist, das Liebesgebot, das nicht bloß eine religiöse, nicht bloß eine ethische, das eine durch die in immerwährender Evolution stehende Schöpfung Gottes selbst grundgelegte Forderung ist. Was in der materiellen Ordnung durch die Tatsache, daß ein Leben vom anderen lebt, in der Härte des Lebenskampfes deutlich wird, das muß in der geistigen Ordnung, die der Mensch in dieser Welt zu verwalten hat, durch die Freiheit der verzichtenden und schenkenden Liebe geleistet werden. Diese Liebesordnung in all ihrer Freiheit hat dennoch ihre Lebensordnung im Ganzen der Weltordnung und damit neben aller Freiheit auch ihre innere Notwendigkeit, deren Nichtbeachtung sich am Menschen rächt, wie die Nichtbeachtung der materiellen Lebensordnung zum Untergang des Lebens führt.

Ein Wesen muß dem anderen dienen mit Naturnotwendigkeit oder in liebender Freiheit. Das ist Grundgesetz der Schöpfung. – So sind auch in unserer Zeit Naturwissenschaften und Geisteswissenschaften, zumal Philosophie und Theologie, wohl unterschieden (vor allem durch die Notwendigkeit der wägenden und messenden Methode und der mathematischen Gesetze in der Naturwissenschaft). Dennoch darf gesagt werden, daß im Menschen, in dem sich heute die beiden Wissenschaftsrichtungen nicht nur wegen ihres gemeinsamen Dienstes für den Menschen, sondern auch methodenbedingt treffen, ein gemeinsamer Nenner in Sicht gekommen ist, der auch von der Theologie neue methodische Anstrengungen fordert. Diese Anstrengungen können nicht durch »Anthropozentrik« geleistet werden, weil damit die Theologie, die es, wie der Name sagt, primär mit Gott zu tun hat und von diesem Ausgangspunkt im Unendlichen her auch den Menschen und seine Welt immer neu durchleuchten muß, gerade das, was sie für das Verständnis und die Entwicklung des Menschen zu leisten hat, preisgeben und so ihre eigene Aufgabe verfehlen würde.

2. Der Ernst dieser neuen Orientierung im wissenschaftlichen Weltbild wird deutlicher und spürbarer, wenn wir den Bereich der *Technik* als den Bereich der angewandten Naturwissenschaft bedenken. Wie die ethischen Prinzipien und Einsichten durch das freie Handeln des Menschen zu Tat-Sachen werden, sachliche Realität in dieser Welt gewinnen, so werden die wissenschaftlichen Erkenntnisse durch Anwendung und Umsetzung in der Technik zu notwendig wirkenden Realitäten. Die Umsetzung der naturwissenschaftlichen Erkenntnisse in der Welt der Technik ist freie Tat des Menschen, die Auswirkungen dieser Erkenntnisse in der real gewordenen Technik sind notwendig und immer wirksam. Daraus erwachsen für den Menschen zwei Forderungen, die für seine menschlich-sittliche wie religiös-christliche Existenz bestimmend und maßgeblich sind.

a) Die erste Forderung, von der wir schon mehrfach gesprochen haben, lautet, daß der Mensch, je größer sein Wissen um die Natur und ihre Gesetze ist, um so mehr voraus überlegen muß, ob er und wie er diese Erkenntnisse durch die Technik wirksam werden läßt in seiner Neugestaltung der Welt des Menschen. Erkenntnis ist nicht nur Macht (knowledge is power: F. Bacon von Verulam, 1561–1626: Rel. Med. II § 11; vgl. Weish 6,3; Spr 24,3–5); der neue Blick für das Ganze des Kosmos im modernen Weltbild lehrt: Erkenntnis ist noch mehr *Verantwortung*. Anwendung der Erkenntnis in der Technik bedeutet Verantwortung für die Zukunft des Menschen, die nicht von selbst entsteht, die von Menschen gebaut wird und dies um so mehr, je mehr der Mensch die Welt erkennt und sie so gestalten kann. Die naturwissenschaftliche Erkenntnis ist wertfrei, ihre Anwendung in der Technik ist werthaft ambivalent, sie kann zum Besseren und zum Schlechteren führen. »Bei jeder Veränderung der Welt treten auch Wirkungen ein, die wir nicht gewollt haben, die aber kausal anschließen an das, was wir getan haben ... Ob die gewollten Wirkungen eintreten, hängt wesentlich davon ab, ob die ungewollten Wirkungen gemeistert werden. Deshalb ist ›die Zukunft des technischen Zeitalters‹ eine höchst problematische Sache« (C. F. v. Weizsäcker). Das eigentliche Problem der Technik ist einfach, daß Technik nicht Selbstzweck sein kann, sondern den Menschen dienen muß. Im menschlichen Wesen aber gibt es etwas, ja ist das Wesentlichste, was den Menschen zur res sacra macht, seine Freiheit. Technik aber schafft immer Notwendigkeiten durch materielle Kräfte, die die Freiheit des Menschen nicht kennen und darum auch nicht achten können. Angesichts der Tatsache, daß heute ein Großteil des Lebens des Einzelnen wie der Gesellschaft und der Völker in Weltwirtschaft und Weltpolitik durch technisch vermittelte Vorgänge bestimmt wird, kann diese Verantwortung vom Christen, dem der Mensch als Ebenbild Gottes das Höchste und Letzte sein muß, nicht groß genug gesehen und ernst genug genommen werden (vgl. C. F. v. Weizsäcker, Gedanken über unsere Zukunft. Drei Reden, Göttingen 1966 [²1972]).

b) Daneben ist freilich ebenso wichtig der andere Aspekt der Technik, der vor allem in dem Dekret des 2. Vatikanischen Konzils über die »Kirche in der Welt von heute« deutlich geworden ist: die Tatsache, daß durch die Technik dem Menschen Möglichkeiten in die Hand gegeben sind, die ihn zu Taten befähigen, für die in der christlichen Offenbarung wohl die Prinzipien, aber noch nicht das konkrete Gebot vorliegen. Die konkreten Verhaltensweisen müssen von der Theologie und von der kirchlichen Verkündigung, anschließend an das Wort der Schrift, über das Wort der Schrift hinaus, entwickelt und verkündigt werden. Als Christus selbst das große Gebot der Nächstenliebe gab, erläuterte er es im Denken seiner Zeit als ein Gebot, in dem der Einzelne in seinem Verhalten zum Nächsten als Einzelner gesehen und gefordert wurde (vgl. die berühmte Erklärung über den »Nächsten« in der Parabel vom Mann, der auf dem Weg nach Jericho unter die Räuber fiel; Lk 10,29–37). Das durch die Technik ermöglichte neue Weltbild stellt an den Christen Forderungen, die er nur erkennen kann, wenn er seine christliche Aufgabe im Rahmen dieses Weltbildes sieht, und die er nur bewältigen kann, wenn er sich dabei der technischen Möglichkeiten unserer Zeit und Welt bedient. Die Wissenschaft zeigt uns nicht nur neue Wege zum Verständnis des Universums, sie erschließt auch neue Quellen zu einer tieferen und umfassenderen Selbsterkenntnis des Menschen, und die angewandten Naturwissenschaften eröffnen neue Möglichkeiten zur Erfüllung der grundlegenden christlichen Pflichten in dieser Welt. Über die individuelle Verantwortung des Einzelnen für den Einzelnen hinaus ist dem Menschen (und insonderheit dem Christen aufgrund seines Menschenbildes: Gen 1,28; Mt 5,21–26.38–48) heute die Verwaltung der ganzen Erde aufgegeben mit dem Befehl, alle Menschen an den Gütern der Erde teilhaben zu lassen, nicht nur für die Ernährung, sondern auch für die geistige Bildung aller Menschen besorgt zu sein. Was die Vereinten Nationen in New York (seit 1945: Nachfolgeorganisation des Völkerbundes von Genf) durch die UNESCO (United Nations Educational, Scientific and Cultural Organisation) sich zur Aufgabe gestellt haben: auf humanitärer Grundlage das gegenseitige Verstehen der Völker und die Wohlfahrt der Menschheit (durch Weltwirtschaft, Welternährung, Weltgesundheit, Weltbildungsorganisation) zu fördern und durch gemeinsame Arbeit in Erziehung, Wissenschaft und Kultur der »Menschwerdung« aller Menschen zu dienen und dafür die Güter der Welt (auch durch den Weltwährungsfond) einzusetzen – dies wird für das christliche Weltverständnis und für die christliche Weltverantwortung der neue Rahmen sein, der aber nur auszufüllen ist, wenn die individuelle Bereitschaft des einzelnen Christen zum Leben aus seinem Glauben jene Intensität erreicht, die notwendig ist, um durch die Austrahlungskraft der Überzeugung und durch die vorbildliche Tat »fortschreitend Gutes und Großes zu gebären«. Nicht nur die Indienstnahme der Technik für die Erfüllung der individuellen Lebesverpflichtungen, auch das neue Weltbild und die neuen weltweiten und weltwirksamen Möglichkeiten der Technik und der in ihr angewendeten Wissenschaft werden erforderlich sein, um in unserer Zeit das Gebot Christi und den Kulturauftrag des Schöpfungsberichtes zu erfüllen (vgl. G. Altner, Schöpfung am Abgrund, Neukirchen-Vluyn 1973). Was dies alles bedeutet, wird noch deutlicher, wenn wir die Frage nach der Stellung des Menschen im Kosmos betrachten.

3. *Die Stellung des Menschen im Kosmos.* Wiederum müssen einige geschichtliche und systematische Andeutungen genügen. Bei den Denkern der verschiedenen Zeiten sind hier die extremsten Standpunkte zu finden. Für das abstrakte Denken gelten die Sätze B. Pascals: »Was ist der Mensch in der Natur? Ein Nichts im Hinblick auf das Unendliche, ein All im Hinblick auf das Nichts, eine Mitte zwischen dem Nichts und dem All, unendlich weit davon entfernt, die Extreme zu begreifen. Das Ende der Dinge und ihr Anfang sind so im undurchdringlichen Geheimnis unüberwindlich für ihn verborgen. Er ist ebenso unfähig das Nichts zu sehen, aus dem er gestiegen ist, wie die Unendlichkeit, von der er verschlungen ist« (Pensées, Nr. 313). »Der Mensch weiß nicht, wie er sich einordnen soll. Er ist offensichtlich verirrt und von seinem wahren Standort gefallen, ohne ihn wieder finden zu können; er sucht ihn überall, in undurchdringlicher Finsternis, voll Unruhe und ohne Erfolg« (Pensées, Nr. 133). Offenbarung und Glaube müssen den Weg weisen und eröffnen. – Wie in der Geschichte der Anthropologie angedeutet, erscheint der Mensch im antiken Denken als ein winziges Stück des Kosmos, der noch um die Erde als Mittelpunkt aufgebaut ist, bis bei den Sophisten der Mensch sich selbst findet und sich zum Maß des Alls erklärt. – Im chinesischen Denken ist der Mensch Mitte und Sinn der Welt, freilich selbst ein Rätselwesen, das nicht weiß, ob es eine gute oder eine böse Natur hat (man vergleiche Pascals Ausführungen über die Grandeur et Misère des Menschen). – Im indischen Denken wiederum ist der Mensch die Mitte des Alls, aber eines Alls, das von guten wie von bösen Mächten bestimmt wird. – Im jüdisch-christlichen Denken gewinnt der Mensch eine unendliche Größe als Ebenbild Gottes, des Schöpfers des Alls, was ihn zur Krone der Schöpfung, zum Herold der Schöpfung vor ihrem Schöpfer macht. – Das antike Weltbild hat unsere Welt, die Welt des Menschen, zur Mitte des Kosmos gemacht und damit auch dem Menschen in seiner Einmaligkeit in dieser Welt eine Sonderstellung gegeben, die im christlichen Gedankengut ganz besonders hervorgehoben wurde. Als N. Kopernikus und J. Kepler das geozentrische System überwanden und ihr heliozentrisches System begründeten, war dennoch der Mensch als Ebenbild Gottes von einmaliger Größe. Erst durch G. Galilei und noch mehr durch I. Newton wird der eigentliche Übergang von der biblisch-religiösen Denkweise, für die jede gefundene Wahrheit immer auch Heilswahrheit für den Menschen ist, zur logisch-wissenschaftlichen Denkweise, die ihre Bedeutung im erkennenden Denken selbst und allein

hat, gesetzt. An die Stelle einer metaphysischen Betrachtung der Natur als ganzer tritt die Betrachtung der Elemente und Gesetze der Natur im einzelnen. Die Welt, die zu einem Stern unter Sternen wird, wird damit (und noch mehr durch die darauffolgende Aufklärung, die den Gottesglauben auflöst) neutralisiert. Die Natur wird Gegenstand der Forschung und noch mehr des Experimentes, in dem die Wahrheit der Natur sich erweisen muß. Dies führt zur Technik, für die Natur primär Material zur Neuschöpfung von Dingen und Möglichkeiten zur Befriedigung menschlicher Bedürfnisse und bald auch Wünsche ist. Die Auflösung der Erkenntnismetaphysik der Antike und des MA über Nominalismus, Positivismus und Sensualismus führt im Weltverständnis zum Naturalismus und Materialismus des 18. und 19. Jahrhunderts. Was für R. Descartes noch res cogitans war, eine denkende Sache, wird bei E. Haeckel zu einem höher entwickelten Tier. Das System der klassischen Naturwissenschaft, die sich nach ihren eigenen inneren Gesetzen entwickelt hatte, konnte in einem atheistischen System zur Stütze einer letzten Abwertung des Menschen werden (der Mensch nur noch als Funktion der Wirtschaft oder der Materie gesehen: vgl. dialektischer Materialismus), auch wenn die Technik ihn wenigstens zum homo faber, zum Schöpfer seiner eigenen Kulturwelt gemacht hat. Doch für die innere Frage des Menschen nach seinem Sein und Sinn gibt es in diesem Weltverständnis keine befriedigende Antwort. F. Nietzsches berühmtes Wort vom »tollen Menschen« hat dieses Lebensgefühl richtig ausgesprochen: »Gott ist tot ... Wir haben ihn getötet, ihr und ich! Wir alle sind seine Mörder! Aber wie haben wir dies gemacht? Wie vermochten wir das Meer auszutrinken? Wer gab uns den Schwamm, um den ganzen Horizont wegzuwischen? Was taten wir, als wir diese Erde von ihrer Sonne losketteten? Wohin bewegt sie sich? Wohin bewegen wir uns? Fort von allen Sonnen? Stürzen wir nicht fortwährend? Und rückwärts, seitwärts, vorwärts, nach allen Seiten? Gibt es noch ein Oben und ein Unten? Irren wir nicht wie durch ein unendliches Nichts?« (Die fröhliche Wissenschaft, Nr. 125). – Dabei ist nicht zu übersehen, daß die geistig-wissenschaftliche Entwicklung der Menschheit seit der Renaissance eine gewaltige menschliche Tat, ein großer Fortschritt für den Menschen in dieser Welt war. Die Humanwissenschaften unserer Tage, Psychologie, Soziologie und Verhaltensforschung, haben ebenfalls früher ungeahnte Einblicke in das Verhalten des Menschen gegeben. Dennoch zeigt ein Blick in unsere moderne Welt mit Wissenschaft und Technik, daß die Armseligkeit des

Menschen, seine Misere, wie sie Pascal schildert, im selben Maß gewachsen ist, wie der geistige Fortschritt den Menschen zum Herrn seiner Welt gemacht hat. Der Mensch hat Welt gewonnen, der Mensch hat sich verloren, wo er Gott verloren hat. Das müßte nicht sein, aber es ist geschichtliche Tatsache. – Drei moderne Versuche, den Menschen in seinem Kosmos neu zu sehen, seien hier noch kurz geschildert, da sie eben diesem Elend des modernen Menschen begegnen wollen.

Als erstes Angebot sei M. SCHELERS (1874–1928) Aussage vorgestellt. Nachdem er sich von der Kirche, zu der er 1916 wieder gefunden hatte, 1921 ausdrücklich gelöst hatte, schrieb er 1926 den bedeutsamen Aufsatz »Mensch und Geschichte«, in dem er fünf Menschenbilder vorstellt, denen gegenüber er sein eigenes Menschenbild entwickelt. Als erstes zeichnet er das Menschenbild des religiösen Glaubens vom Menschen als Geschöpf und Ebenbild Gottes, das »für eine autonome Philosophie und Wissenschaft in jedem Sinne ganz bedeutungslos ist«. Das zweite Bild ist die große Erfindung der Griechen, die Lehre vom homo sapiens, das neben die Selbstmacht der Ideen die Macht des menschlichen Geistes als eigenmächtige, stabile Wirklichkeit stellt. Erst bei G. W. F. Hegel sei die Stabilität dieses Geistes durch die Idee der Evolution des absoluten Geistes im Menschen und durch den Menschen aufgehoben worden. Scheler erklärt dieses Bild ausdrücklich als eine »Ideologie des Menschen«, die im Grunde nur durch W. Dilthey und F. Nietzsche als solche erkannt und bekämpft worden sei. Sie lebe noch von dem Bilde Gottes, der tot ist. Als drittes Menschenbild stellt er die naturalistisch-positivistische und pragmatische Lehre des Materialismus vom homo faber heraus. Dieser Mensch ist nur graduell vom Tier verschieden, primär ein Triebwesen, ein Zeichentier (durch seine Sprache), ein Werkzeugtier und ein Gehirnwesen. Eine vertiefte Trieblehre gebe das philosophische Fundament dieser Anthropologie ab (vgl. später A. Pfänder, Die Seele des Menschen, Halle a. S. 1933). Diesem Menschenbild ordnet er eine dreifache Geschichtsauffassung zu: die ökonomisch-materialistische, die naturalistisch-rassische und eine machtpolitische. Als viertes Menschenbild stellt Scheler die Aussage von Th. Lessing vor: »Der Mensch, d. h. eine auf ihren sogenannten Geist langsam größenwahnsinnig gewordene Raubaffenspezies«. Der Mensch als ein Deserteur des Lebens. Er hat seine eigenen Organe immer mehr zugunsten seiner von ihm geschaffenen Werkzeuge ausgeschaltet und ist so degeneriert. Der Mensch selbst ist eine Sackgasse in der Natur, die Krankheit des Lebens geworden. Geist und Seele erscheinen hier als absolute Gegensätze. Die zehntausendjährige Menschheitsgeschichte sei nur ein Beweis für diese Lehre vom Menschen als einem defizienten Wesen. Hauptvertreter dieser Lehre sei L. Klages, aber auch E. Dacqué, L. Frobenius, O. Spengler und Th. Lessing gehören hierher. Die Sünde des Menschen ist seine Geistigkeit. Das fünfte Menschenbild, entwickelt auf dem Boden des postulatorischen Atheismus, des Ernstes und der Verantwortung, zielt auf einen neuen Übermenschen. Ausgehend von Nietzsches Aussage: »Wenn es Götter gäbe, wie hielte ich es aus, kein Gott zu sein; also gibt es keine Götter«, entwickelt vor allem durch N. Hartmann (Ethik, Kap. 21), wird gesagt: Nur in diesem Raum, wo der Mensch absolut über der Welt und damit absolut über einer Gottheit steht, sei menschliche Sittlichkeit möglich. Der Tod Gottes ist die Voraussetzung des Übermenschen. Geschichte ist dann monumentale Darstellung der geistigen Gestalt dieses Übermenschen. – Es folgt sein berühmter Vortrag »Der Mensch im Weltalter des Ausgleichs« (1927), wo er den Allmenschen darstellt, der eine neue Verteilung der Gesamtenergie (zwischen Geist und Trieb) und damit einen Abbau all der Spannungen schafft zwischen außen und innen, Mann und Frau, Rationalem und Irrationalem: eine Vision, die aber ausdrücklich noch über ein mögliches neues Gottesbild schweigt. Entschieden setzt er sich immer wieder von allen materialistischen und positivistischen Menschenbildern ab, um in seiner Studie von 1928 (»Die Stellung des Menschen im Kosmos«) sein auf hegelschem Pantheismus aufbauendes Menschenbild des universalen Ausgleichs und der geistig freien Offenheit zu einer neuen Menschwerdung, in der die Gottheit sich selbst verwirklicht, zu zeigen. »Für uns«, sagt er, »liegt das Grundverhältnis des Menschen zum Weltgrund darin, daß dieser Grund sich im Menschen, der als solcher sowohl als Geist- wie als Lebewesen nur je ein Teilzentrum des Geistes und Dranges des ›Durch-sich-Seienden‹ ist . . ., sich im Menschen selbst unmittelbar erfaßt und verwirklicht« (Bern ^{7}1966, 91). Das Ziel wird nur im menschlichen persönlichen und totalen Selbsteinsatz erreicht: »Erst im Einsatz der Person selbst ist die Möglichkeit eröffnet, um das Sein des Durch-sich-Seienden auch zu ›wissen‹« (ebd., 93). Deutlich wird in diesem Versuch einer philosophischen Anthropologie die Notwendigkeit menschlicher Exsitenz, menschlicher Welt (des Geistes und der Triebe und der zugehörigen Wertwelten) und das durch sich Seiende als Wirklichkeit und Idealbild des Menschen zusammengeschaut: ein Versuch, das biblisch-christliche Menschenbild auf dem Grund bloß philosophischen Denkens (ohne den Glauben und die in ihm geforderte Hingabe in Demut und Gehorsam) aufzubauen. Dadurch entsteht ein Übermensch der Selbstverwirklichung, homo secundus deus, wie er seit G. Pico della Mirandola und Nicolaus Cusanus u. a. immer wieder – freilich anders – gedacht und erstrebt worden ist (vgl. V. Rüfner, Homo secundus deus, Philos. Jahrb. 1963, H. 2).

Von ganz anderer Art ist der Versuch von H. Plessner (geb. 1892). War Scheler mehr phänomenologisch von der Ethik und der dafür entwickelten Wertlehre sowie von der Geschichts- und Lebensphilosophie Husserls und Diltheys her zu seinem Entwurf gekommen, so ist der Ausgangspunkt Plessners die Biologie H. Drieschs und J. J. v. Uexkülls. Selbst Schüler Schelers, baut er mehr als dieser auf der Schichtenlehre (Pflanze – Tier – Mensch) auf, um die offene Organisationsform (Anpassung) der Pflanze, die geschlossene Organisationsform oder die »Positionalität der geschlossenen Form« des Tieres herauszuarbeiten und den Menschen durch seine »Positionalität der exzentrischen Form« zu kennzeichnen, d. h. in seinem personalen Charakter die Grundlage für seine drei anthropologischen Grundgesetze sichtbar zu machen: des Gesetzes der natürlichen Künstlichkeit, des Gesetzes der vermittelten Unmittelbarkeit (Expressivität) und des Gesetzes des utopischen Standortes (zwischen Nichtigkeit und Transzendenz: »Die Stufen des Organischen und der Mensch«, Berlin ²1965).

Einen ganz neuen Entwurf entwickelt ihm gegenüber Teilhard de Chardin (1891–1955). Der französische Jesuit und Theologe, der im wesentlichen ganz von seiner Biologie und vom neuscholastischen Denken ausgeht, ist stark abhängig von H. Bergsons Évolution créatrice. Ihn bewegt die Idee, das Universum als ein sich ständig entwickelndes Ganzes zu sehen, in dem der Mensch selbst an einer bestimmten Stelle auftritt, um aber in diesem Entwicklungsprozeß wiederum verschlungen zu werden. Das Neue in seiner Entwicklungslehre ist die Annahme, daß, ausgehend von dem scholastischen Grundsatz, daß die Wirkung nicht größer sein könne als die Ursache, alle späteren Entwicklungen anlagemäßig schon im Ursprung vorzufinden seien. Nicht Pflanze, Tier und Mensch in ihrer Unterschiedenheit interessieren, es geht vielmehr um die drei Größen Sein (Ontogenese: Materie), Leben (Biogenese) und Geist (Noogenese). Diese drei Größen selbst führen zu einer überpersönlichen Spitze des Seins im Punkt Omega, mit dem als vierte Wirklichkeit der im Glauben erfaßte historische Christus in seiner Offenbarung

(Christogenese) anvisiert wird. Alle diese vier Werdeprozesse sind immer gegenwärtig und am Werk, so wie ihre Grundkräfte im Urstoff des Lebens vorgegeben erscheinen (vgl. Der Mensch im Kosmos [Le phénomène humain, Paris 1945], München 1959). – Die großen Probleme der Anthropologie, wie wir sie bei Scheler und Plessner gefunden haben, werden hier nicht berührt. Es ist mehr ein abstraktes idealistisches System gegenüber den phänomenologisch-existentialistisch konzipierten Systemenen der vorgenannten Denker. Man ist versucht zu sagen, wie Schelers und Plessners Versuche zwischen 1925 und 1928 der harten Zeit der Jahre nach dem ersten Weltkrieg angehören und ihren Geist des Ringens nach einem neuen Aufbau aus eigener Kraft spiegeln, so erscheint Teilhards System beinahe wie ein System für die satte Zeit nach 1950, ohne die großen existentiellen Spannungen in metaphysischer, ethischer und transzendentaler Ordnung. Hat Plessners Entwurf mehr mit der liberalen Idee des freien Menschen (Exzentrizität) zu tun, bringt Schelers Versuch mehr das exsitentialistische Ringen des Menschen, der jedoch in einer pantheistisch verstandenen Gottheit aufgenommen ist, zum Ausdruck. Teilhards Gedanken münden in einem Panchristologismus, in einen kosmischen Christus, in dem auch der Mensch als Person aufgehoben erscheint.

4. Wenigstens seit Nikolaus von Cues (1401–1464) wurde immer wieder die Frage nach dem Leben bzw. dem Vorkommen von Menschen auf anderen Gestirnen gestellt. Das 17. Jahrhundert brachte zu diesem Thema die ersten utopischen Romane (z. B. »Der Mann im Monde« von Bischof F. Godwin, 1638), die phantastische Bilder von Lebewesen auf anderen Gestirnen entwarfen. In neuerer Zeit, vor allem seit Beginn der Mondfahrt 1969 sowie durch die Forschungssateliten zum Mars wurde diese Frage erneut gestellt. Für den Theologen steht hinter dieser Frage noch das Problem der Heilsgeschichte, d. h. die Frage nach Sünde und Erlösung für solche Menschen. Zur Klärung dieses Problems sind drei Fragen zu beantworten:

a) Welche Bedingungen müssen auf einem Gestirn erfüllt sein, damit Leben enstehen und sich entfalten kann? J. Herrmann (Leben auf anderen Gestirnen?, Güthersloh 1963, 42 f) stellt folgende Antworttabellen dafür zusammen: Für organisches Leben auf einem Stern ist notwendig: (1) eine Temperatur zwischen und 0 und + 70° Celsius (mit nur geringfügigem Überschreiten dieser Grenzen); (2) Vorkommen von Wasser in ausreichender Menge; (3)

Existenz einer Atmosphäre mit nicht zu geringem, aber auch nicht zu hohem Luftdruck an der Oberfläche des Himmelskörpers. Für das Entstehen primitiven Lebens muß diese Atmosphäre enthalten: Wasserstoff, Ammoniak, Methan, Wasserdampf, evtl. Kohlendioxyd; für die Weiterentwicklung des Lebens ist notwendig: Sauerstoff, Wasserdampf, Kohlendioxyd. (4) Die Oberfläche dieses Himmelskörpers muß (zur Einleitung der Photosynthese) von Lichtstrahlen getroffen werden.

b) Auf welchem Planeten unseres Sonnensystems (außer der Erde) sind diese Bedingungen erfüllt? Gemäß den bis heute gesicherten Erkenntnissen der Astronomie kommen in unserem Sonnensystem von den neun Planeten außer der Erde nur noch Venus und Mars in Frage, auf denen möglicherweise primitives Leben zwar noch nicht nachgewiesen, aber auch nicht ausgeschlossen werden kann. Bei allen anderen ist wie bei Sonne und Mond Leben nicht möglich.

c) Da der Kosmos Milliarden von Sonnensystemen enthält, erhebt sich die Frage, ob in diesen verschiedenen Sonnensystemen sich Sterne mit Lebensbedingungen wie die der Erde finden. Nach der allgemeinen Wahrscheinlichkeitsrechnung muß dies angenommen werden. Diese Aussage ist freilich nur eine Hypothese mit einiger Wahrscheinlichkeit. Der polnische Astronom J. Gabomski hat die Ökosphäre von 59 Sternen, die in einer Entfernung bis zu 17 Lichtjahren um die Erde herum sich finden, untersucht und stellt fest, daß nur 16 dieser Sterne eine entsprechende Ökosphäre besitzen würden. Die Hauptfrage ist, ob diese Wahrscheinlichkeit sich durch Erfahrungsdaten verifizieren lassen wird. Wird es durch Radio- oder Radartechnik möglich sein, in das weitere Weltall vorzudringen und Zeichen von Menschen, die dort leben und ebenfalls diese Radio- oder Radartechnik besitzen, zu empfangen? J. Herrmann schreibt dazu (S. 158): »Mit dem Dreihundertmeterspiegel könnte man sogar im günstigsten Fall bis in 150 Lichtjahre Entfernung vordringen. Aber die Wahrscheinlichkeit, daß sich in diesem Bereich bereits ein Planet findet, der Menschen beherbergt, die gerade jetzt in der Lage wären, unsere Signale aufzunehmen, ist nicht sehr groß. Wäre z. B. unser »Gesprächspartner« 150 Lichtjahre entfernt, so käme die Antwort bei uns frühestens in 300 Jahren an . . . Unsere Radiosignale, die in der Urzeit der Funktechnik ausgesandt wurden, können erst etwa 50 Lichtjahre weit gekommen sein. In einem Radius von 50 Lichtjahren um unsere Erde dürfte aber kaum eine andere Radiostation zu finden sein, an der fremde

Menschen nach Signalen aus dem Weltall lauschen!« – Abschließend können wir wohl sagen: auch hier stehen sich noch Aussagen gegenüber, die von der Wissenschaft noch nicht, noch weniger durch Erfahrungsdaten gestützt werden.

Bei dem heutigen Stand der Wissenschaft ist die Frage nach der Möglichkeit menschlichen Lebens auf anderen Gestirnen gewiß keine bloße Frage der Neugierde mehr. Für den gläubigen Menschen, für den das Weltall in seiner Unendlichkeit und Fülle Schöpfung des einen unendlichen Schöpfergottes ist, der dieser Wirklichkeit im ganzen wie im einzelnen und kleinsten innerlicher ist, als diese Wirklichkeit sich selbst sein kann, könnte die erfahrungsmäßige Feststellung von menschlichem Leben nur Anlaß zu noch größerem Staunen und tieferer Anbetung vor dem unendlichen Gott sein, auch dann, wenn diese Menschen von anderen Gestirnen sich als Menschen ohne Gott mit selbstgemachten Göttern zeigten. Auch auf unserer Erde bestanden und bestehen ja in verschiedenen Ländern und zu verschiedenen Zeiten Gottlosigkeit oder Vielgötterei neben dem rechten Gottglauben. Der Glaube an Gott und an das Heil der Menschen bedarf nicht der Verifizierung durch naturwissenschaftliche Erkenntnisse; er hat seine einzige Wurzel im Herzen des Menschen und in der Offenbarung Gottes selbst. – Nach diesen Vorüberlegungen wollen wir uns der eigentlichen Anthropologie zuwenden. (Zum folgenden Abschnitt sei noch auf ›Neue Anthropologie‹ Bd. VI und VII »Philosophische Anthropologie« [dtv 4074, 4118, Suttgart 1975] verwiesen, die nach erfolgtem Umbruch dieses Bändchens erschienen. Sie bieten 24 Beiträge zur Geschichte der Anthropologie, zu philosophischen, theologischen, srpachwissenschaftlichen und tiefenpsychologischen Fragen der Anthropologie, die zu dem hier Vorgetragenen wertvolle Ergänzungen darstellen. Vor allem sei auf E. Benz, Der Mensch in christlicher Sicht [VI 373–429], E. Bannerth, Der Mensch im Islam [VI 279–315], H. Steininger, ... im Konfuzianismus und Toaismus [VI 206–243] R. Schinzinger, ... in der japanischen Tradition und Vorkriegsphilosophie [VI 182–205] hingewiesen.)

5. ABSCHNITT

DER MENSCH (ANTHROPOLOGIE)

EINFÜHRUNG IN DIE ANTHROPOLOGIE

Das Kernstück der Schöpfungslehre ist die Anthropologie, die Lehre vom Menschen. Wenn aber in der Einleitung zur Schöpfungslehre (§ 1) dargetan wurde, daß die Schöpfungslehre selbst die Voraussetzung für alle anderen theologischen Traktate, selbst für unsere Gotteslehre ist, wird verständlich, daß der hier zu entwerfenden Anthropologie im Ganzen unserer Theologie eine besondere Bedeutung zukommt. – Man kann nicht das Gottesbild der Offenbarung festhalten, wenn man nicht das Menschenbild der Offenbarung kennt und bewahrt. Man kann auch nicht das rechte christliche Weltverständnis im ganzen gewinnen und durchhalten, wenn man nicht jeweils das rechte Bild vom Menschen im Auge behält. – Die hier zu entwerfende christliche Anthropologie ist für den Menschen selbst schließlich unabdingbar, weil der Mensch von Natur aus nicht mehr in Ordnung ist und sich nicht mit Naturnotwendigkeit zur Erfüllung seines innersten Wesens entwickelt, sondern vielmehr nur durch die rechte Selbsterkenntnis zusammen mit dem rechten Zielbild vom Menschen – das sich aus der Selbsterkenntnis allein, ohne Gottes Offenbarung, nicht gewinnen läßt – und durch die eigene sittliche Tat – die wieder nicht ohne die Hilfe der göttlichen Gnade zustande kommt, zu der uns die Heilsgeschichte der Offenbarung den Weg geöffnet hat – werden kann und werden muß, der er sein soll und im Tiefsten seiner Seele auch werden möchte. Pindars Forderung »Mensch werde, der du bist!« und Hermann Bahrs Weisung »Mensch, werde wesenhaft« setzen nicht nur das »Erkenne dich selbst«, die Forderung des Gottes von Delphi voraus, sondern noch vielmehr ein Bild vom Menschen, wie es nur aus der Offenbarung Gottes in der Schrift mit Zuhilfenahme der modernen Humanwissenschaften (Philosophie, Psychologie, Soziologie) durch die Theologie je immer neu erarbeitet werden kann. – Wir suchen die Grundlinien dieses Menschenbildes hier vorzustellen, indem wir nach einer kurzen Einführung in die Anthropologie (1. Kapitel) und nach Aufweis der möglichen Wege zum Verständnis des Phänomens Mensch in dieser Welt (2. Kapitel) die eigentliche Lehre vom Menschen von den drei Grundelementen der menschlichen Struktur her, von seiner Leiblichkeit (3. Kapitel),

„Ich lebe im Glauben an den Sohn Gottes, der mich geliebt und sein Leben für mich hingegeben hat" (Gal. 2,20)

P. Josef Booke S. J.

* 11. 3. 1916 in Gelsenkirchen
† 30. 4. 1975 in Bonn - Bad Godesberg

Sein Elternhaus schenkte ihm den tiefen Glauben und begründete im Kreis von 9 Geschwistern seine herzliche Frömmigkeit, Dienstbereitschaft und eine große Güte.

1935 trat er in die Gesellschaft Jesu ein. Nach der Priesterweihe 1942 wirkte er in Wiesbaden-Biebrich, Hamburg, Frankfurt und seit 1964 am Aloisiuskolleg in Bonn - Bad Godesberg als Jugendseelsorger, Religions- und Lateinlehrer, in studentischen Verbindungen und in der Marianischen Congregation.

P. Josef Booke S. J. hat seinen unerwartet frühen Tod bewußt als Teilnahme am Schicksal Christi angenommen, im Glauben an den Sohn Gottes, der ihn auferwecken wird zu ewigem Leben.

von seiner geistig-seelischen Seite her (4. Kapitel) und von seinem personalen Wesen her (5. Kapitel) entfalten.

1. Kapitel
EINFÜHRUNG IN DIE ANTHROPOLOGIE

Ein kurzer Blick in die Geschichte der Anthropologie (§ 19) und in die Eigenart und Systematik dieses Wissens- und Sachgebietes (§ 20) möge uns die Wege zu einer »theologischen Anthropologie« aufzeigen und eröffnen.

§ 19 Kurze Geschichte der Anthropologie

HDG II 2a (Schöpfungslehre und Vorsehung), 3a (Urstand und Einheit des Menschengeschlechtes): L. SCHEFFCZYK. – LThK 1 (1957) 604–615 Anthropologie, biblisch: J. Schmid); 615–618 (philosophisch: A. Halder); 618–627 (theologisch: K. Rahner). – O. MARQUARD, Zur Geschichte des philosophischen Begriffs »Anthropologie« seit dem Ende des 18. Jahrhunderts in: Collegium philosophicum (Festschr. J. Ritter), Basel-Stuttgart 1965, 209–239 (Lit.). – M. LANDMANN, Philosophische Anthropologie (Slg. Göschen 156/156a), Berlin 1959, 11–53 (Geschichte). – E. PRZYWARA, Mensch. Typologische Anthropologie I, Nürnberg 1959. – J. HÖFFNER, Um das christliche Menschenbild. Literaturübersicht, TThZ 57 (1948) 117–120. – H. MEYER, Geschichte der abendländischen Weltanschauung V (Würzburg 1949), 477–551. – Die einzelnen Werke der neueren Zeit s. im Text.

I

Ausgehend von der erkenntniskritischen Einsicht, daß der Mensch als individuelle Geistperson nur in einer reflexiven Selbsterkenntnis, die zugleich Verständnis seiner selbst in seiner Welt bedeutet, zum wahren Verständnis des Menschen kommen kann, muß man sagen, daß es eine philosophische Anthropologie erst durch die Zusammenfassung dieser beiden Aufgaben in neuerer Zeit gibt. Was frühere Perioden der Geistesgeschichte über den Menschen ausgesagt haben, bezieht sich primär auf die Stellung des Menschen in der Welt, im Kosmos und auf die Beziehungen und Verhältnisse, die sich für ihn daraus ergeben oder auf das Verhältnis des Menschen zu Gott, das jedoch im Glauben hingenommen, nicht in einer Selbst- oder Seinsreflexion erhellt und begründet erscheint. – Dennoch kann ein kurzer Hinweis auf die früheren Bemühungen um das Selbstverständnis des Menschen jene Teilfragen und Gesichtspunkte aufweisen, die eine Anthropologie auch heute bedenken muß.

a) Ehe wir auf die Geschichte der Anthropologie eingehen, seien einige Hinweise auf die *Etymologie* geboten. Das Wort Mensch, ahd. mannisco, abgeleitet von man, bedeutet ursprünglich aber nicht nur den Mann, sondern den Menschen überhaupt. Auch die Frau konnte bis ins 17. Jahrhundert Mensch genannt werden. Man stammt wohl von der Wurzel men = denken. – Wenn bei Tacitus (Germania 2) als Stammvater der Germanen ein Mannus erscheint, erinnert das an die biblische Aussage, wo der Stammvater der Menschen ebenso wie der einzelne Mensch selbst »Adam« (von der Erde genommen) heißt. Diese biblische Etymologie adam = »von der Erde genommen« erscheint auch in dem lateinischen Wort homo, abgeleitet von humus = Erde: der der Erde Verhaftete. Schwerer ist das griechische Wort ἄνθρωπος zu erklären. Ob auch hier der Stamm (ἀνήρ) = Mensch oder Mann und (θεωρεῖν) = denken enhalten ist, scheint nicht sicher. Immerhin ist bedeutsam, daß die beiden Ideen »von der Erde genommen« und »denken«, also Leib und Geist bereits in der Etymologie am Werke sind.

b) Zunächst ist nun festzuhalten, daß in einer *»vorphilosophischen Periode«* der Mensch in erster Linie als ein Stück der lebenden Welt verstanden wird und damit Mensch und Tier (und Pflanze) mehr als eine Lebenseinheit, in der es vielerlei Beziehungen gibt, die jedoch den Menschen nicht als einmalige Größe aus diesem Zusammenhang herausheben. Besonders alle Formen des Animismus und Totemismus, aber auch noch der neuzeitliche Panpsychismus scheinen ganz von diesem Denken beherrscht zu sein. Die Tatsache, daß der Mensch sowohl dem Kosmos wie der lebendigen Welt durch seinen Leib angehört, kann so einseitig gesehen werden, daß die Eigenständigkeit des Menschen, die ihm aufgrund seiner Geistigkeit und Freiheit eignet, nicht mehr genügend reflex erfaßt wird, auch wenn sie tatsächlich energisch gelebt wird. In einseitiger Weise haben zuerst die Sophisten im 4. vorchristlichen Jahrhundert diese Schwierigkeit empfunden und den Menschen nur aus seinem Selbstverständnis gedeutet. – Dazu kommt, daß zur Erkenntnis des Menschen auch all die Hindernisse beseitigt werden müssen, die ein rassischer oder kultureller Unterschied zwischen den einzelnen

Menschen und Menschengruppen errichtet und die jeden anders sprechenden, anders aussehenden, anders handelnden Menschen als Barbaren, als Fremden und als Feind erscheinen lassen. Der Begriff der »Menschheit« mußte dazu irgendwie erst erstrebt und gefunden werden, wie es zuerst in der Stoa im 2. vorchristlichen Jahrhundert geschah. Wennn Lev 19,18 fordert: »Liebe deinen Nächsten wie dich selbst«, ist damit die Selbstliebe als natürliche Voraussetzung dafür angesehen und gefordert, daß der Mensch die natürliche Liebe zu seiner eigenen Art bewahre.

c) Sodann ist hier wohl auf die *alten Religionen* zu verweisen, insofern das menschliche Reden von Gott oder von Göttern durch das Verständnis des eigenen Wesens des Menschen und seines Schicksals bestimmt ist und umgekehrt die Größe des Gottesbildes maßgeblich ist für die Tiefe der Einsicht in das eigene menschliche Wesen. Ein Vergleich etwa der alten Religionen der Ägypter (Totenkult, Herrscherkult und Magie) und der Babylonier (Sternkult und Weisheitslehren) mit der Religion Israels kann dies zeigen. Fast alle Religionen enthalten darum auch Aussagen über Ursprung und Lebensaufgabe, Schicksalsfragen und Endziel des Menschen.

d) In diese religiöse Betrachtung des Menschen gehört auch noch das Menschenbild der *griechischen Tragödie* hinein, auch wenn hier im griechischen Geist der Konflikt zwischen Göttermacht und menschlichem Schicksal mehr hervortritt (vgl. Äschylos, Prometheus; Sophokles, Antigone, v. 332–375: »Vieles Gewaltige lebt, doch nichts ist gewaltiger als der Mensch«), bis Euripides bereits aus dem sophistischen Geist eines Protagoras (vgl. Plato, Prot. c 11–16: 320 c–328 d; Theait. c 26: 178 b: Der Mensch ist das Maß aller Dinge) den Menschen und das in seinem Charakter begründete Schicksal zum Thema seiner Tragödie macht. Haben die Sophisten den Menschen aus seiner inneren Selbsterfahrung zu begreifen gesucht, so haben die Philosophen Sokrates und Plato das Problem ›Mensch‹ wieder zu einem kosmischen (bei Demokrit schon erscheint der Mensch als Mikrokosmos: Diels II 153,8.12) und theologischen Problem gemacht (vgl. Plato, Tim. 29 b–46; Phil. 29 a–30 d) und Aristoteles hat von der Seele des Menschen in naturhafter Weise gesprochen (vgl. die drei Bücher Über die Seele, bes. II, 1: 412 a–b) oder den Menschen in seine allgemeinen Betrachtungen über die Lebewesen oder Tiere eingereiht (vgl. 488 a 7–489 a 35: der Mensch als staatenbildendes Wesen; 643 b 5). Die hellenistischen Philosophen haben in praktischer Denkweise mehr das alte Dilemma zwischen göttlicher Vorsehung und menschlicher Schuld abgehandelt: die Stoa vom ethischen Wesen des Menschen her, der Neuplatonismus in einer tiefen Geistphilosophie und einer platonisierenden Theologie.

e) Ein ganz neues menschliches Selbstverständnis begegnet uns in der *Offenbarung an Israel*, wo alles Menschliche vor dem einen Jahwegott als dem Herrn der Geschichte Israels und dem Schöpfer der Welt eine neue ethische und religiöse Note erhält, bis durch das Geheimnis des *Jesus von Nazareth* das Gottesverhältnis des Menschen und seine Zukunftshoffnung und damit seine Würde eine letzte und absolute Dimension erreicht. Dieses in der jüdisch-christlichen Offenbarung gegebene Menschenbild übersteigt das Maß des Menschen, weil es nur als göttliche Gabe und Teilhabe verstanden werden kann und weil selbst die Kleinheit des Menschen, die in seinem schuldhaften Nein zu Gott und seiner Welt gründet, als Gegenstand göttlicher Barmherzigkeit erscheint und dadurch das neue Bild von Gott, der die Liebe ist, bestimmt. Das Menschenschicksal ist in das Paradox von Kreuz und Auferstehung Christi (Paulus) eingebracht. – Schon das AT kennt vier Aspekte des einen großen Bildes vom Menschen: den bedürfigen Menschen – die fragende Person (näphäsch) – den hinfälligen Menschen – das schwache Fleisch (basar) – den ermächtigten Menschen, den von Gott erfüllten Geist (ruah) – und den vernünftigen, verstehenden und denkenden Menschen (lebab). (Vgl. H. W. Wolff, Anthropologie d. AT, München 1973).

f) Die ersten Theologen und Väter haben, wie die spätjüdischen Schriften und Paulus, Offenbarungswahrheiten und hellenistische Weisheit verbunden, und die Frage nach dem Menschen fand eine primär theologisch-heilsgeschichtliche Antwort, wobei gegenüber der Gnosis die Werthaftigkeit der Körperlichkeit und Welthaftigkeit des Menschen ausdrücklich hervorgehoben wurde. Augustinus entwickelte das Hauptthema christlicher Anthropologie bei neuplatonischer Verinnerlichung des Problems (vgl. De vera religione) die Frage nach dem Zueinander von Gnade und Freiheit, und die Mönchstheologien der Zeit (vgl. die Ordesregeln des Pachomius, Benedictus, Basilius, Augustinus) verbanden stoisch-aszetische Lehren (Gegensatz von Geist und Leib: vgl. Cassian, Coll. 4) mit christlichen Wahrheiten.

g) Daneben bildet sich eine besonders durch Galenus (129–200 n. Chr.) begründete medizinisch-physische Anthropologie heraus, die bei Laktanz († 317; De opificio Dei) und Nemesios von Emesa († 450; De natura hominis) und in der Zusammenfassung der großen griechischen Theologie bei Johannes von Damaskus (vgl. De fide orth. II 12) noch einen breiten Raum einnahm.

h) Die große Philosophie und Theologie des MA hat die einzelnen Fragen, die in der christlichen Tradition entfaltet worden waren, mit Hilfe der aristotelischen Philosophie im einzenen weiter systematisch ausgebaut, aber keine geschlossene Anthropologie geschaffen. In der großen Synthese bei Thomas von Aquin erscheinen neben einmaligen Einsichten auf dem Boden einer Seinsmetaphysik merkwürdige Mißverständnisse etwa in der Frage nach dem Wesen der Frau. Bedeutsam wurde in dieser Zeit die Verinnerlichung der anthropologischen Frage durch die deutsche Mystik des 14. Jahrhunderts (vgl. Meister Eckehart, Reden der Unterweisung – Das Buch der göttlichen Tröstung – Vom edlen Menschen: 1314–1320; H. Seuse: Exemplar Seuses 1360, von 1327–1338 entstanden; J. Ruysbroek, Zierde der geistlichen Hochzeit, um 1335). In dieselbe Zeit fällt der Anfang des Humanismus, wo F. Petrarca (1304–1374; De sui ipsius et multorum ignorantia) ein neues Menschenbild entwirft. Marquard von Lindau († 1392) schreibt seine noch mittelalterlich-augustinischen Betrachtungen De nobilitate creaturarum et hominis, denen G. Pico della Mirandola (1463–1494) ein Jahrhundert später sein aus dem Geiste der Renaissance geborenes Werk »Über die Würde des Menschen« folgen läßt, in dem der Mensch in seiner rätselhaften Größe (»Dem gegeben ist zu haben, was er wünscht, und zu sein, was er will«) aus der mittelalterlichen Verflechtung mit dem Kosmos herausgehoben erscheint. Aus christlichem und humanistischem Geist hatte bereits Nikolaus von Cues (1401–1464) den Menschen als Band des Alls (quasi nexus universitatis) und als einen humanus deus bezeichnet.

i) Bei aller christlichen Grundhaltung ist hier der Mensch aus sich selbst verstanden, wenn auch in Hinsicht auf Gott und das Universum. Dieser Ansatz ist jedoch nicht tragend geworden, da seit R. Descartes († 1650) nicht mehr in metaphysischer Weise nach dem Menschen selbst, sondern vielmehr nach dem Bewußtsein des Menschen gefragt wurde, was am Ende zu I. Kants († 1804) Untersuchungen in der »Kritik der reinen Vernunft« führte, so daß auch das erste Werk mit dem Titel »Anthropologie«, veröffentlicht von I. Kant 1798, nur zu einer Art Bewußtseinspsychologie und Charakterkunde des Menschen wurde. Nur Denker, die sich ausdrücklich außerhalb der Entwicklung der allgemeinen Philosophie stellten, haben das anthropologische Problem weitergetragen, so B. Pascal († 1662; vgl. Pensées) und J. G. Herder († 1803), letzterer vor allem in seinen »Ideen zur Philosophie der Geschichte der Menschheit«, die zur Zeit seiner Freundschaft mit Goethe entstanden (1783–1793), sowie in seinen »Briefen zur Förderung der Humanität« (entstanden nach 1793 als Neubesinnung auf das menschliche Sein nach den Greultaten der französischen Revolution). Die Aufklärung, zumal in Deutschland, hatte seit G. W. Leibniz († 1716: vgl. seinen Essais de Théodicée, 1710) immer mehr den Menschen als Glied der »Menschheit« zu verstehen und so eine Kulturanthropologie zu entwickeln versucht, und J. W. Goethe († 1832) hatte unter Einbeziehung auch der pantheistischen Ideen seiner Zeit in seinen Dichtungen Wesentliches zu diesem Thema gesagt. Die neue geistige Offenheit für das Fremde und Andersartige auch anderer Menschen und Völker hatte besonders seit der Goethezeit ein neues Verständnis von Menschheit und Geschichte hervorgebracht, das bereits bei A. Comte († 1857) und noch mehr bei L. Feuerbach († 1872) den Menschen als die Mitte eines atheistisch verstandenen selbstständigen Kosmos erscheinen ließ, so daß K. Marx († 1883) und seine Genossen den Menschen schlechthin zum »Schöpfer seiner Welt« machen konnten.

k) Diese untheologischen und eigentlich auch unphilosophischen (pragmatischen und materialistischen) Darstellungen der Anthropologie waren noch besonders gefördert worden durch eine »physikalische Anthropologie«, die im Anschluß an Descartes' Philosophie von J. F. Blumenbach (1752–1840) entwickelt worden war und vom Materialismus eines J. O. de la Mettrie (1709–1751) und P. H. d' Holbach (1723–1789) unterstützt, schließlich von Ch. Darwin (1809–1882) und Th. H. Huxley (1825–1895) weiterentwickelt wurde und vor allem die natürliche Abstammungslehre des Menschen und eine geschichtliche Völker- und Rassenkunde (W. Wundt, 1832–1920) hervorgebracht hat. Zusammen mit F. Nietzsches (1844–1900) Idee vom Übermenschen führten diese Lehren zum Rassenwahn des Nationalsozialismus.

l) Einen ersten genialen Wurf einer Zusammenfassung der wertvollen neuzeitlichen Versuche stellt die »Speculative Anthropologie« von C. Werner dar (München 1870), der den Menschen als sichtbares Weltwesen, als ethisches Vernunftwesen und in seinem konkreten Zeitdasein vorstellt – W. Dilthey (1833–1911) hat durch seine »Lebensphilosophie« die Psychologie und Geschichtswissenschaft in neuer positivistischer Weise zu verbinden gesucht und ist dadurch Ausgangspunkt für die neuen anthropologischen Versuche geworden, die M. Scheler († 1928; vgl. Zur Idee des Menschen,

1914; Vom Ewigen im Menschen, ²1923; Die Stellung des Menschen im Kosmos, 1928; Mensch und Geschichte, 1929) vorgelegt hat.

m) In dieselbe Zeit nach dem 1. Weltkrieg gehören: Th. Haecker, »Was ist der Mensch?« (Leipzig 1933), die Festschrift für F. Tillmann über »Das Bild vom Menschen« (Bonn 1934), die Arbeiten von J. Pieper »Über das christliche Menschenbild« (Leipzig 1936) und von H. Pfeil »Der Mensch im Denken der Zeit« (Paderborn 1938) sowie das große Werk von E. Brunner »Der Mensch im Widerspruch« (Stuttgart ⁴1937) und drei wichtige Neuansätze für die philosophische Anthropologie: F. Ebner († 1931; vgl. Das Wort und die Realitäten), ausgehend von einer einfachen Sprachphilosophie, und M. Buber († 1965) legen unabhängig voneinander die ersten Versuche für einen *»dialogalen Personalismus«* vor, der das Wesen des Menschen aus den verschiedenen geistigen Ich-Du-Beziehungen erhellen will; gleichzeitig stellt M. Heidegger (vgl. Sein und Zeit, 1927; Platons Lehre von der Wahrheit, 1942, und Brief über den Humanismus, 1946) seinen neuen *»Existentialismus«* zur Diskussion und K. Jaspers griff diesen Versuch im 2. Band seiner dreibändigen Philosophie (vgl. Existenzerhellung) auf; in Frankreich (G. Marcel, J. Sartre, A. Camus) wie in Italien (N. Abbagnano und E. Grassi) wurde dieses neue Denken in den folgenden Jahren in je verschiedener Weise weiterentwickelt. Vor allem die innere Geschichtlichkeit allen menschlichen Seins und Tuns wird hier deutlich gemacht, wobei freilich die Bindung aller menschlichen Personalanalyse an die metaphysische Seinsfrage (außer bei Heidegger und Marcel) weitgehend ausgeschieden wird. – Dazu kommen die wichtigen Einblicke in dieses Thema, die durch die große *»Tiefenpsychologie«* der Zeit (vgl. S. Freud, A. Adler, C. G. Jung, V. E. Frankl, L. Szondi) beigesteuert werden und die über das psychologische Anliegen wesenhaft zum anthropologischen Anliegen weiterführen.

n) Einen neuen Aufbruch erlebte die Anthropologie vor allem nach dem 2. Weltkrieg und dem Zusammenbruch des totalitären Systems in Deutschland. J. Bernhart veröffentlichte 1946 das Buch »Der technisierte Mensch«, J. Lacroix schrieb seine Artikel »Der marxistische Mensch« (Dokumente 4 [1948] 4–20, 108–117), die H. Tielicke mit seinem »Menschenbild des Marxismus« (Universitas 4 [1949] 257–266, 386–398) ergänzte, und H. de Lubac legte seine »Christliche Idee vom Menschen und das Ringen um einen neuen Menschen« (Dokumente 4 [1948] 20–32, 117–129, 176–189) vor. In den folgenden Jahren erschienen zahlreiche Werke über »Philosophische Anthropologie« (vgl. H. Plessner, 1928–1953; M. Landmann, 1955; J. Stürmann, 1952; H. E. Hengstenberg, 1957; H. Knittermeyer, 1963; J. Möller, 1967; E. Coreth, 1973). Daneben werden in immer neuen Ansätzen die Fragen nach dem Menschen in dieser Welt (vgl. A. Gehlen, 1940; A. Portmann, 1944; Th. Litt, 1956; R. Guardini, 1950) und die Fragen einer Kultur- und Sozialanthropologie (vgl. E. Rothacker, 1948; M. Landmann, 1961; A. Gehlen, 1963) sowie der physikalischen Anthropologie im Sinne Darwins (vor allem durch A. Heberer, 1960) weiter vertieft. Eine Anzahl neuer theologischer Versuche (E. Coreth, 1956; J. Endres, 1956; W. Pannenberg, 1964, und L. Berg, 1969), grundgelegt durch die Seinsfrage bei F. Ulrich (vgl. Homo abyssus, 1961) sowie mehr personalistisch in der Theologie K. Rahners und seiner Schule (vgl. MS II), werden vorgelegt.

o) Neue Perspektiven eröffneten sich für eine kosmische und theologische Anthropologie durch das Werk des französischen Jesuiten P. Teilhard de Chardin († 1955), das, seit seinem Tode freigegeben, außerordentliche Beachtung fand (vgl. H. Mynarek, Der Mensch, Sinnziel der Weltentwicklung, 1967; G. Gosztonyi, Der Mensch und die Evolution, 1968).

p) Eine neuartige theologische Anthropologie entwickelte K. Rahner (Vgl. Kl. K. Fischer, Der Mensch als Geheimnis. Die Anthropologie K. Rahners, Freiburg i. Br. 1973). Er geht davon aus, daß der Mensch als Ebenbild Gottes in seiner transzendentalen Tiefe des geistpersonalen Wesens »wesenhaft« auf Gott ausgerichtet sei, eine Ansicht, auf die auch seine Aussage von den »anonymen Christen« wie seine Lehre von der Gnade als »Selbstmitteilung Gottes« aufbaut (vgl. B. van der Heijden, K. Rahner. Darstellung und Kritik seiner Grundpositionen, Einsiedeln 1973).

II

Die hier vorgestellte kurze Geschichte der Anthropologie berücksichtigt nur das abendländische Menschenbild, das im wesentlichen aus dem Denken und der Lebenserfahrung Israels, der Griechen, der Römer und der germanisch-romanischen Völker entwickelt wurde und weitgehend der jüdischen, der christlichen und mohammedanischen Religion zugrunde liegt. – Ganz anders sieht das Menschenbild des chinesischen wie des indischen Kulturbereiches aus. Zur Weitung unseres eigenen Blickes und der Forderung unserer Zeit nach Weltoffenheit entsprechend, seien hier im Anschluß an die Darstellungen der chinesischen Anthropologie durch W. T.

Chan (S. 172–219) und der indischen Anthropologie durch P. T. Raju (S. 220–320; 393) aus dem Werk: The Concept of Man. A study in comparative philosophy, ed S. Radhakrishnan and P. T. Raju (London 1960; [2]1966), die Grundlinien dieser uns fremd und doch zur Ergänzung wesenhaft erscheinenden Menschenbilder vorgestellt.

a) *Zur chinesischen Anthropologie:* Wie die ganze chinesische Philosophie, so ist auch die Anthropologie in ihrer langen Geschichte großen Wandlungen unterworfen. Dennoch ist zu sagen: Die Anthropologie ist von Anfang an ein Zentralthema der chinesischen Philosophie, anders als etwa in der israelitischen oder griechischen Welt. Nach Konfuzius (551–479 v. Chr.) macht der Mensch die Wahrheit groß, nicht umgekehrt die Wahrheit den Menschen. Nach Mencius (372–289 v. Chr.) kann nur ein guter Mensch gute Gesetze machen, nicht aber machen gute Gesetze schon Menschen gut. Der Chinese denkt primär vom Menschen und von der menschlichen Gemeinschaft und vom Volke her, nicht von einem Weltverständnis aus. Die Welt erscheint immer als Funktion des Menschen, nicht umgekehrt. Auch die Kunst (Poesie wie Malerei) dient nicht der Darstellung der Welt, sondern gibt menschlichen Gefühlen auch in der Beschreibung der Natur Ausdruck, um durch immer bessere Gefühle immer bessere Menschen zu erzeugen. Im chinesischen Buddhismus wie im Konfuzianismus und selbst im Taoismus ist der Mensch das eigentliche Thema auch der Religion, nicht eine Gottheit. Auch die Geister stehen immer nur im Dienst des Menschen. Weltliche Tugend und menschliches Glück waren Ziel und Thema der Philosophie, der Kunst und der Religion. – Der Streit der Schulen war, was die Natur des Menschen sei und ob sie gut sei (wie Mencius vor allem betonte) oder ob sie weder gut noch schlecht sei (wie die spätere Chou-Periode lehrte oder ob sie gar schlecht sei (wie Hsün Tzu [238 v. Chr.] sagte) oder ob man die menschliche Natur mit dualistischen Lehren darstellen müsse (wie die frühere Han-Periode [206 v. Chr. – 9 n. Chr.] lehrte). Die folgende Periode der Wei- und Chin-Zeit (25–419 n. Chr.) unterschied drei Gruppen von Menschen: gute, neutrale und schlechte. In der nächsten Periode (618–907) standen sich die Han Yu- und die Li-Ao-Schule mit entgegengesetzten Meinungen über das gute oder böse Wesen des Menschen gegenüber. Erst der neue Konfuzianismus des MA brachte die Lehre vom Guten im Menschen wieder zur vollen Herrschaft: alle Menschen besitzen nach dieser Lehre das Tao oder Buddha-Natur, und alle Menschen können Yao und Shun sein, wie Mencius gelehrt. – Hier enstand vor allem das Problem: woher dann das Übel? Chang Tsai (1020–1077) erklärte, daß das Übel von den äußeren irdischen Mächten komme, die Form geben und dadurch die Einheit zerreißen und Vielfalt stiften. Es gibt zwei Arten von Übel: das eine, wo der eine gegen den anderen steht (Yin), und das andere, wo jeder Ausgleich fehlt (Yang). Vor allem der Neokonfuzianer Chu Hsi (1130–1200) hat diese Lehren entwickelt. Himmel und Erde seien einfache Prinzipien, die Dinge der Welt aber seien vielfältig und Quelle des Übels. Übel ist also ein natürliches, nicht ein moralisches Phänomen. Die erste Aufgabe ist darum, die physische Natur zu verändern. Durch Geistesbildung lernt der Mensch wieder Himmel und Erde kennen und kann so das Übel überwinden. Chang Tsai erklärte: Der Himmel ist mein Vater, die Erde meine Mutter, und alle Menschen sind meine Brüder. Um wieder zu dieser Überzeugung zu kommen, ist im Menschen selbst »die große Leere« von den Dingen notwendig. Um dazu fähig zu sein, muß der Mensch Liebe (Jen) haben, wie vor allem die Nachfolger von Chang entwickelt haben. Der Mensch ist Liebe, lautet die Grundlehre eines neuen Konfuzianismus. Liebe verlangt im Menschen Ernst, Freigebigkeit, Zuverlässigkeit, Eifer, Großmut. Ein Mensch der Liebe sieht Himmel und Erde und alle Dinge als ein einziges Wesen an (so vor allem Wang Yang-Ming, 1472–1529). Liebe ist hier wie Leben schöpferisch gedacht. Maßgeblich bleibt, daß der Ausgangspunkt und die Mitte dieses Alls in der Liebe der einzelne Mensch ist, weil der Mensch nur als Individuum existiert und der Mensch die Mitte ist. Die Frage nach dem Verhältnis vom Einen zum Vielen ist nicht, wie bei den Griechen, in abstrakter Weise, sondern ganz aus dem Menschen beantwortet. Der Mensch braucht das Viele, aber das Viele kann nur in ihm als Mitte Einheit finden, eben durch Jen, Liebe. So schafft der Mensch Einheit und Gemeinschaft nicht nur mit den Menschen, sondern auch mit Tier, Pflanze und Stein, mit der ganzen Natur und schließlich mit dem Himmel (Tien) oder dem Herren des Himmels (Ti), mit dem göttlichen Geist. Das Werk »Lehre der Mitte« faßt dies so zusammen (W. T. Chan, a.a.O., 215 f): »Nur der einzelne, der ehrlich zu sich selbst ist, kann seine eigene Natur zur Erfüllung entwickeln und dadurch kann er auch die Natur der anderen und damit die Natur der Dinge zur Erfüllung führen, und Himmel und Erde verwandeln und entwickeln und so mit Himmel und Erde eine Dreieinigkeit bilden.« Der Weg dazu ist die Entwicklung des eigenen Geistes und die Erforschung des Wesens der Dinge. Deutlich werden hier buddhistische, konfuzianische und taoistische Elemente ineinandergefügt (vgl. dazu: Die Philosophie Chinas, übers. v. R. WILHELM, [5 Bde.,] Düsseldorf 1928 ff. – A. H. FORKE, Die Gedankenwelt des chinesischen Kulturkreises, München 1927).

b) Die indische Anthropologie: Die Geschichte der indischen Philosophie reicht von den alten Veden über den Buddhismus, den Jainismus und die Nationalepen bis zu den bedeutenden Schulen Nyaya, Vaisesika, Sankhya, Yoga, Mimamsa und Vedanta, die zwischen 400 v. Chr. und 400 n. Chr. etwa entstanden sind. Im Grunde baut jedoch auch hier das Denken immer auf derselben Idee auf. Was in den vier Veden seit etwa 1600 v. Chr. vorliegt, bleibt Grundlage für die weiteren Gedanken: das Dharma, das rechte Handeln der Dharmasutras und das Brahma, das rechte Verständnis und Leben des höchsten Geistes in den Brahmasutras. Daneben bestand seit alter Zeit eine materialistische Richtung Carvaka, für die es weder Götter noch Ethik gab, die einfach forderte: der Mensch solle jeweils das Beste aus seiner Welt machen. Raju faßt die indische Anthropologie in folgenden Punkten zusammen: Der Mensch ist nach der ältesten Auffassung der Veden ein Pilger auf Erden und seine Aufgabe ist, die rechten Wege (Marga) zu suchen. Über Buddhismus und Jainismus hin wurden vor allem drei Wege entwickelt: der Weg der Erkenntnis (Yoga), der Weg der Gottesverehrung (Brahma) und der Weg der sittlichen Tat (Karma). Weg bedeutet hier nicht eine Bewegung von einem Punkt zum anderen, sondern das Fortschreiten des Menschen von außen nach innen. Leben ist Innerlichkeit des Menschen. Diese Innerlichkeit ist aber bestimmt von der Einheit des Menschen mit dem All, so daß Dharma und Karma, Wirken des Alls und Wirken des Menschen, zusammenfallen. In diesem Zusammenwirken wird Erlösung, was vor allem die verschiedenen Schulen des Buddhismus entwickelt haben. – Selbst bei den Materialisten gilt noch, wie bei allen anderen Schulen, als erste Aufgabe des Menschen: Erkenne dein Selbst, auch wenn dieses Selbst verschieden verstanden und gesucht wird. Das Selbst (Atman) ist mehr als bloß der Geist des Menschen (Buddhi). Für die meisten ist der Geist eine kosmische Wirklichkeit (vergleichbar dem griechischen Logos: Mahat) und darum höher als das menschliche Selbst. In diesem Fall ist Geist (Buddhi) nicht nur intellektuell, sondern zugleich ethisch und ästhetisch zu verstehen. Nur die Materialisten sehen darin eine bloße Ratio. Es gibt viele Unterschiede bei den Schulen. Aber für alle gilt: Erkennen ist Tugend. Erkennen bedeutet irgendwie in das

Erkannte verwandelt werden. Erkennen ist daher immer ein tief ethischer Vorgang. Das Ziel des Menschen ist nicht die Entwicklung der höchsten Persönlichkeit, sondern vielmehr dem überpersonalen Brahma nahezukommen und so sein eigenes Selbst zu verwirklichen. Personalität ist die Grenze zwischen dem menschlichen Selbstbewußtsein und dem Innersten des Herzens, aus dem unbewußt alles Leben strömt. Das innerste Streben aller indischen Anthropologie ist das Streben, das menschliche Ich und den Weg dieser Ich-Erfahrung zu erhellen. Das Ich-Selbst ist aber nicht mehr ein Prozeß menschlichen Innerlichwerdens, sondern die Innerlichkeit als Zustand. Dabei geht die philosophische Entwicklung immer mehr in der Richtung auf einen metaphysischen Idealismus und Monismus zu, in dem der Mensch in seiner Innerlichkeit (die immer mehr mit dem göttlichen Geist Brahma zusammengebracht wird) das eigentliche Zentrum ist. Die Grundelemente allen Seins sind Geist und Sinn, Leben und Materie, und zwischen diesen besteht in beiden Richtungen eine innere Entwicklung, von oben nach unten und von unten nach oben. Ziel der Ethik ist eine immer tiefere Realisierung des eigenen Selbst (Atman). Das bedeutet, daß das individuelle Ego in seinen äußeren Aktivitäten immer mehr überwunden werden muß. Dies gilt für alle Schulen in je verschiedener Weise. Diese Selbstverwirklichung bedeutet zugleich Erlösung. Dabei ist jeder Weg, der Weg der Erkenntnis (Jnana-marga), der Weg der Anbetung (Bhakti-marga) und der Weg des Handelns (Karmamarga) notwendig, und diese drei Wege sind unter verschiedenen Gesichtspunkten derselbe Weg, auch wenn die verschiedenen Zeiten und Schriften den einen oder anderen Weg mehr oder scheinbar ausschließlicher hervorheben. Wenn zwischen diesen Wegen eine Spaltung entsteht, hat dies nicht einen metaphysischen Grund, sondern kommt vielmehr von der Reife, bzw. Unreife des Menschen. – Um nun die materialistischen und die alten geistigen Philosophien auszugleichen, ist in neuerer Zeit die tiefste und letzte Folgerung aller Philosophie, nach der Einverleibung der materiellen Welt in den inneren Geist durch das Wissen zu streben. Dabei läßt sich dazu sagen: Leben ist die Innerlichkeit der Materie, Sinn ist die Innerlichkeit des Lebens, Geist ist die Innerlichkeit des Sinnes. Evolution und Involution gehören wie zwei Halbkreise zusammen, der Ausgang ist die Gottheit, das Ende ist das Sich-selbst-Sterben (Deity-Diety). – So ist der Mensch das privilegierte Geschöpf, das sich auf das Gottsein hin bewegen kann und sich zugleich in die erste Materie auflösen muß. Der Mensch ist die Integration des Alls (Cusanus würde sagen: coincidentia oppositorum, was er jedoch für die Gottheit allein beansprucht). Den Weg zu dieser Integration des Alls zu zeigen ist Aufgabe der Philosophie wie der Religion. Der Mensch muß mit seiner Welt, mit der Menschheit als Gesellschaft, mit dem göttlichen Geist durch verinnerlichende Evolution immer mehr eins werden, um so sein eigenes Selbst zur höchsten Vollendung zu führen. Erziehung bedeutet Entfaltung des Tiefsten im Menschen, wobei Objekt und Subjekt füreinander da sind und schließlich im Menschen identisch werden. – Der Westen würde dieses Denken gerne Pantheismus oder Theopanismus nennen. Zur Klärung dieser Sache wäre jedoch erst vom Gottesbegriff oder Gottesbild zu sprechen (vgl. dazu Rabindranath Tagore, Sadhana. Der Weg zur Vollendung, München 1921. – Ders., Persönlichkeit, München 1921. – H. v. Glasenapp, Indische Geisteswelt, Baden-Baden 1958). – H. Zimmer, Der Weg zum Selbst, Zürich 1944 [Düsseldorf 1974]. – Angesichts dieser mächtigen Entwicklung und der Vielfalt der Ausgangspunkte und Zielrichtungen der Anthropologie ist es notwendig, anschließend eine kurze Vorüberlegung über Grundlegung, Eigenart und Systematik dieser Lehren anzustellen.

§ 20 *Vorüberlegungen zur Grundlegung, Eigenart und Systematik der Anthropologie*

J. Stürmann, Systematische Anthropologie, München 1952, ²1957. – H. Knittermeyer, Grundgegebenheiten des menschlichen Daseins, Darmstadt 1963. – J. Möller, Zum Thema Mensch, Mainz 1967. – M. Landmann, Philosophische Anthropologie, Berlin ³1969. – E. Coreth, Was ist der Mensch? Grundzüge einer philosophischen Anthropologie, Innsbruck 1973.

I.

Der Mensch ist nicht nur die Wirklichkeit in dieser Welt, die als Gegenstand unserer Außenwelterfahrung uns im Mitmenschen begegnet. Vom Menschen können wir als Menschen vielmehr nur im eigentlichen Sinne sprechen, insoweit wir unser eigenes Menschsein erfahren, verstehen, erkennen und verwirklichend leben. Das Entscheidende in diesem Selbsterkenntnisprozeß aber ist, daß wir uns dabei nicht als Gegenstand unserer Erfahrung erfassen, sondern vielmehr uns nur in unseren Erfahrungen und in unserem Selbstvollzug »miterfahren«: unser Ich ist nicht Gegenstand unserer

Innenerfahrung, sondern vielmehr in allen unseren Innenerfahrungen miterfahren.

1. Im philosophischen Bereich der natürlichen Erkenntnis müssen wir nun feststellen, daß der Mensch nur als »Beziehungswirklichkeit von einmaliger Art« sich selbst erfahren und verstehen kann. Wir fassen diese einmalige Art des Seins, wie sie dem Menschen eignet, heute gewöhnlich in dem Begriff »Person«. Indem wir die bisher in der philosophischen Anthropologie thematisch gewordenen »Bezüge« dieser Beziehungswirklichkeit aufzuzeigen und zusammenzuordnen suchen, wollen wir hier die Grundlegung, Eigenart und Systematik unserer Anthropologie wenigstens skizzenhaft sichtbar machen. Es mag dies als ein Versuch gelten, der dem heutigen Stand der Anthropologie entspricht, auch wenn er freilich nicht Anspruch auf Vollständigkeit und schlechthinnige Alleingültigkeit machen kann.

a) Der erste Bezug, den der Mensch selbst als Wesensbezug erfährt, ist sein *»Existieren«*, d. h. die Tatsache, daß er sich nicht als Sache, sondern nur im Selbstvollzug erfährt, in seinem Erfahren, Fühlen, Denken, Wollen sich als erfahrendes, fühlendes, denkendes, wollendes »Ich«, als empfangendes oder setzendes Zentrum all dieser Akte miterfährt (vgl. M. Heidegger).

b) Der zweite, damit unmittelbar gegebene Bezug ist der *»Weltbezug«*, in dem das Existieren des Menschen sich vollzieht. Welt ist allgemein der umfassende Wirklichkeitsraum, der gegenüber dem miterfahrenen Ich als das erfahrene Nicht-Ich erscheint und vom Menschen als »Sache« gekennzeichnet, im strengen, wissenschaftlichen Sinne zur Sache gemacht werden kann. Der »Mensch-in-Welt« ist das der Sachlichkeit fähige, das zur Entscheidung für oder gegen die Sachlichkeit verpflichtete Wesen in dieser Welt (vgl. H. E. Hengstenberg).

c) In diesem Weltbezug erfährt der Mensch mit, daß er nicht als notwendiges Glied, sondern als immer *»freier Faktor«* in diesem Bezug steht, auch wenn die sachliche Sachlichkeit Notwendigkeitscharakter für ihn erhält. In dieser Fähigkeit und Verpflichtetheit zum *freien Vollzug* weiß sich der Mensch als Wesen der »Entscheidung«, als schöpferisches Wesen. Die Mannigfaltigkeit der möglichen Gestalten selbst logischen Denkens (vgl. N. Rescher, Topics in Philosophical Logic, Dordrecht 1968) hat hier ihre Wurzel. Die Grundlinien einer Kultur- und Sozialanthropologie sind von hier aus zu entwickeln.

d) Vor diesem Weltbezug, in dem der Mensch als freier Faktor steht, erfährt er sein eigenes Wesen in der *Dualität von Objekt und Subjekt*, insofern er durch seinen Leib, mit dem er ein Teil der Welt ist, und durch seine Geistseele, mit der er sich der Welt gegenüber als Subjekt erlebt, sowohl unter dem Vorzeichen des »ich habe« wie auch unter dem Vorzeichen des »ich bin« sein erfahrbares Wesen frei besitzen kann (G. Marcel). Diese »dialektische Freiheit« eben gegenüber seinem Leib und seiner Geistseele läßt ihn sein eigenes Ich als »Zentrum eines freien Bezugssystems« erleben und verstehen.

e) Mit diesem Erlebnis des eigenen »Ich als Freiheit« eröffnen sich dem menschlichen Erkennen neue Möglichkeiten menschlicher Selbstdeutung und Selbstgestaltung (vgl. M. Landmann), *Selbstfindung*, Selbstwerdung und Selbstverwirklichung ebenso wie Selbstentfremdung und Verfehlung seiner selbst. Allgemein wird hier der Bezug der verschiedenen miterfahrenen Ich-Bezüge zum denkerischen Erfassen des »Selbst« als der Identität der Person eröffnet.

f) Von diesem so rudimentär erfaßten »Selbst« aus erschließen sich neue Bezüge, die das Selbst in neuer Weise mitbegründen: es sind dies alle jene geistig-personalen Bezüge, die uns in der Philosophie von »transzendieren« sprechen lassen. Der Mensch erfährt sich als nicht nur zum Nichts und zum Unendlichen offenes, sondern auch als ein auf das »Sein« des Seienden, auf die »Ideen« der kategorialen Wirklichkeiten, auf ein »Absolutes« hinter oder über allem Konkreten ausgerichtetes Wesen. In der unmittelbaren oder gläubigen Intentionalität auf eben diese transzendentalen Wirklichkeiten erlebt der Mensch im eigenen Wesen irgendwie die Identität von Subjekt und Objekt und damit sich in neuer Weise als selbstidentische Person.

g) In einer ganz neuen und noch tieferen Weise erfährt der Mensch diese seine Wesenseigentümlichkeit als Person und seine Selbstidentität in dem einmaligen Bezug, den er als *Person mit anderen Personen* aufnehmen und vollziehen kann, in allen Formen menschlicher Gemeinschaftsfähigkeit und Gemeinschaftsgebundenheit durch Sprache und Liebe und Leben. Die verschiedenen Erkenntnisse einer echten Gesellschafts- oder Sozialanthropologie haben diesen Bezug, die sich darin eröffnende Selbsterfahrung und das damit gegebene Selbstverständnis des Menschen und die damit verknüpfte Forderung zur Selbstverwirklichung aufzuzeigen (vgl. F. Ebner; M. Buber). Hier wird rudimentär jene Gestalt von »Selbständigkeit« (*Subsistenz*) im Menschen als Person deutlich, die neben der *»Eksistenz«* und der Fähigkeit zum allmenschlichen Dialog (*»communicatio«:* K. Jaspers) das letzte und tiefste Strukturelement menschlicher Personalität darstellt.

2. Auf diesem philosophischen Befund kann Theologie als Glaubenswissenschaft aufbauen, wenn sie dem Menschen sein existentielles Verhältnis zu seinem lebendigen Gott, wie er es im religiösen Leben vollzieht, als Glaubenswahrheit zu erhellen sucht. – Der entscheidende Unterschied dieser theologischen Anthropologie gegenüber der philosophischen zeigt sich darin, daß vor dem absoluten personalen Wesen des »lebendigen Gottes« der Mensch sich nicht mehr nur als Beziehungswirklichkeit erfassen kann, sondern auch gläubig als Gegebenheit, als selbständige Seinswirklichkeit verstehen muß, die jedoch weiß, daß sie nur ist, weil Gott ist und weil Gott sie geschaffen hat und erhält, daß sie aber auch wirklich ist, weil Gott ist. Wo nicht vom »lebendigen Gott«, sondern vom Gottesbild oder Gottesbegriff die Rede ist, also in einer philosophischen, nicht in einer theologischen Theologie, ließe sich davon sprechen, daß *»Theologie gleich Anthropologie«* wäre. Wo echte Theologie vom lebendigen Gott spricht, der immer nur unverfügbarer Gegenstand menschlichen intentionalen Suchens in Erkennen und Lieben sein kann, wird der Mensch wirklich zum im Glauben erfaßten Gegenstand, so wie Gott die im Glauben erfaßte absolute Wirklichkeit ist. Weil hier alles, was ich bin und was ich habe, von dem lebendigen Gott stammt, muß mein Ich, das seinem Leib und seiner Seele in diesem Ich-habe und Ich-bin gegenübersteht, zu einem selbständigen Gegenstand (»Subsistierende Substanz«) in meinem Verständnis werden. An anderer Stelle sei diese Aussage, mit der sich die hier gebotene theologische Anthropologie von der Konzeption des Handbuchs Mysterium Salutis (II 406–420: K. Rahner) unterscheidet, näher dargetan.

II.

Von diesem kurzen Versuch her, einen Zugang zur philosophischen Anthropologie zu finden, läßt sich ein Schema für eine systematische Behandlung des Stoffes in einer Theologischen Anthropologie vorlegen. Dieses Schema hat nicht nur auf die Aussagen der Schrift, sondern auch auf die bisher in der Theologiegeschichte behandelten einschlägigen Probleme Rücksicht zu nehmen, insofern in ihnen, wenn auch in einem jeweils geschichtlichen Gewand, allgemein menschliche Fragen aufscheinen, die sich wegen der gleichbleibenden menschlichen Schwächen und Begierden immer wieder zeigen. So sei hier versucht, das ganze Sachgebiet, wie oben (S. 192) angezeigt, vorzustellen.

2. *Kapitel*
WEGE ZUM VERSTÄNDNIS DES PHÄNOMENS »MENSCH« IN DIESER WELT

Wenn hier in einer theologischen Anthropologie vom »Phänomen Mensch« die Rede ist, soll damit nur zum Ausdruck gebracht werden, daß zunächst die Grenzen für die weitere Betrachtung des Menschen abgesteckt werden sollen, Grenzen, die freilich bereits entscheidende theologische Aussagen enthalten müssen. Wir versuchen hier, die zwei äußersten Grenzen zu bestimmen: zuerst fragen wir nach der irdischen Herkunft des Menschen (§ 21), um dann die biblischen Aussagen von der »Gottebenbildlichkeit des Menschen« zu bedenken (§ 22). Anschließend mag eine kurze Besinnung auf die in der scholastischen Philosophie vorgelegten Wege zum Verständnis des Menschen (§ 23) die wichtigsten Einstiegsversuche einer metaphysischen Anthropologie vorlegen.

§ 21 *Die irdische Herkunft des Menschen: Abstammungslehre (Die naturwissenschaftlichen Aussagen und die biblischen Schöpfungsberichte)*

J. Ternus, Die Abstammungslehre heute, Regensburg 1949. – A. Portmann, Die Zoologie und das neue Bild vom Menschen, Hamburg 1956. – P. Overhage-K. Rahner, Das Problem der Hominisation. Über den biologischen Ursprung des Menschen (QD 12/13), Freiburg i. Br. ²1963. – G. Heberer, Die Herkunft des Menschen, in: Vom Ursprung der Arten, Hamburg 1969 (RoRoRo), 130–150. M. Hermanns, Der Mensch. Woher-Wohin?, Paderborn 1971 (Vom Anthroposinstitut, St. Augustin, Siegburg). – Neue Anthropologie, hrsg. von H. G. Gadamer-P. Vogler. Bde. 1–2: Biologische Anthropologie (dtv-WR 4069/4070), Stuttgart 1972. – Béla Weissmahr, Gottes Wirken in der Welt. Ein Diskussionsbeitrag zur Frage der Evolution und des Wunders, Frankfurt a. M. 1973.

Der Mensch erscheint in dieser Welt zuerst als ein Lebewesen, das wie andere Lebewesen in einer lebendigen Generationenreihe steht. Die erste Frage muß darum sein, wo und wie diese Generationenreihe beginnt. Vordergründig stehen sich hier zwei Ansichten gegenüber: Die Offenbarung spricht von einer besonderen Schöpfung des Menschen durch Gott, die sich von der Erschaffung aller anderen Wirklichkeiten durch Gott unterscheidet. Die Naturwissenschaft, die einzig von der Gegebenheit der Welt ausgehen kann, sucht den Anfang der menschlichen Generationenreihe im Rahmen der Gesamtevolution der Welt und zumal der Lebewesen dieser Welt sichtbar zu machen. Vielerlei Probleme ergeben sich daraus für die Theologie, welche die Schrift als erste Quelle ihrer Aussagen nicht gültig interpretieren kann, wenn sie nicht das Weltbild der Schrift mit dem modernen Weltbild konfrontiert. Wie alle Schriftoffenbarung nur im Weltbild der Entstehungszeit der Schrift gegeben ist, so kann auch für die Jetztzeit dieselbe Offenbarung nicht ausgesagt werden ohne Berücksichtigung des heutigen Weltbildes. Alle Offenbarung kommt vom lebendigen ewigen Gott und meint den lebendigen Menschen jeweils in seiner Zeit.

1. In der Schrift erscheint der Mensch, wie alles andere, als Geschöpf Gottes, wobei der einmaligen Stellung des Menschen in der Welt auch ein Bericht über eine einmalige Art der Erschaffung des Menschen durch Gott entspricht. Der *Jahwist* schildert noch nach der Vorstellung des babylonischen Kulturkreises die Schöpfung des Menschen so: »Da bildete Gott der Herr den Menschen aus dem Staub des Feldes und blies in seine Nase den Odem des Lebens. So ward der Mensch zu einem lebendigen Wesen. Darauf pflanzte Gott der Herr einen Garten in Eden gegen Osten und versetzte dorthin den Menschen, den er gebildet hatte« (Gen 2,7 f). – Der Mensch erscheint als erstes von Gott selbst gestaltetes Geschöpf, und für ihn wird die übrige Welt ausgestaltet. – Anders stellt der Verfasser des *Priesterkodex* die Schöpfung des Menschen durch Gott dar: Nachdem die großen Scheidungen zwischen Licht und Finsternis, Himmel und Erde, Meer und Land geschehen, erschafft Gott durch sein befehlendes Wort zuerst die Vegetation auf Erden, dann die Gestirne am Himmel und die Tiere im Wasser, in der Luft und auf Erden, um zum Abschluß und feierlicherweise den Menschen als Statthalter Gottes in diese so geschaffene und gestaltete Welt zu stellen: »Dann sprach Gott: Laßt uns Menschen machen als unser Abbild gemäß unserer Ähnlichkeit. Sie sollen herrschen ...

So schuf Gott den Menschen als sein Abbild; nach Gottes Bild schuf er ihn, als Mann und Frau schuf er sie« (Gen 1,26 f). – Der Verfasser, der nach dem Weltbild und in der Denkweise Ägyptens (schaffen durch das Wort: wie der Gott Ptah in Memphis: vgl. H. Bonnet, Reallexikon der ägyptischen Religionsgeschichte, Berlin 1952, 614–619) die Erschaffung des Menschen, der Spitze der Welt und Herr der untermenschlichen Geschöpfe ist, schildert, läßt dieses größte Werk der göttlichen Allmacht und Liebe als Abschluß der Weltschöpfung am sechsten Schöpfungstag geschehen (vgl. oben zum Schöpfungsbericht § 2). Ps 8 wie Sir 17 greifen diese Aussagen der P-Offenbarung wieder auf. – Der Bericht über die Erschaffung des Menschen will nur die besondere Wirklichkeit des Menschen und seine einmalige Stellung in der Welt kennzeichnen; das Charakteristikum des »Geschaffenseins durch Gott« kommt aber nicht nur dem Menschen, sondern allem zu, was ist, außer Gott. – Primär ist in dieser Aussage nicht etwas Besonderes über die Welt ausgesagt, sondern vielmehr über Gott, dessen absolute Allmacht und Herrlichkeit eben in seinem Schöpfertum, zumal im Bericht des P, zum Ausdruck gebracht werden soll, und über die besondere Stellung des Menschen in dieser Welt.

2. Die Naturwissenschaft, die auch die Natur nur als Gegebenheit, nicht als Schöpfung, zu betrachten hat, kam zu dem heute wohl eindeutigen Ergebnis, daß der Mensch in den Zusammenhang der Tierwelt, besonders bestimmter Säugetierarten gehört (wie auch P die Tiere und die Menschen am selben sechsten Tag von Gott erschaffen sein läßt). Nachdem seit der Aufklärung immer mehr die verschiedenen Wirklichkeiten, zumal die Lebewesen dieser Erde, gesammelt und hinsichtlich formaler Merkmale systematisch geordnet worden waren, hat seit dem 19. Jahrhundert die Paläontologie, die für fossile Funde, entsprechend den Erdschichten, in denen sie gefunden werden, Altersangaben machen konnte, deutlich gezeigt, daß der Entwicklungsgedanke nicht nur magisch, auch nicht nur logisch sondern empirisch begründet sei. Nach A. R. Wallace (1823–1913; sein Werk 1858 veröffentlicht) hat Ch. Darwin (1809–1882) durch sein Hauptwerk über den »Ursprung der Arten aufgrund der natürlichen Zuchtwahl oder der Erhaltung der begünstigten Rassen im Kampf ums Dasein« (1859) dem Entwicklungsgedanken, auch in der Frage nach der Abstammung des Menschen, zum Durchbruch verholfen. 1871 hat er in dem Werk »Abstammung des Menschen« seine Gedanken dazu endgültig formu-

liert. Die folgenden hundert Jahre (vgl. Hundert Jahre Evolutionsforschung, hrsg. von G. Heberer, Stuttgart 1960), vor allem aber die letzten dreißig Jahre haben durch ihre großen Funde an fossilen Resten aus der prähumanen und humanen Zeit diese Lehre verfestigt, so daß Heberer in seiner neuesten Darstellung (vgl. Der Ursprung des Menschen, Stuttgart 1969, 15) diese einen »Versuch« nennen kann, »dem allerdings, soweit seine allgemeinen Züge in Betracht kommen, bereits ein hohes Maß von Wahrscheinlichkeit innewohnt, so daß mit seinem grundsätzlichen Wahrheitsgehalt gerechnet werden darf, und der auch in manchen Einzelzügen wohlbegründet ist.« – Vielleicht schon im Oligozän, sicher aber im frühen Miozän (also etwa vor 25 Millionen Jahren) hat sich demnach in der Entwicklung der Säugetiere ein eigener Stamm herausgebildet (die Hominiden), aus dem nach vielleicht acht Millionen Jahren Übergangszeit vom Tierischen (Menschenaffen) zur menschlichen Erscheinungsform seit etwa einer Million Jahren der Mensch in der Erdgeschichte hervorgetreten ist. Der Homo sapiens in unserem heutigen Kulturverständnis ist seit etwa 60 000 Jahren, d. h. seit der vierten Zwischeneiszeit deutlich zu fassen. Für die Festlegung, ob fossile Funde (meist nur in versteinerter Form) dem Menschen oder einem Menschenaffen zugehören, sind heute vor allem die Zahnbildung sowie die Gestalt des Beckenknochens (aufrechter Gang!) neben anderen Merkmalen maßgeblich. – Neben den schon bei Darwin und Haeckel herausgestellten Entwicklungsfaktoren Selektion, Isolation und Akkomodation wurde in neuerer Zeit vor allem der Mutation (der Gene) mehr Bedeutung zugesprochen. Ob daneben ein teleologisches Prinzip für die große Mannigfaltigkeit der Lebewesen mit verantwortlich gemacht werden muß, darf als kontrovers gelten. – Da die Abstammungslehre den ganzen Menschen betrifft, ist sie nicht nur ein naturwissenschaftliches, sondern auch ein philosophisches und schließlich ein theologisches Problem, welch letzteres noch näher erörtert sein soll.

3. Zunächst ist festzuhalten, daß der Mensch nicht nur graduell und qualitativ, sondern radikal und prinzipiell vom Tier verschieden ist. Die Schriftoffenbarung bringt diese Wahrheit dadurch zum Ausdruck, daß sie von einer eigenen und einmaligen Schöpfung des Menschen durch Gott (s. oben Nr. 1), von dem einzig dem Menschen gegebenen Kulturauftrag Gottes und der damit gegebenen Herrschaft über alle Lebewesen (»Macht euch die Erde untertan«; Gen 1,28; Ps 8,6–9; Weish 9,2; 10,2; Sir 17,2) und schließlich von

der einmaligen Fähigkeit des Menschen zum Dialog mit Gott (vgl. die Darstellung des Jahwisten Gen 3,9–13; 4,9–15; Ex 3,7–15) spricht.

a) Gemäß dieser Darstellung ist der Mensch an einem bestimmten Punkt in Raum und Zeit aufgetreten, und es ist bei allen einzelnen Funden notwendig zu unterscheiden, ob sie einem Menschen oder einem Tier zugehören. Eine Aussage, »halb Tier, halb Mensch«, wie sie in magischen Fabelwesen erscheint, ist nicht möglich (diese Fabelwesen, wie die Kentauren [vgl. Ovid, Met. 12 210–535] u. a., sind Personifizierungen von Naturkräften: einen Mythos von einer Entwicklung des Menschen aus der Tierwelt gibt es bei keinem Volke).

b) Die Menschheit bildet demgemäß notwendig eine geschichtliche Gattungseinheit, unabhängig von der Frage, ob sie als ganze auf ein einziges erstes Menschenpaar zurückzuführen ist (Monogenismus), wovon eingehend im Zusammenhang mit der Lehre von der Erbsünde (vgl. unten § 47) zu handeln ist. Allgemein ist nur zu sagen, daß zumal der Schöpfungsbericht des Jahwisten die Offenbarungswahrheiten in einer zeitbedingten Einkleidung vorstellt. Diese Einkleidungen können als solche zu einem Teil erst festgestellt werden, wenn die wissenschaftlichen Einsichten dazu die notwendigen Grundlagen geben. Wenn die naturwissenschaftliche Abstammungslehre eindeutig dartun kann, daß die Entwicklungsreihe des Menschen nicht mit einem einzigen Paar beginnen kann, sondern mehrere derartige Entwicklungen gleichzeitig anzunehmen sind, ist die Erschaffung eines einzigen Menschenpaares am Anfang (Gen 1,26 f) als zeitbedingte Einkleidung zu werten, so wie die Erzählung über die Erschaffung der Frau durch den Jahwisten (Gen 2,21 f) schon heute durch die Darstellungsweise sicher als Einkleidung erwiesen ist.

c) In neuerer Zeit haben namhafte Biologen darauf hingewiesen, daß, vor allem von der Verhaltensforschung her gesehen, der Mensch nicht als ein gewöhnliches Glied in der Entwicklungsreihe der Tierwelt erscheint, sondern vielmehr als »einmaliger Wurf der Natur«, als »Sonderfall« in der Entwicklungsreihe anzusehen ist (vgl. A. Gehlen, Der Mensch. Seine Natur und seine Stellung in der Welt, Bonn [4]1950. – A. Portmann, Die Zoologie und das neue Bild vom Menschen, Hamburg 1956 (RoRoRo). – Von der Chromosomenforschung her kommt J. Lejeune (seit 1964 Fundamentalgenetiker, Paris) zu der Feststellung: »Wie man das Problem auch wenden mag, es scheint, daß die progressive Evolution durch darwin'sche

Variation schwer vereinbar mit den Tatsachen ist. Diese Tatsachen zwingen vielmehr anzunehmen, daß der Karyotyp (alle Chromosomen des Chromosomentyps unserer Art) der Menschen, so wie wir ihn heute kennen, ursprünglich in einer sehr begrenzten Gruppe, ja bei einem einzigen Paar in Erscheinung getreten ist, und sich deshalb von da an behauptet hat, weil er die beste Lösung darstellt ...« (J. Höffner – F. Inciarde – J. Lejeune, Die Herausforderung der vierten Welt, Köln 1973, 45).

4. Eine Zusammenschau der naturwissenschaftlichen Entwicklungslehre, die den Menschen in eine kontinuierliche Reihe mit den Menschenaffenarten (Hominiden) bringt, und der biblischen Schöpfungslehre, die den Menschen unmittelbar aus Gottes Schöpferhand hervorgehen läßt, wirft vielerlei Fragen auf, die durch folgende Überlegungen erhellt werden können:

a) Es ist nicht möglich, wie es noch in neuester Zeit, etwas nach 1920, versucht wurde, diese beiden Erklärungsversuche für die Herkunft des Menschen dadurch zusammenzufügen, daß man den Leib des Menschen in die Entwicklungsreihe der Hominiden aufnimmt, während man den Ursprung der Seele dann allein einem einmaligen Schöpfungsakt Gottes zuweist (vgl. J. Kälin). Das würde eine Scheidung in zwei selbständige Bestandteile (Leib und Geistseele) bedeuten, die dem rechten Verständnis vom einheitlichen leib-geistigen Wesen des Menschen nicht gerecht wird.

b) Das rechte Verständnis für den Zusammenhang von Schöpfung und Entwicklung muß von einer tieferen Einsicht vor allem in den Schöpfungsgedanken ausgehen. Die moderne Atomphysik hat, wie oben (vgl. § 6) gezeigt wurde, dazu geführt, den Schöpfungsakt nicht mehr nur makrokosmisch von außen zu verstehen, so daß der Schöpfergott und die geschaffene Welt gewissermaßen für das menschliche Denken und Vorstellen wie zwei selbständige Größen sich gegenüberstehen. Das mikrokosmische Verständnis der Natur aus ihrer atomaren Struktur heraus kann das Geheimnis Gottes viel besser einbringen, wenn es den Schöpfungsakt in der Weise verdeutlicht, daß Gott von innen her alles schafft, was er schafft: der Schöpfergott ist jeder geschaffenen Sache demgemäß innerlicher (transzendent innerlicher), als die Sache sich selbst sein kann (vgl. dazu die Entstehung der Welt aus dem Ionenpaar, das sich mit Lichtgeschwindigkeit ausdehnt, in der Theorie von P. Jordan). Demgemäß wäre das Werden des Menschen nach dem Schöpfungsbericht und der Entwicklungslehre etwa durch folgende Gedankengänge in Einklang zu bringen: Gott hat die Welt nicht als eine fertige, sondern als eine entwicklungsfähige Wirklichkeit geschaffen; zu den in die Weltwirklichkeit hineingelegten Entwicklungsmöglichkeiten kommt jeweils die Wirklichkeit des lebendigen Schöpfergottes als Erhalter der Welt und Herr der Geschichte. Dieses Zueinander umfaßt nicht nur die materielle und lebendige Wirklichkeit des Leibes, sondern ebenso die lebendige und geistige Wirklichkeit der Seele; der jeweilige Anteil dieser Faktoren bei der Entwicklung des Menschen läßt sich ebensowenig getrennt angeben, wie Wissen und Glauben im christlichen Verständnis zu trennen sind, auch wenn sie unterschieden werden müssen. Das besondere Geheimnis des Menschen als einer freien geistigen Person ließe sich als ein Erwachen der Geistfähigkeit im Menschen durch den einmaligen personalen Anruf Gottes, den der Mensch in der Kraft dieses Anrufes personal beantworten kann, deutlich machen (vgl. Ratzinger, Schöpfung und Evolution, in: »Dogma und Verkündigung« [München 1973] 147–160). – Dennoch bleibt das einmalige Ereignis des Wirkens Gottes in der Entwicklung des Menschen aus dem Tierreich von dem Mitwirken Gottes bei der Entstehung des Menschen in seiner Geburt (hier spricht die Kirche von Kreatianismus: vgl. unten § 29, 2) grundlegend verschieden. Der Unterschied wird für das theologische Denken klarer, wenn er mit dem Verhältnis verglichen wird, das zwischen der einmaligen Gottessohnschaft des Jesus von Nazareth und der durch ihn begründeten möglichen Gotteskindschaft aller anderen Menschen, oder zwischen der einmaligen Verklärung Christi in seiner Auferstehung und der Auferstehung aller Menschen am Ende der Zeiten besteht.

c) Dabei ist zu bedenken, daß der Begriff der *Entwicklung* nicht eindeutig ist. Entwicklung meint nicht nur Entfaltung von Vorhandenem, sondern vielmehr Entstehung von Neuem innerhalb einer eindeutigen Ordnung. So wurde das Wort im 19. Jahrhundert primär von der organischen Naturforschung für biologische Entwicklung gebraucht als »Erklärungsversuch für die so schwer faßbare Formveränderung der Pflanzen und Tiere«. Die Evolutionslehre war hier ein Arbeitsprinzip für die Deutung der »von der Fossilkunde so eindrucksvoll aufgezeigten Sukzession von Tier- und Pflanzenformen« (vgl. A. Portmann, Die Zoologie und das neue Bild vom Menschen, 21 ff). Daneben kennt A. Portmann schon das ganz andere, neue Verständnis von Entwicklung in der historisch gerichteten Forschung: hier meint das Wort Entwicklung Kulturentwicklung durch die freie Tat des Menschen (vgl. Entwicklungshilfe!). In unserer Zeit (1966) hat Huxley darauf hingewiesen, daß der gewaltigste Entwicklungsschritt wohl von der anorganischen Welt zur organischen, also im Auftreten des ersten Lebens überhaupt zu sehen ist. Eine vierte Sinndeutung des Wortes Entwicklung könnten wir im Gebrauch dieses Wortes durch P. Teilhard de Chardin sehen: Seine Überlegungen über die Zukunft des Menschen (Entwicklung auf den Punkt Omega hin: vgl. Der Mensch im Kosmos, München 1965, 261–281, und: Die Richtungen und Voraussetzungen der Zukunft, in: Die Zukunft des Menschen [Werke V], Olten 1963, 297–311) haben Entwicklung zu einem eschatologischen Begriff gemacht, in dem die Teleologie neben der Kausalität wirksam ist. – In ähnlicher Weise nennt neuestens R. Bachmann (Neue Anthropologie, Bd. 1, Stuttgart 1972, 195–229) das Entwicklungsgesetz ein »heuristisches Prinzip« (nicht naturwissenschaftliches Gesetz), das neben der materialistisch-mechanischen Kausalkomponente (Darwin, Heberer) auch die idealistisch-morphologische (Goethe, Carus) und eine teleologische Komponente bedenken muß. Letztere ist vor allem maßgeblich für die »Richtung« der Entwicklung, die aus der mechanischen »Kausalität« allein nicht erklärt werden kann. (Bachmann weist auf die Bedeutung dieser Einsicht für das Selbstverständnis der ärztlichen Tätigkeit besonders gegenüber dem werdenden und sterbenden Leben hin.)

5. Die Frage nach der irdischen Herkunft des Menschen führt notwendig zur Frage nach dem *Alter der Menschen.* Die Zahlen der Bibel sind Phantasiezahlen, die der gläubigen Interpretation der Geschichte Israels aus der Zeit der Entstehung dieser Schriften dienten. Der hebräische Text gibt 4 145, der griechische Text 5 256 Jahre an (der Unterschied ist durch die Verderbnis einzelner Buchstaben als Zahlzeichen zu erklären). Nach dem gegenwärtigen Stand der Forschung läßt sich die Geschichte des Menschen etwa wie folgt rückwärts verfolgen: Eisenzeit bis 1200 v. Chr., Bronzezeit bis 2000, junge Steinzeit bis 4000, mittlere Steinzeit bis 9000, Magdalenienzeit (La Madelaine, Dep. Dordogne) bis 20000, junges Paläolithikum bis 60000. Von besonderer Bedeutung wurden die Funde des Homo Pekinensis und die zahlreichen Funde in Afrika (nördlich von Johannesburg 1936: mehr als einhundert Skelette von affenähnlichen Wesen mit einem Gehirngehalt von 600 bis 800 ccm, die selbstgefertigte Werkzeuge bei sich hatten). Man nimmt heute an, daß das erste Auftreten des Menschen in das Pleistozän, also Ende des Quartärs, fallen würde, etwa 600000 bis eine Million Jahre

vor unserer Zeitrechnung. Die Entwicklung wird nicht mehr als einlinig-kausale Entwicklung gesehen, sondern vielmehr wird jeder Entwicklungswirklichkeit eine eigene Gesetzlichkeit in der Ordnung und Richtung zugesprochen. So ist auch mit dem kleinen Gehirn eine echte menschliche Intelligenz zur Herstellung von notwendigen Werkzeugen vereinbar (vgl. LThK 1 (1957) 382–385: Alter der Menschheit: J. Kälin).

6. Drängender als die Frage nach der Herkunft des Menschen ist heute die Frage nach der *Zukunft des Menschen,* die durch die chemische Analyse der Erbfaktoren und die damit mögliche Steuerung der Vererbungsvorgänge zu einer neuen Aufgabe für die Menschen geworden ist. Der Mensch hat bereits eine Technik (Computer – Automation) entwickelt, mit der der Durchschnittsmensch in seinem Leben bald nicht mehr Schritt halten kann; Menschen, die mit den Umweltforderungen nicht mehr Schritt halten können, werden leicht auf verbrecherische Wege gedrängt. So erhebt sich die Frage: Wird die natürliche Entwicklung des Menschen von selbst seinem Kulturwerk folgen oder darf, ja muß der Mensch also auch den Menschen weiter entwickeln, damit der neue Mensch der neuen Technik gerecht werden könne? Darf der Mensch den Menschen manipulieren, der immer nur als Einzelmensch freie Geistperson ist, die Entwicklung der Art aber nur auf Kosten des Einzelnen und hier nur mit völlig unklarem Ausgang möglich ist? Die Theologie hat neue Einsichten in das Wesen des Menschen, zumal in das Verhältnis des Einzelnen zu der Gemeinschaft zu erarbeiten. Die folgenden Untersuchungen über die Gottebenbildlichkeit des Menschen mögen einen Ansatz dazu darstellen (vgl. P. B. Medawar, Die Zukunft des Menschen, Frankfurt/M. 1959. – P. Overhage, Experiment Menschheit, Frankfurt/M. 1968).

§ 22 Der Mensch, Gottes Ebenbild
(Würde und Aufgabe des Menschen)

MS II (1967) 806–817; 841 f (Lit.): W. Seibel. – ThW II (1935) 386–396 (H. Kleinknecht; G. v. Rad; G. Kittel). – RAC IV (1959) 459–479 (H. Merki); 771–786 (G. B. Ladner). – LThK IV (1960) 1087–1092 (H. Groß; F. Mußner; F. Lakner). – F. Staudenmaier, Die Lehre vom göttlichen Ebenbild im Menschen, ThQ 12 (1830) 199–284, 403–524. – G. Söhngen, Die biblische Lehre von der Gottebenbildlichkeit des Menschen, in: Ders., Die Einheit in der

Theologie, München 1952, 173–211. – S. Otto, Gottes Ebenbild in Geschichtlichkeit, Paderborn 1964. – L. Scheffczyk (Hrsg.), Der Mensch als Bild Gottes (WdF 124), Darmstadt 1969 (23 Beiträge). – J. Zerwell, Imago Dei im Spätjudentum, in der Gnosis und in den paulinischen Briefen, Göttingen 1960. – D. Roloff, Gottähnlichkeit, Vergöttlichung und Erhöhung zu seligem Leben, Berlin 1970. – A. Nordlander, Die Gottebenbildlichkeit in der Theologie H. Thielickes, Upsala 1973.

Die Größe und Würde des Menschen, sein einmaliges Wesen und seine besondere Stellung in der Welt können im biblischen Welt- und Menschenverständnis nur durch das einmalige Verhältnis des Menschen zu Gott, dem Schöpfer der Welt, aussagbar gemacht werden. Denn Gott allein ist groß, und alle Größe muß von ihm kommen.

1. In dreifacher Weise bringt die Schrift dieses einmalige Verhältnis des Menschen zu Gott und das Verhältnis Gottes zum Menschen zum Ausdruck.

a) Das erste ist, daß das Dasein des Menschen in dieser Welt durch einen *unmittelbaren Schöpfungsakt Gottes* erklärt wird. Schon im ältesten Bericht des Jahwisten wird gesagt: Als es auf Erden noch nicht Pflanzen und nicht Menschen gab, den Boden zu bebauen, »da bildete Gott der Herr den Menschen aus dem Staub der Erde und blies in seine Nase den Odem des Lebens; so ward der Mensch zum lebendigen Wesen« (Gen 2,7). Für diesen Menschen wird Eden, der Garten mit seinen Flüssen und Bäumen, angelegt. Das dem babylonischen Mythos entnommene Bild vom Schaffen nach Töpferart bringt deutlich zum Ausdruck, daß der Mensch am Anfang steht und alles für ihn erschaffen wurde und daß er ein ganz eigenes und persönliches Werk Gottes ist. – In ähnlicher Weise sagt der jüngere Schöpfungsbericht des Priesterkodex, daß Gott, der die Welt durch sein gebietendes Wort geschaffen und in sechs Tagen ausgestattet hatte, nach der Schöpfung der Landtiere einen ganz neuen Schöpfungsansatz setzte, als er sprach: »Laßt uns Menschen machen ...« (Gen 1,26). Der Mensch entsteht also nicht durch das gebietende Wort Gottes; ausdrücklich wird die Schöpfung des Menschen als persönliche Tat Gottes vorgestellt. Dreimal wird allein im Vers 27 das Wort bara = schaffen gebraucht, ein Wort, das die einmalige Gestalt göttlicher schöpferischer Tätigkeit zum Ausdruck bringt (ThWAT I [1973] 773–777).

b) Diese besondere Schöpfungstat Gottes wird im Priesterkodex noch spezifiziert durch die Bestimmung: »Laßt uns Menschen machen *als unser Bildnis (säläm), gemäß unserer Ähnlichkeit* (demuth) ... so schuf Gott den Menschen als sein Bild, gemäß *Gottes* Ähnlichkeit schuf er ihn, als Mann und Frau schuf er sie« (Gen 1,26 f; vgl. 5,1 f; 9,6). Das Buch der Weisheit (2,23: zum Abbild seiner eigenen Ewigkeit machte er ihn in Unvergänglichkeit) und Sirach (17,3: gemäß seiner Ähnlichkeit hat er sie mit Kraft gekleidet und als sein Ebenbild sie erschaffen) berufen sich in hellenistischer Zeit wiederum auf diese alten biblischen Aussagen. – Diese *Gottesebenbildlichkeit* hat schon in der Schrift selbst und noch mehr in der darauffolgenden Theologie die mannigfaltigste Ausdeutung gefunden. Könnte vielleicht Gen 5,1–3, wo auch die Ähnlichkeit des Sohnes Seth mit seinem Vater Adam mit denselben Ausdrücken gekennzeichnet wird, noch die Ansicht nahelegen, daß mit dieser Aussage von der Gottebenbildlichkeit die Umkehrung der Anthropomorphismen in der Gotteslehre der Schrift gegeben sei, so macht eine Besinnung auf den Zusammenhang in Gen 1,26 f deutlich, daß dies nicht der Fall sein kann. Vor allem wegen des darauffolgenden Befehles zur Herrschaft über die ganze Schöpfung, den der Mensch vom Schöpfer empfängt, ist hier das Bild (säläm) wohl aus der Kulturgeschichte der Zeit zu verstehen. Der Herrscher eines großen Landes im Orient, der nicht in allen Teilen seines Reiches persönlich anwesend sein konnte, hat Standbilder seiner Person fertigen und sie in den entfernten Provinzen seines Reiches aufstellen lassen als Zeichen seiner Anwesenheit und damit als Hoheitszeichen für alle Bewohner des Landes. (Vgl. Th. Chr. Vriezen, Theol. d. AT, Waghingen 1956, 190; G. v. Rad, Theol. d. AT I, 151 f). Der Mensch erscheint demgemäß als Stellvertreter, Statthalter und Hoheitszeichen Gottes des Schöpfers in der Welt als Schöpfung. Nach altorientalischem Verständnis geht in das Bildnis des Herrschers etwas von der Macht des Herrschers ein; so konnte dieses biblische Bild von der Gottebenbildlichkeit des Menschen auch besagen, daß etwas von der göttlichen Herrlichkeit und Herrschermacht (Qabod) durch die Schöpfungstat Gottes auf den Menschen übertragen wurde. – Nur die Herrlichkeit Gottes ist übertragbar, nicht seine Heiligkeit. So konnte schon Ps 8,6 sagen: »Nur wenig geringer als Elohim hast du ihn (den Menschen) gemacht, mit Glanz und Herrlichkeit ihn gekrönt«, und Paulus konnte später den Mann »Abbild und Abglanz (εἰκὼν καὶ δόξα) Gottes« nennen (1 Kor 11,7). – Was bedeutet demgegenüber dann »gemäß unserer Ähnlichkeit« (demuth)? In unserer Zeit hat man versucht, in Zusammenhang mit dem Gilgamesch-Epos (Tafel 60) das Wort mit dam =

Blut in Zusammenhang zu bringen, so daß »Ähnlichkeit« eine innerliche Ähnlichkeit, eine »Blutsverwandtschaft« bezeichnen sollte (J. Botterweck). Andere meinen, das Wort »gemäß unserer Ähnlichkeit« solle vielmehr den ersten Ausdruck vom »Bildnis Gottes« abschwächen: der Mensch ist nicht Gott gleich, er besitzt nur eine Ähnlichkeit mit Gott in seiner Macht, die ihm Gott zu Lehen gegeben, die er nicht aus sich besitzt. Der Mensch steht nicht neben Gott, er ist nur durch Gottes Schöpferhuld in seine besondere Nähe gerückt (H. Groß). – So gehören diese beiden Ausdrücke »als unser Bildnis, gemäß unserer Ähnlichkeit« zusammen und sind eine einzige Bestimmung des ganzen Menschen mit Leib und Seele, des geschichtlichen Menschen in dieser Welt. Diese Auszeichnung erscheint darum auch in der Schrift schlechthin als unverlierbare Auszeichnung des ganzen Menschen.

c) Als besondere Folge der Gottebenbildlichkeit (nicht als ein Moment an ihr selbst) wird in der Schrift die Herrschaftsmacht und der *Herrschaftsanspruch des Menschen* in dieser Welt herausgestellt. So heißt es schon im Priesterkodex: »Sie (die Menschen) sollen herrschen über des Meeres Fische, über die Vögel des Himmels, über das Vieh und über alle Landtiere und über alle Kriechtiere am Boden« (Gen 1,26) ... »Gott segnete sie und sprach zu ihnen: seid fruchtbar und mehret euch, füllet die Erde und macht sie euch untertan und herrscht über des Meeres Fische, die Vögel des Himmels und über alles Getier, das sich auf Erden regt« (Gen 1,28). – Darauf beruft sich wiederum Ps 8,7–10, um diese Betrachtung über die Macht des Menschen zu beschließen mit dem Jubelruf: »Herr, unser Gott, wie gewaltig ist dein Name (= Bildnis) über der ganzen Erde!«

d) Was so bisher im ursprünglich orientalischen Verständnis der älteren Teile der Schriftoffenbarung ausgesagt erschien, hat in den hellenistischen Schriften der Spätzeit eine neue Ausdeutung gefunden, die in der Theologie der Väter, die ebenfalls vom griechischen Denken bestimmt waren, und dadurch auch in unsere Theologie weitergewirkt hat. Die Gottebenbildlichkeit wird im wesentlichen in *Eigenschaften des Geistes oder der Seele des Menschen* gesucht. So schreibt der Verfasser des Weisheitsbuches (2,23 f): »Denn Gott schuf den Menschen zur Unvergänglichkeit und als Abbild seiner eigenen Ewigkeit machte er ihn; aber durch des Teufels Neid kam der Tod in die Welt.« Der Verfasser von Jesus Sirach (17,1–11) greift die alten Vorstellungen von Gottebenbildlichkeit auf und vertieft die neuen hellenistischen Deutungen, wenn er schreibt: »Der Herr hat den Menschen aus Erde geschaffen und läßt ihn wieder zu ihr zurückkehren. Er teilte dem Menschen eine Zahl von Tagen und eine bestimmte Frist zu und übertrug ihm die Herrschaft über alle Wesen auf Erden. Ähnlich sich selbst, bekleidete er sie mit Macht und schuf sie nach seinem Bilde. Er legte die Furcht vor ihnen auf alles Fleisch zur Herrschaft über Tiere und Vögel und bildete Mund und Zunge, Auge und Ohr und gab ihnen ein Herz zum Denken. Mit verständiger Einsicht erfüllte er sie und zeigte ihnen, was gut und böse ist. Er setzte ihnen ein Auge ins Herz, um ihnen die Größe seiner Werke kundzutun, und er gab ihnen, sich seiner Wunderwerke ewiglich zu rühmen, auf daß sie seinen heiligen Namen lobten und die Größe seiner Werke weiterverkündeten. Er hat ihnen die Weisheit zum Geschenk gemacht und das Gesetz des Lebens zum Besitz gegeben.«

e) Der Siracide fügt als letzte Auszeichnung des »gottebenbildlichen Menschen« noch das Geschenk des Gottesbundes an, den Gott mit Israel geschlossen, der jedoch im Bereich des universalistischen Denkens der hellenistischen Zeit für alle Menschen gedacht ist. So fährt er fort: »Weisheit hat er ihnen zum Geschenk gemacht und das Gesetz des Lebens zu eigen gegeben. Für ewig schloß er einen Bund (διαθήκη) mit ihnen und seine Satzungen hat er sie wissen lassen. Die Größe seiner Herrlichkeit haben ihre Augen geschaut, und seine mächtige Stimme haben ihre Ohren vernommen« (Sir 17,11–13). Und weiter preist er Gott, den Richter und den barmherzigen Herrn, wie er sich in Israel, in seiner Geschichte kundgetan.

War im AT so die Gottebenbildlichkeit des Menschen primär eine Teilhabe an der *Macht des Schöpfergottes* über seine Schöpfung, so bedeutet sie nunmehr im NT eine Teilhabe an der *Heiligkeit Gottes,* wie schon das Buch Levitikus verlangt hatte: »Seid heilig, wie euer Vater im Himmel heilig ist« (Lev 19,2; vgl. Mt 5,48).

2. In der Botschaft des NT erhält die Lehre von der Gottebenbildlichkeit des Menschen eine eschatologische Gestalt. Christus als der verheißene Messias wird, besonders bei Paulus, als »Bild des unsichtbaren Gottes« (Kol 1,15: εἰκὼν τοῦ θεοῦ τοῦ ἀοράτου; vgl. 2 Kor 4,4) verkündigt. Der Verfasser des Hebräerbriefes (1,3) sagt von Christus: »Er, der Abglanz seiner Herrlichkeit und Siegelbild seines Wesens (ἀπαύγασμα τῆς δόξης καὶ χαρακτὴρ τῆς ὑποστάσεως αὐτοῦ) ist, der das Weltall trägt durch sein machtvolles

Wort, hat Reinigung von den Sünden erwirkt und sich zur Rechten der Majestät in der Höhe gesetzt« (vgl. Ps 110,1). So erscheint Christus als die höchste Erfüllung dessen, was Adam schon sein sollte und konnte, Bild Gottes und Repräsentant Gottes in dieser Welt (vgl. Gen 1,26 f). *Christus ist der zweite Adam* (vgl. 1 Kor 15,21 f 45 f) und der erste Adam ist Gegenbild (τύπος) des kommenden Adam: Christi (vgl. Röm 5,14). – Vier Gedanken werden damit ausgesprochen.

a) Die Gottebenbildlichkeit des ersten Adam, die nach dem Ausspruch der Weisheit (vgl. Weish 2,23) in der Unsterblichkeit des Menschen ihren irdischen Ausdruck finden sollte, hat diesen Ausdruck jedenfalls durch die Sünde Adams verloren und das nicht nur für Adam, sondern für alle seine Nachkommen. Was so durch den Tod des Menschen für die Erscheinungsweise der göttlichen Herrlichkeit (δόξα) in dieser Welt verloren ging, hat Christus durch seine Auferstehung für sich und für alle Menschen, die zu ihm gehören, wieder gewonnen (vgl. 1 Kor 15,21 f).

b) Der andere Gedanke, der bei Paulus zur alttestamentlichen Lehre von der Gottebenbildlichkeit noch hinzukommt, ist der, daß der Tod »der Sünde Sold« (vgl. Röm 6,23) ist, und der eigentliche Mangel in der Gottebenbildlichkeit Adams, und damit auch seiner Nachkommen, die Sünde geworden ist, die Gottferne bedeutet. Christus aber, der selbst ohne Sünde war (vgl. 1 Petr 2,22; Is 53,9; Joh 8,46), wurde von Gott für uns zur Sünde (ἁμαρτία) gemacht (vgl. 2 Kor 5,21), um uns von unseren Sünden zu erlösen, damit wir Gerechtigkeit Gottes (δικαιοσύνη θεοῦ) werden in ihm (vgl. Kol 1,22; Röm 5,19).

c) Der dritte Gedanke in diesem Thema kommt im Anschluß an Ps 110,1 in Hebr 1,3 zum Ausdruck, wenn er sagt: »Christus hat sich gesetzt zur Rechten der Majestät in der Höhe« (vgl. Mk 16,19; 1 Tim 3,16). Hier zeigt sich die Erfüllung der Gottebenbildlichkeit des Messias in seiner Rückkehr zu Gott und in seinem Sitzen zu dessen Rechten, was Teilhabe an der Herrlichkeit Gottes bedeutet.

d) Daraus ergibt sich als Ziel für den Menschen im NT, die Fülle der Gottebenbildlichkeit dadurch wieder zu gewinnen, daß der Mensch nunmehr dem neuen und allein vollkommenen Bilde Gottes in Christus gleichgestaltet werde. So schreibt Paulus: »Die er (Gott) im voraus erkannte, die hat er auch im voraus bestimmt, dem Bilde seines Sohnes gleichgestaltet zu werden (συμμόρφους τῆς εἰκόνος τοῦ υἱοῦ αὐτοῦ), damit dieser Erstgeborener sei unter vielen Brüdern« (Röm 8,29). Der Sinn der Missionstätigkeit des

Apostels ist, »daß Christus in den Menschen ausgestaltet, den Menschen eingeformt werde« (Gal 4,19 μορφωθῇ χριστὸς ἐν ὑμῖν). Dieses Werk aber muß seine Vollendung finden nach dem Tode des Menschen in seiner Seligkeit, von der Paulus schreibt: »Wir alle aber werden, wenn wir mit enthülltem Angesicht den Glanz des Herrn widerspiegeln, in dasselbe Bild umgeformt von Herrlichkeit zu Herrlichkeit (d. h. wachsend in der Herrlichkeit), wie sie ausstrahlt vom Geiste des Herrn« (2 Kor 3,18). »Wie wir also das Bild des irdischen (Adam) getragen haben, werden wir auch das Bild des himmlischen (Adam) tragen« (1 Kor 15,49). Paulus begründet diese seine Aussage mit folgenden Überlegungen: »Der erste Mensch Adam wurde zu einem lebendigen Sinnenwesen (vgl. Gen 2,7), der letzte Adam zum lebendigmachenden Geist (ἔσχατος Ἀδὰμ εἰς πνεῦμα ζωοποιοῦν). Das Geistige (πνευματικὸν) aber kommt nicht zuerst, sondern das Sinnenhafte (ψυχικόν), dann erst das Geistige. Der erste Mensch ist aus Erde, ist irdisch, der zweite Mensch ist vom Himmel, ist himmlisch (χοϊκός – ἐπουράνιος). Wie beschaffen der Irdische, derart sind auch die Irdischen, und wie beschaffen der Himmlische, derart sind auch die Himmlischen« (1 Kor 15,45–48). »Ist also einer in Christus, ist er eine neue Schöpfung; das Alte ist vergangen, siehe, Neues ist geworden« (2 Kor 5,17). Darum fordert auch Paulus immer wieder auf, »den alten Menschen auszuziehen, der den Weg des Verderbens geht in seinen trügerischen Listen ..., um den neuen Menschen anzuziehen, der nach Gott geschaffen ist in wahrer Gerechtigkeit und Heiligkeit« (Eph 4,22–24; vgl. Kol 3,9). – Auf das Ganze gesehen wird der mächtige Unterschied vom AT zum NT hier etwa darin deutlich, daß im AT die Gottebenbildlichkeitslehre noch vielmehr in ihrer statischen Sicht erscheint (der Mensch ist Ebenbild Gottes und Repräsentant Gottes in dieser Welt: εἰκών), während im NT die dynamische Sicht dieser Wirklichkeit hervortritt, eine Gottebenbildlichkeit, die, Aufgabe und Gnade Gottes, zu immer größerer Ausreifung des Christusbildes im Menschen führt (vgl. Röm 8,29 f), bis Gott selbst in der Ewigkeit vollendet, was der Mensch nur empfangen und mit Gottes Gnade bewahren und zur Ausreifung bringen kann. Das ntl. Geheimnis der Gnade hat das atl. Geheimnis der göttlichen Macht abgelöst. Diese ntl. Gottebenbildlichkeit des Menschen ist (als Gnade) verlierbar, aber auch (als Gnade) wieder zu gewinnen.

3. Von diesem neuen, tiefen Verständnis der Gottebenbildlichkeit in der Botschaft des hl. Paulus her wird begreiflich, wenn nun in der Väterzeit schon sehr früh die atl. und ntl. Gottebenbildlichkeitslehre unterschieden werden und im Anschluß an die beiden Ausdrücke in Gen 1,26 von einer *natürlichen* (imago), und damit unverlierbaren und von einer *übernatürlichen* (similitudo), und damit verlierbaren Gottebenbildlichkeit die Rede ist (so bei Irenäus [Adv. haer. IV 38,3 f] und Tertullian [De bapt. 5]). Zugleich spielt die dualistische Auffassung des Platonismus eine bedeutende Rolle; demgemäß sehen Klemens von Alexandrien und Origenes die Gottebenbildlichkeit des Menschen primär in seiner Geistigkeit und Freiheit (λογικόν – αὐτεξούσιον), während Irenäus und Tertullian in ihrem antignostischen Kampf gerade die Leibhaftigkeit des Menschen, den mit der Seele begnadeten Leib als Gottebenbildlichkeit werten. Das wichtigste Ergebnis in der Entwicklung der Gottebenbildlichkeitslehre ist, daß gegenüber der Gnosis das dynamische Moment in dieser Aussage, die Möglichkeit des Verlierens und die Möglichkeit des Wachsens und Reifens bis zur Verklärung mit Christus und damit die pädagogische Bedeutung dieser Offenbarungswahrheit (im Anschluß an platonische Ideen) entfaltet wurde (Origenes; Irenäus). So schreibt Irenäus (Adv. haer. IV 38,3): »... Der Gehorsam gegen Gott bedeutet Fortdauer und Unvergänglichkeit; die Unvergänglichkeit aber ist der Ruhm des Unerschaffenen. Durch solche Ordnung, Harmonie und Führung wird der erschaffene Mensch zum Bild und Gleichnis des unerschaffenen Gottes, indem der Vater es will und beschließt, der Sohn es bewirkt und bildet, der Geist Nahrung und Wachstum gewährt, der Mensch aber allmählich vorwärtskommt und zur Vollkommenheit gelangt, d. h. dem Unerschaffenen ganz nahe kommt. Vollkommen nämlich ist nur der Unerschaffene, d. i. Gott. Der Mensch aber mußte zuerst werden, dann wachsen, dann erstarken, dann sich vervielfältigen, dann genesen, dann verherrlicht werden und schließlich seinen Gott schauen. Die Anschauung Gottes nämlich ist unser Ziel und die Ursache der Unvergänglichkeit; die Unvergänglichkeit aber führt uns in die Nähe von Gott.« – Eine ganz neue Idee brachte Augustinus durch seine trinitarische Spekulation in diese Lehre, indem er in bestimmten geistigen Funktionen der Seele Hinweise auf die drei Personen in Gott sah (mens und memoria = Vater; notitia und intelligentia = Sohn; amor und voluntas = Geist: De Trin. IX–XI). Nach anderen Vätern (vgl. Gregor von Nazianz) ist Christus das Urbild, nach dem der dreieinige Gott den Menschen

als Abbild geschaffen hat (vgl. Gen 1,26). JOHANNES VON DAMASKUS (De fide orth. II c 12) faßte diese verschiedenen Lehren zusammen. In das Mittelalter gingen sie wohl durch die sog. DICTA B. ALBINI v. Angers († 550?: PL 100, 566 B – 568 B; häufig bei Rhabanus Maurus zitiert; vgl. auch PL 40, 805 f: Alcher v. Clairvaux) ein und PETRUS LOMBARDUS übermittelte in seinen Sentenzen (II d. 16) diese Lehre den großen Kommentaren der folgenden Zeit (vgl. THOMAS VON AQUIN, Sent. II d 16; S.Th. I q 93). – Die Weltbetrachtung der Zeit führte dazu, neben den beiden Bildworten von Gen 1,26 auch in der untermenschlichen Welt noch eine niedrige Spur Gottes *(vestigium)* zu suchen und im Anschluß an die paulinischen Gedanken von einer *imago creationis* (naturae: vor allem, nach hellenistischen und augustinischen Gedanken, in den geistigen Fähigkeiten der Seele) eine *imago recreationis* (gratiae: durch die Christusnachfolge auf Erden) und eine *imago similitudinis* (gloriae: durch die Christusverähnlichung in der Herrlichkeit) zu unterscheiden. Dabei erscheint »Christus in der scholastischen Lehre nicht so sehr als Bild Gottes, um den Kindern Gottes zu zeigen, was sie sind, sondern vielmehr um den Menschen zu zeigen, wer Gott ist« (L. Hödl). Die Mystik eines MEISTER ECKHART spricht mehr von einer inneren »Christusförmigkeit«, die durch das Leben des Menschen erzeugt wird. – LUTHER sah die Gottebenbildlichkeit in der iustitia originalis, die durch die Sünde (Erbsünde) verlorengegangen ist. In der neuen evangelischen Theologie erscheint bei E. BRUNNER (Glaubenslehre II [1950], 53–63) die alttestamentliche Gottebenbildlichkeitslehre als ein Stehen vor Gott, während die neutestamentliche die freie personale Verantwortung vor Gott, ein Sein im Worte Gottes bedeute. K. BARTH (KD III/1, 204–233) sieht die Gottebenbildlichkeit nur im Ich-Du-Gegenüber von Mann und Frau (einseitige Auslegung von Gen 1,27).

4. Für die heutige Theologie läßt sich allgemein sagen, daß die Gottebenbildlichkeit neu bedacht werden muß, weil sie die wesentlichste Offenbarungsaussage über den Menschen ist. Mit dieser Gottebenbildlichkeit wird nichts Qualitatives im Menschen, sondern vielmehr die entscheidende Strukturbestimmung des Menschen ausgesagt. Schöpfungs- und Bundesgedanke, die theologischen Aussagen über Natur und Gnade, Sünde und Erlösung koinzidieren in dieser Offenbarungsaussage. Das Verständnis eben dieser Koinzidenz ist aber unserer Zeit in besonderer Weise aufgegeben. – S. OTTO (Gottes Ebenbild in Geschichtlichkeit, Paderborn 1964) ver-

sucht, diese Lehre in folgende vier Sätze zu fassen: a) Das Vor-Gott-Sein des Menschen als imago dei ist in dogmatischer Deutung dialogales Sein; b) durch die Menschwerdung des Sohnes, des Abbildes des unsichtbaren Vaters, wird das Vor-Gott-Sein des Menschen als imago dei erlöstes dialogales Sein; c) als aktuiertes Antwortsein ist das Bildsein des Menschen vor Gott Sein in Geschichtlichkeit; d) in seinem Sohn, seinem Abbild, hat Gott sich der Geschichtlichkeit des gottebenbildlichen Menschen angenommen. – Vielleicht ließe sich mit dieser Ansicht die alte Lehre vom *»Spiegelbild«* verbinden, das in besonderer Weise zum Ausdruck bringt, daß der Mensch als Spiegel Gott nur in dem Maße spiegeln kann, als er wirklich Gott zugewandt ist und sein Spiegel rein ist für die Spiegelung des göttlichen Urbildes. Dazu wäre auf die verschiedene Wertung seines eigenen Spiegelbildes hinzuweisen, die der Mensch in den verschiedenen Phasen seiner eigenen »Menschwerdung« (Reifung) einnimmt. Der Christ, der »zum Vollalter Jesu Christi« (Eph 4,13) herangereift ist, müßte dieses Spiegelbild Gottes im eigenen Wesen nach dem Maße Christi bedenken und befolgen. So könnten wir sagen: Wie Gott sein Wesen in seinem Sohn erkennt und ausspricht, so hat er uns nach diesem seinem eigenen Erkenntnisbild, nach Christus, dem Logos Gottes, als Menschen geschaffen. Wie in Gott das Verhältnis der Personen zueinander ein dialogales ist (in Erkenntnis und Liebe: Bonaventura), so muß nun auch das Verhältnis des Menschen zu Gott die aktuelle Verwirklichung dieses dialogalen Verhältnisses sein. Die echte Geschichtlichkeit des Menschen muß in der Geschichtlichkeit Christi als des menschgewordenen Gottesbildes ihre Norm und ihr Maß finden. Die Geschichtlichkeitsbestimmung im Leben Christi ist seine absolute Hinordnung zu Gott dem Vater in allem, was er ist und was er tut (Joh 5,17. 19–23), wie er sich und sein Leben und seine Lebensaufgabe bewältigt. Das Wort zu Philippus: »Wer mich sieht, sieht den Vater« (Joh 14,9; vgl. 12,45) wäre demgemäß hier in dem Sinne zu deuten: Wer mich versteht, versteht mein Verhältnis zu meinem Vater. Das menschliche Verhältnis Christi zu Gott ist ein klares Spiegelbild seines wesenhaften Sohnseins vor Gott, dem Vater in der einen Wesenheit des lebendigen, dreifaltigen Gottes. – Was müßte da für uns Menschen in dieser Welt und für unser christliches Welt- und Selbstverständnis und unsere christliche Welt- und Selbstgestaltung die lebendige Wirklichkeit des lebendigen Gottes bedeuten! Ziel der Gottebenbildlichkeitslehre muß also auch für uns, wie für das MA, das neue Verständnis Gottes sein, nicht eigentlich das Verständnis unser selbst, das immer nur richtig werden kann in dem Maße, in dem wir Gott, den Lebendigen, erkennen, anerkennen, lieben und ihm dienen. – Die personalistisch-existentielle Deutung der Gottebenbildlichkeitslehre, wie sie H. Thielicke entwickelt hat, ist vom Offenbarungswort wie vom theologischen Verständnis von Schöpfung und Heilsgeschichte her nicht möglich (vgl. A. Nordlander).

§ 23 *Die Wesensstruktur des Menschen*
(Geistperson in Leib – Mensch in Welt – Welt zu Gott)

J. Endres, Der Mensch als Mitte, Bonn 1956. W. Pannenberg, Was ist der Mensch?, Göttingen 1962 ([3]1968). – H. Knittermeyer, Grundgegebenheiten des menschlichen Daseins, Darmstadt 1963. – H. Plessner, Philosophische Anthropologie (Conditio humana), hrsg. v. G. Dux, Frankfurt a. M. 1970. – F. Hammer, Die exzentrische Position des Menschen. Methode und Grundlinien der philosophischen Anthropologie H. Plessners, Bonn 1967. – E. Coreth, Was ist der Mensch? Grundzüge einer philosophischen Anthropologie, Innsbruck 1973. – J. Splett, Anthropotheologie, Theol. u. Phil. 48 (1973) 351–370. – A. Resch (Hrsg.), Der kosmische Mensch (Imago mundi IV), Paderborn 1973. – F. Blum, Der industrialisierte Mensch, seine Einstellung zu Religion und Gesellschaft, Graz 1973. – J. Gevaert, Il problema dell uomo (Introduzzione all anthropologia filosofica), Turino 1973.

Was oben angedeutet wurde, daß nämlich der Mensch sein innerstes Wesen in »Beziehungen« erfasse, in deren Mitte sein eigenes »Ich« als Zentrum stehe und in diesen Beziehungen miterfahren werde, sei hier dahin weitergeführt, daß diese Beziehungen in ihrer Zahl und Zuordnung, soweit wie möglich, am Ende in einem Schaubild erscheinen können. Zunächst zwei kurze *Vorbemerkungen:*

a) Es braucht nicht eigens hervorgehoben zu werden, daß dies nur ein Versuch sein kann: Die hier gestellte Aufgabe übersteigt nicht nur die Kraft eines Einzelnen, auch wenn er sich müht, die vielfältigen bisher vorgelegten Versuche auszuwerten; es kann auch immer nur ein Versuch sein, insofern nur der augenblickliche Stand der Frage, mehr oder weniger vollkommen wiedergegeben werden kann; die Aufgabe selbst aber schreitet mit dem Menschen in seiner Zeit ständig fort und bleibt eine unabdingbare Aufgabe, so lange es Menschen geben wird, die einen immer besseren Einblick in die Tiefe und Weite ihrer eigenen Dimension versuchen, die nicht nur Gegenstand des Erkennens, sondern zugleich immer Selbstvollzug ist. Ein Großteil der menschlichen Selbsterkenntnis hängt davon ab, wie weit der Mensch sich im Freiheitsvollzug selbst verwirklicht.

b) Eine zweite Vorbemerkung betrifft eine formale Seite der Methode: Erkenntnis geschieht immer in dem Zweischritt: unterscheiden und zusammenschauen, differenzieren und integrieren, wobei oft vielerlei Zwischenschritte möglich und notwendig sind. Es ist nun eben in der Anthropologie merkwürdig, daß nicht nur Seins- und Geschehensbetrachtung vielfach zu trennen sind, sondern daß die hier erfahrenen oder zugrundegelegten Unterscheidungen teils zu Dualitäten führen, teils aber nur durch eine Dreiheit oder Dreiteilung des ganzen Phänomens faßbar werden. Als mehr zufälliges historisches Beispiel sei die Anthropologie von I. Kant genannt. Er hat den Terminus »Anthropologie« in die Philosophie eingeführt und ausdrücklich sein Skriptum über diese Vorlesungen erst veröffentlicht (1798; 2. Auflage 1800), als er die Vorlesung nicht mehr hielt, weil es die bestbesuchte Vorlesung bei ihm war. Nachdem er einleitend darauf hingewiesen hatte, daß Anthropologie entweder physiologisch (von der Natur des Menschen her) oder pragmatisch (vom freien Handeln des Menschen her) angegangen werden könne und er sich für den zweiten Weg entschieden hatte, stellte er gleich zu Beginn der Vorlesung fest, daß der Mensch »seiner Species nach ein mit Vernunft begabtes Erdenwesen« sei, also Geist in Leib oder leibhaftiger Geist, wie wir heute sagen würden. Trotz dieser grundlegenden Dualität in der ersten Wesensbestimmung (Akad.-Ausg. 1. Abt. Bd. 7, Berlin 1917, 119) stellt er später doch fest, daß drei Fragen beantwortet werden müßten, wenn der Mensch sich richtig verstehen will: »1. Was kann ich wissen? 2. Was soll ich tun? 3. Was darf ich hoffen?« (Vorlesung über Logik: Akad.-Ausg. Bd. 9, Berlin 1923, 25). Dieses Dilemma wird uns immer wieder begegnen, auch wenn allgemein feststellbar ist, daß das Dreierschema mehr bei Aussagen über Geschehen und Handeln, das Zweierschema mehr bei Darstellungen über Seinswirklichkeit vorliegt.

1. Wie bei jeder Gesamtaussage, die in der Wissenschaft versucht wird, so ist auch, und besonders hier in der Anthropologie, das maßgebliche Problem im Ansatzpunkt, in der Frage nach dem Zugang zum Problem zu sehen. Um der Klarheit willen sei hier gleich zu Beginn das Problem dargeboten, so wie es sich heute stellt, um dann den Gesamtaufriß für die Wesensstruktur des Menschen zu suchen.

a) In der Schrift erscheint die Wirklichkeit des Menschen durch zwei sehr scharf umrissene Größen, nämlich »der von der Erde genommene Leib« und »die von Gott eingehauchte Seele«, festgelegt. So wenigstens die primitive Darstellung des Jahwisten (Gen 2,7; 3,19 ist nicht Wesensaussage, sondern nur Todesandrohung). Der Prediger der hellenistischen Zeit noch sagt: »Zur Erde kehrt wieder der Staub, wie er war, und der Geist kehrt zurück zu Gott, der ihn gegeben« (Koh 12,7). Diese schlichte Vorstellung, die der Mensch in besonderer Weise am Grab eines Menschen bestätigt sieht – daher wohl auch Koh 12,7 im alten Beerdigungsritus –, hat lange Zeit die Ansicht von einer Art Zweiteilung des menschlichen Wesens aufrechterhalten, gerade als gläubige Aussage im Gegensatz etwa zur Philosophie des Aristoteles, für den »Seele die erste Entelechie des physischen, lebensfähigen Leibes ist« (De an. II c 1: 412 a 27 s). – Schon der scharfsinnige Dialektiker Gilbert Porreta (von Poitiers; † 1154) durchbrach dieses dinghafte Denken, wenn er lehrte: »Nam (ut de ceteris taceamus) homo corporis animatione atque animae rationalis incorporatione animal fit atque homo« (In Boethii contra Eutychen 6, 10 S. 323 [Ed. Haring]: PL 64, 1393 D), »durch die Beseelung des Leibes und durch die Inkorporierung der rationalen Seele in den Leib entsteht das Lebewesen oder der Mensch,« um dann aber doch in mittelalterlicher Weise entschieden festzuhalten, daß die Seele auch ohne diese Inkorporierung Seele und der Leib auch ohne diese Beseelung vollkommener Leib sei. Gerade das Beispiel vom Leichnam im Grab, das er bringt, beweist nach unserem heutigen Verständnis von Leib (der Leichnam im Grab ist nicht »der Leib des Menschen«, sondern nur die chemischen Stoffe, die im Augenblick des Todes eben zu diesem Leib gehört haben) nicht, was er beweisen will. Doch unabhängig davon, wie das Leib-Seele-Verhältnis verstanden wird (wir haben es nachher genauer zu bedenken), bleibt die Aussage bestehen, daß der Mensch nicht monistisch bloß als Seele oder bloß als Leib, sondern nur in dieser dualen Einheit von Leib und Seele, als »Geistseele in Leib«, »leibhaftige Seele« oder »beseelter Leib« verstanden werden kann.

b) Diese Aussage fordert sofort zu einem Weiterdenken auf, sobald »Geistseele« wie aber auch »Leibhaftigkeit« des Menschen nicht im statischen Sinn als Dinge, sondern vielmehr in dynamischer Weise als lebendige Wirklichkeiten verstanden werden, die nur aus ihren Lebensäußerungen für uns erkennbar sind. Die Beobachtung dieser Lebensäußerungen der Geistseele aber führt nun von selbst zu einer neuen Größe, zum »Ich«, vor dem diese Zweiteilung

»Leib – Seele« problematisch wird. Nicht meine Seele denkt, ich denke mit meiner Seele, ich will, ich fühle mit meinen geistigen Kräften. Das Zentrum des Erlebens und des Lebensvollzugs, also des mehr passiven oder mehr aktiven Handelns des Menschen ist dieses »Ich«, das nicht bloß funktional als Ursprung oder Ziel dieser seelischen Akte verstanden werden kann, das sich in einer gewissen Selbstreflexivität vielmehr als »Selbst« weiß, das eine eigene Größe ist, nicht nur der Leib und die Seele zusammen, nicht nur eine gemeinsame Funktion von Leib und Seele, sondern eine eigene Wirklichkeit, die Seele und Leib gegenüber sagen kann: Ich habe eine Seele (einen Leib), und ich bin die Seele (der Leib). Dieses Selbstverständnis des modernen Menschen war wohl schon im Denken des Porretaners am Werke, als er irrtümlich in seiner Dreifaltigkeitslehre Person und Wesen in Gott real unterscheiden wollte und dafür 1147 in Paris und 1148 in Reims verurteilt wurde. Dieses Selbstverständnis war aber wohl immer am Werk, da die Kirche immer wieder, besonders aber gegenüber Hume mit seiner Deutung der Seele als »Bündel von Wahrnehmungen« (bundle or collection of perceptions), ausdrücklich erklärte, daß die rationale Seele des Menschen eine Substanz sei. – Schon in der Zeit, da der Personbegriff in der Christologie der Kirche zum erstenmal entwickelt wurde, war das Problem aufgebrochen, und der sog. Trichotomismus des Apollinarios von Laodikeia († nach 385), der in Christus die Geistseele (νοῦς) durch den göttlichen Logos ersetzt wissen wollte, wurde, in erster Linie wegen der daraus sich ergebenden Kirchenspaltung, 382 endgültig verurteilt (vgl. D 65 – DS 159; nochmals auf dem 2. Konstantinopolitanum 553: D 216, 223, 227 – DS 425, 433, 437). Doch das anthropologische Problem des Personseins des Menschen wurde damit wohl nicht für immer präjudiziert. Die neue Dogmatik Mysterium Salutis (II [1967], 637–654: Ch. Schütz-R. Sarach) greift das Problem auf und sucht es entsprechend der theologischen Grundrichtung dieses Werkes und gemäß seinem Verständnis von Heilsgeschichte so zu beantworten: »Person besagt demnach das innerste Sein eines jeden Menschen, sein Ich, insofern es sich nur in einer wechselseitigen Beziehung zum Du verstehen kann. Diese Beziehung ist wesentlich worthaft denn sie lebt aus Anruf und Antwort; sie ist Geschenk und Schenken, denn sie gründet auf ungeschuldeter Gabe, die uns in Freiheit zur Aufgabe wird; sie ist Liebesbeziehung, denn ihr wohnt schaffende Dynamik inne. Nur insofern wir uns auf ein Du hin verstehen, können wir überhaupt Ich sagen« (S. 653). Dieses Du wird dann in Gott dem

Schöpfer, in Christus dem Neuschöpfer und im Mitmenschen gesehen. Daraus ergibt sich die Folgerung: »Wir verstehen Person immer als werdende, die in einer dauernden Selbsttranszendenz wächst, der als transzendental-personale Bedingung der Möglichkeit die Schöpfungs-Ruf-Antwort-Relation von Gott her (als inneres Moment) eignet. Kategorial wird sie jedoch in mitmenschlicher, schöpferischer Ich-Du-Beziehung in all ihrer Vielfalt und weltlichen Vermittlung« (S. 653). – Wir haben unten noch zu dieser wohl aus dem transzendentalistischen Ansatz der Anthropologie bei K. Rahner gewachsenen Meinung Stellung zu nehmen. An dieser Stelle sei nur soviel gesagt: Es scheint, hier wird etwas sehr Wichtiges verwechselt, was für Leib, Seele und Person gilt: Man spricht von »Wesensbegründung« (wenn man eine solche überhaupt geben kann! Müssen wir das Wesen der grundlegenden Wirklichkeiten nicht einfach hinnehmen?) und beschreibt »Lebensentfaltung«. Das läßt sich an den drei Größen zeigen: Der Leib des Menschen kann nur leben mit Hilfe der Elemente, die er ständig in der Nahrung aufnimmt, in Kreislauf und Verdauung verwandelt und wieder abgibt; aber der menschliche Leib ist mit diesen chemischen Stoffen, die ständig wechseln, nicht identisch. Nur so kann die volle Seligkeit der Heiligen im Himmel als leibhaftiger Menschen verstanden werden, auch wenn die letzten chemischen Stoffe ihres Leibes irgendwie auf Erden sind oder längst verfallen, in einen neuen Lebenskreislauf eingegangen sind. Die Dogmatisierung der Aufnahme Mariens in den Himmel nicht aus dem Geist der Transitus-Legende, sondern als theologische Aussage, hat hier entscheidend neue Klarheiten geschaffen. – Dasselbe ist von der Geistseele zu sagen, die auch wesenhaft wächst durch Erfahrungen, Erkenntnisse, durch Begegnungen mit Werten und Gütern, durch Erlebnisse, in denen ihre eigenen Möglichkeiten und Gesetze in ihr erwachen (das logische Denken und das Ideendenken); aber die Geistseele selbst ist vorgegebene Substanz, in der dies alles geschieht, nicht selbst ein Werden. Gewiß ist die Seele von anderer Art als der Leib, aber deshalb nicht weniger, wohl auch nicht mehr eigene Wirklichkeit wie der Leib, auch wenn im Menschen notwendig diese beiden Wirklichkeiten aufeinander hingewiesen sind. Dasselbe muß nun aber auch von dem gesagt werden, was wir Person nennen. Auch Person wächst und reift durch die Ich-Du-Beziehungen (wobei schon hier festgehalten sei, daß auch Ich-Du-Beziehungen durch unpersönliche, sachliche Wirklichkeiten wesenhaft mitbestimmt werden können), aber sie wird nicht darin erst in ihrem Wesen begründet. Das Personsein des Menschen ist nicht nur sein Ichbewußtsein; es ist sein »Selbst«, das hinter diesem Ich-Bewußtsein steht und es erst ermöglicht; auch scheint es mir falsch, das Personsein nur in der Ich-Du-Beziehung durch das »Wort« begründet zu sehen. Person ist vielmehr die Mitte für alles, was human heißen kann, für alles Seinsverständnis des Menschen, für alles menschliche Tun, nicht nur für die personale Ich-Du-Beziehung. In der der Personbetrachtung in Mysterium Salutis folgenden tiefgründigen Untersuchung über »das Wort« klingen diese Schwierigkeiten an; doch auch hier wird das Wort in einer idealistischen Weite und Tiefe gefaßt, die die gemeinte Wirklichkeit wohl »mit Worten« besser fassen kann, aber gerade dadurch die eigentliche Wirklichkeit, die nur noch im Schweigen hingenommen werden muß, verfehlt (vgl. KKD VI², 295–304).

So möchte es scheinen: Ein schlichtes Verständnis dessen, was den Menschen in seiner Wesensstruktur bestimmt, muß die drei Größen: *beseelter Leib* (Geistseele in Leib), *leibhafte Geistseele* und *Person* als Mittelpunkt und Umfang zugleich für das gottebenbildliche Geschöpf und Lebewesen Mensch umfassen. Dabei ist wiederum zu sagen, daß das Personsein von anderer Qualität sein muß als das Sein der Seele oder das Sein des Leibes. Dennoch werden diese drei Wirklichkeiten als menschliche Wirklichkeiten durch den Koeffizienten »menschlich« als das eine menschliche Wesen vorgestellt. Die Entscheidungen gegen die Lehre A. Günthers 1857 und J. Baltzers 1860 (D 1655 – DS 2828, 2833) und die anderen festgelegten Lehren von der Seele als Form des Leibes widersprechen, wie noch zu zeigen ist, der hier vorgetragenen Lehre in nichts. Diese Lehre will vielmehr nur entsprechend dem fortgeschrittenen Verständnis des Menschen, wie es nicht zuletzt durch die verschiedenen Gestalten der Psychologie sowie in der Existenzphilosophie und im dialogischen Personalismus entwickelt und vorgestellt wurde, weiterführen. An der traditionellen, durch die Schrift grundgelegten Lehre wird damit kein i-Pünktchen verändert. – Nur nebenbei sei hier schon darauf hingewiesen, daß die Berücksichtigung dieser drei Arten unserer als Selbsterfahrung angezeigten Größen Leib – Geistseele – Person auch besser das Geheimnis des Menschen als Ebenbild des dreieinigen Gottes vorstellen kann, wobei sich gewiß die Schwierigkeit im Verständnis des Hl. Geistes als der dritten Person in der Gottheit auch in der Schwierigkeit des menschlichen Personverständnisses spiegelt. Wenn immer aber von diesem Dreifaltigkeitsspiegel gesprochen wird, läßt sich nicht übersehen, daß auch der Hl. Geist in der heiligsten Dreifaltigkeit nicht bloß als

Dialog zwischen Vater und Sohn verstanden werden kann (und nie so verstanden worden ist), sondern das ganz andere der »personhaften Liebe zwischen Vater und Sohn« als Person ist. Wer nicht Mißbrauch mit dem Worte »Wort« treiben will, muß bekennen, daß Liebe nicht nur Wort ist, ja, daß Liebe wortlos sein kann, noch mehr, in ihrem Innersten von anderer Struktur ist als das Wort. Liebe ist auch nicht nur Wertantwort (wie Eros), sondern als christliche Agape gerade Selbsthingabe, durch die sich die Person neu empfängt: ein Wesen von ganz anderer Natur als das Wort. Diese Andeutungen mögen hier genügen, um die drei Wurzeln des menschlichen Wesens vorzustellen, die im nachfolgenden noch weiter bedacht werden müssen.

2. So mag die *erste (natürliche) Spannungseinheit* »Leib – Seele« in dem »Personsein« ihre höhere Einheit finden. Dabei könnte eben durch diese Darstellung der Abfall in eine materialistische Auffassung vom Menschen allein vom Leibe her, wie aber auch in eine idealistische Auffassung allein von der Geistseele her (und diese Gefahr war in christlichen Lehren, gewachsen auf dem Boden der platonischen Philosophie, oft genug aktuell) leichter vermieden werden. Zugleich könnte im christlichen Denken die »Leibhaftigkeit« des Menschen und damit seine Weltaufgabe und Weltverantwortung mit mehr Ernst erfaßt werden. – Daneben steht nun aber eine *zweite (ethische) Spannungseinheit,* die in besonderer Weise von der Geistseele her in den Blick kommt, die den Menschen als freies sittliches Wesen bestimmt und in dem Begriffspaar »Notwendigkeit – Freiheit« zunächst angesprochen sei. Viele Fragen, die unser menschliches Leben als Lebensvollzug aufwirft, leuchten hier auf. Scheint schon durch die Zweiheit »Leib – Geistseele« diese Spannung begründet, so ist darüber hinaus aber festzustellen, daß auch in der Geistseele beides, Notwendigkeit und Freiheit, verwurzelt sein muß, daß aber auch der menschliche Leib zur Freiheit fähig sein muß und nicht nur blinde Notwendigkeit bedeutet, wie der Leib des Tieres. In allen echten menschlichen Akten, im Erkennen, Wollen, Fühlen, Handeln usw. ist diese Spannungseinheit Notwendigkeit – Freiheit am Werk, und vielleicht können wir theologisch sagen: darin kommt einfach die Tatsache zur Auswirkung, daß der Mensch zugleich Geschöpf und zugleich gottebenbildliche Wirklichkeit ist. Wollen wir dieses merkwürdige »Sowohl – als auch« von Notwendigkeit und Freiheit nicht bloß als Funktionseinheit, sondern in seiner wirklichen Tiefe verstehen, müssen wir neben Notwendigkeit und

Freiheit das dritte Moment des menschlichen Grundgeheimnisses, die »Liebe«, stellen, die nicht bloß von der Spannungseinheit zwischen Notwendigkeit und Freiheit lebt, sondern eine eigene Wurzel haben muß, wohl zugeordnet dem, was wir oben neben Leib und Geist »Person« genannt haben. Die großen und letzten Fragen der Ethik, in denen in dem Geheimnis des »Gewissens« das Wissen um Ordnung und Gesetz und das Wollen von Gut und Böse in die neue Ebene der »personalen Freiheit« erhoben werden, die nur in der Liebe zu vollziehen ist und den sachlichen Ordnungen von Gut und Böse eine neue personale Qualität verleiht, müssen hier ihre Antwort suchen. – Eine *dritte (metaphysische)* Spannungseinheit schließlich, die in besonderer Weise vom Personsein des Menschen her angegangen werden will, läßt sich einstweilen noch am besten mit dem alten Begriffsschema von »immanent – transzendent« anfügen. Es ist schwer, das hier gemeinte recht zu verdeutlichen, denn die Begriffe, die hier verwendet werden, sind vielfach verblaßt, und ohne bestimmte Begriffe ist das Phänomen nicht zu beschreiben. Im Hintergrund dieser Spannung »immanent – transzendent« steht die Erfahrung des Menschen, daß er selbst durch jedes der drei Grundexistentialien seines Wesen, durch den Leib, durch die Geistseele und durch sein Personsein über sich selbst hinausgewiesen ist. Durch seinen Leib ist der Mensch ein Stück der Außenwelt und zugleich der Gestalter dieser Welt: Natur und Schöpfer der Kultur, um zugleich wieder Geschöpf seiner eigenen Kultur zu werden. Durch die Geistseele ist der Mensch der Welt der Ideen, der Werte und Bedeutungen oder wie man diese geistige Welt außerhalb des menschlichen Geistes sonst noch nennen mag, zugeordnet, und zwar wiederum aufnehmend, erfassend, begreifend und gestaltend. – In seiner personalen Mitte ist der Mensch in Sonderheit offen und hingeordnet auf andere Personen, auf das mitmenschliche Du und schließlich auf ein einziges absolutes Du, weil er sich als Ich-Person ebenfalls als ein individuelles, unverwechselbares und unvertauschbares Ich versteht und darum am Ende auch ein letztes absolutes Du gegenüber diesem seinem Ich sucht, das aber in seiner Absolutheit sich zum menschlichen Ich-Selbst verhält wie die absoluten Ideen und Werte zum menschlichen Denken dieser Ideen und Werte. Noch mehr: das Gegenüber des absoluten Du stellt das eigene Ich bis in den Grund hinein in Frage, und dies nicht nur in einem geoffenbarten Glaubenswissen, sondern schon in einem natürlichen religiösen Erleben. Der eigentliche Sinn des »transcende teipsum« wird besonders in dieser personalen Sphäre erlebt, insofern sich hier wiederum das letzte Grundgeheimnis der Person zeigt, die sich neu findet und empfängt, indem sie sich hingibt und verschenkt. Wenn in allen anderen Bereichen das Bewahren und Weiterentwickeln und Neuplanen mehr gilt, so gilt in diesem Bereich des religiös Transzendenten allein: sich immer neu finden, indem man sich immer neu schenkt und empfängt. Das Sich-bewahren und Sich-entfalten bleibt demgegenüber in diesem personalen Bereich sekundär. Hier hat darum das Geheimnis der Gnade seinen eigentlichen Platz, das Geheimnis, das auch im leiblichen Bereich als Geschenk Gottes, im geistseelischen Bereich als Inspiration, Erleuchtung und Befreiung erlebt werden kann, das aber seine geheimnisvolle Tiefe doch gerade im personalen offenbart als »schöpferischer Neuanfang«: indem ich mich an Gott verschenke, empfange ich mich als den, der ich immer neu werden möchte in Richtung auf das Zielbild zu, das irgendwie als »persönliches Ideal« in der Tiefe eines jeden Menschen angelegt ist und sich in allem echten Wachstumsprozeß des Humanen mitenfaltet. – In dieser dritten Spannungseinheit »immanent – transzendent« scheint das, was wir Gott oder Gnade nennen, das dritte Moment, Mitte und Umfang des Ganzen zu sein. Das, was in der Existenzphilosophie (zumal im christlichen Bereich, etwa bei G. Marcel) oder was im dialogalen Personalismus (bei F. Ebner oder bei M. Buber) in das Blickfeld der menschlichen Selbstbesinnung gekommen ist, muß hier neu bedacht werden. – Nur am Rand sei drauf hingewiesen, daß dieses Schema, im jüdischen Denken verkürzt und durch paraenetische Absichten entstellt, uns auch bei Paulus begegnet, wenn er den Menschen als (erbsündlich belasteten) Sarkiker, als selbstsüchtigen Psychiker (der nicht um die Weite des Geistes im griechischen Verständnis weiß) und als (allein vom Geiste Gottes bestimmten) Pneumatiker darstellt: »Wir aber haben nicht den Geist der Welt empfangen, sondern den Geist, der aus Gott ist, damit wir wissen, was uns von Gott geschenkt worden ist ... Der psychische Mensch aber faßt nicht, was des Geistes Gottes ist; denn Torheit ist es ihm, und er kann es nicht verstehn, weil es geistig erfaßt werden muß. Der Geistige aber erfaßt alles; er selbst aber wird von niemandem erfaßt« (1 Kor 2,12–15). »Wenn Eifersucht und Streit unter euch sind, seid ihr da nicht Sarkiker und wandelt ihr da nicht in menschlicher Weise?« (1 Kor 3,3); der Mensch ist hier als erbsündiger Mensch gesehen.

3. Das Entscheidenste in diesem Versuch über die Wesensstruktur des Menschen ist jedoch, daß mit diesen Aussagen über den Menschen auch dessen Stellung in seiner Welt ausgesagt wird. Das folgende Schaubild möge dies kurz deutlich machen.

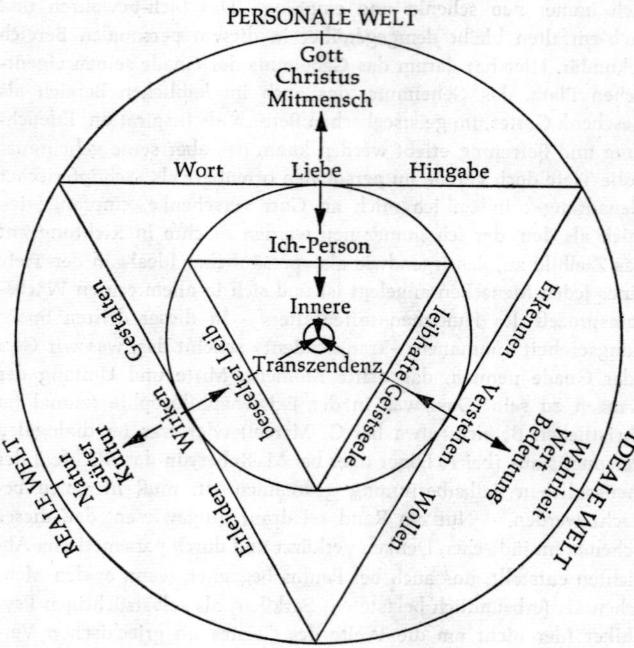

Der Mensch ist eine substantiale Einheit, versinnbildet durch den engeren Kreis, deren innere Struktur durch das dem Kreis eingezeichnete gleichschenkelige Dreieck mit den drei Seiten »beseelter Leib«, »leibhafte Geistseele« und »Ich-Person« bestimmt ist. Dieser Mensch ist als innerer Kreis einem anderen gleichschenkeligen Dreieck eingezeichnet, dessen drei Seiten hinweisen auf die Größen: personale Welt im absoluten Du Gottes, im gottmenschlichen Du Christi und im mitmenschlichen Du, ideale Welt der Ideen, Werte und Bedeutungen und reale Welt der Natur und Kultur. Die vermittelnden Funktionen vom inneren Kreis zur äußeren Welt sind: von der Person zur personalen Welt: Wort, Liebe und Hingabe; von der Geistseele zur idealen Welt: Erkennen, Verstehen,

Wollen; von der leiblichen Welt zur realen Welt von Natur, Gütern und Kultur: Erleiden, Wirken und Gestalten. – Das rechte Verständnis der menschlichen Person als ganzer kann zeigen, daß der transzendentale Vollzug nicht nur nach außen, sondern ebenso nach innen in die Person hinein führt. Dem äußeren Unendlich entspricht ein inneres Unendlich. Wie im gesamten Weltverständnis heute etwa das innere Geheimnis der Struktur der Materie mit dem großen Geheimnis des gestirnten Himmels verglichen werden kann, so ist auch das innere Geheimnis der menschlichen Person mit dem äußeren Geheimnis der menschlichen Welt vergleichbar. In beiden Richtungen führt das menschliche Denken ins Geheimnis, das als solches nur hingenommen, nicht mehr begründet werden kann. – Die Rede vom Menschen als einem großen Beziehungssystem hat hier Mittelpunkt und Horizont ihres Verständnisses. Das statische Schaubild soll (angedeutet durch die eingezeichneten Pfeile) den Menschen in seinem gesamten Lebensvollzug vorstellen, wodurch in besonderer Weise das Beziehungshafte deutlich wird, in dem das vergegenständlichende Denken die drei Beziehungselemente vorfindet, die als komplexe Einheit das Wesen des Menschen erkennen lassen, dem die ebenfalls dreifach gegliederte einheitliche Welt des Menschen korrespondiert. – Vielleicht dürfen wir in dieser »Beziehungshaftigkeit« des Geschöpfes Mensch das geschöpfliche Spiegelbild zum göttlichen actus purus sehen. – Versuchen wir nunmehr, die drei Strukturelemente des Menschen näher zu betrachten: Leib (3. Kap.), Seele (4. Kap.) und Person (5. Kap.).

3. Kapitel

DIE LEIBHAFTIGKEIT DES MENSCHEN

Von drei Gesichtspunkten her soll hier das Problem des Menschen hinsichtlich seiner Leibhaftigkeit einer theologischen Betrachtung unterzogen werden: von der Leibhaftigkeit selbst her (§ 24), von den beiden Erscheinungsweisen des menschlichen Wesens als Mann und Frau her (§ 25) sowie in Hinsicht auf die Frage nach der geschichtlichen Einheit des Menschengeschlechtes (§ 26).

§ 24 Der Leib des Menschen in theologischer Sicht (Die Leibhaftigkeit des Menschen)

Beuroner Hochschulwoche 1948, Freiburg i. Br. 1949: F. Büchner, Vom Wesen der Leiblichkeit; J. Bernhart, Leib und Verleiblichung in geschichtsphilosophischer Betrachtung (ebd. 27–76); B. Welte, Die Leiblichkeit des Menschen als Hinweis auf das christliche Heil (ebd. 77–109). – Anima 9 (1954) 97–142 (Sonderheft über den Leib). – H. E. Hengstenberg, Philosophische Anthropologie, Stuttgart ³1966. – Ders., Der Leib und die letzten Dinge, Regensburg ²1955. – V. Poucel, Gegen die Widersacher des Leibes, Freiburg i. Br. 1955 (Paris 1937). – O. Kuss, Der Römerbrief, 2. Lfg. Regensburg 1959, 506–540: Das Fleisch (bei Paulus). – J. Scharbert, Fleisch, Geist und Seele im Pentateuch (SBS 19), Stuttgart 1966. – O. Schilling, Geist und Materie in biblischer Sicht (SBS 25), Stuttgart 1967. – LThK 6 (1961) 899–906: Leib (J. Schmid, J. B. Metz, H. Fleckenstein). – C. A. v. Peursen, Leib, Seele, Geist, Gütersloh 1959. – H. Gradmann, Das Rätsel des Lebens im Lichte der Forschung, München 1962. – H. Drimmel, Der Mensch und die Wissenschaft in der Zeitwende, Jahrestagungsbericht der Görres-Ges. 1972, 5–21.

Leib, Seele und Person sind nicht drei Bestandteile, aus denen der Mensch besteht; sie sind aber auch nicht nur drei Gesichtspunkte der Betrachtung des einen Menschen. Der eine Mensch existiert vielmehr als reale geschichtliche Wirklichkeit in dieser Welt nur als personales Leib-Seele-Wesen. Die Schwierigkeit, die sich hier schon in der sprachlichen Formulierung zeigt, läßt erkennen, daß es eine Hauptaufgabe der theologischen Aussage sein wird, die dieser Schwierigkeit zugrundeliegenden Probleme etwas zu erhellen. – Zunächst können wir sagen: Leib, Seele, Person bilden nicht eine physische, sondern vielmehr eine metaphysische Einheit und Ganzheit. Das erste Problem besteht nun darin, den Leib, die Leiblichkeit oder die Leibhaftigkeit des Menschen in diesem Zusammenhang näher zu bestimmen. Wir können zunächst folgende Aussagen machen:

1. *Der Leib ist ein Konstitutivum des Menschen.* Die Leiblichkeit gehört zum Menschen ebenso wie seine Geistigkeit. Der Mensch ist immer nur ein leib-hafter Geist, Geist ohne Leib kann nicht Mensch sein. Wir werden dafür den Inhalt des Begriffes »Leib« noch näher bestimmen müssen. Doch von vornherein ist daran festzuhalten, daß der Mensch wesenhaft ein leib-hafter Geist, Geist in Leib ist.

a) Eine Menge theologischer Probleme erhebt sich bereits hier, von denen wenigstens die allerwichtigsten angesprochen seien. Da ist zunächst an die alte christliche Aussage zu erinnern, daß im Sterben »der Staub (ὁ χοῦς) zur Erde zurückkehrt, von der er genommen ist, und der Geist (πνεῦμα) zu Gott zurückkehrt, der ihn gegeben hat« (Koh 12,7), und daß »die Seelen« (ψυχαί) der Gerechten in Gottes Hand sind« (Weish 3,1). Schon Augustinus machte sich Gedanken, ob die Seelen, die aus dem Leibe fortgegangen sind (im Tode), noch einen Leib haben und sagt sehr vorsichtig darauf: »Ob die Seele irgendeinen Leib (aliquod corpus) habe, wenn sie von diesem (irdischen) Leib ausgegangen ist, mag zeigen, wer kann; ich glaube es nicht.« Unmittelbar anschließend bringt er aber Gedanken über die Existenzweise der Seligen und der Verdammten, wie sie Visionäre geschaut haben, und schließt: »Es ist also wohl den Verstorbenen (inferi) ein wirkliches Wesen (substantia) zu eigen; ich halte es (arbitror) aber für ein geistiges (spiritualem), nicht für ein körperliches (corporalem) Wesen (De Gen. ad lit. XII c 32 n 60 und 61: PL 34, 480 f). Papst Gregor d. Gr. († 604) hat in seinen Dialogen die Vorstellungen entwickelt, die nachher das Mittelalter und unser christliches Denken bis in die neueste Zeit beherrscht haben. Gregor sagt: S. Benedikt sah, »wie die Seele seiner Schwester (Scholastika), vom Leibe geschieden, in Gestalt einer Taube den Himmelsraum durchdrang« (Dial. II c 34). Ausdrücklich lehrt er, daß der allmächtige Gott drei geistige Naturen geschaffen habe: die eine, die mit keinem Fleisch bekleidet ist (platonische Denkweise! Engel), eine zweite, die zwar mit Fleisch bekleidet ist, aber mit dem Fleisch nicht stirbt (die Menschenseele), und eine dritte, die mit dem Fleisch bekleidet ist und mit dem Fleisch auch stirbt (Dial. IV c 3; vgl. c 5). Für Thomas von Aquin († 1274) hat die Frage nach der Leibhaftigkeit des Menschen (oder der menschlichen Seele) die Form bekommen, ob die animae separatae noch relativ zu einem Ort sein können. Thomas verneint diese Frage: Geistige Substanzen verhalten sich indifferent zu jedem Ort, und Ortsaussagen in der Schrift für die Verstorbenen (Gehenna, Abrahams Schoß usw.) sind metaphorische Aussagen (S.Th. Suppl. q 69 a 1). Deutlich wird hier die Leibhaftigkeit nicht metaphysisch, sondern physisch verstanden und diese Denkweise hat sich bis in die neueste Zeit erhalten. Besonders spürbar wird dies in der Lehre vom Auferstehungsleib: Am Ende der Welt, bei der allgemeinen Auferstehung der Toten, werden die zugehörigen Leiber mit den zugehörigen Seelen wieder vereinigt, weil der Mensch nicht selig sein kann, wenn die Seele nicht mit dem Leib wieder wirklich vereinigt ist (S.Th. Suppl. q 75 a 1). Noch tiefer in dieses Problem führt uns die Frage nach der Identität des Auferstehungsleibes mit dem Leib der irdischen Lebenszeit (vgl. ebd. q 79; IV. Laterankonzil: D 429 – DS 801 – NR 919), die vor allem im Anschluß an den Bericht der Schrift über die Auferstehung Christi (und das leere Grab) entwickelt worden ist. – Als 1950 anläßlich der Dogmatisierung der leiblichen Aufnahme Mariens in den Himmel die Dogmatisierung hinausgeschoben oder verhindert werden sollte mit dem Hinweis, daß man eben in Ephesus die Basilika des Apostels Johannes ausgrabe und dort möglicherweise ein Grab mit Gebeinen als das Grab Mariens identifizieren könnte, lautete die Antwort darauf: Sollte in Ephesus ein solcher Fund gemacht werden, würde er nichts gegen das neue Dogma aussagen. – Was hier vor sich gegangen ist, können wir zeigen, wenn wir die Aussagen von der »metaphysischen« Leibhaftigkeit des Menschen etwas zu verdeutlichen suchen.

b) Mit der Leibhaftigkeit des Menschen kann nicht bloß der sinnlich erfahrbare »Körper« gemeint sein, der als lebendiger Körper durch ständigen Stoffwechsel erhalten wird und somit als Grundbestandteile die chemischen Stoffe hat, die er ständig aus der Außenwelt aufnehmend sich einbaut und abbauend abgibt. Mit Recht unterscheidet E. Hengstenberg wie schon vorher M. Scheler und H. Plessner klar und entschieden zwischen dem »physischen Körper«, den wir eben beschrieben haben, und dem »menschlichen Leib«, der vom Menschen als Geistperson her bestimmt und belebt ist. In etwa mag dieser Unterschied auch zum Ausdruck kommen, wenn wir sagen »Ich habe einen (irdisch-lebendigen) Körper«, aber ich bin mein eigener »menschlicher Leib« als Geist in Leib, als leibhafter Geist. – Schon Aristoteles hatte dargetan, daß die Hand als Organ des menschlichen Leibes nicht ein Teil des Leibes, sondern ein von der menschlichen Seele her bestimmtes und gebrauchtes Organ sei. (Met. VII c 11: 1036 b, 30–32). – Die Ansicht des Descartes, der Leib würde nach Art einer komplizierten Maschine von außen angestoßen und in Gang gebracht, ist seit dem 18. Jahrhundert (A. von Haller) wissenschaftlich überwunden. Jeder Organismus lebt aus einer eigenen Mitte, fügt sich regulativ-plastisch in seine Umwelt ein, steht in einem dialogischen Verhältnis zu ihr. Für den menschlichen Leib hat dieser Dialog eine ganz neue Gestalt einfach durch die Tatsache, daß der Mensch durch seinen Geist die allgemeinen Gesetze der Natur erkennen und durch seine Freiheit demgemäß Natur verändern, Kultur schaffen kann und dies in immer neuer Weise und in immer höherem Maße, anders als das Tier, dessen Weltgestaltung irgendwie stationär bleibt (die

(Schwalbe baut ihr Nest heute noch ebenso wie vor vielen tausend Jahren).

c) Von der Leibhaftigkeit des Menschen her scheint die *Entwicklung* und die damit gegebene *Geschichtlichkeit des Menschen* insonderheit mitbestimmt und verständlich. Ausgehend von der Entwicklungslehre ist zu sagen: Der Mensch in seiner Leibhaftigkeit ist die höchste bisher erreichte Differenzierungsstufe in der biologischen Natur. Diese Entwicklung bedeutet Verlust an Elastizität, und das zeigt sich nicht nur in der Stammesgeschichte, sondern auch in der Individualgeschichte. Gewonnen wurde dabei eine einmalige Eindeutigkeit der Differenzierung der gestaltlichen Prägung. Dennoch bleibt die Entwicklungstendenz als Grundtendenz alles Lebendigen auch beim Menschen, aber hier nun nicht mehr primär als Naturereignis, sondern vielmehr als menschliche Aufgabe. Diese Aufgabe ist philosophisch und theologisch gesehen nicht nur als vom Geist ausgehend in den Leib und die Welt hinein gerichtet zu verstehen – gemäß der Einheit von Leib und Seele in Geist als Gerichtetsein –, sondern ebenso als Geöffnetsein der leib-seelischen Geistperson des Menschen zum Schöpfergott hin als jenem transzendenten Geheimnis, aus dem der gottebenbildliche Mensch Orientierung und Kraft für Selbstgerichtetheit wie für sein Sich-Ausrichten empfängt. Die in § 16 vorgestellten christlichen Möglichkeiten menschlicher Weltgestaltung setzen dieses Verständnis von menschlicher Leibhaftigkeit voraus und machen es verständlich.

d) Daß der Mensch nur in der schwer begreifbaren Perspektive einer Bewegung aus der Geistseele und aus der daraus aufsteigenden Ich-Person als *Einheit* erscheint, ist schon in der Schrift angesprochen, ist in der Antike wie in der großen mittelalterlichen Theologie und Philosophie ausgeführt und entspricht nach unserem heutigen Verständnis dem lebensechten Geheimnis der menschlichen Daseinsweise, die man nicht aus diesen Beziehungen, in denen das Ich sich seiner selbst bewußt wird, losreißen kann. Man kann Leib, Seele, Geistperson nicht zu isolierten Wirklichkeiten machen, die an sich und für sich existieren, will man der Selbsterkenntnis als dem eigentlichen Weg zur Erkenntnis des Menschen treu bleiben und nicht von bloßen Fremdbeobachtungen ausgehen, die der gewöhnlichen (vorwissenschaftlichen) Sprechweise in diesen Dingen vielfach zugrunde liegen. Die Tatsache dieser inneren Gerichtetheit führt zur Frage nach einer möglichen Wertung der korrelativen Größen Leib – Seele – Geistperson. – Aus der Einsicht in die innere Korrelativität und Einheit der genannten Größen wird verständlich, daß jede Aussage, die eine dieser Größen als solche für schlecht erklärt, falsch ist. Dies gilt vor allem für die Aussagen des persischen Manichäismus, der alles Materielle und damit auch den Leib für schlecht und für ein Übel erklärt. Augustinus, der in seiner Jugend selbst dieser Irrlehre angehangen hat, bekämpfte sie nach seiner Bekehrung heftig, besonders in den Jahren 388–402, und schrieb dazu u. a. seine 33 Bücher Contra Faustum Manichaeum (PL 42). Auf dem Konzil von Braga (Spanien, 562: D 242 – DS 462 – NR 292) wurde diese Irrlehre verurteilt. Auch im Platonismus war der Leib nicht als etwas Schlechtes an sich, wohl aber als Kerker der Seele und Hemmnis des freien Geistes gesehen (vgl. Phaidon 62 b; 67 a), aus dem sich die Seele im Tode befreien müßte. Der Leib ist eben wie die materielle Welt ständigem Wandel unterworfen, kann darum auch nicht Sitz der unveränderlich bleibenden wahren Erkenntnis sein (vgl. Tim. 27 d – 28 c). Wenn in den späteren Schriften Platos Seele und Leib wie Seemann und Schiff (Leges XII: 961 e) erscheinen, ist damit wohl eine neue Wertung des Leibes als eines brauchbaren Instrumentes gegeben. Auch für Aristoteles, für den die Seele »die erste Entelechie des physischen, lebensfähigen Leibes« ist (De an. II c 1: 412 a 27 f), ist somit der Leib Material, das durch die Seele geformt wird, Instrument, dessen sich die Seele bedient. – Anders sind diese Verhältnisse *im hebräischen Denken der Schrift* gesehen, das aus seinem Jahweglauben heraus primär die Weltwirklichkeit und zumal die Wirklichkeit des Menschen geschichtlich versteht. Hier ist *Wertung nicht stationär-ontisch,* wie im platonischen intellektuellen Denken, *nicht funktional-instrumental* wie bei dem naturwissenschaftlichen Denker Aristoteles, sondern vielmehr wie ein Geschehen gefaßt, das durch Gott und den Menschen, aber auch durch gute und böse Mächte im Dienste Gottes beeinflußt und bedingt wird. Das dem griechischen σῶμα (= Leib) entsprechende hebräische Wort basar bezeichnet zunächst den Körper oder seine Teile als besonderen Gegenstand der Opfer (Ri 6,19–21; vgl. Röm 12,1), aber auch den Körper als ganzen (sarx = σῶμα), mit dem noch nicht der ganze Mensch gemeint ist (Ex 30,32), schließlich aber auch den ganzen Menschen als »Blutsverwandten«, weil ursprünglich die Verwandtschaft als durch körperliche Fortpflanzung entstanden gedacht wird (Ex 2,23; Gen 37,27). Schließlich wird »alles Fleisch« zum Ausdruck für die Gesamtheit der körperlichen Lebewesen, Tier und Mensch (Gen 6,17,19; Lev 17,11), besonders aber im Sinne von »alle Menschen« gebraucht, weil hier, zumal seit der hellenistischen Zeit, statt »alles Fleisch« auch »alle Seelen«

(nephesch) gesagt wird (Ijob 14,22). In ähnlicher Weise wird »Bein« (esem) für Leib und »Herz« (leb) für Seele metonymisch verwendet. – In der heilsgeschichtlichen Denkweise des AT ist Fleisch = Leib freilich meist Ausdruck für die »Vergänglichkeit und Schwachheit des Menschen als Geschöpf«, zumal wenn es seinen Gott vergißt, der allein »Geist« (= ruah) ist und Kraft und dem fleischlichen Menschen allein Kraft verleihen kann (Is 31,3; Jer 17,5 und 7: Verflucht der Mann, der auf Menschen vertraut und auf vergängliches Fleisch ... gesegnet der Mann, der auf den Herrn vertraut. Vgl. Ps 56,5; Gen 6,3). – Dieselben Vorstellungen beherrschen auch das NT. Hier bedeutet Fleisch wie Leib einfach den Menschen in seiner irdischen Existenz; daher Ausdruck »alles Fleisch« = jedermann (Lk 3,6; Joh 17,2) und »kein Fleisch« = niemand (Mt 24,22; Röm 3,20). Paulus sagt ebenso: »In meinem Fleisch« (2 Kor 7,5) wie »in meinem Geist (2 Kor 2,13) hatte ich keine Ruhe«. Häufiger, besonders bei Johannes und Paulus, wird Fleisch oder Leib zum Ausdruck für die schwache, vergängliche und beschränkte menschliche Natur (Joh 3,6; Phil 3,3; Röm 7,5; 2 Kor 1,17), wofür manchmal auch »Fleisch und Blut« gesagt wird (Mt 16,17; Gal 1,16; Eph 6,12). Besonders deutlich wird diese Sprechweise bei Paulus, wenn er als die zwei heilsgeschichtlichen Zustände des Menschen die »Adams-Existenz« und die »Christus-Existenz« gegenüberstellt (vgl. Röm 5,12–21; 1 Kor 15,21 f; 45–50), wie »Fleisch« und »Geist« (Röm 7 und 8; Gal 5,19–21), wie »den alten Menschen« und »den neuen Menschen« (Eph 4,22–24; Kol 3,9 f). Da nun aber die Existenzweise im Geiste Gottes, das Leben des Menschen aus diesem Geist, menschliche Entscheidung (Lk 12,51; 9,62), Wachsamkeit (Lk 12,35–48) und Anstrengung verlangt (Mt 11,12: »Seit den Tagen des Johannes leidet das Himmelreich Gewalt und nur die Gewalt gebrauchen, werden es an sich reißen«), das Wirken des Fleisches aber eben in dem Zustand mangelnder Wachsamkeit und Anstrengung gesehen wird, erscheint die Schwäche des Fleisches hier als Quelle der Sünde. So schreibt Paulus: Was fleischlich ist, »ist verkauft unter die Gewalt der Sünde« (Röm 7,14), »die in ihm, d. h. in seinem Fleische wohnt« (ebd. 7,18), »ist in der Sklaverei des Verderbens« (ebd. 8,21–24) »für Seele und Leib« (ebd. 8,6; 6,20–22; Gal 6,8); darum spricht der Apostel sogar vom »Fleisch der Sünde« (Röm 8,3), »Leib der Sünde« (Röm 6,6: σῶμα τῆς ἁμαρτίας) und »Leib des Todes« (Röm. 7,24: σῶμα τοῦ θανάτου). All diese Aussagen meinen jedoch nur eine Situation des Menschen, nicht den Leib als physische Sache; die Verbindung zwischen Leib und Sünde ist nicht wesenhaft und nicht notwendig, sondern geschichtliche Tatsache, der die andere ebenso geschichtliche Tatsache der »Fleischwerdung des göttlichen Logos« (Joh 1,14; 1 Joh 4,2; 2 Joh 7; vgl. Kol 2,9; Hebr 2,14 f; 5,7; 1 Tim 3,16) entgegensteht. »In Christus«, »im Geiste« vermag der Mensch eine neue Situation zu erlangen und in ihr zu leben. In der Taufe »wurde unser alter Mensch mitgekreuzigt (mit Christus), damit der sündige Leib vernichtet werde und wir nicht mehr der Sünde dienen« (Röm 6,2–11), sondern in Christus ein neues Leben führen. Der von Paulus im Menschen erkannte Dualismus ist nicht ontologischer, sondern ethischer Natur: eine Folge der Sünde des ersten Menschen (Röm 5,12–19), wie man schon im späten Judentum wußte (vgl. 4 Esr 3,20.26; 8,21; vgl. BL, Art. Fleisch). Dieselbe Vorstellung liegt schon dem Wort Jesu in der Leidensgeschichte zugrunde: »Wachet und betet, damit ihr nicht in Versuchung fallet; der Geist ist zwar willig, aber das Fleisch ist schwach« (Mt 26,41 f: πνεῦμα πρόθυμον – σάρξ ἀσθενής).

2. Von hier aus wird auch der zweite Satz verständlich: *Der Leib ist nicht der ganze Mensch.* Auch wenn in einer bestimmten Betrachtungsweise die Leibhaftigkeit des Menschen den ganzen Menschen zum Ausdruck bringen kann, ist die Leibhaftigkeit selbst nur verständlich als Leibhaftigkeit der personalen Geistseele. Leibhaftigkeit meint im Gegensatz zum »physischen Körper« den von der Geistseele durchformten Leib (E. Hengstenberg). Paulus hat darum, wie oben (§ 23) gezeigt, dem fleischlichen Menschen einen psychischen und schließlich einen pneumatischen Menschen gegenübergestellt. – Die Leibfreundlichkeit unserer Zeit, wie sie vor allem durch den Pansexualismus S. Freuds sowie durch den Kinsey-Report und schließlich durch H. Marcuses Aufforderung an die akademische Welt zur Revolution antiautoritärer Freiheit aufgerufen und erzeugt worden ist, hat nichts mit der Welt- und Leibbejahung Altisraels zu tun, sondern ist eine der vielen Ideologien unserer Zeit, die aus dem Umschlag des Idealismus in den Materialismus im 19. Jahrhundert hervorgewachsen sind und den Geist des 19. Jahrhunderts im 20. Jahrhundert weiterpflegen. Der ideologische Charakter wird hier am meisten darin deutlich, daß wiederum Leib als selbständige Größe betrachtet wird.

3. Dennoch sollen einige tiefere Erkenntnisse, die sich aus dem rechten Verständnis der menschlichen Leibhaftigkeit ergeben und in

neuerer Zeit durch eine vertiefte Physiologie und Psychologie erarbeitet worden sind, noch kurz angesprochen sein.

a) Durch seine Leibhaftigkeit steht der Mensch mit dem All, besonders aber mit seiner eigenen Welt in »Kontakt«: Die Welt wirkt auf dem Weg über die Leibhaftigkeit des Menschen auf diesen ein und er wirkt auf demselben Weg in die Welt hinein. Vor allem die Sinne und die Gefühle des Menschen sind hier als »Vermittler« zu bedenken. H. Plessner hat die *Welt der Sinne* in seiner Anthropologie der Aisthesiologie uerst philosophisch betrachtet. Schon 1923 hat er in einer Untersuchung über die Einheit der Sinne, erweitert in seiner Anthropologie der Sinne (vgl. Philosophische Anthropologie, hrsg. von Dux, Frankfurt a. M. 1970, 187–251), in einer echten philosophischen Weiterentwicklung des Sensualismus eines D. Hume und J. Locke gegenüber der physiologischen Verengung der angewandten Psychologie diese Lehre entwickelt. Hier sucht er das geistige Element in den leibhaften Sinnen auf, um es von der Ganzheit des Menschen her zu deuten. Die Lehre von der Subjektivität der Sinnesqualität wird von einer anthropologisch-metaphysischen Grundlage her mit den Mitteln der Phänomenologie untersucht. Hatte die alte physiologische Psychologie klar den »Außenreiz und seine Übersetzung in die Sprache der Nerven und des Gehirns« unterschieden, so wird hier vom Ganzen des Menschen als geistigem Lebewesen her der einzelne Sinn und die Summe der Sinne betrachtet. Sehen, Hören, Riechen, Tasten usw. sind für den Menschen nicht nur Informationsquelle, sie kommen ihm selbst zum »Bewußtsein«, werden bedacht und beurteilt, noch ehe dieses Denken und Urteilen reflexiv bewußt wird. Daher kommt es, daß »je nach dem metaphysischen Standpunkt der Katalog der Vorurteile über die Sinneserfahrung lautet: Schein, Erscheinung, subjektive Vorstellung, Bewußtseinsinhalt, seelisch Wirkliches, physische Realität usw. Die Überwindung dieser Schwerpunkte ist eine wesentliche Leistung der neueren phänomenologisch eingestellten Richtungen der Philosophie« (H. Hensel, bei Plessner, a.a.O. 195). »Wir leben mit unseren Sinnen wahrnehmend, zuhörend, kostend, witternd, d. h. auf anderes gerichtet und von ihm hingenommen. Erst in der Reflexion entdeckt sich ihre instrumentale Natur und ineins mit ihr der Bereich der Qualitäten ... So ist nun einmal dem Menschen gegeben, nicht nur zu empfinden, sondern Empfindungen zu ›haben‹, sie von sich abzusetzen und nicht nur in ihnen aufzugehen, sich in ihre Eigenart zu vertiefen, ihre Physiologie und Pathologie zu studieren. Das kann für eine lebensweltliche Einbettung eine Bereicherung oder eine

Verarmung bedeuten, grundsätzlich stellt die eine Möglichkeit die andere nicht in Frage« (Plessner, 196). »Für den Menschen als Person, die zu sich ein ichhaftes Verhältnis hat, bekommen Leibhaftigkeit und ihre propriozeptiven Wurzeln einen besonderen Akzent. Der Eigenbereich gerät in das Licht des Selbst und erhebt sich zugleich von der unbeschränkten Zone einer Vergegenständlichung ab« (Plessner, 197). Was Plessner hier in seiner Aisthesiologie des Sehens, des Hörens, der Interpretation des sprachlosen Raumes der Architektur, Plastik und Malerei, des propriozeptiven Systems (in Fühlen, Weinen und Lachen) und in seinen Gedanken über die Verkörperungsfunktion und über die Einheit der Sinne entwickelt, ist eine mächtige Aufforderung zu einer neuen *»Kultur der Sinne«*, die insonderheit den Christen, dem die Natur Gottes Schöpfung ist und wahre menschliche Kultur Geschenk göttlichen Geistes, befähigen muß, die Wunder Gottes in Natur und Kultur neu zu sehen und sich in neuer Weise der menschlichen Vermassung und Technisierung der Kultur, wie sie die Leistungsgesellschaft und Konsumgesellschaft unserer Tage prägt, entgegenzustellen. Diese Kultur der Sinne muß ihn befähigen, den Nihilismus zu überwinden, dessen Geschenk an die Menschen nur Angst und Ekel sind, wie der atheistische Existentialismus gezeigt hat, und muß ihn stark machen gegen den alles zerstörenden »Willen zur Macht« des prometheischen Übermenschen, wie ihn F. Nietzsche entwarf und der Mythos des 20. Jahrhunderts (A. Rosenberg) erstrebt hat. – Der äußeren Sinnenkultur entspricht eine innere Sinnenkultur. Die innere Sinnenwelt des Menschen hat Th. Haecker in seiner *»Metaphysik des Fühlens«* (München 1950) etwas zu erhellen gesucht, und im Anschluß an Origenes hat K. Rahner von diesen »inneren Sinnen« als den eigentlichen Organen unseres religiösen Lebens gehandelt (vgl. RAM 13 (1932) 113–145). Etwas heftig stellt Th. Haecker dem augustinischen Ternar der Seele: memoria, intelligentia, voluntas, den aristotelisch-thomistischen Ternar: sentire, intelligere, velle, gegenüber. Richtig ist, daß neben Denken und Wollen die große Welt der Sinne – der äußeren Sinne, aber auch des sensus communis, in dem die Einheit der Sinne zum Ausdruck kommt, und der inneren Sinne – in unserer Zeit eine tiefere Pflege fordert, soll das religiöse Erbe des Abendlandes, das auf dem Boden der jüdischen Offenbarung gewachsen ist und das schon im griechischen Intellektualismus und Spiritualismus wie im römischen Legalismus und Imperialismus vielerlei Einbußen erlitten hat, nicht in unserer säkularisierten und technisierten Welt immer schwächer und damit immer weniger für seinen missionarischen Weltauftrag geeignet werden. Die augustinische Memoria fügt dem jedoch mit Recht hinzu, daß dieses Wachsen des ganzen Menschen, seiner Sinnenhaftigkeit, seines Denkens und Wollens und Handelns nur möglich bleibt auf dem Boden der großen menschlichen Tradition. Mögen manche materialistische Entgleisungen heute die »Sinnlichkeit« verdächtig gemacht haben: um der Ganzheit und Tiefe des Menschen willen wird eine christliche Anthropologie unserer Zeit eben die geistig-seelische Seite der menschlichen Leibhaftigkeit gerade in einer neuen Kultur der Sinne pflegen müssen.

b) Mit dieser Pflege der »Sinnlichkeit« im echten anthropologischen Sinn kann sich auch eine vertiefte Pflege jener Kräfte verbinden, in denen dem menschlichen Geist und der menschlichen Seele eben durch die Leibhaftigkeit des Menschen neue Entfaltung möglich wird. Der Leib ist für den Menschen nicht nur das Organ, sondern eben jene Seite seines Wesens, mit der er die schöpferische Kraft seines Geistes und seiner Seele in seine Welt hinein *»verleiblichen«* kann und muß. Was in der Kunst in den verschiedenen mehr oder weniger gültigen Formen des Expressionismus seit dem 1. Weltkrieg aufgebrochen ist, hat in neuester Zeit auch in der Neugestaltung der Kirchenfrömmigkeit in ihrer Liturgie, im Gottesdienst neue Ausdrucksformen gefunden. Viele wertvolle Ansätze warten hier auf ihre Ausführung und Fortsetzung, die nicht möglich ist, wenn nicht die inneren und äußeren Sinne des Menschen neu gepflegt werden. Dies ist freilich nur möglich, wenn auch die neuen Gestalten unseres Weltgefühles wie unseres Gotteserlebnisses (»Innerlichkeit Gottes«) ihren Ausdruck und ihre Verleiblichung finden.

c) Eine besondere Gestalt der Ausdruckssuche des Menschen, auf den Menschen und seine propriozeptiven Gefühle und Wünsche bezogen, ist der *»Schmuck«*, mit dem er die verschiedenen Glieder seines Leibes, aber auch seine Kleidung und seine Gebrauchsgegenstände ziert. Meist wird dieser Schmuck am menschlichen Leib angebracht, die Glieder werden damit behangen oder umgeben. Manchmal, nicht nur bei den primitiven Stämmen, sondern auch in den Hochkulturen, wird der menschliche Leib selbst mit Farben oder Narben versehen. Im AT finden sich zahlreiche Verbote für Tätowierung (Lev 19,28; Dt 14,1; 23,2 f). Mannigfaltig ist der Sinn dieses Schmuckes: Zeichen des Reichtums, der Würde, der gesellschaftlichen Stellung, aber auch der Hervorhebung von Körperteilen, schließlich auch als Ausdruck politischen oder religiösen Bekenntnisses. Immer soll auf dem Weg über die Leibhaftigkeit ein auf die Gesamtperson bezogenes Idealbild oder Zielbild zum Ausdruck gebracht, vorgestellt werden, mag es ein edles oder ein perverses, ein echtes oder eine Vortäuschung sein. (Vgl. K. Birket-Smith, Geschichte der Kultur, Zürich 1946; J. Evans, A History of Jewellery, London 1954; J. Laullier – M. A. Pini, Fünf Jahrhunderte abendländische Schmuckkunst, München 1971).

4. Ein letztes Moment in unserem rechten christlichen Leibverständnis braucht hier nur noch angedeutet zu werden, da es seine Darstellung in der Eschatologie finden wird: die Glaubenswahrheit von der Gliedschaft des Christen im Leibe Christi schon auf Erden und die damit gegebene Hoffnung und Sicherheit auf die *Verklärung des Leibes*, auf die Teilhabe des leibhaften Menschen an der Verklärung Christi in einem neuen Himmel und einer neuen Erde. Keine Religion der Erde stellt die Einheit von Geist und Leib im Menschen und die Leibhaftigkeit des Menschen auch noch in ihrer letzten und höchsten Erfülltheit so ernst heraus und bietet dafür ein geschichtliches Vorbild als Garant dieser Wahrheit (in der Verklärung des auferstandenen Jesus von Nazareth), wie der christliche Glaube. Die ganze Welt der *Sakramente* ebenso wie des *kirchlichen Kultes* als ganzem wäre hier zu nennen. Ihr Sinnziel ist, die Vollendung der Welt im einzelnen Menschen und in der menschlichen Gemeinschaft vorzubereiten und in Gang zu bringen, die Vollendung, die freilich nicht vom Menschen erwirkt, sondern nur als Gnade empfangen werden kann, als neues Geschenk Gottes am Ende der Zeit, wie uns das letzte Buch der Offenbarung, die Apokalypse, dartut. Die Weltgeschichte entwickelt sich nicht mit Notwendigkeit auf ihr Ziel hin wie ein biologisches Wesen, wie O. Spengler und vielleicht auch P. Teilhard de Chardin meinten. Sie ist vielmehr Resultat des Zusammenwirkens göttlicher Gnade und menschlicher Freiheit, die beide selbst Geschenk Gottes sind und in einem neuen Himmel und in einer neuen Erde (Is 66,22; Apk 21,1) ihre ewige Verleiblichung finden werden.

§ 25 Mann und Frau
(Zwei von der Leiblichkeit her bestimmte Verwirklichungen des menschlichen Wesen)

KKD VII 216–231. – MS II (1967) 707–750: Zweigeschlechtlichkeit und Ehe (H. Doms). – Ph. Lersch, Vom Wesen der Geschlechter,

München ^{2}1950 (^{4}1968). – M. MEAD, Mann und Weib. Das Verhältnis der Geschlechter in einer sich wandelnden Welt, Stuttgart 1955. – E. Przywara, Mensch. Typologische Anthropologie, Nürnberg 1959, 121–169. – H. SCHELSKY, Soziologie der Sexualität, Hamburg ^{2}1965. – F. J. BUYTENDIJK, Die Frau. Natur, Erscheinung, Dasein, Köln 1953. – G. H. GRABER, Psychologie des Mannes, Bern 1957. – C. G. JUNG, Seele und Erde, in: Seelenprobleme der Gegenwart, Zürich 1931, 129–151. – O. EBERZ, Sophia und Logos oder die Philosophie der Wiederherstellung, hrsg. von L. Eberz, München 1967. – P. GRELOT, Mann und Frau nach der Hl. Schrift, Mainz 1964. – KATE MILLETT, Sexus und Herrschaft. Die Tyrannei des Mannes in unserer Gesellschaft, München 1971 (negativ!). – IDA KAMING, Der Ausschluß der Frau vom priesterlichen Amt. Gottgewollte Tradition oder Diskriminierung, Köln 1973 (negativ!). – MOLTMANN-WENDEL (Hrsg.), Menschenrechte für die Frau, Mainz 1974. – LThK 4 (1960) 803–807: Geschlechtlichkeit (L. M. Weber).

Der konkrete Mensch existiert als Mann oder als Frau. Auch wenn damit gewiß keine wesenhafte Unterscheidung, ja nicht einmal eine spezifisch-eindeutige Unterscheidung ausgesagt wird, ist doch festzuhalten: der Mensch an sich existiert nicht, er existiert nur in einer mehr oder weniger deutlichen Ausprägung als Mann oder als Frau. Diese Aussagen weisen bereits auf Probleme in diesem grundlegenden Bereich der Anthropologie hin, die in sechs Überlegungen vorgelegt seien.

1. Die erste Aussage, die eine philosophische und erst recht eine theologische Anthropologie hier machen muß, ist: Mann und Frau sind zwei Erscheinungsweisen, zwei Ausprägungen des einen Wesens Mensch; jede Ausprägung, der Mann wie die Frau (vgl. »Was ist der Mensch?« in: ThPh 49 [1974] 542–560), erfüllt jedoch als Individuum auschließlich und einmalig das ganz, was mit der Wesensbezeichnung »Mensch« ausgesagt wird. Die Hl. Schrift bringt das in verschiedener Weise zum Ausdruck. Der noch in archaisch-mythischer Denkweise abgefaßte Schöpfungsbericht des Jahwisten faßt dies in die Sätze: »Da bildete Gott der Herr den Menschen aus dem Staub der Ackerscholle und blies in seine Nase den Odem des Lebens; so ward der Mensch zu einem lebendigen Wesen« ... Als sich unter den Tieren keine Gefährtin des Mannes fand und Gott ihm eine Frau aus seiner Rippe gebaut und zugeführt hatte, – vom Sinn dieser mythischen Darstellung sei an anderer Stelle gesprochen –, sagte der Mensch (ha isch): »Das ist nun endlich Bein von meinem Bein und Fleisch von meinem Fleisch. Diese (Frau) soll man Männin (ischah; ἀνδρίς [Symmachus]; virago [Vulg.])

heißen; denn vom Mann ist sie genommen« (Gen 2,7.23). Ausdrücklich wird hier die Wesensgleichheit von Mann und Frau hervorgehoben, sowohl von ihrer körperlichen Natur her wie in der Neubildung des Namens für die Frau aus dem Namen des Mannes. Der Mann erscheint als »der Mensch« und die Frau als »der weibliche Mensch«. – Der Schöpfungsbericht des Priesterkodex bringt statt dessen eine echt theologische Aussage, wenn er schreibt: »Da sprach Gott: Laßt uns Menschen machen nach unserem Ebenbild, uns ähnlich ... So schuf Gott den Menschen nach seinem Abbild; nach Gottes Bild schuf er ihn, als Mann und Frau schuf er sie« (Gen 1,26 f). Die Einheit des menschlichen Wesens kommt hier durch die dem Menschen als solchem eigene »Gottebenbildlichkeit« zum Ausdruck, die anschließend von seiner Kulturfähigkeit her bestimmt wird (er soll herrschen ... macht euch untertan), während der erste Bericht des Jahwisten die Wesenseinheit in der Gleichheit der Natur (Bein und Fleisch als Ausdruck der konkreten Leibhaftigkeit des Menschen) und in der Übereinstimmung des Namens ausdrückt. – Diese biblische Aussage zwingt, bei allen Feststellungen, die über die Verschiedenheit von Mann und Frau gemacht werden, die Wesensgleichheit nicht zu übersehen und die Unterschiede zwischen Mann und Frau nicht im menschlichen Wesen schlechthin anzusiedeln. Es geht darum auch nicht an, Mann und Frau im Sinne einer Antithetik oder Polarität oder Allo-Enantiothetik darzustellen (vgl. Überblick bei E. Przywara), wozu eine bloß biologische oder soziologische Denkweise verleiten könnte und wie es in einer kulturgeschichtlichen Denkweise geschieht und zum Thema der Belletristik, die gerade diese Frage gerne aufgreift, gehört.

2. Der Mensch existiert aber immer nur als Mann oder als Frau. Dabei ist festzustellen, daß die geschlechtliche Typisierung den ganzen Menschen erfaßt, seinen Leib nicht nur hinsichtlich bestimmter Organe, sondern den ganzen Leib bis in den Bau von Zellen und Gewebe und alle seine Organe und ihre Leistungen sowie auch die Eigenart des seelisch-geistigen Lebens des Menschen. Dennoch bleibt die Ausgestaltung des Menschen, die männliche wie die weibliche, ein ganzer Mensch. Wenn im Lauf der Geschichte mehrfach die Idee aufkam, daß die Frau kein ganzer Mensch sei, hat dies kulturgeschichtliche Gründe. Bedenklich bleibt, wenn diese Aussage eine Begründung aus einer irrigen Naturwissenschaft oder gar einer einseitigen Exegese erhält. – Wenn

Paulus im NT (vgl. 1 Tim 2,13–15; 1 Kor 11,7–12) aus dem Schöpfungsbericht einen eindeutigen Vorrang des Mannes vor der Frau herausliest, ja wenn er sagt, daß die Frau der Abglanz (δόξα) des Mannes sei, wie dieser Abbild und doxa Gottes ist, ist aus der kulturgeschichtlich bedingten Darstellung des Schöpfungsberichtes eine theologische Aussage gemacht. – Ambrosiaster vertritt im 5. Jahrhundert die Meinung, daß gemäß Gen 2,23 die Eva von Gott keine Seele, sondern mit dem Leib auch das Leben aus dem Manne erhalten habe (PL 17, 240, 468). Augustinus nimmt gegen diese Lehre mit Berufung auf Gen 1,27 (»als Mann und Frau schuf er sie«) Stellung (De Gen. ad lit. X c 1: PL 34, 407–409). – Auf der Synode von Macon, 585, vertrat ein Bischof die Ansicht, die Frau könnte nicht homo genannt werden. Unter Hinweis auf Gen 1,27 f und den Titel »Menschensohn« für den Jungfrauensohn Jesus wurde er dafür von den anderen Bischöfen zurechtgewiesen. Vielleicht handelte es sich damals um eine philologische Frage: es war um die Zeit, in der sich die französische Sprache aus der lateinischen entwickelte, also statt »homo« nun »homme« und »femme« gebildet wurden (vgl. C. J. Hefele, Conziliengeschichte III 38). – Thomas von Aquin sah in der Frau ein animal imperfectum (S.Th. I II q 102 a 3 ad 9), ein aliquid deficiens et occasionatum. Der Grund für diesen Irrtum ist bei Aristoteles (De gen. animal. I c 20 und II c 3: 728 a 17 f; 736 a 25 f) zu finden, und Thomas selbst erläutert ihn mit den Worten: »Wenn ein Mädchen bei der Zeugung entsteht, kommt das von der Schwäche der (männlichen) Schöpferkraft oder von einer Indisponiertheit der Materie oder auch durch eine von außen kommende Veränderung, z. B. wenn die feuchten Südwinde wehen« (S.Th. I q 92 a 1 ad 1); vgl. Aristot., De gen. animal. IV, 2 767 a 10–13). Der tiefere Grund für diesen Irrtum liegt in der Meinung, daß nur der männliche Samen Ursache der Zeugung sei (vgl. dazu H. Doms, Gatteneinheit und Nachkommenschaft, Mainz 1965). Erst 1875 ist tatsächlich das Ereignis der Befruchtung durch Verschmelzung von Ei und Samenzellen entdeckt worden.

3. Wenn der Mensch nur als Mann und Frau existiert, erhebt sich erneut die Frage, ob vielleicht eben das ganze Wesen des Menschen sich nur erschließt, wenn wir die beiden Ausprägungen des menschlichen Wesens in Mann und Frau zusammenschauen, so wie auch wiederum das Lebewesen Mensch nur aus der Zeugung zwischen Mann und Frau oder wenigstens durch die Verschmelzung von Ei

und Samenzelle entsteht. Es gibt wenigstens drei große Versuche, die diese Frage bejahen möchten.

a) Da steht am Anfang der berühmte Mythos aus der Rede des Aristophanes in Platos Symposion, wonach Zeus den Menschen zuerst als Doppelwesen (androgyn) erschaffen habe; da der Mensch jedoch in seiner Macht nach den höchsten Gütern greifen wollte, beschloß Zeus, ihn zu schwächen, indem er ihn in zwei Teile zerschnitt. Seit der Zeit ihrer Trennung ist deshalb »die Liebe zueinander den Menschen angeboren und sucht die alte Natur zurückzuführen und aus zwei eins zu machen und die menschliche Natur zu heilen« (Symposion 191 c–d). Hier wird allein von der biologischen Naturbetrachtung ausgegangen. In neuerer Zeit ist derselbe Gedanke aus der Kulturanthropologie heraus entwickelt worden: Danach sei der Mann in seinem Verhältnis zur Natur durch sein Kulturwerk aus der Mitte der Natur und der Unmittelbarkeit des naturhaften Lebens (in der das Tier noch aufgeht) gerückt, und die Frau müsse im menschlichen Geschlecht die Erinnerung an seinen Ursprung und seine Herkunft aus dem Schoß der Natur erhalten und durch ihr sorgendes Wirken wieder den Ausgleich auf allen Gebieten des Lebens schaffen (vgl. Ph. Lersch, a.a.O. 105–117).

b) Aus einer mehr romantischen Naturbetrachtung entwickelte sich die Aussage, daß nur und erst in den beiden Formen von Mann und Frau sich die Ganzheit des menschlichen Wesens darstelle, ihre Ausprägung also im Gesetz der Polarität finde. Danach stehen sich Mann und Frau entgegengesetzt gegenüber, wie der negative und der positive Pol des elektrischen Stromes. »Hält man fest, daß eine Polarität zwischen den Geschlechtern stattfindet«, so kann nicht mehr von einer Höherwertung oder einer Abwertung der Frau oder von einer Gleichberechtigung von Mann und Frau die Rede sein (J. E. Erdmann, Psychologische Briefe, Berlin ^{3}1863, 77 f: Lersch, 118). In neuerer Zeit hat vor allem J. J. Bachofen (Mutterrecht und Urreligion. Eine Auswahl, hrsg. von R. Marx, Leipzig 1927) diese Gedanken aufgegriffen, eine Deutung der kulturgeschichtlichen Entwicklung des Menschengeschlechtes darauf gebaut und die menschlichen Gemeinschaftsformen des Hetärismus, des Mutterrechts und des Vaterrechts entwicklungsmäßig daraus erklärt. Dabei werden matriarchalische und patriarchalische Kulturen mit allgemeinen Wertungen versehen, die durch einen Blick auf die primitiven Kulturen unserer Zeit (z. B. bei M. Mead: Buytendijk, 265 f) nicht bestätigt werden. Nur wo das Problem Mann – Frau mehr kulturanthropologisch angegangen wird, wie auch bei Ph. Lersch, erscheint diese Polarisationsbetrachtung als der einzig mögliche Weg zu einer Beantwortung der Geschlechterfrage.

c) Ganz anders der dritte Versuch: In neuester Zeit hat O. Eberz (1878–1958) mit noch größerer Heftigkeit die Männerkulturen verurteilt (Vom Aufgang und Niedergang des männlichen Weltalters, München ²1959) und das Geschlechterproblem im Sinne einer polaren Auseinandersetzung um das rechte Verständnis des Menschen in einer großen geschichtlichen Untersuchung zugunsten einer neuen Frauenkultur (Matriarchat) entschieden (vgl. Sophia und Logos. Oder die Philosophie der Wiederherstellung, hrsg. v. L. Eberz, München 1967). Eine theologische Begründung für diese Polaritätsbetrachtung hat in neuester Zeit der reformierte Theologe K. Barth vorgelegt, indem er Gen 1,26 (»Laßt uns Menschen machen!«) aus dem Plural der göttlichen Personen versteht und auf die zwei Geschlechter des menschlichen Wesens applizierend sagt: »Wie sich das anrufende Ich in Gottes Wesen zu dem von ihm angerufenen göttlichen Du verhält, so verhält sich Gott zu dem von ihm geschaffenen Menschen, so verhält sich in der menschlichen Existenz selbst das Ich zum Du, der Mann zur Frau. Um mehr als eine Analogie kann es sich nicht handeln« (KD III 1, 216, 220, 222). Diese Auslegung ist jedoch exegetisch nicht haltbar. Schon Gen 9,6 und Sir 17,1–9 und noch mehr die Anwendung der Aussage von der Gottebenbildlichkeit insonderheit auf Jesus Christus (Hebr 1,3; Kol 1,15), den eingeborenen Sohn Gottes, sprechen entschieden gegen eine solche Auslegung. Jeder einzelne Mensch ist als solcher Ebenbild Gottes. Darum ist auch die Begründung der »Mitmenschlichkeit« durch den Hinweis auf die Zweigeschlechtlichkeit bei K. Barth irreführend (vgl. MS II 717 f).

4. Wenn wir nun nach dem Grund, nach dem inneren Sinn dieser Zweigeschlechtlichkeit fragen, von der wir gesehen haben, daß sie nicht eine Wesensbestimmung des Menschen als Menschen ist, daß sowohl der Mann wie auch die Frau allein ganz und ohne Abstrich Mensch ist, alles besitzt, was zum Wesen des Menschen gehört, müssen wir uns zuerst die Momente bewußt machen, die bei der Unterscheidung zwischen Mann und Frau mitsprechen. Die Unterscheidung wischen Mann und Frau ist sowohl durch die Leiblichkeit der beiden – und das mit Vorzug, wie wir noch sehen werden –, wie aber auch durch die damit vorgegebene Welt und Weltaufgabe sowie durch die mit dieser Welt und Weltaufgabe innerlich ver-

knüpfte Weise des Selbstverständnisses und der Selbstverwirklichung, aber auch der Weltnahme und der Weltgestaltung bestimmt. Der Mensch ist zunächst in seiner konkreten Geschichtlichkeit in dieser Welt prädeterminiert durch seine Leiblichkeit: »Der Leib appelliert an den Menschen, den Entwurf seines Daseins in einer vorgegebenen Richtung zu suchen und zu gestalten« F. J. Buytendijk, 33). Mit Recht nimmt Buytendijk in diesem Zusammenhang Stellung gegen die geistvolle, aber durch Sartres Existentialismus irregeleitete Ansicht von S. de Beauvoir, der Mensch trage das Maß seiner selbst im schöpferischen Sinn ausschließlich in sich selbst und sei nicht mehr in eine objektive, über ihm stehende Ordnung eingebunden. S. de Beauvoir schreibt: »Wir haben die Freiheit, jede Transzendenz zu transzendieren, wir können uns stets in ein ›Anderswo‹ flüchten, aber auch dieses Anderswo ist irgendwo, irgendwo in unserem Menschsein; wir können ihm niemals entfliehen und haben keine Möglichkeit, es von außen her zu sehen, um darüber zu urteilen. Es allein macht die Sprache möglich, es bestimmt, was gut und böse ist. Die Begriffe ›Nutzen‹, ›Fortschritt‹, ›Furcht‹ haben nur in einer Welt einen Sinn, in der durch das Sichentwerfen Standpunkte und Ziele geschaffen worden sind. Diese Begriffe setzen den Entwurf voraus und sind auf ihn nicht anzuwenden. Der Mensch kennt nichts außer sich selbst ...« (Soll man de Sade verbrennen?, 3 Essays zur Moral des Existentialismus, München 1964, 298). Das wahre Verhältnis des Menschen zu seiner Außenwelt, bestimmt von seinem Bewußtsein her, beschreibt Buytendijk (S. 42, vgl. 41) so: »Der Mensch als Bewußtsein (Wissend-in-derWelt-Sein) kennt das Seiende nicht nur von außen, vielmehr richtet er sich auf das Erscheinende, ist mit ihm und bei ihm, kann sogar voll darin aufgehen und in die so entworfene Welt, sei es spontan, sei es reflektierend, hineinverflochten werden. Dieses Erscheinende aber, auf das sich das Bewußtsein richten kann, ist zugleich das Seiende, worin das Bewußtsein verankert ist. Der Mensch findet sich selbst also immer als mit-seiend mit dem vor, dessen das Bewußtsein sich bewußt ist.« – Von diesen beiden Voraussetzungen her, die dem entsprechen, was wir oben (§ 23) über das immer in relationistischer Betrachtungsweise zu fassende Wesen des Menschen gesagt haben, läßt sich die Eigenart der Geschlechter von der Natur und der Erscheinungsweise von Mann und Frau her, die vor allem in ihrer besonderen Leibhaftigkeit begründet sind, sowie von ihrer besonderen Daseinsform, der Art und Weise ihres Existierens in dieser Welt, her fassen. Dabei ist festzustellen, wie ein Blick in die Literatur zeigt, daß die Frau nicht nur dem Manne, sondern auch sich selbst immer wieder als existentielles Problem erscheint, während der Mann viel weniger problematisch, sich und den anderen viel mehr durchsichtig ist. Der Grund liegt nicht etwa in der Verzerrung des Blickfeldes durch eine patriarchalische Kultur, der Grund ist vielmehr im Wesen der beiden Geschlechter selbst zu finden. Die größere Durchsichtigkeit der männlichen Existenz ist vor allem darin begründet, daß der Mann, mehr denkend und handelnd, alles, was ihm begegnet, zu einer Sache macht, die er verändert oder als Mittel für Neugestaltung und neue Entwürfe gebraucht. So hat der Mann, der Leben tötet, im wesentlichen Geschichte gemacht, nicht die Frau, die Leben gebiert und behütend bewahrt. In fünf Schritten entfaltet Buytendijk die besondere Daseinsweise und Existenzweise vor allem der Frau, um demgegenüber die andere Art des Mannes und damit die Grundlegung und die Gestaltung der Geschlechterverschiedenheit in ihrer ganzen geschichtlichen Dimension zu zeigen. Zugleich legt er damit wesentliche Aussagen für eine umfassende Psychologie der Geschlechter vor.

a) Jedem Menschen eignet eine bestimmte Lebensdynamik, d. h. er besitzt ein »Grundschema seiner Welt und der darauf bezogenen Grundstruktur seines Verhaltens« (Buytendijk, 223). Dabei ist festzustellen: »Die männliche Bewegung hat unzählige Male ein Ende (und einen neuen Anfang), die weibliche Bewegung setzt sich endlos fort« (ebd. 231).

b) Daher besitzt auch jeder seine eigene Welt, d. h. seine eigene Weise, Welt zu sehen und zu deuten. Aus seiner spontanen Expansivität steht der Mann seiner Welt, die ihm Mittel zu neuen Zielen ist, mehr intentional gegenüber. Schon »für den Jungen und sein Erleben des Daseins wird so die Welt etwas, das prinzipiell intentional transzendiert wird, eine Welt, bei der der Mann nicht verweilt, eine Welt ohne Eigen-Wert« (ebd. 245). »Ganz anders entdeckt das Mädchen mittels seiner Dynamik die weibliche Welt . . ., durch adaptive, sich anpassende Bewegung . . ., wo ›das andere‹ darin nicht als Widerstand, sondern als Qualität und Gestalt, als Eigen-Wert erfahren wird« (ebd. 245). »Die Welt der Frau ist darum prinzipiell die Welt von sich erschließenden und erschlossenen Eigen-Werten« (ebd. 246).

c) Die Eigenart von Mann und Frau ist nicht in sich und aus sich zu bestimmen, sie erschließt sich vielmehr in der Begegnung der beiden mit ihren Welten. Das Weltverständnis des Mannes ist bestimmt durch seine Arbeit, sein schöpferisches Tun, das die vorgegebene Welt zum Mittel für vorgeplante Welten macht. Die Frau steht demgegenüber sorgend und umsorgend in ihrer Welt, die eine Welt von Werten ist, die bewahrt und entfaltet werden wollen (ebd. 252 ff). Das Tier kennt beides: die Arbeit und das sorgende In-der-Welt-Stehen, nicht (ebd. 259). Dabei bestimmen die umfassenden sozialen Verhältnisse in einer menschlichen Gemeinschaft nicht nur die Beziehung von Mann und Frau zueinander, sondern auch das Image von Frau und Mann an sich mit (vgl. die Untersuchungen von M. Mead: Buytendijk, 264 ff). Bei primitiven Völkern ist darum auch der Gegensatz zwischen Mann und Frau viel geringer als bei hochzivilisierten Völkern.

d) Dieses verschiedene »In-der-Welt-Sein« ist bedingt und bedingt selbst auch noch ein recht verschiedenes »Verhältnis zum eigenen Körper«, und zwar sowohl unter dem allgemein anthropologischen (Distanz oder Identifizierung), biologisch-physiologischen (besonders in gesunden und kranken Tagen), soziologischen (Selbstdarstellung im Blick auf das Urteil des anderen) und genetisch-psychologischen Gesichtspunkt (schon im Kleinstkind werden diese Grundhaltungen programmiert: Buytendijk, 269). Im Verhältnis zur eigenen Kleidung kommen diese Gesichtspunkte vielfach zum Tragen.

e) Eine besondere Ausprägung der beiden Geschlechter wird deutlich, wenn von »Mütterlichkeit« oder »Väterlichkeit« die Rede ist, wobei sofort klar wird, daß Väterlichkeit bei den hochzivilisierten Völkern fast nicht mehr als eigene Qualität erscheint, während Mütterlichkeit allgemeine Anerkennung besitzt. Von Natur aus ist der Frau eine gewisse »Jugendlichkeit« sowohl in ihrer Erscheinungsform wie in ihren Verhaltensweisen eigen, was für die liebende Betreuung des Kindes von hoher Bedeutung ist. »In der Mütterlichkeit aber, als allgemeiner Form des Daseins mit den Menschen und mit der Welt, wird das Jugendliche (in der Frau) noch transzendiert, – man könnte sogar sagen, ›transsubstanziiert‹, womit gemeint ist, daß unter der Gestalt der weiblichen Jugendlichkeit etwas völlig anderes gegenwärtig wird« (Buytendijk, 280 f). Dieses andere wird als »Zärtlichkeit« beschrieben, in der eine besondere Äußerung der Mütterlichkeit zu sehen ist, die nicht etwa primär eine Ausformung gesunder natürlicher Sinnlichkeit, sondern vielmehr eines menschlichen ganzheitlichen »Gegenwärtigseins für jemand« ist.

5. Was bisher über die Existenz des Menschen als Mann und Frau gesagt wurde, findet eine neue Darstellung in der Tiefenpsychologie. Nur ein Moment sei hier davon angesprochen, das der Dichter P. Claudel in dem Mythos von Anima und Animus vorgestellt und das C. G. Jung oft, auch in seinem Aufsatz »Seele und Erde« (in: Seelenprobleme der Gegenwart, Zürich 1931, 129–151, besondes 141 ff), untersucht hat. Zwei Dinge werden hier deutlich: Einmal, daß Anima ein Archetyp ist, den vor allem der Mann von »Frau« in sich trägt, während der Animus eine viel weniger geprägte Gestalt hat. »Damit stimmt nun die relative festumrissene Anima-Figur des Mannes aufs schönste überein und ebenso der unbestimmte Polymorphismus des Animus der Frau« (Jung, a.a.O. 143). In seiner Untersuchung über die »Ehe als psychologische Bestimmung« (ebd. 195–207) greift Jung diesen Gedanken wieder auf: »Jeder Mann trägt das Bild der Frau von jeher in sich, nicht das Bild dieser bestimmten Frau, sondern einer bestimmten Frau. Dieses Bild ist im Grund genommen eine bewußte, von Urzeiten herkommende und dem lebenden System eingegründete Erbmasse, ein Typus (Archetypus) von allen Erfahrungen der Ahnenreihe am weiblichen Wesen, ein Niederschlag aller Eindrücke vom Weibe, ein vererbtes psychisches Anpassungssystem« (Jung, 204). Die Mischehen zwischen den verschiedenen Rassen, gerade im Anschluß etwa an Kriegsereignisse oder bei Auswanderern, scheinen diese Ansicht nicht zu bestätigen. Das führt zum zweiten Moment, das durch diese Anima-Animus-Lehre verdeutlicht werden kann. Mann und Frau sind, wie schon einmal dargestellt, nicht nur zwei durch die biologische Leiblichkeit bedingte Ausprägungen des einen menschlichen Wesens, sondern vielmehr zugleich zwei geschichtliche Ideen, die der passiven und aktiven Entwicklung unterliegen. Der menschliche Fötus ist noch zwitterhaft und erst in den ersten Entwicklungswochen spezifiziert er sich als Mädchen oder als Knabe, und diese Spezifizierung entwickelt sich normalerweise eindeutig in ihrer Weise (Zwitterwesen bei Erwachsenen sind absolute Ausnahmen: vgl. MS II 712–714). Die Ausreifung des männlichen Mannes und der fraulichen Frau hinwiederum sind jedoch nicht mehr bloße Naturereignisse, sie sind vielmehr von all den obengenannten Faktoren, der Welt des Menschen und seiner Weltnahme und Weltgestaltung sowie von dem damit verbundenen Selbst- und Weltverständnis und der davon abhängigen Selbstverwirklichung, die wiederum vom sozialen und vom Weltbezug mitbestimmt wird, abhängig. Nicht nur biologisch, sondern auch psychologisch gibt es

keine reine Ausprägung von Anima oder von Animus, sondern beide Wirklichkeiten gehören zum Menschen als Menschen. So kommt es, daß es nicht nur männliche Männer, sondern auch frauliche Männer, und umgekehrt nicht nur frauliche Frauen, sondern auch sehr wohl männliche Frauen gibt. Wenn primitive Kulturen im allgemeinen die beiden Geschlechter mehr in ihrem biologischen Rahmen belassen, so wird die Frau gerade in den höher zivilisierten Kulturen in Weltverhältnisse und dadurch in ein Selbstverständnis und zu einer Selbstverwirklichung geführt, die in der Frau die Animus-Anlage weit mehr zur Geltung und Entfaltung bringt, die aber auch die Möglichkeit von mehr femininen Männern in sich schließt.

6. Von diesen Überlegungen aus sind Mann und Frau als die geschlechtsverschiedenen Ausgestaltungen des Menschen auch in Hinsicht auf die menschliche Institution der Lebens- und Liebesgemeinschaft, der Ehe, zu verstehen, die darum etwas wesentlich anderes ist als die Zeugungsgemeinschaft von Männchen und Weibchen bei Tieren, selbst dort, wo auch im Tierreich eine auf viele Jahre sich erstreckende Einpaarigkeit feststellbar wird. Die Vielschichtigkeit, die sich schon im Problem der Geschlechter gezeigt hat, wird in der Freiheit der menschlichen Liebesgemeinschaft der Ehe noch komplizierter. Bei der Darstellung des Sakramentes der Ehe (vgl. KKD VII, vor allem 216–230) wird gezeigt, wie darum das eigentliche Geheimnis der menschlichen Ehe, wie es in der Einpaarigkeit und Unauflöslichkeit zum Ausdruck kommt, nicht mehr vom Biologischen, ja nicht einmal mehr von der menschlichen Freiheit her allein, sondern nur vom christlichen Glaubensmysterium her, wie es Christus unter Berufung auf seine Auslegung von Gen 2,24 zum Ausdruck gebracht hat (Mt 19,3–12), erfaßt werden kann. In dieser Botschaft Jesu wird aber auch deutlich gesagt, daß es eine personale Ausreifung und Erfüllung auch des Mannes allein wie der Frau allein in ihrem Lebenseinsatz in dieser Welt und in der menschlichen Gesellschaft gibt, auch wenn die Ehe durch die Möglichkeit der gegenseitigen Ergänzung der Geschlechter im total menschlichen Sinn der normale Weg zur Erfüllung von Mann und Frau ist. – Dabei kann nicht übersehen werden, daß die menschliche Erfüllung im Welt- und Menschendienst auch erreichbar ist, selbst wenn die Frau nicht ihre natürliche Ausreifung in der Zärtlichkeit der Mütterlichkeit und der Mann nicht seine volle Entfaltung in einem größeren Werk der menschlichen Kultur ge-

funden hat. Die Menschlichkeit des Menschen ist mehr und ist tiefer, als seine geschlechtliche Differenzierung reicht. Der Mensch ist eine geschichtliche Idee, nicht eine naturhafte Spezies (M. Merleau Ponty: Buytendijk, 31). Für das Ebenbild Gottes liegt die Ausreifung in einer anderen personalen Dimension, als sie für das biologische und selbst für das natürliche Kulturwesen Mensch auf Erden einsichtig ist. Wenn Christus von den Menschen im Zustand der Verklärung sagt, daß sie weder zur Ehe nehmen, noch zur Ehe genommen werden (Mt 22,30) – »sondern sie werden sein wie die Engel Gottes im Himmel« –, bedeutet das wohl, daß sie ihre Erfüllung in Gott selber finden, der nicht nur für ihr Erkennen und Wollen, sondern für ihre wesenhafte Existenz »Gott alles in allem« sein wird (vgl. 1 Kor 15,28).

§ 26 Die geschichtliche Einheit des Menschengeschlechts (Gegebenheit und Aufgabe)

J. G. Herder, Ideen zur Philosophie der Geschichte der Menschheit, mit Vorwort hrsg. von G. Schmidt, Wiesbaden 1944. – Um die Erklärung der Menschenrechte. Ein Symposion, Konstanz 1951. – A. Wimmer (Hrsg.), Die Menschenrechte in christlicher Sicht, Freiburg i. Br. 1953. – B. Andrej, La comunità internazionale e la libertà religiosa. Il problema della discriminazione religiosa nei documenti delle nazioni uniti, Rom 1965. – J. Pohlschneider (Bischof von Aachen), Die Menschenrechtsdeklaration der UNO und die Schemata des II. Vatikanischen Konzils, in: Naturrecht, Menschenrechte, Offenbarung. Referate der Tagung des Deutschen Instituts für Bildung und Wissen in Arnsberg 1967, Frankfurt a. M. 1968, 141–153. – Pastoralkonstitution über die Kirche in der Welt von heute (Gaudium et spes); Erklärung über die Religionsfreiheit; Erklärung über das Verhältnis der Kirche zu den nichtchristlichen Religionen: 2. Vatikanisches Konzil, jeweils 1965 (LThK, Erg.-Bde. II–III).

Hat schon die Zweiheit der menschlichen Erscheinung als Mann und Frau, die immerhin in der einmaligen natürlichen Gemeinschaft von Mann und Frau in der Ehe die Grundlage der Familie ist, die selbst wiederum die Urzelle der menschlichen Gemeinschaft darstellt, vielerlei Schwierigkeiten gezeigt, so ist verständlicherweise das Dilemma, Menschen verschiedener Völker und Rassen, sozialer Systeme, Weltanschauungen und Religionen als Glieder einer einzigen Menschheit zu verstehen, anzuerkennen und zu behandeln, noch größer. Dennoch hängt von dieser Entscheidung das rechte

Verständnis des Menschen als Menschen ab. Wo die Menschheit nicht als Einheit verstanden wird, kann auch das Bild vom Menschen nicht umfassend und vollgültig sein. Es ist darum notwendig, wenigstens einige Grundgedanken über die »geschichtliche Einheit des Menschengeschlechtes oder der Menschheit«, wie sie sich in den verschiedenen Zeiten entwickelt haben, zu bedenken.

1. Einige wenige Hinweise auf geschichtliche Daten mögen die hier angesprochenen Probleme zeigen.

a) Je niedriger die Kultur, um so kleiner meist die Gemeinschaften von Menschen (Clan, Stamm usw.) und um so geringer die damit gegebenen Möglichkeiten einer Auseinandersetzung mit anderen derartigen Gemeinschaften außer im Freund-Feind-Denken. Bei höheren Kulturen wirkt die Höhe und Gestalt der Kultur einigend und volkbildend, aber die Verschiedenheit der Kulturen kann ebenso trennend wirken. – Noch stärker wird die Trennung, wo neben Kultur und Sprache auch noch äußere körperliche Merkmale (Hautfarbe, Rassenmerkmale) auftreten, die zu gegenseitigen Wertungen verleiten, die selbst bei höheren Kulturvölkern noch zu Ideologien werden (Rassenhaß), die in besonderer Weise zur Verachtung oder Vernichtung der anderen Völker führen. – Die verschiedenen politischen (Tyrannis, Demokratie, Monarchie), wirtschaftlichen (Kapitalismus, Kommunismus) und gesellschaftlichen (Kastenwesen, Feudalgesellschaft, Zünfte usw.) und sonstigen Gruppierungen haben in den verschiedenen Zeiten der Menschheitsgeschichte trennend gewirkt, zu Feindseligkeiten geführt und tun das praktisch heute noch.

b) Daneben ist nicht zu verkennen, wie zu allen Zeiten auch das Menschsein als solches und die darin gegebene verbindende Macht gesehen wurde: Das war in der griechischen Welt bei den Sophisten und vor allem später in der Stoa der Fall. Noch mehr wurde das verbindende Menschliche in der chinesischen Philosophie bei Konfuzius und im Taoismus gesehen sowie im indischen Denken, wo tiefere religiöse Ideen noch verbindend wirkten. – Die jüdische Religion war von Anfang an mehr national ausgerichtet, bis sie im babylonischen Exil bei Jeremias und Ezechiel und unter dem Einfluß des Hellenismus auch zum Universalismus fand. Dennoch war von Anfang an die Einheit der Menschheit deutlich gesehen durch den Bericht über die Erschaffung des Menschen sowie durch die Ordnung der verschiedenen Völker, wie sie bereits in der Völkertafel (Gen 10) begegnet. – Eine ganz neue Grundlage für die Erkenntnis der Würde des Menschen an sich und damit für die Einheit der Menscheit brach im Christentum auf, einmal durch das Geheimnis des Jesus von Nazareth, des menschgewordenen Gottessohnes, dann aber auch durch das Gebot der Nächstenliebe und seine Deutung des Nächsten sowie vor allem durch die Wirklichkeit der Erlösung. Die Kirche hat noch im Mittelalter das Gebet bei der Darbringung der Gaben bei der hl. Messe so formuliert: »Gott, der du die Würde des menschlichen Wesens auf wunderbare Weise erschaffen und noch wunderbarer (in der Erlösung) erneuert hast ...«, um anschließend die unerhörte Bitte auszusprechen, der Mensch möge der göttlichen Natur teilhaftig werden, wie Jesus Christus, unser Herr, als Logos der menschlichen Natur in seiner Menschwerdung teilhaftig geworden ist.

c) Diese Formulierung aus dem MA ist deshalb so bedeutsam, weil die Kirche selbst bis Anfang des 5. Jahrhunderts, bis Augustinus, wirklich die Würde des Menschen so hoch geachtet hat, daß sie Gewissens- und Glaubensfreiheit in vollem Maße verwirklichte, nach der konstantinischen Wende aber diese innere Freiheit selbst verlor. Augustinus begründete in seinem Donatistenstreit die Ansicht, daß in Glaubens- und Gewissensfragen die Gewalt der Kirche oder des Staates Anwendung finden dürfte, mit dem biblischen Satz »Compelle intrare« (Lk 14,23). Dieser tragische Irrtum hat in den christlichen Kirchen weitergewirkt bis in unsere Zeit, auch wenn immer wieder, besonders im Mittelalter bei den großen Theologen (Bonaventura, Thomas von Aquin), die Bedeutung des Gewissens erkannt und hervorgehoben wurde. Die justinianische Gesetzgebung des 7. Jahrhundert, die Ketzergesetze des MA, das Prinzip »Cuius regio – eius religio« der Reformationszeit auf evangelischer und katholischer Seite sind erschütternde Zeugnisse davon.

d) Seit Ende des 17.Jahrhunderts erst war in einer wohl indifferentistisch-subjektivistischen Aufklärung die Idee von der Menschenwürde, wie sie Humanismus und Renaissance (Nicolaus von Cues, Giovanni Pico della Mirandola) entwickelt hatten, auf die Frage nach den Menschenrechten, nach der Gewissens- und Glaubensfreiheit des Menschen angewendet worden. Die Idee des Naturrechts, wie sie vor allem durch S. Pufendorf entwickelt wurde (vgl. H. Welzel, Naturrecht und materiale Gerechtigkeit, Göttingen ^{3}1960; W. Maihofer [Hrsg.], Naturrecht oder Rechtspositivismus? [Wege d. Forschung, 16], Darmstadt ^{2}1972), und die Idee von der Einheit der Menschheit, wie sie J. G. Herder (1744–1803) in der Zeit seiner Freundschaft mit Goethe in seinen »Ideen zur Philosophie der Geschichte der Menschheit« (1784–1791) sowie in seinen »Briefen zur Beförderung der Humanität« (1793–1797) vorgestellt hat, haben im geistigen Bereich gewirkt, so wie im gesellschaftlichen und politischen Bereich die Französische Revolution alle Schranken abgebaut hat, auch wenn ihr Ruf nach Freiheit, Gleichheit und Brüderlichkeit im Blut der Revolution zunächst untergegangen war. Tragend blieb in dieser Zeit nicht die Frage nach dem Wesen und der »Würde des Menschen«, sondern fast ausschließlich die Frage nach dem »Recht jedes einzelnen«. In der Revolution von 1848 ertönte erneut der Ruf nach den allgemeinen Menschenrechten (Bischof Ketteler in der Paulskirche von Frankfurt a. M.). Tatsächlich mußte die soziale Revolution, ausgelöst durch K. Marx und seine Bewegung, mußten die Weltkriege des 20. Jahrhundert, mußten Faschismus und Kommunismus auch in unserer abendländischen Geschichte sich zeigen und auswirken, bis nach dem Zusammenbruch des »Völkerbundes« (Genf) im 2. Weltkrieg 1945 die UNO (United Nations Organization als »Vereinigung der Völker zur Sicherung des Weltfriedens und zur Förderung der internationalen Zusammenarbeit« entstand, die zahlreiche Unterorganisationen entwickelte. Eine der ersten dieser Organisationen war die UNESCO (United Nations Educational Scientific and Cultural Organization), die in der Konferenz von London vom 1.–16. 11. 1945 gegründet, seit 4. 11. 1946 arbeitet. Mit ihrer Hilfe wurden als Voraussetzung des Wirkens der neuen Organisation seit März 1947 die »Grundlagen einer internationalen Menschenrechtserklärung« erarbeitet, die zur »allgemeine Anerkennung der Menschenrechte« führten, die durch die UNO am 10. 12. 1948 ausgesprochen wurde, auch wenn sie nicht Gesetzeskraft erhielt. Damit wird die geschichtliche Einheit der Menschheit aus der Freiheit des einzelnen Menschen, aufbauend auf der Würde des Menschen, zum erstenmal verbindlich für das internationale Handeln der Völker und Menschen ausgesprochen.

2. Für die anthropologische und dogmatische Betrachtung ist es von Bedeutung, worauf sich jeweils die Rede von der geschichtlichen Einheit des Menschengeschlechtes gründet, weil damit auch die metaphysische Struktur dieser Gemeinschaft bestimmt wird. Allgemein läßt sich sagen: a) Im griechischen Denken war die Einheit mehr in der Natur des Menschen gesehen worden, weshalb auch natürliche Unterschiede, z. B. in Platos Staat (IV: 435 b; VIII: 544 a), so sehr zu Klassifizierungen von Völkern und Staatsgebilden führten. – Die jüdische Offenbarung baute die Einheit der

Menschheit aus ihrem Sippendenken heraus auf die Abstammung von einem Stammvater Adam und schied dann die gesamte Menschheit in ihrer Völkertafel (Gen 10) gemäß dem Stammbaum der Noe-Söhne, in dem jedoch auch Fluch und Segen für die Wertung der einzelnen Stämme maßgeblich blieben. Deutlich waren damit zwei Betrachtungsweisen nebeneinander entstanden: eine *glaubensmäßige,* in der alle Menschen als Ebenbilder Gottes und Kinder Gottes eine Einheit bilden, dazu eine mehr *erfahrungsmäßige,* in der der Erwählungsgedanke und der Schuld- und Strafgedanke maßgeblich waren, wodurch das Judenvolk sich von allen Heidenvölkern schied und diese selbst wiederum von der Geschichte Israels her bewertete. – b) Die Zeit des späten Hellenismus und noch mehr die Zeit der frühen Kirche waren daran, diese beiden Gesichtspunkte zusammenschauend, auch die Abwertungen in der Völkertafel zu überwinden. Doch durch die Eingliederung der Kirche in den Staat seit Konstantin d. Gr. war, wie gezeigt, die gläubige Betrachtung und die konkret-geschichtliche Betrachtung der Völker und der Rassen der Menschen wieder auseinandergebrochen; das spätere Verhalten der christlichen Völker bei der Eroberung Amerikas ist ein erschütterndes Zeugnis für diese Entwicklung. – Die Aufklärung wollte allein von der menschlichen Erfahrung her die Idee der *Menschenrechte und der menschlichen Freiheiten* aufbauen, was zu den Katastrophen der Französischen Revolution führte. Der Humanismus hatte einen individualistisch-subjektivistischen Begriff von der *Würde des Menschen* entwickelt, der sich in der Reformation mit der Betonung der Gewissensfreiheit auswirkte; aber die Inanspruchnahme des Staates durch die reformatorischen Kirchen ebenso wie durch die alte Kirche hat diese Freiheiten bis ins 19. Jahrhundert überspielt. – c) Die christliche Theologie hat, besonders seit der Weiterentwicklung der Erbsündenlehre durch Augustinus im Anschluß an Röm 5 die *Einheit der Menschheit in der Sünde durch Adam* und *in der Erlösung durch Christus* immer verkündigt und theologisch entwickelt, wie bei der Behandlung der Erbsündenlehre zu zeigen ist. Doch für das konkrete politische und gesellschaftliche Leben sind diese Wahrheiten wenig wirksam geworden. Das Verhältnis der Menschen zueinander war mehr durch die persönliche Liebe als durch eine sachliche Gerechtigkeit bestimmt. – d) Vielleicht darf man sagen: Erst unser Zeitalter der Technik, das die Menschheit zu einem Zusammenleben zwingt, wie es frühere Zeiten nie gekannt haben, hat den Menschen unserer Tage, einerlei welcher Rasse und welcher Religion er ist, den Weg bereitet für ein konkretes Verständnis der geschichtlichen Einheit der Menschheit, so daß die allgemeine *Erklärung der Menschenrechte* durch die UNO am 10. 12. 1948 in der Präambel schreiben kann: »Da die Anerkennung der allen Mitgliedern der menschlichen Familie innewohnenden Würde, ihrer gleichen und unveräußerlichen Rechte die Grundlage der Freiheit, der Gerechtigkeit und des Friedens in der Welt bildet, da Verkennung und Verachtung der Menschenrechte zu Akten der Barbarei führten, die das Gewissen der Menschheit tief verletzt haben, und da die Schaffung einer Welt, in der den Menschen, frei von Furcht und Not, Rede und Glaubensfreiheit zuteil wird, als das höchste Bestreben der Menschheit verkündigt worden ist ... verkündet die Generalversammlung (der UNO) die vorliegende allgemeine Erklärung der Menschenrechte als das von allen Völkern und Nationen zu erreichende gemeinsame Ideal ...« – e) Die hier vorgelegten Gedanken wurden auf der ersten Tagung des Katholischen Akademikerverbandes als Glied der 1921 gegründeten Pax Romana nach dem 2. Weltkrieg 1951 in Limburg eingehend vom christlichen Standpunkt her geschichtlich und juristisch untersucht (vgl. Veröffentlichung von A. Wimmer). Die katholische Kirche hat zu den wichtigsten Fragen der Gewissens- und Glaubensfreiheit in den Erklärungen des 2. Vatikanischen Konzils endgültig mittelalterliches Denken überwunden und sich die neuen Gedanken zu eigen gemacht. Freilich, eben dieses große Ringen der Kirche um diese Wahrheiten in vier Perioden des Konzils hat uns auch die Größe der Problematik gezeigt, die in diesen Menschenrechten verborgen liegt. Die Väter der »Erklärung der Menschenrechte« durch die UNO haben diese Problematik in der Gegenüberstellung eines mehr liberalen Standpunktes der westlichen Völker und des Standpunktes der kommunistischen Völker des Ostens (auf dem Boden des dialektischen Materialismus stehend) erlebt und in dem Memorandum vom März 1947 in Paris angesprochen. Schon hier mußten das Recht des Einzelnen und die Notwendigkeiten größerer Gemeinschaften, besonders der Völker und Staaten, ausgeglichen werden. Das Hauptgewicht blieb jedoch bei den Rechten des Einzelnen, zumal neben den Rechten nie Verpflichtungen, die der Einzelne gegenüber den Völkern und Nationen haben muß, genannt wurden. – Das 2. Vatikanische Konzil hat gerade um diese Feststellung von Verpflichtungen des Einzelnen neben seinen unveräußerlichen Menschenrechten viel gerungen. Das Entscheidende bleibt, daß auch die *Verpflichtungen*, ebenso wie die *Rechte*, Sache der subjektiven Freiheit des Menschen sind, wenn nicht der transzendentale Grund sowohl der Freiheit wie auch der Pflichten geklärt ist.

3. An dieser Stelle der Entwicklung dieses Gedankens der »geschichtlichen Einheit der Menschheit« ist wohl vorläufig zu sagen: Das Strukturbild, das wir oben (§ 23) vom Menschen entworfen haben, muß für eine theologische Aussage in dieser Sache Grundlage bleiben, wobei freilich auch sofort das Zusammenfassende, aber auch das Schematische und Abstrakte der obigen Darstellungen deutlich wird. Dennoch kann allgemein gesagt werden: Die geschichtliche Einheit des Menschengeschlechtes oder der Menschheit wird nur in soweit eine geschichtlich konkrete Tatsache werden können, als jeder einzelne Mensch in seiner Leibhaftigkeit, seiner geistig-seelischen Freiheit und in seiner personalen Würde gesehen und in seinen Beziehungen zur realen politisch-wirtschaftlichen, zur idealen geistig-werthaften und zur menschlich-personalen Welt der Mitmenschen und schließlich zur absoluten Wirklichkeit Gottes ernst genommen und anerkannt wird. Entscheidend bleibt, daß die politischen, wirtschaftlichen und sozialen Ordnungen, in die der Mensch hineingestellt ist, nie über dem Menschen stehen dürfen, sondern stets nur als Dienst am Menschen als Person gesehen werden können. Die Gegenüberstellung von westlich demokratischer Auffassung aus dem westlichen Geist der Französischen Revolution und der östlichen Auffassung auf dem Boden des dialektischen Materialismus (der von einer Partei für das ganze Volk verwaltet wird), wie diese bei der Erstellung der Menschenrechtscharta der UNO offenbar geworden sind und sich seitdem in der Praxis der Vereinten Nationen gezeigt und ausgewirkt haben, muß nach christlichem, aber auch nach philosophisch-anthropologischem Verständnis der Dinge auf tiefere Fragen zurückgeführt werden, soll ein Fortschritt in der Erkenntnis und der Praxis dieser Menschenrechte erzielt werden. – Unabhängig von diesen Problemen und von dem Hinweis auf unser Verstehensschema für die menschliche Struktur ist jedoch festzuhalten, daß es für die Kirche und unsere Theologie, aufbauend auf dem neuen Boden, der im 2. Vatikanischen Konzil gefunden wurde, eine große Aufgabe für die Zukunft sein wird, das echte Verlangen nach einer die transzendentalen Ordnungen berücksichtigenden tieferen Sicht des Problems der Menschenrechte mit der aus der Notwendigkeit unseres technischen Zeitalters erwachsenen Erfahrung stets so zusammenzuschauen, daß daraus eine neue konkrete Sicht des Menschen erwachsen kann; die philo-

sophischen Voraussetzungen dafür sind allerdings nicht vorgegeben, sondern müssen immer neu erarbeitet werden. Die Einheit der mächtigen und der kleinen Nationen, der reichen und der armen Völker ist nicht eine theoretische Wahrheit, sondern eine enorm politische und wirtschaftliche Aufgabe, die jedoch vom Menschen nicht bewältigt werden kann, wenn er sich nicht auch immer wieder neu die theoretischen Voraussetzungen für die praktische Bewältigung dieser Probleme erarbeitet. Theorie und Praxis bilden eine notwendige dialektische Ganzheit, die nur im ständigen Prozeß denkerisch, existentiell und praktisch je immer neu gewonnen werden kann. – Die Einheit der Menschheit ist nicht nur eine natürliche *Arteinheit,* nicht nur eine *geschichtliche Abstammungseinheit,* sie ist eine durch das neue Verständnis von Welt, Geschichte und Mensch uns aufgegebene *Lebenseinheit* in allen Gebieten des menschlichen Seins. Die Idee vom Corpus Christi mysticum, wie sie Paulus entwickelt hat und wie sie in einer gewiß theoretischen Verkürzung durch die Enzyklika Mystici Corporis von 1943 entfaltet und auf dem 2. Vatikanischen Konzil wieder zurückgestellt wurde, muß neu verstanden werden, soll sie ein neues, nicht statisches, sondern dynamisches Bild für die Strukturmöglichkeiten einer Einheit der Menschheit abgeben.

Das Gebot von der Nächstenliebe (Lev 19,18), von Christus selbst ausgelegt als Liebe zum Mitmenschen, der in besonderer Weise unserer Hilfe bedarf, nicht etwa dessen, der unserer Liebe würdig wäre (Lk 10,27–37), findet seinen letzten christlichen Ausdruck im Gebot der Feindesliebe. Der Text hierfür gehört exegetisch noch der Quelle Q an, steht also noch auf dem Boden der Predigt vom Gottesreich und von der eschatologischen Naherwartung, die noch nicht die Heidenmission ins Auge faßt (Mt 5,44–48; Lk 6,27 f, 32–36: vgl. S. Schulz, Q. Die Spruchquelle der Evangelisten, Zürich 1972). Ausdrücklich wird hier der natürlichen Liebe der Heiden und Sünder die christliche Liebe als eine exzessive Liebe gegenübergestellt (»Liebet eure Feinde; tut Gutes denen, die euch hassen; betet für die, die euch verleumden«) mit der Begründung, daß allein darin die Gotteskindschaft verwirklicht wird (– »so werdet ihr Söhne des Höchsten, eures Vaters im Himmel«). – Allein im Verständnis der Offenbarung von Gott und im lebendigen Gottesglauben, in dem der Mensch sich als Geschöpf, Knecht und Kind Gottes weiß, wird demnach auf Erden die Einheit des Menschengeschlechtes eine (eschatologische) Möglichkeit, so wie sie gemäß der Offenbarung des hl. Johannes in der Erfüllung bei Gott Wirklichkeit ist (Apk 5,9; 7,9; 10,11 usw.), und zwar in dem erhöhten Christus, der alle Menschen dieser Liebe durch seinen eigenen Opfertod aus Liebe erlöst hat (Joh 4,7–21. »Wer nicht liebt, hat Gott nicht erkannt, denn Gott ist Liebe«: ebd. 8). – Hier ist nicht das griechische Seinsdenken, hier ist das dynamische Denken der religiösen Grundhaltung Altisraels maßgeblich. Wie der Gebotscharakter der Liebesforderungen hier zeigt, ist gewiß die Einheit immer nur als Aufgabe gegeben; dennoch ist diese geschichtliche Konzeption von menschlicher Einheit realer als die ontische Konzeption im griechischen Denken, die demgegenüber als idealistische Ausflucht erscheinen muß. Diese Überlegungen haben auch auf dem 2. Vatikanischen Konzil die paulinische (stoische) Corpus-Christi-Idee im Kirchenverständnis gegenüber der (jüdischen) Volk-Gottes-Idee zurücktreten lassen. Als eschatologische Zielidee darf freilich die Corpus-Christi-Idee nicht verlorengehen.

4. Kapitel

DER MENSCH, VON SEINER GEIST-SEELISCHEN WIRKLICHKEIT HER GESEHEN (DIE GESCHICHTLICHEN AUSSAGEN ÜBER DIE GEISTSEELE VOR DER DOGMATISCHEN FRAGE NACH DEM MENSCHEN)

Wenn in einer Dogmatik heute neben der Leiblichkeit und der Leibhaftigkeit des Menschen auch noch von einer geist-seelischen Wirklichkeit des Menschen geredet wird, hat dies seinen Grund nicht nur in der großen christlichen Tradition des Abendlandes, in der unsere Theologie gewachsen ist und, will sie nicht bodenlos werden, stehen und sich verstehen muß. In dieser Tradition aber eignet dem, was wir hier in der Anthropologie »Geistseele« nennen, ein überaus reicher Fächer an Bedeutungen, die wir uns in den einfachsten Grundlinien bewußt machen wollen, weil in diesem Reichtum der Bedeutungen greifbar und deutlich wird, was wir einleitend schon zum Ausdruck gebracht haben mit der Aussage, daß sich das Menschsein in dieser Welt nur in einem reichen Beziehungssystem fassen und verstehen läßt. Zugleich ist das rechte Verständnis von Geistseele Voraussetzung dafür, daß wir im folgenden Kapitel die eigentliche individualistisch-personalistische Sicht des Menschen in unserer Zeit recht verstehen und in ein gültiges christliches Weltbild einordnen können. Darum sei hier das, was mit Geistseele gemeint ist, in vier Schritten vorgeführt: Nach einem Überblick über die Grundlinien der Geschichte der abendländischen Lehre von der Geistseele (§ 27) seien die für die dogmatische Anthropologie wichtigsten Aussagen über die menschliche Geistseele vorgestellt (§ 28), die dogmatischen Fragen nach dem Ursprung der menschlichen Seele behandelt (§ 29) und das Verhältnis von Leibhaftigkeit und Geistseele im Menschen betrachtet (§ 30).

§ 27 Geschichte der abendländischen Lehre von der Geistseele des Menschen

L. Baur, Metaphysik, München [2]1923, 328–426. – H. Heimsoeth, Die sechs großen Themen der abendländischen Metaphysik und der Ausgang des Mittelalters, Darmstadt [5]1965, 90–130, 172–203. – J. Geyser, Die Seele. Ihr Verhältnis zum Bewußtsein und zum Leibe, Leipzig 1914. – B. Rosenmöller, Metaphysik der Seele, Münster 1947. – D. Feuling, Das Leben der Seele. Einführung in die psychologische Schau, Salzburg 1940. – K. Jaspers, Philosophie, 3 Bde.: 1. Philosophische Weltorientierung, 2. Existenzerhellung, 3. Metaphysik, Berlin 1932. – H. Henning, Psychologie der Gegenwart, Leipzig 1931 (Lit.!). – V. Rüfner, Psychologie (H. Meyer, Systematische Philosophie, Bd. 4), Paderborn 1969. – W. Arnold, H. J. Eysenck, R. Meili (Hrsg.), Lexikon der Psychologie, 3 Bde., Freiburg i. Br. 1971/72. – K. Gottschaldt, Ph. Lersch, F. Sander, H. Thomae, Handbuch der Psychologie, 12 Bde., Göttingen 1959 ff. – B. Holzner, Amerikanische und deutsche Psychologie. Eine vergleichende Darstellung, Würzburg o. J. (1957). – A. A. Roback, Weltgeschichte der Psychologie und Psychiatrie, Olten 1970. – G. Hummel, Theologische Anthropologie und die Wirklichkeit der Psyche, Darmstadt (JdF 5) 1972.

Nur wenige Wissensgebiete lassen so, wie die Aussagen über die Geistseele des Menschen, die tiefgreifende Entwicklung des abendländischen Denkens im metaphysisch-theologischen Raum erkennen und zeigen zugleich, welch entscheidende Rolle dabei das jüdisch-christliche Denken der Schrift spielt. Das gläubige Wissen um die Würde des Menschen, die ihm aufgrund seiner Gottebenbildlichkeit eignet, drängt immer wieder zu einem Personalismus, der sich auch im Verständnis der Geistseele entscheidend auswirkt. Dies gilt, auch wenn die sprachliche Darstellung der Schrift vom jeweiligen Zeitdenken her, also auch vom antiken Denken her, bestimmt ist.

1. a) Am Anfang steht, wie in allen Gebieten so auch hier, das verdinglichende Denken des primitiven Menschen (mythisches Denken), für das auch Seele ein Stück der physischen Welt ist, das nur dadurch bestimmt wird, daß es in der sonst toten Materie Lebendigkeit, Bewegung, organische Entwicklung wirkt und trägt. Seele ist also ein Teil der materiellen Welt, auch wenn ihr die feineren Formen des Stoffes, also das Flüssige, das Luftförmige und vor allem das Feuerartige zugeordnet erscheinen(so bei Heraklit, Empedokles). Da die Seele alles andere kennt, muß sie aber gemäß dem Grundsatz, daß Gleiches nur durch Gleiches erkannt wird, selbst alle Elemente: Erde, Wasser, Luft und Feuer, enthalten. Anders erscheint diesem griechischen Denken gegenüber das ebenfalls noch primitive Denken im Schöpfungsbericht des Jahwisten, wonach der Leib des Menschen vom Staub der Ackerscholle genommen ist und die Seele als »Lebenshauch« (nischmat chaijm – πνοὴ ζωῆς) eingehaucht wird, denn im Atem zeigt sich das Leben des Menschen. Der so gebildete Mensch wird »lebendes Wesen« (nephesch chajah – ψυχὴ ζῶσα) genannt (Gen 2,27). Aber dieser Lebensatem ist Gottes Atem. Das Leben schon hat göttliche Qualität und in dem Maße, in dem das Gottesverständnis wächst, muß auch das Verständnis dieses von Gott eingehauchten Lebens wachsen. Die jüdische Offenbarung kennt von Anfang an nicht den Hylozoismus (= alle Materie ist belebt; vgl. Panpsychismus), der für das griechische Denken charakteristisch ist.

b) Einen Neuansatz im Seelenverständnis bringt Anaxagoras, wenn er der bewegungslos trägen Materie den bewegenden und gestaltenden Geist (νοῦς) als Seele gegenüberstellt. Aber auch diese Weltseele, an der der Mensch in besonderer Weise teilhat, ist nur eine sinnvoll wirkende, harmonisch ordnende Weltkraft neben den Weltstoffen. – Demokrit spricht ihr nachher Feuernatur zu. Dennoch bleibt auch dieses Pneuma der materiellen Welt verhaftet, und die Stoiker und Epikureer der folgenden Zeit können darauf aufbauen.

c) Wiederum einen neuen Ansatz finden wir bei Plato, für den, unter dem Einfluß der orphischen und pythagoreischen Seelentheologie, Seele eine Kraft ist, aber nicht der materiellen Welt, die in ständigem Wandel vergeht; Seele steht vielmehr der unvergänglichen, ewigen Welt der Ideen (Zahlen), der eigentlich geistigen Welt nahe und damit wesenhaft hinter der Erscheinungswelt; und sie ist, wie die geistige Welt, unvergänglich und unsterblich, wie sie auch schon vor ihrem Sein im Leib präexistent war (vgl. Phaidros 245 ff). Das Seelische wird bereits als Selbstbewegung, als Reflexion verstanden, doch das Subjektiv-personale im Einzelmenschen ist damit noch nicht klar erfaßt. Seele ist Teilhabe an der Weltseele, von der der spätere Platonismus spricht.

d) Der größte Schüler Platos, Aristoteles, schreibt die erste Monographie, drei Bücher »über die Seele« mit reichen geschichtlichen Aussagen zu diesem Thema. Doch was er hier beschreibt, sind einfach die Lebenserscheinungen bei Pflanze, Tier und Mensch, und sie werden wiederum vom lebendigen Körper her betrachtet. So bietet er zwei charakteristische Definitionen von Seele: (a) Seele ist die erste Entelechie eines natürlichen Körpers, der potentiell Leben besitzt (mit Organen ausgestattet ist: De an. II 1: 412 a 19 ff, 27 f) und (b) Seele ist das Prinzip, aus dem Leistungen wie reine Betrachtung, Vorstellung und Begehren, Empfinden, Bewegung, Ernährung und Wachstum stammen und das durch diese Leistungen seine begriffliche Bestimmung empfängt (De an. II 2: 413 b 11–13). Seele ist also Form und Bewegungsursache für den Körper. Die Seele ist darum bei ihm nicht mehr als Einzelseele unvergänglich wie bei Plato, sondern ist Teil des Lebensprinzips im Kosmos. Im Kosmos freilich ist sie ewig, weil ihr die Fähigkeit, das rein Theoretische, Abstrakte zu denken, eignet. Die menschliche Seele hat an dieser Weltseele nur während des Lebens des Menschen Anteil; sie kommt auch aus dieser Weltseele (von außen, ϑύραϑεν: De gen. animal. II 3: 736 b 28) in den Menschen hinein.

e) Tiefer dringt Plotin in das Geheimnis der menschlichen Seele ein, indem er Platos Untersuchungen über das Erkennen (Theaitetos) und die stoischen Ansätze in der Gewissenslehre ((Chrysipp, Panaitios) aufgreifend, von der orientalischen Mystik beeinflußt, für den aus dem All-Einen, aus Gott, kommenden νοῦς die Seele des Menschen (ψυχή) zum Ort der Umkehr und Rückkehr (ἐπιστροφή) macht (En. V 8) und damit die spontane Einheit des Bewußtseins andeutend die Seele als Subjekt in Sicht bringt, auch wenn noch der idealistische Ontologismus und damit eine Art physischer Betrachtung im griechischen Sinne maßgeblich bleibt.

2. Eine ganz andere Vorstellung von Seele wird aus dem sittlichen und religiösen Grund der jüdisch-christlichen Offenbarung entwickelt, in der der eine personale Gott, der Schöpfer des Alls, das Urbild für den Menschen ist, der nach Gottes Bild und Gleichnis geschaffen wurde (Gen 1,26 f) und für den in Jesus Christus Gott selbst Mensch geworden ist. Vor allem bei dem großen existen-

tiellen Denker Augustinus († 430) wird in der Selbsterkenntnis des Menschen durch innere Transzendenz auf Gott hin, der allein die Wahrheit ist, eine neue Innerlichkeit und damit Reflexivität des Bewußtseins gewonnen (De versa rel. c 39). Der neuplatonisch-idealistische Grund dieses Denkens wird durch die kopernikanische Wende in der Ideenlehre, wonach die Ideen nicht mehr, wie bei Plato, eigene und wesenhafte Wirklichkeiten, sondern vielmehr Gedanken des persönlichen Gottes selbst sind (De 83 Qq., q 46), überwunden in Richtung auf ein neues Verständnis der Seele als des eigentlichen Subjekts des Erfassens Gottes und des Vorstellens der Welt. Seele ist im Gegensatz zum antiken Denken nicht mehr ein Anteil an der geistigen Welt und nicht mehr eine Entelechie des Körpers, sondern selbst Substanz und Mitte und Ursprung im Denken und Handeln. Gegen den Manichäismus seiner Jugend betont Augustinus in seinem ersten Werk De quantitate animae (c 13), Seele sei »substantia quaedam, rationis particeps, regendo corpori accommodata« (irgendwie Substanz, teilhaftig der ratio, dem zu ordnenden Leib angepaßt: PL 32, 1048). Wenn auch aus der irrigen Lehre des Origenes von der Präexistenz der menschlichen Seelen schöpfend, hat zur selben Zeit Nemesius von Emesa (um 400–450) in seinem später viel zitierten Werk De natura hominis gelehrt: »Die Seele kann in keiner Weise die Entelechie des Leibes sein (wie Aristoteles gesagt hat); sie ist vielmehr Substanz, losgelöst von allen Teilen und ohne Leib« (omnibus partibus absoluta, vacans corpore: PG 40, 503–607 hier 566; griechisch-lateinischer Text, Halle 1802, ed. v. J. Gebauer, Hildesheim 1967; Kap. 2 und 3 oft Gregor von Nyssa in seinem Werk De anima zitiert: PG 45, 187–222).

3. Die augustinische Lehre wurde, bedeutend erweitert und dadurch auch entstellt, im MA besonders durch das unter den Werken Augustins veröffentlichte Werk des Alcher von Clairvaux (12. Jh.) De spiritu et anima (PL 40, 779–832) verbreitet, in dem neben Augustinus auch Isidor von Sevilla, die karolingischen Theologen (Alkuin u. a.) und besonders Hugo von St. Viktor zitiert werden. Alcher sagt selbst (Kap. 43): »Viele Aussagen der Alten über die Seele sind zu finden, von denen allen etwas übrig bleiben soll. Ich habe versucht, so gut ich konnte, aus diesen Aussagen dieses und jenes zu sammeln und zusammenzufassen (in unum redigere), damit es nicht vergessen werde« (PL 40, 811). Die Seele ist ihm eine geistige Substanz, einfach und unauflöslich, unsichtbar

und unkörperlich, leidensfähig und veränderungsfähig, nicht ein Teil Gottes oder der Welt, sondern von Gott aus nichts geschaffen, nach dem Ebenbild Gottes, um Gott zu erkennen und sich selbst zu erkennen (vgl. Kap. 24 und 35). Deutlich wird hier jedoch auch das antike kosmische Denken wieder eingebracht, wie es im 12. Jahrhundert durch die mittelalterliche arabische Theologie und im 13. Jahrhundert durch die Rezeption des neu übersetzten Aristoteles bekannt wurde. – Avicenna († 1037) hatte in seinem Werk De anima die Seele im Anschluß an Aristoteles definiert: »Die Seele, die wir in den tierischen und pflanzlichen Wesen vorfinden, ist die primäre Vollkommenheit (perfectio prima) eines natürlichen Leibes mit Organen für Lebensfunktionen (corporis naturalis instrumentalis habentis opera vitae: Avicenna latinus, ed. von S. van Riet, Bd. I, Löwen-Leiden 1972, S. 29). Ausdrücklich wird von ihm der Substanzbegriff für die Seele verneint und im Perfectio-Begriff alles zusammengefaßt. Im Hintergrund steht das Anliegen der Gottesverehrung als Grundaufgabe des Menschen, wenn vor allem Hugo von St. Viktor, trotz seines Augustinismus, von einem zweifachen Sinn der einen Geistseele spricht, wobei nicht wie im Neuplatonismus die sinnliche und geistige Seele auseinandergerissen, sondern vielmehr zusammengeschaut werden, »damit sie (die Seele) das sichtbare Außen ergreife durch das Fleisch und das unsichtbare Innen durch den Geist, damit die sichtbaren und die unsichtbaren Dinge sie zum Lob des Schöpfers aufrufen« (De sacramentis I p 6 c 5: PL 176, 266 B). Durch die Rezeption des Aristoteles werden in der Hochscholastik die von ihrem ursprünglichen Sinn her unvereinbaren Konzeptionen von Seele bei Augustinus und Aristoteles vereinigt. So ist für Thomas von Aquin († 1274) die Seele Form des lebendigen Leibes und Prinzip der seelischen Lebensäußerungen, aufgrund ihrer geistigen Tätigkeit substantial und als geistige Wirklichkeit unsterblich, aber auf einen Leib verwiesen im Gegensatz zur Geistnatur der Engel, die als forma separata nicht an einen Leib verwiesen ist (S.Th. I q 75). Die aristotelische Formidee wird so umfassend verstanden, daß dadurch die ernährende, die empfindende und die denkende Seele in der Aussage von der Seele als Form des Leibes zusammengefaßt werden. Der Streit um die »Einheit der Form«, (vgl. Zavalloni, Richard de Mediavilla et la controverse sur la pluralité des formes, Louvain 1951), wie sie Thomas konzipiert hat, führte schon in der Franziskanertheologie, vor allem im Spätmittelalter (14. Jahrhundert), zur Auflösung der thomistischen Lehre. So sagen Roger Bacon, Bonaventura († 1274) und Duns Scotus (†1308), daß auch die Seele aus Materie und Form bestehe, wobei nun sowohl der Materiebegriff (hier ist Materie das Bestimmbare und Hinfällige) wie der Formbegriff (Form ist hier das bestimmende Aktive) neugestaltet werden. Noch weiter führt der Nominalismus (Wilhelm v. Ockham, † 1347) des 14. Jahrhunderts, wo Materie als bloße quantitas bestimmt wird (Ausdehnung), so daß das wirklich Aktive und Selbsttätige (sich selbst Bewegende) dem Geistigen allein zukommt und so das Geistige als Selbstbewegung vom Ungeistigen als einem von außen Bewegten unterschieden erscheint.

4. Eine längere, aber tiefgreifende Entwicklung im Verständnis dessen, was Seele genannt wird, bahnt sich damit an, die bei R. Descartes († 1650) ihren ersten großen Ausdruck findet, wo einfach die Körperwelt als res extensa vom Geistig-Seelischen als res cogitans unterschieden wird. Das Geistig-Seelische wird dadurch eindeutig aus dem existentiellen Verständnis des eigenen, denkenden Menschenwesens erhoben, womit Seele irgendwie im Sinne der ihrer selbst bewußten »Personalität«, nicht als sachbezogene Intellektualität und nicht als materiale Vitalität erscheint (Med. de prima phil., Med. 2 und 5). Diese Entwicklung wird weitergeführt in der Monadenlehre bei G. W. v. Leibniz († 1716) und wirkt sich endgültig aus, als diese subjektive Personalität sich in der Aufklärung auch von Gott löst und damit notwendig auch ihrer eigenen Welt gegenüber ein ganz neues Selbstverständnis finden muß. Eingeleitet durch die kopernikanische Wende in der kritischen Philosophie I. Kants († 1804), führt diese Bewegung im späteren Idealismus, besonders bei G. W. F. Hegel († 1831) dazu, daß die Seele zum Prinzip ihrer Welt, daß der Mensch durch seine Seele zum Schöpfer seiner Welt wird. Schon in seiner Enzyklopädie (III §§ 308 und 309) schreibt Hegel: »Die Seele ist nicht nur für sich immateriell, sondern die allgemeine Immaterialität der Natur, und deren einfaches ideelles Leben.« Sie ist Substanz, die absolute Grundlage aller Besonderheit und Vereinzelung des Geistes, so daß er in ihr allen Stoff seiner Bestimmung hat und sie die durchdringende, identische Idealität derselben bleibt. Das ist aber nur der »Schlaf des Geistes«, der passive νοῦς des Aristoteles, der der Möglichkeit nach alles ist (anima quodammodo omnia: Aristoteles, De an. III c 8, 431 b 20 f; Thomas v. Aquin, In De anima, n 284, 787 f). Hegel unterscheidet (§ 310) die Seele in ihrer unmittelbaren Naturbestimmung, als fühlende Seele (in ihrer individuellen Identi-

tät) und als wirkliche Seele (in ihrer Leiblichkeit). Der Sinn des selbstschöpferischen Idealismus wird besonders und erst in der Zuordnung der Seele zum Geist in seiner ganzen Umfänglichkeit und Differenzierung als subjektiver, objektiver und absoluter Geist deutlich. – Bei J. G. Fichte († 1814) erscheint dieses Problem in der Gegenüberstellung von Ich und Nicht-Ich beim qualitativen bzw. quantitativen Idealisten (Wissenschaftslehre II § 4). – A. Schopenhauer († 1860) stellt dasselbe in seiner »Welt als Wille und Vorstellung« wieder zur Diskussion, auch wenn seine Philosophie ganz immanent, ohne Bezug auf die Transzendentalität bleibt.

5. Neben dieser idealistischen Verengung im Seelenbegriff steht seit dem 17. Jahrhundert eine immer mehr sich ausbildende materialistische Seelenlehre, die in der sensualistischen Erkenntnislehre eines J. Locke († 1704) und noch mehr in der empiristischen Philosophie D. Humes († 1776) den Substanzbegriff ganz auflöst und die Seele zu einem »Bündel von Vorstellungen« macht. In der materialistischen Weltanschauung der französischen Popularphilosophie, vor allem eines Cl. A. Helvétius († 1771; Über den Menschen, 1772), eines J. O. de Lamettrie († 1751; Naturgeschichte der Seele, 1745; Mensch Maschine, 1748) und des Baron P. H. d' Holbach († 1789; System der Natur oder der Gesetze der physischen Welt und der moralischen Welt, 1770) wie bei Fr. M. Voltaire († 1778; Über die Seele, 1774) wurden diese Lehren weiter in der Assoziationspsychologie eines J. Mill († 1836) und J. St. Mill († 1873) entwickelt. Psychologie wurde damit zu einer Disziplin der Naturwissenschaften. Dies führte im 19. Jahrhundert durch den Entwicklungsgedanken, vor allem seit Ch. Darwin und durch die Völkerpsychologie eines W. Wundt bereichert, zu den zahlreichen Untersuchungen der modernen positivistischen und experimentellen Psychologie (von 1829–1860), von den nervenphysiologischen (E. H. Weber, G. Th. Fechner, H. v. Helmholtz) und psychophysischen Untersuchungen seit 1874 zur physiologischen Psychologie (W. Wundt, E. Mach) und zu den qualitativen Analysen höherer seelischer Vorgänge (Gedächtnis, Liebe, Sinne, Denken), zur Komplex- und Gestaltpsychologie (E. Mach, Ch. v. Ehrenfels) sowie zur vergleichenden und differenzierenden Strukturpsychologie (in Sozial-, Massen- und Entwicklungspsychologie usw.). Seit dem 1. Weltkrieg kam dazu die Psychoanalyse S. Freuds, die Tiefenpsychologie C. G. Jungs, sowie eine Menge angewandter Psychologien für alle Bereiche des menschlichen Lebens, des Einzelnen wie der Gesell-

schaft und der Völker. Entscheidend ist, daß seit der Tiefenpsychologie C. G. Jungs das Psychische wieder mehr als ein Komplex von seelischen Tätigkeiten verstanden wurde, der aus einer eigenen Mitte aufsteigt (vgl. Lexikon der Psychologie, 3 Bde., Freiburg i. Br. 1971; Handbuch der Psychologie, 12 Bde., Göttingen 1959 ff). – Was sich hier seit dem 18. Jahrhundert entwickelt hat, ist für das Leben und Zusammenleben der Menschen heute von großer Bedeutung. Doch die grundlegenden Fragen der Anthropologie, die einst in einer metaphysischen Seelenlehre betrachtet wurden, haben hier keinen Platz mehr. Inwieweit und in welchem Sinn diese metaphysischen Fragen für eine theologische Betrachtung des Menschen noch von Bedeutung sind und bleiben, sollen die folgenden Überlegungen zeigen.

§ 28 Wesen und Natur der personalen Geistseele (Fragen zu einer Metaphysik der Seele)

A. Willwoll, Psychologia metaphysica, Freiburg i. Br. 1952. – F. Coreth, Metaphysik, Innsbruck 1961, Abs. 4 – J. Möller, Von Bewußtsein zu Sein. Grundlegung einer Metaphysik, Mainz 1962. – G. Hummel, Theologische Anthropologie und die Wirklichkeit der Psyche (Theologie und analytische Psychologie), Darmstadt 1972.

Hier sollen einige Aussagen zum Thema »Geistseele« des Menschen vorgestellt werden, die nicht nur in der Tradition eine große Rolle gespielt haben, sondern auch für bestimmte Glaubensaussagen heute grundlegend sind. Dabei darf nicht übersehen werden, daß die alten metaphysischen Sprechweisen vielfach glaubensmäßige Grundlagen hatten, die wir heute der rationalen Philosophie in der Weise nicht zumuten, daß das moderne Denken aber auch Tiefen verloren hat, auf die wir als Menschen und als Theologen nicht verzichten wollen und können. Je mehr das »Abendland« seine Vormachtstellung als »Kolonialmacht« als bloße Machtfrage erkennt, die nicht für die Geistesgeschichte der Menschheit bestimmend sein kann, und je mehr sich dieses »Abendland« öffnet und nun auch das eigenständige Denken der anderen Völker, etwa Indiens und Chinas als solches anzuerkennen und zu verstehen sich bemühte, um so mehr werden auch die Erfolge der positivistisch-aktualistischen Psychologie der Moderne wieder zu einem echten philosophischen Problem. Die Wertung der verschiedenen Denkrichtungen hängt ja nicht nur von der Tiefe neuerer Einsichten, sondern ebenso von den diesen Einsichten vorausgehenden, im tiefsten metaphysisch zu nennenden Vorentscheidungen ab. So seien hier folgende fünf Fragen der alten metaphysischen Lehre von der Geistseele des Menschen angesprochen: a) die Substantialität der Seele, b) die Geistigkeit der Seele, c) die individuelle Personstruktur der Seele, d) die besondere Gestalt der menschlichen Freiheit aus eben dieser individuellen Geistseele heraus, und e) die Unsterblichkeit der individuell-personalen Geistseele.

a) *Die Substantialität der menschlichen Geistseele:* Wie in der vorausgehenden Geschichte dargetan wurde, ist die heutige Psychologie im wesentlichen eine »Psychologie ohne Psyche«, d. h. sie beschreibt menschliche Verhaltensweisen, ohne nach dem einheitlichen tiefen Grund dieser Verhaltensweisen, ohne nach einer Seele als Eigenwirklichkeit neben der Leibhaftigkeit des Menschen zu fragen. Eine christliche Philosophie wird die Frage nach der *Eigenwirklichkeit der Seele* (Substanz) nicht unterdrücken können. Wer aber aus seinem Glauben um die in diesem Glauben erfaßte »Welt« weiß, wird für diese christliche Welt eine eigene »christliche Philosophie« für möglich und notwendig erachten, wie etwa der Marxist für seine »Welt« seine eigene materialistische Philosophie postuliert, auch wenn gewiß das Verhältnis der marxistischen Philosophie zum marxistischen Weltbild ganz anders ist, als das Verhältnis von Wissen und Glauben im christlichen Weltverständnis. Aber säuberlich getrennt können Glauben und Wissen auch im christlichen Weltverständnis nicht werden, soll nicht der Glaube »blinder Köhlerglaube« und der gläubige Mensch in seinem Weltverständnis nicht schizophren (zweigleisig) werden. Wenn hier von einer eigenen »Geistseele« als substantialer Wirklichkeit geredet wird, werden wenigstens vier Thesen stillschweigend anerkannt werden müssen, die gegenüber der Verneinung dieser Aussage von einer substantialen Seele nun bewußt und, soweit möglich, einsichtig gemacht werden sollen. – (1) Am Anfang steht, daß der Menschen in seinem Denken, meist wohl unter dem Einfluß einer religiösen Grundhaltung, zu einem reflexiv-existentiellen Selbstbewußtsein gekommen ist, das ihn den Satz »Ich sage zu mir: ›ich‹« als menschliches Grunderlebnis erkennen und verstehen läßt, in dem er sich oder sein Selbst als Aktzentrum all seiner inneren Akte begreift. Heute wird man hier wohl lieber von »Person« als Aktzentrum sprechen. Die Vielschichtigkeit und Unklarheit des heutigen Personbegriffes (meist im Sinne von Personalität, von der wir in § 31 handeln werden) legt es nahe, die alte Aussage von einer substantialen Geistseele als dem *Aktzentrum für die menschlichen Akte* (actus humani, nicht nur actus hominis) beizubehalten. – (2) Mit dieser Aussage vom »Aktzentrum« hängt sehr tief die *Unterscheidung von Materie und Geist* zusammen, sofern eben Bewußtsein und insonderheit Selbstbewußtsein für alle die Wirklichkeit, die von uns als materielle Wirklichkeit erfahren und manipuliert wird, nicht festgestellt werden kann. Ja, unser Verhältnis zur Materie als »Stoff, der uns zuhanden ist«, setzt dies voraus, so wie unsere »Ehrfurcht vor dem Menschen«, unser Wissen darum, daß der Mensch nicht manipuliert werden darf, weil er aufgrund seines Selbstbewußtseins schöpferischer Träger von Freiheit und Sittlichkeit ist, eben dieses Verständnis von »individueller Geistseele« voraussetzt. Die beiden Tatsachen, das religiöse Grunderlebnis (aus der Orphik) und das neue Verständnis der geistigen Wirklichkeit (Ideen und Werte), waren es darum auch, die in der griechischen Philosophie, wenigstens seit Sokrates und Plato, diese Auffassung von einer substantialen, d. h. eigenständigen Geistseele lebendig machten. Wo immer eine materialistische Grundauffassung, d. h. die Behauptung, daß alles Geschehen in der Welt nur ein Epiphänomen materiellen Geschehens sei, zur Grundlage des menschlichen Welt- und Selbstverständnisses gemacht wurde (wie bei Demokrit und den jonischen Naturphilosophen, im Epikureismus sowie besonders seit dem 19. Jahrhundert in Frankreich und Deutschland wie auch im dialektischen Materialismus unserer Tage), wird das Bild vom Menschen entstellt und wird die Offenheit des Menschen für die Wirklichkeit eines personalen Gottes verschüttet. Der nächste Absatz über die Geistigkeit der Seele hat dazu mehr zu sagen. – (3) Mit der Aussage von einer »individuellen Geistseele« als Aktzentrum der inneren menschlichen Akte hängt auch die *Unterscheidung zwischen »Sein und Werden«* zusammen, die in etwa der in der Selbsterfahrung des Menschen feststellbaren Unterscheidung zwischen »Denken und Erfahren« entspricht. Wie schon im Altertum Parmenides alles »Werden« und Heraklit das »Sein« leugneten, so hat vor allem der englische Empirismus und der französische Sensualismus des 18. Jahrhunderts dazu geführt, in der Psychologie seit dem 19. Jahrhundert nur noch vom »Geschehen« zu sprechen, das als Funktion von immer komplexeren Zusammenhängen erklärt wird, und das nicht auf ein substantiales Zentrum zurückbefragt wird, wie es unser menschliches Ich- und Selbstbewußtsein fordert und wie es jedes religiöse Reden von einem personalen Gott voraussetzt. Nur wo Geistseele als eine allein im Denken (nicht mehr in bloßer Sinneserfahrung) erfaßbare Seinswirklichkeit gesehen wird, kann der Mensch noch Täter seiner Taten sein; in einer nur aktualistischen Seelenbetrachtung wird er zum bloßen Faktor in einem komplizierten Getriebe, das dennoch im sozialen und politischen Leben der Menschen von Einzelnen nach ihrem Gutdünken gesteuert und mit Macht gelenkt wird. Diese Beherrscher des Apparates wirken bewußt und gewollt als »Aktzentrum«, auch wenn sie sich als Diener des Apparates und der Idee verstehen und erklären. – (4) Wie dieser letzte Hinweis zeigt, ist es schließlich *für das menschliche Handeln* in jedem Fall eine Voraussetzung, daß der Mensch ein Aktzentrum darstellt, das nach eigener Erkenntnis von Ordnungen, meist selbstgewählten Werten und immer selbstgesetzten Zielen inmitten der natürlichen Welt die »humane Welt« schafft, bewahrt und entfaltet. Wenn I. Kant in seiner »Kritik der reinen Vernunft« die Aussage von einer substantialen Seele als einen Paralogismus zurückweist und sie in seiner »Kritik der praktischen Vernunft« postuliert, wird damit lediglich ein Denksystem aufgebaut, das der Wirklichkeit der menschlichen Welt nicht gerecht wird, mag es für die naturwissenschaftliche Geistesarbeit im engeren Sinn der klassischen Naturwissenschaften noch so große Bedeutung gehabt haben. Die formalistisch-kritische Denkweise Kants wird der ethisch-freien Wirklichkeit des Menschen nicht mehr gerecht, wie vielfach, besonders von M. Scheler (in: Der Formalismus in der Ethik und die materiale Wertethik) gezeigt worden ist. Die folgenden Untersuchungen werden verdeutlichen, was die Rede von einer »substantialen Geistseele« meint und was sie notwendig macht.

b) *Die Geistigkeit der menschlichen Geistseele:* In dem bisher Gesagten ist bereits angeklungen, was noch näher geklärt werden soll; die Aussage, daß mit der Rede von einer individuellen Geistseele auch die Aussage von der *»Geistigkeit der Geistseele«* innerlich notwendig verknüpft ist. – Zunächst ist hier festzustellen, daß die alte Aussage, wonach »geistig« in erster Linie mit »immateriell« gleichgesetzt wurde, also primär negativ bestimmt wurde, unvollständig und uneigentlich ist und nur noch Sinn hat, wenn Materie noch im Sinne der alten klassischen Physik, also nicht im Sinne der modernen Atomphysik, verstanden wird. Im heutigen Verständnis ist die Geistigkeit der Seele viel mehr von der besonderen Gestalt der Selbstbestätigung des Geistes als »Bewußtsein« und von der Besonderheit des »Seinsbezuges« dieses Bewußtseins her zu verstehen.

Der menschliche Geist betätigt sich in erster Linie im »Erkennen«, das sich ganz allgemein als Antwort auf eine Frage erweist. Insofern das in der Antwort Gegebene »empfangen« wird und der Zusammenhang zwischen der Frage und der Antwort »begründet« werden muß, erfährt sich der menschliche Geist in diesem Denken selbst als »endlicher Geist«, und die Absolutsetzung des Geistes in einem Idealismus Hegels und derer, die ihm nachfolgen, wird in dieser Erfahrung selbst ad absurdum geführt. Trotz dieser wesenhaften Endlichkeit des menschlichen Geistes sind mit der Betätigung dieses Geistes Erlebnisse verbunden, die eben diesen Geist als etwas von jedem nicht geistigen Sein wesenhaft Verschiedenes ausweisen: Der menschliche Geist sucht in seiner denkerischen Betätigung nicht nur vermittelnde Berührung mit Erscheinungen der nicht mit dem Geist identischen Welt etwa durch die Sinne des Menschen; er sucht vielmehr alles einzeln Seiende unter der Form des Seins und im Horizont des Seins überhaupt. Daraus nimmt er das Recht, eine »Ist-Aussage« über das Erfahrene zu formulieren, die nicht nur Gegenständlichkeit und Objektivität gegenüber der Subjektivität des menschlichen Geistes, sondern echte »Sachlichkeit« aussagen will. Im Horizont dieser Sachlichkeit sind auch alle jene besonderen Formen von »Erkennen« angesiedelt, die uns etwa in echter Erkenntnis der in der Natur gegebenen Ordnungen (vgl. dazu das kantische Problem von der Möglichkeit synthetischer Urteile a priori), in der Gültigkeit der im schöpferischen logischen Denken gesetzten mathematischen Größen und Gesetze, in echter Werterkenntnis, in der Tiefe menschlichen Verstehens vom Menschen und von menschlichen Verhältnissen, noch mehr schließlich in echten philosophischen Einsichten und religiösen Erfahrungen und Entscheidungen begegnen. Deutlich wird in diesen geistigen Tätigkeiten miterfahren, daß das geistige Tun, wo immer es an die Grenze der Dinge gelangt, die der Endlichkeit auch des menschlichen Geistes entsprechen, seinen Blick über diese Grenzen hinaus erhebt, daß es nicht nur im kritisch-formalen Sinne Kants, sondern im material-realen Sinn des antiken und des mittelalterlichen christlichen Denkens auf wirkliche »Transzendenz« hin angelegt ist. Daß dieses transzendente Sein in jedem Fall ein »Geheimnis« für das formal-rationale Denken bleibt, widerspricht nicht der Tatsache, daß es im intellektuellen Erfaßtwerden sich in dem Maße erhellt, als es für das Leben und die Entfaltung und Ausreifung des Menschen, auch im christlichen Verständnis des Menschseins, notwendig ist. Ausdrücklich hat die Kirche gegenüber dem Traditionalismus eines A. Bonnetty 1855 erklärt, daß diese Aussage über die Geistigkeit der Seele nicht etwa eine bloße Glaubens- und Offenbarungswahrheit sei, sondern vielmehr eine echte philosophische Erkenntnis, die Voraussetzung für viele Glaubenswahrheiten ist, auch wenn sie in diesen Glaubenswahrheiten neu aufleuchtet (D 1650 – DS 2812 – NR 12). Erst von diesem Verständnis von »Geistigkeit der menschlichen Geistseele« her ist die folgende Aussage über die individuelle Personalität und Freiheit und Unsterblichkeit dieser Seele verständlich.

c) *Die individuelle personale Gestalt der menschlichen Geistseele:* Was hier von der Geistigkeit der menschlichen Seele nur angedeutet werden konnte, fordert zu seiner Ermöglichung eine Bestimmung, die in § 31 noch genauer erörtert werden muß: Die menschliche Geistseele wird nur richtig verstanden, wenn sie als individuelle (substantiale) Wirklichkeit gefaßt wird. Das bedeutet, daß die menschliche Geistseele, die als endliche Wirklichkeit auch noch auf die Leibhaftigkeit des Menschen verwiesen ist, auch von dieser Leibhaftigkeit her als einmalig und individuell bestimmt werden muß. Gegenüber der »averroistischen Pest«, die eine gemeinsame Geistseele für alle Menschen gefordert hat, hat darum das 5. Laterankonzil 1513 (D 738 – DS 1440 – NR 331) erklärt: »Die menschliche Seele kann, entsprechend der Vielheit der Körper, in die sie eingegossen wird (vgl. Gen 2,7), vervielfältigt werden, wurde vervielfältigt und muß vervielfältigt werden.« Die Frage nach dem Individuationsprinzip, d. h. nach dem Moment, das die Geistseele jeweils individualisiert, mag hier der Philosophie überlassen bleiben. Mit der Feststellung, daß in jedem Fall die menschliche Geistseele individuell ist, wurde zugleich zweierlei zurückgewiesen, was sich aus der aristotelischen Seelenlehre ergeben könnte. Einmal wurde damit verneint, was vor allem durch den jüdischen Dichter und Philosophen Avencebrol († 1069; Fons vitae) im Mittelalter verbreitet worden war, daß nämlich drei Seelen, eine vegetative (aus der Zeugung), eine animalische (aus dem Einfluß der Gestirne) und eine intellektive Seele (aus der Schöpfung durch Gott) zu unterscheiden seien. Ausdrücklich wird demgegenüber die Einheit der substantialen Seele verteidigt (vgl. auch De ecclesiasticis dogmatibus c 15 f: PL 42, 1216; De spiritu et anima c 48: PL 40, 814; Philippus Cancellarius, Summa de bono, um 1230 [Op. et text. Ser. schol., 20, Münster 1937, 32 ff]). Zum anderen wurde damit vor allem die Aussage des Averroes († 1198) zurückgewiesen, die eigentliche Geistseele (νοῦς) sei in allen Menschen ein- und dieselbe und ihr entspreche eine Weltseele (vgl. dazu Thomas v. Aquin, S. c. G. II cc 73–77; De spir. creat. a 9 und 10). Die Lehre von der Weltseele, die immer wieder das christliche Festhalten an der individuellen Geistseele in Frage stellt, fand zu allen Zeiten und bei vielen Völkern und Religionen in je verschiedener Weise Ausdruck (vgl. die Formen des Pantheismus und der Stoa bis zu Hegel, den chinesischen Taoismus, den neubuddhistischen Nirwana-Glauben, die verschiedenen Formen des Panpsychismus auch in neuerer Zeit von E. Becher bis Teilhard de Chardin). Das Selbstbewußtsein des Menschen und die Selbstverantwortung, wie sie sich im Gewissen offenbart, sind nicht nur Zeichen, sondern auch Forderungen dieser Lehre von der individuellen Geistseele des Menschen, die ihrerseits in besonderer Weise Voraussetzung für den Unsterblichkeitsglauben und die Offenbarungswahrheiten der christlichen Eschatologie ist.

d) *Die Freiheit der menschlichen Geistseele:* Das eben Gesagte ebenso wie die vorausgehenden Überlegungen über die Substantialität und Geistigkeit der Geistseele lassen jeweils bereits das Problem erkennen, das wir in § 23 bei der Behandlung der Grundstruktur des Menschen angerührt haben: die Frage, ob der Mensch nur ein leibhafter Geist oder Geist in Leib sei oder ob Leib, Geistseele und Person unterschieden werden sollen. § 31 wird dazu noch Wesentliches zu sagen haben. Hier mag es genügen festzuhalten, daß vom Menschen als Person im engeren Sinn nur gesprochen werden kann wegen der Geistigkeit seiner individuellen Geistseele, auch wenn noch offen bleiben muß, ob mit dieser Geistigkeit wirklich schon alles, was wir heute mit der Aussage »Person« zum Ausdruck bringen wollen, hinreichend erfaßt und ausgesagt ist. Dieses Problem wird besonders deutlich, wenn wir hier noch von einer Seite der Geistigkeit der menschlichen Seele sprechen, die ganz besonders die Komplexheit der Fragen und die Problematik der christlichen Aussagen (schon der Philosophie, nicht erst der Theologie) in unserer Zeit deutlich macht: ich meine die Rede von der *»Freiheit des geistigen Willens des Menschen«*. Wiederum können nur Grundlinien aufgezeigt werden, die in der Aussage von der »Freiheit der Geistseele« als Seinsaussage angesprochen sind. Den großen Komplex des Freiheitsvollzugs hat die Moraltheologie zu erörtern. – Zunächst ist festzuhalten, daß die rechte Freiheitslehre die Grundlage der ganzen christlichen Glaubens- und Sittenlehre ist. Der

Materialismus in seinen verschiedensten Formen läßt die menschlichen Handlungen durch die Materie und ihre Gesetze, durch Wirtschaft und Gesellschaft (J. O. de Lamettrie, K. Marx) bestimmt sein. Im Pantheismus ist das menschliche Handeln durch eine Weltseele oder eine Weltvernunft oder eine Weltmacht gelenkt. Sokrates wie moderne Rationalisten (Th. Lipps, C. Lombroso u. a.) machen die Freiheit der Entscheidung von der Klarheit der rechten Einsicht allein abhängig. Moderne Psychologen (S. Freud, A. Adler, C. G. Jung u. a.) sehen die Entscheidung des Menschen durch seine Tiefenseele oder durch Triebe und Lebenssituationen (ebenso in der Verhaltenslehre von K. Lorenz) programmiert. Selbst im christlichen Bereich lassen Calvin die menschliche Freiheit von der göttlichen Vorsehung und Luther von der göttlichen Gnade suspendiert sein. Das katholische Denken hält daran fest, daß es ein eigenes Freiheitszentrum im menschlichen Geiste gibt, das nicht durch intellektuelle Geistigkeit allein erklärt werden kann, das aber auch nicht bloß als Funktion der nicht eindeutig bestimmbaren Person verstanden werden muß. Als Sitz dieses Freiheitszentrums gilt der »Wille«, der neben dem Verstand als die andere Wesenskomponente der menschlichen Geistseele, wenigstens seit der aristotelischen Philosophie, genannt wird. Im Hintergrund dieser »Zweiteilung« steht die Tatsache, daß sich im menschlichen Leben Erkennen und Handeln, das menschliche Verhältnis zum Wahren und zum Guten deutlich unterscheiden lassen, wobei das Verhältnis zum dritten sog. Transzendentale des Seins, zum Schönen, ebenso wie etwa die platonische Aufgliederung des Willens in das Mutmäßige und das Leidenschaftliche oder gar die modernen Versuche, das ganze Seelenleben aus einer größeren Anzahl von Trieben zu erklären (vgl. A. Pfänder, Die Seele des Menschen, Halle 1933), die vielfältige Problematk unseres Redens in diesen Dingen erkennen lassen (vgl. A. Wenzl, Philosophie der Freiheit, Bd. I: Metaphysik, München 1947. – R. Egenter, Die Freiheit der Kinder Gottes, München 1943. – J. B. Metz, Freiheit, in: HThG I [1962] 392–414). Unabhängig von diesen wissenschaftsmethodologischen Schwierigkeiten bleibt die Freiheit des Menschen als Moment menschlichen Handelns, als Hintergrund einer lobenden oder tadelnden Stimme des Gewissens, als Ermöglichung für die Ausreifung der menschlichen Person in Schuldbewußtsein, Reue und Umkehr auch ein Postulat aller pädagogischen und juristischen Einrichtungen der menschlichen Gemeinschaft, von Familie, Gesellschaft und Staat. – Was hier »Freiheit« genannt wird, ist selbst eine vielschichtige

Wirklichkeit und meint: Auch als Freiheit von äußerem Zwang und innerer Nötigung ist menschliche Freiheit nicht sinnlose Willkür, sondern Freiheit des Urteils, Freiheit der Wahl (libertas specificationis), Freiheit des spontanen Entschlusses (Aktfreiheit, potestas determinandi seipsum: J. Duns Scotus), der aber wegen der Endlichkeit des menschlichen Geistes von der transzendentalen Ordnung her motiviert (durch ein Gewissensurteil begründet) sein muß: Freiheit der Entscheidung zwischen Gut und Böse (libertas contrarietatis), Freiheit der Entscheidung zu handeln oder nicht zu handeln (libertas contradictionis), Freiheit des vernünftigen Selbstbesitzes im transzendentalen Urteil über das praktische Urteil (G. Siewerth), Freiheit aber auch des Verzichtes auf Freiheit im Gehorsam, des Verzichtes auf Selbstbesitz in der Hingabe an Ideen, Ideale und Personen um ihrer selbst willen, Freiheit auch des sich Versagens um des eigenen Wertes willen, – immer eignet einem freien menschlichen Akt über alle mitbedingenden Momente hinaus ein personales Moment, das vor allem in Opfer und Hingabe entscheidend wird und letztlich im endlichen Geistwesen des Menschen sein Motiv aus einer transzendentalen umgreifenden oder höheren Wirklichkeit, letztlich aus Gott selbst, schöpfen muß. Dies kommt zum Ausdruck im Gebot der Liebe, das totale Hingabe in Freiheit an Gott verlangt: »Du sollst den Herrn, deinen Gott, lieben aus deinem ganzen Herzen (Innerlichkeit: καρδία), aus deiner ganzen Seele (Leben: ψυχή), aus allen deinen Kräften (Willenskraft: ἰσχύς) und aus deinem ganzen Gemüte« (Freiheit des Urteils: διάνοια; Lk 10,27). Dem Mitmenschen gegenüber hat diese Hingabe eine Grenze in der wesensnotwendigen (nicht natürlich erfahrbaren) Selbstliebe. In der Gnade Christi und letztlich in der Erfüllung des Menschen bei Gott wird diese Freiheit jene Gestalt erhalten, die im liebenden Besitz Gottes besteht, der reine Freude und reine Liebe bedeutet, wovon die Eschatologie zu handeln hat. »Für die Freiheit hat uns Christus frei gemacht« (Gal 5,1; vgl. HWPh II [1972] 1064–1098: Freiheit [V. Warnach – O. H. Pesch – R. Spaemann]; HThG I [1962] 392–414 [G. Sieverth – G. Richter – J. B. Metz]).

e) *Unsterblichkeit der Geistseele des Menschen:* Am deutlichsten wird die Problematik des Redens von der Geistseele des Menschen, wenn hier von Unsterblichkeit gesprochen werden soll. Diese Rede von der Unsterblichkeit bedeutet nicht ein Eingehen der Seele in eine Weltseele (Nirwana des Hinduismus) und nicht in einen Traumzustand, von dem islamitische Hypnopsychiten und einige Nestorianer sprechen, sondern das bewußte, individuelle Weiterleben des Menschen als Person, auch nach dem irdischen Tod, der am sichtbaren Leib des Menschen erfahren wird. Ja, die Unsterblichkeit des Menschen erhält durch die Vollendung des Menschen bei Gott, in der Anschauung Gottes, eine neue individuelle Note, was Apk 2,17 mit dem »neuen Namen« angedeutet wird, den nur der lesen kann, der ihn von Gott auf dem Täfelchen empfängt. Die Rede von der Unsterblichkeit zieht also nicht den Menschen in die zyklische Zeitbetrachtung des Heidentums hinein, sie ist vielmehr durch den christlichen Gedanken der Verwandlung in die neue Existenz mit Christus hinein abgesichert. Im AT ist von »Unsterblichkeit der Seele« zum ersten Mal im Buch der Weisheit (2,23; 3,1–5; vgl. 4 Makk 18,23) die Rede. Die Eschtatologie hat hierzu noch mehr zu sagen. – Die Philosophie hat diese Wahrheit der Unsterblichkeit der menschlichen Geistseele aus der Geistigkeit der Seele bzw. aus ihrer besonderen Individualität zu beweisen gesucht oder in ihr ein Postulat der moralischen Weltordnung gesehen (Plato). Thomas von Aquin weist auf das Verlangen des Menschen nach Unsterblichkeit hin, das nicht eitel sein könne: (S.Th I q 75 a 6). Die christliche Eschatologie setzt das Weiterleben des Menschen nach seinem irdischen Tod voraus, und das 5. Laterankonzil hat 1513 gegen die aristotelische Lehre des Petrus Pomponazzi ausdrücklich diese Wahrheit erklärt: »Mit Zustimmung der heiligen Kirchenversammlung verurteilen wir also alle und weisen wir alle zurück, die behaupten, die vernünftige Menschenseele sei sterblich« (D 738 – DS 1440 – NR 331). In der großen Theologie (vgl. Thomas, S.Th I q 97 a 1 und 4; q 75 a 6; De anima a 14) wurde vor allem im Anschluß an Plato aus der Reflexivität des Aktes der Geistseele und nach Aristoteles aus dem reinen Formcharakter der Seele der Beweis für die Unsterblichkeit der Seele versucht. Dabei hat man, gemäß dem Verständnis von Gen 2,17 (»Wenn du davon ißt, mußt du sterben«) und Gen 3,22 (»damit er nicht auch noch vom Baume des Lebens nehme und lebe«) die Unsterblichkeit des irdischen Menschen nicht aus seiner Natur, sondern als Folge der Gnade verstanden, die nach dem Sündenfall verlorengegangen war, so daß der irdische Mensch sterben muß. Die neuere evangelische Theologie (vgl. K. Barth, W. Elert, P. Althaus, H. Thielicke u. a.) leugnet gemäß Röm 6,23 (»Tod als der Sünde Sold«) die Unsterblichkeit der Seele, die als sündige Seele in erster Linie sterben müsse, und postuliert eine Neuschöpfung des Menschen zum Endgericht, wofür freilich jede biblische Aussage fehlt. Die Eschatologie hat darüber Näheres zu sagen (vgl. Q. Huonder, Das Unsterblichkeitsproblem in der abendländischen Philosophie (UB 127), Stuttgart 1970. – E. Mattiesen, Das personale Überleben des Todes. Eine Darstellung der Erfahrungsbeweise, 3 Bde., Berlin 1936–1939).

§ 29 Ursprung und Entstehung der menschlichen Geistseele

J. KLEUTGEN, Über den Ursprung der menschlichen Seele, ZKTh 7 (1883) 197–229. – A. KONERMANN, Die Lehre von der Entstehung der Menschenseelen in der christlichen Literatur bis zum Konzil von Nizäa, Münster i. W. 1915. – H. KARPP, Probleme altchristlicher Anthropologie, Gütersloh 1950.

Die Bedeutung der »Seelenlehre« für die christliche Anthropologie wird besonders bei der Frage nach dem Ursprung und nach der Entstehung der menschlichen Seele deutlich. Darum hat auch gerade hier die Kirche so häufig eine offizielle Erklärung abgegeben, denn in dieser Frage muß der Glaube an die Einmaligkeit des Menschen unter allen lebendigen Geschöpfen und die Gottebenbildlichkeit des Menschen sich ausdrücken und gesichert werden.

1. Die Hl. Schrift kennt keine spezielle Seelenlehre wie die griechische Philosophie. Dennoch spielt die Rede von der Seele, die der Mensch selber sei und durch die der menschliche Leib zum lebendigen Wesen wird (Gen 2,7), eine große Rolle, weil der Mensch seiner selbst eben in dieser Seele sich bewußt wird und diese Seele nach dem Tode des Leibes in der Scheol weiterlebt, bis ihr im letzten Gericht entweder ewiger (zweiter) Tod oder ewiges Leben zugesprochen wird. – In der Frage nach der »Herkunft der Seele« ist zunächst der alte jahwistische Bericht über die Erschaffung des Menschen bedeutsam, wonach die Seele als »Odem des Lebens« von Gott in die Nase des Menschen – aus der auch beim Atmen der Odem strömt – eingehaucht wird und so der Mensch als lebendiges Wesen erschaffen ist. Es ist jedoch nicht zu verkennen, daß nach eben diesem Bericht, der einfach den lebendigen Menschen als Geschöpf Gottes erweisen will, berichtet wird (Gen 5,3): »Als Adam nun 130 Jahre alt war, zeugte er einen Sohn, ihm gleich und nach seinem Bild« (vgl. Gen 1,26: dieselbe Aussage für das Schöpferwerk Gottes). Danach war der Mensch einfach vom Menschen gezeugt, nicht eigens von Gott geschaffen. Gen 4,25 sagt Eva bei der Geburt des Set: »Denn Gott hat mir einen anderen

Sproß gegeben für Abel, weil Kain ihn erschlug«, wonach auch der von Adam gezeugte Sohn wiederum ausdrücklich als Geschenk Gottes vorgestellt wird. Man wird sagen müssen: In der Schrift ist alles, besonders aber der Mensch, ein Geschöpf Gottes; dem widerspricht nicht, daß (als Zweitursache) der Mensch als Geschöpf seinerseits selbst wirkend den Menschen zeugt. Erschaffung des Menschen durch Gott und Zeugung des Menschen durch den Menschen sind in dieser ganzheitlich menschlichen und heilsgeschichtlichen Darstellung noch kein Widerspruch. Eine gesonderte Betrachtung der »Seele«, unabhängig von der Leibhaftigkeit des Menschen, wie sie in der griechischen Philosophie vorkommt, kennt die Schrift nicht.

2. Anders wird die Frage nach der Entstehung der Seele gesehen, sobald die griechische Seelenbetrachtung in der Auseinandersetzung der frühen Kirche mit ihrer griechischen Umwelt wirksam wird. H. Karpp ist diesen Fragen im einzelnen nachgegangen. Eine gute Zusammenfassung der Lehren, die sich in der alten Kirche entwickelt haben, bietet hiefür Hieronymus, bald nach 400, in einem Brief (Ep. 126, 1, 2: CSEL 56, 143) an Marcellinus und Anapsychias, wo er schreibt: »Betreff des Zustandes der Seele denke ich an eure kleine Anfrage, ja an die sehr bedeutsame kirchliche Frage, ob (1) sie aus dem Himmel herabgestürzt sei, wie der Philosoph Pythagoras und alle Platoniker und Origenes glauben (vgl. De princ. I 7,4; II 8,3: GCS 22 [ed. Kötschau], 90 f, 159 f), oder (2) ob sie ein Ausfluß der göttlichen Substanz sei, wie die Stoiker, der Manichäer und die spanische Häresie des Priscillianus vermuten, oder (3) ob sie einst (bei der Erschaffung des Adam) von Gott für alle Menschen erschaffen worden sei und seitdem von ihm aufbewahrt wurde, wie einige kirchliche Lehrer in törichter Überzeugung festhalten, oder (4) ob sie täglich von Gott geschaffen und in die Leiber eingesenkt werden gemäß dem Wort, das im Evangelium geschrieben steht: »Mein Vater wirkt bis zur Stunde und auch ich wirke«, oder (5) ob sie durch Weitergabe entstehen, wie Tertullian (De an. 22–41: CSEL 20 ed. A. Reifferscheid, 335 ff: der ganze Mensch, Leib und Seele, werde in der Zeugung in gleicher Weise durch Samen gezeugt), Apollinaris und der größte Teil der westlichen Theologen behaupten, daß, wie der Leib aus dem Leib so die Seele aus der Seele geboren werde und ähnlich wie die belebten Tiere entstehe.« Die fünf verschiedenen Meinungen, von denen Hieronymus hier berichtet, wurden im Laufe der Zeit, vor

allem im Westen, nach Ausscheidung der origenistischen Lösung, die eine Präexistenz der alles (auch die Sterne und Tiere) belebenden Geister annahm, im wesentlichen auf die zwei Ansichten des Kreatianismus und des Traduzianismus oder Generatianismus reduziert. Der *Kreatianismus* lehrte, daß Gott allein der Schöpfer der Geistseele sei; diese Auffassung wurde vertreten von Hieronymus, aber auch schon von Klemens von Alexandrien (Strom. [GCS 15–16: ed. O. Stählin] VI, 135, 1; V, 94, 3: Karpp 96 ff), besonders aber vom frühen Augustinus (De 83 Qq. q 1 [um 388]; De duabus an. contra Manich. c 1 [um 391]; Ep. 190,4, 14: PL 33,861), von Leo d. Gr. (Ep. 15,10: PL 54,685), von Hilarius (De Trin. X, 15.20.22), von Ambrosius (De paradiso), von Gregor von Nyssa und vielen anderen. Als Begründung wurde vielfach Koh 12,7 angegeben: »Der Leib kehrt zur Erde zurück, von der er genommen ist, die Seele zu Gott, der sie geschaffen hat.« Der *Traduzianismus* oder Generatianismus hingegen lehrte, die Seele würde mit dem ganzen Menschen in der Zeugung gezeugt; diese Lehre vertrat vor allem Tertullian (De an. c 36–37), aber auch der ältere Augustinus, weil er dadurch allein seine Erbsündenlehre verständlich machen zu können glaubte (De an. et eius origine, 4 Bücher, um 419). Die Unsicherheit des Augustinus in dieser Frage, die nicht zuletzt auch durch die Verschiebung der Fragestellung von der biblischen Anthropologie zur griechischen Psychologie entstanden war, hat sich weiter ausgewirkt in der Theologie (vgl. Fulgentius von Ruspe; Cassidor; Gregor d. Gr., Epistolarum lib. VI, ep. 52: PL 77, 990; Rhabanus Maurus u. a.). – Erst seit Hugo von St. Viktor, († 1141): De sacr. I p 6 c 3: PL 176,264 f) und vor allem seit Beginn der Hochscholastik (Alexander von Hales, Glossa in Sent. II d 17 c 2 [BFS XIII, 152], Summa II/1 n, 323 f, 327; Bonaventura, Sent. II d 18 a 2 q 3; Thomas von Aquin, S.Th. I q 118 a 2; S.c.G. II c 86–89) wird eindeutig der Kreatianismus vertreten, die Lehre, daß die Seele jeweils bei Zeugung des Menschen durch Gott geschaffen werde. Thomas sagt hierzu ausdrücklich (S.Th. I q 118 a 2): »Darum ist es häretisch zu sagen, die Geistseele werde in der Zeugung mit dem Samen weitergegeben.« Man beruft sich für diese Lehre außer auf Gen 2,7 und Koh 12,7 nun auch auf Aristoteles (De gen. animal. II c 3: 736 b 27 f), nach dem die Geistseele »von außen« (θύραθεν) kommen müsse. Als innerer Grund für diese Lehre wird die geistige Tätigkeit der Seele, ihr transzendentales Denken angeführt, das sie als unvergängliche Substanz ausweist, die nicht aus dem vergänglichen körperlichen Samen stammen könne. Ausdrücklich hat Bonaventura auch die emanatianistische Lehre des Liber de causis (§ 5, 9, 19), wonach die Seele Ausfluß des göttlichen Geistes sei, als häretisch zurückgewiesen (wie schon Augustinus), ebenso den Traduzianismus unter Berufung auf Augustinus (De Gen. ad lit. X c 18–19: PL 34, 421 ff), weil sonst die Seele Christi entweder nicht wie die anderen Menschenseelen (weil nicht durch einen Mann gezeugt) wäre oder aber teilhaben mußte an der allgemeinen Erbsünde, was beides falsch und gottlos wäre zu behaupten. Er formuliert den Kreatianismus als die katholische und einzig wahre Lehre so: »Die Seelen werden, nach Zeugung der Leiber, von Gott geschaffen und im Geschaffenwerden eingegossen und im Eingegossenwerden hervorgebracht (a deo creantur et creando infunduntur et infundendo producuntur).« Diese Lehre hält sich, bis im 19. Jahrhundert – im Zuge eines neuen Naturalismus, bestimmt auch durch die Evolutionslehre – auch katholische Dogmatiker wie H. Klee (Bonn) und G. Hermes (Bonn) die Ansicht vertreten, bei der Zeugung des Leibes entzünde sich die Seele des Kindes an der Seele der Eltern wie eine Kerze an einer anderen. Auch J. Frohschammer (München) lehrte, daß die Eltern Instrumentalursache der Kinderseele seien, und A. Rosmini vertrat die Ansicht, die Eltern seien Erzeuger der sensitiven Seele des Kindes, die sich in wenigen Wochen zur geistigen Seele selbst weiterentwickle. – Schon 498 hat Papst Anastasius II. in einem Schreiben an die gallischen Bischöfe in Sachen der Erbsündenlehre den Traduzianismus oder Generatianismus verurteilt (D 170 – DS 360); Papst Leo IX. wandte sich 1053 in seinem Schreiben an den Patriarchen Petrus von Antiochien gegen die Lehre von der Seelenemanation aus Gott (D 348 – DS 685); Benedikt XII. wies 1341 in seinem Schreiben an die Armenier den Traduzianismus eines gewissen Mechitriz zurück (D 533 – DS 1007 – NR 330). Papst Alexander VII. hob im Jahre 1661 den Kreatianismus als einzige katholische Lehre (wie seine Vorgänger) anläßlich seines Breve über die sündenlose Empfängnis Mariens hervor (D 1100 – DS 2015) und Leo XIII. nahm 1887 gegen die traduzianistische Lehre des A. Rosmini Stellung (D 1910–12; DS 3220–22).

3. Dem modernen Denken wird aus seiner naturalistischen und antimetaphysischen Ausrichtung heraus die Lehre vom Kreatianismus stets schwierig bleiben und der Naturwissenschaftler oder der Arzt unserer Tage wird aus seinen Methoden heraus notwendig zum Traduzianismus neigen, d.h. zu der Ansicht, daß eben der Mensch als ganzer, ebenso wie das Tier, in seiner Zeugung ent-

steht. – Zum rechten Verständnis der kirchlichen Lehre vom Kreatianismus ist hier wohl zu bedenken:

(a) In dieser Lehre wird der Gedanke der Einmaligkeit des Menschen als Geist in Leib und Ebenbild Gottes gegenüber allen außermenschlichen leibhaften Lebewesen einfach auch auf die Frage nach der Entstehung des Menschen angewendet. Eine christliche Anthropologie kann darum in der Frage nach der Entstehung des Menschen von dieser einmaligen Aussage über das Wesen des Menschen nicht in einen bloßen Biologismus ausweichen.

(b) Es wäre ein naives Mißverständnis und es würde das Wesen Gottes und seines Wirkens verkennen, wollte man glauben, Gott müßte eben nun schnell eine Seele schaffen, wenn ein menschlicher Leib in der Zeugung entstanden sei. Das Wirken Gottes im Wirken der Kreatur ist im Sinne des Verhältnisses von erster und zweiter Ursache zu verstehen, wie wir sie oben (§ 14) angesprochen haben. Für alles geschöpfliche Wirken gilt: Gott ist den Dingen der Schöpfung (und erst recht ihrem Wirken) innerlicher, als diese Dinge sich selber sein können. Eine bloß immanente Betrachtung der Weltdinge und ihres Wirkens setzte einen aufklärerischen »Deismus« voraus, der weder der geoffenbarten Gottesvorstellung noch dem geoffenbarten Verständnis der Welt als Schöpfung gerecht werden könnte.

(c) Der Kreatianismus kann und soll vielmehr das Wirken der Kreatur erst wieder im wahren christlichen Sinn verstehen helfen: Gott hat in seiner Allmacht, Weisheit und Liebe sich freiwillig abhängig gemacht vom Wirken des Menschen, hier in der natürlichen Zeugung des Menschen wie in den großen Geheimnissen seines Heilswirkens in dieser Welt, wo im Wirken der Menschen in der Kirche, in ihren Sakramenten und ihren Gebeten, in ihrer sündenvergebenden und heilzusprechenden Wirksamkeit erst Sündenvergebung und Heiligung durch Gott gegenwärtig und wirksam wird.

(d) Ja, in dieser Lehre wird auch die große Verantwortung des Menschen vor Gott ebenso wie die große Liebe Gottes in seiner Gemeinschaft mit den Menschen offenbar, und ohne diese Lehre vom Kreatianismus kommen auch die Aussagen vom Heilswirken Gottes durch die Menschen in dieser Welt in die Gefahr, leere Worte, bloßer Idealismus oder eine Ideologie zu werden. Ist dies nicht das Stigma der Glaubensnot unserer Zeit, geboren aus der Metaphysikfeindlichkeit des Menschen von heute? Der Kreatianismus ist ein Stück jener christlichen Weisheit, von der die Schrift sagt: »Der Anfang der Weisheit (σοφία) ist ganz aufrichtiges Verlangen nach Bildung (παιδεία = von παῖς; vgl. Mt 18,1 ff); ernstes Nachdenken aber über Bildung ist Liebe« (ἀγάπη; Weish 6,17).

§ 30 Der Mensch als Leib-Seele-Einheit
(Das Verhältnis von Leibhaftigkeit und Geistseele im Menschen)

L. Baur, Metahpysik, München ²1923, 410–426. – A. Wenzl, Das Leib-Seele-Problem, München 1933. – H. E. Hengstenberg, Philosophische Anthropologie, Stuttgart 1957, 255–278. – MS II (1967) 584–636: Der Mensch als Einheit von Leib und Seele (F. P. Fiorenza-J. B. Metz).

Wie in § 24 dargetan, bilden Leib und Geistseele in der Perspektive des personalen Seins des Menschen eine innere Einheit und Ganzheit. Wie die Gedanken über die menschliche Existenz (Kap. 5) zeigen werden, setzt diese Personeinheit eine innere ontische Einheit von Leibhaftigkeit und Geistseele voraus, die hier noch abschließend für das Kapitel über die Geistseele und als Zusammenfassung der Lehre über die Leibhaftigkeit des Menschen (Kap. 3) und über die Geistseele des Menschen (Kap. 4) bedacht sei.

1. Der ganze Mensch mit Leib und Seele ist nach der Aussage der Offenbarung von Gott geschaffen. Mag der alte Bericht des Jahwisten noch eine gewisse Mittelbarkeit bei der Erschaffung des Leibes annehmen (»Gott bildete den Leib des Menschen aus Erdenstaub«: Gen 2,7), im Schöpfungsbericht der Priesterschrift (Gen 1,26 f) wird der ganze Mensch mit Leib und Seele, als Mann und Frau, unmittelbar durch Gottes Wort erschaffen. Im hebräischen Denken ist der Mensch als Einheit und Ganzheit gesehen, und was als Teil des Menschen erscheint, ist immer in Beziehung zum anderen Teil und von der Ganzheit her verstanden. Selbst die Weisheitsliteratur der hellenistischen Zeit hält daran fest, auch wenn sie mit Berufung auf Gen 2,7 den Leib zur Erde zurückkehren läßt, von der er genommen ist, und die Seele zu Gott kommen läßt, der sie erschaffen hat (Koh 12,7). Eine anima separata, d.h. den Menschen ohne Leibhaftigkeit, kennt die Schriftoffenbarung nicht. Der Seele (nephesch) werden alle physischen und psychischen, physiologischen und personalen Vorgänge im Lebewesen Mensch zugeschrieben, und wenn davon die Rede ist, daß die

Seele aus dem Totenreich zurückgerufen werde (vgl. Ps 30,4; 86,13; Is 38,17; Spr 23,14), ist damit die Errettung des Lebens aus dem Tode ausgesagt. Die Seelen in der Unterwelt heißen auch nicht »Seelen«, sondern rephajim, d. h. Schatten (vgl. Ps 88,11; Spr 2,18; 21,16; Is 14,9). Auch im NT entspricht dem Wort Seele (ψυχή) das, was im AT mit nephesch ausgesagt war: der ganze Mensch als lebendiges Wesen wird damit gemeint. Ein eigenes Leib-Seele-Problem kennt das AT noch nicht, nicht einmal in der hellenistischen Zeit. Im NT hebt Paulus ausdrücklich den Wert des Leibes hervor, wenn er ihn »Tempel des Heiligen Geistes« nennt (1 Kor 6,19) und in besonderer Weise den Auferstehungsleib in seiner Unverweslichkeit und Herrlichkeit und pneumatischen Gestalt rühmt (1 Kor 15,42–49), der das Bild des himmlischen Christus tragen wird (vgl. 2 Kor 5,1–11; Phil 3,21). Damit will er wohl der dualistischen Abwertung des Leibes in der hellenistischen Zeit begegnen, auch wenn er vom »Fleisch, verkauft unter die Sünde« (Röm 7,14) und vom »Todesleib« (Röm 7,24) spricht. Dabei ist »Fleisch« nicht der physische Leib, sondern die sündhafte Existenz des Menschen, die Adamsexistenz, die im Christen durch die Christusexistenz ersetzt werden soll. Dieselbe paulinische Lehre liegt auch den Aussagen bei Mk 8,35–37 und besonders Mk 14,38 zugrunde, wo es heißt, der Geist sei willig, aber das Fleisch sei schwach. Mit »Geist und Fleisch« werden, wie bei Paulus, die zwei Existenzweisen des Adam-Menschen und des Christus-Menschen bezeichnet (vgl. Röm 7,25–8,12; Gal 5,16–26).

2. Ein eigenes Leib-Seele-Problem ist dort zuerst aufgetreten, wo in spiritualistischer Weise die Geistseele allein als der eigentliche Mensch erklärt wurde und der Leib wegen seiner Sterblichkeit, aber auch als Quelle und Einfallstor des Bösen im Menschen, abgewertet wurde, wo eine dualistische Weltsicht den Blick für das Ganze des Menschen trübte. – Die eigentliche Quelle dieses Irrtums ist wohl die alte iranische Religion (Zoroaster), die von zwei Mächten spricht, die die Welt beherrschen, von der guten und der bösen Macht (ahriman und ahura mazda). Diese persische Lehre wird im Westen in der Spätzeit des Hellenismus wirksam durch die Lehre des Mani als Manichäismus, der wiederum in den verschiedenen Formen der Gnosis als eine tödliche Gefahr für das junge Christentum sich erhebt (vgl. G. Widengren, Mani und der Manichäismus (UB 57), Stuttgart 1961. – R. Haardt, Die Gnosis. Wesen und Zeugnisse, Salzburg 1967. – R. Kurt [Hrsg.], Gnosis und Gnostizismus

[WdF 262], Dormstadt 1974). – Daneben bildet sich aber auch im griechischen Bereich aus einem übertriebenen Spiritualismus heraus eine gewisse dualistische Weltsicht aus, die vor allem durch die zeitlich schwer festlegbare Orphik verbreitet (vgl. K. Prümm, Die Orphik im Spiegel der neueren Forschung, ZKTh 78 [1956] 1–40), zuerst bei Plato in seiner mittleren Periode sichtbar wird, wo der Leib als »Gefängnis der Seele« (Phaidon 62 b; 65 e – 67 b) erscheint. Die eigentliche Wirklichkeit begegnet uns nur in den Ideen und diese werden nur durch die reine Geistseele geschaut (Tim. 27 d – 28 c: vgl. S. Petrement, Le dualisme chez Platon, les gnostiques et les manichéens, Paris, 1947). Im Neuplatonismus des Plotin gilt schließlich die Materie selbst schon als Quelle des Bösen, eine Lehre, in der ihm der große Systematiker der neuplatonischen Philosophie, Proklos, später nicht mehr folgt (vgl. K. Kremer, Die neuplatonische Seinsphilosophie und ihre Wirkung auf Thomas von Aquin, Leiden ²1971). – Die ersten Väter, die eine eigene christliche Theologie ausgebildet haben, mußten dies im Kampf gegen den gnostischen Dualismus der Spätantike leisten. Sie sprechen daher von der »Auferstehung des Fleisches« (nicht der Toten: Justin, Dial. 80,4 f) und vom »Fleisch Christi« (Tertullian), und Tertullian vertritt wohl aus diesen Gründen den Traduzianismus in der Frage nach der Entstehung der menschlichen Seele. – Schon Laktanz sieht den Menschen wiederum mehr dualistisch, was ihn in der Frage nach der Entstehung der menschlichen Seele zum Kreatianismus führt. Erst bei Augustinus aber gewinnt die neuplatonische Sicht vom Menschen wieder Bedeutung, auch wenn er in seinen ersten Schriften noch entschieden gegen den Manichäismus, dem er in seiner Jugend angehört hatte, kämpft. Seine Auseinandersetzung zwischen Geist und Fleisch ist nicht mehr heilsgeschichtlich, wie bei Paulus, gesehen; sie ist deutlich vom neuplatonischen Seinsdenken her bestimmt (vgl. A. Adam, Das Fortwirken des Manichäismus bei Augustin, ZKG 69 [1958] 1–25). Im Zusammenhang mit seiner Erbsündenlehre vor allem stellt er dar, daß das Leib-Seele-Verhältnis durch die Sünde in Disharmonie geraten sei, die nur durch die Gnade wieder zur Harmonie zurückgeführt werden könne. Damit hängt auch zusammen (vgl. MS II 608), daß auch das Zeitverständnis Augustins aus dem psychischen Erleben, nicht mehr, wie sonst in der Antike, vom kosmischen Geschehen her verstanden wird.

3. Auch die *moderne naturwissenschaftliche Psychologie* (und Anthropologie), die aus dem materialistischen Gegenschlag gegen den deutschen Idealismus hervorgewachsen ist, stellt Leib und Seele zwar nicht dualistisch wertend, aber durch Außen- und Innenerfahrung bestimmt als zwei selbständige Größen vor, zwischen denen Beziehungen bestehen, die entweder als *»Wechselwirkung«* bezeichnet werden (Körperliches wirkt auf seelische Vorgänge psychisch ein und seelische Vorgänge wirken sich im körperlichen Geschehen physisch aus), oder die als *»Parallelismus«* verstanden werden müssen in dem Sinne, daß seelische und körperliche Vorgänge nebeneinander ablaufen, insofern eben die Seele nur die andere Seite der Leiblichkeit und die Leiblichkeit die andere Seite der seelischen Wirklichkeit des Menschen darstellt. Die zuletzt genannte Lösung will das Dilemma vermeiden, das sich erhebt, wenn von einer »physischen« Einwirkung der Seele auf den Leib oder umgekehrt gesprochen wird, gerät dafür jedoch in den Sog eines pantheistischen Monismus (vgl. Spinoza, Ethik II, 13, schol.). Der Seinsdualismus, den Descartes in die abendländische Philosophie eingeführt hat (durch seine Unterscheidung von einer ausgedehnten Körperwelt und einer denkenden geistigen Welt), wirkt sich noch in den Lehren des Psychiaters S. Freud und des Philosophen L. Klages aus, so wie in der Lebensphilosophie seit F. Nietzsche, besonders bei W. Dilthey und A. Pfänder das ganze leib-seelische Geschehen mehr auf eine Anzahl von Trieben zurückgeführt wird, worin sich wieder eine eher monistische Betrachtungsweise zeigt. Die neuere Schichtenlehre, etwa bei E. Rothacker, sucht im Geiste eines Plato und Avicenna zwischen Seele und Leib zu vermitteln, so wie die neuere Tiefenpsychologie von C. G. Jung, V. Frankl u. a. aus einer mehr monistischen oder mehr personalistischen Seelenbetrachtung heraus das Problem zu lösen versucht.

4. Umgangen wurde das Leib-Seele-Problem auch in den neueren Richtungen des *Monismus,* wo die phänomenale Unterscheidung von Leib und Seele (in ihren Erscheinungen und Auswirkungen) wohl anerkannt, jedoch die beiden Erscheinungsweisen nur als Ausdrucksmodi ein- und desselben Tiefenseins, nämlich des göttlichen Seins, gesehen wurden, in dem Natur (Körperwelt) und Geist (als überindividuelle Wirklichkeit) identisch sind, wie F. W. v. Schelling und G. W. F. Hegel, aber auch in ihrer Weise B. Spinoza, F. Paulsen und Th. Ziehen dargetan haben. Hier wird der Wesensunterschied zwischen Leibhaftigkeit und Geistseele nicht

mehr gesehen, und wo der pantheistische Grund dieser Sichtweise wegfällt, führt diese Theorie notwendig zu einem reinen *Idealismus*, der die Eigenart des Materiellen leugnet, oder noch öfter zu einem *Materialismus*, in dem alles Seelische nur noch ein Epiphänomen körperlicher Vorgänge ist. In all diesen Theorien ist vor allem die individuelle Natur geschöpflicher Personalität nicht mehr einzubringen, die Grundlage des christlichen Menschen- und Weltbildes ist.

5. Sehr spät, vor allem durch die Rezeption und Adaption des Aristotelismus in der Hochscholastik, wurde in der Theologie eine Aussage entwickelt, die den *Wesensunterschied von Leib und Geistseele und die ontologische Einheit und Ganzheit des Menschen* in gleicher Weise festzuhalten und zum Ausdruck zu bringen vermag. Dabei mußte, wie gezeigt, die Seelenlehre des Aristoteles, der noch entschieden zwischen Seele als Lebensprinzip und Geist als überindividuellem Erkenntnisprinzip unterschieden hatte, in Richtung auf die Lehre von der einen individuellen personalen Geistseele hin und umgekehrt die platonisch-augustinische Idee von dem corpus grave, infirmum et corruptibile des sündenbeladenen Menschen (De Gen. ad lit. XII c 35: PL 34, 483) in Richtung auf den von Gott geschaffenen guten Leib, dessen Grundbestand neutrale Materie ist, weiterentwickelt werden. Nur so konnte die aristotelische Seelendefinition (De an. II c 1) mit ihrem *Akt-Potenz-Schema*, bzw. *forma-materia-Schema* auf das Leib-Seele-Verhältnis angewendet werden. So entwickelte Thomas von Aquin die Lehre: »Der Intellekt, der das Prinzip des Erkennens ist, ist die Form des menschlichen Leibes.« Dabei gilt als Voraussetzung: »Die dem Menschen eigentümliche Tätigkeit, insofern er Mensch ist, ist das Erkennen; denn dadurch transzendiert er alle anderen Lebewesen« (vgl. S.Th. I q 76 a 1). Die Seele wird dabei wegen ihrer reinen Geistigkeit (daher »Intellekt« genannt) als bloße Form (forma absoluta) verstanden, die nicht selbst aus forma und materia zusammengesetzt sein kann (S.Th. I q 75 a 5). Dadurch wird die Leibhaftigkeit des Menschen in einem nicht spiritualistischen, sondern eher christlich zu nennenden Sinne zu einem Abstraktum und in die Nähe der materia prima (materia communis: S.Th. I q 75 a 4 c) gerückt. Die eine Seele ist eben nicht nur Wirkprinzip (motor), sondern zuerst Seinsprinzip (forma), dient darum nicht nur für die intellektiven, sondern ebenso für die sensitiven und vegetativen Vorgänge oder Handlungen des einen Menschen (S.Th. I q 76 3). Somit ist die eine substantiale

Geistseele die einzige Form, die dem menschlichen Leib schlechthin das menschliche Sein gibt (esse simpliciter), und die Vielfalt der Wirkungsweisen dieser einen substantialen Seele ist bestimmt durch die komplexe Natur des Leibes, zu der hin sie durch die Sinne, insonderheit durch den Tastsinn, vermittelt wird und sich vermittelt (ebd., a 5). Zwischen der Geistseele und ihrem menschlichen Leib gibt es daher keinerlei akzidentelle Vermittlung durch irgendeinen anderen Körper oder eine körperliche Disposition, denn die Geistseele gibt dem Leib als menschlichem Leib das esse substantiale et simplicter (ebd., a 6 und 7). Die Seele ist darum forma et actus nicht nur des Leibes als ganzem, sondern auch eines jeden seiner Teile hinsichtlich des Seins, nicht aber hinsichtlich der Wirkkraft. Die seelische Wirkkraft wirkt nach der Zweckbestimmung des einzelnen Teiles im Ganzen des Leibes je verschieden (ebd., a 8). – Was Thomas hier geistig erarbeitet hat, wurde von der augustinischen Richtung, besonders in der Franziskanertheologie, im Namen ihres konkreteren Leibverständnisses, aber auch aufgrund ihrer Neigung zu realen Unterschieden zwischen den einzelnen Seelenvermögen, immer wieder bestritten (vgl. dazu Petrus Johannis Olivi, Sent. II q 51, appendix: BFS V [1924] 136–198, wo er 13 Argumente für die thomasische Lehre durch die augustinische Leib- und Seelenlehre in der Ausgestaltung des Nemesius von Emesa [De naturae hominis c 3: PG 40,591–608] zurückweist). – Gegen Olivi vor allem hat das Konzil von Vienne 1312 die thomasische Lehre dekretiert und die entgegengesetzte Meinung als erronea ac veritati catholicae inimica fidei und als haeretica zurückgewiesen (D 481 – DS 902 – NR 329). Die Verurteilungen des averroistischen Neoaristotelismus des Pietro Pomponazzi auf dem V. Laterankonzil 1513 (D 738 – DS 1440 – NR 331) sowie der einschlägigen Lehren des A. Günther 1857 (D 1655 – DS 2828) berufen sich nochmals auf die Entscheidung von Vienne. – Die Kirche und ihre Theologie haben an diesem Lösungsversuch des Leib-Seele-Problems durch Thomas von Aquin bis heute festgehalten, weil in dieser Lehre eine Ausgewogenheit in der Bewertung von Seele und Leib ebenso wie im Verständnis von der individuellen Einheit und Ganzheit der menschlichen Person erreicht wurde, die für das Verständnis und die Normierung des menschlichen Handelns im Sinne der christlichen Moral besonders geeignet erscheint. Damit ist der Formbegriff (und der Begriff der Materie), der dieser Erklärung zugrunde liegt, gewiß nicht definiert; es ist damit lediglich gesagt, daß mit diesem umfassenden Formbegriff einstweilen die beste begriffliche Formulierung gefunden wurde, um die katholische Antwort auf das Leib-Seele-Problem als Frage und Anliegen auszudrücken. Der Glaube als Lehre braucht Begriffe, auch wenn er selbst mehr als Lehre und Begriffe ist. Darum könnte diese begriffliche Bestimmung wohl einmal ersetzt werden, wenn eine andere Formulierung gefunden würde, die das in diesem Formbegriff Enthaltene bewahren und darüber hinaus Schwierigkeiten, die etwa in dem thomasischen Leibbegriff gegenüber dem heutigen Leibverständnis sich zeigen, lösen könnte (dasselbe wäre etwa zum Begriff der Transsubstantiation in der Eucharistielehre zu sagen).

6. Mit der Aussage, die Seele sei »die Form des Leibes«, wird zugleich zum Ausdruck gebracht, daß die christliche Theologie den »Leib« nicht als »Körper« verselbständigt, sondern immer als den lebendigen Leib des lebendigen Menschen betrachtet. Leib und Seele erscheinen darum hier nicht als zwei selbständige Substanzen, sondern als sog. inkomplete Substanzen, d. h. die menschliche Seele ist auf die menschliche Leibhaftigkeit hingewiesen (vgl. Thomas v. A., S.Th. I q 75 a 4), ebenso wie die Leibhaftigkeit des Menschen nur durch die Seele möglich ist. Ohne Seele würde der menschliche Leib zum »Körper«, der nur ein materieller Teil der physischen Welt (materia communis), nicht mehr »Leib des Menschen« wäre. Wie so durch diese thomasische Lehre das Verständnis der Seele wohl befriedigend ausgedrückt werden kann, so erscheint doch die menschliche Leibhaftigkeit nicht realistisch genug gesehen, wenn davon die Rede ist, daß die anima separata ohne Leib selig sein könne und nur zur Vollendung der Seligkeit des Leibes bedürfe, den sie bei der Auferstehung der Toten wieder erhält (Thomas v. A., Sent. IV d 49 q 1 a 4 ql 1; q 4 a 5 ql 2; S.Th. I u. II q 4 a 5 ad 5). Wie in § 24 gezeigt, hat vor allem die Dogmatisierung der Lehre von der leiblichen Aufnahme Mariens in den Himmel Hinweise zu einem neuen Verständnis von Leiblichkeit gegeben, das dieses Dilemma überwinden möchte.

7. Das hier angesprochene *eschatologische Problem* ist in der Theologie bisher verknüpft mit dem *soteriologischen Problem*, wonach der Tod des Menschen, d. h. die Tatsache der Trennung von Leib und Seele, durch die Sünde bedingt sei (vgl. Gen 3,3.19; Röm 5,12; 6,23). Die Hinweise auf das neue Verständnis von menschlicher Leibhaftigkeit sowie die von den Naturwissenschaften gegebenen Deutungen des Todes als eines naturnotwendigen Vorganges für

das Einzelwesen in der biologischen Welt haben zu einer sprachlich richtigeren Deutung von Gen 3,3 geführt (nicht Feststellungsaussage, sondern das literarische Genus der »Drohung«). Die Eschatologie wird hier die rechte soteriologische Betrachtung des Menschen, die sich auf das ewige Heil und den »zweiten Tod« bezieht (Apk 2,11; 20,6,15; 21,8), einbringen, wodurch die thomasische Antwort auf das Leib-Seele-Problem erneut sich als bisher beste begriffliche Fassung erweist, ein Problem das am Ende nicht nur ein psychologisches, auch nicht nur ein metaphysisches Problem, sondern im christlichen Sinne ein »Glaubensgeheimnis« beinhaltet (vgl. J. Auer, Auferstehung des Fleisches: Was kann mit dieser Aussage heute gemeint sein?, in: MThZ 1975 H. 1).

5. Kapitel

DAS PERSONALE WESEN DES MENSCHEN (DER MENSCH ALS »SCHÖPFER« SEINER EIGENEN WELT)

Alles bisher Gesagte hat immer wieder auf eine Aussage über den Menschen verwiesen, die nunmehr als Abschluß der Anthropologie noch betrachtet sei: die Aussage, daß der Mensch »Person« sei und als Person in einmaliger Weise Schöpfer und Herr seiner eigenen Welt. So selbstverständlich der heutige Mensch sich praktisch in seinem Leben als Herr seiner Welt versteht, ebenso fragwürdig ist die Rede vom Personsein des Menschen selbst in Philosophie und Anthropologie geworden, was wiederum das praktische Verhalten des Menschen als Herrn seiner Welt zu einem großen Problem werden läßt. So wird es notwendig sein, nach einer geschichtlichen Einführung und philosophischen Klärung des Personbegriffes in seiner Anwendung auf den Menschen (§ 31) vom inneren Wirken der Person zu sprechen, wie sie besonders in der Existenzphilosophie zur Darstellung gebracht worden ist (§ 32), um dann den Menschen als geschichtliches Wesen (§ 33), als soziales Wesen (§ 34) und als kulturschöpferisches Wesen (§ 35) zu betrachten und die Möglichkeiten und Notwendigkeiten wie auch die Gründe und Grenzen seiner personalen Entfaltung in eben diesen Bereichen und dadurch sein Werden als »Persönlichkeit« im christlichen Sinne sichtbar zu machen.

§ 31 Der Mensch als Person und Persönlichkeit

ThW VI (1959) 769–779: πρόσωπον (E. Lohse). – HThG II (1963) 295–306: Person (A. Guggenberger). – LThK 8 (1963) 287–292: Person (A. Halder-A. Grillmeier). – H. Rheinfelder, Das Wort »persona«, Zeitschrift für roman. Philol., Beiheft 77, Halle a. S. 1928. – A. Fischer, Die Metaphysik der Person (Philosophische Anthropologie Martin Heideggers), Freiburg i. Br. 1951. – H. Mühlen, Sein und Person nach J. D. Scotus, Werl a. W. 1954. – Ders., Das Vorverständnis von Person und die evangelisch-katholische Differenz, Cath 18 (1964) 108–142. – J. Auer, Personalismus in der katholischen Theologie. Nachgeholte Vorüberlegungen, MThZ 16 (1965) 260–271. – P. Lersch, Aufbau der Person, München ¹⁰1966. – J. Speck (Hrsg.), Das Personverständnis in der Pädagogik und ihren Nachbarwissenschaften (Kongreßbericht von 1964 und 1965 mit 14 Beiträgen), Münster 1966. – Handb. der Psychol., Bd. 4: Persönlichkeitsforschung und Persönlichkeitstheorie, hrsg. von Ph. Lersch, H. Thomae, Göttingen ²1960. – G. Marcel, Geheimnis des Seins, Wien 1952. – B. Holzner, Amerikanische und deutsche Psychologie, Würzburg o. J. (1957?). – H. W. Wolff, Anthropologie des AT., München 1973. – H. Bollinger, Das Werden der Person, München 1967.

1. *Zur Wortgeschichte.* Wo im AT von *nephesch*, dem lebendigen Menschen, und im hellenistischen Bereich von σῶμα, der leibhaften Erscheinung des Menschen, gesprochen wird, gebraucht die griechische Welt das Wort πρόσωπον, das bei Aristoteles (Hist. an. I, 8: 491 b 9 ff) noch das Angesicht, das Antlitz bedeutet, d. h. den Teil der menschlichen Erscheinung, auf den man schaut, wenn man einem Menschen begegnet, oder die Maske des Schauspielers (Aristoteles, Probl. 31, 7: 958 a 17) bzw. die schauspielerische Rolle, in der ein Mensch sich spielend darstellt (Epiktet, Diss. I, 29,45), bis es wenigstens seit Plutarch (Moralia: De invidia 6; De garrulitate 13) die menschliche Person überhaupt, vielfach auch eine Gottheit als Person bezeichnet. Besonders die Septuaginta (LXX) gebraucht den Ausdruck πρόσωπον vielfach für das göttliche Antlitz, d. h. den persönlichen Gott selbst, dessen Zuwendung dem Menschen Segen und Heil bringt (Ex 33,11 20,23; vgl. F. Nötscher, Das Angesicht Gottes schauen, Nachdr. Darmstadt 1969). Der Sprachgebrauch des NT schließt sich dem der LXX mit den drei Bedeutungen von Gesicht, Maske und Person an. Daneben bedeutet seit längerem πρόσωπον auch das grammatikalische Subjekt eines Satzes ebenso wie eine juristische Person. Die inhaltliche Unbestimmtheit ebenso wie die umfängliche Weite und die besondere biblische Beziehung von πρόσωπον auf die göttliche Wirklichkeit führten dazu, daß dieses

Wort eine große Rolle spielte in den christologischen und trinitarischen Auseinandersetzungen der jungen Theologie im 3. bis 5. Jahrhundert, wo es zugleich eine neue Umschreibung und Vertiefung erfuhr. Dabei trat auch eine gewisse Trennung zwischen Ost und West in der Sprache hervor, die auf die tiefere Unterschiedenheit hinweist zwischen dem östlichen Denken, das seit dem 3. Jahrhundert lieber von ὑπόστασις sprach (Conc. Ephesenum 431: D 111 a – DS 250 – NR 172) als von πρόσωπον (griechisches Seinsdenken), und dem westlichen Reden von persona (seit Tertullian: Adv. Prax. 18,2; 6,1), das nunmehr in Christus die eine, individuelle, geschichtliche Erscheinung des Jesus von Nazareth als des menschgewordenen Logos meinte (Conc. Chalcedonense 451: D 148 – DS 302 – NR 178; II. Constantinopolitanum 553: D 217 – DS 426 – NR 184). In der Trinität wurden die drei in der Offenbarung in Erscheinung getretenen, in Gott aber in einem einzigen Wesen wesenden Personen, Vater, Sohn und Geist, von Ost und West in gleicher Weise mit πρόσωπον oder persona benannt (Kappadokier; Augustinus; II. Constantinopolitanum 553: D 213 – DS 421 – NR 180). War in der Christologie mit diesem Wort persona mehr die Eigenständigkeit (Subsistenz) zum Ausdruck gebracht, so meinte dasselbe Wort in der Trinitätslehre mehr das relationale Verhältnis (vgl. D 703 – DS 1330 – NR 281–284) der einzelnen Personen in Gott zueinander (Perichorese, Communicatio, im Westen bald durch das Fremdwort Hypostase ausgedrückt) bzw. die drei verschiedenen Offenbarungsweisen des Vaters als Schöpfers, des Sohnes als geschichtlichen Menschen und Erlösers und des Geistes als des Geistes der Kirche (Eksistenz im modernen Verständnis seit Heidegger). Wie bei wenigen anderen Begriffen wird gerade hier deutlich, wie sehr die Sprache von der Sache (und umgekehrt) bestimmt wird und wie weitgehend beides, Sprache und Sache, in ihrer Erfassung und Bestimmung durch den menschlichen Geist von einem ganzheitlichen und umfassenden Denksystem her verstanden werden müssen. – Dabei sei noch besonders angemerkt, daß das lateinische Wort persona gemäß neuerer Forschung (Rheinfelder), ähnlich wie das griechische πρόσωπον, ursprünglich nicht die Maske, durch die hindurchgesprochen wurde (personando), meinte, wie es das Mittealter etymologisch erklärte: persona scheint vielmehr etruskischer Herkunft zu sein (Phersu) und von dem Namen der Göttin zu stammen, die der Unterwelt vorsteht: Persephone. Damit wäre persona Ausdruck für eine (übermenschliche) Herrschaftsfigur im Inneren des Menschen (tiefenpsychologisch?).

2. *Bestimmungen des »Person«-Begriffes*

a) MS II, 637–656 (Der Mensch als Person: Chr. Schütz, R. Sarach) sucht den Personbegriff aus der Frage »Wer bist du?« zu entwickeln und bestimmt so Person als »unverwechselbares In-Beziehung-Sein zum Du«: »Du, der du diesen Namen trägst, nennst mich bei meinem Namen« (644). Es darf wohl bezweifelt werden, daß das Phänomenale des Ich sich wirklich erst und allein am Du in unserem Bewußtsein entfaltet, wie der moderne Personalismus (M. Buber u. a.: vgl. B. Langemeyer, Der dialogische Personalismus in der evangelischen und katholischen Theologie der Gegenwart, Paderborn 1963) lehrt, auch wenn es dem Menschen unserer Massengesellschaft vielleicht so scheinen mag, da ihn die lebendige Ich-Du-Beziehung aus der Vermassung heraushebt. Für das philosophische und theologische Verständnis von Person reicht jedenfalls diese Erklärung nicht aus. Das Kleinkind, das sich im Ernst seines Spieles bereits als eine sehr ausgeprägte Person (und Persönlichkeit) zeigt, kennt dieses reflexe Ich-Du-Bewußtsein noch nicht, weshalb es auch zu jedem Unbekannten, ja selbst zu Dingen sein »Du« (als fordernde Anrede, keineswegs als Moment eines reflexen Ich-Du-Bewußtseins) sagt. – Wir werden zu zeigen haben, daß jedenfalls noch andere Bestimmungen zum Personsein und Personbewußtsein gehören.

b) Für eine philosophische und theologische Grundlegung des Personbegriffes ist es für den erwachsenen, denkenden Menschen wohl notwendig, von der Besinnung auf sich selbst, auf sein eigenes Sein (»Wer und was bin ich?«), auf seine Ich-Erfahrung, auszugehen. Dabei ist es wichtig, den Heideggerschen Existentialismus und den Dialogalismus Bubers wieder in das eigentliche Seinsdenken einzubringen. Was bisher in der theologischen Anthropologie über die Struktur des Menschen, seine Geistseele und seine Leibhaftigkeit gesagt wurde, hat immer wieder auf das hingewiesen, was wir hier über den Menschen als »personales Wesen«, zwar nur in Grundlinien (vgl. dazu MThZ 16 (1965) 260–271), zur Darstellung bringen. Ein Blick in die *Geschichte der verschiedenen Versuche, Person zu definieren,* mag den Weg weisen. Wohl die erste Überlegung zu diesem Thema bietet Boethius († 524) in seinem Werk »Über die Person und die zwei Naturen in Christus«, wo er die Aussagen der griechischen Theologen mit den entsprechenden Begriffen bei Cicero konfrontiert (essentia = οὐσία; subsistentia = οὐσίωσις; substantia = ὑπόστασις; persona = πρόσωπον). Obwohl er feststellt, daß die Griechen die individuelle

Subsistenz der rationalen Natur des Menschen (individuam subsistentiam rationalis naturae) weit bezeichnender mit dem Wort ὑκόστασις bennannt haben, bleibt er wegen seiner Gleichsetzung von Substanz mit ὑπόστασις doch bei seiner Definition: Persona est naturae rationalis individua substantia (c 3: PL 64, 1343 C). Dabei spricht er dem Menschen schließlich alle oben genannten Wirklichkeiten zu: das Sein (essentia – οὐσία), weil er ist; Subsistenz (οὐσίωσις – subsistentia), weil er in keinem anderen Subjekt ist, sondern sein eigenes Subjekt ist; das Hypostase-Sein (ὑπόστασις – substantia; die Scholastik hätte hier aus der aristotelischen Terminologie wohl suppositum = ὑποκείμενον gesagt), weil er für all das Grundlage ist (sub-est), was nicht selber Subjekt ist (also für seine inneren und äußeren Akte); Person (πρόσωπον – persona) ist der Mensch als rationabile individuum. – In theologischer Hinsicht ist bedeutsam, daß Boethius ausdrücklich hervorhebt, daß in Gott Wesen und Subsistenz (οὐσία und οὐσίωσις) eins sind, während sie im Menschen als Geschöpf verschieden sind (ebd. 1345; vgl. dazu den ausführlichen Kommentar des Gilbert Porreta: ebd. 1368–1379). Was hier am Ausgang der Antike grundgelegt wurde, fand in der Scholastik einige Verdeutlichungen. Richard von St. Viktor († 1173) erklärte: »Persona est rationalis naturae incommunicabilis existentia« (De Trin. IV, 23: PL 196, 946) und Thomas von Aquin bediente sich sowohl der Definition des Boethius wie der des Richard von St. Viktor (S.Th. I q 29 a 3 ad 4; De pot q 9 a 2). Dem mehr platonisch-augustinischen Denken entsprechend hob Bonaventura die Einmaligkeit des jeweiligen Personseins hervor, wenn er erklärte: »Persona est existens per se solum iuxta singularem quendam rationalis existentiae modum« (Sent. I d 25 a 1 q 2 ad 4), und er erwähnt bereits eine definitio magistralis, die auf das moderne Verständnis von Person als »Persönlichkeit« verweist: »Persona est hypostasis distincta proprietate ad nobilitatem pertinente« (ebd.; vgl. Thomas v. A., S.Th. I q 29 a 3 ad 2). Der neuzeitliche Individualismus kündigt sich an, wenn Petrus Johannis Olivi († 1298) lehrt: »Personalitas seu persona est per se existentia, in se ipsam plene rediens et consistens seu in se ipsam perfecte reflexa« (Sent. II q 59: BFS V 526), was Johannes Duns Scotus († 1308) vielleicht zu seiner Erklärung führt: »Ad personalitatem requiritur ultima solitudo, sive negatio dependentiae actualis et aptitudinalis ad personam alterius naturae« (Ox. III d 1 q 1 n 17: XIV 45 a). Es mag auffällig sein, daß in all diesen Erklärungen von Person geradezu einseitig die innere Selbständigkeit hervorgehoben wird, offenbar um den Menschen als geistiges Wesen vom Tier zu unterscheiden, was in der Aussage von der rationalen Natur ebenso wie dann von der Gottebenbildlichkeit des Menschen angesprochen wird.

c) Die Neuzeit bringt hier manche Erweiterung, die sich jedoch nicht immer als Vertiefung bewährt. Die Renaissance entfaltete zunächst in neuer Weise, was uns schon bei Bonaventura begegnet ist, das Verständnis von Person als eines Würdenamen, das der Mystiker Marquard von Lindau († 1392) in seinem Werk De nobilitate creaturam ebenso wie der Humanist G. Pico della Mirandola († 1494) und G. B. Possevino in ihren Werken über »Die Würde des Menschen« (1565) erörtert haben. Der Mensch erscheint als Inbegriff aller Möglichkeiten, in seiner Freiheit steht es, Tier oder Engel oder Gott zu werden. – Wie schon Thomas von Aquin den Intellekt (nicht die Seele) Form des Leibes genannt hatte, so entwickelte im Anschluß an R. Descartes († 1650) vor allem die englische Aufklärung (G. Berkeley, † 1753) und noch mehr D. Hume († 1776) einen scientifischen oder conscientialistischen Personbegriff: der Mensch ist ein Bündel von Perzeptionen, die ständig in Fluß und Bewegung sind. Nicht mehr ein selbständiges »Ich«, sondern ein unpersönliches »Es« steht in der Mitte dieses gesetzmäßigen Geschehens (vgl. T. Österreicher), und auch die großen deutschen Philosophen sprechen nicht mehr von dem persönlichen Menschen, wenn sie – wie I. Kant († 1804) – die innere Logik des Geistes oder – wie J. G. Fichte († 1814) – das sich selbst und seine Welt schaffende Ich des Menschen oder – wie G. W. F. Hegel († 1831) – den Menschen als Wendepunkt und Zielpunkt für die Entfaltung des Geistes sehen. – Nach Verlust jeder metaphysischen Betrachtung des Menschen war es nicht verwunderlich, daß die Hegelsche Linke den Idealismus des Meisters in einen Materialismus einmünden ließ, in dem der Mensch nur noch eine »Funktion oder ein Reflex seiner Umwelt, vor allem der Wirtschaft« ist, wie es K. Marx und L. Feuerbach entwickelt haben. Was bei letzterem noch in einem Individualismus seine Darstellung fand, wurde – besonders bei M. Bakunin und W. I. Lenin – in einem Kollektivismus weitergeführt. – Die eingeengte biologische Sicht des Menschen, wie sie von F. Nietzsche in der dritten Periode seines Philosophierens (1883–1889) in seiner Lehre vom »Willen zur Macht«, von der menschlichen Rasse und vom »Übermenschen« entwickelt wurde, endete in einem Verständnis des Menschen als Raubtier besonderer Art, so daß H. Vaihinger († 1933) sagen konnte: Die

Menschen sind eine an Größenwahn erkrankte Affenspezies (ähnlich Th. Lessing). L. Klages zieht aus diesem Verständnis vom Menschen in seinem Werk »Der Geist als Widersacher der Seele« (1929–1932) die Folgerungen. Die Rassenlehre des Dritten Reiches hatte hier ihre Wurzel. – Auch die neuere amerikanische Psychologie behandelt das Personsein des Menschen unter dem Thema »Rolle«, die der Mensch jeweils in seiner Welt und Gesellschaft spielt. – Die neuere europäische Psychologie, die eine metaphysische Betrachtung ablehnt, erkennt dennoch an, daß schon die empirischen Faktoren und Beobachtungen (z. B. das Kompensationsbedürfnis oder das Gewissen) das Vorhandensein eines »psychischen Regelkreises« belegen, in dessen Bereich das personale Selbst einen psychologischen Ort hat. Dabei bleibt das Selbst im Bereich des Unterbewußten, während das Ich, im reflexiven Ich-Bewußtsein erfaßt, als eigentliche Grundlage des Entwicklungs- und Entfaltungsprozesses gilt, der sich als »Charakter« oder »Persönlichkeit« ausweist. Vor allem die »humanistische Psychologie« unter Führung von Ch. Bühler sucht so die Erfahrungsdaten in der modernen Psychologie für die Feststellung der personalen Konstitution des Menschlichen systematisch zu sammeln und zu verarbeiten (vgl. Lexikon der Psychologie II, Freiburg i. Br. 1971, 738 f). Rückschauend auf diese Begriffsgeschichte können wir feststellen: zum »Wesen des Personsein« gehören drei Verhaltensweisen dieses Wesens selbst: die *Subsistenz* (das bewußte Bei-sich-sein), die *Eksistenz* (das freie Offensein zu Welt im umfassenden Sinn) und die *Communicatio* (das liebende Sich-schenken und Sich-beschenken-lassen allein personalen Wirklichkeiten gegenüber).

3. *Die vier Urbezüge des Phänomens »Person«*

Demnach ist über das »Personsein« des Menschen als die differentia specifica für das »Lebewesen« Mensch wohl Folgendes festzuhalten:

a) Der ganze Mensch, mit Leib und Seele, ist Person, aber der Grund für sein Personsein ist in seiner Geistseele zu suchen.

b) Die dem Geist eigentümliche Reflexivität und Spontaneität befähigt den Menschen, wie kein anderes Wesen, zu seiner Selbstverwirklichung in Freiheit in Selbsttreue, in Wertoffenheit und in Liebe bis hinein in jene Tiefe, in der der Mensch nicht zur Erhaltung der Art, wie die biologische Welt, sondern zur Erfüllung und Vollendung des eigenen Wesens, im vollen Sich-Verschenken sich findet und im höchsten Selbstverzicht sich gewinnt (Joh 12,24:

»Wenn das Weizenkorn in die Erde fällt und stirbt, bringt es viele Frucht«). Diese Selbstverwirklichung ist jedoch für den Menschen nicht möglich ohne seine Leibhaftigkeit, in der die Innerlichkeit seines geistigen Personseins erst die für das Geschöpf Mensch in dieser Welt eigentümliche geschichtliche Konkretisierung findet.

c) *Das Personsein* des Menschen wird durch *vier Urbezüge* konstituiert, die der Mensch sich bewußt machen und vollziehen kann, obwohl ihre Möglichkeiten schon vor dem Bewußtwerden und dem freien Vollzug stehen, so wie das Kind oder der Geisteskranke, die um diese Urbezüge nicht wissen und sie nicht frei vollziehen, Personen sind, auch wenn sie ihr Personsein nicht zur vollen »Persönlichkeit« entfalten können. Diese vier Urbezüge sind: (1) Die *existentielle Entfaltung* der Ich-Person in Ich-Bewußtsein und Ich-Entfaltung: Das »Selbst« als Zentrum aller menschlichen Erlebnisse und Akte kann nicht direkt erfaßt, sondern nur in der Erfahrung der eigenen inneren und äußeren Akte des Menschen als »Ich« mit-erfahren werden, nicht nur als Ausgangspunkt dieser Akte, sondern auch als ihr Sinnziel, insofern sie nichts vollziehen dürfen, was der Ich-Person im umfassenden Sinn Abbruch tut, und verwirklichen müssen, was den inneren Ordnungen gerecht wird, die sich um dieses Ich im Laufe des Lebens als Gewissensurteile sammeln und klären. Von hier aus wird der Mensch als Person vor allem als sittliches und rechtliches Wesen verstanden, wie etwa bei I. Kant und seinen Nachfolgern. – (2) Die *transzendental-kommunikative Entfaltung* und Vollendung der menschlichen Person durch das bewußte antwortende und verantwortliche Sein der Ich-Person in ihrer Welt: Schon das Kleinkind, und dies wohl im allerintensivsten Sinn, entfaltet, wenn auch noch unreflex, aus dem natürlichen Verlangen des Geistes und gefordert durch eine humane Pädagogik, wie sie der gesunde und unverderbte Sinn der Mutter dem Kinde bieten kann, in seinen ersten erschließenden und erobernden Begegnungen mit seiner Umwelt die Fähigkeiten und Interessen des Geistes nicht nur, sondern ebenso Anlagen und Wünsche des Herzens, die dem Menschen einmal zu einem brauchbaren, wertvollen, ja schöpferischen Glied der Gesellschaft für die Ausgestaltung der Welt zu einer menschlichen Welt verhelfen müssen und können. Schon im kindlichen Spiel und Tun wird deutlich, daß der Mensch nicht wie das Tier nur den äußeren Erscheinungen der Welt und den natürlichen Trieben des eigenen Inneren folgt, sondern vielmehr die äußeren Erscheinungen immer wieder »übersteigend« (transzendierend) zu einem menschlichen Verständnis und zu einer menschlichen Gestaltung seiner Welt, zur Erschaffung einer »menschlichen Welt« (Kultur) befähigt und gerufen ist. Das natürliche Personsein findet in der kulturschöpferischen Persönlichkeit (vgl. Goethes Welt) eine gewisse irdische Erfüllung. – (3) Die *dialogale Selbstvergewisserung* des menschlichen Ich vor dem neuentdeckten mitmenschlichen Du und der Weg zur Neuschöpfung der menschlichen Welt in der »Wir-Gemeinschaft«: Insonderheit die Zeit der geschlechtlichen Reifung führt den Menschen zu einem neuen Ich-Verständnis, indem er im anderen Menschen das Du entdeckt, das seinem Ich in einer einmaligen Weise korrespondiert. Die menschliche Rede, die zwischen Kind und Mutter oder Vater noch in einem nicht reflexiven Verständnis »dialogisch« (nicht bloß sachlich) war, wird zu einem reflexiven dialogisch-personalen Sprechen von Mensch zu Mensch, das nicht mehr durch den gemeinsamen Sachbezug, sondern primär durch die geistige Ich-Du-Bewegung und -Begegnung im Wort der Anrede und der Antwort gekennzeichnet ist (vgl. M. Buber; F. Ebner). Auf dieses neue Menschenbild, aus dem neuen Ich-Du-Verständnis geboren, baut das neue Lebensverständnis in Ehe und Familie und das neue Wertverständnis auf, aus dem neue menschliche Gemeinschaften wie Volk und Nation erstehen und Wirklichkeiten der menschlichen Welt wie Heimat und Vaterland, Zivilisation und Kultur neu verstanden werden. – (4) Die *konszendentale Begründung* der Ich-Person, aber auch der Wir-Gemeinschaft und des Weltverständnisses vor Gott als dem Seins- und Sinngrund aller vom Personsein des Menschen her verstandenen Wirklichkeit: Die Tatsache, daß Person einmalig und unmittelbar, unersetzlich und unverwechselbar ist, stellt die Frage: Vor welcher Wirklichkeit, wie und wodurch läßt sich diese Einmaligkeit des Personseins des Menschen im phänomenalen Sein in dieser Welt finden und verstehen? Augustinus hat in seinem Frühwerk (verfaßt um 390) De vera religione (39, 72): PL 34, 154) von der Illuminationslehre her, Nikolaus von Cues († 1464) hat auf dem Boden seiner neuplatonischen Seinslehre und seiner platonischen Ideenlehre die Antwort auf diese Frage versucht. Wir werden sagen müssen: die zwei Schritte, die Augustinus als Weg zu einer Antwort auf die obige Frage vorlegt, das »redi in teipsum« und das »transcende teipsum«, führen den Menschen in jene Richtung, in der er als Gegenüber zu dem Geheimnis des »Selbst« in seinem eigenen Ich ein »Du« erwartet und sucht, das als »unum totum incommunicabile« ein Du für alle Ich, mit denen der Mensch als Mensch in Gemeinschaft treten kann, also für alle

Menschen, ein einmaliges, »absolutes Du« ist. Gegenüber dem sachbezogenen transzendierenden Denken nach außen sei dieses transzendierende Denken nach innen »konszendental« genannt. Es setzt ja auch die erkannte Wirklichkeit nicht, wie das transzendentale Denken nach außen, in einen objektiven Raum hinein, sondern erstrebt vielmehr, die Objekt-Subjekt-Spannung im Personverständnis aufhebend, eine Gemeinschaft mit dem gesuchten Du, wie sie nur zwischen unmitteilbaren Personen möglich ist, wie sie aber auch nach dem Vorbild der ehelichen Liebesgemeinschaft höchste Selbsterfüllung in letzter Selbsthingabe und höchste Fruchtbarkeit als Gnade meint und erwartet. – Dieses hier vorgestellte »konszendentale Verhältnis« des Menschen als Ebenbild Gottes zu Gott, seinem Urbild, ist also für die Natur des Menschen nur eine Möglichkeit (erste Ebene), die erst im personalen Selbstvollzug als geistiger Frage des Menschen und in der Antwort Gottes als Gnadengeschenk, in dem er sich selbst anzeigt und offenbart, zu einer Wirklichkeit wird (zweite Ebene), die ihrerseits wiederum erst durch eine eigene mystische Gnade für den Menschen auch noch innerlich erfahrbare Wirklichkeit werden kann (dritte Ebene). – Die Rede von der »transzendentalen Anthropologie« bei K. Rahner, in der dieses Gott-Mensch-Verhältnis schon auf der ersten Ebene wie eine konkrete Wirklichkeit für den personalen Menschen, in der Sprechweise der Hegelschen Logik oder Ontologie, erscheint, wird der hier aufgezeigten theologischen Mehrschichtigkeit dieses Verhältnisses nicht gerecht, vermag Natur und Gnade ebenso wie Sein und Existenz nicht genügend zu unterscheiden und verfehlt durch seine idealistisch-naturalistische Sprechweise den Forderungs- und Gnadencharakter der christlichen Existenz und der christlichen Botschaft, wie mir scheint. – Der Weg vom Personsein zur »Persönlichkeit« wird in den folgenden Betrachtungen sichtbar werden.

§ 32 Das christliche Bild vom Menschen und die Existenzphilosophie (Personalismus)

I. M. Bochenski, Europäische Philosophie der Gegenwart, Bern 1947, 159–201 (behandelt M. Heidegger, J. P. Sartre, G. Marcel, K. Jaspers). – Umfassender positiver Bericht: Revue de sc. rel. et théol. 35 (1951) 61–104. – F. Heinemann, Existenzphilosophie, lebendig oder tot? (UB 10), Stuttgart [2]1954 (behandelt außer den obigen: S. Kierkegaard und N. Berdjajew). – Ders., Jenseits des Existenzialismus (UB 24), Stuttgart 1957. – H. Knittermeyer, Die

Philosophie der Existenz. Von der Renaissance bis zur Gegenwart, Wien 1952. – M. MÜLLER, Existenzphilosophie im geistigen Leben der Gegenwart, Heidelberg ³1964. – L. GABRIEL, Existenzphilosophie, Wien 1950 (behandelt dazu A. Camus und P. Wust). – Gegen die Existenzphilosophie nehmen Stellung: Enz. Humani generis, 1950; J. LENZ, Der moderne deutsche und französische Existentialismus, Trier 1951; DERS., Krise der Freiheit, Regensburg 1958. – J. HOMMES, Zwiespältiges Dasein, Freiburg i. Br. 1953. – K. REIDEMEISTER (ev.), Die Unsachlichkeit der Existenzphilosophie, Berlin 1954, Berlin ²1970 – H. KUHN, Begegnung mit dem Nichts, Tübingen 1950. – K. LÖWITH, Heidegger. Denker in dürftiger Zeit, Frankfurt/M. 1953, Göttingen ³1965.

Was unter dem Titel »Existenzphilosophie« angesprochen werden soll, hat eine lange und große Geschichte, die hier nicht vorgestellt werden kann (vgl. dazu die Werke von I. Gabriel und H. Knittermeyer), darf jedoch auch nicht übergangen werden, wenn von den geistigen Grundlagen der christlichen Anthropologie, so wie sie in den letzten fünfzig Jahren besonders sichtbar geworden sind, geredet werden muß. Ohne sie wird unsere heutige christliche Antwort auf die Frage nach dem Menschen nicht verständlich.

1. *Der Ausgangspunkt:* Legen wir das in § 23 entworfene Bild von der Wesensstruktur des Menschen zugrunde, so läßt sich als Ausgangspunkt für das Verständnis dessen, was in der Existenzphilosophie angebrochen ist, schlicht sagen: Der Mensch hat die drei natürlichen und wesensnotwendigen Grundbeziehungen zu sich, zu Gott und zu seiner Welt in Unordnung gebracht oder verloren und versucht in seiner gottlosen, säkularisierten und technisierten Umwelt sich und seine notwendigen Beziehungen zur wirklichen Welt in sich, außer sich und über sich wieder zu finden oder eigenwillige zu bauen. Das ist das Unternehmen der Existenzphilosophie. Die Schlagworte »Entgottung«, »Säkularisierung der Welt«, »Selbstentfremdung des Menschen« mögen die geistige Situation des Menschen unserer Zeit signalisieren. – Der Mensch der abendländischen Kultur (vgl. dazu H. Rahner, Abendland. Reden und Aufsätze, Freiburg i. Br. 1966; E. Przywara, Logos, Düsseldorf 1964) hat im Zuge seiner geistigen Entwicklung mit den irrigen Elementen seiner antiken und mittelalterlichen Weltsicht auch die damit verknüpfte sachlich richtige und notwendige, aber falsch begründete Wirklichkeitssicht großenteils verloren: Kopernikus und Kepler lehrten den Menschen der Neuzeit, daß seine Welt nicht der Mittelpunkt der Welt ist und durch Newtons Erkenntnisse der Natur-

gesetze wurde Natur, die bisher Gottes Schöpfung war, eine neutrale Größe: dadurch verlor der Mensch seine *»kosmische Heimat«*. In der Aufklärung, und besonders in ihrer geschichtlichen Vollstreckung in der Französischen Revolution, verlor der Mensch seine *»politische Heimat«:* Macht und Autorität als Ordnungsprinzipien seiner politischen Welt gingen verloren. Durch J. J. Rousseau und noch mehr durch die Vollstreckung seiner Ideen im sozialen Raum bei P. J. Proudhon und K. Marx verlor der Mensch seine *»gesellschaftliche Heimat«:* der auf lebendige Gesellschaft verwiesene Mensch (animal sociale) stand nunmehr zwischen Individualismus, Klassendenken und Massenmenschentum. Die Entwicklung der Technik ließ die Maschine und die durch sie bestimmte Wirtschaft und Gesellschaft immer mehr zum Herrn des Menschen werden: so verlor der Mensch seine *»Heimat in seinem eigenen Kulturwerk«*. Idealismus und Materialismus als Endresultat der Aufklärung verstellten ihm den Zugang zum »Absoluten« und damit zu seiner notwendigen *»Heimat im Absoluten«*, seiner Offenheit zum lebendigen Gott des Glaubens. Aus dieser umfassenden Heimatlosigkeit, Einsamkeit und Selbstentfremdung oder Sinnlosigkeit seines Lebens heraus hat sich der Mensch aufgemacht, eine neue Heimat zu suchen. Das ist der Sinn des geistigen Aufbruches der Existenzphilosophie, auch dort, wo sie falsche Wege einschlägt. Suche nach Sein in einer seinsvergessenen Welt, Suche nach Sinn in einer nihilistischen Welt, Suche nach Geist in einer ungeistigen Welt, Suche nach dem Humanen in einer unmenschlichen Welt, Suche nach Gott in einer gottlosen Welt (vgl. F. Heinemann, Jenseits des Existentialismus. Studien zum Gestaltwandel der gegenwärtigen Philosophie, Stuttgart 1957), Suche durch neue Tat, durch neue Erkenntnis, durch neue Innerlichkeit, neue Empfänglichkeit und neue Antwortbereitschaft, das ist es, was die geistige Welt des Abendlandes in der Moderne bestimmt. Dabei haben vielfach nichtchristliche Kreise das Stigma der Zeit zuerst zu artikulieren und zu beantworten gesucht, bis auch die christliche Philosophie und die Kirche auf die neuen Fragen die neue christliche Antwort zu geben sich mühten.

2. *Die Quellen:* Vom umfassenden Menschenbild ausgehend, das den Menschen in seiner totalen äußeren und inneren Welt begreifen möchte, bleiben die Grundfragen des Menschen als Menschen immer dieselben (philosophia perennis); von der Tatsache her aber, daß im Bewußtsein des Menschen die drei Ordnungen auf

die Welt, auf das Selbst und auf Gott hin von radikal verschiedener Gestalt sind, wandeln sich für den Menschen, der immer in Teilbereiche flüchten muß, wenn er Wahrheit und Tiefe finden will, die Fragen ständig: jede Zeit hat ihre eigenen Fragen und Antworten (Philosophie im Wandel; vgl. W. Schulz, Philosophie in der veränderten Welt, Pfullingen 1972). – So ist zu verstehen, daß auch die große Philosophie in der Antike vielfach nur vom umfassenden Weltverständnis, vom Kosmos her, das christliche MA aufgrund der Offenbarung von Gott dem Schöpfer her und die Neuzeit aus Renaissance, Humanismus und Aufklärung heraus primär vom Menschen her ihre grundlegenden Fragen zu lösen versucht haben. – So ist ebenfalls zu verstehen, daß auch die Existenzphilosophie trotz des gemeinsamen Grundanliegens bei ihren großen Vertretern doch recht verschiedene Fragen und Antworten vorgelegt hat. Das für die theologische Anthropologie Wichtige kommt in den Blick, wenn wir die Fragen und Antworten der Hauptvertreter dieser Philosophie zu den Themen »Verhältnis des Menschen zu seiner Welt, zu sich selbst und zu Gott« betrachten. Dabei seien nur genannt: M. Heidegger (geb. 1889) mit seinem Hauptwerk »Sein und Zeit« (1927), K. Jaspers (†1969) mit seiner dreibändigen »Philosophie« (Weltorientierung, Existenzerhellung, Metaphysik: 1932), G. Marcel († 1973) mit seinem »Metaphysischen Tagebuch« (1913–1927), seinem »Homo viator« (1945) und seinem »Geheimnis des Seins« (1952) und »Sein und Haben« (1935) sowie J. P. Sartre (geb. 1905) mit seinem Versuch einer phänomenologischen Ontologie in »Das Sein und das Nichts« (1943). Ein kurzer Hinweis auf unsere christliche Antwort auf dieselben Fragen (mit Verweis auf P. Wust, † 1940, und seine Werke »Die Dialektik des Geistes« [1922] und »Ungewißheit und Wagnis« [1937]) mag jeweils das gemeinsame Anliegen, aber auch die Verschiedenheit im Weltbild und damit in der Antwort auf die vorgelegten Fragen deutlich machen. Erweisen sich auch die Antworten der Existenzphilosophie manchmal als unbrauchbar, so kann doch nicht übersehen werden, daß sie in der Fragestellung den tatsächlichen Geist der Zeit eingefangen und so auch die christliche Besinnung befruchtet hat.

3. *Die Antworten:* a) *Wie steht der Mensch in und vor und zu seiner Welt?* Gemeinsam ist aller Existenzphilosophie, die sich gegen Idealismus und Positivismus stellt, die Frage nach dem Sein, wie es sich für das innere Erfahren, Erleben und Tun des Menschen

erschließt, nicht wie es im transzendentalen Denken als Sein an sich und in sich in vorkantischer Philosophie (etwa im Thomismus) erfaßt wurde. Dabei erstrebt HEIDEGGER eine Ontologie im aristotelischen Sinn, ähnlich wie nach ihm Sartre, auch wenn eben wegen des nihilistischen Grundes in ihrer Seinsvorstellung (besonders bei Sartre, bei Heidegger seit seinem »Humanismusbrief« 1947, positiv überschritten) die Fundamentalontologie Heideggers ebensowenig wie das »Sein an sich« bei Sartre das Sein selbst (im scholastischen Sinn) erreichen. Heidegger legt demgemäß das menschliche »Existieren« als das je meinige, als das »mein in-der-Welt-Sein« aus, wobei die Weltdinge für den Menschen als homo faber einfach »Zeug« sind, das mir »zuhanden ist«. Ich bin Herr meiner Welt, die keinen Eigenwert besitzt. Die Sorge ist das Sein des Daseins. Das Sein des Daseins (als Gestalt der menschlichen Existenz) ist Sein zum Tode. Der Sinn der Sorge und damit des Daseins ist die Zeitlichkeit. Das Schuldigsein gehört als nichtender Grund zur Nichtigkeit des Daseins. Der Ernst dieser negativen Seinsvorstellung wird deutlich in der Aussage Heideggers »Das Nichts nichtet«. Die eigenwillige, manchmal verspielte Sprache gehört jeweils zu dieser Philosophie, da ihr Inhalt ohne sie meist nicht angebbar bleibt. Es sei jedoch angemerkt, daß wenigstens seit dem »Brief über den Humanismus« (1947) oft positive Aussagen über das »Sein des Seienden«, in dem der Mensch aufgehoben sein kann, wenn er es erreicht, bei Heidegger zu finden sind. – Düsterer und negativer erscheint das Weltverhältnis des Menschen bei J. P. SARTRE (besonders deutlich in seinen zahlreichen Dramen), der sonst weitgehend vom frühen Heidegger herkommt. Das »für sich Seiende« ist bei ihm das »Dasein« Heideggers und das »an sich Seiende« ist eine »Entrückung des Seins«, im Grunde ein reines Nichts. Auch das »Für-sich-Sein« als ein »Mitdasein« ist als selbstschöpferischer Entwurf unbegründet und nichtet. Wenn Heidegger in der Angst angesichts des Seins zum Tode die Zukunft als tragische Möglichkeit mit einem manchmal an Nietzsches »heroisches Existenzverständnis« anklingenden Mut angeht, kennt Sartre angesichts dieser Weltsituation nur den »Ekel«, den er zum Inhalt einer (selbstbiographischen) Erzählung gemacht hat (1938). Gegenüber Heidegger scheint Sartres Denken trotz seiner Abkehr vom Kommunismus (vor allem seit der Ungarnkrise 1956) materialistisch zu sein, auch in seinem »Freiheitsverständnis«, das er in die Worte faßt: »Die Freiheit ist das Nichts, das im Herzen des Menschen zu einem Gewesenen geworden ist und die menschliche Realität zwingt, sich zu machen, anstatt zu sein« (Das Sein und das Nichts, Hamburg 1952, 561). – Trotz des anderen Standortes, von dem aus K. Jaspers in der Welt Dasein (als gegenständliches), Fürsichsein (als Existenz) und Ansichsein (als Transzendenz) und die Wirklichkeitssphären Materie, Leben, Seele und Geist kennt, bleibt auch sein Denken ganz im Bereich der Sein verneinenden Existenzbetrachtung, auch wenn hier Existenz nicht eingeengt auf das Fürsichsein erscheint, sondern sich vielmehr im ewigen »Scheitern« des Fürsichseins vor sich selbst und vor dem in den Wissenschaften erfaßten Daseienden und dem im allseitigen Transzendieren gesuchten Sein-an-sich als geschichtlicher Prozeß setzt. »Existenz ist, was nie Objekt wird, Ursprung, aus dem ich denke und handle, worüber ich spreche in Gedankengängen, die nichts erkennen; Existenz ist, was sich zu sich selbst und darin zu seiner Transzendenz verhält.« Existenz ist in diesem Sinne »Freiheit«, die sich im philosophischen wie im religiösen Glauben verobjektiviert. Die Wirklichkeit an sich ist für Jaspers als ursprünglichem Schüler Kants immer unzugänglich, unser Erkennen ist nur ein Versuch eines Lesens einer »Chiffreschrift«. Die positive Sicht der Welt kommt bei Jaspers vor allem in seiner Lehre von der Kommunikation zum Ausdruck, von der unten zu reden ist. – G. Marcel (geb. 1889, † 1973), aufgewachsen in einem agnostischen Milieu, wird seit seiner Taufe 1929 zum Begründer eines Versuches eines christlichen Existentialismus. Sein Grundanliegen ist die Überwindung aller Dualitäten und Gegensätze nicht durch einen falschen Monismus (wie im Positivismus oder Idealismus), sondern vielmehr in einem nie endenden Existenzvollzug, der nicht nur Selbstsetzung, sondern ebenso Empfangen kennt, wie er vor allem in seiner Schrift »Sein und Haben« entwickelt. Hier stellt er dem »besitzenden Haben« von Gegenständen das »implizierende Haben« von menschlichen Eigenschaften entgegen, in dem der Gegensatz von Äußerlichkeit und Innerlichkeit im Vollzug des eigenen Seins überwunden wird. Den Gegensatz zwischen Welt und Mensch, meinem Ich und meiner Außenwelt sucht er durch die Einführung des Begriffes »Mysterium« (im Gegensatz zum »Problem«) zu überwinden. Das Problem ist etwas, was vor mir steht, dem ich begegne; das Mysterium hingegen ist zugleich vor mir und in mir, in das Mysterium bin ich selbst einbezogen. Das Philosophieren besteht darum in der »seelischen Sammlung«, die nicht den Dingen gegenübersteht und sie ansieht, sondern vielmehr sie innerlich aufnimmt und wieder herstellt und so an ihnen teilhat. In seinem »Sich-einsetzen« und seiner »Treue« schafft der Mensch sich selbst. Glaube und Verpflichtung sind von der Hoffnung getragen. Sie besteht in der Verfügbarkeit einer Seele, die eine Gemeinschaftserfahrung tief genug erlebt, um die den Gegensatz von Wollen und Erkennen transzendierende Tat zu vollbringen, für die Hoffnung zugleich Gewähr und Voraussetzung ist. Der existentialistische Ansatz zeigt sich vor allem in seiner Theorie vom »Du«, das nie ein »Es« werden kann, weil es immer Freiheit mit Antwortfähigkeit auf einen Anruf darstellt. Wenn ich das Du dennoch zum Objekt, zu einem Es mache: das absolute Du, Gott, jedenfalls läßt sich nicht verobjektivieren. Darum gibt es keine rationale, sondern nur eine negative Theologie. – Stellen wir abschließend diesen Aussagen die traditionelle Weltbetrachtung unseres *christlichen Glaubens* gegenüber, so müssen wir wohl sagen: Als Schöpfung Gottes und Offenbarung seiner Allmacht, Weisheit und Liebe ist die Welt als Geschenk Gottes je immer neue Aufgabe für den Menschen (für jeden Menschen) und Mittel zur Verherrlichung Gottes und dadurch zur Selbstverwirklichung des Menschen selbst. Das Werk des Menschen erweist sich als Durchführung des Schöpfungsplanes Gottes und Hinführung der durch die eigene Sünde verderbten Natur zur von Gott geschenkten Verklärung in einem neuen Himmel und einer neuen Erde durch das »Offenbarwerden der Kinder Gottes« (Röm 8,21). – So bedeutsam der Unterschied zwischen der christlichen und der existenzphilosophischen Antwort hier erscheint, ein Unterschied, der die Verurteilung der Existenzphilosophie durch die Enzyklika Humani generis 1950 begründen könnte, so müssen wir nach der Selbstbesinnung der Theologie nach dem 2. Vatikanischen Konzil heute doch wohl sagen: Der sittliche Ernst, der im Ansatz der existenzphilosophischen Aussage, besonders bei G. Marcel, aber auch bei P. Wust († 1940) wie auch bei A. Camus († 1960) erscheint, wird für die christliche Weltverantwortung, wie sie in dem letzten Dekret des 2. Vatikanischen Konzils, der Konstitution »Die Kirche in der Welt von heute« (Gaudium et spes), nach eingehender Darlegung der »Zeichen der Zeit« entwickelt worden ist, von einer Bedeutung sein, die auch gegenüber den marxistischen Weltverbesserungswünschen unserer Zeit in neuem Licht erscheint. Die Aussage der Existenzphilosophie kann das christliche Verständnis des menschlichen Weltverhältnisses nicht ersetzen; sie muß und kann es aber wesenhaft als anthropologische Aufgabe vorstellen und deutlich machen. – Wenden wir uns nun noch kurz den beiden anderen Fragen zu.

b) *Wie steht der Mensch zum Menschen selbst?:* Eben bei dieser Frage wird die »grandeur« und »misère« der Existenzphilosophie noch deutlicher. In konsequenter Weiterführung des kritischen Ansatzes der Philosophie Kants wird der Mensch als das Wesen gesehen, das nicht, wie der Positivismus behauptet, seine Welt schlechthin vorfindet, der darum auch nur eine positive Wirklichkeit behaupten kann, aber ebensowenig als das Wesen, das etwa selbst der geschichtliche Ort wäre, an dem im Geiste etwa von Hegels Idealismus der absolute Geist zu sich selber kommt, in dem Subjektivität und Objektivität, damit Freiheit und Notwendigkeit ihre Identität finden und besitzen. Der Mensch wird vielmehr in seinem Ek-sistieren der Grund und das Maß für das Dasein seiner Welt, die Welt wird dadurch erst zu einer menschlichen Welt. So sehr, wie in jeder Philosophie, auch in der Existenzphilosophie von Sein und Wahrheit, von Wirklichkeit und Transzendenz gesprochen wird, alle diese Gegenstände philosophischer Besinnung werden von der Existenz, der besonderen Daseinsweise des Menschen her angegangen, so daß der Mensch nicht mehr hinreichend als Teil der Welt, sondern vielmehr als Grund der Welt gesehen wird. Ganz besonders wirkt sich das in der Wertung des anderen als Mitmenschen und der menschlichen Gemeinschaft oft negativ aus. Schon Kierkegaard kennt den Menschen nur als Einzelnen. Das führt zu einer Angst vor dem anderen, der mehr Hindernis als Hilfe auf meinem Weg zu Gott ist, dessen Vorsehung nur dem Einzelnen unmittelbar und allein gilt. – Bei Heidegger begegnet der Mitmensch als »der Andere« nur »aus der Welt her, in der das besorgende, umsichtige Dasein sich wesenhaft aufhält« (Sein und Zeit, 119). Dabei erscheint der Andere als Gegenstand der »Fürsorge«, die freiwillig im Alltag meist nur in der defizienten Gestalt als »Wider-, ohne-einander, aneinander Vorbeigehen, einander nichts Angehen« (ebd., 121) erscheint. Daneben freilich hebt er ausdrücklich die »anspringend beherrschende« und die »vorspringend befreiende« Fürsorge als Ausdruck der »eigentlichen Verbundenheit mit dem anderen« hervor (ebd., 122). »Das Sich-Kennen gründet in dem ursprünglich verstehenden Mitsein« (ebd., 124). Im Alltag freilich ist das Selbstsein und das Mansein die eigentliche defiziente Existenzweise des Menschen. Der Mensch als Eigenperson, ohne seinen Weltbezug, kommt nicht mehr in Sicht. Noch negativer ist das Verständnis des Mitmenschen und der menschlichen Gemeinschaft bei Sartre. Hier ist der Einzelne in seiner absoluten solipsistischen Freiheit allein gelassen, und der andere hat nur noch den Wert, dieser meiner eigenen Existenz zu dienen, oder er ist ein verachtetes oder gehaßtes Hindernis für dieses mein Selbstwerden. In seinem Drama »Bei geschlossenen Türen« schildert er demgemäß menschliches Zusammensein als »Hölle«. In seinem Werk »Das Sein und das Nichts« zeigt er den anderen als »Leib in Situation«, und kennt er auch wie Heidegger eine beherrschende und befreiende Fürsorge, so gehen doch all diese Betrachtungen aus von der Feststellung: »Der Konflikt ist der ursprüngliche Sinn des Für-Andere-Seins« (467), und so sind Gleichgültigkeit, Begierde, Haß und Sadismus die zweite Grundhaltung gegenüber anderen und das »Wir« ist für ihn primär zugänglich nur im Sinne des »Man« bei Heidegger; es macht die Menschen entweder zu einer Summe von Subjekten oder zu einer Summe von Objekten. Erst die Bedeutung des zu bearbeitenden Gegenstandes verweist ein Arbeitskollektiv auf sein »Wir«. Klasse und Masse bilden als Wir eine Form der Liebe aus, für die der Einzelne seine Freiheit opfern muß, in der er allerdings dann vor Angst außerhalb des Wir geschützt bleibt. Die verschiedenen Wege zur Vermassung des Menschen haben sein besonderes Interesse (ebd. 530–548). – Weit mehr und weit positiveres Interesse hat der Arzt und Psychiater JASPERS an der Analyse echter menschlicher Gemeinschaft, und er leistet sie unter dem Thema: »Kommunikation als Prozeß«. »Kommunikation, d. i. das Leben mit den Anderen, wie es im Dasein auf mannigfaltige Weise vollzogen wird, ist in Gemeinschaftsbeziehungen da, die zu beobachten, in ihren Besonderheiten zu unterscheiden, in ihren Motiven und Wirkungen durchsichtig zu machen sind« (Philosophie II, 51). Ähnlich wie schon Kierkegaard (vgl. H. Diem, Die Existenzdialektik von S. Kierkegaard, Zollikon/Zürich 1950, 8–13) sieht er in der communicatio die Voraussetzung dafür, die idealistische Seinsdialektik Hegels durch eine existentielle, dialogische Dialektik wieder zu lösen und so den Weg zum Erfassen der immer wachsenden menschlichen Welt als Wahrheit und Wirklichkeit frei zu machen. Dennoch stellt auch er mehr die Schwierigkeiten und Gefährdungen philosophischer und ideeller Kommunikation heraus (II 50–118). – Am positivsten entwickelt G. MARCEL das Verhalten des Menschen zum Menschen in christlich geprägter Sensitivität. In Auseinandersetzung mit Descartes' »Cogito ergo sum« erklärt er das »Selbstbewußtsein« für subexistent und sagt: »Es existiert nur dann, wenn es sich selbst als für andere seiend auffaßt, nur in Bezug auf einen anderen; es existiert also nur in dem Maße, in dem es erkennt, daß es sich seinem eigenen Fassungsvermögen entzieht« (Sein und Haben, Paderborn ²1968, 113). »Es ist vielleicht mein Wesen, das nicht sein zu können, was ich bin; oder einfacher: mich verraten zu können ... Wenn ich den anderen ... als ein Du (nicht als ein Er) behandle, behandle und fasse ich ihn als Freiheit ..., weil er auch Freiheit ist, und nicht Natur« (ebd. 115: ähnlich der befreiend vorspringenden Fürsorge bei Heidegger). Das Geheimnis der Liebe wird durch das Geheimnis der »Teilhabe« erklärt, die Ununterschiedenheit, Austauschbarkeit, Verfügbarkeit, Gemeinschaft in Treue begründet oder ist. »Wenn der andere für mich ein Du wird, ist es mir unmöglich, mich auf mich selbst zurückzuziehen; folglich entfalte ich mich; wenn ich aufhöre, mich zusammenzuziehen, höre ich auf, mich zu deformieren«. In seinem Drama »Quartett in fis« sucht er diese Frage ebenso wie in »Sein und Haben« zu entwickeln. Darauf bauen wieder seine Gedanken über die »Philosophie der Hoffnung«, die wir oben angedeutet haben (vgl. V. Berning, Das Wagnis der Treue. G. Marcels Weg zu einer konkreten Philosophie des Schöpferischen, Freiburg i. Br. 1973). – Stellen wir diesen Überlegungen wieder die traditionelle *christliche Aussage* gegenüber: Hier ist der andere immer, je bedürftiger, um so mehr, der Nächste für mich (Lk 10,36 ff), als Ebenbild und Kind Gottes wie ich, und so geliebte Wirklichkeit nicht nur vor meiner Existenz, sondern vor Gott, unserem gemeinsamen Vater. Diese Nächstenliebe ist aber mehr denn Aufgabe, eine Gnade. Der Nächste ist der Ort, wo ich Gott konkret lieben und dienen kann und muß. Darum ist die Nächstenliebe der Gottesliebe gleich (Mt 22,39). So wird christliche Grundhaltung als ganze zum »Sakrament des Bruders« (H. U. von Balthasar). Die im menschlichen Erfahren begründete Ich-Du-Gemeinschaft der Menschen wird vor Gott, dem gemeinsamen Schöpfer, Herrn und Vater zur Wir-Gemeinschaft und noch tiefer durch die Gemeinschaft in Sünde und Erlösung durch, mit und in Christus Lebensgemeinschaft in der Kirche, dem »Leib Christi« (vgl. 1 Kor 12,12 f). Ja, das Geheimnis des innertrinitarischen Lebens zwischen Vater, Sohn und Geist ist zum Zielbild der menschlichen Gemeinschaft als einer Gemeinschaft des Erkennens und des Liebens hingestellt worden (vgl. R. Guardini). – So sehr sich dieses christliche Bild über das in der Existenzphilosophie Gesagte erhebt, so wird gerade hier deutlich, wie leicht das christliche Bild selbst zu einer Ideologie für uns Menschen werden kann, wenn nicht der Ernst der Wirklichkeit der Welterfahrung, wie er als harte Aufgabe in der Existenzphilosophie entwickelt wird, immer wieder als Korrektur und Hilfe beigezogen wird. Verfehlt die Existenzphilosophie die nur im Glauben erfaßbare Wirklichkeit des Übernatürlichen, so kann in der Sprechweise der Theologie das Übernatürliche allzuleicht ideologisch als natürliche Selbstverständlichkeit und Notwendigkeit erscheinen.

c) Wenden wir noch einen Blick auf die letzte Frage: *Wie ist das Verhältnis des Menschen zum Absoluten, zu Gott gesehen?* Eben in dieser Frage weist die Existenzphilosophie auf die Notwendigkeit einer »negativen Theologie« hin, wie sie in der westlichen Kirche zumal seit der Mystik des 14. und 15. Jahrhunderts, nicht zuletzt in aller antireformatorischen Theologie fast vergessen erscheint. – Schon Kierkegaard hat in seinen »Philosophischen Brocken«, 1844, in Auseinandersetzung mit Hegel und Lessing auf seine Grundfrage »Wie kann der auf das Ewige gerichtete christliche Glaube an einen historischen Ausgangspunkt geknüpft werden?« unter Zuhilfenahme der sokratischen Ironie geantwortet, daß das absolute Paradox Christus, der Gott-Mensch, für die Zeitgenossen ebenso wie für alle späteren nur in der leidenschaftlichen Innerlichkeit des Glaubens, also in der existentiellen Dialektik, nie in einem begründeten System erfaßt werden kann. »Subjektivität ist die Wahrheit.« Die göttliche Urheberschaft (durch die Offenbarung) wie die menschliche Freiheit (durch den Glauben) müssen in dieser Innerlichkeit der Subjektivität (des Glaubens) gerettet werden, und sie können nur gerettet werden, wenn die objektive Ungewißheit in dieser subjektiven Gewißheit immer festgehalten wird. Gott ist »die reine Subjektivität, ist eitel rein Subjektivität, hat nicht die Spur objektiven Seins in sich; denn alles, was eine derartige Objektivität hat, gehört zu den relativen Dingen« (Tagebuchaufzeichnung 1854). Man wird hier an Pascals »Gedanken« über Gott erinnert. – Dort, wo nicht aus dem Glauben, sondern bewußt ohne den Glauben philosophiert wird, muß dieses sokratische »Nichtwissen« auch die Aussage über Gott betreffen. Am deutlichsten ist dies bei Sartre sichtbar, für den allein der Mensch als »einzelner«, die Existenz des Menschen als »Freiheit«, absolut, etwas Absolutes ist. Außer der menschlichen Existenz gibt es nur Zufälliges, faktisch Positives. So wird für Sartre die Grundhaltung seines Philosophierens ein positiver Atheismus, der keine Fenster der Seele zum Göttlichen offen läßt. Wenn Marcel in »Sein und Haben« die »Wirklichkeit als Geschenk« bestimmt, so stellt Sartre in seinem »Sein und Machen« (Das Sein und das Nichts IV 1) die menschliche Existenz als absolute Freiheit gegen jede Gnadenmöglichkeit hin. Sein Existentialismus führt darum zu einem nihilistischen Lebensziel, in dem Freitod und Ekel am Leben dominieren (besonders in seinen Dramen). Seit 1954, wie er in »Die Wörter« (S. 191–194) bekennt, bedeutet ihm freilich auch der Atheismus nichts mehr; er kommt sich vor wie »ein Reisender ohne Fahrkarte, der mit dem Schaffner (Gott) in einem Wagen sitzen und eine Entschuldigung suchen möchte«. – Anders ist die Grundhaltung bei HEIDEGGER, in dessen System Gott methodisch zwar keinen Platz hat, der jedoch für die Gottesfrage Offenheit läßt und sie wenigstens seit dem Brief über den Humanismus mit der Frage nach dem »Heiligen« immer wieder neu angeht. Entschieden nimmt er darum von Anfang an gegen die Theologie, die er einst selbst gründlich studiert hat, Stellung, weil ihre Begrifflichkeit »für die theologische Problematik nicht nur nicht zureicht, sondern sie verdeckt und verzerrt« (Sein und Zeit, 10). Besonders die Schöpferidee, die die Ursache des Seienden und das absolute Sein als Grund alles Seienden in Gott selbst vorsieht, weist er immer wieder entschieden zurück, weil damit seine existentialistische Seinsidee ad absurdum geführt wäre. Besonders das Personsein Gottes ist in diesem System unannehmbar. Vom Verhängnis der menschlichen Schuld her stellt er jedoch, etwa in seinen »Holzwegen«, immer erneut die Frage nach Gott, besonders auch im Anschluß an Gedanken Hölderlins. Inhalt gewinnt freilich die Gottesvorstellung bei ihm bisher nirgendwo. – Auch MARCEL findet nur zu einer negativen Theologie, weil Gott *die* Wirklichkeit ist, die immer Du ist, die absolut nicht als Es behandelt werden kann. Sie ist der menschlichen Existenz als absolute Gegenwart nur in der Anbetung gegeben, wie die Unsterblichkeit in der »Gegenwart« des Gestorbenen, nicht etwa in einem objektiven Seinsverständnis als absolutes, höchstes Sein. Doch die Gotteswirklichkeit hat in diesem Denksystem als absolute Personalität ihren festen Platz. – Stellen wir dem wieder die traditionelle *christliche Aussage* gegenüber. Sie ist grundgelegt in den Schriften des AT und NT, in denen die Gotteserfahrung der Menschen uns begegnet, durch die sich Gott in der Geschichte der Menschheit offenbaren wollte als der Herr der Geschichte (Israels), als der Schöpfer des Alls, dem Anbetung, Lob und Dank gebührt, als der Retter Gott für Israel, der Gott, der Wunder tut (Ps 72,18) und Tote erweckt (Röm 4,17), auf den Israel und jeder Gläubige unbedingt vertrauen darf. Gott, der Israel schon zu seinem Sohn erwählt hatte, wird im NT in der Botschaft Jesu, »des eingeborenen Sohnes Gottes« (Joh 3,18), zum Vater aller Menschen und jedes Einzelnen durch seine »Liebe«, seine vorsorgende (Mt 6,25–34) und seine verzeihende (Lk 15,11–32) Liebe, der in seinem Vaterhaus (Reich Gottes) alle Menschen erwartet, die er nach seinem Bild und Gleichnis geschaffen (Gen 1,26) und vor Grundlegung der Welt erwählt, zur Seligkeit in seinem Reich vorhererwählt und berufen hat (Eph 1,3–12). – Was hier in der Schriftoffenbarung in existentiellem Glauben ausgesagt wurde, ist, das müssen wir gestehen, in der Geschichte der Theologie durch das Eindringen der griechischen Philosophie, besonders des Neuplatonismus und des Stoizismus in der Väterzeit und des Aristotelismus im Mittelalter, oft stark zu einer verobjektivierenden Aussage gestaltet worden, die der existentiellen Rede der Schrift nicht mehr genügend Rechnung trägt. Dadurch ist auch immer wieder der Weg für eine theologische Sprechweise eröffnet worden, die idealistisch (vielleicht sogar ideologisch) zu nennen ist und gegen die sich alle mystischen Richtungen, oft in einer nominalistisch erscheinenden Ausdrucksweise gewendet haben. P. Wust hat in seinem Werk »Ungewißheit und Wagnis« in Auslegung des Gleichnisses vom verlorenen Sohn (Lk 15,11–32) den existentiellen Grundcharakter der insecuritas humana auch des Christen, des Daseins in statu viae, des Lebens aus der Gnade, die immer angeboten, aber nie verfügbar ist, gezeigt. G. Marcel und J. P. Sartre, die den Menschen von seiner Leibhaftigkeit in dieser Welt her angehen, und M. Heidegger, der das Sein des Menschen als »Sein in der Welt« entwickelt, können uns auf die »Ideologiegefahr« in unserem christlichen Selbstverständnis und in unserer christlichen Selbstdarstellung hinweisen, auch wenn sie selbst die Möglichkeit objektiver Aussagen aufgrund der Offenbarung und aufgrund des Denkens des menschlichen Geistes, die neben der Leidenschaft des Herzens zur Grundlegung des christlichen Glaubens gehören, ungebührend ignorieren.

4. *Christliche Entscheidung heute:* a) Die Existenzphilosophie ist seit den fünfziger Jahren aus dem öffentlichen Bewußtsein auch in der Philosophie und Theologie wieder verschwunden. Das Verständnis unserer Zeit, das im Bewußtsein der Kirche sich im 2. Vatikanischen Konzil, in der Konstitution über »die Kirche in der Welt von heute«, artikuliert hat, fordert eine Rückbesinnung auf die in der Existenzphilosophie angesprochenen Anliegen. Dabei ist wesentlich, gemäß der oben gezeichneten Grundstruktur des Menschen, die drei genannten Bezüge: zur materiellen und geisti-

gen Welt, zum Menschen und zu Gott, im Auge zu behalten und den Ansatz der Neubesinnung für eine christliche Verwirklichung bei der jeweils existentiellen Not, nicht so sehr bei der sachlich höchsten Ordnung, zu suchen. Bei aller Berücksichtigung der Seinsordnung bleibt bestehen, daß der Mensch als Person je immer Einzelner in seiner Welt ist und diese seine Welt bei aller Vorfindlichkeit im Mit- und Selbstvollzug je immer neu gestaltet und geschaffen werden muß als Bereich, in dem er in der je immer neuen freien und geschichtlichen Entscheidung für das Wahre, das Gute und das Heilige den Sinn des Seins als Wirklichkeit ebenso wie sein eigenes Sein als mitwirkender (mit Natur, Freiheit und Gnade) nur verwirklicht, wo er für den Mitmenschen als anderen in seiner Welt mitbesorgt ist; denn es bleibt ein Grundgesetz der lebendigen Welt, daß einer vom anderen und zugleich für den anderen lebt und nur darin sich selbst, seine materielle und noch mehr seine geistig-personale Wirklichkeit zur Entfaltung und Ausreifung bringt. »Ich lebe von der Liebe meiner Mitmenschen, wie meine Mitmenschen von meiner Liebe leben.« Was im Glauben als geoffenbarte Wahrheit und erhoffte Wirklichkeit (Hebr 11,1) je immer neu ergriffen wird, bleibt für das Denken des Menschen wegen seiner Freiheit und Geschichtlichkeit immer in jener Ungewißheit, die nur im existentiellen Wagnis jeweils neu bewältigt wird (P. Wust).

b) Im christlichen Leben wird die existentielle Grundhaltung freilich durch das »Geheimnis des Christus« (Kol 4,3) zu etwas Neuem. »Ist einer in Christus, ist er eine neue Schöpfung; das Alte ist vergangen; siehe Neues ist geworden. Das alles ist aus Gott, der uns mit sich durch Christus versöhnt und uns den Dienst der Versöhnung übertragen hat« (2 Kor 5,17 f). Diese Neuheit der christlichen Existenz faßt Paulus in die Worte: »Nicht ich lebe (existiere in bloß natürlicher Weise aus mir und für mich), Christus lebt in mir (existiert in mir, für mich durch mich in der Kommunikation mit ihm). Soweit ich jetzt noch im Fleische (diese selbstherrliche, selbstgenügsame, selbstsüchtige Adamexistenz) lebe, lebe ich im Glauben an den Sohn Gottes, der mich geliebt hat und sich für mich hingegeben hat« (Gal 2,20). »Er starb aber für alle, damit die Lebenden nicht mehr sich selbst leben, sondern ihm, der für sie starb, und für sie auferweckt wurde« (2 Kor 5,15). – Diese neue christliche Existenz ist aber selber existentiell-eschatologisch: von Gott her Gnade, vom Menschen her Aufgabe. Darum stellt Paulus diese christliche Existenz des Menschen gleichzeitig immer als Gabe und Aufgabe, im Indikativ und im Imperativ (R. Bultmann) dar

(Gal 3,27 = Röm 13,14; Kol 3,9 f = Eph 4,22–24). Diese christliche Existenz »in Christus« erhebt die genannten drei Ordnungen der menschlichen Existenz in ein neues Sein und zu einem neuen Sinn. In Christus haben wir als menschliche Brüder Jesu Christi ein wesenhaft neues Verhältnis zum Vater unseres Herrn Jesus Christus (vgl. Röm 8,16 f = Gal 4,7) und zum lebendigen dreifaltigen Gott überhaupt. In Christus haben wir ein neues Verhältnis zu den anderen Christen und schließlich zu allen Menschen, die in Christus erlöst sind (durch Menschwerdung Gottes, Tod und Auferstehung und Geistsendung), da wir zu einer neuen Gemeinschaft im »mystischen Leib Christi« zusammengefaßt sind (vgl. Eph 2,15 f: Lehre von der Kirche). In Christus haben wir ein neues Verhältnis zur ganzen Welt, da in ihm Gottes Wort Fleisch geworden ist (Joh 1,14), da er sündiges Fleisch angenommen (Röm 8,3), da er in seinem Tode Sünde, Tod und Teufel überwunden und in seiner Auferstehung und Erhöhung die Verklärung der Welt zu einem neuen Himmel und einer neuen Erde vorbereitet hat (Apk 21,1). Diese Verklärung der Welt wird jedoch als Gnade Gottes zu uns kommen, wo der Mensch zum Kinde Gottes wird (Röm 8,19–24). »Was du (Kirche) nicht verwandelst, überwandelt der Tod« (G. v. Le Fort).

Weil Christus das Urbild und Maß alles Christlichen ist, gehören zur christlichen Existenz immer, wie zu Christus, »Erniedrigung und Erhöhung«, Kreuz und Auferstehung, Ja und Nein. Das bedeutet für den Einzelnen »sich bewahren und sich verschenken« (»Wenn das Weizenkorn nicht in die Erde fällt und stirbt, bleibt es allein, wenn es aber stirbt, bringt es viele Frucht«: Joh 12,24). Das bedeutet für unser Verhältnis zur Welt: Weltdienst und Weltenthaltung (vgl. Phil 3,8–11). Das bedeutet für unser Gottesverhältnis Anbetung, Lob und Dank und zugleich immer neu Bekehrung. Die letzte existentielle Tat des Christen ist das Gebet (nicht eigene Leistung), in dem er die Gnade erfleht. Dies bringt ein altes Mystikergebet vom Oberrhein zum Ausdruck, das Nikolaus von Flüe in die Worte faßte: »Herre Gott, nimm weg von mir alles, was mich wendet von Dir! – Herre Gott, wollest schenken mir, was mich allzeit kehret zu Dir! – Herre Gott, nimm mich ganz mir und gib mich ganz zu eigen Dir!«

5. Was zum »dialogischen Personalismus« im Anschluß an und gegenüber dem »Existentialismus« zu sagen ist, sei in § 34 (Sozialanthropologie) vorgestellt.

§ 33 Die Geschichtlichkeit des Menschen und die christliche Geschichtstheologie

F. Wagner, Geschichtswissenschaft, Freiburg i. Br. 1951 (Lit.!). – F. Sawicki, Geschichtsphilosophie, Kempten 1920. – H. Heimsoeth, Geschichtsphilosophie, Bonn 1948. – J. Bernhart, Sinn der Geschichte, Freiburg i. Br. 1931. – K. Jaspers, Vom Ursprung und Ziel der Geschichte (FB 91), Frankfurt a. M. 1955. – J. Obersteiner, Biblische Sinndeutung der Geschichte, Graz 1946. – H. J. Baden, Der Sinn der Geschichte, Hamburg 1958. – J. Daniélou, Vom Geheimnis der Geschichte, Stuttgart 1955. – A. Vetter, Mitte der Zeit. Die Geschichtlichkeit des Geistes im Lichte der Menschwerdung Gottes, Freiburg i. Br. ²1962. – H. U. von Balthasar, Theologie der Geschichte, Einsiedeln 1950. – J. Mouroux, Eine Theologie der Zeit, Freiburg i. Br. 1965. – K. Löwith, Weltgeschichte und Heilsgeschehen (UB 2), Stuttgart 1953. – O. Cullmann, Heil als Geschichte, Tübingen 1965. – J. Ratzinger, Heilsgeschichte und Eschatologie, in: Theologie im Wandel, München-Freiburg i. Br. 1967, 68–89. – G. Greshake, Endzeit und Geschichte. Zur eschatologischen Dimension in der heutigen Theologie, HerKorr 27 (1973) 625–634. – W. Hochkeppel, Modelle des gegenwärtigen Zeitalters. Thesen der Kulturphilosophie im 20. Jahrhundert, München 1973. R. North, Bibliography of works in theology and history, in: History and Theory XII (1973) 55–133. – R. Koselleck-W. D. Stempel, Geschichte – Ereignis und Erzählung, München 1973.

1. *Grundlegung des Geschichtsverständnisses*

a) Der Mensch als leibhafte Geistperson ist fähig, die ihn umgebende Welt als Welt, d. h. als eine Ganzheit zu erfahren, sie auf ihre inneren Zusammenhänge hin, d. h. ihre inneren Ursachbeziehungen und Begründungen denkend zu verstehen und aufgrund dieser verstehenden Erfahrung in ihr Werden und einer Weise einzugreifen, daß dadurch eine »menschliche Welt« entsteht, aus Natur Kulturwelt wird. Ist die Fähigkeit zur »Erfahrung« mehr dem einzelnen Seienden und seinem Werden, so ist das Denken mehr dem Sein selbst und damit auch der Vorstellung des Bleibenden zugeordnet, und das Handeln des Menschen will das Einzelne in Hinsicht auf das allgemein Geltende, das Werdende in Hinsicht auf das Bleibende »entwickeln«. Eine geschichtliche Betrachtung des Menschen und seiner Welt muß darum die Spannungen zwischen Sein und Werden, zwischen Gegebenheit und Aufgegebenheit, zwischen Leistung und Gnade immer so durchhalten, daß dabei die Kräfte und Gesetze, vor allem der Mensch selbst als frei Handelnder im Prozeß des diese Spannungen tragenden und weiterführenden Geschehens immer mehr sichtbar und verständlich werden. Insofern Geschichte vom Menschen nicht nur gestaltet und erfahren, sondern in »Geschichtswissenschaft« auch »dargestellt« werden muß, dringt in das Geschichtsverständnis auch ein »narratives« Element mit all seiner Problematik ein (vgl. R. Koselleck – W. D. Stempel), wobei freilich die Intentionalität auch im Vorgang des »geschichtlichen Erzählens« auf das »geschichtliche Ereignis selbst« mit seinen inneren und äußeren Elementen und Kausalitäten gerichtet bleiben muß. Was wir bisher in der Betrachtung der Personhaftigkeit des Menschen sowie seiner besonderen Weise des Existierens in dieser Welt gesagt haben, muß im Bedenken der Geschichtlichkeit des Menschen in Richtung auf sein »In-der-Welt-Sein« eine gewisse Weiterführung und Abrundung finden.

b) Zur Geschichte gehört die *»Zeit«* (χρόνος), die bei den meisten Völkern aus der Beobachtung der Gestirne als der objektiven Zeitmesser als »kontinuierliche Bewegung mit einer bestimmten inneren Ordnung nach früher und später und einer gewissen Dauer« verstanden wurde (so besonders von den Babyloniern und Griechen: vgl. Aristoteles, Phys. IV, 10–14 217 b 29–224 a 17: Zeit ist das Maß der Bewegung der Himmelskugel) oder seit Plotin aus der seelischen Innenerfahrung des Menschen als »Leben der Seele, welches in einer Bewegung von einer Manifestation des Lebens zur anderen übergeht« (vgl. En. III 7,11: ed. Müller, 258, 29 f). So konnte Augustinus, der nur diesen Zeitbegriff Plotins gelten lassen wollte, sagen: In te, anime meus, tempora metior (Conf. XI c 27, 36: PL 32, 823; vgl. ebd. c 14–30), und er stellte große Betrachtungen darüber an, wie durch die memoria die Vergangenheit und durch die expectatio und praemeditatio die Zukunft in die Gegenwart hereingeholt wird. – So wurde jedenfalls Zeit in Antike und Mittelalter als »Realität« gesehen (Philon, der Jude, gibt eine Erklärung, die schon an die physikalische Definition erinnert: $t = s/v$: Zeit ist der Quotient aus Weg und Geschwindigkeit), bis Kant sie zu einer apriorischen Form der reinen Anschauung des Menschen erklärte (Kritik der reinen Vernunft I 1 § 4–7). – Neben diesem Begriff von Zeit als einem wirklichen oder gedachten Maß der erfahrenen oder erfahrbaren Wirklichkeit erscheint seit Heraklit (Fr. 52: Diels 4 I 88, 1) ein Zeitbegriff (αἰών), der nicht die Zeit als Form, sondern mehr die Sache in ihrer Zeit selbst betrachtete und zunächst wohl als »Gottheit« gesehen wurde (»Der Äon ist ein spielender Knabe!«). So verehrte man in Alexandrien seit etwa 200 v. Chr. den Gott Aion. Damit sollte vor allem eine »unendliche Zeit« oder die »Ewigkeit« zum Ausdruck gebracht werden, die bei Philon bereits »ewiges Heute« (De fuga, 57) genannt wird.

In der jüdisch-christlichen Offenbarung, wo der Schöpfergott und seine Schöpfung klar unterschieden und doch aufs allerinnigste miteinander verbunden werden, gewinnt dieser Begriff Aion einen Inhalt, der darum die konkrete Welt vor dem Gott der Heilsgeschichte meint. Der unbegrenzte Zeitraum und die begrenzten Zeiten der Welt werden hier ineinandergeschaut (vgl. Kol 1,26; Röm 16,25: ewige Zeiten, χρόνοι αἰώνιοι). In der Sprache der Schrift wird darum auch das All (haqqol) mit der Ewigkeit (olam) trotz oder wegen des Schöpfungsgedankens zusammengeschaut, was besonders in der Rede vom »Anfang« (Gen 1,1; Joh 1,1) zum Ausdruck kommt. Damit wird der Wesensunterschied zwischen der außerbiblischen und biblischen Zeitauffassung deutlich: im außerbiblischen Denken ist Zeit einem ewigen Kreislauf (κύκλος) vergleichbar, im biblischen Denken hat Zeit als konstitutives Moment der Schöpfung einen Anfang (gesetzt vom ewigen Schöpfergott) und ein Ende, das jedoch vom Schöpfergott her zum Ziele wird, das im Schöpfergott selbst aufgehoben ist: Gott wird alles in allem sein (1 Kor 15,28). Der heilsgeschichtliche Gehalt dieses Zeitverständnisses wird besonders deutlich im NT, wo die irdische Weltzeit unter der Sünde Adams als »dieser Äon« (vgl. Röm 12,2; 2 Kor 4,4) der in Christus angebrochenen neuen Weltzeit der Gnade (»Eschaton«) als dem »kommenden Äon« (vgl. Hebr 6,5; Eph 2,7; Mk 10,30) gegenübergestellt wird. Das Entscheidende bleibt: dem »kosmischen« Zeitbegriff der außerbiblischen Welt wird in der Schriftoffenbarung ein Zeitbegriff gegenübergestellt, der ganz vom persönlichen Gott als dem Schöpfer der Welt her, also im Grunde »personal« verstanden wird (vgl. ThW I [1933] 197–209: αἰών [Sasse]). – Noch deutlicher wird das christliche Zeitverständnis in dem apokalyptischen Begriff Kairos (καιρός) als »Zeit der Erfüllung und Entscheidung«, von dem wir am Ende dieser Überlegungen handeln müssen.

c) Obwohl in irgendeiner Form allen Menschen und Völkern, auch außer Israel, das klassische Bewußtsein von Zeit als Form oder Maß der Wirklichkeit eigen war, haben doch alle diese Völker kein wirkliches *Geschichtsbewußtsein* entwickelt. Für die Babylonier und Assyrer, denen wir die ersten Beobachtungen der Gestirne verdanken, war das Geschehen der Welt wie das der Gestirne ein »ewiger Kreislauf von Werden und Vergehen«, und im Leben der Menschen interessierte nur das Leben des Königs, der nicht sein eigenes menschliches Leben lebte, sondern im Auftrag Marduks oder Assurs Kriege führte und regierte. Ähnlich im alten China, wo der Kaiser der »Sohn des Himmels« war, und in Ägypten, wo neben dem göttlichen Pharao das unabwendbare »Schicksal« maßgeblich blieb für Götter und Menschen. Auch bei den Griechen war in alter Zeit (Homer, Hesiod) der Schicksalsgedanke bestimmend, bis seit Thukydides und den späteren Dramatikern (Euripides) die Leidenschaften des Menschen als geschichtsgestaltende Kräfte in Erscheinung traten, also eine Art anthropologischer Geschichte in Sicht kam. Erst bei den Anhängern der Religion Zoroasters im Iran des 7. Jahrhunderts v. Chr. sowie dann in der griechischen und römischen Stoa um die Zeitenwende war es zu einem gewissen »Geschichtsverständnis« gekommen, insofern dort die Welt als solche bejaht, der Mensch als Mitstreiter Gottes in dieser Welt gesehen wurde und ein Verständnis für die irgendwie organische Einheit des Menschengeschlechtes und für die grundsätzliche Gleichberechtigung der Menschen und Völker vorlag, Voraussetzungen, auf denen »menschliches Geschichtsverständnis« aufbauen kann und muß. Dabei ist noch immer nicht geklärt, wie weit in den Weltanschauungen Zoroasters und der Stoa schon ein Einfluß von Israel, dem atl. Gottesvolk her vorliegt, das von Anfang seiner Volkwerdung (um 1200 v. Chr.) an in einmaliger Weise ein Geschichtsverständnis gehabt hat und von dem auch das Christentum dieses Geschichtsverständnis geerbt und zu den Griechen, Römern und Germanen weitergetragen hat. Zur Geschichte gehört nicht nur ein Zeitbewußtsein, sondern noch mehr das Verständnis für die menschliche Freiheit und Verantwortung, das offenbar erst und nur vor dem einen persönlichen Gott der Offenbarung in Israel in dieser Welt gültige Tatsache geworden ist. Das führt zur Frage nach dem Geschichtsverständnis überhaupt.

2. *Gestalten menschlichen und christlichen Geschichtsverständnisses*

a) Was »die Geschichte der Geschichtswissenschaft«, wie F. Wagner in seinem historischen Aufriß gezeigt hat, an Mannigfaltigkeit der Strukturen und Prinzipien aufweist, sei hier wiederum nur andeutungsweise eingeholt in das Strukturschema vom Menschen, wie es oben in § 23 entwickelt worden ist. Eine »theologische Betrachtung der Geschichte« muß von der *»Geschichtlichkeit des Menschen«* ausgehen, diese wiederum muß den ganzen Menschen in all seinen Grundbezügen »zu sich selbst, zur realen und idealen Welt und zu Gott als dem Schöpfer der Welt und dem Urgrund und Ziel des Menschen und damit seiner eigenen Welt« umfassen. Damit ist von vorneherein festgelegt, daß jede nur kosmische Weltbetrachtung, die das Leben des Menschen und damit seine Geschichte primär aus dem Geschehen der Gestirnenwelt oder aus dem notwendigen Geschehen der außermenschlichen lebendigen Natur (biologische Geschichtsbetrachtung: noch bei O. Spengler) oder von einem blinden übermenschlichen und überweltlichen Schicksal (Ägypten und Stoa bis zum Zufallsglauben der Gegenwart: vgl. J. Monod) oder von einem freischwebenden soziologischen Prinzip (H. Freyer: das »sekundäre System«) oder von einem wirtschaftlichen oder politischen Machtfaktor (Partei: Faschismus oder Bolschewismus) her erklären möchte, unzureichend und damit falsch ist. – Es ist jedoch auch nicht möglich, nur aus den Bedürfnissen, Wünschen und freien Absichten (Leidenschaften) des Menschen seine »Geschichte« zu verstehen. Geschichte würde hier zu einer »Traumdichtung des Menschengeschlechtes« in einer nihilistischen Zeit (Th. Lessing; A. Weber). – Ebenso ist es aber auch nicht möglich, von Gottes prädestinierendem Willen und Gnadenwirken allein her, ohne Rücksicht auf die »menschliche Freiheit zum Guten und zum Bösen«, Weltgeschichte und Menschheitsgeschichte verstehen oder deuten zu wollen. Vielleicht ist hier auch die alte stoische, im christlichen Mittelalter ebenso wie bei P. Calderón und noch bei H. v. Hoffmannsthal herangezogene Idee vom »Großen Welttheater«, dessen Libretto Gott schreibt und dessen Regieleiter allein Gott ist und in dem die Menschen ihre ihnen zugedachte Rolle nur gut oder schlecht spielen können, aber selbst keine Rolle wählen oder gar gestalten dürfen, manchmal der Gefahr einer unerlaubten Vereinfachung und damit Verfälschung erlegen. Keine »monistisch« materialistische oder idealistische oder theistische Weltbetrachtung wird also der Weite und Tiefe christlichen Geschichtsverständnisses gerecht. Der Schöpfungsgott hat eben durch die Erschaffung des Menschen »nach seinem Bild und Gleichnis« gewollt und gewirkt und in seiner Selbsterniedrigung durch die Menschwerdung Gottes uns selbst gezeigt, daß in der Geschichte neben Gottes entschiedener Entscheidung auch die freie Entscheidung des Menschen wesentlich ist. So kann menschliche Geschichte nur christlich betrachtet werden, wenn sie von einer Welt spricht, in der zwischen Gott und Mensch, Schöpfung und Erfüllung der Schöpfung in einer neuen Schöpfung, Notwendigkeit und Freiheit, Verpflichtung und freie Wahl, Sünde und Gnade, das Kreuz und die Auferstehung und die Verklärung, neben der Welt Gottes eine menschliche Welt als eine freie, wenn auch vor Gott zu verantwortende tatsächliche Wirklichkeit ernst genommen, anerkannt und in Rechnung gestellt werden.

b) Neben diesen allgemeinen Feststellungen seien noch einige *besondere Momente im christlichen und menschlichen Geschichtsverständnis* angezeigt, in denen die Spannungen deutlich werden, die sich aus dem bisher entworfenen Bild ergeben. In den verschiedenen »Geschichtsphilosophien« und in W. Hochkeppels neuer Untersuchung über »Modelle des gegenwärtigen Zeitalters« werden solche Momente gezeigt. Wie bereits gesagt, ist die Mitte einer christlichen Geschichtsbetrachtung der Mensch (vor Gott), so daß Systeme, in denen der Mensch in seiner persönlichen Freiheit und Größe nicht mehr Mitte darstellt, sonder Objekt übergreifender Mächte wie Staat, Wirtschaft, Gesellschaft wird, hier ausscheiden. Dennoch bleibt auch der Mensch als Einzelner in »Spannungen« hineingestellt, deren Erkenntnis, Verständnis und Durchtragen Voraussetzung ist, wenn der Mensch ein geschichtsträchtiger bleiben soll. Diese Spannungen werden in folgenden Problemen deutlich: (1) Kennt Geschichte überindividuelle Gesetzlichkeiten oder nicht? Für W. Windelband (Geschichte der Naturwissenschaft, 1894, 26 ff) ist Geschichte eine »ideographische« Ereigniswissenschaft, die es nur mit dem einmaligen, sich nicht wiederholenden Geschehen zu tun hat, also keine allgemeine Gesetzlichkeit kennt. Einen ähnlichen Standpunkt nimmt neuerdings K. R. Popper in seinen Werken »Das Elend des Historizismus« und »Die offene Gesellschaft und ihre Feinde« ein. K. Lamprecht (Die kulturhistorische Methode, 1900), W. Dilthey, O. Spengler und viele andere nennen dagegen Gesetzlichkeiten, wenn auch recht verschiedene, denen Geschichte gehorchen muß, wenn sie als Geschichte verstanden werden soll. Der Gegensatz zwischen individueller Freiheit und durch Welt und Gesellschaft bedingter Notwendigkeit (vgl. F. W. v. Schelling, System des transzendentalen Idealismus, 1800, S. W. I 3,587–604) läßt sich in einem rechten Geschichtsverständnis nur als »Spannnungseinheit« durchtragen, in der Begriffe wie »Antwort, Gehorsam, Verantwortung, schöpferische Freiheit des Geschöpfes usw.« vermittelnde Aussagen darstellen mögen. – (2) Ist der Sinn der Geschichte vorgegeben, oder wird er durch den Menschen gesetzt? Die Antworten der großen Denker der Menschheit auf diese Frage sind überaus mannigfaltig, wie schon J. G. Herder in seinen »Ideen zur Philosophie der Geschichte der Menschheit« (1784–1791) und erneut J. Bernhart in seiner Untersuchung über den »Sinn der Geschichte« (1931) gezeigt haben. Im christlichen Verständnis, das immer im Gegensatz zu jeder nihilistischen Sinnverneinung und zugleich zu jeder ideologischen Sinnbehauptung steht, muß in der Antwort auf diese Frage die Vorgegebenheit sinngebender Ordnungen in Gottes Schöpfung und Heilsgeschichte mit der sinnempfangenden und sinnsetzenden freien Tat des Geschöpfes zusammengeschaut werden. Der Mensch bleibt immer der Fragende und zugleich der Gefragte in dieser Welt. Eine rein intellektuelle Antwort auf diese Frage birgt die Gefahr der Ideologie in sich, eine bloß pragmatische Antwort steht bereits in der Not, die sinngebenden Werte der außerpersonalen und überindividuellen Welt zu verlieren oder zu ignorieren. Auch der Rekurs auf das Geheimnis Christi (das christologische Dogma), das immer notwendig mit dem eschatologischen Dogma verknüpft ist (vgl. H. U. v. Balthasar, Theologie der Geschichte, 1950), kann diese Spannung nicht aufheben, wie die folgenden Feststellungen zeigen werden. – (3) Ist der Grundcharakter der Geschichtsgesetze kausal oder final? Wo von »Sinn« die Rede ist, spielt in einer vorläufigen Betrachtung die Frage nach der kausalen oder nach der finalen Grundlegung von je eine entscheidende Rolle. In Hinsicht auf die »christologische Antwort« auf die Sinnfrage sei auf zwei Entwürfe hingewiesen, die gerade wegen ihrer einseitig kausalen oder einseitig finalen Betrachtungsweise unzureichend bleiben. H. J. Baden (Der Sinn der Geschichte, Hamburg 1948) geht um seiner christozentrischen Deutung willen bei der Betrachtung der Geschichte von der Aussage aus, daß die Geburt der Geschichte des Menschen die Urschuld im Paradies sei (hamartiologische Engführung) und daß Christus, der schuldlose Mensch und Erlöser der sündigen Menschheit, die Aufhebung der Geschichte bedeute (vgl. dazu auch K. Barth und K. Löwith). Wird hier Christus und das Christliche nicht zu einer übergeschichtlichen Ideologie? Wenn im entgegengesetzten teleologischen Denken aus der Evolutionsidee heraus bei Teilhard de Chardin Christus zum Endpunkt Omega der allkosmischen Entwicklung erklärt wird, erscheint die Geschichtlichkeit des Menschen ebenfalls aufgehoben (vgl. »Der Mensch im Kosmos«). Wenn Baden als Ende der Geschichte allein »das Gericht« (nicht einen neuen Himmel und eine neue Erde) sieht und Teilhard (ohne die rechte Würdigung von Sünde und Gericht) in einer apokalyptischen Engführung in Christus als Punkt Omega das Ende schon irgendwie vorweggenommen erklärt, ist die biblische Darstellung der Menschheitsgeschichte und ihres Sinnes wesenhaft verkürzt. Die notwendige Verbindung von Glauben und Wissen wird hier nach der einen oder anderen Seite hin aufgelöst. Die Gefahr dieser Auflösung sah schon Augustinus, als er seine sehr komplizierte Civitas-Dei-Idee als Geschichtstheologie entfaltete (vgl. J. Ratzinger, Herkunft und Sinn der Civitas-Lehre Augustins, in: Augustinus Magister 2 [Paris 1954] 965–979, und E. Stakemeier, Civitas Dei, Paderborn 1955; vgl. dagegen die Zwei-Reiche-Lehre Luthers: Chr. Kinder, in: Lutherum 14, Berlin 1954). – (4) Verschiedene Antworten auf die Frage nach dem *»Sinn der Geschichte«*: J. Bernhart weist in seiner Schrift »Sinn der Geschichte« (1931) darauf hin, daß die Griechen die ersten waren, die im Sein der Welt selbst eine Antwort gesucht haben auf die Sinnfrage, indem sie die Spannungen zwischen Sein und Werden (Parmenides – Heraklit), zwischen abbildhafter Realität und vorbildhafter Idee (Plato), zwischen Materie und Form (Aristoteles), zwischen dem Einen und dem Vielen (Plotin), dem Grenzenlosen und dem Begrenzten (Heraklit), dem Ungeordneten und dem Logos als umfassender Ordnung (Anaxagoras), zwischen Notwendigkeit und Freiheit, zwischen Freiheit der Vernunft und Unfreiheit der Macht oder des Schicksals (Aristoteles: Staatsphilosophie; Stoa) feststellten und bedachten. Die Perser (Zoroaster) suchten den Sinn der Wirklichkeit in mehr ethischer Weise in dem Kampf zwischen dem guten und dem bösen Prinzip durch den Endsieg des Guten zu retten. Ein ganz neues Moment kam in die Frage nach dem Sinn der Geschichte durch Israel und seine Gottesoffenbarung: Auserwählung und Gnade, Gesetz und Gehorsam, Sünde und Sühne vor dem Weltenschöpfer und Herrn der Geschichte, die Frage nach Ziel und Ende menschlichen Handelns bestimmten nunmehr das menschliche Geschichtsverständnis. In der Botschaft Christi fanden diese Ideen in der Reich-Gottes-Predigt ihre Zusammenfassung und in der paulinischen und frühchristlichen Verkündigung von Tod und Auferstehung Christi wurde diese Reich-Gottes-Idee in der anthropologischen Spannungseinheit von Sünde und Erlösung, von Schöpfung und Neuschöpfung, von Zeit und Ewigkeit unter Hereinnahme griechischer Ideen weiterentwickelt. Das Geheimnis der johanneischen, antignostischen Sicht vom Kampf zwischen Licht und Finsternis, Leben und Tod in dieser Welt wurde bei Augustinus in der aus dem Theodizee-Problem erwachsenen Idee von den zwei Reichen (civitates) aus römischem und ekklesiologischen Denken weitergebildet. Diese fand aus einer innerweltlichen Sicht im germanischen Mittelalter in der Zwei-Schwerter-Theorie (Kaiser- und Papsttum) eine die Spannung auflösende Fehlinterpretation. Aber immer ging es noch um das »Reich Gottes«, das in dieser Welt nur im Kampf (Kreuzzüge) oder Leid (Kreuzesmystik) wachsen sollte. Was endlich im 14. Jahrhundert noch in der neuplatonischen Gottesmystik eines Meister Eckhart oder der franziskanisch beeinflußten Christusmystik Taulers und der Geistmystik Seuses vorgetragen wurde, erschien in der Renaissance nunmehr in säkularisierter Form: Ausgangs- und Zielpunkt der Frage nach dem Sinn der Welt und ihrer Geschichte wurde der Mensch als Einzelner: Ehre, Macht, Erfolg, Lebensgenuß (vgl. G. Pico della Mirandola, N. Machiavelli) erschienen als die einzig sinngebenden Faktoren in der Geschichte. In Humanismus und Aufklärung entwickelten sich die verschiedenen Gestalten der Humanitätsidee (vgl. G. Vico, I. Kant, J. G. Herder): in der Menschwerdung des Menschen wurde das Sinnziel der Weltgeschichte gesehen (vgl. J. W. Goethe: höchstes Glück der Erdenkinder ist nur die Persönlichkeit [Westöstlicher Diwan]). J. Rousseau verkündigte die Idee von der absoluten Gutheit des Menschen, die nur durch Gesellschaft und Macht und die daraus kommenden ökonomischen Verhältnisse in ihrer Entfaltung immer wieder gehindert werde; er wurde durch diese Idee der Vater der Gewaltherrschaft der Französischen Revolution. Neuen Ernst erfuhr die Humanitätsidee seit Kants kritischer Philosophie (vgl. dessen »kategorischen Imperativ«) und im Idealismus, wo der Sinn der Weltgeschichte in der Entfaltung des eigenen freien Ich (J. G. Fichte) oder des absoluten Geistes (G. W. F. Hegel) oder der kosmischen Ordnung (Schelling der Spätzeit) im Geiste des Menschen gesehen wurde. Der materialistische Gegenschlag gegen diesen Idealismus proklamierte die materiellen Güter (K. Marx) oder die politische Macht (G. W. F. Hegel, M. Bakunin) oder die biologisch vitalen Kräfte der Welt (W. Ostwald, E. Haeckel) zu den den Menschen gestaltenden und damit seiner Geschichte Sinn gebenden Faktoren. Auch die christlichen Kirchen hatten – vor allem seit der Romantik und dem Pietismus – etwas einseitig ein »geistiges Gottesreich«, in der Seele des Einzelmenschen errichtet, zum sinngebenden Ziel der menschlichen Entwicklung erklärt. Erst der geistige Umbruch seit dem 1. Weltkrieg (Jugendbewegung, Bibelbewegung, Liturgische Bewegung usw.), der im 2. Vatikanischen Konzil, vor allem im letzten Dekret »Über die Kirche in der Welt von heute« (Gaudium et spes), wirksam wurde, hat den Blick für die Vielschichtigkeit der Sinnfrage wieder frei gemacht. Die Frage nach dem Sinn der Geschichte muß vom Menschen im christlichen Vollverständnis her aufgegriffen werden: Gottesliebe und Nächstenliebe, Gottesdienst und Weltauftrag, Selbstverwirklichung in der Weltentfaltung, Leben und Handeln als Antwort auf Natur als Schöpfung und menschliche Neuschöpfung im Kulturwerk des Menschen und umfassende Verantwortung für sich selbst und seine Welt und die Menschheitsfamilie vor Gott, dem Schöpfer der Welt und dem Richter der Endzeit, müssen in der Antwort auf die Sinnfrage zusammengeschaut werden. Das Mysterium Christi, des menschgewordenen Gottessohnes, des Gekreuzigten und Auferstandenen, sein Wesen und sein Wirken, sein Lehren und sein Leben bleiben der nie aufzulösende Verstehensgrund für jede Antwort auf die Sinnfrage in der Geschichte. – (5) Von hier aus ist auch die Frage nach der *»Mitte der Geschichte«* zu sehen und zu beantworten. K. Jaspers (Vom Ursprung und Ziel der Geschichte, München 1949) hat aus seinem Verständnis vom »philosophischen Glauben« (Der philosophische Glaube, München 1948) als Mitte der uns bekannten sechstausend Jahre Weltgeschichte die von ihm so genannte »Achsenzeit« zwischen 800 und 200 v. Chr. (mit der Mitte um 500) gesehen. Er schreibt dazu: »Zum erstenmal gab es Philosophen. Menschen wagten es, als einzelne sich auf sich selbst zu stellen. Einsiedler und wandernde Denker in China (Konfuzius, Laotse u. a.), Asketen in Indien (Buddha: vgl. Zoroaster im Iran), Philosophen in Griechenland (Homer, Vorsokratiker, Plato, Aristoteles), Propheten in Israel (die vier großen Propheten) gehören zusammen, so sehr sie in Glauben, Gehalten, innerer Verfassung voneinander unterschieden sind. Der Mensch ... entdeckte in sich den Ursprung, aus dem er über sich selbst und die Welt sich erhebt ... Es geschah in der Achsenzeit das Offenbarwerden dessen, was später Vernunft und Persönlichkeit hieß« (Fischerbücherei 91, Frankfurt a. M. 1955, S. 19, 16 f). Eine weltimmanente, von der modernen Sicht des wissenschaftlichen und technischen Zeitalters ausgehende Geschichtsbetrachtung wird sich diesen Überlegungen nicht verschließen können. Wer jedoch sich auch in dieser Zeit den Sinn für den »Menschen als Frage«, für das Geheimnis des Menschen bewahrt hat, der wird in der christlichen Weltbetrachtung, für die Christus allein, Medium tenens in omnibus, die Mitte ist (vgl. Bonaventura, Collationes in Hexaemeron), die nicht für den Glauben, sondern auch für das Denken des durch den Glauben erhellten menschlichen Geistes weit tiefere und bis heute nicht zu überbietende Antwort auf die Frage nach der Mitte der Weltgeschichte erblicken. Wie sehr es sich hier um eine »theologische« Frage handelt, mag aus der Tatsache erhellen, daß sich die formelle Zeitrechnung »seit Christi Geburt« selbst erst seit dem 6. Jahrhundert (durch Dionysius Exiguus, De paschate, 525 in Rom eingeführt), und nur im Westen zunächst, durch die Kirche durchgesetzt hat. Dennoch darf die Tatsache, daß diese Zeitrechnung »seit Christi Geburt« sich in dieser Welt durchsetzen konnte, ein deutlicher Hinweis dafür sein, daß hier ein die Menschheitsgeschichte einmalig bestimmendes Ereignis vorliegt, das nicht nur das »Ab urbe condita«, sondern auch das, wenigstens seit Eusebius von Cäsarea († 339) in den christlichen Weltchroniken übliche Schema von den »sechs Geschichtsperioden (im Anschluß an das Sechstagewerk der Schöpfung) der Weltgeschichte« ablösen und überwinden konnte. – Die Offenbarung des NT bringt den Gedanken »Christus, die Mitte der Weltgeschichte« vor allem in der Sprache der spätjüdischen Apokalyptik und Gnosis zum Ausdruck. So schreibt Paulus an die Galater (4,4 f): »Als jedoch die Fülle der Zeit (τὸ πλήρωμα τοῦ χρόνου) kam, sandte Gott seinen Sohn, geboren aus einer Frau, untergeordnet unter das Gesetz, damit er die unter dem Gesetz loskaufe und wir die Annahme zu Söhnen (Gottes) empfingen.« Im Brief aus der römischen Gefangenschaft an die Epheser (1,10) sieht er die Erfüllung des ewigen Ratschlusses Gottes darin, »eintreten zu lassen die geordnete Fülle der Zeiten« (οἰκονομίαν τοῦ πληρώματος τῶν καιρῶν), um in Christus zusammenzufassen (ἀνακεφαλαιώσασθαι) alles, was im Himmel und auf Erden ist,« und im Parallelbrief an die Kolosser führt Paulus den Erlösungshymnus aus Eph 1 bis in das Schöpfungsgeheimnis zurück, wenn er schreibt: »In ihm (Christus) ist alles geschaffen, was im Himmel und auf Erden ... alles ist durch ihn und auf ihn hin erschaffen; er ist vor allem und alles hat in ihm seinen Bestand. Er ist das Haupt (κεφαλή) des Leibes, der Kirche, er ist der Anfang (ἀρχή), der Erstgeborene (πρωτότοκος) aus den Toten, damit er in allem den Vorrang habe (πρωτεύειν); denn es war Gottes Ratschluß, in ihm alle Fülle wohnen zu lassen (πλήρωμα), und durch ihn alles zu versöhnen in Hinordnung auf ihn (δι αὐτοῦ – εἰς αὐτὸν) ... alles auf Erden und alles im Himmel« (Kol 1,16–20), in ihm, der »alles in allem erfüllt« (Eph 1,23: τὰ πάντα ἐν πᾶσιν). Bei Markus beginnt Christus selbst seine Verkündigung des Reiches Gottes mit dem Wort der spätjüdischen Apokalyptik: »Der kairos (die Zeit der Entscheidung) ist da« (Mk 1,15; vgl. 1 Petr 1,11; Apk 1,3). Was »Christus, Mitte der Geschichte« für das christliche Geschichtsverständnis bedeutet, läßt sich insonderheit in diesem apokalyptischen Zeitbegriff des »kairos« fassen. – (6) Für den Christen bedeutet »menschliche Geschichtlichkeit oder Geschichtlichkeit des Menschen« nicht zuerst »Stehen in einer notwendigen Ordnung von vorher und nachher«, aber auch nicht bloß Stehen in der Aufgabe, Sinn der Geschichte zu erfassen oder selbst Sinn zu setzen: es bedeutet vielmehr »Stehen, Wirken, Leben im Äon Christi«, in der Zeit der Erfüllung, die Christus gebracht, im Eschaton, in der »letzten Zeit«, die Zeit der Entscheidung ist angesichts der Gnade und des Gerichtes. Die »eschatologische Existenz des Christen im kairos der Endzeit« bestimmt die eigentliche Geschichtlichkeit des Menschen im christlichen Verständnis. Dabei ist festzustellen, daß das Verständnis dieser »christlichen eschatologischen Existenz« wiederum erst in neuester Zeit in seiner Problematik wie in seinem tiefen Sinn deutlicher geworden ist. Die ersten Jahrhunderte der Kirche haben bis in die Zeit der Christenverfolgungen hinein mehr aus dem spätjüdischen apokalyptischen Verständnis des Eschaton, aus einer gewissen »Naherwartung« des Weltgerichtes durch Christus gelebt. Mit der Erlangung der politischen Freiheit durch Konstantin d. Gr. hat die Kirche und ihre Theologie sich in dieser Welt in einer Weise eingerichtet, daß das Eschaton immer ferner rückte und nur noch in der »Lehre von den letzten Dingen«, die selbst mehr innerweltlich als heilsgeschichtlich betrachtet wurde, erschien, vor der die echten eschatologischen Aufbrüche um die Jahrtausendwende bis ins 12. Jahrhundert (vgl. Joachim von Fiore und die franziskanischen Spiritualen) sich nur noch als häretische Extreme entfalten konnten(vgl. H. Grundmann, Religiöse Bewegungen im Mittelalter, Darmstadt ²1961; W. L. Wakefield-A. P. Evans, Heresies of the High Middle Ages, New York–London 1969; R. Knox, Christliches Schwärmertum, Köln 1957). Die »Endzeit« wurde in innerkosmischer und innerweltlicher Zeitbetrachtung immer mehr als weit entfernte Wirklichkeit gesehen, die für den Einzelnen nur im Sterben Bedeutung hat. So entstanden die zahlreichen Werke über die »Kunst des Sterbens« vom 14. bis 16. Jahrhundert (vgl. R. Rudolf, Ars moriendi. Von der Kunst des heilsamen Lebens und Sterbens, Köln 1957), oder »Endzeit« wurde in schwärmerischer Weise als gegenwärtiges Zeitalter des Heiligen Geistes deklariert oder im Geiste der spätjüdischen Apokalyptik unmittelbar erwartet wie bei den verschiedenen adventistischen Sekten seit der Reformationszeit. – Drei Aussagen sollen den christlichen Sinn der eschatologischen Existenz erhellen:

(a) In der Sprache der Schrift wird die eschatologische Zeit als kairos, als Zeit der Gnade, der Entscheidung und des Gerichtes eingeführt. Das ist der große Vorwurf, den Christus der Stadt Jerusalem und dann der Masse des jüdischen Volkes am Ende seines öffentlichen Wirkens macht, daß sie »die Stunde ihrer Heimsuchung« (τὸν καιρὸν τῆς ἐπισκοπῆς σου) nicht erkannt haben (Lk

19,44). Schon Pittakos von Lesbos, einer der sieben griechischen Weisen, stellte die Forderung auf: »Erkenne deine Chance« (καιρὸν γνῶθι: Diels II[4] 216,10). Dieser kairos ist aber nicht nur der für ein glückliches Handeln entscheidende Augenblick (Philon, Opif. mundi 59), er ist auch nicht bloß ein glückliches, aber zufälliges Geschick, durch das das Leben des Menschen bestimmt wird (ein Anruf des Geschickes: Epiktet, Ench. 33,2), er ist vielmehr der von Gott geschenkte und bestimmte Augenblick, in dem der Mensch sich vor Gott entscheiden muß für Gott (Epiktet, Diss. III 10,8; IV 4,12.30.45). Der kairos ist Gottes Zeit für den Menschen (vgl. Koh 3,2–8,10–14; Sir 51,30). Dieser kairos wird darum dem Einzelnen gemäß seiner Gnade und Aufgabe von Gott geschickt, und jeder muß sich an seiner Stelle und für sich vor Gott entscheiden (vgl. Röm 12,3–21) »nach dem Maß des Glaubens, wie Gott es einem jeden zugeteilt hat.« Christus selbst wartete in seinem Leben jeweils auf die »Stunde« (ὥρα), die ihm der Vater bestimmt hat (vgl. Joh 7,6,8; 5,25; 17,1; Mk 13,32). Die großen Ereignisse im Leben Jesu (Tit 1,3: seine Wortoffenbarung; 1 Tim 2,6: sein Kreuzestod als Zeugnis; ebd. 6,15: sein Erscheinen zum Gericht) werden als sein kairos gekennzeichnet, vor allem das Endgericht selbst ist so ein kairos Gottes (1 Petr. 1,5; 5,6), der in der Freiheit Gottes steht und darum auch dem »Menschensohn« unbekannt ist (Mk 13,32). Die Freiheit Gottes und die Freiheit des Menschen als Ebenbild Gottes begegnen sich in diesem kairos, der damit selbst das Geheimnis der Begegnung zwischen Gott und dem Menschen im immer neuen »Heute« ist (vgl. Hebr 4,7, 16; vgl. ThW III [1938] 456–465: καιρός usw. [Delling]). Gottes Zeit als Liebe Gottes aber ist uns »in Christus« Erfahrung geworden, »als Jesus in seinem Weg und Wirken die Zeit Gottes gelebt, sie in der Weltzeit existent gemacht und zur Erfahrung gegeben hat« (H. Schlier, Das Ende der Zeit, Freiburg i. Br. 1971, 67–84, 72 f). – (b) So läßt sich diese unsere eschatologische Zeit, unser kairos, als eine einmalige Tat Gottes verstehen, die jedoch selbst als überzeitliche Tat Gottes Anteil hat an unserer Zeitlichkeit und Geschichtlichkeit »in Jesus Christus«. H. Schlier formuliert diese Wahrheit so: »Der Glaube weiß, daß der ewige und allmächtige Gott sich für die Welt, die seine Schöpfung ist, endgültig entschieden hat in Jesus Christus und daß in ihm und seiner Geschichte alles ein für allemal konkret entschieden ist (ebd. 300) ... Der Pfeil der Entscheidung steckt im Kosmos, wie er im Herzen jedes einzelnen steckt, wenn er ihn einmal getroffen hat (302) ... Sie (die Entscheidung) liegt mitten in der Geschichte geschichtlich vor (im Evangelium, das in Tradition und Schrift und Glaubensformel und Dogma der Kirche, im Sakrament der Kirche und in der Ämterstruktur der Kirche lebt) und ist doch nicht in Geschichte aufzulösen, sondern ist ihr in dieser geschichtlichen Gestalt entschieden vorgegeben (303) ... Die Entscheidung Gottes wirkt ihre Entschiedenheit, indem sie Entscheidung bewirkt (307: deutlich in den Sakramenten, in Glaube, Hoffnung und Liebe des Christen) ... Aber die Leibhaftigkeit der Entschiedenheit seiner Entscheidung schließt nun doch dies ein, daß sie zu ihrer Vergegenwärtigung eine Welt zum Dienst heranzieht ..., so daß der Entscheidung Gottes in Jesus Christus auch das Vorläufige des Weltlichen dienen und ihr welthaft begegnen muß« (314; vgl. H. Schlier, Das Ende der Zeit, Freiburg i. Br. 1971, 297–320). »Die Zeit Gottes in Jesus Christus wird in der ihrem schon begonnenen Ende widerstrebenden Weltzeit nur dann gegenwärtige Erfahrung in Glauben, Hoffnung und Liebe, wenn diese durch Festigkeit, Wachsamkeit und Nüchternheit (vgl. 1 Kor 16,13; Eph 6,10 ff; MK 13,27; 2 Petr!) geformt werden« (ebd. 81). Die entschiedene Entscheidung Gottes für uns fordert unsere je immer neue Entscheidung für ihn, der die Liebe ist. – (c) Das hinwiederum bedeutet, daß die eschatologische Existenz des Christen das Erfassen und Durchtragen all der großen Spannungen fordert, die vom irdischen Menschen als Gegensätze erfahren werden, solange er nicht »in Christus« lebt. So läßt sich von diesem christlichen Verständnis des »Eschatologischen« sagen: Es »kündet von der Nähe und Ferne Gottes, von der Gegenwart und Ausständigkeit seiner Zukunft – einer Zukunft, die sowohl tröstliche Verheißung als auch Provokation zum Handeln ist –, welche die Strukturen der Geschichte sprengt und sich doch in der Geschichte vorweg entwirft, die den einzelnen meint und das Heil aller, die vom Versinken aller Dinge ins Nichts weiß und von der nichts auslassenden »nova creatio« (G. Greshake, HerKorr 27 [1973] 633), die die Diastase zwischen Ziel und Ende durchträgt (J. Daniélou). Die eschatologische Existenz ist die christliche Weise menschlicher Geschichtlichkeit. Das bedeutet vor allem, daß das »Schon« der entschiedenen Entscheidung Gottes für uns mit dem »Noch nicht« der menschlichen Entscheidung in der Geschichte zusammengeschaut wird, daß unsere irdische Entscheidung für Gott »im Heiligen Geist geschieht«, durch den und in dem in der Kirche und damit in jedem von uns als Glied des Leibes Christi die Entscheidung Gottes für uns anwesend und wirksam ist. Nicht das mystische Sein in Christus (H. U. v. Balthasar) noch die transzendentale Orientierung menschlicher Existenz (K. Rahner), nicht die christologische Vermittlung der Seinsdialektik zwischen Gott und Mensch bei K. Barth, noch das Hereinholen der Zukunft Gottes in die Gegenwart der existentiellen Entscheidung im Hören auf Gottes Wort bei R. Bultmann darf die christliche Zukunft ihres Zukunftscharakters berauben. Ebensowenig aber kann die Zukunft Gottes für den Menschen in einem irdischen Denken proleptisch ihres Zeitcharakters für uns beraubt werden (vgl. dagegen das Weinberglied: Is 5,1–7), weder in einem Hegelschen Denken, für das Gott selbst erst im Menschen zu sich kommt (vgl. W. Pannenbergs Christologie und J. Moltmanns leidender Gott), noch in einem biologisch evolutionistischen christlichen Denken, in dem die Welt mit Notwendigkeit an ihr Ziel in Gott gelangt, wie bei Teilhard de Chardin. Zur eschatologischen christlichen Existenz gehört nicht nur die ethische Entscheidung in der Gegenwart, die als freies Mitwirken mit der Gnade dem Menschen irgendwie verfügbar bleibt, sondern ebenso die Ungewißheit und und das Wagnis der christlichen Entscheidung, von denen im vorausgehenden Paragraphen die Rede war (P. Wust; vgl. dazu J. Gardonnel, Gott in Zukunft, München [2]1969: mit marxistischer Zukunft- und Weltwertung [vgl. 360]). Dazu gehört schließlich auch das »passive Handeln« des Mystikers im Gebet der Ruhe, der Beschauung, der Ekstase und der Vereinigung, das jedoch eben in seinem Stehen vor dem Gott der Finsternis und der Unaussprechlichkeit (Tauler, Seuse, Ruysbroek), in seinem je immer neuen Hineingestelltsein in die Trockenheit der Seele, in das »Dunkel der Nacht« (Johannes vom Kreuz) die Gültigkeit der dargestellten »christlichen Existenz« in dieser Welt nur aufs neue bestätigt (vgl. A. Mager, Mystik als seelische Wirklichkeit, Graz 1946). – Nur so bleibt die echte christliche Hoffnung als das geduldige Immer-Offenbleiben auf Gott hin für den immer fragenden und gefragten Menschen sichergestellt und sind damit all die eschatologischen Grundhaltungen gewährleistet, von denen im ersten Petrusbrief wie im Hebräerbrief immer wieder die Rede ist: Geduld und Liebe, Nüchternheit und Wachsamkeit, vertrauendes Bitten und wagendes Opfer zum »Lobpreis Gottes«, das Ursinn der Schöpfung und damit auch der Existenz des Christen als Fremdling, Gast und Beisassen in dieser Welt, der seine Heimat im Himmel sucht, bleibt (vgl. 1 Petr 1,1; 2,11; Hebr. 11,13 f; Phil 3,20; dazu O. Cullmann, Heil als Geschichte, Tübingen 1965).

§ 34 Der Mensch als gesellschaftliches Wesen: Der Einzelne und die menschlichen Gemeinschaften (Sozialanthropologie)

MS II (1967) 751–786: Der Mensch und die Gemeinschaften (G. Holzherr). – StL 3 (1959) 817–847: Gesellschaft (G. Gundlach u. a.). – Wissen im Überblick, 6: Die moderne Gesellschaft, Freiburg i. Br. (Herder-V.) 1972. – Eranos-Jahrbücher seit 1933, Zürich. – Pastoralkonstitution Gaudium et spes I, 2. Kap. (Art. 23–32), dazu Kommentar in dem Sammelwerk »Die Kirche in der Welt von heute«, hrsg. von G. Baraúna und V. Schurr, Salzburg 1967; Kommentar der Academia Alfonsia. Studia moralia IV, Rom 1966; Kommentar der sozial-wissenschaftlichen Zentralstelle, München-Gladbach/ Köln 1968. – Aufbau und Entfaltung des gesellschaftlichen Lebens. Soziale Summe Pius XII., 3 Bde., hrsg. A. F. Utz und J. F. Groner, Freiburg i. S. 1954. – Papst Johannes XXIII., Mater et magistra. Sozialenzyklika vom 15. 5. 1961 (HB 110); ders., Pacem in terris. Friedensenzyklika vom 11. 4. 1963 (HB 157). H. Schnatz (Hrsg.), Päpstliche Verlautbarungen zu Staat und Gesellschaft (Texte zur Forschung, 12), Darmstadt 1973. – Papst Paul VI.: Populorum progressio. Entwicklungsenzyklika vom 26. 3. 1967 (HB 286). – D. v. Hildebrand, Metaphysik der Gemeinschaft, Regensburg ²1955. – J. Messner, Das Naturrecht. Handbuch der Gesellschaftsethik, Staatsethik und Wirtschaftsethik, Innsbruck ³1958. – J. Höffner, Christliche Gesellschaftslehre, Kevelaer ³1964. – A. Gehlen, Sozialanthropologie, Hamburg 1963 (dazu C. Hagemann-White, Legitimation als Anthropologie. Eine Kritik der Philosophie A. Gehlens, Stuttgart 1973). – K. Mannheim, Mensch und Gesellschaft im Zeitalter des Umbaus, Darmstadt 1958. – R. F. Behrendt, Der Mensch im Lichte der Soziologie (UB 60), Stuttgart 1962. – H. Weber, Einführung in die Soziologie, München 1955. – J. H. Fichter (Hrsg. E. Bodzenta), Grundbegriffe der Soziologie, Wien ³1970. – J. Matthes, Einführung in das Studium der Soziologie, Hamburg 1973. – H. Schoeck, Geschichte der Soziologie (HB 475) Freiburg i. Br. 1974. – Sozialpsychologie (Handbuch d. Psychol. VII), hrsg. v. C. F. Graumann, L. Kruse, B. Kroner, Bd. 1, Göttingen 1969; Bd. 2 ebd. 1972. – J.-Y. Calvez, Karl Marx. Darstellung und Kritik seines Denkens, Olten-Freiburg i. Br. 1964. – Dokumente der Paulusgesellschaft, XIII: Christentum und Marxismus heute, München 1966; XIX: Schöpfertum und Freiheit, ebd. 1968. – H. Rolfes, Der Sinn des Lebens im marxistischen Denken, Düsseldorf 1971.

Die Fragen um den Menschen als gesellschaftliches Wesen haben in der Zeit seit dem 1. Weltkrieg eine außerordentliche Entfaltung, Differenzierung und Vertiefung gefunden und werden heute nicht nur in einer allgemeinen *Sozialanthropologie*, sondern von verschiedenen Seiten her in einer *Sozialpsychologie*, allgemeinen *Soziologie*, *Sozialphilosophie* und *Sozialtheologie* behandelt. Hier kann es wiederum nur darum gehen, jene Grundfragen und Grundlinien von Antworten herauszustellen, die für das theologische Urteil von besonderer Bedeutung sind. Ausgehend von dem Strukturschema über den Menschen, das wir in § 23 entwickelt haben, sollen zunächst jene Theorien vorgestellt werden, die in ihrer Einseitigkeit dem christlichen Verständnis von Mensch und Gesellschaft und Welt nicht gerecht werden können. Einige geschichtliche Anmerkungen zu diesen Theorien mögen das Verständnis erleichtern (1). Eine zweite Überlegung soll den gegenwärtigen Stand der Problematik in christlicher Sicht zeigen (2), der in einer weiteren Besinnung auf seine theologischen Grundlagen hin untersucht werden muß (3). In einem Schlußteil (4) werden einige Aussagen zu den wesentlichen menschlichen Gemeinschaftsgebilden vorgestellt werden.

Der Mensch als leibhafte, von Natur aus auf Gemeinschaft hingeordnete Geistperson, wie er inmitten seiner Welt steht, die zugleich eine Welt von materiellen Gütern (Wirtschaft), von Ideen und Werten (Kultur) und eine Welt von Mitmenschen und Mächten ist (Gesellschaft und Politik), ist das Subjekt der *Sozialanthropologie.* Entscheidend bleibt dabei, daß alle diese Beziehungen des einzelnen Menschen zu sich selbst, zum Nächsten, zu den Gemeinschaften und zur geistigen und materiellen Güter- und Wertewelt mit in Betracht gezogen werden müssen, wenn die konkreten geschichtlichen »Gemeinschaftsformen« verstanden werden sollen, die gegenüber den materiellen und formalen Komponenten dieser Gebilde eine eigentümliche Selbständigkeit gewinnen. Der Mensch ist nicht nur Schöpfer, er ist auch Geschöpf seiner eigenen Gesellschafts- und Gemeinschaftsform. Ein rechtes *philosophisches Verständnis* der Sozialanthropologie verlangt darum Erkenntnis und Verständnis der natürlichen Grundlagen, des freien Vollzugs der diese Gemeinschaften konstituierenden Vorgänge wie der daraus entstehenden überindividuellen Gemeinschaftsgebilde selbst. – Eine *theologische Betrachtung* dieser Fragen kann weiter auf die Schöpfungslehre (Menschheit und Menschheitsfamilie), auf die Erlösungslehre (Heilsfrage in der Zielangabe der Gemeinschaften) und auf die Kirchenlehre (Völkerfamilie), schließlich sogar auf das innere Geheimnis des trinitarischen Lebens selbst reflektieren. Davon sei im 3. Abschnitt noch gesprochen.

1. Als Hinführung zu diesen Fragen mag eine Darstellung der *Ideologien* dienen, die heute, gerade auf diesem Sektor der Anthropologie, in Theorie und Praxis uns begegnen. Es geht dabei nicht

nur darum, die Fehlerhaftigkeit dieser Ideologien zu zeigen, sondern vielmehr darum, auch das Positive an ihnen aufzuzeigen, weil dann sichtbar wird, wo unser christliches Denken und damit unser christliches Handeln in der Vergangenheit versagt hat, so daß diese Ideologien in eben diese Lücken eintreten konnten. Es handelt sich vor allem um drei Systeme: den dialektischen und historischen Materialismus, den biologisch-positivistischen Evolutionismus und den liberalen existentialistischen Personalismus.

a) *Der dialektische-historische Materialismus:* Das mächtigste Gesellschaftssystem unserer Tage ist der dialektische und historische Materialismus (Diamat und Histomat), der die Gesellschaft aller kommunistischen Staaten, also beinahe ein Drittel der heutigen Menschheit, in ihrem Gesellschaftsverständnis prägt, in Rußland seit 1917/1923, in China seit 1940; in den unter russischer Führung stehenden Staaten Osteuropas und den unter chinesischer Führung stehenden Staaten des Fernen Ostens seit 1945. Die materialen Produktivkräfte und die materiellen Produktionsverhältnisse, d. h. eine materialistische Wirtschafts- und Geschichtstheorie bilden den Unterbau und die Zentralideen der Gesellschaftstheorie und Gesellschaftspraxis in diesen Ländern. Drei einseitige philosophische Ideen haben Pate gestanden bei der Entwicklung dieser Systeme: die mechanistische Dialektik, wie sie G. W. F.Hegel (1770–1831) in seiner idealistischen Ontologie entfaltet hat, der metaphysikfeindliche Positivismus mit seiner Drei-Stadienlehre (Religion – Metaphysik – kritische Wissenschaft) eines A. Comte (1798–1857), zusammen mit dem Materialismus eines L. Feuerbach (1804–1872), und die Anwendung dieser Ideen auf Wirtschaft und Politik des Menschen bei K. Marx (1818 Trier – 1883 London), der die Weltverhältnisse nicht mehr zuerst verstehen, sondern verändern möchte. Nachdem er in seiner Schrift »Die deutsche Ideologie« 1845 sich von Hegels idealistischen Lehren und damit auch von einer humanistischen Grundlegung abgewandt, entwickelte er gegen P. J. Proudhons (1809–1865) »Philosophie des Elends« in seinem Werk »Das Elend der Philosophie« 1847 die erste systematische Darstellung seiner Lehre und veröffentlichte zusammen mit F. Engels (1820 Barmen – 1895 London) 1848 das »Kommunistische Manifest«. 1867 erschien der erste Teil seines kritischen gesellschaftswissenschaftlichen Werkes »Das Kapital«. 1875 setzte er sich noch entschieden von der deutschen Sozialdemokratie, die nach den Ideen von F. Lassalle (1825 Breslau – 1864 Genf) einen nationalen Sozialismus entwickelt hatte, in seinem Werk »Zur Kritik des Gothaer Programms« ab. F. Engels gab die Werke von K. Marx (auch die Fortsetzungen des »Kapitals«) nach dessen Tode heraus und zeigte 1882 »Die Entwicklung des Sozialismus von der Utopie zur Wissenschaft« auf. Der Lebensweg von Marx ist nach J. Y. Calvez durch folgende Etappen gekennzeichnet: 1818–1836 Familienniveau: Befreiung von Religion; 1836–1843: Marx befreit sich von der Philosophie; 1843–1845: er befreit sich vom Respekt vor dem Staat und vom Vorrang der Politik; 1845–1848: die Theorie verbindet sich mit der Praxis; 1848–1870: auf der Seite der Arbeiterbewegung und ihrer Befreiungsrolle; 1871–1883: Ende der Internationale und Antizipation des Kommunismus der Zukunft. – Die Etappen sind zu bestimmen als religiöse, philosophische, politische, soziale, ökonomische Entfremdung (91–290). – Seine Lehre entwickelte sich aus den sozialen Mißständen des aufkommenden Industriezeitalters im 19. Jahrhundert. Er trat der Herrschaft des emanzipierten »Privateigentums«, wie es sich in »Sklavengesellschaft, Feudalgesellschaft und kapitalistischer Gesellschaft« (vgl. »Kapital«!) manifestierte, entgegen durch die Lehre vom »Gemeineigentum« im Sozialismus, durch den die Freiheit des Menschen in Gesellschaft und Wirtschaft wiedergewonnen werden soll; um die »Akkumulation des Kapitals durch Konzentration der Wirtschaft«, die Grundlage der Verelendung der Massen ist, zu überwinden, rief er die »Proletarier aller Ländern« zur »Revolution« auf, in der die ursprüngliche Ordnung der Menschheit, die durch »Gemeineigentum« gekennzeichnet war, wiederhergestellt werden sollte. Der Kommunismus als Endphase des Sozialismus fand seine mächtigste Ausgestaltung zunächst in Rußland, wo M. Bakunin (1814–1876), der sich 1872 von Marx getrennt hatte, nach Abschaffung von Staat, Religion und Ehe Gesellschaften von »Landkommunen« und »Arbeitergenossenschaften« aufbauen wollte. Auf nationalrussischem Boden verwirklichte diese Ideen V. Il. Uljanow (Lenin: 1870–1924), nachdem er 1917 den Zarismus niedergeworfen, 1918 mit Deutschland Frieden geschlossen und 1922 die UdSSR gegründet hatte. Sie stellt einen leicht gemäßigten Staatskommunismus dar, in dem die Partei der einzige Repräsentant des Staates ist. – Ganz anders hatte demgegenüber L. Trotzki (1879–1940) den Kommunismus aufgefaßt: er sah in ihm eine »permanente Weltrevolution«, die zum »internationalen Weltkommunismus« führen müsse. 1929 aus Rußland vertrieben, wurde er 1940 in Mexiko ermordet, wo er die »Vierte Internationale« gegründet hatte. So hatte der Marxismus in Rußland durch die Technisierung der Wirtschaft ein absolutistisches Staats- und Gesellschaftsgebilde geschaffen, während in ost- und westeuropäischen Staaten mehr humanistische Formen entwickelt wurden (Jugoslawien) und in den lateinamerikanischen Staaten, seit dem 2. Weltkrieg zumal, und in der ganzen Dritten Welt der Marxismus eine neue »revolutionäre Note« (Cuba) erhalten hat. – Eine Variante dieser Lehre entwickelte der chinesische Volksführer Mao Tse-tung (geb. 1893) vor allem durch Einführung seiner (vielleicht von Chen-Po-Ta ausgedachten) Lehren von der geschichtsträchtigen Bedeutung der Widersprüche und der permanenten Revolution für die Entwicklung der menschlichen Gesellschaft. Dabei spielt die Gedankenreform« (Lernen der Mao-Fibel in Gemeinschaft) eine bedeutende Rolle. 1947–1949 eroberte er China und ist seit 1954 Staatsoberhaupt des neuen Reiches der Mitte (vgl. Staatslexikon 10 [1970] 629–648: Maoismus-Marxismus). – Maßgeblich für diese Systeme bleibt der Materialismus, der dem Menschen als Person, so wie er in der christlichen Lehrtradition gesehen werden muß, nicht gerecht werden kann, den Menschen vielmehr nur als »Funktion in einem materialistischen Gesellschafts- und Geschichtsverständnis« begreifen kann. Dabei sei nicht übersehen, daß diese neuen Gesellschaftsideen eine Konkretheit in die Betrachtungsweise gebracht haben, die den mehr idealistisch anmutenden Ideen der Vorzeit gegenüber eine gewisse Bedeutung haben (vgl. Marxistisch-leninistisches Wörterbuch der Philosophie, hrsg. v. G. Klaus und M. Buhr, Hamburg 1972 [RoTB 6156 ff], II 415–433: Geschichtsphilosophie und Gesellschaft).

b) *Der biologistisch-positivistische Evolutionismus:* Wie die sozialistisch-kommunistischen Gesellschaftstheorien gehen auch diese Versuche von den wirklichen Mißständen in der Gesellschaft, wie sie mit dem Beginn der Industrialisierung sich besonders in England herausgebildet hatten, aus und suchen, jedoch nicht in dialektischem Denken, sondern mehr in einem idealistischen Denken, diese Erscheinungen zu begreifen und in den Griff zu bekommen. Waren die Deutschen K. Marx und F. Engels in England selbst zu ihren Theorien vom »kapitalistischen System« als dem Grund aller Mißstände, die nur durch Revolution zu beseitigen seien, gekommen, so führten dieselben Verhältnisse den Engländer H. Spencer (1820 Derby – 1903 Brighton) geradezu zu einer entgegengesetzten Theorie. In seinen »Principles of sociology« (1877–1896 entstanden) macht er den Evolutionsgedanken, in großartiger Einseitigkeit entwickelt, zur Grundidee seiner philosophischen Betrachtung der menschlichen Gesellschaft und Kultur. In der dialektischen Begegnung zwischen Integration und Differenzierung, Evolution und

Dissolution entwickelt sich nach seiner Meinung die Welt vom Uratom zur Biosphäre, zur Noosphäre und zur höheren Organisation der menschlichen Gesellschaft, die sich durch Konzentration der Noosphäre zu einer Gesamtperson entwickeln kann, ohne Gott, in einer materialistisch verstandenen Welt. »Die Phänomene des Lebens, des Geistes und der Gesellschaft durch die Tatsache der Materie, der Bewegung und der Kraft« zu erklären ist seine Absicht. Unter Evolution versteht er die »Verwandlung des Homogenen zum Heterogenen, des Unbestimmten zum Bestimmten, des Einfachen zum Differenzierten«. Er hat so im Grund das biologistische Denken in die Philosophie, in die Ethik und Soziologie eingebracht. – Was Spencer, von S. T. Coleridge (1772–1834) bestimmt (von F. W. v. Schelling beeinflußt), entwickelte, wobei er immer mehr das Individuum und dessen Utilitätssinn in die Mitte stellte und gegen den Sozialismus Stellung bezog, hat P. Teilhard de Chardin, durch H. Bergsons (1859–1941) Lehre von der »Evolution créatrice« beeinflußt, allerdings auf dem Grunde eines scholastisch-christlichen Weltbildes, in seiner Anthropologie (»Der Mensch im Kosmos« 1947) weitergeführt, indem er die ganze Entwicklung der Menschheit in den Endpunkt Omega (= Christus) einmünden läßt. Mit dem Demokratieprinzip für Gesellschaft und Politik vor allem seit 1848 verbunden, wirken diese Ideen in den verschiedenen liberalen Richtungen unserer Tage weiter. Sie stehen nun nicht mehr auf dem Boden des Materialismus, legen aber doch dem Gesellschaftsverständnis eine monistisch-biologische Idee zugrunde, die eine Entfaltung der Person in der Vielfalt ihrer Beziehungen behindert. Sowohl die eigentlich überpersonale wie noch mehr die transzendente Wirklichkeit bleiben unberücksichtigt.

c) *Der liberale und existentialistische Personalismus:* In das andere Extrem verfällt der »liberale oder heroische und existentialistische Personalismus«, der bei J. J. Rousseau (1712–1778), dem Vater der Französischen Revolution, bereits begegnet. Den großen Schwächen seiner eigenen Natur setzt er seinen Glauben an die radikale Gutheit der menschlichen Urnatur entgegen. Macht er in seinem »Discours sur les sciences« 1750 noch »Talent und Gelehrsamkeit« verantwortlich für die Ungleichheit der Menschen, so erscheint in seinen »Untersuchungen über den Ursprung und die Gründe der Ungleichheit unter den Menschen« 1754 die Entstehung des »Eigentums« für die politische »Ungleichheit der Menschen« verantwortlich, die schließlich in einem »Staatsvertrag« (so Th. Hobbes 1588–1679) zur Verkehrung der natürlichen (demokratischen) Gesellschaftsordnung selbst führt (d. h. zur Despotie). In seinem Werk »Du contrat social« 1762 endlich sucht er zu zeigen, daß der Mensch von Natur aus gut und frei ist und nur gegen die schädlichen Einflüsse der Kultur durch den »Gemeinschaftsvertrag« (Contrat social; »retournez à la nature!«), der dem Gemeinwohl, nicht dem Willen der Mächtigen und nicht der Masse dienen soll, geschützt werden muß. – Diese Ideen werden weitergeführt zu einem »materialistischen Solipsismus«, bzw. einem praktischen Egoismus in M. Stirners (Pseudonym für J. K. Schmidt, 1806–1856) Werk »Der Einzige und sein Eigentum« (1845), um in F. Nietzsches (1844–1900) »Der Wille zur Macht« (1901) im »Einzelnen als Übermenschen«, der Produkt einer großen Züchtung aus höchstem Leid und höchster Tat ist, das neue Ideal des Menschen zu zeigen, der zum Herrn über die Masse geboren ist (vgl. Hegels Staatsidee dazu die Rassenideologie des Nationalsozialismus). Hier sei nochmals auf die Revolutionsideen eines M. Bakunin und noch mehr eines S. G. Netschajew verwiesen, der die Vernichtung der Regierenden und die Unterdrückung der Massen aus seinem Geist der Revolte rechtfertigt, aus dem seit 1878 der russische Terrorismus wächst. A. Camus (1913–1960) hat aus seinem christlichen und mediterranen Erbe einen mehr moralischen »Menschen in der Revolte« (1951) zu entwickeln versucht, den er vorher schon im »Mythos des Sisyphos« (1942) als »den Menschen, der in einer absurden Welt auf sich selbst zurückgeworfen, dennoch durchhalten muß« vorstellte. Was hier noch in einem positiven Sinn gedacht wurde, hat J. P. Sartre (geb. 1905 in Paris) in einem nihilistischen Existentialismus, dessen Ende Ekel an der Welt und Selbstmord sind, in seinem umfangreichen Werke dargestellt. Maßgeblich für diese ganze Richtung ist, daß sie eine neue Welt allein vom eigenen Ich eines selbstmächtigen, selbstherrlichen Menschen her aufbauen möchte. Falscher Optimismus wie falscher Pessimismus zerstören das Bild vom Menschen wie von der menschlichen Gesellschaft. – Wie wird diesen Lehren gegenüber nun im christlichen Denken heute der Mensch und die menschliche Gesellschaft gesehen?

2. Wenn diesen einseitigen Auffassungen von Mensch und Gesellschaft hier die christliche Lehre gegenübergestellt werden soll, sei von Anfang an gesagt, daß auch die christliche Lehre nicht in einem einzigen geschlossenen System aufgehoben ist und daß auch der Christen und der Kirche, mitbestimmt von den meist unbewuß-
trotz der inneren Stimmigkeit der christlichen Lehren das Handeln

ten Fehlern und Schwächen der Natur, nicht als Exempel für die Richtigkeit der Lehre vorgezeigt werden kann, so wie ein im einzelnen Fall richtiges Handeln aus den oben angeführten falschen Vorstellungen über die Irrtümlichkeit der Idee nicht hinwegtäuschen kann. Das Verhältnis von Theorie und Praxis wird um so schwieriger, je höher die Theorie ist. – Wie oben dargestellt wurde, gehört zur sozialen Wirklichkeit eben zugleich das rechte Verständnis der Vorgegebenheiten, der freie Vollzug der daraus sich ergebenden Forderungen und die Annahme der und die Einordnung in die jeweils gegebenen und immer weiter zu entwickelnden Sozialgebilde. Dabei muß der einzelne Mensch zu sich und zu seiner geistigen und materiellen Welt die rechte Einstellung bewahren, soll er sich vor Gott und zu Gott hin recht verstehen und verhalten.

Die Schwierigkeit, die christliche Wahrheit hier recht zu formulieren, hat geschichtliche Gründe: Die Botschaft des Evangeliums ist in einer völlig anderen (bäuerlich-bürgerlichen, vorindustriellen) Gesellschaftsordnung entstanden und ihre Wahrheiten müssen darum erst in unser neues Selbst- und Weltverständnis (der Industriegesellschaft) übersetzt werden. So kommt es, daß die Kirche lange die Gesellschaftsfragen der Neuzeit nicht hinreichend erkannte. Das 1. Vatikanum nahm trotz E. v. Kettelers Erklärungen (1864: Die Arbeiterfrage und das Christentum) und A. Kolpings Werk (Gesellenverein 1846) keine Notiz von den neuen sozialen Umbrüchen durch das Zeitalter der Industrie, deutlich geworden 1848, und durch den Sozialismus. Das größte Dekret des 2. Vatikanischen Konzils, die Pastoralkonstitution über die »Kirche in der Welt von heute«, verstand sich darum als ein erster, unvollendeter neuer Anfang (G. Mahon in der 118. Generalkongregation am 9. 11. 1964), in dem die praktischen Darlegungen des zweiten Teiles als Lebenserfahrungen großer Seelsorgerbischöfe nur schwer mit den Prinzipien des ersten theoretischen Teiles zu verbinden sind. Das Handeln des Menschen geht auf das Einzelne, läßt sich darum nicht, wie die Theorie, in ein immer und allgemein gültiges System fassen. Überdies führen die Schwächen der menschlichen Natur immer dazu, daß das Grundverhältnis vom Einzelnen zur Gemeinschaft vielfach durch die starke und eigenwillige Persönlichkeit (Individualismus!) oder durch den geistig schwachen, hedonistisch ausgerichteten Menschen (Vermassung! Panem et circenses!) verfehlt wird. Auch die Kirche hat, nicht zuletzt aus dem griechischen und stoischen Denken heraus, schon seit dem 4. Jahrhundert einen »Heilsindividualismus« entwickelt, der seit Spätscholastik, Nominalismus, Humanismus, Renaissance und Aufklärung die verschiedensten Ausgestaltungen gefunden hat. Neben diesem Individualismus hatte im alten Feudalsystem (Klerikalismus durch Bildungs-, Besitz- und Rechtsvorrang) wie in der modernen Gesellschaft auch der Geist der Vermassung (Massenkirche!) einen Platz. Es ist verständlich, daß gerade in Auseinandersetzung mit diesen praktischen Gefahren die christliche Soziallehre verschiedene Darstellungen fand, die durch folgende charakteristische Richtungen nur angezeigt seien:

a) Im Geiste von H. Pesch SJ (1854–1926; Lehrbuch der Nationalökonomie, 5 Bde.) sah noch G. Gundlach SJ (1892–1965), der persönliche Berater von Papst Pius XII., den »Solidarismus« als das einzige Grundprinzip der christlichen Gesellschaftslehre an, d. h. die Einordnung der einzelnen Persönlichkeiten in das gesellschaftliche Ganze, wobei jedoch der Personalismus, d. h. der einzelne Christ aufgrund seiner persönlichen Tugenden, der allein maßgebliche Faktor der Gesellschaft blieb. In dieses System gehört vor allem das »Subsidiaritätsprinzip«, gemäß dem die Gesellschaft ihren Gliedern alles zur selbstverantwortlichen Erledigung überlassen soll, wozu sie aus eigener Kraft imstande sind (vgl. die Enzykliken Rerum novarum [1891] von Leo XIII. und Quadragesimo anno [1931] von Pius XI).

b) Kritik an diesem stark intellektualistischen System hat vor allem O. v. Nell-Breuning SJ (geb. 1890 in Trier) und im Namen der Soziallehre des Thomas von Aquin E. Welty OP (geb. 1902 in Anholt/Westf.; Herders Sozialkatechismus!) sowie teilweise auch B. Häring CSSR (geb. 1912 in Böttingen) geübt. Das »bonum commune«, das Gemeinwohl, läßt sich in unserer Industriegesellschaft nicht mehr vom Einzelnen her allein erfassen und verwirklichen; es stellt vielmehr »die Gesamtheit jener Bedingungen des gesellschaftlichen Lebens (auch der materiellen Bedingungen)« dar, »die sowohl den Gruppen als auch deren einzelnen Gliedern ein volleres und leichteres Erreichen der eigenen Vollendung ermöglichen ... Jede Gruppe (jedes Volk) muß den Bedürfnissen und berechtigten Ansprüchen anderer Gruppen (anderer Völker), ja dem Gemeinwohl der ganzen Menschheitsfamilie Rechnung tragen« (Gaudium et spes, Art. 26). Deutlich wird hier gegenüber dem personalen Liebesprinzip das sachliche Gerechtigkeitsprinzip mehr hervorgehoben, und der zuerst genannten mehr statisch-intellektuellen Theorie gegenüber erscheint diese Lehre mehr geschichtlich-dynamisch.

c) Die Theorie vom bonum commune bezieht sich nicht nur auf die gedachten, sondern auch auf die konkreten Gesellschaften der

Menschen in dieser Welt, umfaßt darum die großen Spannungen nicht nur zwischen Individuum und Gesellschaft, personal-freier und materiell-notwendiger Welt, sondern auch noch das Problem des Gesetzes und der Ordnung selbst, wie vor allem die neuen Untersuchungen über das »Naturrecht« zeigen, in denen die alte aristotelische Unterscheidung von Gerechtigkeit aus Natur oder durch Setzung (φύσει-νόμῳ: Ethica magna I 34: 1194 b 30 f) unter einem ganz neuen christlichen und globalen Aspekt erscheint. Die Spannung zwischen Freiheit und Planung wird hier zum echten Problem (vgl. J. David, Das Naturrecht in Krise und Läuterung, Köln 1967. – F. Böckle (Hrsg.), Das Naturrecht im Disput, Düsseldorf 1966. – E. W. Böckenförde-F. Böckle, Naturrecht in der Kritik, Mainz 1973. – K. Steinbuch, Falsch programmiert, Stuttgart 1968; ders., Programm 2000 [dtv 785], München 1971). Die »informierte Gesellschaft«, die »verantwortete Gesellschaft«, die hier ins Blickfeld kommt, ist von einer liberalen Weltsicht her konzipiert, die dem christlichen Welt- und Selbstverständnis nicht immer ganz gerecht wird, die aber vom christlichen Denken wegen ihres »Realitätsbezuges« nicht ignoriert werden kann.

3. *Grundlegung der sozialen Wirklichkeit in christlicher Sicht (Sozialtheologie)*

a) Das Entscheidende in aller christlichen Sozialtheologie ist das *christliche Menschenbild,* das den Menschen nicht nur als Ganzheit und Mitte in seiner Gesellschaft, sondern ebenso als lebendiges Glied in der Ganzheit seiner Welt und des Kosmos und dies alles wegen der Ganzheit und Einheit im transzendentalen Sinn von Gott, dem Schöpfer, her sieht. Dieses im Transzendenten verankerte Welt- und Selbstverständnis ermöglicht erst jene echte christliche »Sachlichkeit«, die den menschlichen Egoismus als solchen immer aufs neue enthüllt und zu überwinden fordert. Dieses Ganzheitsverständnis setzt freilich den lebendigen Glauben an den lebendigen Schöpfergott und zugleich das ständige Bedenken dieses Glaubens voraus, und ohne diesen immer neu zu suchenden und zu verwirklichenden Glauben ist auch diese Theorie in der Gefahr, eine Ideologie zu werden. Dieses im Glauben erfaßte »christliche Welt- und Selbstverständnis« des Menschen muß immer wieder im biblischen Sinn als »heilsgeschichtliche Einheit« gesehen werden. Im Laufe der Theologiegeschichte hat sich mit diesem Gedanken sehr stark das neuplatonische Ideengut verbunden (besonders seit Augustinus), das die heilsgeschichtlichen Wirklichkeiten wie Naturwirklichkeiten erscheinen läßt. Eine ähnliche Gefahr bringt der »Hegelianismus« in der Theologie heute mit sich (vgl. S. 231, 306). Die Aussagen der Schöpfungslehre müssen daher immer wieder aufs neue in die Erlösungslehre, in das Wissen um Sünde und Gnade hineingehoben werden, um so die »Geschichtlichkeit« des Menschen und der menschlichen Gesellschaft im Auge zu behalten, die allein dem Geheimnis des fortlebenden Christus in seiner Kirche entspricht. – Joh 17,21 ff (»daß alle eins seien ..., wie auch wir eins sind«) legt gemäß der Konzilskonstitution Gaudium et spes (Art. 24) »eine gewisse Ähnlichkeit nahe zwischen der Einheit der göttlichen Personen und der Einheit der Kinder Gottes in der Wahrheit und der Liebe«. Dabei muß freilich das Gottes- und das Weltverständnis in seiner ganzen inneren Dynamik gesehen werden: Der dreifaltige Gott ist absolute Einheit als Urgrund (Vater) des Mitteilens und Mitgeteiltseins (Christus) und der Lebenseinheit in Liebe (Geist). Die Weltwirklichkeiten wesen in den ewigen Ideen Gottes und haben von daher ihren letzten Grund und Wert. Der einzelne Mensch ist darum nicht ein Partikulare im quantitativen Sinn, im Einzelnen als Person ist vielmehr ein Universale da, von dem her der Wert des Plurale als Ganzen zu verstehen ist. – Das Gute hat seinen Grund in Gott, dem Schöpfer, und bildet in ihm die »lex aeterna«, die aber aufgrund des Schöpfungsgeheimnisses als Weltgesetz (»lex naturae«) in der Schöpfung anwesend ist, freilich nicht naturhaft ungebrochen, sondern »auf Hoffnung hin« (Röm 8,24), die nur erfüllt wird durch das menschliche Wirken im heilsgeschichtlichen Wirken Gottes, endgültig am Ende der Zeiten (eschatologisch). Ordnung und Kommunikation sind Angebot und Anruf, verlangen aber menschliche Annahme, Antwort und Mitwirkung. – Das schöpferische Wort Gottes kommt im erlösenden Menschwerden des Gotteswortes und schließlich in der Parusie des Richterwortes erst ans Ziel. Bonaventura hat das Zusammenwirken dieser Gestalten des göttlichen Wortes zum Ausdruck zu bringen versucht, indem er das neuplatonische Schema von descensio und ascensio mit der christlichen Uridee des »zusammen mit« (con- = σύν, also als condescensio und con-ascensio) verbunden hat (vgl. A. Gerken, Theologie des Wortes. Das Verhältnis von Schöpfung und Inkarnation bei Bonaventura, Düsseldorf 1963).

b) *Die Gemeinschaft der Menschheit im Schöpfungsgedanken.* Die besondere Gestalt der Einheit unter den Menschen ist ein sehr großes Problem. Sicher ist die Menschheit nicht wie eine »einzige Person« zu sehen (gnostische Anthroposidee!; D. v. Hildebrand gegen A. Dempf). Die biblische Idee von der »korporativen Persönlichkeit«. (J. de Fraine: Adam – Christus) ist im biblischen Denken aus dem sozialen Erlebnis der Großfamilie, des Stammes oder der Sippe erwachsen. Die Einheit der Menschheit kann nicht bloß als Gegebenheit aber auch nicht bloß als Aufgegebenheit erfaßt werden. Deutlich wird das, wenn wir den *»Bundesgedanken«* der Schrift in seiner geschichtlichen Entfaltung betrachten: Bei Noe erscheint in einem mehr mythischen Denken noch eine naturhafte Einheit der Menschheit und des ganzen Kosmos (Gen 9,9–17), bei Abraham wird deutlich die stammes- und volksmäßige Einheit (Gen 15,18); im Sinai-Bund des Moses erscheint das Volk Israel als Kulturvolk mit Gesetz für Wirtschaft und Politik (Ex 24,6–8); die mystisch-eschatologische Einheit der Menschheit im Erlöser Christus (Leib Christi: Röm 12,4 f; 1 Kor 12,12 f) ist eine Einheit des Gnadengeschenkes und des Gnadenvollzugs. Demgemäß wandelt sich auch der recht verstandene Begriff der »Brüderlichkeit«. Die Schlagworte von der fraternité in der Fanzösischen Revolution und des »Genossen« im kommunistischen Jargon sollen uns warnen, hier nicht eine naturhafte oder auch nur geschichtliche Vorgegebenheit anzunehmen (vgl. DSAM V [1964] n 41 – n 67: Fraternité; J. Ratzinger). – Die Einheit von Gottes- und Nächstenliebe ist daher in ihrer Komplexheit zu sehen: Wenn Augustinus lehrt, daß wir mit ein und derselben Liebe Gott und den Nächsten lieben (De Trin. VIII 8,12: PL 42, 959), ist ein sehr allgemeiner, vielleicht neuplatonischer Begriff von Liebe (amor = diffusivum sui) zugrunde gelegt. Gottesliebe lebt primär aus dem amor complacentiae (Freude an Gott) und dem amor concupiscentiae (Verlangen nach Gott). Die Nächstenliebe hat ihr eigentliches Fundament im amor benevolentiae (wohlwollende Liebe). Der amor amicitiae (Freundschaftsliebe) ist in der Gottesliebe nur aus der Kraft des Hl. Geistes möglich, so wie er in der Nächstenliebe vor allem die Hochschätzung der Freiheit in uns und im anderen, verbunden mit der Gemeinsamkeit der geistigen Interessen verlangt; nur wo Werte in einem abstrakten Sinn verstanden werden, besteht kein Konflikt zwischen Persönlichkeits- und Gemeinschaftswerten. Im konkreten Raum der geschichtlichen Menschen muß jedoch der Ausgleich zwischen diesen beiden stets neu gesucht werden, auch wenn richtig bleibt, daß Persönlichkeitswerte entscheidend durch freie Ausrichtung auf Gemeinschaftswerte wachsen. – Wort und Liebe zumal schaffen Gemeinschaft, insofern beide sach- und personbezogen zugleich sind. Die technische Welt hat vielerlei Verhältnisse geschaffen, die das

Zusammenwirken der Menschen zu einem einzigen Ziel, ganz anders als frühere Zeiten, fordern und fördern können. Dennoch läßt sich nicht feststellen, daß der Gemeinschaftssinn wirklich größer wäre, als er etwa in der heidnischen Stoa gewesen ist. – Die biblische Heilsgeschichte zeigt, daß Gott, der Schöpfer, in seiner Schöpfung immer am Werke ist: dennoch bleibt es zu jeder Zeit der Menschheit überlassen, ihre gesellschaftlichen und wirtschaftlichen Weltprobleme aus Wissen, Glaube und Liebe selbst zu lösen. Das eschatologische Weltverständnis der Schrift entspricht weniger der Idee eines Teilhard de Chardin, nach der die Welt sich mit einer gewissen Notwendigkeit zum Endpunkt Omega = Christus hin entwickelt, ist vielmehr getragen von der apokalyptischen Idee, nach der am Ende alles zerrissen und zerfallen ist und Gott selbst schöpferisch neu den neuen Himmel und die neue Erde schenkt. – Auch der Indikativ und der Imperativ – »so ist es« und »so soll es sein« – sind wie in der Theologie des hl. Paulus immer zugleich ein Nebeneinander und ein Miteinander. Die tiefste Kraft zur Einheit und Gemeinsamkeit wird dem Menschen aus der echten Öffnung zur Transzendenz sowohl gegenüber der eigenen Person wie gegenüber dem eigenen Werk, wie gegenüber der Welt als Kosmos, von dem wir ein Teil sind. Doch der Weg zu diesem Transzendieren ist, wie uns das Geheimnis des Kreuzes Christi zeigt, stets nur in einem »Opfer« möglich.

c) *Einheit und Gemeinschaft der Menschheit im Erlösungsgedanken:* Immer wieder erscheint in der Schrift als Grund des Zerfalls der menschlichen Einheit die »Sünde« (vgl. Gen 3–11: Adam beschuldigt Eva; der Brudermord zwischen Kain und Abel; Lamechs Lob der Rache und der Gewalt; der Turmbau von Babel: hier erscheint der Angriff auf Gott als Ursünde, die die Menschheit zerreißt; vgl. H. Demant, Theology of Society, London 1947, 11–15). Nur die Offenheit zur transzendenten Absolutheit Gottes gibt die universale Möglichkeit zum Freiwerden vom erbsündlichen Egoismus, weil auch hier allein das rechte Bild vom Menschen als Person neu möglich wird. Wie sehr dabei die menschliche Schwäche am Werke ist, zeigt die Tatsache, daß Gott selbst immer aufs neue einen »Bund« mit den Menschen schließen mußte, ja, der »Alte Bund« durch Christus und seinen »Neuen Bund« abgelöst wurde (Hebr. 8,13). Um so mehr schaffen menschliche Motive nur »Pseudosolidaritäten«, die meist zeitbedingt und exklusiv sind und schnell zu inneren Verhärtungen führen (Haß gegen den Außenstehenden; Zwang statt Freiheit der Brüderlichkeit). – Entscheidend bleibt, daß alle Gemeinschaftsformen dem Wandel der menschlichen Entwicklung unterworfen bleiben. Aus dem Jäger- und Hirtenstamm (Sippe, Clan) bildet sich das Volk von Bauern und Handwerkern mit einer ständischen Ordnung, die sich durch die industrielle Entwicklung zu einer Klassengesellschaft oder einer Gesellschaft mannigfaltiger Gruppen weiterentwickelt. Ausgehend von dem Menschenbild, das wir in § 23 gezeichnet haben, muß jede Gesellschaft, die sich christlich verstehen will, wenigstens drei Gruppenbildungen pflegen: die Familie als Liebes- und Lebensgemeinschaft, die verschiedenen Gesellschaftsgruppen, die durch Interessen, Werte und Zwecke des menschlichen Werkes und der menschlichen Weltgestaltung bestimmt sind, und den Staat, der von der Einheit bildenden wirtschaftlichen und politischen Macht getragen ist, auch wenn diese Macht demokratisch gestaltet ist und auf die umfassende Zusammenarbeit mit anderen Staaten in einer Völkergemeinschaft verwiesen bleibt. – Der Weg dieser Entwicklung wird stets von den Urwirklichkeiten Sünde und Erlösung begleitet aber auch von Gnade und Freiheit. Darum ist nicht nur die Botschaft und das Werk, sondern zutiefst die Person Jesu Christi im christlichen Welt- und Selbstverständnis die Mitte und die Seele aller menschlichen Gemeinschaftsformen (vgl. Gaudium et spes, Art. 32).

d) *Die menschlichen Gemeinschaften, die Völkergemeinschaft und die Idee der Kirche:* »Erstgeborener unter vielen Brüdern, stiftete Jesus nach seinem Tode und seiner Auferstehung unter allen, die ihn im Glauben und in der Liebe annehmen, durch das Geschenk seines Geistes eine neue brüderliche Gemeinschaft in seinem Leib, der Kirche, in dem alle einander Glieder sind und sich entsprechend der Verschiedenheit der empfangenen Gaben gegenseitig dienen sollen« (vgl. 1 Kor 12: Gaudium et spes, Art. 32). – Das hier angezeigte Bild von der Kirche, das im 2. Vatikanischen Konzil erarbeitet wurde (Der »Mensch« und die »Kirche«, also das christliche Verständnis von Individuum und Gemeinschaft, waren die Grundthemen des Konzils), ging von den allgemein festgestellten Krisen der menschlichen Gesellschaft aus. Die Aussagen über die »Zeichen der Zeit« (Gaudium et spes. Art. 4–10) sollten den Prospekt für die neuen Wegweisungen schaffen. Eine ganz neue Berücksichtigung der Humanwissenschaften (Geschichtswissenschaft, Biologie, Psychologie, Soziologie) und ein neues Verständnis für die Wandlungen in der Gesellschaft als einer »Industriegesellschaft«, die durch neuen Wohlstand, neue Bindung durch Kommunikationsmittel, neue wirtschaftliche Möglichkeiten zur allgemeinen Verstädterung des Menschen und zu den großen Spannungen zwischen armen und reichen Nationen, liberal oder absolutistisch regierten Völkern führten, waren Anlaß zu den Aussagen über das Familien-, das Gesellschafts-, das kulturelle, wirtschaftliche und politische Leben der Menschen im zweiten Teil des Dekretes über die »Kirche in der Welt von heute«. Die Folgen der Industriegesellschaft, die sich nach den inneren Gesetzen der materiellen Wirtschaft und der mechanistischen Technik, nicht nach den freien Gesetzen menschlicher Sittlichkeit gebildet hatte: die Schwächung der Orientierung an transzendenten Symbolen, die Einbuße der Kontinuität, die Schwächung der natürlichen und traditionellen Gemeinschaften, der Verlust der Mitte in einer pluralistischen Gesellschaft mit mangelndem Zugehörigkeits- und Autoritätsgefühl und das verunsichernde Schwanken zwischen Konformismus und Autonomie (vgl. R. Behrendt) – sollten aufgezeigt, aus den geschichtlichen Ereignissen verstanden und durch Hinführung zu den neu verstandenen alten christlichen Prinzipien einer Heilung zugeführt werden. Die Darstellung der konkreten Gemeinschaftsformen im folgenden Teil mag einige Hinweise dafür bringen. Hier sei nur an die eine christliche Grundwahrheit erinnert, daß die christliche Gesellschaft in ihrer innersten Freiheit und Geschlossenheit, Einheit und Vielfalt letztlich in der Gabe des Geistes wurzelt, den Christus seiner Kirche verheißen und am Pfingstfest geschenkt hat. Im 12. Kapitel des 1. Korintherbriefes hat Paulus diese Wahrheit so formuliert (4–6): »Es gibt Verschiedenheiten unter den Gnadengaben, doch es ist derselbe Geist; es gibt Verschiedenheiten unter den Ämtern, doch es ist derselbe Herr; es gibt Verschiedenheiten unter den wirkenden Kräften, doch es ist derselbe Gott, der alles in allem wirkt.« Die lebendige Spannung zwischen Einheit und Vielheit, die die Lebensgrundlage jeder freien Gesellschaft ist, wird hier aus dem Wirken des Hl. Geistes erklärt. – Die Auseinandersetzung zwischen Sünde und Gnade, zwischen Gemeinschaft zerstörender und Gemeinschaft schaffender Kraft hat Paulus im Galater- (wie im Römer-)brief in seinem Thema »Fleisch und Geist« zum Ausdruck gebracht. Fleisch, das ist der erbsündliche Mensch von Adam her; Geist, das ist der neue Mensch von Christus her. So nennt Paulus 15 Werke des Fleisches, die die Gemeinschaft zerstören. Sie werden Werke genannt, weil sie Taten des Menschen sind. Denen gegenüber nennt er eine einzige Frucht des Geistes, die sich als solche jedoch neunfach ausfächert und Grundlage aller menschlichen Gemeinschaft bedeutet. »Die Frucht des Geistes aber ist: Liebe, Freude,

Friede (für die Person des Menschen selbst), Geduld, Freundlichkeit, Güte (für alle Ich-Du-Gemeinschaften), Treue, Milde, Verzicht (für alle Wir-Gemeinschaften) (Gal 5,19–23). In seinem »Hohen Lied der Liebe« (1 Kor 13) hat er ein Bild von der Liebe entwickelt, die nicht im modernen liberalen Sinn »nur personalistisch« verstanden wird, sondern im alten, biblischen Verständnis (vgl. Dt 24) den Menschen inmitten seiner geistigen, materiellen und gesellschaftlichen Welt bedenkt. Was hier von humaner Ordnung her über das Grundprinzip aller menschlichen Gemeinschaften und Gesellschaften ausgesagt wird, muß gewiß in einer industriellen Gesellschaft auch von außerpersonalen Ordnungen her neu bedacht werden. – In einer Welt, die unter dem Gesetz der Erbsünde steht und in der persönliche Feindschaften und Kriege von Gruppen und Völkern bis heute, auch in der christlichen Ära, nicht überwunden worden sind, wird freilich menschliche Gemeinschaft auch immer wieder auf jene, nur im christlichen Glauben zu verstehende und zu verwirklichende Forderung der »Feindesliebe« verwiesen sein, die Christus selbst mehrfach ausgesprochen hat (vgl. Mt 5,21–27; Lk 6,27–36: Die Kirche als Faktor einer kommenden Weltgemeinschaft, hrsg. vom ökumenischen Rat der Kirchen, Stuttgart–Berlin 1966).

4. Wenden wir uns nun zum Schluß den wichtigsten drei, in sich wesenhaft verschiedenen Grundgestalten menschlicher Gemeinschaft zu: der Familie, den Gesellschaften und dem Staat.

a) *Familie* (vgl. LThK 4 [1960] 8–14 [H. Wollasch]. – G. Wurzbacher, Die Familie als Sozialisationsfaktor [Der Mensch als soziales und personales Wesen, Bd. 3], Stuttgart 1968. – H. H. Schroeder, Eltern und Kinder in der Verkündigung Jesu [Theologische Forschung, 53], Hamburg 1973. – StL Erg. Bd. I [1969] 923–939: Familienpolitik [M. Wingen]. – Gaudium et spes II Kap. 1, Art. 46–52).

Die naturgegebene Lebensgemeinschaft von Vater, Mutter und Kindern (im Kindesalter) bildet als elementarste menschliche Lebensgemeinschaft die Urzelle der menschlichen Gesellschaft. Als Zeugungs-, Erziehungs- und ursprünglich auch wirtschaftliche und politische Einheit ist sie Ursprung aller Entwicklung der Völker und der Staaten. In der hebräischen und griechischen Sprechweise steht dafür darum das Wort »Haus« als Gemeinschaft, in der patriarchalischen Ordnung der germanischen Völker meist »Weib und Kinder«. Erst nach Luther erscheint das lateinische Lehnwort familia, das die Großfamilie, den Clan oder die Sippe meint, zu der jeweils auch die Bediensteten in Haus und Hof (abgeleitet von famulus = Knecht) gehören. Je weiter jedoch die Entwicklung der wirtschaftlichen und politischen Verhältnisse der Menschheit fortschritt, um so mehr Bedeutung erlangten diese, selbst gegenüber den personalen Werten, die den inneren Lebensnerv der Familie bilden. Das Bild von der Familie wandelte sich und geriet zugleich in Not. Dies wird schon sichtbar in der äußeren Entwicklung von der *Großfamilie,* zu der noch die neugegründeten Familien der Kinder und vor allem auch die Dienstboten gehörten, hin zur *Kleinfamilie* unserer Zeit, die nur noch Vater und Mutter und Kinder bis zu ihrer Selbständigkeit umfaßt. Doch auch der Familiensinn und das Familienbewußtsein litten Schaden, weil eben die alte Großfamilie vielleicht noch zu sehr von wirtschaftlichen und Machtfragen geordnet wurde und die Gründung des Familienbewußtseins primär oder allein auf personalen Werten nicht hinreichend gepflegt worden war. Die moderne Kleinfamilie kann im wesentlichen nur noch auf diese personalen Werte aufbauen, die in einer neuen christlichen Ethik verstanden und gelebt werden müssen. – Die Entwicklungspsychologie unserer Tage hat in neuer Weise herausgestellt, von welch einmaliger Bedeutung die eheliche Gattenliebe, die Eltern- und die Kinderliebe gerade für das Kleinkind von Empfängnis und Geburt an bis zu seinem sechsten Lebensjahr ist, soll sich die Ausbildung des personalen, sittlichen und sozialen Charakters des erwachsenen Menschen ungehindert vollziehen. Damit wird auch der tiefe innere Zusammenhang von Ehe und Familie ans Licht gestellt: Das Geheimnis der Ehe (vgl. Eph 5,32) bedingt das Geheimnis der Familie, die beide in der Tiefe der menschlichen Person und ihrer Ordnung ihren Wurzelgrund haben. Angesichts der Ehenot unserer Zeit (Anwachsen der Scheidungsquote) und der damit verbundenen Gefährdung des Kindes (Kampf um § 218; Berufstätigkeit der Mutter des Kleinstkindes; Schlüsselkinder) in unserem Industriezeitalter mit seiner Leistungs- und Konsumgesellschaft ist es von höchster Bedeutung, den christlichen Sinn und Grund des Familienverständnisses neu zu erarbeiten, das um des Menschen willen, um seiner Person und der menschlichen Gesellschaft willen erhalten werden muß. – Was die Offenbarung über den Menschen als Ebenbild Gottes, als Kind Gottes, als Bruder und Schwester unseres Herrn Jesus Christus und was sie über die unauflösliche, monogame Ehe sagt, bleibt gültig und verbindlich, auch wenn sich die kulturellen, wirtschaftlichen und politischen Verhältnisse, die den Schriftaussagen zugrunde liegen, außerordentlich gewandelt haben und weiterhin wandeln werden. »Das Wohl der Person wie der menschlichen und christlichen Gesellschaft ist zuinnerst mit dem Wohlergehen der Ehe- und Familiengemeinschaft verbunden« (Gaudium et spes, Art. 47). Eingehend beschreibt die Pastoralkonstitution (Art. 46–52) das christliche Verständnis von Ehe, wie es in KKD VII, 216–292 vorgestellt wurde. Sie hebt die Einheit von Gattenliebe und Kindesliebe, die hohe Bedeutung der elterlichen Frömmigkeit für die Frömmigkeit des Kindes hervor und zeigt, wie die Liebesfähigkeit des Menschen überhaupt in der Gottesliebe und der Gottesfurcht des Menschen wurzelt. Diese Grundwerte Ehe und Familie dürfen daher von der menschlichen Gesellschaft, besonders von der politischen Gesellschaft, nicht angetastet werden, ja müssen um der Zukunft von Gesellschaft und Volk willen behütet und gefördert werden. Daß dazu in unserer Konsum- und Leistungsgesellschaft auch wirtschaftliche und soziale Hilfen für die Familie (Kindergeld, Ausbildungshilfen u. a.) geleistet werden müssen, hat seit dem 1. Weltkrieg vor allem in der »Familienpolitik« Ausdruck gefunden. – Wie Geborgenheit und Vertrauen, die das Kind schon unbewußt in einer glücklichen Familie in sich aufnimmt, für das Werden einer ausgeglichenen Persönlichkeit und damit auch für ihr Gottesbild und Gottesverhältnis von höchster Bedeutung sind, so werden das liebende Verzeihen und die sorgende Liebe, die ebenfalls in der Familie zuerst erfahren und eingeübt werden, tragend für die kleinen und großen sozialen Gemeinschaften, in die das Kind hineinwächst und die von ihm mitbegründet werden. Fast alle sittlichen Grundwerte wie Wahrhaftigkeit und Ehrlichkeit, Fähigkeit zu schöpferischem Verzeihen, Treue und Verantwortungsbewußtsein, echte Selbständigkeit und hingebende Opferbereitschaft, die Fähigkeit zum Durchhalten in gemeinsamen Schwierigkeiten, Verständnis für Autorität, Gehorsam und Freiheit, kurz alle großen personalen und sozialen Werte werden primär in der Familie grundgelegt, auch wenn sie im Leben immer neu erworben, bewahrt und entwickelt werden müssen. Gattenliebe, Elternliebe, Kindesliebe, Geschwisterliebe, Freundesliebe, Liebe zum Armen und Bedürftigen, aber auch Liebe zur Natur und Sinn für die hohen geistigen Werte der Kultur sowie Fleiß und Sparsamkeit in wirtschaftlichen Dingen wachsen zuerst in der gesunden christlichen Familie, die freilich, wie oben gesagt, heute mehr denn je frei und bewußt gesucht und gestaltet werden muß, nicht mehr, wie ehedem, durch wirtschaftliche, soziale und politische Verhältnisse getragen sein kann.

b) *Körperschaftliche und gesellschaftliche Gebilde:* Familie ist so sehr aus der Tiefe der geistigen Person konstituiert, daß sie nicht mit dem alten stoischen »Leibmodell« erfaßt werden, also nicht eigentlich eine Körperschaft genannt werden kann. Doch jeder Mensch wird, sobald er aus den Kleinkinderjahren herausgewachsen ist, von neuen menschlichen Gruppen aufgenommen, bildet selbst solche Gruppen, die wohl als »Körperschaften« im weitesten Sinn bezeichnet werden können. Sie sind ein irgendwie »organisch« zu nennendes Ganzes, aus einzelnen Personen wie Gliedern gebildet. Hier ist eine große Anzahl von Gruppenbildungen zu nennen, die unter sich von sehr verschiedener Struktur sind. – Am Anfang steht die *»Kameradschaft«*, zu der das Spiel schon Kleinkinder zusammenführen kann. Kameradschaft im Arbeitsbetrieb, in der soldatischen Einheit, besonders im Ernstfall des Krieges, sind auch auf einer anderen Entwicklungsstufe von ähnlicher Gestalt. Spiel, Arbeit und Kampf ermöglichen und begründen eine solche Gruppenbildung, die wegen ihres existentiellen Motivs oft von langer Dauer und tiefer Wirkung sind. Dieselben Motive führen Teilgruppen dieser Kameradschaften, vor allem in der Reifungszeit des Menschen, oft zu mehr personalen kleinen Gemeinschaften, zu *»Freundschaften«* zusammen, die in besonderen und einmaligen Fällen natürliche Grundlage von »Ehe« sein können. Freundschaft reicht viel tiefer als Kameradschaft in die personale Tiefe des Menschen hinein, ist darum auf wenige Glieder jeweils beschränkt (vielfach nur Zweiergemeinschaften), ist anspruchsvoller und empfindlicher. Ähnlich wie bei Ehe und Familie ist hier noch, wenn auch je in verschiedener Weise, von echter menschlicher »Gemeinschaft« zu sprechen. Echte Gemeinschaften unter Menschen können sich aber auch noch bilden, wo gemeinsame geistige Interessen, Wertungen, Ideen und Ideale zur Solidarisierung führen (vgl. Ciceros Laelius über die Freundschaft). Je nach der Höhe der Idee und des Ideals und je nach der Tiefe der Ergriffenheit des Menschen werden so echte *Gemeinschaften* oder nur *»Gesellschaften«* entstehen. Gesellschaften sind Solidarisierungen, die weniger tief im Menschlichen wurzeln, in denen der Mensch weniger sich für die Idee oder die Sache einsetzt oder opfert, wo er vielmehr um des Eigenen willen, um eines mehr persönlichen oder mehr sachlichen Gewinnes willen, sich für seine eigene Person im Dienst der Gruppe verpflichtet weiß und einsetzt. Wo mehr materialistisch vom Menschen und seiner Sozialisierung gedacht wird, spricht man gerne von *»Genossenschaften«*, die einer Gruppe von Menschen bei möglichst geringem

Einsatz einen möglichst hohen Genuß an Lebensgütern vermitteln sollen. Vor allem wirtschaftliche Interessen und Bedürfnisse führen vielfach zu den verschiedensten Formen von Vergesellschaftungen. Wo der eigene Einsatz noch geringer und das Streben nach eigener Sicherung und Entfaltung noch größer wird, sprechen wir von *»Verbänden«* (vgl. Arbeitgeber- und Arbeitnehmerverbände). Die sog. »kirchlichen Verbände« etwa der Weimarer Zeit waren ihrer inneren Struktur nach eher »Kameradschaften« als »Verbände« in diesem modernen Sinn. – Die Wortbezeichnungen sind freilich nicht immer zutreffend gewählt, da sie nicht nur von der Sache her, sondern auch von der jeweiligen öffentlichen Meinung über soziale und wirtschaftliche Ordnungen überhaupt geprägt werden. Eine christliche und eine theologische Betrachtung dieser menschlichen Gruppenbildungen hat drei Gesichtspunkte immer im Auge zu behalten: (1) Diese Gruppenbildungen sind nicht naturhaft wie Ehe und Familie, sondern durch das freie Tun der Menschen grundgelegt, auch wenn dieses freie Tun selbst zur Voraussetzung Erkenntnis und Anerkenntnis von mehr oder weniger hohen personalen, ideellen oder materiellen Werten hat. – (2) Auch wenn diese drei Arten von Werten, entsprechend der Grundstruktur des Menschen, wie wir sie in § 23 dargestellt haben, wohl zu unterscheiden sind, müssen sie doch immer wieder zusammengeschaut werden. Dabei dürfen freilich die Unterschiede zwischen den *Werthöhen* und *Wertnotwendigkeiten* für das Leben, aber auch deren Zuordnung zueinander nicht unbedacht bleiben. Mit dieser inneren Verschränkung der Wertewelt hängt die andere Folgerung zusammen, daß die verschiedenen Gruppenbildungen, so sehr sie um der Vielfalt der menschlichen Fähigkeiten und der Mannigfaltigkeit der menschlichen Schwächen und Bedürfnisse willen notwendig sind, einander nicht so ausschließen dürfen, daß die höhere Gemeinschaft aller Gruppen im Ganzen einer größeren Gruppe oder gar eines Volkes oder des Staates gestört wird. – (3) Die entscheidendste Forderung aber, sozialtheologisch gesehen, bleibt, daß alle Gruppenbildungen bei Anerkennung ihrer Eigenwerte (also auch das Wirken von bloßen Wirtschaftsverbänden) dem Menschen als Person nicht schaden, ja am Ende der Förderung und Ausreifung der inneren Personalität des Menschen dienen müssen. So konsequent für ein quantitativ-logisches Denken eine bloß materialistische Auffassung erscheinen mag (etwa die Einteilung in kapitalistische und proletarische Welt bei K. Marx), die Weite und Fülle und Tiefe des Menschen kann sie in keiner Weise erfassen und beantworten.

Diese Weite, Tiefe und Fülle wird sich immer nur erschließen, wenn die bisher genannten Ordnungen (die personale, soziale, kulturelle, wirtschaftliche, politische) aus der transzendenten Tiefe des Menschen als Person heraus angegangen werden und dorthin immer wieder zurückführen.

c) *Staat und Volk* (vgl. StL VII [1962] 520–563: Staat [H. Peters u. a., Lit.!]. Gaudium et spes, II Kap. 4 und 5, Art. 73–90). – In den alten Kulturen wurde das, was wir seit dem 17. Jahrhundert »Staat« (von status = Verfaßtheit eines Volkes) nennen, noch πολιτεία oder civitas (oder res publica), d. h. städtische Rechts- und Kulturgemeinschaft geheißen, so wie man Familie damals »Haus« nannte. Das führte dahin, daß in den orientalischen Kulturen der Staat als übergroßes Stadtgebilde verstanden wurde, dessen absoluter Herrscher, ähnlich der Stadtgottheit selbst, Autorität besaß und verehrt wurde. In der individualistischen Kultur Griechenlands versuchte man demgegenüber vorübergehend den Staat als »Städtebund« zu verstehen. Ein Blick auf die mannigfaltigen Verfassungsformen von Staaten in der Geschichte der Menschheit (Gottkönigtum, Tyrannis, Monarchie, Oligarchie oder Aristokratie, Demokratie oder Ochlokratie) zeigt, daß in der Verfassungsform selbst das Wesen des Staates nicht zu greifen ist. Doch soviel wird hier ebenfalls deutlich: So wie die personale Ordnung der Familie durch die persönliche Erschließung, durch Empfangen und sich Schenken in Freiheit, und die Gruppenbildungen durch die freie Bindung der Menschen an verschiedene Werte und Güter, so sind Staatsgebilde irgendwie durch die das Personale und Werthafte im idealen und materialen Sinn übergreifenden Wirklichkeiten von Macht und Recht grundgelegt und bestimmt. Macht und Recht haben im geistig-personalen Bereich des Menschen ihre Wurzeln, gewinnen jedoch bei einer gewissen geschichtlichen Größenentwicklung eine Form, die mehr beinhaltet als die Summe der persönlichen Rechte und Pflichten der Bürger dieses Staates. Macht und Recht dieses Staates müssen im Dienste des Gemeinwohles stehen, das wiederum mehr ist als die Summe dessen, was jedem der Staatsbürger zu seinem Wohle zusteht. Unter »Staat« ist eine Ganzheit verstanden, die mehr ist als die Summe der Teile, auch wenn diese Ganzheit mit ihrem »Ganzen« nichts anderes zu tun hat, als allen Teilen in bestmöglicher Weise zu dienen. Dieser Dienst kann dem Staatsbürger um des Gemeinwohles willen »Pflichten« auferlegen, die der Einzelne aus sich nicht erkennen kann und, wenn er es könnte, nicht frei auf sich nehmen würde. Hier liegen die Quellen für die vielfältigen *Spannungen zwischen Staatsautorität und staatsbürgerlicher Freiheit,* die nicht nur wegen der menschlichen Schwäche und Selbstsucht, sondern wegen der überindividuellen Seinsordnung auch bei bestem Willen der einzelnen Staatsbürger in den einzelnen Fällen nicht allein durch die mathematische Ordnung einer demokratischen Abstimmung gelöst werden können. Die Freiheit der Staasbürger, die freilich eine informierte und bewußte Freiheit sein muß, will gewahrt sein, selbst wenn von dieser Freiheit im Namen des Gemeinwohles ein hohes Opfer verlangt werden muß. An diesen Schwierigkeiten scheitert vielfach die sonst so »vernünftige« Demokratie (vgl. StL II [1958] 560–594: Demokratie [H. Peters]; ebd. XI [1970] 809–834 [U. Hättich, A. M. Schmelzl]).

Rein natürliches rationales Denken vermag den wahren Sinn staatlicher »Souveränität« schwerlich voll zu erfassen. Wo immer der Mensch und seine Welt im Spiele sind, ist ein tieferes, die reine Erfahrungswelt überschreitendes Denken und Verstehen vonnöten, zu dem uns das gläubige Erfassen der Offenbarung Gottes führen möchte, auch wenn in der Frage nach dem Staat noch mehr als bei den vorausgegangenen Fragen nach Familie und Gruppengesellschaft festgehalten werden muß, daß die Offenbarung keinen Modellfall, ja auch nicht die einzelnen Grundprinzipien für das gläubige Verständnis, unmittelbar zur Verfügung stellt. Eine christliche Staatstheorie und Staatstheologie hat jedoch folgende Wahrheiten und Forderungen festzuhalten: – (1) Die staatliche Autorität und die damit verbundene Gewalt und Gehorsamspflicht des Bürgers haben an sich göttlichen Ursprung, insofern sie dem Gemeinwohl dienen (vgl. Röm 13,1–6; 1 Petr 2,13–15: »Ordnet euch jeder menschlichen Einrichtung unter, um des Herrn willen, sei es dem König, dem obersten Herrn, sei es den Statthaltern als denen, die von ihm abgeordnet sind zur Bestrafung der Übeltäter und zur Anerkennung derer, die Gutes tun.« Johannes läßt Christus zu Pilatus sagen: »Du hättest keine Macht über mich, wäre sie dir nicht von oben gegeben« [Joh 19,11]). Die Kirche hat darum auch für die staatlichen Autoritäten in ihrem Kult stets gebetet, selbst in den Zeiten der Christenverfolgungen in Rom. – Die Verpflichtung der Autorität gegenüber dem »Gemeinwohl« freilich begründet auch ein christliches Recht auf Revolution des Staatsvolkes gegenüber der staatlichen Obrigkeit, die dieser Verpflichtung grundsätzlich und wesenhaft nicht mehr gerecht wird. – (2) Die Allgemeinheit der menschlichen Bildung und Information heute führt dahin, daß in den modernen Industriestaaten die Wirklichkeit der

Staatsautorität in dieser geschichtlichen Welt in die Problematik der Dialektik zwischen *»Staat als Institution und Gesellschaft als organisiertem Staatsvolk«* gerät. Aus dem vorher Gesagten ergeben sich für diese Problematik folgende Folgerungen: a) Staat und Gesellschaft können nicht, wie im englischen Liberalismus, dualistisch nebeneinander stehen; der Staat kann aber auch nicht, wie im deutschen konstitutionalistischen Verständnis (vgl. G. W. Hegel), als Einheit gesehen werden, in der die Macht des Staates (potestas, nicht mehr auctoritas) die Gesellschaft bis in die personal bestimmten Ausgestaltungen hinein durch Gesetz und Gewalt dirigiert. – b) Noch sachfremder wird die Lösung dieses Problems, wenn die wirtschaftlichen und politischen Machtfaktoren durch Parteienbildungen in der Gesellschaft dahin führen, daß die Gesamtmacht des Staates auf die gesellschaftlichen Parteien verlagert wird und diese sich dann entweder dualistisch gegenüberstehen (Kapitalismus und Proletariat bei K. Marx) oder es zur Alleinherrschaft einer Partei (Faschismus, Bolschewismus) im Staate kommt. Staat als Institution muß neben der Gesellschaft als eigene Wirklichkeit anerkannt werden und erhalten bleiben. – (3) Die notwendigen Spannungen, die vor allem durch die industrielle Entwicklung der modernen Staaten auf dem Gebiete der wirtschaftlichen (Kapital und Arbeit) und politischen (Rechte und Pflichten) Mächte entstanden sind und heute noch wirken, müssen durch Gesetzgebung und Rechtsprechung je immer neu gelöst werden. Im politischen Bereich wird durch den Wechsel in der Regierung, der durch demokratische Wahlen ermöglicht wird, für diesen Ausgleich in etwa gesorgt; im wirtschaftlichen Bereich kann und muß Gesetzgebung und Rechtsprechung dafür sorgen, daß die Spannungen zwischen privatem, gesellschaftlichem und staatlichem Kapitalismus so gestaltet werden, daß die schöpferischen Anregungen, die durch das für den Menschen in dieser Welt notwendige »Privateigentum« ausgehen, erhalten bleiben und doch das »Gemeinwohl« der eigentliche Nutznießer dieser schöpferischen Unternehmungen der Einzelnen und der Gruppen bleibt. Verstaatlichung (Staatskapitalismus) von Grund und Boden und Produktionsmitteln ertötet das private Interesse, Privateigentumsrecht ohne die Auflage gesetzlicher Ordnungen verfehlt in der modernen Industriegesellschaft das Gemeinwohl. Der Sinn der Gesetzgebung und Rechtsprechung besteht eben darin, zwischen den notwendigen personalen Rechten des Einzelnen und der gesellschaftlichen Gruppen und den materiellen Mächten, die in Grundbesitz und Produktionsgütern im weitesten Sinne investiert sind, im Namen des Gemeinwohles zum Schutz der menschlichen Person den bestmöglichen Ausgleich zu schaffen. Der Mensch als Person bleibt das Höchste. Er ist nicht Funktion der Gesellschaft, noch weniger Funktion der Wirtschaft, sondern höchster Wert und Ursprung aller sittlichen Werte dieser Welt. Im Namen dieser Person, leider meist durch die marxistisch-kommunistische Ideologie angespornt und darum die für alles geschichtliche Werden notwendige Sacheinsicht und Geduld verkennend, wurde nach dem Konzil auch eine eigene *»Theologie der Revolution«* (vor allem durch die evangelische Arbeitsgruppe »Kirche und Gesellschaft«) entwickelt, in neuerer Zeit als *»Theologie der Befreiung«* (Emanzipation) besonders in Südamerika weitergeführt (vgl. E. Feil und R. Weth [Hrsg.], Diskussion zur »Theologie der Revolution«, München–Mainz 1969. – A. Garcia Rubio – R. Vehemans, »Die lateinamerikanische Theologie der Befreiung«, Communio 2 [1973] 400–429, 434–448. – G. Gutierrez, Theologie der Befreiung, München 1973. – Concilium 10 [1974] H. 3: Jesus Christus und die menschliche Freiheit. – H. Zwiefelhofer, Bericht zur Theologie der Befreiung, Mainz 1974). – (4) Wie diese Gesetzgebung und Rechtsprechung dem sozialen und politischen Frieden im einzelnen Staat und Volk zu dienen hat, so wird für die durch Technik, Information und Verkehr überschaubar und beherrschbar gewordene Welt als ganze heute von den einzelnen Völkern und Staaten gefordert, daß sie durch internationale politische Institutionen, internationale wirtschaftliche Zusammenarbeit, vor allem aber auch im Dienste von noch weniger entwickelten armen Ländern und Völkern für den Frieden auf dieser Erde und für den Aufbau einer umfassenden Völkergemeinschaft sorgen. Bei dem erbsündlichen Egoismus des Menschen ist es nicht möglich, ohne christliche Motive, nur mit Vernunftgründen eine solche Völkergemeinschaft in dieser Welt aufzubauen. Die großen Anstrengungen seit dem 1. Weltkrieg, Institutionen wie Völkerbund, Vereinte Nationen, Weltfriedenskonferenz u. a., die auf demokratischem Boden mit rein rationalen Mitteln dem Weltfrieden dienen möchten, verdienen höchste Anerkennung und Unterstützung, auch wenn der Christ dabei nicht vergessen soll, daß ohne Einbringung seines christlichen Prinzips, der »Liebe«, das Ziel nicht erreicht werden wird. Dieses Prinzip Liebe wird freilich immer nur von einzelnen Menschen oder von einzelnen Gruppen aktualisiert werden können, nicht von größeren Völkern oder gar vom Ganzen der Völkergemeinschaft her, so wie auch in der Kirche von Anfang an der wirtschaftliche Ausgleich in den Gemeinden und zwischen den Gemeinden wie später in den Ordensgemeinschaften nur durch eine Art freiwilligen sozialen Kommunismusses erreicht wurde (vgl. Apg 2,44; ebenso Gaudium et spes II Kap. 3–5, Art. 63–90). Liebe geht immer vom einzelnen aus, kann kleinere Gemeinschaften formen, kann aber nie Sache der Masse sein. Die Ordnung der Masse muß vom »gerechten Recht« getragen sein. Auf dieses immer weiter zu entwickelnde Recht, vor allem das *»Völkerrecht«* bauen die vielen Unternehmungen, die seit 1945 dem »Frieden« unter den Völkern und in den Völkern dienen wollen. (Für diese wissenschaftliche und politische *Friedensarbeit* sei auf folgende Literatur verwiesen: Um die Erklärung der Menschenrechte. Ein Symposion, Zürich [Europa-V.] 1951. – Johannes XXIII., Enzyklika Pacem in Terris [HB 157], Freiburg i. Br. 1963. – Pax Christi-Bewegung [inauguriert durch Bischof P. M. Théas von Lourdes 1945, organisiert seit Januar 1951] und ihre Veröffentlichungen. – A. Fried, Handbuch der Friedensbewegungen [liberal!], 2 Bde., Leipzig [2]1911–1913. – Kath. Arbeitskreis »Entwicklung und Frieden«. – Der Zwang zum Frieden, Stuttgart 1967. – K. Kaiser, Friedensforschung in der BRD, Göttingen 1970. – Materialien zur Reihe »Entwicklung und Frieden«, Mainz 1974. – Meyers Enzykl. Lex. VII [1973] 852 ff: Entwicklungshilfe). – (5) Eine theologische Betrachtung dieser Fragen hat auch das Verhältnis von Staat und Kirche zu bedenken. »Die Kirche, die in keiner Weise hinsichtlich ihrer Aufgabe und Zuständigkeit mit der politischen Gemeinschaft verwechselt werden darf, noch auch an irgendein politisches System gebunden ist, ist zugleich Zeichen und Schutz der Transzendenz der menschlichen Person. Die politische Gemeinschaft und die Kirche sind auf je ihrem Gebiet voneinander unabhängig und autonom. Beide aber dienen, wenn auch in verschiedener Begründung, der persönlichen und gesellschaftlichen Berufung der gleichen Menschen« (Gaudium et spes, Art. 76). Im Zusammenwirken von Staat und Kirche darf der Staat, an sich mit Rücksicht auf die weltanschaulichen Mannigfaltigkeit seiner Bürger neutral, nicht den hohen Sinn und die einmalige Bedeutung des christlichen Weltverständnisses für den Menschen und seine Ordnungen in diese Welt ignorieren, so wie die Kirche immer wieder versuchen wird, die rein rationalen Möglichkeiten als Weg zur christlichen Weltordnung zu erfassen und auszuschöpfen. – Das bunte Bild, das uns die Geschichte über dieses Verhältnis von »Staat und Kirche« vor Augen hält, muß uns jedoch auch Anlaß sein, über die gegenwärtigen Verhältnisse hinaus nach immer besseren Möglichkeiten im Zusammenwirken von Staat und Kirche zum Wohle des Menschen, der Gesellschaft, des Volkes und der Völkergemeinschaft zu suchen. Auch für dieses Verhältnis gibt es kein endgültiges Modell (vgl. S. Z. Ehler, Zwanzig Jahrhunderte Kirche und Staat, Essen 1962. – A. Dordett, Die Ordnung zwischen Kirche und Staat. Ein historisch-systematischer Grundriß, München 1958. – A. W. Ziegler, Religion, Kirche und Staat, München, Bd. I: 1969, Bd. II: 1972, Bd. III: 1974. – Rechtsquellen zu Kirche und Staat [Loseblattwerk], Neuwied. – Für Frankreich, USA, nordische Länder: vgl. Studien und Berichte der Kath. Akademie in Bayern, H. 30, Würzburg 1965. – H. Schnatz (Hrsg.), Päpstliche Verlautbarungen zu Staat und Gesellschaft, Darmstadt 1973. – E. Friesenhalm – N. Scheuner, Handbuch des Staatskirchenrechtes der BRD, 2. Bde., Bonn 1974/75.)

§ 35 Der schöpferische Mensch und seine Welt (Kulturanthropologie)

TH. HAECKER, Christentum und Kultur, München 1927. – CHR. DAWSON, Die Religion im Aufbau der abendländischen Kultur, Düsseldorf 1953. – TH. LITT, Mensch und Welt, Heidelberg ²1961. – E. ROTHACKER, Probleme der Kulturanthropologie, Bonn 1948. – M. LANDMANN, Der Mensch als Schöpfer und Geschöpf der Kultur, München 1961. – E. SPRANGER, Kulturfragen der Gegenwart, Heidelberg ⁴1964. – Kulturanthropologie (Neue Anthropologie Bd. 4, dtv-WR 4072), Stuttgart 1973. – H. FREYER, Schwelle der Zeiten. Beiträge zur Soziologie der Kultur, Stuttgart 1965. – H. BLUMENBERG, Die Legitimität der Neuzeit, Frankfurt a. M. 1966. – G. ALTNER, Schöpfung am Abgrund. Die Theologie vor der Umweltfrage, Neukirchen-Vluyn 1974. – Pastoralkonstitution über »Die Kirche in der Welt von heute« I. Teil 3. Kap., Art. 33–39; II. Teil 2. Kap. Art. 53–62. – Wissen im Überblick, Freiburg i. Br. 1968 ff: Die Technik – Die Kunst – Die Literatur.

Mag das große öffentliche Interesse unserer Zeit in Ost und West primär der Wirtschaft und den materiellen Sorgen und Gütern gelten: für ein christliches Weltverständnis kann dies alles nur Mittel und Hilfe zur Entfaltung des Menschen und seines menschlichen Lebens sein. Der eigentliche Raum dieser menschlichen Lebensentfaltung im weitesten Sinne wird seit dem 17. Jahrhundert bei uns mit dem lateinischen Lehnwort »Kultur« bezeichnet (vgl. Horaz: agricultura; Cicero: cultura animi: Thomas Morus: cultura rationis). Kultur meint zunächst die Entwicklung und Veredelung der natürlichen, besonders der geistigen Fähigkeiten des Menschen selbst (subjektive Kultur; M. Nissen: »Kultur der Seele ist die

Seele der Kultur«), sowie die Schaffung neuer Lebensbedingungen für den Menschen durch Beherrschung, Veredelung und Veränderung der Natur mit Hilfe von Wissenschaft, Technik, sozialen und politischen Ordnungen und aller Art von Kunst (objektive Kultur). »Unter Kultur im allgemeinen versteht man alles, wodurch der Mensch seine vielfältigen geistigen und körperlichen Anlagen ausbildet und entfaltet; wodurch er sich die ganze Welt in Erkenntnis und Arbeit zu unterwerfen sucht; wodurch er das gesellschaftliche Leben in der Familie und in der ganzen bürgerlichen Gesellschaft im moralischen und institutionellen Fortschritt menschlicher gestaltet; wodurch er endlich seine großen geistigen Erfahrungen und Strebungen im Lauf der Zeit in seinen Werken vergegenständlicht, mitteilt und ihnen Dauer verleiht – zum Segen vieler, ja der ganzen Menschheit« (Gaudium et spes, Art. 53). Der Kulturprozeß des Menschen ist dabei notwendig begleitet von dem Zwiespalt des menschlichen Herzens, das sich nach der Freiheit und Beschwingtheit der Kultur sehnt, wenn es unter der lebendigen Macht und Notwendigkeit der Natur leidet, und nach der Geborgenheit »am Busen der Natur« (F. Schiller) verlangt, wenn es seiner eigenen Freiheit müde geworden ist. Schon die Stoa im alten Rom hat diesen Zwiespalt gekannt (vgl. Q. Horatius Flaccus, Ep. I 10,24: »Naturam expelles furca, tamen usque recurret«), und vor allem seit der Aufklärung (vgl. J. J. Rousseau: »Zurück zur Natur!«) ist mit dem raschen Anwachsen von Technik und Wirtschaft dieser Zwiespalt im Menschen immer mehr hervorgetreten. – Das entscheidende Merkmal der Kulturarbeit des Menschen ist, daß sie nicht nur die Vorgegebenheit der Natur entfaltet und veredelt, sondern ganz neue Wirklichkeiten schafft, also neben die vorgegebene »Welt der Natur« eine eigene »Welt des Menschen« stellt. Wissenschaft und Technik haben dahin geführt, daß die meisten Menschen, zumal alle Menschen, die in den von Menschen seit alters gegründeten »Städten« wohnen (vgl. W. Schneider, Überall ist Babylon, Düsseldorf 1966), nur noch von dieser »Kulturwelt« des Menschen eingeschlossen sind und sich daher nach Natur sehnen. Die Geschichte des menschlichen Kulturwerkes ist so alt wie die Geschichte der Menschheit selbst: beginnend vor allem mit der Hirten- und Bauernkultur, die wilde Tiere für den Menschen domestizierte und durch systematische Bestellung des Ackerbodens den Menschen seßhaft machte und jene Techniken entwickelte (Erfindung des Feuers, des Rades, des Hebels usw.), die Voraussetzung für die großen geistigen Schöpfungen des Gemeinschaftslebens waren (Gesetzgebung und

Staatenbildung) und ebenso der geistigen Künste (Architektur, Malerei, Plastik, Dichtung, Musik, Tanz, Schauspiel und Pantomime usw.), die das Gesicht der Hochkulturen bestimmen, die selbst wiederum nach Zeiten und Völkern zu außerordentlichem Reichtum und Wandel der Gestalten führen.

Wie in den vorausgehenden Betrachtungen müssen auch hier wieder einige Hinweise genügen, die die Bedeutung des menschlichen Kulturwerkes für den Menschen, sein Selbstverständnis und seine Selbstverwirklichung zeigen. Ausgangspunkt bleibt das Strukturbild vom Menschen, wie wir es aufgestellt haben. Vielleicht kann eben die Anwendung dieses Strukturbildes auf die Fragen nach dem menschlichen Kulturwerk den Wert und den Sinn dieses einfachen Strukturbildes deutlich machen. Auf die reiche Sachkenntnis, wie sie durch die unterschiedlichen geschichtlichen Darstellungen der verschiedenen Kulturen vorgestellt wird, und die tiefen Sachfragen, wie sie in den verschiedenen philosophischen Untersuchungen zu diesen Kulturgebieten vorgelegt werden, kann jeweils nur durch einen kurzen Literaturverweis aufmerksam gemacht werden. Sinn dieser Darlegungen kann nur sein, die für eine theologische Anthropologie bedeutsamen Aussagen von diesen Sachgebieten her hier festzuhalten. – Nach allgemeinen Überlegungen zum Thema (1) und einem geschichtlichen Hinweis (2) sei über die Grundlage allen Kulturwerkes des Menschen, über die Arbeit gesprochen (3). Überlegungen zur »Wissenschaft« als menschlichem Kulturwerk (4) mögen hinführen zu Gedanken über die Technik (5) und schließlich über die wichtigsten Arten von Kunst als Ausdruck menschlichen Schöpfertums (6).

1. *Allgemeine Überlegungen* zum Thema Kultur

a) »Das schöpferische Geschöpf ist die Krone der Schöpfung« (Th. Haecker). Kultur als die eigentlich menschliche »Schöpfung« ist Wirkung und Erscheinung einer in ihrer Weise autonomen Macht: des Menschen als Geist in Leib, als Glied menschlicher Gesellschaften inmitten der Welt, von der und für die er lebt. Es ist gewiß nicht zufällig, daß darum bei allen Völkern die »Religion« jeweils entscheidend zur Entfaltung der Kultur im umfassendsten Religion die innersten Fragen und Nöte, die letzten Hoffnungen und Entscheidungen, alles, was in der Spannung zwischen Freiheit und Notwendigkeit stehend, menschliche Existenz begründet und trägt, zusammenzuschauen und für ihr Leben durchsichtig und Sinne beigetragen hat. Suchen doch die Menschen von je in ihrer manipulierbar zu machen. So wollen schon die Höhlenzeichnungen mit magischen Kräften (Fluch und Segen) die Welt des Alltags, die Jagd und die Seefahrt ergreifen. Der Gottkönig und der zu ihm gehörige Kult werden Grundlage für die Kunst des alten Orients. Die Götter als die heroisierten Menschen schenken die menschlichen Idealgestalten der griechischen Kunst. Es ist bezeichnend, daß Israel, das sich von seinem Gott kein Bild machen darf, das die Welt nur als »Schöpfung Gottes« kennt, keine bildende Kunst entwickelt hat. Im Christentum, das aus dem Geheimnis der »Menschwerdung Gottes« lebt, finden hingegen nicht nur alle Künste, sondern auch die Naturwissenschaft und die Technik eine neue Entfaltung. Wo freilich der innere Geist des Glaubens und der Religion verlorengeht, wird die in dieser Religion gewachsene Kultur zu einem Formalismus, zu einem Manierismus, einem Funktionalismus. Gewiß hat das Christentum bei der Entfaltung seiner Kultur viel vom Geiste Griechenlands (Philosophie und Kunst), manches von den gesellschaftlichen (Recht) und politischen (Macht und Reich) Potenzen Roms, tiefe Kräfte aus der germanischen und slawischen Seele aufgenommen. Doch wo immer »christliche Kultur« daraus entstand, hat eine Metamorphose vom Natürlichen zum Christlichen stattgefunden. – b) Hier freilich erhebt sich bereits die entscheidende Frage nach dem »Christlichen« in der menschlichen Kultur. Was ist hier das Christliche? Ist es durch den Gegenstand, ist es durch die Form, ist es durch den Geist bestimmt? Die Antwort wird allgemein lauten müssen: Soweit Kultur Ausdruck der schöpferischen christlichen Persönlichkeit des Menschen ist, wird das Christliche einfach von der Echtheit und Tiefe des Christlichen in der schöpferischen Persönlichkeit selbst getragen und bestimmt. Soweit das Christliche ein neues Zielbild für den Christen meint, das in kritischer Auseinandersetzung mit dem Bisherigen und als zeichenhafter Hinweis auf das Neue vorgestellt werden will, ist dieses Christliche auch durch die neue Ausdrucksform, durch das in einer schöpferischen Phantasie geborene neue Symbol eingefangen. Soweit das Christliche immer den Menschen als Gemeinschaftswesen charakterisiert, wird es sich als Botschaft aus einer und für eine Gemeinschaft zugleich erweisen, wobei bald das Bekenntnis der Wenigen das Bekenntnis der Vielen mitreißend oder tragend sein kann, bald die archetypische Form, bald der individuelle einmalige Stil das dynamische Element bilden können. – c) Von dieser Vielfalt der Orientiertheit und Schlichtung her wird verständlich, daß die Größe des

Kulturwerkes nicht etwa einzig von der Echtheit und Tiefe der Frömmigkeit, der religiösen Ergriffenheit des kulturschöpferischen Menschen bestimmt sein kann (Irrtum der Nazarener-Schule): die Tiefen und Mächte des Urmenschlichen, die sich im Ausdruck, in der Form, in der Symbolkraft zeigen, sind vielmehr maßgeblich für die Größe des Kulturwerkes, auch wenn dieses Urmenschliche nicht der biblischen oder konventionellen Gestaltung des Christlichen zu entsprechen scheint. – d) Ebenso kann auch die Klarheit der Form, die Harmonie der Komposition, das Gleichgewicht der Aussageakzente nicht maßgeblich sein für die Größe des Werkes (vielleicht Irrtum der späten Beuroner Kunst im Anschluß an ägyptische Vorbilder). Noch weniger freilich kann die Übereinstimmung mit der natürlichen Wirklichkeit ein Wertmaßstab für ein Kulturwerk sein (Irrtum im Naturalismus). Jedes Kulturwerk ist zu kennzeichnen als »Verleiblichung einer großen Idee«, wobei die Idee wie die Formen der Verleiblichung schöpferisches, d. h. freies Werk des menschlichen Geistes sind, der freilich nicht absolut autonom ist, dessen Tun vielmehr immer als »geschöpfliches Schöpfertum« im Dienste höherer, ja letzter Wirklichkeiten stehen muß, im Dienste Gottes und seiner Schöpfung, zutiefst des Menschen, der Gottes Ebenbild ist und am Ende zur »Teilhabe an der Herrlichkeit Gottes« bestimmt ist. – e) Der Mensch als Schöpfer und das Wagnis des Schöpferischen werden greifbar in der Tatsache, daß nicht eine naturhafte Notwendigkeit, ein Trieb, aber auch nicht freischwebende Willkür hier die Motoren sind, sondern vielmehr die je immer freie, sinnhaft motivierte, aus der Ganzheit des Menschen in diese Welt kommende Tat. Das bedeutet, daß der Mensch im umfassenden Sinn unseres Strukturbildes sein eigenes Maß stets suchen und verwirklichen muß: er muß in sich selbst das Modellbild (παράδειγμα: Plato) erkennen und verwirklichen und es zum Maß seiner eigenen Ausreifung und seines Werkes machen (das persönliche Ideal!). Das echte Kulturwerk hat darum stets ein zweifaches Größenmaß: ein Maß der Breite, das durch den Vergleich von gleichzeitigen oder gleichartigen Kulturwerken gewonnen wird, und ein Maß der Tiefe, das in der Tiefe des personalen Schauens und Erlebens und in der Echtheit der Aussage und der Aussagekraft des schöpferischen Menschen seinen Grund hat. Dabei kann die individuelle Persönlichkeit im Rahmen ihrer inneren Möglichkeiten über sich hinauswachsen: »Es wächst der Mensch mit seinen größren Zwecken« (F. Schiller, Wallensteins Lager, Prolog; vgl. Tacitus, Dial. de orat.: »Crescit animus quoties coepti magnitudinem attendit«). Insofern kann die Betrachtung einer Kulturanthropologie als Abschluß einer christlichen Anthropologie schlechthin gelten.

2. *Geschichtliches*

Die wirtschaftlichen, soziologischen und politischen Seiten des Kulturwerkes haben wir im vorausgehenden Paragraphen angesprochen. Hier soll nur noch von Wissenschaft, Technik und Kunst die Rede sein. – a) Zunächst ist festzustellen, daß unser heutiges Verständnis von der Freiheit und der schöpferischen Kraft des Menschen wohl erst eine Entdeckung der Renaissance ist (Nikolaus von Cues, † 1464; besonders G. Pico della Mirandola, † 1494). Die Antike ehrte einst den Sportler für seine Leistung, den Dichter für seinen Dienst am Vaterland, den Philosophen als Erzieher der Nation, nicht aber den Bildhauer und jedenfalls keinen wegen seiner schöpferischen Leistung. Erst als das Christentum die Natur entgöttert und so zum Material für das menschliche Werk und für die Entfaltung des Menschen selbst in seinem Werk gemacht hatte, konnte die Renaissance, die auch noch in ihrem Neuplatonismus im Menschen als Einzelnen das Ziel der Weltentfaltung erkannte, das Schöpferische im Menschen als das eigentliche Merkmal der menschlichen Freiheit herausstellen. So läßt Pico in seinem Werk »Über die Würde des Menschen« Gott zum Menschen als dem Mikrokosmos sagen: »Wir haben dir keinen bestimmten Wohnsitz noch ein eigenes Gesicht noch irgendeine besondere Gabe verliehen, o Adam, damit du jeden beliebigen Wohnsitz, jedes beliebige Gesicht und alle Gaben, die du dir sicher wünschst, auch nach deinem Willen und nach deiner eigenen Meinung haben und besitzen mögest. Den übrigen Wesen ist ihre Natur durch die von uns vorgeschriebenen Gesetze bestimmt und wird dadurch in Schranken gehalten. Du bist durch keinerlei unüberwindliche Schranken gehemmt, sondern du sollst nach deinem eigenen freien Willen, in dessen Hand ich dein Geschick gelegt habe, sogar jene Natur dir selbst vorherbestimmen. Ich habe dich in die Mitte der Welt gesetzt, damit du von dort bequem um dich schaust, was es alles in dieser Welt gibt. Wir haben dich weder als einen Himmlischen noch als einen Irdischen, weder als einen Sterblichen noch als einen Unsterblichen geschaffen, damit du als dein eigener, vollkommen frei und ehrenhalber schaltender Bildhauer und Dichter dir selbst die Form bestimmst, in der du zu leben wünschest. Es steht dir frei, in der Unterwelt des Viehes zu entarten; es steht dir ebenso frei, in die höhere Welt des Göttlichen dich durch den Entschluß deines eigenen Geistes zu erheben« (übers. H. W. Rüssel, Leipzig 1940, 50). Müssen wir darin nicht zugleich die höchste Freigebigkeit Gottes des Vaters und das höchste Glück des Menschen bewundern? Des Menschen, »dem es gegeben ist, zu haben, was er wünscht, und zu sein, was er will?« – Eine neue fragwürdige Komponente erhält diese Idee des Schöpferischen im Menschen in der Lehre von K. Marx, der nun die materielle Situation des Menschen für entscheidend ansieht und so die materielle Zeitkomponente mit der Idee des Schöpferischen verbindet und das Wort vom »Fortschritt« kreiert, das in der Entwicklungslehre von Ch. Darwin noch eine wissenschaftliche Allgemeingültigkeit erlangt. Durch die außerordentliche Entwicklung von Wissenschaft und Technik in den letzten fünfzig Jahren ist die Fragwürdigkeit dieses Fortschrittsgedankens besonders deutlich geworden (vgl. R. W. Mayer (Hrsg.), Das Problem des Fortschritts – heute, Darmstadt 1969. – R. Dubos, Der entfesselte Fortschritt, Bergisch Gladbach 1970. – K. Lorenz, Die acht Todsünden der zivilisierten Menschheit, München 1973). – Wieder eine neue Gestalt hat die Idee des Schöpferischen in dem prometheischen Bild vom »Übermenschen« bei F. Nietzsche erhalten (Züchtung des Übermenschen: vgl. »Lebensborn« im Nationalsozialismus und den Roman von A. Rachmanowa »Die Fabrik des neuen Menschen«), die ihrerseits wieder im Existentialismus Ausdruck fand in der Forderung M. Heideggers, der Mensch in seiner Geworfenheit in dieser Welt müsse »sich selbst entwerfen«, oder in der Idee J. P. Sartres, der Mensch müsse in seiner absoluten Freiheit »selbst den Menschen erfinden«, wie er sein soll, was in seinem Denksystem freilich nur den extremen Ausweg aus dem extremen Weltpessimismus des gottlosen Nihilismus darstellt. – Die schöpferische Freiheit des Menschen bleibt die Freiheit des gottebenbildlichen Geschöpfes. Der Mensch ist mitsamt seiner Freiheit verwiesen auf das Ganze der Welt, deren Teil er ist und für die er vor Gott verantwortlich bleibt gemäß dem Schöpfungsauftrag: »Macht euch die Erde untertan.« – b) Mit dieser Vielfalt der menschlichen Orientierung und Verpflichtung ist verbunden die Erkenntnis der Eigengesetzlichkeit der verschiedenen Seins- und Wertgebiete, denen der Mensch zugeordnet und verpflichtet ist. Das Kulturwerk des Menschen hat die Aufgabe, die Vielfalt immer wieder vom Menschen her und für den Menschen zur Einheit zusammenzuführen. Dies wiederum bedingt von der Vielfalt der Menschen und ihrer Anlagen her eine Vielfalt von *Kulturgebieten* und *Kulturstilen* und von der Vielfalt der geschichtlichen und geographischen Räume der Menschen her eine Vielfalt von *Kulturen*, eine Vielfalt, vor der die *Frage nach der Einheit der menschlichen Kultur* ganz neu zu stellen ist. – War man früher geneigt, von einem objektiven Kanon her, der freilich zeitbedingt und subjektiv entwickelt wurde, höhere und niedrigere Kulturen zu unterscheiden, ist man heute gerne bereit, von der subjektiven Bedeutung der Kultur für den diese Kultur tragenden und von dieser Kultur getragenen Menschen her die Vielfalt der Kulturstile und Kulturen nebeneinander stehen zu lassen. – Ein christliches Denken wird von seinem Menschenbild her auf eine objektive Wertung nicht ganz verzichten können, wenn diese objektive Wertung auch nicht so sehr in den vorhandenen Kulturen angesetzt werden kann, sondern vielmehr als Aufgabe der Zukunft gesehen werden muß, in der mit dem räumlichen Zusammenwachsen der Welt durch die Technik, besonders durch Verkehr und Nachrichten, und durch die Gemeinsamkeit der Wissenschaft auch ein geistiges Zusammenwachsen der Völker und Menschen verlangt wird. Echte Kultur wird gewiß immer in der Spannung zwischen den verschiedenen Völkern mit ihrer Geschichte und ihren Kulturen, ihrem Erbe und ihren Möglichkeiten stehen und sich entfalten müssen und nie eine einheitliche Weltkultur werden: auch Kultur fordert eine Tiefe des Menschen, die nicht Sache der Masse, sondern immer wieder Sache von Elitegruppen sein wird, die für die Masse stehen und wirken. Dennoch wird eine künftige christliche Weltkultur, ähnlich etwa der reichen Kultur des mittelalterlichen Abendlandes, Momente aus den verschiedensten Kulturen aufnehmen und sich einverleiben. Für die Entwicklung der Jahre seit dem 1. Weltkrieg, also etwa seit 1930, hat bereits die große Ausstellung bei der XX. Olympiade in München 1972 *»Weltkulturen und die moderne Kunst«* dies gezeigt. Kultur kann nicht wie Wissenschaft und Technik Allgemeinbesitz werden, sie darf aber auch nicht Sache von elitären Gruppen bleiben, soll die Menscheit in ihrer heutigen Entwicklung nicht zu einem »kulturlosen Haufen von Intelligenztierchen« werden. Christliches Denken wird sich für das Werden der Kultur, um des Menschen willen, stets aufgerufen wissen. Kultur ist der geistige Raum, in dem die natürlichen, die sittlich freien und die übernatürlichen Kräfte im Menschen zu einer Wirkungseinheit, aber auch zu einem Wirkensausgleich kommen müssen. Das 2. Vatikanische Konzil sagt dazu: »Da jetzt die Möglichkeit gegeben ist, die meisten Menschen aus dem Elend der Unwissenheit zu befreien, ist es heute eine höchst zeitgemäße Pflicht, vor allem für die Christen, tatkräftig darauf hinzuarbeiten, daß in der Wirtschaft wie in der Politik, auf nationaler wie auf internationaler Ebene Grundentscheidungen getroffen werden, durch die das Recht aller auf menschliche und mitmenschliche Kultur auf der ganzen Welt anerkannt wird und zur Verwirklichung kommt, ein Recht, das entsprechend der Würde der menschlichen Person allen ohne Unterschied der Rasse, des Geschlechts, der Nation, der Religion oder der sozialen Stellung zukommt« (Gaudium et spes, Art. 60). – Die Mannigfaltigkeit der bis heute bekannten Kulturen und ihre geistigen Werte und Tiefen, ihre Geschichtsmächtigkeit, ihre Bedeutung für den einzelnen Menschen und die Völker wird in den verschiedenen Formen von Kulturgeschichte und in den Geschichtsdarstellungen der einzelnen Kulturen und Künste gezeigt, auf die hier nur verwiesen werden kann.

3. *Die Arbeit*

Wenden wir uns nach diesen allgemeinen Vorüberlegungen dem geschichtlichen Bild der menschlichen Kultur zu! Wir können es in zwei großen Gestalten fassen, die wohl unterschieden werden müssen und doch im Menschen zusammengehören, wie seine Leibhaftigkeit und seine Geistigkeit. Die erste Gestalt begegnet uns in den Werken der Wissenschaft und Technik und zeigt ihr inneres Strukturgesetz in dem, was wir »Arbeit« als spezifische Art menschlichen Tuns nennen. Die zweite Gestalt des menschlichen Kulturwerkes wird sichtbar in den verschiedenen Formen des menschlichen Kunstschaffens, und ihr inneres Strukturgesetz läßt sich vielleicht am besten in dem Tun des Menschen erkennen, das wir »Spiel« nennen können. Ist Arbeit mehr als ein »zweckmäßiges Handeln« zu verstehen, so läßt sich das Spiel als ein »zweckfreies Handeln« charakterisieren. Hat es Arbeit mehr mit der Leibhaftigkeit und Weltbezogenheit des Menschen zu tun, so ist das Spiel mehr der Geistperson und ihrer Orientierung an Ideen und Idealen zuzuordnen. In der Person des Menschen selbst ist die Mitte, von der her die »Vergeistigung« der vitalen Triebkräfte und die »Verleiblichung« der im Geist erfaßten Ideen und Ideale in ihrem Zusammenwirken zum menschlichen Kulturwerk vorwärtsgetrieben und gesteuert werden. In dieser persönlichen Mitte wurzelt auch die Dialogfähigkeit des Menschen, die Gemeinschaft gründet und so das Ausgreifen des menschlichen Kulturwerkes in den objektiven Geist und seine Geschichte lenkt und die menschliche Kultur in der

Mannigfaltigkeit der geschichtlichen Kulturen der Völker gründet und greifbar macht. – Von hier aus wird schließlich ein Ausblick auf jene Tätigkeit des Menschen möglich sein, die nicht als Arbeit und nicht als Spiel bezeichnet werden kann, die als personaler und zwischenpersonaler Selbstvollzug das sittliche und das religiöse Handeln des Menschen bestimmt.

Blicken wir also zunächst auf das, was wir »menschliche Arbeit« nennen! (Vgl. MS II [1967] 787–804 [J. David; Lit.!]. – H. Rondet, Theologie der Arbeit, Würzburg 1956. – M. D. Chenu, Die Arbeit und der göttliche Kosmos, Mainz 1956. – H. St. Fürlinger (Hrsg.), Die Arbeit. Der Aufstieg der Menschheit – ein Ergebnis der Arbeit, Wien 1963. – StL I [1957] 396–438: anthropologisch-weltanschauliche Interpretation, Soziologie der Arbeit – Betrieb – Volkswirtschaft, Stand des Arbeiters).

Arbeit gehört zum Menschen wie zum Vogel der Flug. Was aus dem Menschen in dieser Welt seit seinem ersten Auftreten geworden ist, muß als Ergebnis der Arbeit verstanden werden. Der große geschichtliche Wandel im Verständnis der Arbeit, sowie die besonderen Probleme, die unser Zeitalter der Technik und der Industrie gerade im Bereich der Arbeit geschaffen hat, fordern vom Theologen heute klare Aussagen auf diesem Gebiet.

a) Die ersten Aussagen, die uns die Offenbarung zu dem Thema »Arbeit« schenkt, sind von einmaliger Tiefe. Da Gott den Menschen, den er nach seinem Bild geschaffen, in die Welt, die er um des Menschen willen (Gen 2,5 f) oder für den Menschen (Gen 1) geschaffen hat, hineinstellt, gibt er ihm einen dreifachen Auftrag: Er soll über die Tiere der Erde herrschen (Gen 1,26), er soll den Garten bebauen und bewahren und von seinen Früchten leben (Gen 2,15 f), und er soll schließlich sich auf dieser Erde ausbreiten und sie sich untertan machen (Gen 1,28). Das Umfassende dieser Aussage wird deutlich, wenn (Gen 4,17–26) unter den Nachkommen Kains neben den Bauern und Hirten ausdrücklich nun eigene Berufe genannt werden wie Städtebauer, Zither- und Flötenspieler, der Schmied u. a. Bedenkt man, daß das jüdische Nomadenvolk diese neuen Berufe wohl zuerst in der ägyptischen und babylonischen Kultur erlernt hat, in der diese Handwerkstätigkeiten vielfach nur Sklaventätigkeiten waren, könnte man glauben, die israelitischen Verfasser dieser ersten Kapitel der Genesis wollten in ihrer Überlegung über die Arbeit vor ihrem Gottes- und Menschenverständnis, also in einer ersten »Theologie der Arbeit« zeigen, daß Arbeit nicht Sklavenfron, sondern Gottes Auftrag zum Heil des Menschen ist,

Gottes Geschenk an den Menschen, der in seiner Arbeit Gott und den Menschen dient und zur eigenen Vollendung kommt. Gott ist es auch, der den Erfolg schenkt. »Gras lässest du sprießen für das Vieh, Pflanzen auch, die der Mensch sich anbaut, damit er Brot von der Erde gewinnt und Wein, der das Herz des Menschen erfreut, damit sein Antlitz von Öl erglänzt und Brot des Menschen Herzen stärkt« (Ps 104,14 f). So ist in Israel, ebenso wie nachher im Christentum, die Handarbeit mit all ihrer Mühe als Gottes Auftrag hoch geschätzt. Was schwer ist an der Arbeit, wird als Fluch der Sünde gedeutet: »Darum soll der Ackerboden verflucht sein um deinetwillen; mühsam sollst du dich ernähren von ihm alle Tage deines Lebens. Dornen und Gestrüpp soll er dir sprießen lassen, und Kraut des Feldes (nicht die Früchte des Gartens) sollst du essen. Im Schweiße deines Angesichtes sollst du dein Brot verzehren, bis du zum Ackerboden zurückkehrst, von dem du genommen bist« (Gen 3,17–19). – Die jüngeren Texte haben nicht mehr diese Tiefe. Sie kennen die Arbeit im wesentlichen nur als die notwendige Tätigkeit für den Lebensunterhalt, um der Armut zu entgehen, vielleicht auch noch um Gutes zu tun im Almosengeben. Die Weisheitsliteratur stellt die Ameise, die für die Zukunft sorgt, dem zum Müßiggang neigenden Menschen als Vorbild vor Augen (Spr 6,6–11; vgl. Johannes Nider OP, † 1438: Liber formicarius), und Jesus Sirach schließlich wertet die für den Lebensunterhalt sorgende Handarbeit gegenüber dem geistigen Tun des Gesetzeslehrers bereits ab (Sir 38,25–34). Im NT erscheint die Arbeit durch Christus, den Zimmermannssohn, und durch Paulus, den Zeltweber, und die anderen Apostel, die das Fischerhandwerk betrieben haben, in neuer Weise verstanden und geheiligt.

b) Das Christentum hat zunächst keine Theorie und keine Theologie der Arbeit entwickelt, aber das in den Sprichwörtern des AT oft getadelte Laster der »Trägheit« (vgl. Spr 26,13–16; Sir 22,1 f; Mt 25,26–30) gibt seit der Didache (Kap. 12) Anlaß, von der Notwendigkeit der Arbeit zu sprechen. Vor allem das Mönchtum seit dem 4. Jahrhundert muß gegenüber dieser Gefahr des Müßiggangs als eines alles Edle, Tiefe im Menschen zerstörenden Lasters von Arbeit reden, und in den Ordensregeln des Basilius im Osten ebenso wie des Augustinus und Benedikt im Westen wird eingehend von der Arbeit als einer täglichen Pflicht des Mönches, nicht nur um des Lebensunterhaltes willen, sondern auch, um nicht dem Laster der Trägheit zu verfallen, gehandelt. Die Trägheit erscheint unter den acht Hauptlastern, wie sie damals in einer ersten christlichen

Tiefenpsychologie zusammengefaßt worden sind (vgl. Evagrius Ponticus; Cassian, Collatio 5,2: PL 49, 611; Nilus gegenüber den Messalianern). Das christliche Mittelalter, aufgebaut auf den großen Geist der Benediktinerregel, lebt diesen Arbeitsgeist in seiner »Standesverfassung«, versteht ihn freilich nicht so sehr anthropologisch als vielmehr unter dem aszetischen, gesellschaftlichen und wirtschaftlichen Aspekt (vgl. Thomas v. Aquin, S.Th. II II q 187 a 3). Das gesunde Wirtschaftssystem des Mittelalters gewährleistete ein gesundes Arbeitsethos (im Gegensatz zum Arbeitsethos der antiken orientalischen Völker und Staaten mit ihrem Sklaventum), bis in Europa am Ende des Mittelalters sich ein Frühkapitalismus herausbildete mit Marktproduktion und Profitwirtschaft, die zu immer stärkerer Trennung zwischen Produktionsmittel und Arbeiter führte und die Einführung von Verlagssytem und Manufakturen mit sich brachte. Was hier eingeleitet worden war, kam im Hochkapitalismus zur Entfaltung, begründet durch die Industrialisierung der Wirtschaft vor allem in England (1780–1830 die Erfindung der ersten großen Maschinen), der zum spätkapitalistischen System unserer Tage führte. An die Stelle des individuellen Kapitals tritt das anonyme Gesellschaftskapital, an die Stelle der freien Marktwirtschaft tritt die gebundene Kartellwirtschaft; der Manchesterliberalismus wird durch die Eingriffe des kapitalistischen Staates, durch die Macht der Wirtschaftsverbände abgelöst. In der Weiterentwicklung in unseren Tagen stehen sich Staatsdirigismus, die Macht des Kapitals der Wirtschaftsverbände und die immer wachsende Macht der organisierten Arbeiter (Gewerkschaften) in einem spannungsreichen Gefüge gegenüber. »Arbeit« muß hier als menschliche Tat, als »humane Wirklichkeit« in dem unruhigen Kräftefeld von wirtschaftlichen, politischen und gesellschaftlichen Mächten im Geiste der ersten Berichte der Offenbarung neu gesehen und verstanden werden als Gottesgeschenk und innerste Möglichkeit des Menschen auf seinem Weg zu seiner Menschwerdung.

c) Zur Arbeit wird menschliche Tätigkeit, wenn sie von *Zielstrebigkeit*, *Zweckmäßigkeit* und *Ausdauer* bestimmt wird. Erst so werden die Kräfte des Geistes und des Willens frei, die den Menschen auf den Weg zum Schöpferischen führen und ihn so zum Mitarbeiter Gottes, des Schöpfers, in seiner Schöpfung werden lassen. Der Sinn der menschlichen Arbeit ist zuerst vom Menschen her und auf den Menschen hin zu verstehen. Das fordert das rechte christliche Arbeitsverständnis, besonders heute, wo durch Maschine und Technik, durch Fließband und Automation, durch Massenfabrikation und arbeitsteilige Herstellung, wo durch den von der Maschine bestimmten Arbeitsraum mit seinen technischen Bedingungen (Lärm, Tempo, unpersönliche Masse, künstliches Licht, verbrauchte Luft usw.) die Arbeit des Menschen zu einer »Fron« geworden ist. Dieses neue Arbeitsverständnis und neue Arbeitsethos sei durch einige Aussagen umschrieben: (1) Jede Arbeit, die körperliche wie geistige, die technisch bestimmte Fertigkeit wie die härteste körperliche und geistige Anstrengung, hat dem Menschen als ganzen, dem Einzelnen wie der Gemeinschaft nicht nur Lebensunterhalt und Gebrauchsgüter zu liefern, sondern muß zugleich immer der Entfaltung des arbeitenden Menschen selbst, all seiner körperlichen und geistigen, sittlichen und religiösen Kräfte dienen. Dieser menschliche Dienst wird nur erreicht durch die geistig-sittliche Einstellung des arbeitenden Menschen selbst zu seiner Arbeit. – (2) Durch diese rechte Einstellung zur Arbeit, durch das rechte Arbeitsethos erst wird gewährleistet, daß dieselbe Arbeit, die als Leistung besonders die materielle Welt des Menschen neu gestaltet, als personale Anstrengung auch den Menschen immer mehr frei macht von dieser materiellen Welt für seine eigene menschliche Welt. Die Welt immer mehr zu vermenschlichen, das ist der heutige Sinn des göttlichen Auftrages: »Machet euch die Erde untertan!« Erste Voraussetzung dafür ist freilich das rechte Menschenbild, von dem wir in dieser Anthropologie mehrfach gesprochen haben. – (3) Dieses Verständnis von Arbeit läßt auch begreifen, daß körperliche und selbst geistige Arbeit nicht mehr die einzige Weise menschlicher Betätigung sind. Dazu gehört notwendig auch das aus Freiheit geborene und frei machende Spiel und die echte Muße, sowie die ganz im Personalen wurzelnde soziale und religiöse Betätigung des Menschen, der menschliche Selbstvollzug in der Liebe und in der Gottesverehrung, in Gebet, Betrachtung und Versenkung, von denen am Ende dieses Paragraphen noch die Rede sein muß.

Wenden wir zunächst unseren Blick auf die zwei größten Bereiche der menschlichen Arbeit, auf Wissenschaft und Technik.

4. *Die Wissenschaften*

B. Bolzano, Wissenschaftslehre, 4 Bde., Leipzig ³1929–31. – F. Weidauer, Objektivität, Voraussetzungslose Wissenschaft und wissenschaftliche Wahrheit, 1935. – I. M. Bocheński, Die zeitgenössischen Denkmethoden (Dalp-TB 304), Bern 1954. – K. R. Popper, Logik der Forschung, Tübingen ³1969. L. Reinisch (Hrsg.), Grenzen der Erkenntnis (HB 357), Freiburg i. Br. 1969. – H. G. Gadamer,

Wahrheit und Methode, Tübingen ³1972. – H. J. LIEBER, Wissen und Gesellschaft, Berlin 1952. – StL VIII [1963] 873–886 (K. Holzamer, W. Stark: Lit!); ebd. XI [1970] 737–767; Wissenschaftstheorie (E. v. Savigny).

a) Was der Mensch ist und was dieses sein Sein für seine Welt bedeutet, wird besonders deutlich, wenn wir uns kurz auf das besinnen, was wir »menschliches Wissen« nennen, das seinerseits wieder in dem Gesamt menschlicher »Wissenschaften« seine systematische Entfaltung findet. Was Plato in seinem Theaitetos grundgelegt und Aristoteles in seinem Organon entwickelt hat, macht bereits deutlich, daß menschliches Wissen nicht nur im Erfassen der erfahrbaren Wirklichkeiten eingefangen ist, sondern vielmehr die Welt des Menschen selbst konstituiert, indem es Wirklichkeiten begründende Ideen über den Dingen und die das Wesen der Dinge begründenden inneren Ordnungen erfaßt. So ist es einer »Sachlichkeit« fähig, die selbst wieder in den inneren Kräften des Menschengeistes, also in der »Logik« des menschlichen Denkens verwurzelt ist, wie im ersten Buch der zweiten Analytik des Aristoteles entwickelt wird. Diese macht aus der Welt der vorgefundenen Wirklichkeiten die Welt der »Gegenstände« des menschlichen Erkennens, die zugleich »sachlich« und »evident« sind; das bedeutet: sie erweisen sich als geistiges Gebilde in meinem Bewußtsein, das mit der von mir gesuchten und bisher gefundenen »Sache« übereinstimmt und das zugleich in seiner inneren Struktur überschaubar ist, weil die einzelnen Elemente, die Begründungszusammenhänge dieser Elemente und die offenen Fragen im Ganzen des Gebildes aufgrund meines Wissens um die Methoden, mit denen die Elemente und Begründungen zusammen erfaßt und gesichert sind, mir bekannt und gewiß sind. – Dabei war das Ziel des menschlichen Erkennens im antiken Bereich bis in das hohe Mittelalter nicht nur die »Allgemeingültigkeit« der Aussagen, sondern auch die »Allgemeinheit« (universale!) der Erkenntnis selbst, bis im Spätmittelalter die Frage nach der Erkenntnis des »Einzelnen« (singulare, Nominalismus!) und damit der ganze Bereich der exakten Naturwissenschaften und des Personalen im menschlichen Geschichtsverständnis aufbrach. Was F. Bacon († 1626) in seinem Novum Organon (gegenüber dem aristotelischen Organon) erstrebte, haben J. Kepler († 1630) und J. Newton († 1727; grundlegend sein Werk »Philosophiae naturalis principia mathematica«, London 1687) durch Einbringung der Mathematik erreicht: die exakte Naturwissenschaft. I. Kant († 1804) endlich stellte, nach dem R. Descartes († 1650) zuerst die Weltwirklichkeit in eine res cogitans und eine res extensa aufgeteilt hatte, die kritische Frage nach der »Möglichkeit des synthetischen Urteils a priori« als Folge aus dieser Entwicklung. Dadurch wurde der Weg zu immer neuen Erkenntnismethoden und damit zu immer neuen Erkenntnisgegenständen und Erkenntnisbereichen offen, und es entwickelte sich die Vielfalt der modernen Wissenschaften. Um diese wieder überschaubar zu machen, versuchte man seit dem 19. Jahrhundert eben von den verschiedenen Methoden her diese Wissenschaften einzuteilen in Naturwissenschaften und Geisteswissenschaften (H. Graßmann, E. Becher u. a.) oder Natur- und Kulturwissenschaften (A. Menzel, H. Rickert), in Gesetzes- und Geschichtswissenschaften (W. Windelband), in Natur- und Sozialwissenschaften (M. Adler). Vielleicht ist es, entsprechend unserem Strukturbild vom Menschen, angebracht, eine Dreiteilung der Wissenschaften vorzunehmen, wie es schon Plato und in neuer Weise Kant versucht haben: Wissenschaften von den allgemeinen Gesetzen (Logik, Mathematik, Metaphysik), Wissenschaften von den besonderen Gesetzen (Erfahrungswissenschaften, die Naturwissenschaften) und Wissenschaften, die es mit der menschlichen Freiheit zu tun haben (Ethik, Soziologie, Geschichte, aber auch Sprachwissenschaften und Hermeneutik soweit sie nicht zum ersten Bereich der Logik gehören). Tatsächlich überschneiden sich die verschiedenen Gebiete ständig, doch die drei, durch besondere Akzentsetzung bestimmen Gebiete dürften für die verschiedenen Wissenschaftsbereiche stets charakteristisch bleiben (vgl. K. Ulmer [Hrsg.], Die Wissenschaften und die Wahrheit. Ein Rechenschaftsbericht der Forschung, Stuttgart 1966). – Den einzelnen Wissenschaften bleiben dabei stest vorgeordnet die Philosophie, die das Wissen vom Wissen, das Sein des Seins, vor allem den Sinn des menschlichen Lebens schlechthin erforscht, und die Theologie, die den in der Frage des Menschen nach sich selbst, nach dem Sinn seines Daseins gesuchten, sich in aller Welt offenbarenden und im Glauben zu erschauenden Gott und alles außer Gott in Hinsicht auf Gott, den Ursprung und das Ziel aller Wirklichkeit, bedenkt.

b) Von einer theologischen Anthropologie her sind für diesen Bereich der Wissenschaften heute folgende Überlegungen besonders bedeutsam: (1) Die richtige Autonomie der irdischen Wirklichkeiten und der sie erforschenden Wissenschaften ist ernst zu nehmen. Dazu sagt das 2. Vatikanische Konzil: »Durch den Zustand ihres Geschaffenseins nämlich sind alle Dinge auf die ihnen eigene Weise mit fester Form, Wahrheit und Gutsein sowie mit eigenen Gesetzen und Ordnungen ausgestattet, die der Mensch unter Anerkennung der den einzelnen Wissenschaften und Techniken eigenen Methoden ehrerbietig achten muß ... Wer demütig und ausdauernd das in den Dingen Verborgene zu durchdringen versucht, wird, auch wenn er sich dessen nicht bewußt ist, von Gott, der alle Dinge erhält und ihr Sein bestimmt, an der Hand geführt. Deshalb sind gewisse Geisteshaltungen, die einst auch unter Christen wegen eines ungenügenden Verstehens der rechtmäßigen Autonomie der Wissenschaften nicht fehlten, zu bedauern (Fall Galilei)« (Gaudium et spes, Art. 36). Hinter den hier angesprochenen Schwierigkeiten stehen freilich neben den menschlichen Schwächen in der Kirche auch echte sachliche Probleme, die nicht übersehen werden können. – (2) Hat Wissenschaft als Inbegriff aller den Menschen möglichen theoretischen Erkenntnis in sich keine Grenzen, es sei denn die des jeweiligen Gegenstandes oder der jeweiligen Methode, so ist doch nicht aus dem Auge zu verlieren, daß die echte Sachlichkeit der Wissenschaft stets in der sittlichen Gestalt des Wissenschaftlers wie in der praktischen Anwendbarkeit der wissenchaftlichen Erkenntnisse in der Welt der Menschen an Grenzen stößt. Das Wort des Apostels »Alles ist mir erlaubt, aber nicht alles frommt« (1 Kor 6,12) hat auch hier seinen Platz, wobei im heutigen Wissenschaftsbetrieb freilich vielfach nicht der Einzelne, sondern vielmehr die Gemeinschaft diese Grenzen festlegen kann und muß. Dies wurde in der Kirche schon immer deutlich, wenn es sich um Rezeption von Kulturgütern handelte, die nicht auf christlichem Boden gewachsen sind, wie bei der Rezeption der großen antiken Kulturen (vgl. LThK 5 [1960] 215–222: Hellenismus und Christentum [P. Henry]). Dasselbe wird heute wieder deutlich bei der Rezeption der asiatischen Kulturen Chinas, Japans und Indiens in der Liturgie (vgl. Sacrosanctum Concilium, Art. 37–40), wie auch mancher Bereiche der modernen technischen Kultur (vgl. Musik, Architektur und Malerei für die Kirche). – (3) Für den Christen ist das wissenschaftliche Tun zugleich hohes sittliches und religiöses Tun. Das bedeutet, daß auch in diesem Bereich höchster Entfaltung menschlichen Geistes die Tatsache der Erbsündlichkeit nicht übersehen werden kann, die in allem menschlichen Tun als Selbstgenügsamkeit, Selbstsucht, Selbstgefälligkeit, Selbstherrlichkeit und Weltverlorenheit in Erscheinung tritt. Daher kennt die Offenbarung auch einen negativen Begriff von »Welt«, vor der der Apostel warnt, wenn er sagt: »Macht euch nicht dieser Welt gleichförmig, sondern wandelt euch um durch Erneuerung eures Denkens, um zu erforschen, was der Wille Gottes ist, was gut, was wohlgefällig, was vollkommen ist« (Röm 12,2; Gaudium et spes, Art. 37). Das bedeutet, daß der menschliche Geist seine äußere Freiheit, aber auch seine innere Freiheit wahren und immer neu suchen muß, wenn sein Kulturwerk, besonders im Bereich der Wissenschaften, gelingen soll (ebd. 59; vgl. E. Coreth, Freiheit und Bindung der Wissenschaft, ZKTh 94 [1972] 129–144). – Das bedeutet ebenso, daß er nicht nur in Bewältigung der Hindernisse und Schwierigkeiten von seiten des Gegenstandes oder der Methode, sondern ebenso zur Überwindung der Gefahren des eigenen Herzens jene hohe Selbstverleugnung auf sich nehmen muß, die der Christ demütig und dankbar »Kreuz« nennt (vgl. Lk 9,23; Gaudium et spes, Art. 37); – das bedeutet, daß er die hohen Güter der Tradition, die vor allem eine menschlich-geistige Kultur geschaffen, festhalten und einbringen muß, wenn er die neuen, aus Naturwissenschaft und Technik gewachsenen Formen der Kultur sich aneignet und weiter entwickelt (ebd. Art. 56); – das bedeutet, daß er die Welt seines Glaubens und die Welt seines Wissens stets so in Übereinstimmung zu bringen lernt, daß er bei allem äußeren Fortschritt des Wissens die innere Tiefe der Weisheit, bei aller neuen Weltbewältigung das Wissen um seine Geschöpflichkeit und seine unverdiente Begnadetheit – und die ihm entsprechende Haltung – nicht verliert, sondern ebenfalls stärkt und vertieft (ebd. 57); – das bedeutet, daß er in seinem eigenen Kulturwerk die Weisheit Gottes zu finden und zu bezeugen sucht und nie vergißt, daß er das Werk seines eigenen Geistes nicht ohne das Wirken des göttlichen Geistes zur gottgewollten Vollendung führen kann.

5. *Die Technik*

Wissen im Überblick: Die Technik, Freiburg i. Br. 1969. – F. Dessauer, Streit um die Technik, Frankfurt a. M. ²1958. – J. Binkowksi, Philosophie der Technik, 1962. – W. v. Benthem, Das Ethos der technischen Arbeit und der Technik, Essen 1966. – N. Wiener, Kybernetik (Ro-TB 294/295), Hamburg 1968. – R. Haseloff(Hrsg.), Grundfragen der Kybernetik, Berlin 1969. – K. Strunz, Integrale Anthropologie und Kybernetik, Heidelberg 1965. – G. Klaus (Hrsg.), Wörterbuch der Kybernetik, 2 Bde. Frankfurt a. M. (Fischer-B.), 1969. – H. J. Schulte-Vieting, Glaubenserfahrung in einer technischen Welt, HerKorr 28 (1974) 148–156 (Lit.-Bericht). – Lueger, Lexikon der Technik, 17 Bde., Stuttgart 1971 ff StL VII (1962) 924–936: Technik (F. Asselmeyer, A. Halder). – Ebd. X (1970) 576–596: Kybernetik (H. Stachowiak, H. Denzer).

a) War für Wissenschaft maßgeblich das rechte Erkennen der Wirklichkeit an sich, das innere Verständnis für Sachlichkeit und

Evidenz, für Ordnung und Gesetz, so ist für die Technik entscheidend das zweckhafte Denken, verbunden mit der Möglichkeit des wirksamen Eingriffes in den Zusammenhang von Ursache und Wirkung. Baut Technik auch primär auf naturwissenschaftlichen Erkenntnissen auf, so beeinflußt sie doch auch entscheidend die Geisteswissenschaften (vgl. Datenverarbeitungsmaschinen). Hat die Wissenschaft durch ihre wissenschaftlichen Methoden die Natur selbst zum Gegenstand des Wissens gemacht, so will die Technik die Kräfte der Natur mit Hilfe der wissenschaftlichen Naturerkenntnis in den Dienst des Menschen, der menschlichen Bedürfnisse und Wünsche stellen. War für die Wissenschaft die Wahrheit als Allgemeingültigkeit, so ist für die Technik die Wirtschaftlichkeit in der Anwendung des Wissens Prinzip und Ziel zugleich. Wissenschaft will um jeden Preis Wahrheit erkennen; Technik will mit möglichst geringem Aufwand an Material und Arbeit größtmöglichen Nutzen erzielen. Dient die Naturwissenschaft der »induktiven, zweckfreien Erforschung der Wirklichkeit«, so dient die Technik der »deduktiven, zweckgebundenen Anwendung wissenschaftlicher Erkenntnisse im Dienste des Menschen«. Die Technik baut so auf den Erkenntnissen der Naturwissenschaft auf und stellt diese Erkenntnisse in den Dienst des technischen Werkes, und zwar in seiner Ganzheit wie in allen seinen Teilen. Diese durchgängige Zweckmäßigkeit ist freilich nur zu erreichen durch den erfinderischen Geist des Menschen, der für die einzelnen Teile und Vorgänge die zweckmäßigsten Formen schöpferisch bereitstellen muß, »technische Formen«, die in der Natur nicht vorkommen, die auch nach ihrer Erfindung erst für die wirtschaftliche Anwendung weiter entwickelt und vervollkommnet werden müssen. – Das Entscheidende ist nun, daß der Mensch durch die naturwissenschaftliche Forschung und die technische Anwendung und Erfindung eine »eigenständige technische Welt« neben der Natur geschaffen hat, die ebenso wie die Natur, deren Teil der Mensch ist, das Leben des Menschen weitgehend bestimmt. Berücksichtigt man die Tatsache, daß wohl 70 Prozent der Bevölkerung in den modernen Industrieländern in technischen Berufen arbeiten, ist der Theologe angesichts der theologischen Anthropologie vor allem aufgerufen, sich über diese Welt heute Gedanken zu machen.

b) Technik ist die wirksamste Form der Investition von Geist in Materie. Das unselige Wort von F. Bacon »Wissen ist Macht« hat damit eine ganz neue Erfüllung gefunden. Durch die Verleiblichung naturwissenschaftlicher Erkenntnisse in der Technik, durch die Indienstnahme natürlicher Kräfte für menschliche Zwecke erreichen die technischen Gebilde eine gewisse Selbständigkeit, die in gleicher Weise von den guten wie von den schlechten Trieben des Menschenherzens, ebenso zum Heil der Menschen wie zu ihrem Unheil, eingesetzt werden können. Durch die Einsicht in die »Regelkreise«, in denen verschiedene Wirkungskreise verbunden sind, durch die Möglichkeit der automatischen Steuerung vielfältiger und komplizierter mechanischer Vorgänge (vgl. Kybernetik) wird ein exakter, selbständiger Ablauf dieser mechanischen Vorgänge erreicht, der viel menschliche Arbeitskraft erspart und vor allem den Menschen von der geisttötenden, monotonen Bedienung einzelner Maschinen frei macht. Die Automation großer Fabrikanlagen (z. B. Webereien oder Werkzeugmaschinenfabriken) schafft jedoch auch neue und große wirtschaftliche und gesellschaftliche Probleme. Automation kann Arbeitsplätze in Frage stellen. Die durchgehende Technisierung macht den Menschen immer mehr zu einem »Rad« in der »Maschine« seiner eigenen Welt, zwingt seine körperliche Arbeit in das Tempo des Fließbandes, läßt seine geistige Arbeit durch die Komplexheit der neuen mechanischen und technischen Gebilde bestimmt werden. Die moderne Technik ermöglicht, aber dirigiert auch das Leben des modernen Menschen. Eine Menge von Fragen und Forderungen sind darin eingeschlossen, von denen wenigstens folgende im Namen einer theologischen Anthropologie angesprochen seien:

c) Zunächst ist wohl die wissenschaftliche und die technische Ordnung zu unterscheiden. – (1) Das Ziel der reinen Wissenschaft kann als »sachliche Erschließung der Wirklichkeit« nicht begrenzt werden, wird mit der Entwicklung der Menschheit immer weiter hinausgeschoben, es sei denn, daß der Mensch selbst als Gegenstand dieser Forschung durch sein »Personsein«, das sich nicht versachlichen läßt, eine notwendige Grenze darstellt. Dies gilt etwa im Bereich der Biologie (Neurologie und Vererbungslehre), der am nächsten an die personale Sphäre im Menschen heranreicht. – Anders verhält es sich in der technischen Anwendung der wissenschaftlichen Erkenntnisse: sie wird nicht nur aus sich schon durch wirtschaftliche Faktoren begrenzt; der Mensch muß bei dem heutigen Stand der Technik im voraus auch überlegen, ob er eine technische Möglichkeit verwirklichen will und darf, die nur der Zerstörung dient und, einmal verwirklicht, eine eigenständige Macht darstellt, die sich der Kontrolle der Erfinder und Hersteller entzieht (vgl. Atomrüstung in der Hand der Politiker). Der Mensch als sittliches Wesen muß in diesem Fall das »Gesetz des Maßes« in sich selbst, in seiner eigenen Freiheit suchen und festhalten, um seine eigene Existenz und die Existenz seiner Welt nicht in unverantwortlicher Weise aufs Spiel zu setzen. – (2) Das Wachstum der Weltbevölkerung, die Höherentwicklung der äußeren Kultur und damit der menschlichen Bedürfnisse fordert in allen Bereichen des menschlichen Lebens heute sinnvollen Einsatz aller technischen Möglichkeiten unserer Zeit, im Dienste der Menschheit und jedes einzelnen Menschen. Jede dieser technischen Möglichkeiten stellt aber auch proportional ihrem eigenen Wachstum an den Menschen als freien Schöpfer seiner technischen Welt die christliche und menschliche Forderung, den Menschen als moralisches Wesen, im selben Maße weiterzuentwickeln, ihm zu helfen, das Maß für seine Welt in seinem eigenen Gewissen zu finden und festzuhalten. Der technische Fortschritt fordert denselben Fortschritt im politischen, wirtschaftlichen und sittlichen Bereich des Menschen, soll der technische Fortschritt nicht zum Totengräber der menschlichen Kultur werden. Die ernsten Probleme in Gesellschaft, Wirtschaft und Weltpolitik unserer Zeit lassen diese Forderungen als Forderungen des Common sense erkennen, deren Durchführung freilich nicht durch die Einsicht selbst, sondern nur durch die sittliche Freiheit des Menschen, durch seine Selbstbesinnung, Selbstbeherrschung, Selbstbeschränkung und Selbsthingabe geleistet werden kann. – (3) Diese sittlichen Grundhaltungen des Menschen, die durch die moderne Kultur mehr denn je gefordert erscheinen, sind, wie eine Kulturgeschichte der Völker zeigen kann, nicht Resultat der Kulturentwicklung als solcher – und dies gilt auch, wenn man durchaus nicht das irrige biologische Geschichtsprinzip eines O. Spengler annimmt –, sondern muß vom Menschen selbst, der diese Kulturentwicklung geschaffen hat, vielfach gerade gegen diese Entwicklung in seinem eigenen Inneren immer neu erschaut und realisiert werden. Der Theologe ist der Überzeugung, daß dieses verinnerlichende Wachstum des sittlichen Wesens des Menschen, diese sittliche Reifung nicht möglich ist, ohne eine Neuorientierung des Menschen an Gott, dem Schöpfer des All, dem Schöpfer und Urbild des Menschen selbst. Das mit dem wahren Gottesbild der Offenbarung verknüpfte Bild vom Menschen als Geschöpf, der in seinem Kreaturgefühl das existentielle Bewußtsein von seiner allumfassenden Gottverdanktheit und Gottverantwortetheit besitzt, ist Voraussetzung für die Realisierung der zur Bewältigung dieser Weltfragen heute notwendigen sittlich-humanen Grundhaltungen. Das für diese Orientierung notwendige Gottesbild ist nicht bloß Resultat menschlicher Selbstbesinnung, es erweist sich vielmehr als ein Geschenk dessen, was der christliche Glaube »Offenbarung und Gnade« nennt. Der Weg zu diesem Geschenk – daß es geschenkt werde und daß es vom Menschen angenommen werden kann – ist ein menschliches Tun, das der gläubige Christ als »Gebet« bezeichnet. Zum Menschen als kulturschöpferischem Wesen gehört auch das Gebet, das Bitten und Danken des Geschöpfes vor seinem Schöpfer, wie sich im letzten Abschnitt über die verschiedenen Formen von Kunst als Kulturschöpfung des Menschen noch deutlicher zeigen wird. (Zur Frage »Zukunft der Menschheit – Grenzen des Wachstums« vgl.: Dennis Maedows, Die Grenzen des Wachstums, Bericht des Club of Rome zur Lage der Menschheit, Hamburg 1973. – H. v. Nußbaum (Hrsg.), Die Zukunft des Wachstums. Kritische Antworten zum »Bericht des Club of Rome«, Düsseldorf 1973. – H. E. Richter (Hrsg.), Wachstum bis zur Katastrophe? Pro und Contra zum Weltmodell, Stuttgart 1974. – W. L. Oltmans, »Die Grenzen des Wachstums, Pro und Contra«, Hamburg 1974).

6. *Die Kunst*

J. Volkelt, System der Ästhetik, I: München ²1927; II: ²1925; III: ²1925. – H. Lützeler, Einführung in die Philosophie der Kunst, Bonn 1934. – J. Staudinger, Das Schöne als Weltanschauung (im Lichte der platonisch-augustinischen Geisteshaltung) Wien 1948. – Die Künste im technischen Zeitalter (hrsg. von der Bayer. Akademie der Schönen Künste), Darmstadt 1956. – F. Kaufmann, Das Reich des Schönen. Bausteine zu einer Philosophie der Kunst, Stuttgart 1960. – G. van der Leeuw, Vom Heiligen in der Kunst, Gütersloh 1957. – StL V (1960) 190–199 (A. Halder).

Kunst ist der höchste, aber auch der zerbrechlichste, der schillerndste, aber auch der tiefste Ausdruck menschlicher Kultur. So mannigfaltig all das, was Kunst genannt werden kann, mannigfaltig nicht nur vom Gegenstand, sondern vielmehr vom materiellen Medium, von der geistigen Form, vom zeitbedingten Stil her auch sein mag, von seiner Tiefe, von seiner Höhe her ist es eine einzige Wirklichkeit, die eigentlich »wahre Wirklichkeit«, die der Mensch inmitten all der erfahrenen »realen Wirklichkeit« als seine menschliche Welt sucht und baut.

a) Kunst ist für den Menschen die eigentliche »wahre Wirklichkeit«, weil sie in einmaliger Weise die Seinsweisen des Menschen, das Strukturbild des Menschen, wie wir es entwickelt haben, ausdrückt und einholt, in einer Weise zusammenfaßt, in der das einzelne Moment im Ganzen und das Ganze im Einzelnen seinen größtmöglichen »Ausdruck« finden kann und muß. Geist in Leib und Leibhaftigkeit des Geistes, die konkrete Form und die Idee dieser Form, die überzeitliche Wahrheit und die zeitbedingten Aussagen dieser Wahrheit koinzidieren in einem echten Kunstwerk. Kunst ist in diesem Sinn immer und allein Schöpfung des Menschen und ist dadurch wesenhaft von aller Schönheit in der Natur unterschieden. Das geistige Erfassen der Schönheit der Natur ist noch nicht menschliche Kunst. Sie entsteht erst in der sog. »künstlerischen Stimmung«, die selbst eine große Spannungseinheit zwischen der schöpferischen Kraft des menschlichen Geistes im Erfassen wie im Wieder-ausdrücken dieses Erfaßten und dem schöpferischen Willen zu diesem Erfassen und zu diesem Ausdruck darstellt. – Kunst sucht daher nicht Sachlichkeit wie die Wissenschaft, sondern »Wahrheit«, die nicht Natur, sondern Freiheit, menschliches Geheimnis, Teilhabe des beschränkten Geschöpfes Mensch an der wesenhaften Ganzheit der Gesamtschöpfung ist (vgl. H. U. v. Balthasar, Wahrheit, 1. Buch: Wahrheit der Welt, Einsiedeln 1947; ders., Das Ganze im Fragment, ebd. 1963). – Kunst ist nicht »zweckhaft« wie Technik und kann doch nicht »Selbstzweck« sein (L'art pour l'art: Schlagwort des französischen Philosophen V. Cousin, † 1867), weil der Mensch als der einzige Schöpfer von Kunst in dieser Welt auf der Suche nach der »wahren Wirklichkeit« immer auf die mitmenschliche Gemeinschaft wie auf die der Menschheit zugeordnete Wahrheit des Gesamtkosmos hingewiesen ist, in diesem »Dienst« stehen muß, will er sein eigentliches Wesen in seiner Selbstentfaltung und Ausreifung nicht verfehlen. – Was für die Wissenschaft die Prinzipien und die Methoden, was für die Technik der wirtschaftliche Zweckgedanke ist, das ist für die Kunst das, was allgemein »Form« genannt werden kann. Dabei ist der Begriff »Form« hier selbst durch die Mannigfaltigkeit der Beziehungen bestimmt, durch die der Mensch wegen seiner strukturellen »Stellung in der Mitte« des Kosmos als »seiner Welt« selbst charakterisiert ist. Ein kurzer Blick auf die Vielfalt der Bereiche, in denen uns die menschliche Kunst begegnet, mag die Höhe und die Tiefe und die Weite andeuten, die dem Begriff »Form« als Prinzip der Kunst eigen ist. Grundsätzlich kann es keinen Bereich menschlicher Ausdrucksmöglichkeit geben, der nicht durch die »Kunst« humanisiert werden könnte und müßte. Insonderheit sei auf folgende sachliche und formale Einteilungsprinzipien der Kunst hingewiesen: (Sachlich:) Literatur, Musik, Tanz und Ballett, Theater als Schauspiel und Oper, Malerei, Plastik, Kunstgewerbe, Architektur einzelner Zweckbauten, von Städten, und der Landschaft; (formal: a) Besonderheiten in der Ausdrucksweise der Kunst aus den polaren Möglichkeiten des Menschen als leib-geistigem Wesen in der Suche nach künstlerischer Form durch einfühlendes Verstehen oder abstraktes Gestalten, Erfassen der überindividuellen Idee oder Darstellung des Typischen im Individuellen, Ausdruck für das Unendliche, für das Werdende oder für das Vollendete; (formal: b) Besonderheiten der Kunststile durch Zuordnung zum menschlichen Erleben, so daß das sog. »Schöne« künstlerisch als das Erhabene oder das Anmutige, das Erschütternde oder das Befriedende (dionysisch und apollinisch: F. Schiller), das Prächtige und das Zierliche, das Tragische und das Komische, das Idealschöne und das häßlich Schöne usw. erscheint. Mag Form dabei von dem geistigen oder körperlichen »Material« bestimmt sein, ihr spezifisches Wesen als »Form« bestimmt die Kunst.

b) Was Kunst meint, die Bedeutung der Kunst für das Menschwerden des Menschen erschließt sich unserem geistigen Auge, wenn wir einen Blick auf das »künstlerische Schaffen« des Menschen werfen. Wenn Kunst immer und nur ein Werk des Menschen ist, müssen wir fragen, wie der Mensch zu diesem Werk kommt und was dabei im Menschen und mit dem Menschen geschieht. – Das wissenschaftliche Tun des Menschen geht vom »Staunen« aus (ϑαυμάζειν: Plato, Theait. 155 d: »Denn gar sehr ist dies das Pathos eines Philosophen die Verwunderung; ja es gibt keinen anderen Anfang der Philosophie als diesen«), das durch eine sinnliche oder geistige Erfahrung ausgelöst wird. Die Triebfeder des technischen Handelns dagegen ist der »Nutzen, den das technische Werk dem Menschen bringt«. Als Mutterschoß des künstlerischen Schaffens ist eine Grundbefindlichkeit im Menschen anzusprechen, die man heute »schöpferische Stimmung« nennt. H. Lützeler gliedert den künstlerischen Schaffensvorgang in die Phasen: schöpferische Stimmung, Empfängnis des Werkkeimes, dämmerhafte Entwicklung des Werkkeimes, Periode der kritischen Werkversuche, endgültige Durchführung« (S. 67 ff). Diese Phasen sind wohl für die Erstellung eines außermenschlichen, thematischen Kunstwerkes charakteristisch. Für das künstlerische Schaffen etwa in Literatur, in Musik, in Tanz und Ballett und Pantomime ist wohl noch ein anderes grundlegend, ein menschliches Urverhalten, das wir am besten als *»Spiel«* bezeichnen können. Im Spiel entwickelt sich die innere

Freiheit des durch Zeit und Raum bestimmten leib-geistigen Menschen in dieser Welt: daher die Bedeutung des Spieles für die auf Zeit hingeordneten Weisen der Kunst in Sprache, Musik und menschlicher Bewegung. Diese geheimnisvolle Tiefe im Menschen spricht schon Heraklit an, wenn er sagt: »Der Gott der Zeit ist ein spielendes Kind, die Brettsteine setzend: das ist das Königreich des Kindes« (Diels I 4 Nr. 52, S. 88). J. Huizinga (Homo Ludens. Vom Ursprung der Kultur im Spiel [RdE 21], Hamburg 1956, verfaßt 1938) sieht im Spiel den Ursprung der menschlichen Kultur schlechthin. H. Rahner (Der spielende Mensch, Einsiedeln 1952) hat diese Gedanken zu einer »Theologie des Spieles« weiterentwickelt. Der große Ernst und die tiefe Freude, die im echten kindlichen Spiele liegen, die Zufälligkeit wie die Verantwortung des Menschen als Geschöpf vor seinem Schöpfer stehen als ein einheitliches Prinzip hinter allem menschlichen Kulturwerk. Das immerwährende Werden und Vergehen des Kosmos als Schöpfung, der in seinem Schöpfer Urgrund und Ziel und damit seinen letzten Sinn empfängt und behält, das ist der große Sinn des Wortes von der »spielenden Weisheit« im AT: »Als er (Gott) den Himmel fertigte, war ich dabei, als er den Erdkreis abmaß über Wassertiefen, als er befestigte die Wolken oben, als er die Quellen aus der Tiefe mächtig strömen ließ, als er dem Meere seine Grenze setzte und die Wasser sein Geheiß nicht übertragen, als er des Erdenrundes Fundament legte, war ich, sein Liebling, ihm zur Seite. Ich war seine Wonne Tag für Tag, spielend vor ihm allezeit, spielend auf seinem Erdenrund, und meine Wonne fand ich bei den Menschenkindern« (Spr 8,27–31: G. vom Rad, 197 ff). – Das ist der göttliche Funke im schöpferischen Geist des Menschen, der die Natur vermenschlicht in seinem Kulturwerk, vor allem in seiner Kunst.

c) Nach diesen kurzen Hinweisen, die durch die Lektüre der eingangs zitierten Literatur ausgefüllt werden mögen, seien wiederum jene Feststellungen und Forderungen angesprochen, die eine theologische Anthropologie auf diesem Gebiet heute beachten muß. – (1) In unserem technischen Zeitalter, in unserer Konsumgesellschaft ist Kunst, ihre Herkunft, ihre Zielsetzung und ihr Sinngehalt sehr fragwürig geworden. An die Stelle des »Erschauten« ist weitgehend das abstrakt-denkerisch Geplante getreten. Die Form ist nicht nur von jedem nachahmenden, sondern auch von jedem einfühlenden Verstehen erschauter Formen der Natur völlig losgelöst, zu einer Verleiblichung einer meist mathematisch-geometrischen Idee geworden, die auch technisch realisiert und vervielfältigt werden kann. Hat die Gebrauchskunst unserer Tage durch diese Entwicklung (gegenüber den Zeiten des platten Naturalismus im 19. Jahrhundert) gewiß an Ernst und Sachlichkeit gewonnen, so muß die große, freie, selbsteigene Kunst sich wohl wieder darauf besinnen, daß sie nur schöpferische Kunst bleiben kann, wenn sie auch empfangende Kunst bleibt, wenn sie sich bewußt bleibt, daß sie auf Reiz und Bindung eines in der sinnlichen und der geistigen Welt vorgegebenen »Vorbildes« als »Kunst des geschöpflichen Menschen« verwiesen ist, daß ihr nicht göttliches Schöpfertum eigen sein kann. Menschliche Kunst bleibt immer »Dienst an der Wahrheit«. Gerade in unserer Welt, die »wie nie zuvor ihre Stabilität eingebüßt hat, ins Maßlose komplex, mit Fakten überfüllt, zeit- und raumflüchtig geworden ist« (E. Praetorius), ist dieser Dienst der Kunst, dem Menschen die »wahre Wirklichkeit« immer wieder aufscheinen zu lassen unabdingbar. – (2) Wie der Mensch als Teil dieser Welt notwendig auf diese Welt als »Natur« verwiesen bleibt, so ist er noch mehr auf sich selbst als Vorgegebenheit, Möglichkeit und Aufgabe verwiesen, wenn seine Kunst wieder menschliche Größe finden soll. Wie die Naturwissenschaften bei ihrer Entwicklung immer mehr, indem sie die natürliche Anschaulichkeit oder Vorstellbarkeit ihrer Gegenstände hinter sich gelassen haben und zu einem System von rationalen Formen geworden sind, den Menschen (ebenso wie den Schöpfergott) aus ihrem System eliminiert haben, ebenso ist die Entwicklung der modernen Kunst auf dem Weg, den Menschen aus der Kunst zu verbannen, eine menschenlose Kunst zu schaffen, die in die Not gerät, eine unmenschliche Kunst zu werden. Vielleicht sind primitive Gegenbewegungen in unserer Zeit, wie die verschiedenen Arten von Pop-Kunst und Rock-music sowie von naiver Malerei und Plastik – nicht dagegen der staatlich gesteuerte Naturalismus in absolutistischen Systemen des Faschismus und Bolschewismus – eine natürliche Reaktion des Menschen auf diese technische Entwicklung. Die große Kunst unserer Zeit wird in immer neuer Weise den Menschen als sinngebende Mitte aller Kunst wieder suchen und finden müssen. Die neue Kunst braucht den neuen Menschen; der neue Mensch braucht die neue Kunst. – Nur so wird es möglich, die Kunstbetrachtung aus der bloßen »Stilkunde« (vgl. G. Bandmann; G. Schuhmacher, Musikästhetik, Darmstadt 1973) wieder zu einer Frage nach der »Kunst an sich« (Kunstphilosophie) weiterzuführen, in der zwei Kunstfragen erneut angegangen und beantwortet werden können: die Frage nach der Zusammengehörigkeit der zwei Antworten, die von je auf die Frage nach dem »Schönen« gegeben werden (»Das

Schöne ist das, was beim Anschauen gefällt« und »›Schön‹ bedeutet eine geordnete Fülle des Seins«: J. Staudinger), sowie die Frage nach der Möglichkeit auch einer absoluten Wertung von Kunst quer durch die verschiedenen geschichtlichen Stile hindurch im Rahmen desselben Kulturgebietes, aber auch bei einem Vergleich der Kunst der verschiedenen Völker der Erde (vgl. H. Lützeler). – (3) Entscheidend für das Gelingen der neuen Kunst ist aber, daß das rechte Welt- und Selbstverständnis des Menschen erfaßt und festgehalten wird, das, wie oben gezeigt, nicht ohne die Offenheit zu Gott hin möglich ist. Hier sind vor allem drei Aussagen für unsere Zeit bedeutsam: (a) Das erste ist, daß echte Kunst von Anfang an in der Menschheit aus den religiösen Tiefen des Menschen emporgestiegen ist, auch wenn die religiösen Vorstellungen noch unklar und abwegig waren. »Das Heilige« hat im Menschen seine eigene Tiefe und Dynamik und wird nicht durch intellektuelle Erhellung in sich mächtiger, sondern nur, wenn die denkerische Durchdringung des Glaubens wirklich neue Tiefen des Heiligen im »Mysterium« erschließt, also in ein neues Dunkel führt, wie es in der jüdisch-christlichen Offenbarung besonders der Fall war. – Das Heilige ist jedoch nicht selbst der Ursprung des künstlerischen Schaffens, es ist vielmehr nur der große Stimulator. Das künstlerische Schaffen hat in der Tiefe des leib-geistigen Menschen, in der dieser mit den Mächten des Kosmos verbunden ist, seine Wurzeln, und das Wissen um das Heilige ist nur jene große Macht, die in diese dunklen Tiefen des kosmischen Gefühls soviel Licht bringt, daß daraus der Wille zur Gestaltung des »Schönen« als eines Ausdrucks der Tiefe und des Reichtums dieses im eigenen Herzen erlebten Kosmos ersteht und mächtig wird. Die kosmische Weite in der personalen Tiefe der Frömmigkeit ist daher für die große Kunst maßgeblich (Vgl. S. S. Acquaviva, Der Untergang des Heiligen in der industriellen Gesellschaft, Essen 1964). – (b) Aus diesem Sachverhalt wird auch erklärlich, daß zum »Schönen« im Verständnis der großen Kunst auch das Zerrissene und Entstellte, ja das Böse und das Häßliche gehören, so wie in der Wirklichkeit dieser geschaffenen Welt nun einmal auch die Sünde und das Böse ihren Platz haben. Sie können in ihrer Tiefe nicht erklärt werden mit dem griechisch-neuplatonischen Denken als »etwas, das nicht sein sollte«, sie sind vielmehr in ihrer positiven Bedeutung für die Entfaltung und Ausreifung auch des Guten in der Welt, als dynamisches Element im Werden der irdischen Wirklichkeit zu akzeptiern. Das Apollinische im Sinne des Schönen als umfassender Harmonie ist nur eine Seite des

Schönen, und es wird »unwahr«, wenn es nicht in Konfrontation mit dem Dionysischen gesehen wird. Das Gottesbild des AT, das den Schöpfergott nicht bloß als den Erzeuger Gott, sondern ebenso als den vernichtenden, nicht bloß als den barmherzigen, sondern auch als den zürnenden Gott sieht, gehört in unser christliches Weltbild wesenhaft hinein, darf nicht durch das griechische, neuplatonische Gottesbild (vgl. Plotin, En. V 8,3 = Über die intelligible Schönheit) ersetzt werden. – (c) Das hier Gesagte erhält seine besondere Bedeutung in der »kirchlichen Kunst« und dies besonders in unserem Zeitalter der Technik und der Konsumgesellschaft. Mit Freude wird der Christ feststellen, daß seit dem Aufbruch der Jugendbewegung seit dem 1. Weltkrieg, ganz besonders aber seit dem Zeitalter der Ruinen nach dem 2. Weltkrieg, die christlich-kirchliche Kunst in weiten Bereichen etwas von der Tiefe wiedergefunden hat, die ihr etwa im Byzanz des 6. und 7. Jahrhunderts oder im Abendland des 12. und 13. Jahrhunderts einmal eigen war. Was G. van der Leeuw in seinem Werk »Vom Heiligen in der Kunst« entwickelt hat, bleibt gültig, auch wenn nicht übersehen werden kann, daß die materialistisch-atheistisch-inhumane Tendenz in unserem Weltbild große und tiefe Anstrengungen erfordert und eine Kunst im Raum der Kirche verlangt, die auch von dieser Welt als »Aufruf« zu einem neuen Erfassen der »wahren Wirklichkeit« dieser Welt verstanden werden kann. Was H. Schade in seinen »Perspektiven zum Thema Kirche und Kunst« (Der Christ in der Welt XV 1 a/b: H. Schade, Gestaltloses Christentum? Perspektiven zum Thema Kirche und Kunst, Aschaffenburg 1971) entwickelt, ist nicht zu überhören, müßte aber für den großen Bereich von Musik und Literatur noch wesentlich ergänzt werden. Vielleicht besteht der große Fortschritt in der Kirche unserer Zeit auf dem Gebiet der Kunst darin, daß sie wieder die »große Kunst an sich« als religiösen Anruf und als Glaubensbekenntnis verstehen lernt, auch wenn die Gegenstände dieser Kunst nicht der biblischen Geschichte, sondern einfach der Tiefe der menschlichen Seele entnommen sind, die auch heute noch »anima naturaliter christiana« (vgl. Tertullian) ist, der Seele, in der immer Tiefe und Wahrheit, das Dunkel und das Licht sich begegnen. Kirchliche Kunst wird, wie jede echte Kunst, immer eine hohe »Dienstfunktion« in der Menschwerdung der Menschheit haben. Doch darf diese Dienstfunktion nicht als Lakaiendienst gesehen werden; es ist der große Dienst der »Mutter«, die in Schmerzen und Gefahren das neue Leben gebiert.

Rückblickend dürfen wir sagen: Was in den Kapiteln 3, 4 und 5 entwickelt wurde, hat in etwa das Allernotwendigste zu dem vorgestellt, was zur Entfaltung des Strukturschemas vom Menschen, wie wir es in § 23 entworfen haben, heute gesagt werden muß. Kann das Dargestellte auch nur ein Gerippe sein, das vor allem das bisher über den Menschen Gesagte, soweit es heute noch relevant ist, sichtbar macht, so können damit doch die Fragen von heute und von morgen verstanden und für sie »sachgerechte« Antworten versucht werden. Das ist der Sinn dieses kleinen Lehrbuches, den Menschen von heute fähig zu machen, die Fragen von heute so zu verstehen, daß eine Antwort darauf möglich wird, die auch ins Morgen trägt. Die Gegenwart impliziert eine Menge von Stoffen aus der Vergangenheit, und zwar bei den verschiedenen gesellschaftlichen Gruppen ganz verschiedene Stoffe und diese wieder in ganz verschiedener Weise. Dies ist der Grund, warum hier mehrfach größere Ausblicke auf die Lehren der großen Tradition vorgestellt werden; denn ein Zeitverständnis, das nur auf der eigenen Lebenserfahrung aufbaut, würde bei jedem, zumal bei einem jungen Menschen, vieles in der Gegenwart mißverstehen und damit falsch beantworten. Dazu darf nicht übersehen werden, daß auch die Fragen der Gegenwart vielfach wegen einer zu schmalen Wissensbasis schief oder irrig gestellt sind und eine rechte Antwort versuchen muß, die Frage selbst von einer besseren und breiteren Kenntnis der Sache her zu klären und dann zu beantworten. – Jedes echte philosophische Denken, noch mehr jedes theologische Reden muß, um seiner Verpflichtung der Sache gegenüber, immer neu den Sinn für die geistige Tradition der Menschheit bewahren und entwickeln, will es das Humanum und erst recht das Geschenk der Offenbarung nicht verraten.

6. ABSCHNITT

DIE ENGEL (ANGELOLOGIE)

Nach dem Zeugnis der Schrift, der Lehre und der Gebetspraxis der Kirche seit Anfang gehört zur Schöpfung Gottes auch eine Welt, die uns Menschen nicht mit unseren Sinnen faßbar ist wie die irdische Welt, die aber auch nicht in unserem Denken als transzendente Personwirklichkeit aufscheint wie Gott: es ist dies die Welt der »Engel«. Die Tatsache, daß diese Wesen, von denen die Hl. Schrift an vielen Stellen spricht, wie noch zu zeigen sein wird, weder in der alltäglichen Welterfahrung noch im transzendentalen Denken des menschlichen Herzens unmittelbar »gegeben« sind, bringt es mit sich, daß gerade dieser Bereich der Schöpfungswirklichkeit für den Glauben und noch mehr für die den Glauben betrachtende und sich auf seine Aussagen besinnende Theologie heute große Schwierigkeiten bereitet. – Der eigentliche Grund für all die Schwierigkeiten ist wohl im dialektischen Wesen dessen selbst zu suchen, was wir als »Offenbarung« und als »Theologie« vor uns haben. Wie die Offenbarung Gottes durch Menschen, auf menschliche Weise und in menschlicher Sprache vermittelt ist, so sucht gläubige Theologie eben durch diese menschliche Vermittlung hindurch immer neu das Göttliche in ihr. Was uns im natürlichen Vollzug des Geistes als Spannung zwischen rationalem und transzendentalem Denken begegnet, das wird in der theologischen Bewältigung der Offenbarung in dem Vorgang des »Glaubens« deutlich, den schon der Verfasser des Hebräerbriefes mit den merkwürdigen Worten beschreibt: »Es ist aber der Glaube ein Festhalten an dem, was man erhofft (noch nicht besitzt), und er hat die Kraft des Beweises für das, was man nicht erfährt« (Hebr 11,1). In unserer Zeit sind diese Schwierigkeiten verstärkt durch das Weltbild, das im 19. Jahrhundert im Namen des damaligen Verständnisses von Naturwissenschaft entwickelt wurde und das durch folgende Züge gekennzeichnet werden kann: Das menschliche Selbstbewußtsein, wie es sich im 15. Jahrhundert in christlicher Weise entwickelt hatte (vgl. Nikolaus Cusanus, G. Pico della Mirandola, Marsilio Ficino usw.). wurde durch das praktische Leben der Renaissance entchristlicht und führte zu jenem Bild von menschlich schöpferischer Selbstherrlichkeit, das die Welt nicht mehr als Schöpfung, sondern Menschen zu erforschen und mit seinem logisch-mathematischen nur als Welt des Menschen verstand, die allein mit den Sinnen des

Denken positivistisch zu bestimmen sei und die immer mehr als bloße materielle Welt (res extensa) gegenüber dem Menschen (res cogitans: R. Descartes) erscheinen mußte, bis das 19. Jahrhundert einem monistischen Materialismus verfiel, der auch jeden Gottesglauben ausschloß. Wo aber der Glaube an Gott fehlt, hat der biblische Glaube an die Engel, die nur von Gott her und auf Gott hin, als Boten Gottes und Vollstrecker seines Willens, in der Schrift erscheinen, keinen Platz mehr. Diese positivistische, rationalistische und materialistische Grundeinstellung bestimmt unsere Welt, in der auch wir Christen als Kinder dieser Zeit leben. – Die außerbiblischen zahlreichen Aussagen über »Engelwesen« hat die moderne Religionsgeschichte von einem dualistischen Weltbild her und die Tiefenpsychologie aus psychischen Zwängen der Menschen erklärt. Ist es auch heute nicht mehr üblich, die biblischen Engelserzählungen aus der babylonischen Götterwelt (vgl. F. Delitzsch: Bibel-Babelstreit) oder aus der persischen Geisterwelt der Parsen (P. Jensen) herzuleiten, so hat doch die Entmythologisierungsbewegung in der Exegese zu der Behauptung geführt: »Erledigt ist durch die Kenntnis der Kräfte und Gesetze der Natur der Geister- und Dämonenglaube« (R. Bultmann, in: Kerygma und Mythos, hrsg. von H.-W. Bartsch I [Hamburg [3]1954] 17). – Aber auch die gläubige Theologie hat, durch die kritische Exegese unserer Zeit geleitet, die Aussagen der Schrift über die Engel so zu verstehen gelernt, daß wenigstens, außer der Feststellung, daß man einen großen Teil der Schrift tilgen müßte, wollte man die Wirklichkeit von Engelwesen leugnen, all das, was seit den griechischen Vätern und seit der Theologie des Mittelalters (vgl. die Zusammenfassung bei F. de Suarez) an theologischen Überlegungen zu dieser Schöpfungswirklichkeit angestellt wurde, als leere Spekulation wegfallen kann. Gewiß wird die Ehrfurcht vor dem Geheimnis der Offenbarung manche Fragen, die vor allem seit der Spätscholastik (14. Jahrhundert) gestellt wurden, als Fragen menschlicher Neugierde, für deren Beantwortung nicht nur biblische Aussagen, sondern auch die theologischen Prinzipien fehlen, als gegenstandslos oder irreführend heute zurückweisen; doch wird uns der Glaubensschwund unserer Zeit belehren können, daß Aussagen der Schrift, die nicht mehr in unserem menschlichen Denken bzw. im jeweiligen Denken der Zeit neu verstanden und weitergedacht werden, nicht nur ihren Wahrheitscharakter, sondern auch ihren Realitätscharakter verlieren und für unser christliches Leben bedeutungslos werden. Die Behauptung, unsere Zeit denke eben wieder größer von Gott und brauche darum nicht mehr »fragwürdige Zwischenwesen« wie die Engel, wird durch die Tatsache selbst »fragwürdig«, daß die Geschichte der Engellehre in Israel zeigt, daß in Zeiten, da das Gottesbild, besonders der Monotheismus, unklar und unsicher war, auch die Botschaft von Engeln dünn oder fast unterdrückt erscheint, während von dem Augenblick an, da der Eingottglaube in der Not des babylonischen Exils gewachsen ist und gefestigt wird, auch der Engelglaube einen großen Platz in der Frömmigkeit Israels einnimmt. – Gewiß, man wird Gottes- und Engelglauben nicht gegeneinander ausspielen können; es wird vielmehr so sein: wo der Mensch ein sehr positives Gottesbild gewinnt, ist er auch zu einem positiven Engelglauben fähig; wo das Gottesbild in ein negatives Dunkel gerät, das nur bei den Größten mystische Tiefen erlangen kann, bei der Masse hingegen nur Ausdruck von Agnostizismus ist, hat auch das Nachdenken über die Engel keinen Platz mehr. – In unserer Zeit mag vor allem der vorherrschende »Personalismus« in der Theologie dahin führen, Gott primär als den »Partner des Menschen«, nicht als den Schöpfer des Alls zu verstehen, da auch die Welt trotz der Erkenntnisse der Naturwissenschaften von uns primär als das, was den Menschen »zuhanden« ist (M. Heidegger), verstanden wird, nicht als das Geheimnis der Wirklichkeit, von der der Mensch und erst recht jeder Einzelne ein verschwindender Teil ist.

Von diesen Vorüberlegungen her scheint es angebracht, die Engellehre hier in folgender Weise zu erarbeiten: Nach einem Überblick über die Aussagen der Schrift zu diesem Thema (§ 36) möge eine kurze Geschichte der Engellehre zeigen (§ 37), was die theologische Besinnung aus den Aussagen der Schrift erhoben oder ihnen hinzugefügt hat, um dann (§ 38) die wichtigsten Aussagen der Theologie zu dieser Engelwelt in ihren kontroversen, aber für das Theologieverständnis selbst oftmals sehr bedeutsamen Ausgestaltungen anzuzeigen und schließlich (§ 39) Sinn und Bedeutung der Engellehre für unsere christliche Gottes- und Weltfrömmigkeit zu bedenken.

§ 36 Die Aussagen der Schrift über die Engel

MS II (1967) 944–995 (M. Seemann). – DThC I (1903) 1189–1271 (A. Vacant, G. Bareille, L. Petit u. a.). – RAC V (1962) 53–258 (J. Michl; Lit.), 258–322 (Th. Klauser). – ThW I (1933) 72–87 (W. Grundmann, G. v. Rad, R. Kittel). – E. Peterson, Das Buch von den Engeln. Stellung und Bedeutung der heiligen Engel im Kultus, München [2]1955. – H. Schlier, Mächte und Gewalten nach dem NT, in: ders., »Besinnung auf das NT«, Freiburg i. Br. 1964, 146–159; ders. ebd. 160–175: Die Engel nach dem NT. – H. Gross, Der Engel im AT, ALW VI/I (1959) 28–42. – A. Winklhofer, Die Welt der Engel, Ettal [2]1961. – P. R. Régamey, Die Welt der Engel (Der Christ in der Welt V 4), Aschaffenburg 1961. – F. Jantsch, Engel Gottes, Schützer mein, München–Zürich 1961. – H. Bietenhard, Die himmlische Welt im Urchristentum und Spätjudentum, Tübingen 1951. – A. Rosenberg (ev.), Begegnung mit Engeln, München 1956. – C. Westermann, (ev.), Gottes Engel brauchen keine Flügel (Siebenstern-TB 52), Berlin [2]1968. – F. de Suarez, De angelis (verfaßt 1580–85; 8 Bücher): Op. om. II (Paris 1856, ed. D. M. André), 1–109. – Cursus theologicus Salmanticensis IV (verfaßt von Antonius a Matre Dei, O. Carm, Segovia 1637), Paris 1877, 1–834. – M. J. Scheeben, Handbuch der katholischen Dogmatik II, Freiburg 1878, 49–93. – H. Schell, Katholische Dogmatik II (ebd. J. Hasenfuß, P. W. Scheele), München 1972, 186–276.

»Käme kein Engel mehr, dann ginge die Welt unter. Solange Gott die Erde trägt, schickt er seine Engel. Die Engel sind älter als alle Religionen – und sie kommen auch noch zu den Menschen, die von Religion nichts mehr wissen wollen« (C. Westermann, 7). – Die Engel erscheinen in der jüdisch-christlichen Offenbarungsschrift als selbstverständlich wie Gott selbst. Sie sind geistige Werkzeuge Gottes für sein Heilshandeln an den Menschen und ihrer Welt. Obwohl sie wesenhaft von Gott unterschieden sind, wird von ihrer Schöpfung nicht eigens berichtet, ja Ijob spricht schließlich davon, daß die Welt selbst »unter dem Jauchzen aller Sterne des Morgens – der Schöpfung – und dem Jubel aller Gottessöhne (= Engel) grundgelegt wurde« (38,7). Die Engel als Werkzeuge Gottes sind ebenso selbstverständlich wie Gott selbst. Ehe wir die Aussagen der Schrift über die Engel vorstellen, ist ein Hinweis auf die andersartigen Lehren der Umwelt Israels zu diesem Thema angebracht.

1. a) Da ist zunächst auf die entsprechenden Lehren in Ägypten zu verweisen. Hier liegt nichts Vergleichbares vor. Es wären höchstens zu nennen die Dämonen, die als niedrige Götter (Achu), vor allem die Götter der Unterwelt über den ihnen verwandten Totengeistern stehend, dem Menschen gefährlich und feindlich sind. Im Volksglauben wird auch von wohlmeinenden Dämonen für die Menschen auf Erden gesprochen; doch die übelwollenden sind auch hier weit in der Übermacht und ihre Erscheinungsformen sind noch lebendig in den bizarren Bildern, die uns in der Schilderung der Versuchung des Wüstenvaters Antonius durch Athanasius (Vita Antonii, Kap. 21–42) begegnen. Selbst wenn diese Dämonen ein-

mal (sehr selten) als Boten einer Gottheit erscheinen, bringen sie nur Strafe oder Unheil. Zauber und Beschwörung sind daher Wesenselemente der ägyptischen Religion (vgl. H. Bonnet, Reallexikon der ägyptischen Religionsgeschichte, Berlin 1952, 146 ff).

b) Ähnlich sind die Verhältnisse in Babylon und Assyrien. »Alle die Regelmäßigkeit störenden Naturkräfte werden zu bösen Dämonen und alle besonderen Vorkommnisse werden ihrem Einflusse zugeschrieben. In die Götterlehre werden die Dämonen als dienstbare Geister der Unterweltgötter eingereiht. Auch entthronte Lokalgötter tauchen in den Beschwörungsformeln auf. Sie bringen die Plagen und Strafen des Götterzornes. Der weitaus größte Teil der Inschriften religiösen Charakters umfaßt die Zauberriten und Beschwörungen gegen die von bösen Geistern angerichteten Übel ... Die Totengeister werden als Unterweltgötter legitimiert« (P. D. Chantepie de la Saussaye, Lehrbuch der Religionsgeschichte, Tübingen ^{4}1925, Bd. 1, 572). Sieben böse Geister, die an die sieben Hauptsünden erinnern, die seit dem »Testament der zwölf Patriarchen« in der jüdisch-christlichen Literatur erscheinen und durch Evagrius Ponticus um 400 ihre klassische Darstellung gefunden haben (vgl. M. W. Bloomfield, The Seven Deadly Sins, Michigan 1952), gehören zu der großen Dämonenschar. Daneben gibt es freilich auch schützende Genien, vor allem als Wächtergottheiten (Karubu), die die Dämonen fernhalten oder sie vertreiben (Chantepie de la Saussaye, ebd. 574 f).

c) Trotz des großen Einflusses Babylons auch auf die semitischen Mittelmeervölker sind bei den Kananäern, Syrern und Phöniziern wegen des stärkeren Gottesbildes, auch wenn die Gottheit primär als Stadt- oder Staatsgottheit gesehen war, Dämonenglaube und Dämonenfurcht weit geringer und wohl nur als Volksaberglaube vorhanden.

d) Eine andere Welt gehört in diese Betrachtung hinein, weil sie besonders im Hellenismus für Israel und seine Umwelt bedeutend wird: die Religion der Perser mit ihrem entscheidenden Dualismus, in dem wiederum Ahriman und seine Dämonen (Drukhs oder Druy oder Daevas) und der Kampf gegen sie mit Hilfe des guten Gottes (Ahura Mazda) eine wesentliche Rolle spielten. Hier entsteht auch der Mithraškult, der den Geist des Parsismus vor allem in den griechisch-hellenistischen Raum verpflanzt und auch im Manichäismus des Römerreiches weiterwirkt. Wiederum sind hier die Geister als Götter oder Diener der Götter, aber meist nur als böse Geister gesehen. Das Gute wird durch den guten Gott und durch Gebet,

Opfer und Kampf der guten Menschen zusammen mit der Gottheit erreicht. Die Tat des Menschen muß auch den guten Gott zum Siege führen (Chantepie, 2. Bd., 230 ff, 255–279; zum Manichäismus vgl. G. Widengren, Mani und der Manichäismus [UB 57], Stuttgart 1961; M. J. Vermaseren, Mithras, Geschichte eines Kultes [UB 83], Stuttgart 1965).

e) Weniger für die kanonischen Schriften Israels, wohl aber für die jüdischen Apokryphen und für das frühchristliche Denken ist es notwendig, hier auch noch auf die Religion der Griechen zu verweisen, die sich dann auch in Rom ausgebreitet hat. Sie ist im wesentlichen aus jenen primitiven Kräften herausgewachsen, die uns in den alten Reinigungsriten, im Seelen- und Totenglauben und in einem Polydaimonismus begegnen. Das Entscheidende ist, daß hier selbst die Götter erst aus diesen Vorstellungen entwickelt wurden, wie die griechische Aufklärung, wenigstens seit Hesiod und besondern seit Plato, philosophische Ideen an die Stelle der primitiven Gottesbilder setzt, dabei aber allmählich selbst vom jüdischen und später vom christlichen Glauben beeinflußt wird (Chantepie, Bd. 2, 281–306). Für die römische Religion wurde seit den Tarquiniern die etruskische Religion maßgeblich (ebd. 459–466). Damit sind die komplexen griechischen Dämonenvorstellungen in sie eingegangen, wie sie sich seit Homer entwickelt hatten (vgl. U. v. Wilamowitz-Moellendorf, Der Glaube der Hellenen, 2 Bde., Darmstadt ²1955, bes. Bd. 1, 356–364).

2. Vor diesem Hintergrund erscheint das, was die kanonischen Schriften Israels und des Christentums bieten, erst in seiner ganzen Größe.

a) Da ist zunächst bedeutsam, daß in der ältesten Tradition, aber durch die ganze Schrift hindurch, der wichtigste Name für Engel »Malak Jahwe« ist, d. h. *»Bote Gottes«*. Der Sinn dieses »Boteseins« ist, daß er nicht in seinem eigenen Auftrag kommt und nicht seine eigene Sache vertritt, sondern »mit einem Auftrag des Sendenden«, also im eigentlichen Sinne als »personales Werkzeug Gottes« erscheint. Wohl wird dieser Titel auch Menschen mit einem besonderen göttlichen Auftrag, also »Propheten« (Hag 1,13; Is 44,26) oder »Priestern« (Mal 2,7) zugesprochen. Wichtig ist, daß schon im ältesten Volksglauben Israels mit diesen »Boten Gottes« nicht ein schreckenerregendes Wesen, sondern immer ein gütiger, hilfreicher Bote gemeint ist (vgl. 1 Sam 29,9: »Du bist so wertvoll wie ein Bote Gottes«; vgl. 2 Sam 14,17.20; 19,28), dem man vertrauensvoll alles anheimstellt. Der »Bote Gottes« hilft Elia auf (3 Kön 19,7), schlägt Israels Feinde (2 Kön 19,35), schützt Israel am Schilfmeer (Ex 14,19) und erscheint immer wieder als der mächtige und gütige Geleitengel (Ex 23,20: »Siehe, ich sende einen Engel vor dir her, daß er dich auf deinem Wege behüte und dich bringe an den Ort, den ich bestimmt habe«; vgl. Ex 33,2; Gen 24,7; in hellenistischer Zeit vor allem das Buch Tobias mit der Raphaelserzählung). Der Engel Gottes ist es auch, der am Ende der babylonischen Gefangenschaft 520 im ersten Nachtgesicht des Zacharias Jahwe bittet: »Herr der Heerscharen, wann endlich wirst du dich Jerusalems und der Städte Judas erbarmen, denen du nun schon 70 Jahre zürnst?« (Sach 1,12). – Dieser Titel »Engel Gottes« – die Vulgata übersetzt ausdrücklich nicht »nuntius dei«, sondern gebraucht immer das Lehnwort »angelus dei« – zeigt nun an einigen alten Stellen eine Eigenart, in der der besondere Sinn des »Engels Gottes« trotz aller philologischen Schwierigkeiten vielleicht am tiefsten zum Ausdruck kommt. An diesen Stellen erscheint erst der »Engel Gottes«, und sobald es zum Gespräch zwischen der Erscheinung und dem Adressaten kommt, spricht Jahwe selbst. Einige Beispiele mögen das zeigen. Gen 16,7–13 verheißt der Engel des Herrn der Hagar die Geburt ihres Sohnes und spricht von dessen Bedeutung (Lk 1,31 scheint später Gen 16,11 nachgebildet zu sein), und zum Schluß heißt es: »Sie rief den Namen des Herrn an, der mit ihr geredet hatte: Du bist der Gott des Schauens!« Ähnlich spricht Gen 21,17f (Mt 2,13 scheint wiederum Gen 21,18 nachgebildet zu sein) der Engel zu Hagar, und Gott zeigt ihr dann den Wasserbrunnen. Ebenso ruft Gen 22,11 der Engel des Herrn den Abraham an, und im Gespräch erweist er sich als Jahwe selbst, dem Isaak geopfert werden sollte. In gleicher Weise ruft Gen 31,11 der Engel Gottes Jakob im Traum, und als er ihn zur Rückkehr auffordert, stellt er sich als »der Gott von Bethel« vor. Ähnlich erscheinen Gen 18,2–10 »drei Männer« dem Abraham und »der Herr« spricht selbst, oder 19,1 spricht Gott zu Lot, während die Männer noch vor ihm stehen. Gen 32,25 führt Jakob die ganze Nacht an der Furt des Jabbok jenen berühmten Ringkampf mit »einem Manne«, der ihm den neuen Namen »Israel« gibt, und Jakob nennt diesen Ort dann »Penuel«, »denn ich habe Gott von Angesicht zu Angesicht geschaut«. Ex 3,2 heißt es, der »Engel des Herrn« erscheine im brennenden Dornbusch dem Moses, und als Moses naht, ruft ihn Jahwe selber und spricht mit ihm. Ri 2,1 berichtet von der Zeit der Landnahme durch Josue: »Der Engel des Herrn zog aus Gilgal hinauf nach Bochim und sprach: Ich führte euch aus Ägypten heraus und brachte euch in das Land, das ich euch eidlich versprochen hatte«, was nur Jahwe von sich sagen kann. Die Exegese hat von jeher für diese Merkwürdigkeit verschiedene Erklärungen beigebracht. Man sagte: Der Engel als irdische Erscheinung repräsentiere den unsichtbaren Gott (Repräsentationstheorie durch Hieronymus und Augustinus) oder der Engel sei Jahwe selbst, der bei bestimmten Ereignissen sich sichtbar macht (Identitätstheorie; bei den griechischen Vätern vielfach auf den Logos gedeutet: Origenes). Moderne Exegese erarbeitete eine »Interpolationstheorie«, die besagt, daß bei Redaktion der Texte eine alte Gotteserscheinung um der Transzendenz Gottes willen als Engelserscheinung eingeführt wurde. Dafür spricht die Tatsache, daß die LXX mehrfach »Engel des Herrn« setzt, wo im hebräischen Text noch »Jahwe« steht (vgl. Ex 4,24; Ijob 20,15; Ps 138,1: vgl. BL² S. 394 f). Dem fügt H. Junker (Echterbibel I, 1955, 76 ff) und ähnlich H. Groß die sog. »Revelationshypothese« hinzu, wonach der Engel Jahwes den anwesenden unsichtbaren Gott gewissermaßen sichtbar offenbart. Aus dem Engel spricht und handelt Jahwe. – Vielleicht kommt an diesen Stellen, wenn auch in eigener literarischer Art, nur zum Ausdruck, daß der Engel wegen seiner totalen Bindung und Hingabe an Gott, seinen Herrn, diesem auch tatsächlich besonders nahesteht. Die Nähe des Geschöpfes zum Schöpfer ist ja, wenigstens beim personalen Geschöpf, nicht nur durch seine Wesenseigenart, sondern vielmehr noch durch seine persönliche Hingabe an Gott bestimmt. Von diesem Verständnis des »Engels des Herrn« her wird vielleicht auch begreiflich, wenn an zahlreichen Stellen des AT in späterer Zeit die Engel *»Söhne Gottes«* (Bene Elohim) genannt werden (vgl. Ijob 1,6; 2,1; 38,7; Ps 29,1; 89,7; Dtn 32,43 LXX; – Gen 6,2.4 gehören nicht hierher), was wohl nichts anderes bedeutet als »Gott nahe Wesen«, so wie im NT dann durch Verähnlichung des Menschen mit Christus, dem wahren »Gottessohn«, die Menschen »Söhne Gottes« werden sollen und können (Röm 8,29). – Die Engel werden darum in späterer Zeit auch *»Heilige«* (qedoschim) genannt (vgl. Ijob 5,1; 15,15; Dan 4,10; 4,20; Sach 14,5; Sir 42,17 usw.). Das Entscheidende in der »Engelsvorstellung Israels« ist also darin zu sehen, daß es auch hier um »Jahwe« selbst geht, wenn sein Engel genannt wird; denn was er spricht und tut, ist nicht seine Sache, sondern Jahwes Sache. Darum hat dieses Wesen auch keinen eigentlichen Wesensnamen, vielmehr ist seine »Berufsbezeichnung« sein eigentlicher Name. So geziemt es dem Geschöpf vor dem Schöpfer, und je höher der Auftrag und je totaler die Hingabe in der Erfüllung dieses Auftrags, um so größer wird dieses Geschöpf vor seinem Schöpfer. Je mehr in Israel die Idee von Jahwe als Schöpfergott gewachsen ist, um so mehr hat sich darum auch dieses Engelsbild entfaltet.

b) Bis zum babylonischen Exil sind wohl drei Stufen der Entfaltung in diesem Gottesbild zu nennen, von dem her auch die äußeren Abwandlungen der Engelsvorstellungen mitbestimmt werden. – (1) Da ist zunächst nach der Seßhaftwerdung die große »Königszeit« zu nennen, in der das kriegerische Element aus der Eroberungszeit institutionalisiert wird und so mit dem Reichsgedanken der Machtgedanke ausgestaltet wird. In dieser Zeit entsteht vor allem auch die Vorstellung von den *»Heeren Gottes«*. »Der Herr der Heere« (Elohim Zebaoth) hat eine große Schar von dienenden Geistern um sich (vgl. Ps 103,21; 148,2 usw.). Wie sehr mit dem Ausdruck »Heerscharen« eine Vermenschlichung der Engelsvorstellung einhergeht, mag die Tatsache zeigen, daß auch die Stämme Israels (Ex 6,26; 12,17.51 usw.), ja die Sterne am Himmel selbst »Heerscharen« genannt werden, die im Dienste Jahwes, des kriegerischen Gottes (Ex 15,3.1; Sam 17,47) stehen (vgl. BL [1][Haag] 667 ff). Es bleibt aber doch die Auswechselbarkeit zwischen der Botschaft des Engels und der direkten Rede Gottes, wie die Gotteserscheinung am Horeb dem Elias gegenüber zeigt, wo der »Gott der Heerscharen« (3 Kön 19,10.14) zuerst durch den Engel den Elias mahnt, um dann selbst sprechend einzugreifen (ebd. 19,3–16). – (2) In diese Königszeit gehören Salomo und sein Tempelbau, der Gott auf Erden eine Wohnstatt schenkt und damit wohl auch die Formen des königlichen Zeremoniells auf die Vorstellungen von Gott und seinen Heerscharen überträgt. Damit wird vorbereitet, was in der Folgezeit, vor allem in den Psalmen deutlich wird, daß nämlich die Engel auch den *himmlischen Kult* tragen, also nicht nur Boten Gottes im Dienste des göttlichen Heilshandelns an den Menschen sind. Dies wird zunächst deutlich im Auftreten von zwei Gruppen von Wesen, die in der Folgezeit zu den Engeln gerechnet werden, obwohl sie von ganz anderer Art zu sein scheinen. Es sind dies einmal die *Cherubim* (Wächterengel: vielleicht stammt der Name von dem assyrischen charibi, den Wächter- und Tempelgottheiten). Zuerst als Wächter auf dem Wege zum Lebensbaum im Paradies genannt (Gen 3,24), werden sie auf dem Deckel der Bundeslade dargestellt; zwischen ihnen erteilt Jahwe seine Offenbarungen (Ex 25,18–20, 22; 1 Kön 8,6 f). Von Jahwe wird gesagt, daß er »über den Cherubim throne« (1 Sam 4,4; 2 Sam 6,2; Ps 80,2; 99,1 usw.), und im Tempel Salomos sind die Figuren der Cherubim im Allerheiligsten aufgestellt (1 Kön 6,23–28). Sie sind Träger Gottes in den Theophanien (2 Sam 22,11; Ps 18,11). Bei Ezechiel (1; 10; 11) endlich erscheinen sie wie ungeheuerliche Tierwesen mit vier Flügeln, Menschenhänden unter den Flügeln und mit je vier Gesichtern, einem Menschen-, einem Löwen-, einem Stier- und einem Adlergesicht. – Daneben werden in der großen Gottesvision des Isaias (6) die *Seraphim* (von saraph = brennen) als Wesen mit menschlichem Gesicht, Händen und Füßen und sechs Flügeln genannt. Wo der Prophet Micha in seiner Gottesvision noch »den Herrn auf seinem Thron und die gesamte himmlische Heerschar bei ihm zu seiner Rechten und zu seiner Linken« (3 Kön 22,19) gesehen hat, da schaut Isaias diese Seraphim über dem thronenden Jahwe (Is 6,2). Ob sie auch einen menschlichen Leib oder ob sie einen Schlangenleib haben (Num 21,6–9 werden die feurigen Giftschlangen »Seraphim« genannt, und ähnlich Is 14,29), wird aus der Beschreibung der Vision nicht deutlich. Bedeutsam ist nicht so sehr, daß damit zwei neue Namen (Berufsnamen) für Engel eingeführt sind, bedeutsamer ist, daß durch diese Beschreibung von »geflügelten Engeln« bewirkt wird, daß in späterer Zeit die Engel fast immer mit Flügeln dargestellt werden. Tatsächlich kennt die Offenbarung außer Cherubim und Seraphim keine geflügelten Engel. – (3) Noch wichtiger wird die klare Erfassung Jahwes als des »Schöpfers« im 7. Jahrhundert, wodurch nun auch die »Geschöpflichkeit der Engel« und die Einreihung der Engel in die Welt der Geschöpfe klar und endgültig vollzogen wird. Was in den Psalmen dazu führt, daß »die Engel, die Scharen und die Werke Gottes« der Reihe nach immer wieder aufgerufen werden zum Lobpreis Gottes. »Preiset Jahwe, all seine Engel, Helden an Kraft, die sein Wort vollziehen; preiset Jahwe, all seine Scharen, ihr seine Diener, die seinen Willen vollziehen; preiset Jahwe, all seine Werke, an jedem Ort seines Herrschaftsbereiches!« (Ps 103,20–22; vgl. Ps 148,1–4; seine Entfaltung findet dieser Hymnus bei Dan 3, 57–90).

c) Ähnlich wie in dieser Periode sind auch für den nächsten Zeitabschnitt nach dem babylonischen Exil bis zu Christus hin drei Ereignisse zu unterscheiden, die insonderheit am Gottesbild offenbar werden und sich auf die Engellehre auswirken. – (1) Da ist zunächst der *Monotheismus* zu nennen, der sich nach dem Exil herausgebildet hat, jedoch stark national gestaltet wird, auch wenn er sich im Namen des Nationalbewußtseins zu einem Universalismus ausweitet, der alle anderen Völker dem Volk Israel und seiner Religion unterwerfen möchte. Der Nationalismus wirkt sich dahin aus, daß gegenüber den Weisheitslehren der Spätzeit immer mehr »die Thora«, das Gesetz, als eigentlicher Repräsentant Gottes in dieser Welt erscheint. Der Engel Gottes erscheint darum als Vermittler des Gesetzes. – (2) Das zweite Moment ist die *Apokalyptik*, die ihrerseits einen sehr kräftigen Gottesglauben entwickelt, aufbauend auf eigene Gotteserfahrung, und die konkrete geschichtliche Welt als Wirkensbereich des lebendigen Gottes versteht, der jederzeit durch seine Gerichte eingreifen kann. Das Geschichtsbild der Apokalyptik entfaltet eine eigenwillige Periodisierung der göttlichen Heilsgeschichte. – (3) Das dritte Element ist die *Hellenisierung*, die sich vor allem in der Makkabäerzeit durchsetzte, schon während der hundertjährigen Herrschaft der ägyptischen Ptolemäer über Israel, noch mehr aber, als durch die Schlacht von Paneion 198 v. Chr. diese von der syrischen Seleukidenherrschaft über Israel abgelöst worden war. Besonders die dualistischen Elemente in der Weltbetrachtung, wie sie sich durch den Hellenisierungsprozeß, vielleicht von Persien her eingeführt, durchsetzten, gaben der Anschauung von bösen Engeln und Dämonen ein Gewicht, das vorher in der Religion Israels unbekannt war, auch wenn infolge des starken Gottesbildes diese bösen Geister immer im Dienste Gottes stehen müssen. – Diese drei Momente wirken immer mehr zusammen. Das Wichtigste für die Engellehre blieb wohl die Apokalyptik mit ihrem Gerichtsgedanken und ihrer unmittelbaren Erwartung von einem Eingreifen Gottes. Hier erscheinen die *Engel Gottes als selbständige Geister* und zum erstenmal auch Namen für sie, und neben den guten Engeln sind immer auch die *bösen Engel* und ihre Anführer im Spiel. Das zeigt sich in der apokalyptischen Literatur vor Christus, also neben dem kanonischen Danielbuch im äthiopischen Henochbuch, im Buch der Jubiläen, im Testament der zwölf Patriarchen, in den Sibyllinen, den sog. Psalmen Salomos, in der Damaskusschrift und in einigen Qumranrollen. Es findet seine weitere Ausgestaltung in der apokalyptischen Literatur des ersten christlichen Jahrhunderts, in der Himmelfahrt des Moses, dem slawischen Henochbuch, dem Leben Adams und Evas, dem vierten Esdrasbuch und der sog. Apokalypse des Baruch, in der Himmelfahrt des Jesaia, der Apokalypse Abrahams und im Testament des Abraham. Es wirkt aber auch in den kanonischen Schriften des NT, in der synoptischen Apokalypse und in der Offenbarung des hl Johannes nach. Durch diese letzteren Schriften wird diese geistige

Bewegung bedeutsam für unsere christliche Glaubenslehre. Wie schon die Titel dieser Bücher zeigen, sollen durch die Betrachtung der großen Männer der früheren Heilsgeschichte Trost und Weg für die Nöte der Gegenwart und das Vertrauen auf den großen mächtigen Gott gefunden werden, der jederzeit, vielleicht schon in allernächster Zeit, mit seiner richtenden Macht einbrechen kann. Gerade für dieses Gericht sind die dienenden und helfenden Engel Gottes von großer Bedeutung (vgl. H. H. Rowley, Apokalyptik. Ihre Form und Bedeutung zur biblischen Zeit, Einsiedeln [3]1965). Diese Entwicklung bringt für die Engellehre folgende Besonderheit: die Engel werden hier zum erstenmal »Geister« genannt (Jub 15,31; 1 Hen 15,4.6.8.10). Da auch die Verstorbenen in dieser Zeit als »Geister« erscheinen, wird allgemein Gott (100mal in 2 Mkk, Hen, Jub) »Herr der Geister« genannt (BL 536). Wenn die Engel Titel wie »Göttliche« (Elohim), »Fürsten« oder »Herrlichkeiten« erhalten, wird doch Gott selbst gerufen als der »Fürst der Göttlichen, König der Herrlichen und Herr aller Geister« (Hymnen von Qumran 10,8: RAC V 65). Die Lehre von »Schutzengeln« wird in dieser Zeit besonders entfaltet (vgl. gr. Apk Bar 12,3; 13,1 f: RAC V 74 f). Schutzengel für den Einzelnen, aber auch für die Völker werden genannt. So hat Israel Michael und Gabriel zum Schutzengel (vgl. Strack-Billerbeck III 49–51; RAC V 87). Engel werden zum erstenmal mit Namen vorgestellt: so Dan 8,16.21 f, *Gabriel* als Bote und Interpret der göttlichen Botschaft. Dan 10,13; 12,1 *Michael*, einer der ersten Fürsten und Schutzengel Israels, und Tob 3,17; 5,4; 12,15 *Raphael*, »einer von den sieben heiligen Engeln, die die Gebete der Heiligen darbringen und zur Majestät des Heiligen Zutritt haben«. Dies sind drei Namen, die auch die Kirche festgehalten hat. Daneben kennen die apokryphen Schriften noch viele andere Engelnamen (J. Michl zählt 269 Namen einzeln auf: RAC V 200–239), die in der Liturgie der Kirche nicht verwendet worden sind. Ebenso erscheinen in dieser Zeit Gruppen von Engeln: Herrschaften (κυριότητες: 1 Hen 61,10), Gewalten (ἐξουσίαι: 1 Hen 61,10), Mächte (δυνάμεις: Test Levi 3,3), Fürstentümer (ἀρχαί: 1 Hen 61,10), Throne (θρόνοι: Test Levi 3,8. In 1 Hen 61,10 werden zehn Abteilungen von Engeln genannt), Namen, die wiederum bei Paulus erscheinen. Die verschiedenen Engel und Engelgruppen werden vielfach auf die verschiedenen »Himmel« verteilt und erhalten eigene Aufgaben vor Gott (vgl. RAC V 79 f). Dazu sind die sieben Erzengel (ἀρχάγγελοι: 1 Hen 20,1–7; vgl. Tob 12,15) zu nennen, da sie ebenfalls in der christlichen Liturgie eine Rolle spielen. Für einen Engelkult liegen in diesen Schriften keine Zeugnisse vor, obwohl er in der Volksfrömmigkeit vorgekommen sein mag, weshalb sich Paulus (vgl. Kol 2,8; Hebr 1,4–14) dagegen wendet. Die frührabbinische Theologie hat sich Gedanken gemacht über »die Erschaffung der Engel«, von der in der Schrift nichts berichtet wird (vgl. RAC V 84), wie auch über die Bedeutung der Engel für die natürliche Welt, wobei hellenistische Ideen wie die von Wind- und Berggeister wirksam zu sein scheinen (vgl. RAC V 86). – Wer die breite Darstellung der Engelwelt um die Zeitenwende betrachtet, erkennt deutlich die großen außerbiblischen Einflüsse und wird um so dankbarer die Engellehre des NT in ihrer Nüchternheit begrüßen.

3. *Die Engellehre des NT.* – Wie im AT, so stehen auch im NT die Engel ganz und ausschließlich im Dienste Gottes und im Dienste seines Heilshandelns an den Menschen. Dieses Heilshandeln Gottes an den Menschen hat jedoch nunmehr einen ganz neuen Adressaten bekommen. Die Welt steht nicht mehr, wie im AT, als bloße Schöpfung Gott gegenüber. Gott selber ist in diese seine Schöpfung, alles menschliche Begreifen absolut übersteigend, durch die »Fleischwerdung des Logos« (Joh 1,14) und durch die Sendung des Pneuma in die Kirche Christi (vgl. Apg 2,4.38; 8,17; 10,44; 19,6) eingegangen und wohnt in ihr. Das »Reich Gottes« hat damit als Möglichkeit und als Wirklichkeit in dieser Welt eine ganz neue »Ortsbestimmung« gefunden. Nicht durch einen Engel, nein durch einen »Menschen, den Jesus von Nazareth, ist das Reich Gottes in dieser Welt ›welthaft‹ geworden« (vgl. Lk 11,20; Mk 1,15; Mt 4,17). Dieser »Jesus, der Christus« ist erschienen »als Haupt über alles der Kirche, die sein Leib ist, die Vollgestalt dessen, der alles in allem erfüllt« (Eph 1,22 f). So wird verständlich, daß das Wirken der Engel, ganz entsprechend der Engellehre des AT, nunmehr sich in erster Linie auf dieses »Gottesreich auf Erden« erstreckt. So begegnen uns die Engel im NT vor allem in einem vierfachen Zusammenhang: bei der Menschwerdung Gottes in Christus in den sog. Kindheitsgeschichten bei Mt und Lk, im Zusammenhang mit dem Erlöserwirken Jesu, d. h. bei den Teufelsaustreibungen, auf die später zurückzukommen ist, und besonders in den Berichten über Tod und Auferstehung Jesu, ferner in der Apostelgeschichte, wo die Kindheitsgeschichte der Kirche vorgestellt wird, und schließlich in den Hinweisen auf das Wiederkommen Christi als Weltenrichter sowohl in der synoptischen als auch in der johanneischen

Apokalypse. Letztere bringt nicht nur wegen ihres literarischen Charakters (als Apokalypse), sondern auch als letztes Buch der Offenbarung, wesentliche Besonderheiten und Ergänzungen zu unserer Engellehre.

a) In den beiden *Kindheitsgeschichten* bei Matthäus und Lukas, die wohl unabhängig voneinander konzipiert sind (vgl. E. Nellessen, Das Kind und seine Mutter [SBS 39], Stuttgart 1969, 13–21), wird durch »einen Engel Gottes« das Ereignis der Geburt Jesu vorbereitet: bei *Lukas* bringt der Engel Gabriel der bereits vermählten, aber noch nicht heimgeführten Jungfrau Maria die göttliche Botschaft, daß sie »Messiasmutter« werden solle, und klärt ihre Bedenken um das Verhältnis zu Joseph, so daß Maria die entscheidende Antwort geben kann: »Siehe, ich bin eine Magd des Herrn; mir geschehe nach deinem Wort«, wobei man die Frage stellen kann, ob das »deinem Wort« das Wort des Engels meint oder ob auch hier noch durch die Botschaft des Engels hindurch der fordernde Gott verstanden wird, dessen Wort in Erfüllung gehen soll. Nicht umsonst zitiert der Engel hier (entgegen der Gewohnheit des Lukas) die atl. Stelle aus der Verheißung der Geburt des Isaak, wo die drei Männer (Engel) erscheinen und »der Herr« spricht (Gen 18,14; vgl. Lk 1,26–38). Bei *Matthäus* erscheint dem Joseph im Traum »ein Engel des Herrn«, der ihn über die Empfängnis seiner Gemahlin aufklärt und ihn dazu bewegt, sie zu sich zu nehmen. Ein zweites Mal erscheint der Engel des Herrn Joseph im Traum und veranlaßt ihn, mit »dem Kind und seiner Mutter« nach Ägypten zu fliehen (vgl. Mt 1,20–24; 2,13–15). – Bei Lukas verkündigt auch »ein Engel des Herrn« den Hirten die Messiasgeburt, und mit diesem Engel erscheint »eine große Schar des himmlischen Heeres, die Gott preist mit den Worten: Ehre sei Gott in der Höhe und auf Erden Friede den Menschen seiner Gnade« (vgl. Lk 2,9–14). Auch die Geburt Johannes des Täufers wird durch einen Engel angekündigt, und da Zacharias zweifelt, stellt sich der Engel als »Gabriel, der vor Gott steht« vor und verheißt als Zeichen für die Wahrheit seiner Worte die Stummheit des Vaters bis zur Geburt des Kindes. Das Entscheidende in der Darstellung dieser Kindheitsgeschichte ist, daß der Engel hier ganz im Dienst der Heilsgeschichte steht, Diener Gottes ist, der die Botschaft und den Willen Gottes verkündigt und vom Menschen die Antwort erfragen und erwirken muß, die die neue Heilsgeschichte in der Menschwerdung Gottes bringen soll.

b) In der *Verkündigung* Jesu erscheint die Rede von den Engeln so selbstverständlich wie bei seinen Zeitgenossen. Die Engel Gottes freuen sich über die Bekehrung der Sünder (vgl. Lk 15,10); die Engel der Kinder schauen das Angesicht Gottes (vgl. Mt 18,10), und Engel bringen die Seelen der Toten in die jenseitige Welt (vgl. Lk 16,22). Die Engel erscheinen als geschlechtslose Wesen, die keine Ehe kennen (vgl. Mk 12,25 Par.) und schließlich spricht Christus von mehr als zwölf Legionen Engeln, die ihm der Vater zu Hilfe schicken würde, wenn er darum bäte (vgl. Mt 26,53). Zu Nathanael sagt Christus: »Ihr werdet den Himmel offen und Engel Gottes auf- und niedersteigen sehen über dem Menschensohn« (Joh 1,51; vgl. Gen 28,10–17). Noch deutlicher spricht er in seiner Verheißung vom Endgericht, im Anschluß an Dan 7,13 f, von seinem Kommen auf den Wolken des Himmels und fügt hinzu: »... und dann wird er aussenden seine Engel und zusammenführen seine Auserwählten von den vier Winden (vgl. Sach 2,6) vom einen Ende der Erde bis zum anderen Ende des Himmels« (vgl. Dtn 30,4: Mk 13,27; Mt 24,31).

c) Besondere Bedeutung haben die Engelerscheinungen im Zusammenhang mit *Tod und Auferstehung und Himmelfahrt Christi.* Nach Lk 22,43 stärkt »ein Engel vom Himmel« Christus in seiner Todesnot. In den Auferstehungsberichten spielen Engel eine Rolle als Zeugen und Interpreten des Geschehens: so erscheinen den Frauen »zwei Männer im blitzenden Gewande« (Lk 24,4) bzw. »ein Jüngling, angetan mit einem weißen Gewand« (Mk 16,5), bzw. »ein Engel des Herrn; sein Aussehen war wie der Blitz und sein Gewand weiß wie der Schnee«, der bereits den Wächtern am Grabe erschienen war und dann die Frauen von dem Ereignis unterrichtete (vgl. Mt 28,2 f. 5). Diese Gestalten verkünden, daß Christus auferstanden ist und befehlen den Frauen, diese Botschaft den Aposteln zu bringen. Nach dem Bericht der Apostelgeschichte erschienen bei der Himmelfahrt Christi »zwei Männer in weißen Gewändern«, die die Wiederkunft Christi ankündigten (Apg 1,10 ff).

d) Der *Dienst der Engel* für Christus setzt sich *in der Apostelgeschichte* als Dienst an der Sache Jesu in seiner Kirche fort. Wenn die Apostel die Sendung Christi weitertragen (vgl. Joh 20,21: »Wie mich der Vater gesandt hat, so sende ich euch«), so muß sich der Dienst der Engel als Dienst für die Apostel und ihr Werk fortsetzen. Apg 5,19 f berichtet, wie ein »Engel des Herrn« die Apostel aus dem Gefängnis befreit und sie ermutigt: »Geht hin, tretet auf und verkündigt im Tempel dem Volke alle Worte des Lebens.« Eingehend wird die wunderbare Errettung des Petrus aus dem Kerker berichtet, nachdem kurz vorher Herodes den Jakobus, den Bruder des Johannes, mit dem Schwerte hatte hinrichten lassen (Apg 12,1–11). Petrus bestätigt zum Schluß: »Nun weiß ich wahrhaftig: der Herr hat seinen Engel gesandt und mich der Hand des Herodes und aller Erwartung des jüdischen Volkes entrissen.« In diesem Satz kommt der Glaube der Urkirche an die helfende und schützende Macht der Engel für die Kirche und ihren Dienst zum Ausdruck. Stephanus weist in seiner Predigt auf den Engel in der Mosesgeschichte hin, der ihn im Dornbusch gesandt habe und durch den auf dem Berge Sinai das Gesetz gegeben worden sei (vgl. Apg 7,30.35.53; ähnlich Gal 3,19; Hebr 2,2). Ein »Engel des Herrn« schickt Philippus auf die Landstraße nach Gaza, wo er den Kämmerer der äthiopischen Königin tauft (Apg 8,26–39). Ein Engel ruft den Hauptmann Cornelius, daß er Petrus aus Joppe kommen lasse, damit er ihn taufe (Apg 10,3). Was der Engel hier für Cornelius bedeutet, das bedeutet für Petrus die Stimme von oben und der Geist, die ihn zu dieser entscheidenden Wende der jungen Kirche vom Judentum zum Heidentum bewegen (vgl. ebd. 11,7.12).

e) Der Dienst der Engel für das Reich Gottes findet seine höchste und letzte Darstellung *in der »Offenbarung«* des hl. Johannes. Durch einen »Engel Gottes« wird Johannes die »Offenbarung« kundgetan, und die sieben Gemeinden, an die er die Bekehrungsschreiben senden muß, sind durch sieben Sterne in der rechten Hand Christi repräsentiert, die die Engel (Schutzengel) der sieben Gemeinden bedeuten (vgl. Apk 1,1.20). Ein »mächtiger Engel« stellt die Buchrolle mit den sieben Siegeln vor (ebd. 5,2), und ein »anderer mächtiger Engel«, der wie eine gewaltige kosmische Macht geschildert wird (»er war in eine Wolke gehüllt, über seinem Haupt hatte er den Regenbogen und sein Antlitz war wie die Sonne und seine Beine wie Feuersäulen«: 10,1), übergibt dem Seher, mit einem Fuß auf dem Land und mit dem anderen Fuß auf dem Meere stehend, das geöffnete Büchlein der Weissagungen, das er verzehren muß. Daneben sind besonders drei Aussagen über die Engel hier zu nennen, die für dieses letzte Buch der Offenbarung charakteristisch sind und einen theologischen Abschluß der geoffenbarten Engellehre darstellen dürften«: (1) Da sind zunächst die *»Schöpfungsengel«*, von denen bereits in den apokryphen Apokalypsen mehrfach die Rede ist (vgl. RAC V 71 und 86 f). Johannes nennt hier vier Engel, die die vier Winde festhalten, die Ländern und Meeren schaden könnten (ebd. 7,1 f), einen Engel, der Gewalt hat über das Feuer (ebd. 14,18), und einen »Engel der Wasser« (16,5) sowie einen Engel, der die Menschen, die gerettet werden sollen, besiegeln solle auf ihrer Stirn (ebd. 7,3; vgl. Ez 9,4.6). – (2) Daneben werden vor allem eigene *»Gerichtsengel«* genannt, die im Auftrag Gottes das Gericht Gottes an der Schöpfung und besonders an den Menschen vollstrecken. Schon die synoptische Apokalypse (vgl. Mt 24,31; 25,31; vgl. 1 Thess 4,16; Dan 7,13 f; Is 27,13) berichtet, wie der Weltenrichter seine Gerichtsengel aussendet, und die Apokalypse entfaltet diese Lehre: sieben Strafengel werden genannt, die durch den Schall ihrer Posaunen verheerende Katastrophen über die Erde bringen, die im einzelnen genau gekennzeichnet werden (vgl. ebd. 8,2 – 9,21), bis beim Posaunenschall des siebten Engels das Gottesreich errichtet wird (vgl. ebd. 10,7; 11,15–19). – (3) Schließlich erscheinen sieben *»Strafengel«* mit Schalen, angefüllt mit Verderben, das über die Menschheit und die ganze Natur ausgegossen wird (ebd. 15,1; 16,1–21); ein »mächtiger Engel« weist auf den Untergang von Babylon hin (ebd. 18,21–24), und schließlich legt ein Engel den Satan für tausend Jahre in Ketten (ebd. 20,1–3). – (4) Das Ziel der Engellehre der Apokalypse ist aber, was in den Engeln und Wesen erreicht wird, die »dem Alten auf dem Thron und dem Lamm, das geschlachtet ward und lebt«, *in ewiger Liturgie den Kult der ganzen Schöpfung bringen.* In diesem Kult vereinigen sich immer wieder die »vier lebenden Wesen«, in denen das Geheimnisvolle und Machtvolle der Cherubim und Seraphim vereinigt erscheint (ebd. 4,6–8: Sie rufen ihr: »Heilig, heilig, heilig ist der Herr, Gott, der Allherrscher, der war, der ist und der kommt«; vgl. 6,8; 19,4), aber auch die 24 Ältesten, die Vertreter des Alten Bundes und des Neuen Bundes (12 Stammväter des alten und des neuen Israel oder deren Engel), die ihre Kronen vom Haupte nehmen und sich vor dem Throne niederwerfen und singen: »Würdig bist du, unser Herr und Gott, den Lobpreis zu empfangen und die Ehre und die Macht; denn du schufst alle Dinge und durch deinen Willen waren sie und wurden sie geschaffen«, und schließlich »die Engel«, deren Zahl hier mit »zehntausend mal zehntausend und tausend mal tausend« (5,11; vgl. Dan 7,10) angegeben wird. Sie alle singen zusammen ihre Hymnen, vor allem vor Christus, dem geschlachteten Lamm, das durch sein Blut aus jedem Stamm, jeder Sprache und jeder Nation Menschen erkauft hat, »damit sie für unseren Gott zu einem Königtum von Priestern werden und herrschen auf Erden« (vgl. 5,9 ff). Ihr Lied lautet: »Würdig ist das Lamm, das geschlachtet wurde, die Macht zu empfangen und Reichtum und Weisheit und Stärke und Ehre, Verherrlichung und Lobpreis« (ebd. 5,12).

Der Sinn dieser himmlischen Liturgie ist, die ganze Schöpfung möge in ihren Jubel einstimmen: »Und alles Geschöpf im Himmel und auf Erden und unter der Erde (vgl. Phil 2,10 f) und auf dem Meere samt allem darin hörte ich sprechen: Dem, der auf dem Throne sitzt, und dem Lamme sei der Lobpreis und die Ehre und die Verherrlichung und die Macht in alle Ewigkeit« (5,13). Hier schließt sich der Kreis der Offenbarung über die Engel; hier wird der letzte Sinn der Engellehre aufgezeigt: die Engel sind jene Geschöpfe Gottes, die den tiefsten Sinn allen Geschöpfseins erfüllen: nicht nur ihre Tat, ihr Wesen ist es, Gott, den Schöpfer und Herrn, anzubeten und ihm allein zu dienen (vgl. Dtn 6,2.5).

f) Wenn schließlich ein Blick auf die *Engellehre des hl. Paulus*, der sonst die Engellehre der anderen Schriften des NT vertritt, zeigt, daß hier mehrfach gegen einen »Engelkult« angegangen wird (vgl. Kol 2,18), ist dazu wohl zu sagen, daß seine Stellungnahme durch die Adressaten der paulinischen Briefe, die durchweg heidnischer Herkunft waren, bedingt ist. Offenbar gab es in diesen Kreisen einen »unchristlichen Engelkult«, für den wir keine klaren spätjüdischen Zeugnisse kennen. Ausdrücklich stellt Paulus demgegenüber die einzigartige Bedeutung Christi, des Erlösers, heraus. Man könnte daran denken, daß für den heidnischen Glauben Engel, die bei Paulus wie schon in den Apokryphen (vgl. RAC V 68) »Geister« (vgl. Hebr 1,14) oder »Mächte, Kräfte, Gewalten, Throne, Herrschaften« (vgl. Eph 1,21; Kol 1,16) genannt werden, größer erscheinen als der Mensch Jesus von Nazareth. Das ist ja das Geheimnis der göttlichen Heilsgeschichte, daß die Erlösung nicht den Engeln, sondern nur den Menschen zugedacht ist, und daß diese Erlösung und dadurch die Vollendung der Schöpfung verwirklicht wird durch das geheimnisvolle Ereignis der »Menschwerdung Gottes«. Doch davon ist zu handeln, wenn nach einer kurzen Betrachtung über das »übernatürliche gnadenhafte Leben« (Abschnitt VII) am Ende über Sünde, Satan und böse Engel gesprochen werden wird (Abschnitt VIII).

§ 37 *Kurze Geschichte der Engellehre*

MS II, 975 ff: (M. Seemann) Lit. 975 Anm. 42. – RAC V 115–200 (J. Michl). – J. Turmel, Histoire de l'angélologie des temps apostoliques à la fin du cinquième siècle, RHLR III (1898) 289–303, 407–434, 535–552; – Ders., L'angélologie depuis le faux Denys l'Aréopagite, RHLR IV (1899) 217–238, 289–309, 414–434, 537–562.

Die reichen Aussagen über die Engel, die uns besonders im NT begegnen, haben in der jungen Kirche weitergewirkt, und manche Elemente aus den Aussagen der Apokryphen sind durch den Volksglauben bedeutsam geworden für die Entwicklung der Lehre in der Kirche. Zum rechten Verständnis für die Entwicklung der Engellehre ist es wichtig, die maßgeblichen Irrlehren, gegen die sich die Kirche wendet, sowie die Eigenlehren, die sie entfaltet, zu beachten und auf die verschiedenen philosophischen Systeme zu schauen, mit deren Hilfe sie ihren eigenen Glauben aussagbar machen will für die Zeit.

a) Da ist zunächst zu nennen der Kampf der Kirche gegen die verschiedenen hellenistischen Irrlehren, die als »Gnosis« seit der Mitte des 2. Jahrhunderts für die junge Kirche lebensgefährlich geworden waren und gegenüber denen sich die erste Theologie in der Kirche konstituiert hat. Da diese Gnosis in ihren verschiedenen Ausprägungen Engel als göttliche Wesen begriff (untergeordnete Götter als Vermittler zwischen den Hochgöttern und den Menschen), denen selbst die Weltschöpfung und die Erschaffung der Menschen zugeschrieben wurde (vgl. RAC V 104 f), ist verständlich, daß für diese erste große Theologie der Kirche das wichtigste Anliegen war, die »Geschöpflichkeit« dieser Engelwesen aufzuzeigen und, noch mehr, darzutun, daß sie neben Christus, dem alleinigen Offenbarer und Erlöser der Menschheit, keine unmittelbare eigene Bedeutung haben. So schreibt Clemens von Alexandrien († 215) ausdrücklich, daß die Engel »geschaffene Wesen« sind (Strom. VI 57,5), die Gott bei der Weltregierung dienen (ebd. VI 161,2). Christus, der ganz Geist, ganz Licht, ganz Auge ist, »ist das ganze Heer der Engel und Götter untertan, da er als das Wort des Vaters die heilige Weltregierung übernommen hat« (ebd. VII 5,5 f). Ähnlich lehrt Origenes († 253) in seiner Auseinandersetzung mit Kelsos von den Engeln als »dienstbaren Geistern, die abgesandt sind zum Dienste für diejenigen, die das Heil erben sollen« (Hebr 1,14), daß es von der Schrift nicht vorgesehen sei, sie »an Stelle Gottes zu verehren und anzubeten ... Denn alle Bittgebete und Danksagungen (1 Tim 2,1) müssen dem allmächtigen Gott durch den über alle Engel erhabenen Hohenpriester (vgl. Hebr 2,17; 3,1 usw.), der lebendiges Wort und Gott ist, dargebracht werden« (Contra Celsum V 4; vgl. 5). Schon Aristides hatte in seiner Apologie an Kaiser Hadrian um 129 die übertriebene Engellehre der Juden zurückgewiesen (Kap. 14,4).

b) Nachdem die Lehre von Christus als wahrem Gott in Nizäa

325 festgelegt war und die Kirche ihre Freiheit erlangt hatte, trat an die Stelle der apologetischen Theologie mehr die Entfaltung des Glaubens mit Hilfe der großen Philosophien, besonders der Stoa und des Neuplatonismus. Der stoische Einfluß wird deutlich in der Engellehre des hl. Ambrosius († 397), der nun seine Aussagen über die Engel mehr gegenüber der Anthropologie und der Gotteslehre formuliert. Die Engel übertragen den Menschen an natürlicher und übernatürlicher Ausstattung (De Spir. S. I 7, 83), sind aber wesenhaft geringer als Gott, »Geschöpfe Gottes« und »Diener des Gottessohnes« (Hexaem. I 5,19: PL 14, 131). Den Engeln wird eine große Bedeutung in der Heilsgeschichte für die ganze Schöpfung und besonders für die Kirche zugesprochen. Alles ist »von Engeln erfüllt, Luft und Erde, Meer und Kirche, denen Engel vorstehen« (In Ps 118, serm. 1,9: PL 15, 1203 B; zur Bedeutung der Engel für die Kirche als Leib Christi und Tempel Gottes vgl. Ep. 76,12 f). In ähnlicher Weise entfaltet Augustinus († 430) seine Lehre von den Engeln (vgl. Ench. Kap. 56; De civ. Dei XI 9, 11, 13, 32–34, XII 1, 6, 9, 24: PL 41, 323–357: Vergleich der christlichen Engellehre mit der irrigen Götterlehre des Neuplatonismus; vgl. K. Pelz, Die Engellehre des hl. Augustinus, Münster 1913). Besonders die Lehre von den Schutzengeln wird in dieser Zeit weiter entwickelt. Im 5. Jahrhundert erscheint auch in den großen Liturgien als Abschluß der Präfation und Überleitung zum Canon der Hinweis auf die »unzähligen Scharen von Engel«, die ihr Tris hagion singen (vgl. die Liturgien des Chrysostomus, Basilius, Serapion, Markus, Jakobus, die ägyptische Liturgie und die Darstellung der Apostolischen Konstitutionen im Buch VIII). Die Bedeutung der Engel für die Liturgie, vielleicht im Anschluß an die Apokalypse, muß man im Auge behalten, wenn man das maßgebliche Werk für die Engellehre am Ende der Patristik betrachtet, das Werk »Über die himmlische Hierarchie«, das vielleicht ein syrischer Bischof um 500 oder 520 unter dem falschen Namen Dionysius Areopagita verfaßt hat. In fünfzehn Kapiteln entfaltet er seine Lehre von den Engeln, die in drei Triaden (Dreiergruppen) vorgestellt werden: Throne, Seraphim, Cherubim; Herrschaften, Gewalten Mächte; Fürstentümer, Erzengel, Engel. Deutlich ist hier die neuplatonische Seinslehre sowie die Neugliederung der Kirche in Hierarchien am Werk. Die Engel stehen nicht nur durch ihren Dienst, sondern auch durch ihr Wesen zwischen Gott und den Menschen, obwohl sie stets voll und ganz Geschöpfe bleiben. Die Zusammenfassung der griechischen Engellehre wird festgehalten für die Ostkirchen durch Johannes Damascenus († 749)

in seinem Werk De fide orth. II c 3 f, und in die römische Kirchentheologie eingefügt durch Papst Gregor d. Gr. († 604; vgl. L. Kurz, Gregors d. Gr. Lehre von den Engeln, Rottenburg 1938).

c) Für die Zeit bis zum MA sei nur eine Sache angesprochen, die Interesse verdient: die Frage nach der Engelverehrung. Die Synode von Laodizea in Phrygien hatte zwischen 348 und 380 in Can. 35 »die Anbetung der Engel« ausdrücklich verboten. Dagegen haben schon Augustinus (Contra Faustum XX c 21: PL 42,384 f) und ebenso Eusebius von Cäsarea (Praep. ev. VII c 15 n 327: PG 21, 553 f) zwischen Anbetung Gottes und Verehrung der Engel wohl unterschieden und eine Verehrung der Engel ebenso wie die Verehrung der Märtyrer in der Kirche dieser Zeit als selbstverständlich empfohlen. Eine römische Synode unter Papst Zacharias verbot ausdrücklich 745 die Anrufung von acht Engelnamen, die der Häretiker Adelbert zur Zeit des hl. Bonifatius in Deutschland verbreitet hatte, empfahl jedoch ebenso die Anrufung der drei biblischen Engelnamen Gabriel, Michael und Raphael (vgl. K. J. Hefele, Konziliengeschichte III² [Freiburg i. Br. 1877], 539). – Für das MA wurde entsprechend dem germanischen Denken die Frage nach der Geistigkeit (Leiblosigkeit), nach Ort und Zeitverhältnissen der Engel wichtig, in erster Linie, weil sie dadurch sowohl von der Gottheit als Geschöpfe wie vom Menschen als reine Geister unterschieden werden sollten. Nicht zuerst die Heilsfrage, die Seinsfrage wurde tragend, und zwar schon im 12. Jahrhundert, als der spätere Pariser Bischof Petrus Lombardus († 1160) in seinem seit 1250 (bis in die Reformationszeit hinein) für die Theologie maßgeblichen Sentenzenwerk (lib. II d. 2–11) die Engellehre entwarf, die vor allem mit Hilfe der Metaphysik und Psychologie des Aristoteles in den Sentenzenkommentaren und Summen eine weitere Entfaltung fand. Zahlreich sind die Untersuchungen zu diesem Thema bei Thomas von Aquin († 1274; vgl. Sent. II d 2–11; S.Th. I q 50–64; 106–114; S.c.G. II cc 91–101; De spir. creaturis und De ver. q 8 und 9: De cognitione angelorum; Comp. theol. I c 75–78). Das beginnende 14. Jahrhundert stellte aus seinem nominalistischen Geist heraus Fragen nach der Bewegungsweise und Raumbestimmung der Engel, die uns skurril erscheinen mögen, die jedoch nichts anderes wollen, als im Denken jener Zeit die Geschöpflichkeit ebenso wie die unkörperliche Geistigkeit der Engel klären. Von Interesse mag sein die besondere Verehrung des Erzengels Michael, die sich im Anschluß an Apk 12,10 ff schon in frühchristlicher Zeit entwickelt hatte und in der der Erzengel immer mehr als Beschützer der Kirche

Christi erschienen ist. Seit dem 4. Jahrhundert wurde der hl. Michael besonders in Kleinasien in Kultstätten auf Bergen verehrt, in Italien wurde dieser Kult durch die Wundererscheinungen auf dem Monte Gargano im 5. Jahrhundert eingeführt, und eine Mainzer Synode beschloß 813 die Festfeier des hl. Michael am 29. September zu halten, einem Tag, der für den Herbst dieselbe gesellschaftliche und politische Bedeutung erhielt, wie sie später der Lichtmeßtag im Frühjahr eingenommen hat. Michaelskirchen auf Bergen lösten teilweise alte germanische Kultstätten ab.

d) Einen Bruch in die Engellehre brachte die Reformation, die den Unterschied zwischen Anbetung und Verehrung, wie er seit Augustinus und Eusebius klar war, nicht mehr gelten ließ und weniger an der Schöpfung Gottes als ganzer, als vielmehr aus humanistischem Geist am Menschen und seinen Sorgen interessiert war. M. Luther kennt keine eigene Engellehre mehr und J. Calvin, der noch eine reiche biblische Engellehre entfaltet (vgl. Inst. I 14, vgl. 12), schiebt alles, was seit dem 4. Jahrhundert eine Theologie über die Engel entwickelt hatte, von dem Sola-scriptura-Prinzip her beiseite, so daß sehr bald mit der Heiligenverehrung auch die Engelverehrung völlig wegfällt. Die Engel erscheinen nur noch als unerklärliche Elemente, die nun einmal in der Schrift genannt werden. Etwas ernster wird noch das Böse und der Teufel genommen. Die Welt, für die der Mensch immer zu danken hat, ist im wesentlichen nur noch die sichtbare Welt um ihn. Die Neuzeit, die fortschreitend das metaphysische Wesen des Menschen vergißt und verfehlt und nur noch den »persönlichen Menschen in seiner Freiheit« kennt, nicht mehr das Geschöpf vor seinem Schöpfer, hat in dieser humanistisch-reformatorischen Wende begonnen.

e) Gegenüber dieser reformatorischen Einstellung entwickelte die Gegenreformation die mittelalterliche Engellehre weiter, indem sie die kontroversen Lehren, der Hochscholastik zumal, miteinander verglich. Die bedeutendsten Werke dieser Zeit sind die acht Bücher des F. de Suarez SJ über die Engel aus den Jahren 1580–1585 und der ausführliche Kommentar der Karmeliten von Salamanca zur Engellehre der Summe des hl. Thomas von Aquin, enthalten im Cursus Samanticensis (Bd. IV), verfaßt 1637 von Antonius a Matre Dei. Diese Werke wirken in den führenden Dogmatiklehrbüchern bis in die Neuzeit weiter. Die evangelischen Dogmatikbücher, außer der kirchlichen Dogmatik von K. Barth, bringen keine eigene Engellehre, trotz des überwältigenden Zeugnisses der Schrift für die Engel. Die neuere katholische Dogmatik scheint, teils aus einem vielleicht mißverstandenen ökumenischen Anliegen, teils aus unserem Zeitgeist heraus ebenfalls diesen Traktat allmählich der Vergessenheit anheim zu geben. Um des in der Schrift geoffenbarten Bildes vom Kosmos als Schöpfung Gottes willen, vor allem um eines tieferen Gottesbildes und eines besseren Verständnisses des Menschen und seiner Geschichte willen ist es notwendig, Gestalt und Sinn der bisher erarbeiteten katholischen Engellehre wenigstens noch kurz zu bedenken.

§ 38 Die Aussagen der Theologie zur Engelwelt

Siehe Lit. zu § 36; dazu: O. Hophan, Die Engel, Luzern 1956. – J. Brinktrine, Die Lehre von der Schöpfung, Paderborn 1956, 87–203. – J. Henninger, SVD, Spuren der christlichen Glaubensverkündigung im Koran (VI. Die Lehre von den Engeln, VII. Die Lehre von den bösen Geistern), Schöneck-Beckenried 1951. – L. Schreyer, Bildnis der Engel, Freiburg i. Br. 1940. – RAC V (1962) 258–322: Engel in der Kunst (Th. Klauser). – L. Boros, Engel und Menschen, Freiburg i. Br. 1974. – LCI I (Freiburg 1968) 626–642.

1. »Es ist in der Tat so, daß man die Hl. Schrift selber radikal drangeben müßte und mit ihr die ganze Heilsgeschichte, wenn man der Engel ledig werden wollte« (A. Winklhofer, Die Welt der Engel, 144). Der biblische Überblick hat diese theologische Aussage bestätigt. Für unser menschliches Erkennen wird jedoch jede Aussage über das Dasein einer Sache leer oder fragwürdig, wenn mit ihr nicht zugleich eine Aussage über das Was, das Wie, das Warum und das Wozu der Sache verbunden wird. Wir erinnern hier an unsere Aussage über das Wesen des Menschen, seine zentrale Stellung im Ganzen des geschaffenen Kosmos und seine Orientierung auf den Schöpfer des Alls hin, die es mit sich bringt, daß auch alles vom Menschen Erkannte auf diese seine Orientierung auf das Ganze des realen und geistigen Kosmos hin befragt werden muß. Alles ist mit allem verbunden, und die mögliche Einsicht in diese Verbindungen und damit in die die Sache selbst bestimmenden Beziehungen begründen das menschliche Welt- und Selbstverständnis mit all den darin eingeschlossenen Wertungen und Forderungen. Diese Sicht der Welt als ganzer anhand der jeweiligen positiven Erkenntnis und der jeweiligen Einsicht in die inneren Strukturen immer neu zu erarbeiten ist Aufgabe der großen Philosophie und noch mehr der Theologie, die auch die letzten transzendentalen natürlichen Erkenntnisse des Menschen noch an die nur

im Glauben und durch die Offenbarung Gottes selbst gegebenen Ursprungs- und Zielwirklichkeiten anknüpfen kann und muß. So ist die erste Aufgabe einer *theologischen Engellehre*, die Glaubenswahrheit von der Tatsächlichkeit der Engel durch die entsprechenden Aussagen über das Wesen der Engel im Ganzen des christlichen Weltbildes so zu verankern, daß sie als notwendiges Element und Glied dieses Weltbildes sichtbar wird. Hier wird die Not der Theologie in der Welt von heute deutlich, die entgegen dem Offenbarungsbefund eine Weltsicht aufgebaut hat, in der der Mensch in der Mitte steht und außer diesem Menschen nur Geltung und Sinn hat, was für den Menschen sinnlich erfahrbar oder denkerisch beweisbar ist, was so in seiner Verfügung steht und für ihn nützlich sein oder werden kann. Doch schon jede echte menschliche Wissenschaft sucht über dieses »Verfügbare« und »Nützliche« hinaus grundsätzlich alles »Wirkliche«, wie es ist, und es bleibt erste Aufgabe der Theologie als Wissenschaft, auch die von ihr im Glauben erfaßte Wirklichkeit als Wirklichkeit zu suchen, vorzustellen und unabhängig von den Fragen und Bedürfnissen der Zeit festzuhalten und zu verkündigen. Das führt zu dieser ersten theologischen Aussage der Engellehre: Zum christlichen Weltbild gehört die Engelwelt so fest wie die Wirklichkeit Gottes und die Wirklichkeit der sichtbaren oder denkbaren geschaffenen Welt. – Diese Aussage gewinnt jedoch selbst erst Wirklichkeit begründende Kraft, wenn ihr eine entsprechende Aussage über das Wesen und Sein dieser Engel zur Seite steht.

2. Wie das Wesen der Gegenstände der natürlichen Wissenschaften durch die Summe der möglichen Erfahrungsdaten und denkbaren Beziehungen und Ordnungen festgestellt werden muß, so kann in der Theologie das Wesen ihres Gegenstandes jeweils nur durch eine Aussage der Offenbarung und durch einen Blick auf die Interpretation und das Wachsen dieser Offenbarungswahrheit in der Glaubensgeschichte der Kirche (Tradition), die gewissermaßen das ständig wachsende Glaubensgedächtnis der Kirche darstellt, erfaßt werden und diese Offenbarungswahrheit muß dann aus dem Welt- und Selbstverständnis der Gegenwart heraus erneut gläubig hingestellt werden. Für die Engelwelt sind hier vor allem drei Wahrheitskomplexe zu bedenken: die Geschöpflichkeit, das reine personale Geistwesen und der wesenhafte Dienstcharakter dieser Kreaturen. Für die hier zu formulierenden Aussagen ist wesentlich, daß sie stets gefunden und aussagbar gemacht werden müssen als »analoge

Aussagen« zu den entsprechenden Vorstellungen von Gott als dem Schöpfer und absoluten Geist und von dem Menschen als Geschöpf und »Geist in Leib«.

a) *Die Geschöpflichkeit der Engel.* Obwohl die Offenbarung über die Erschaffung der Engel nichts berichtet, erscheinen sie in der Schrift eindeutig immer nur als die dem Schöpfer verpflichteten Geschöpfe. Schon die Bittschrift des Athenagoras an den römischen Kaiser Hadrian aus dem Jahre 177 schreibt darum als selbstverständliche christliche Lehre: »Die Engel hat Gott geschaffen aus Fürsorge für das von ihm Geordnete, damit, während Gott im allgemeinen sorgt für das Ganze und für das Große, für jeden Teil die hierfür abgeordneten Engel sorgen« (Kap. 24: stoische Auffassung!). So haben alle kommenden Theologen gelehrt (vgl. Justin, Dial. 88,5; 141,1 usw.). Entsprechend Kol 1,16 (»In ihm ist alles erschaffen, was im Himmel und auf Erden, das Sichtbare und das Unsichtbare, alle Throne, Herrschaften und Mächte oder Gewalten«) sind die Engel wie alle Kreatur »in Christus« erschaffen (vgl. Irenäus, Adv. haer. II 2,4; III 8,3; RAC V 116 f; vgl. Basilius, De Spir. S. c 16 n 38 [PG 32, 135 f]: Der Vater hat die Engel durch den Sohn erschaffen und im Heiligen Geist [durch die Gnade] vollendet.« Basilius stützt sich für diese Aussage auf Ps 33,6: »Die Himmel sind erschaffen durch das Wort des Herrn und all ihre Heere durch den Hauch seines Mundes;« vgl. ders. Hom. in Ps 32,4). – Da jedoch nach Ijob 38,7 der Eckstein der Welt gesetzt wurde »beim Jubelchor der Morgensterne, als alle Gottessöhne zusammen jauchzten«, vertraten seit dem 4. Jahrhundert viele Theologen die Meinung, die Engel seien vor den anderen (sichtbaren) Geschöpfen erschaffen worden (vgl. Basilius, In Hex. I, 5; Gregor v. Nazianz, Or. 38,9 f; 45,5 ff). Augustinus stellt diesem Text Gen 1,1 (»Im Anfang schuf Gott Himmel und Erde«) gegenüber und kann sich darum in dieser Frage nach der Zeit der Erschaffung der Engel nicht entscheiden. Einige Theologen meinen sogar, erst am ersten Schöpfungstag seien die Engel erschaffen worden, weil sie Licht besäßen und darum mit dem Licht erschaffen worden seien (vgl. Augustinus, De civ. Dei XI 9; Basilius, Sel. or. I 2). Allmählich setzt sich jedoch immer mehr die Ansicht durch, die das IV. Laterankonzil 1215 in die Worte faßte: Der dreifaltige Gott ist »Schöpfer aller sichtbaren und unsichtbaren Dinge, der geistigen und der körperlichen«, »die er beide durch seine Allmacht zugleich mit dem Anfang der Zeit aus nichts erschaffen hat« (simul ab initio temporis: D 428 – DS 800 – NR 295, 918). – Eine Sonderlehre trugen in unserer Zeit Abt E. Heufelder und A. Winklhofer vor, die meinten, daß die Menschen als leib-geistige Wesen nach dem Bilde Christi geschaffen seien, daß aber die Engel als reine Geistwesen nach dem Bilde des Hl. Geistes geschaffen wurden. Sie berufen sich hierfür auf Lk 9,26; 1 Tim 5,21 und Apk 1,4, wo die jüdische Trias »Gott – Messias – Engel« genannt wird, woraus gemäß Apg 8,26.29 wohl nicht die hier genannte Lehre geschlossen werden kann. Theologisch scheint jedoch dieses Problem bedeutsam zu bleiben, wenn die augustinische Lehre von den »göttlichen Ideen«, nach denen alles geschaffen sei, ins Spiel gebracht wird (vgl. § 8). Der Mensch kann wegen seiner Geist-Leib-Natur, wenn er schon nach dem »Ebenbild Gottes« geschaffen ist (Gen 1,26), nur nach dem Bilde des fleischgewordenen Logos erschaffen sein (vgl. Röm 8,29). Die Engel aber, die als »personale Wesen« wohl ebenso nach dem Bilde Gottes geschaffen sein müssen (Gen 1,26), könnten im Hl. Geist insofern ihr Vorbild haben, als dieser wohl keinen »Leib« annahm, aber doch in der Sendung am Pfingstfest so in die »menschliche Geschichte« (Kirche) eintrat, daß er mit ihr bis zum Ende der Zeiten verbunden bleibt. Logos wie Pneuma sind ja durch die reale geschichtliche »Sendung« eine einmalige Beziehung zur geschaffenen Welt eingegangen (vgl. Winklhofer, Die Welt der Engel, 45–50). – Damit hängt noch die Lehre zusammen, daß die Engel in ihrer »Endgültigkeit« hinsichtlich ihrer Zahl wie ihres Wesens erschaffen seien, und nicht, wie die Gnostiker teilweise lehrten, aus dem Wesen Gottes gezeugt (vgl. dagegen D 235 – DS 455: Konzil von Braga in Portugal), sich durch eigene Zeugung fortpflanzen würden (vgl. dagegen D 533 – DS 1007 – NR 330: Dekret gegen Mechitriz). Hinter dieser christlichen Lehrmeinung steht die Aussage der Schrift von der »Geistigkeit und Personalität« der Engel und die christliche Lehre, daß Person immer von Gott geschaffen ist (Kreatianismus: vgl. § 29). – Blicken wir auf diese verschiedenen Aussagen über die Erschaffung der Engel zurück, ist es wesentlich, zu erkennen: Hinter all diesen Meinungen mitsamt ihren biblischen Hinweisen steht nichts anderes als der Versuch, sich ein Bild von den Engeln zu machen, das sie als Geschöpfe ganz eigener Art erkennen läßt. Anhand der Schriftaussagen soll die Größe und Mannigfaltigkeit der Schöpfung sich dem menschlichen Schauen und Denken erschließen, damit Gott selbst in seiner eigenen unbegreiflichen Größe immer besser erfaßt werden kann. Es geht um Gott, wenn wir seine Schöpfung zu erkennen suchen.

b) *Das Wesen der Engel.* Das Wichtigste, was die Schrift von den Engeln aussagt, ist ihre Tätigkeit; ihr Name ist Berufsname: Boten und Vollstrecker des Willens Gottes sind sie. Gerade dadurch jedoch steht der Engel zwischen dem unsichtbaren, absoluten, geistigen, personalen, dreipersönlichen Gott und der geschaffenen Welt, die sich zuerst als eine materielle, sichtbare Welt erschließt, in der der menschliche Geist jedoch die größeren geistigen Ordnungen und Gesetze als Wesensstrukturen erfassen kann. Wie soll hier der Engel gedacht werden, der Geschöpf ist, also notwendig Raum-Zeit-orientiert, und zugleich ganz und wesenhaft im Dienste Gottes steht, der über allem Raum und über aller Zeit ewig und allgegenwärtig ist? – Wie schon bei dem Thema »Erschaffung« angedeutet, werden die Engel in der frühen Kirche, ähnlich wie das göttliche Wesen in der Schrift selbst, analog jenen unbegreiflichen Naturerscheinungen gesehen, die damals als »Elemente« galten, also vor allem als »Licht« (vgl. Gregor v. Nazianz, Or. 40,5) und, im Anschluß an Ps 104,4 (»der die Winde zu seinen Boten bestellt, zu seinen Dienern die feurige Lohe«), als »Windhauch« oder von »feuriger Natur« (vgl. Basilius, De Spir. S. c 16 n 38 [PG 32, 137 f]: das Wesen der Engel ist Lufthauch oder feurige Lohe: ἀέριον πνεῦμα – πῦρ ἄϋλον; Klemens v. Alexandrien, Exc. 12 [PG 9, 661 f]: geistiges Feuer und geistiges Licht: νοερὸν πῦρ – φῶς νοερόν). Ausdrücklich wird dabei hervorgehoben, daß dies aber nur Bild sei, die materielle Vorstellung muß beiseite bleiben (vgl. Gregor v. Nazianz, Or. 38,9; 40,5: PG 36, 320 f 364). Hier scheint stoisches Denken noch Pate gestanden zu haben. Johannes Damascenus (De fide orth. II 3: PG 94, 865) faßt diese Lehren in die Worte zusammen: Die Engel sind »eine unkörperliche Natur, wie ein Pneuma (Wind) und stoffloses Feuer, wie der göttliche David sagt (vgl. Ps 104,4) . . ., indem er die Leichtigkeit, Feurigkeit, Hitze, Raschheit und Schnelligkeit im göttlichen Auftrag und Dienste beschreibt, sowie ihr Emporstreben und ihre Freiheit von aller Stofflichkeit.« – Vor allem durch den Neuplatonismus ist die Aussage von der »reinen personalen Geistnatur der Engel« in die Theologie eingebracht worden, zu der wiederum Johannes Damascenus (ebd.) schreibt: »Der Engel ist also eine denkende, allzeit tätige, mit freiem Willen begabte, unkörperliche Wesenheit, die Gott dient und in ihrer Natur die Unsterblichkeit aus Gnade empfangen hat, deren Wesen und Formbestimmtheit der Schöpfer allein kennt. Er (der Engel) heißt aber unkörperlich und immateriell im Vergleich mit uns; im Vergleich mit Gott, dem allein Unvergleichlichen, wird alles als grob und materiell empfunden; denn wahrhaft immateriell und unkörperlich ist nur die Gottheit.« Im Nizänum (325; vgl. D 54 – DS 125 – NR 155) ist die Engelwelt wohl mit dem »Unsichtbaren« (vgl. Kol 1,16: invisibile – ἀόρατον) erfaßt, die griechischen Väter sprechen vielfach vom »Körperlosen« (natura incorporea-φύσις ἀσώματος: Johannes Damascenus), das IV. Laterankonzil nennt die Engel »geistige Kreatur« (spiritualium et corporalium: vgl. Mansi XXII 981 f.; D 428 – DS 800 – NR 918). In der Enzyklika »Humani generis« von 1950 wird die zweifelnde Frage zurückgewiesen, ob Engel »creaturae personales« seien und ob Materie vom Geist wesenhaft verschieden sei (D 2318 – DS 3891). Danach läßt sich über das Wesen der Engel wohl folgendes sagen: Soweit wir Menschen über diese von Gott geschaffenen in der Schrift bezeugten Wirklichkeiten etwas Bestimmtes sagen können und um unserer christlichen Weltorientierung willen sagen müssen, ist folgendes festzuhalten: (1) Gegenüber den verschiedenen außerbiblischen irrigen Aussagen, in denen Engel als Götter oder Heroen oder Naturgeister erscheinen, sind die Engel der Offenbarung ausgezeichnete Geschöpfe Gottes. Je höher das Bild von Gott ist, um so größer wird die Vorstellung von diesen Geschöpfen sein. – (2) Dem allein absoluten Gott gegenüber, der als Schöpfer des Alls, allein aus sich und für sich, über Zeit und Raum, als reiner personaler Geist sein dreipersönliches Leben lebt, ist der Engel bloßes Geschöpf, endlich, wesenhaft Raum und Zeit verhaftet und darum auch in seiner reinen Geistigkeit den geschöpflichen Grenzen unterworfen, auch wenn er, wegen seiner besonderen, freiwilligen und gnadenhaften Gottesnähe in seinem Dienst, auch in seinem Wesen eine besondere Gottesähnlichkeit besitzen mag, die freilich, wenigstens seit der Erlösungstat Christi, in der gnadenhaften und freien Seinsordnung – nicht in der natürlichen Seinsordnung – auch dem Christen möglich ist, so daß Paulus davon sprechen kann, daß wir Christen selbst die Engel richten werden (vgl. 1 Kor 6,3; Dan 7,22; Apk 3,21), und Christus sagt, daß die Seligen den Engeln Gottes gleich sein werden (vgl. Mt 22,30. – (3) Im Vergleich zu uns Menschen, deren Geistseele wesenhaft auf den Leib hingeordnet ist (also substantia incompleta ist), ist die Aussage von der reinen Geistigkeit der Engel hervorzuheben. Auf dem Boden seiner durch Aristotelismus und Neuplatonismus zugleich ausgestalteten Metaphysik kommt Thomas von Aquin sogar zu der Behauptung, »daß es, damit das Universum vollkommen sei, auch unkörperliche geistige (intellektuelle) Geschöpfe geben müsse« (S.Th. I q 50 a 1). Dabei findet er die

»Unkörperlichkeit« bei Ps.-Dionysius (De hier. cael IV 2; PG 3, 180 A), die »Intellektualität« als Wesensbestimmung des Geistes bei Aristoteles (Met XII c 7: 1072 b 18–25). – Man mag in diesem denkerischen Vorgehen eine bloße »theologische Spekulation« erblicken; doch besteht ein tiefgreifender Unterschied zwischen diesem Versuch einer den Glauben erhellenden Spekulation bei Thomas von Aquin und etwa der deduktiven spekulativen Logik bei Hegel, auch wenn nicht zu verkennen ist, daß in beiden Fällen »Begründung« gesucht wird, nicht bloßes Verstehen. – Die Besonderheit der Geistigkeit der Engel findet bei Thomas ihren stärksten Ausdruck in der Aussage, zwei Engel könnten nicht derselben Spezies (Art) zugehören, jeder Engel sei darum eine eigene Spezies. Bilden die menschlichen Individuen wegen ihrer »Leibbezogenheit« alle zusammen ein- und dieselbe Art (Spezies: homo), so ist bei den Engeln jedes Individuum in seiner geistigen Individualität, die an nichts mehr gebunden ist, eine eigene Spezies (S.Th. I q 50 a 4). Gewiß hängt diese Aussage mit der Lehrmeinung des Thomas zusammen, das principium individuationis sei die Materie, und weil die Engel als reine Geister keine Materie besitzen, darum seien sie nicht Individuen, sondern jeder Engel stelle eine eigene Art dar. Die Lehre des Thomas von Aquin ist zunächst 1277 durch Bischof Stephan Tempier von Paris und durch Erzbischof Robert Kilwardby OP von Canterbury verurteilt worden; die Verurteilung wurde jedoch nach der Heiligsprechung des Aquinaten 1325 zurückgezogen. – Demgegenüber vertreten die meisten Theologen, schon Alexander von Hales, Bonaventura (vgl. Sent. II d 3 p 1 a 2 q 1 ff), besonders aber Duns Scotus (Ox. II d 3 q 7 n 3 ff: XII, 160 ff) die Meinung, die Engel seien ebenso wie die menschlichen Seelen artgleich und unterschieden sich nur individuell und zahlenmäßig voneinander (bei Scotus ist das Individuationsprinzip die Haecceitas). Den Franziskanertheologen schlossen sich meist die Jesuiten an (L. Molina, F. de Suarez usw.), Thomas von Aquin folgten einige Dominikaner. So sehr die Begründung der beiden Ansichten auf philosophischer Vorentscheidung beruht, im Hintergrund steht doch eine tiefe religiöse und glaubensmäßige Überzeugung: bei Thomas und seinen Anhängern werden die Engel trotz ihrer Geschöpflichkeit, wegen ihrer reinen Geistigkeit, mehr in Analogie zum menschlichen Verständnis vom göttlichen Geist gesehen, bei Scotus und seinen Anhängern ist das Maßbild für das Verständnis der Engel mehr die menschliche Seele. – Hinter der Lehre des Thomas steht das mehr philosophisch-spekulative Bild von Gott und seinen Engeln, das Ps.-Dionysius in die Worte gefaßt hat: »Die Engel verwandeln sich in rein geistiger Art zu Nachbildern Gottes, sie schauen das urgöttliche Vorbild mit überirdischen Augen, sie begehren, mit ihrer reinen Wesenheit ihm unmittelbar als Spiegel seines göttlichen Wesens zu dienen. Die natürliche Folge davon ist, daß sie eine reichere Gemeinschaft mit der Gottheit genießen ... Durch die Spannkraft der göttlichen, unwandelbaren Liebe sind sie erhoben, sie können die Erleuchtungen der Urquelle stofflos und ungetrübt in sich aufnehmen und nach ihnen sich richten, und so besitzen sie das ganze Leben unbeschwert als Geist« (De hier. cael. IV 2; PG 3, 180 A). Selbst die Aussagen des Aristoteles über den νοῦς im XII. Buch seiner Metaphysik, die immer wieder in die Betrachtung der Gottheit einmünden (vgl. § 28), wären hier beizuziehen. Wenn demgegenüber die göttliche Wirklichkeit, aus der jüdischen Offenbarung heraus, mehr in ihrer absoluten Andersheit und tiefen Unbegreiflichkeit personalistisch gesehen wird, mögen die Engel trotz ihrer reinen Geistigkeit mehr im Vergleich zur menschlichen Seele und damit als individuelle Geister verstanden werden. Es wird schwer sein, zwischen diesen beiden Standpunkten eine rationale Unterscheidung zu treffen. Der Unterscheidung wird immer eine Entscheidung des Herzens, d. h. einer der Ratio vorgelagerten Tiefe des menschlichen Wesens vorangehen. Diese Feststellung könnte dazu beitragen, daß die Vertreter der beiden Schulen einander gelten lassen, achten, zu verstehen suchen und damit jeweils die Grenze des eigenen Standpunktes erkennen und anerkennen.

c) *Erkennen, Wollen, Lieben und Handeln der Engel.* Die Bedeutung dieser Feststellung wird sichtbar, sobald wir uns die konkreten Aussagen vornehmen, die die Theologie über das Erkennen, Wollen, Lieben und Handeln der Engel formuliert hat. Wer, wie schon mehrfach angedeutet, die Aussagen der Schriftoffenbarung über die Engel ernst nimmt, wird auch diese theologischen Fragen und Antworten ernster nehmen dürfen, als es heute im Zeitalter eines allgemeinen Agnostizismus in übernatürlichen Dingen – seit L. Feuerbach ist Religion eine anthropologische Sache, hat es nicht mehr mit übermenschlichen Wirklichkeiten zu tun – üblich ist und möglich erscheint. Wo Theologie Anthropologie wird, hört sie auf, Theologie zu sein. – (1) Der Unterschied zwischen den theologischen Schulen, von denen wir oben gesprochen haben, wird deutlich schon in den bekannten metaphysischen Vorfragen für die Aussagen über den *»geschaffenen reinen Geist«*. Wo Thomas und seine

Anhänger nur einen Unterschied zwischen Potenz und Akt um der Geschöpflichkeit willen annehmen, sprechen die Franziskanertheologen davon, daß im geschaffenen Geist auch Materie (primo prima) und Forma unterschieden werden müssen, da die Engel nicht reine Formen sein könnten. Darum eigne ihnen auch nicht ununterbrochene Aktualität, wie die Thomisten lehren, sondern sie müßten auch Passivität besitzen. Dennoch stimmen alle Schulen in der Aussage überein, die Engel seien reine Geister und als solche unsterblich, auch wenn wiederum Thomas diese Unsterblichkeit im Wesen der Engel begründet sieht (S.Th. I q 50 a 5), während etwa Johannes Damascenus schon (De fide orth. II 3: PG 94, 865) diese Unsterblichkeit als ein Geschenk der Gnade Gottes ansieht. Letztere Aussage will wohl nur besagen, daß der Engel nicht aus seinem Wesen heraus ewig ist wie Gott selbst, sondern von Gott unsterblich geschaffen ist, seine Unsterblichkeit also ein Geschenk Gottes bleibt. – In ihrem Dienst für uns Menschen bedienen sich die Engel oft der *»Erscheinungen«*, über deren Zustandekommen wiederum alle Möglichkeiten von der »Annahme wirklicher Leibhaftigkeit« bis zur »bloßen Einwirkung auf den menschlichen Geist, die diese Erscheinungseffekte in ihm hervorrufen«, genannt werden. – Die Lehre von der reinen Geistigkeit der Engel führte zu neuen metaphysischen Fragen, sobald vor allem seit Wilhelm von Ockham um 1300 das naturwissenschaftliche quantitative Denken der Neuzeit das primär qualitative Denken der Antike ablöste. Gehört zu den Engeln als geschaffenen Wesen ganz gewiß »Zeit«, so erhebt sich nun die Frage, ob zu ihnen als reinen Geistern auch »Raum« gehöre. Wie verhält sich der *Engel zum Raum?* Er kann ihn als endliches Wesen schlechthin nicht erfüllen, wie der allmächtige Schöpfer es tut. Die allgemein anerkannte Aussage lautet hier: der Engel sei definitive, d. h. begrenzend im Raum. Dabei verstanden Thomas und seine Schule (S.Th. I q 52–53) darunter eine bloße »Wirkungsgegenwart« (per operationem et influxum), Scotus und seine Schule hingegen sprachen von einer »wesenhaften Anwesenheit« (per essentiam: (Ox. II d 2 q 6 n 5 und 15: XI 328,344). Trotzdem nahm Scotus im Gegensatz zu Thomas an, daß mehrere Engel zugleich an ein- und demselben Ort sein könnten. Ebenso kann nach Scotus ein Engel sich von einem Ort zum anderen nur in einer kontinuierlichen Bewegung bewegen (ebd. q 12 n 2–3: XI 563 ff), während nach Thomas die Bewegung des Geistes durch den Raum eine unkontinuierliche ist, so wie das Denken des Menschen nicht an ein räumliches Kontinuum gebunden ist .Diesen verschiedenen Aussagen liegen ganz verschiedene Prinzipien zugrunde, was darauf hinweisen kann, daß es sich nicht bloß um philosophische Spekulationen, sondern um tiefere Unterschiede im Verständnis des Übernatürlichen handelt, von denen hier nicht mehr im einzelnen gesprochen werden kann. – Etwas durchsichtiger sind die Verschiedenheiten der Lehrmeinungen in den Fragen nach dem Erkennen und Wollen der Engel. – (2) Allgemein gilt für das *Erkennen der Engel* hier das Wort Gregors d. Gr. (Mor. II 3: PL 75, 556 f): »Engelgeister sind zwar raumbezogen (loco circumscripti), dennoch aber geht ihre Erkenntnis unvergleichlich weit über die unsere hinaus ... Im Vergleich zur göttlichen Erkenntnis dagegen ist sie ganz eng.« Die Engel können daher als Geschöpfe Gottes Wesenheit ebensowenig erfassen wie der Mensch, und ihr Erkennen ist dem Wechsel von Akt und Potenz unterworfen wie beim Menschen. Thomas und Scotus stimmen darin überein, daß der Engel wegen seiner geistigen Überlegenheit durch weit weniger Bildvorstellungen (species) die Gesamtheit alles Erkennbaren erfassen kann als der Mensch, der viele einzelne, von einander unterschiedene Vorstellungen und Begriffe braucht (S.Th. I q 56 a 3). Wie aber die Engel sich selbst, Gott, das Allgemeine, das Besondere und das Körperliche erkennen, ist aufgrund der tiefgreifenden Verschiedenheit in der Grundkonzeption der Erkenntnislehre der beiden Schulen wiederum sehr kontrovers. Die aristotelische Thomasschule sieht in der Erkenntnis mehr einen rezeptiven Akt (species impressa – species expressa), während die platonisch-augustinische Franziskanerschule das Erkennen mehr als ein aktives Tun (Licht des Geistes: vgl. P. Minges OFM, Compendium theol. dogm. specialis I², Regensburg 1921, 198–201) versteht. Es ist nicht möglich, die einzelnen Lehrunterschiede hier aufzuzeigen, ohne nicht auch die Verschiedenheit der Begründung deutlich zu machen, was zu weit führen würde. – Allgemein läßt sich sagen, daß Thomas weit stärker seine klaren philosophisch-theologischen Grundansichten ins Spiel bringt (vgl. S.Th. I q 54–58), während Scotus sehr vorsichtig feststellt: »Wir haben kein Erkenntnisprinzip, um über die Erkenntnis der Engel etwas Sicheres aussagen zu können« (Ox. II d 3 q 9 n 11: XII, 215), und daher vielfach keine eigene Meinung vertritt. Dennoch hält er daran fest: »Es ist jedoch vernünftig, dem Intellekt der Engel alle Vollkommenheiten zuzusprechen, die dem geschaffenen Intellekt zukommen können.« Während Thomas mehr in einer natürlichen Betrachtung der Erkenntnismöglichkeiten der Engel steckenbleibt, respektiert Scotus mehr die theologischen Gründe, wenn er fünf Wege zur Erfassung der Erkenntnismöglichkeit der Engel festlegt: durch Schau im Worte Gottes; durch Intuition in sich oder in das Objekt selbst; durch Einblick in die intuitive Schau der Sache, die ein anderer Engel davon besitzt; durch eine anerschaffene oder erworbene Spezies von der Sache (eine erworbene Spezies nimmt Thomas nicht an); durch Mitteilung eines anderen Engels, der diese Sache erkannt hat (Ox. II d 9 q 2 n 22: XII, 468 f). – Von größerer Bedeutung für das religiöse Leben des Menschen sind hier zwei Fragen, die viel erörtert werden: Zunächst die Frage, ob die Engel als reine Geister *die Geheimnisse* der anderen Engel oder auch *der Herzen* der Menschen *erkennen* können (Kardiognosie). Thomas (S.Th. I q 57 a 4), Bonaventura (Sent. II d 8 p 2 a un. q 6) und die meisten Theologen halten, vor allem im Anschluß an 1 Kor 2,11 (»Wer von den Menschen weiß, was im Menschen ist, außer dem Geist des Menschen, der in ihm selbst ist?«), daran fest, daß Gott allein die Geheimnisse des menschlichen Herzens kennt. Die Engel haben davon nur Kenntnis durch die Äußerungen, in denen das Seelenleben des Menschen deutlich wird, oder wenn der Mensch sich selbst offenbart und sich dem Engel erschließt. Scotus kommt aus seinem formalen Verständnis von Erkenntnis und seinem exzessiven Realismus zu der Meinung, der Engel als reiner Geist könne die Inhalte des menschlichen Geistes natürlicherweise erkennen, soweit er nicht von Gott eigens daran gehindert würde, was vor allem für den bösen Geist zutrifft (Ox. IV d 45 q 4 n 7: XX, 384). Mit dieser Meinung bleibt Scotus jedoch ziemlich allein. Zahlreiche Aussagen der Schrift (vgl. 1 Chron 28,9; Weish 1,6; Apg 1,24; Kardiognosie Christi: Mk 2,8 = Mt 9,4; Mt 12,25 = Lk 11,17) wurden ihm von den Gegnern entgegengehalten. – Damit hängt die zweite Frage zusammen, ob ein Engel *Zukünftiges*, zumal wenn dieses von der Freiheit Gottes oder eines Menschen abhängt (futuribilia), *erkennen* könne. Hier blieb die einstimmige Lehre aller Theologen, daß es nicht möglich sei, wofür man auf Mk 13,32 (»die Engel kennen den Gerichtstag nicht«) sowie auf Eph 3,8 ff, wonach den Engeln auch die Inkarnation vor der Offenbarung verborgen war, verweist. Hier betonen Bonaventura (Sent. II d 4 a 2 q 2) und Scotus (Ox. II d 5 q 2 n 15: XII 328), daß dies Voraussetzung dafür sei, daß die Sünde der Engel verständlich bleibe. Thomas (S.Th. I q 57 a 3 und 5) denkt hier aus seiner aristotelischen Erkenntnislehre heraus differenzierter. Er nimmt eine allgemeine Erkenntnis der nicht freien Zukunft wie auch allgemeines, nicht genaues Wissen um die Inkarnation (gemäß 1 Tim 3,16: »geschaut von den Engeln«) bei den Engeln an. – (3) Denselben

Grund hat es wohl, wenn hinsichtlich der *Willensfreiheit* Thomas lehrt, daß die gefallenen Engel von Natur aus sich nicht mehr bekehren könnten (S.Th. I q 64 a 2), während Bonaventura (Sent. II d 7 p 1 a 1 q 1) wie Scotus (Ox. II d 7 q un.) lehren, daß der Grund für diese Verhärtung im Bösen allein im Mangel der Gnade, ohne die es keine Bekehrung gibt, zu suchen sei, was theologisch wohl richtiger ist. Die Salmantizenser geben sich daher große Mühe, die Antwort des Thomas von Aquin hier der Antwort der anderen Theologen durch Interpretation anzugleichen (Cursus theol. IV 764–790). – (4) Auf die großen Fragen, wie die Engel als reine Geister *sich untereinander verständigen*, wie sie aufeinander einwirken und wie sie (indirekt, durch Belehrung) auch auf den Geist des Menschen *einwirken* können, führen im einzelnen zu verschiedenen Antworten, bei denen jedoch immer hervorzuheben ist, daß das eigentliche Anliegen bleibt, die personale Freiheit sowohl des Engels wie auch des Menschen grundsätzlich zu wahren.

d) *Rangordnung der Engel.* Eine bedeutsame Frage ist die Frage nach Zahl und Rangordnung der Engel. – (1) Was die Zahlenangaben der Schrift betrifft, sind sie wohl nur Hinweise auf eine der Größe Gottes entsprechende große Zahl, so etwa Dan 7,10 = Apk 5,11: Zehntausend mal zehntausend und tausend mal tausend. Eine theologische Überlegung wird also weniger von diesen Schriftaussagen, als vielmehr vom Gottesbild und von der aus der sichtbaren Schöpfung zu gewinnenden Analogie auszugehen haben. Sollte nicht doch die Einsicht des modernen Menschen in die unvorstellbare Größe und Vielfältigkeit der sichtbaren Schöpfung ein möglicher Hinweis darauf sein, daß auch die für uns unsichtbare, im unmittelbaren Dienst Gottes stehende Schöpfung der Engel noch gewaltiger sein müßte als die sichtbare? Schon die Atomphysik hat uns gezeigt, daß das Unsichtbare der Atomkraft um ein Vielfaches größer ist als alle im sichtbaren Bereich erfaßbaren Kräfte. – Hier ist freilich festzustellen: Ein Blick in die Geschichte der modernen Naturwissenschaften macht eine geradezu unvorstellbare Erweiterung des menschlichen Wissens von der Größe der Welt in den letzten fünfzig Jahren in etwa deutlich. Doch die moralische Qualität der Menschen oder gar die religiöse Potenz hat mit diesem Wachstum des menschlichen Wissens nicht Schritt gehalten. Man möchte fast den Eindruck gewinnen, daß der Mensch als moralisches und religiöses Wesen eher kleiner geworden ist trotz dieser unheimlichen Erweiterung seines natürlichen Wissenshorizontes. Die Theologie, die einst ihre Aufgabe darin sah, immer Größeres von der Größe Gottes denken und sagen zu können, ist bei der Aussage »Gott ist tot« angekommen und der »natürlichen Religiosität« der Menschen soll in den größten Machtbereichen menschlicher Staaten in einem staatlich verordneten und immer neu erkämpften »Atheismus« das Grab bereitet werden. Daß hier die Frage nach der Zahl der Engel nicht mehr als eine theologische oder religiöse, weil für das konkrete Bild von Gott, dem Schöpfer, bedeutsame Frage gesehen wird, ist verständlich. Die christliche Tradition, besonders sichtbar in der Liturgie der Kirche, hatte hier größer gedacht, und die Weiterbildung der Vorstellungen von der Engelwelt in der johanneischen Apokalypse war wohl entscheidend mehr einer tiefen Gläubigkeit, einem größeren Gottesbild, als einem Aberglauben an Naturgeister entsprungen. – Auch in dieser Frage nach der Zahl der Engel ist also zu sagen: Nicht um die Engel geht es, sondern um Gott, den Schöpfer und Herrn der Engel, wenn wir von einer großen Zahl der Engel sprechen. Der Mensch und sein Gottesglaube und seine religiöse Kraft sind gefragt, wenn die Frage nach der Zahl der Engel gestellt wird. – (2) Ebenso ernst, aber schwerer zu beantworten, ist die Frage nach einer Rangordnung der Engel. Daß auch die Engelwelt, ebenso wie die sichtbare Welt der Schöpfung, nicht als gestaltlose Masse, sondern als Wunder der Ordnung trotz aller in ihr wirksamen zerstörenden und aufbauenden Kräfte (böse Engel und gute Engel) zu verstehen ist, dürfte einem gläubigen Denken einsichtig sein. Doch welcher Art nun diese Ordnung sein soll, ist schwer zu sagen. Welche Anhaltspunkte oder welche Prinzipien sollen zu dieser Antwort führen? In der Schrift erscheinen deutlich drei dem Namen und Bild nach verschiedene Gruppen von Engeln: Da sind Engel und Erzengel (vgl. 1 Thess 4,16); da sind Cherubim (Ez 10,3) und Seraphim (Is 6,2.6); vielleicht sind hierher auch die vier Wesen vor dem Throne Gottes zu zählen, die gewöhnlich als Symbole oder Engel der vier Evangelisten erscheinen (vgl. Ez 1,5–25; Apk 4,6–9), und die 24 Ältesten als Engel der Stammesväter des Alten Bundes und des Neuen Bundes; und schließlich sind die fünf Namen zu nennen, die Paulus aus der apokryphen Literatur übernommen hat: Throne, Herrschaften, Mächte, Kräfte, Gewalten (Kol 1,16; Eph 1,21). – Schon Hieronymus (Apol. adv. Ruf. 1,23: PL 23, 416 f) und Kyrill von Jerusalem (Cat. 23 n 6: PG 33, 1114) zählen, entsprechend den neun genannten Namen, neun Gruppen von Engeln auf. Demgegenüber wird gerne angemerkt, daß Augustinus (Ench. c 58: PL 40, 259) zu den fünf Namen bei Paulus sagt: »Den Sinn dieser Unterscheidung mögen angeben, die ihn kennen, wenn sie auch beweisen können, was sie sagen; ich muß gestehen, daß ich ihn nicht kenne«. – In den apokryphen Werken erscheinen mehrfach sieben (vgl. 1 Tob 12,15) oder neun Gruppen, Zahlen, die jedoch an babylonische Zahlenmystik erinnern könnten. – Wenn nun schon Namen und Zahlen der Schrift nicht weiterführen, wird ein Prinzip zu suchen sein, das in der Schöpfungsidee verankert sein muß. Hier setzt das für diese Frage bedeutsame Werk des Ps.-Dionysius Areopagita »Über die himmlische Hierarchie« ein. Wie gleichzeitig 1895 H. Koch und J. Stiglmayr SJ nachgewiesen haben, ist dieses Werk in seinen formalen Denkstrukturen weitgehend von dem Neuplatoniker Proklos abhängig. Dennoch ist nicht zu verkennen, daß das in diesem Werk entwickelte und zugrundegelegte Gottesbild mehr als die neuplatonische Vorstellung von einer starren Seinsmonade die jüdisch-christliche Idee vom Schöpfergott zum Ausdruck bringen möchte, vom Schöpfergott, der in Freiheit Menschen und Engel nach seinem Bilde geschaffen und zum Dienst der Liebe bestellt hat, damit sie, die Liebe Gottes weitertragend und beantwortend, selbst ihre höchste Erfüllung in Gott finden. Es ist freilich nicht zu verkennen, daß Ps.-Dionysius mehrfach in der neuplatonischen Seinsvorstellung steckenbleibt, was zu dem Patriarchen Severus von Antiochien (in Syrien) passen würde, den J. Stiglmayr für den Verfasser hält und der als Monophysit 536 verurteilt worden ist (vgl. Dionysius Areopagita, Die Hierarchien der Engel und der Kirche, übers. von W. Tritsch, München-Planegg 1955; hier wird eine mehr gnostisch-mystische Interpretation, zusammen mit der Einführung von H. Ball, vorgelegt!). – Der von Ps.-Dionysius neu erfundene Begriff der »Hierarchie« wie das diese Hierarchie tragende »Mitwirken mit Gott« (vgl. De hier. cael. c 3: PG 3,164 ff) sind in der von Ps.-Dionysius vorgestellten Form wohl nicht brauchbar. Dennoch ist in diesem Versuch ein Anliegen angesprochen, das urchristlich ist und das wohl bewirkt hat, daß diese Ideen in der Folgezeit, selbst im hohen Mittelalter gegenüber der aristotelischen Denkweise weitergewirkt haben, obwohl, besonders bei Thomas von Aquin, bereits ernste Zweifel an der Verfasserschaft des geschichtlichen Paulusschülers Dionysius vom Areopag (vgl. Apg 17,34) aufgetreten waren. Die Triadenlehre stammt von Proklos (In Tim. 209; In I Alk. 377 f). Ps.-Dionysius sagt selbst (Kap. 6,1): »Wie viele Ordnungen der himmlischen Wesen es geben mag, wie sie beschaffen sein mögen und wie ihre Hierarchien sich vollenden, das weiß wohl nur ihr heiliger göttlicher Untergrund selbst.« Daneben nimmt er jedoch auch an, daß es die Engel wissen, und sagt, daß er nun von diesen Engeln »geheimnisvoll erleuchtet« aufgrund der neun Namen der Schrift diese Hierarchien in drei Triaden vorstellen wolle. – Die Darlegungen des Ps.-Dionysius können in ihrer philosophischen Grundlegung und sprachlichen Darstellung schwerlich als christliche Aussagen hingenommen werden; die Ausdeutungen der einzelnen Namen zeigen einen gnostisch-mystischen Zug. Dennoch dürften wenigstens drei Gedanken christlich verständlich und für das rechte Bild von Engeln bedeutsam sein: Der erste Gedanke ist der der Gottesnähe, in welcher der alles Menschliche übersteigende Wert dieser Geschöpfe verankert ist. Der zweite Gedanke ist der der besonderen Gottesverpflichtetheit in der Totalität des freien geschöpflichen Dienstes für den Schöpfergott. Der dritte Gedanke ist die Bedeutung des Dienstes dieser ausgezeichneten Geschöpfe für die ganze Schöpfung und zutiefst für die Engel selbst, die darin ihre eigene höchste Erfüllung und Vollendung in Gott finden. Bei Ps.-Dionysius erscheinen diese Gedanken überstark aus dem neuplatonischen Seinsdenken konzipiert; eine christliche Betrachtung wird die Freiheit des Schöpfers wie des Geschöpfes, die Eigenart dessen, was etwa in der johanneischen Theologie »Liebe« genannt wird, ins Auge fassen müssen. Dazu wäre wohl zu fragen, ob es nicht dem christlichen Weltverständnis entsprechend wäre, daß auch je nach dem Dienst für Gott selbst in Anbetung und Lobpreis, wie in der Apokalypse gezeigt, oder für die Menschen, wie die Bücher der Heilsgeschichte des Alten Bundes vom Auszug aus Ägypten bis Tobias lehren, oder auch für die außermenschliche Welt, wie manche Engelgestalten der Apokalypse wiederum zeigen, ein Unterscheidungsprinzip für die Welt der Engel gedacht werden müßte, auch wenn diese Unterscheidung nicht wie bei Ps.-Dionysius einen Wertunterschied begründen könnte, da die Wertordnung der Liebe eine ganz andere ist als die des Seins, seitdem Christus gesagt hat: »Was ihr dem Geringsten meiner Brüder getan habt, das habt ihr mir getan« (vgl. Mt 25,40).

§ 39 Die Bedeutung der Engellehre für unsere christliche Gottes- und Weltfrömmigkeit

Aus dem zuletzt Gesagten mag ersichtlich sein, wie schwer es ist, eindeutige Aussagen darüber zu machen, was die Engel an sich sind. Das kann nicht verwundern, wenn schon alles Wirkliche und erst recht der Mensch selbst ein Geheimnis ist. Unser menschliches Erkennen ist uns als Geschöpfen von Gott gegeben, nicht um das Geheimnis der Wirklichkeit zu erfassen, sondern vielmehr, um uns in aller Wirklichkeit so zurechtzufinden, daß uns der Umgang mit ihr als Menschen reifer und reicher macht und zur Erfüllung unseres Seinssinnes verhilft. Dasselbe wird für unser Wissen um die Engel gelten: auch die Engellehre, wie die Engelwirklichkeit, soll uns zu einer tieferen Erkenntnis und Erfüllung unseres Menschseins führen. Dazu aber gehört, daß wir immer tiefer in das Geheimnis des dreifaltigen Gottes und seines Willens eindringen, in das Geheimnis unseres eigenen Wesens und seines Sinnes und in die Erkenntnis unserer Welt, in der wir unsere Erfüllung finden müssen.

1. a) Das, was wir Menschen je immer neu suchen und finden müssen, ist im Geheimnis Gottes eingeschlossen. Es ist dies ein absolutes Geheimnis, das uns Menschen immer nur durch irdische Analogien zugänglich wird, die mehr Unähnlichkeit als Ähnlichkeit zu Gott hin beinhalten. Was uns die Philosophie des Neuplatonismus als das Ureine (Ἕν), d. h. das wesenhaft Einfache und Einfältige, in dem dennoch die ganze Fülle des Alls (πᾶν: das primum, summum, simplicissimum ens) enthalten ist, was in der aristotelischen Philosophie als das ganz und allein aus sich und durch sich und für sich Seiende (ens a se) und damit als der erste unbewegte Beweger (daher Urgrund) allen Seins erscheint, das wird im Lichte dieser biblischen Engellehre als jenes große unvorstellbare, aber auch undenkbare und unaussprechbare Geheimnis sichtbar, vor dem die ersten und höchsten Geschöpfe nicht nur in selbsterfüllendem Staunen, sondern vielmehr in sich selbst verströmender Anbetung, sich selbst und ganz verschenkender Liebe und sich selbst verbrauchendem Dienst ihr Wesen darleben. Was Ezechiel in der geheimnisvollen Schau der vier Lebewesen vor dem Throne Gottes (Ez 1) und in dem Thronwagen, den die Cherubim tragen (Ez 9,3; 10,1–22), schaut, was Isaias bei seiner Berufung in den Seraphim erschienen ist, die vor dem hohen und erhabenen Throne Gottes einander zurufen: »Heilig, heilig, heilig ist der Herr der Heerscharen; die ganze Erde ist erfüllt von seiner Herrlichkeit« (Is 6,1–3), was schließlich in der Apokalypse des Johannes zusammengefaßt erscheint in den Hymnen der vier Wesen und der Ältesten vor dem Throne Gottes (Apk 4 und 5), dies alles will nichts anderes sein als der Versuch, im Verhalten dieser geschaffenen Engelwesen etwas von der Größe Gottes ahnen zu lassen. Wenn wir auf die Frage, warum der heilige, dreieinige Gott überhaupt etwas außer sich erschaffen habe, die Ant-

wort gaben: »Aus Liebe, weil er wollte, daß es Wesen gäbe, die an dem Reichtum seiner Größe sich erfreuen und darin selig sein sollten,« so gilt diese Anwort zuerst für die Engelwesen, so wie sie die Schrift uns hier vorstellt. Und wenn wir auf die Frage, wozu Gott die Welt erschaffen habe, geantwortet haben: »Zur Verherrlichung seiner Majestät, die der Beseligung aller außergöttlichen Wirklichkeit dient«, so gilt dies wiederum zuerst von den Engeln, so wie sie in der Schrift gezeichnet sind. Ja, an ihnen allein ist eigentlich in der Schrift abzulesen, was Grund und Sinn der Schöpfung ist. Der Mensch in seiner Selbstverhaftetheit und Weltverlorenheit kann für sich selbst als Geschöpf diese Erkenntnis erst so recht gewinnen, wenn er auf die Engel als die ersten und höchsten Geschöpfe schaut. Es wird kein menschliches Schicksal in der Schrift vorgestellt, in dem der Sinn des Geschöpfseins in auch nur vergleichbarer Weise zum Ausdruck käme. Ob dies nicht ein Hinweis darauf ist, daß eine Zeit, in der die Offenbarungswahrheit der Engel nicht mehr ernst genommen ist, auch den Sinn des Geschöpfseins nicht mehr deutlich sehen kann? Erst und nur im Tun der Engel kann der Mensch jene Größe Gottes erahnen, um die er wissen muß, wenn er den Sinn seines Geschöpfseins vor dem Gott in etwa verstehen will. Von dem Verständnis für die eigene Geschöpflichkeit aber hängt wiederum für den Menschen sein rechtes Verständnis für Gott, den Schöpfer, Herrn und Vater ab.

b) Moderne Theologie weist dieser Aussage gegenüber gerne darauf hin, daß im NT eine andere Ordnung gilt: hier geht es nicht primär um den großen, erhabenen Gott, die machtvolle Herrschergestalt, als die »Gott« den Nomadenstämmen Israels aufgrund ihres gesellschaftlichen Selbstverständnisses erschienen ist; es geht hier vielmehr um den Gott, der als Mensch, als unser Bruder, in unserer Mitte erschienen ist, mit uns gelebt und gelitten hat und für uns gestorben ist. Es geht um den Gott der Mitmenschlichkeit, der darum seinen Geist, das innerste Wesen seiner dreifaltigen Liebe in die Welt gesandt hat, damit jeder Christ Anteil daran habe, damit nicht mehr einer den anderen belehren müsse, wer Gott sei (vgl. Joh 6,45; Jer 31,33 f), weil Gott in jedem von uns selber lebt und wir durch Christus und seinen Geist in Gott leben. – Gewiß ist dies alles die große Gnade des Neuen Bundes in Christus und seiner Kirche. Doch zeigt nicht der tatsächliche Zustand des Lebens der Christen in unserer Zeit, daß dieses Gnadenleben nicht möglich ist, wenn der Mensch selbst nicht in der Tiefe seiner Natur zuerst seine Geschöpflichkeit und die Größe Gottes erkannt und anerkannt hat? Ist nicht die Not unserer Zeit bestimmt durch ein Reden von Gnade, das leer geworden zu sein scheint, weil es Gnade nicht mehr als das größte Geschenk der Schöpfung, sondern nur als »Selbstmitteilung Gottes« verstehen will, in der menschliches Denken und Verstehen Gott, den unendlichen und ganz anderen, zu seinem Partner macht und ihn in die Niedrigkeit seines Geschöpfseins herabzieht, statt durch Anerkennung seiner eigenen Geschöpflichkeit (»Was hast du, das du nicht empfangen hättest; wenn du es aber empfangen hast, was rühmst du dich, als ob du es nicht empfangen hättest?«, 1 Kor 4,7) erst die Größe Gottes wieder zu erkennen, der sich ihm in seiner unbegreiflichen Liebe bis in die Tiefe seiner Menschlichkeit und Sündhaftigkeit herab zuneigt? – Nein, das NT ist ohne das AT nicht zu verstehen, christliche Frömmigkeit kann alttestamentliche Frömmigkeit nicht überspielen oder ersetzen, sie muß immer wieder darauf aufbauen. Nicht umsonst hat darum gerade das letzte Buch des NT, die Offenbarung des hl. Johannes, jene große Engellehre entwickelt, in der die Majestät Gottes wieder deutlich wird. Zum NT und seiner Frömmigkeit gehört wesentlich das Bild vom Richter-Gott in seiner Größe, so wie das atl. Gottesbild durch den Schöpfer-Gott ausgezeichnet ist.

2. Die Engellehre ist aber auch von großer Bedeutung für das menschliche Selbstverständnis des Christen.

a) Da ist zunächst auf das Geschöpflichkeitsbewußtsein hinzuweisen. Mag der Mensch in seiner Beschränktheit, in der Zufälligkeit seines Daseins und in seiner Todverfallenheit, in der Diskrepanz zwischen der Größe seines inneren Wünschens und der Kleinheit dessen, was er erreicht, zwischen seinem guten Willen und der Armseligkeit seiner Taten (vgl. Röm 7,14–24; 19: »Denn nicht das Gute, das ich will, tue ich, sondern was ich nicht will, das Böse, vollbringe ich.«), zwischen seinem idealen Zielbild und seiner realen Wirklichkeit, erkennen, daß er nicht sein eigener Herr, nicht sein eigener Schöpfer, nicht einmal Herr seiner Welt sein kann: das Große, das Gnadengeschenk seines »Geschöpfseins« kann er schwerlich in sich selber erfahren, er kann es aber wohl ablesen an dem Bild der Engel, das uns die Offenbarung zeigt. Alle Aussagen der Schrift über das Tun der Engel zeigen diese als Wesen, die in ihrem Tun vor Gott und für Gott und den Menschen ganz aufgehen und darin ihre höchste Freude und Freiheit finden. Die Preislieder, die uns vorgestellt werden, erscheinen als Ausdruck höchster Begeisterung über die großen Wirklichkeiten und Ereignisse der Heilsgeschichte, deren die Engel schauend sich bewußt werden. Ihr Staunen geht über in Jubel und Hingabe, in Dank, Preis und Anbetung. Darin wird für uns irdische Menschen erkennbar und verständlich, wie die Erfüllung des Menschen als Geschöpf auch nur in der Erfüllung seines Geschöpfseins, im freien Vollzug dieses Geschöpfseins durch Dank und Anbetung, in Liebe und Hingabe zu gewinnen, zu empfangen und zu verwirklichen ist. Geschöpfsein ist Auszeichnung für den, der Gott als seinen Schöpfer erkennt! Alles, was in seiner inneren Selbsterfahrung als klein erscheint, wird groß, überschreitet das Maß des eigenen Wesens, soweit es uns bewußt wird, im Vollzug dieses Gotteslobes und dieser Anbetung vor Gott, die den Menschen über sein eigenes Wesen hinauswachsen lassen. Es wächst der Mensch in seinem Selbstvollzug, es wächst der Mensch mit seinen höheren Zielen.

b) Die Bedeutung der Engellehre, d. h. der Besinnung auf das, was von den Engeln in der Schrift gesagt wird, läßt sich noch tiefer erkennen, wenn wir einmal bedenken, was die Theologie über das Erkennen und Wollen, das Lieben und Wirken der Engel entwickelt hat. Diese theologischen Gedanken sind nicht Phantasie, sie reflektieren das Wirken und Sein der geschaffenen reinen Geister vor dem Hintergrund des absoluten Seins des Schöpfergottes und des eigenen, menschlichen, leib-geistigen geschöpflichen Seins. Es ist ein Gesetz menschlicher Erkenntnis, daß sie die Wirklichkeit nicht unmittelbar erschaut wie der reine Geist – ganz besonders gilt dies für die höheren und innerlicheren Wirklichkeiten –, sondern vielmehr im vergleichenden Denken Eigenart und Struktur der verschiedenen Wirklichkeiten sich erst erschließen. Gerade angesichts der oben angedeuteten Unterschiede in der theologischen Lehre vom Erkennen und Wollen der Engel, die durch die verschiedenen philosophischen Schulen bedingt sind, wird im Hintergrund aller Aussagen deutlich, daß das geistige Tun der reinen Geister sich vor dem geistigen Tun der leib-geistigen Menschen vor allem durch folgende Merkmale auszeichnet: Wo menschliche Erkenntnis durch die Spannung zwischen sinnlichem und geistigem Tun das letzte Sachinteresse zu verlieren droht, steht der reine Geist als Spiegelbild des reinen Interesses Gottes an seinem Werk vor aller geschaffenen Wirklichkeit in voller Offenheit und Hingabe; wenn der menschliche Geist, seine wesenhafte Bindung an die Sinnlichkeit bei Erkenntnis der Weltwirklichkeit vergessend, in Hochmut das ihm und der Sache gemäße Maß verliert und so die Sache verfehlt, bleibt dem reinen Geist (der in der Gnade gefestigt ist, wie wir noch zeigen werden) in seinem demütigen Dienst der Sinn für Maß und Ordnung gesichert, in denen die Sache ruht; während dem reinen Geist, der in seinem Schöpfer die Schöpfung schaut und in der Schöpfung den Schöpfer wiederfindet, die wesenhafte Ehrfurcht vor aller Wirklichkeit erhalten bleibt, die alles so nimmt, wie es von Gott gedacht ist, und allem hilft, sich dahin zu entwickeln, wohin es sich nach dem Weltenplan des ewigen Schöpfers entwickeln soll, verfehlt der menschliche Geist in seiner erbsündig bedingten Selbstgenügsamkeit, Selbstherrlichkeit und Weltverlorenheit leicht jenen Weltplan aus dem Auge und baut sich seine eigene Welt, die sich um ihrer selbst willen immer wieder gegen ihren menschlichen Baumeister wendet, der den universalen Weltplan verfehlt, gestört hat. – Menschliches Erkennen, menschliches Wollen und menschliches Tun kann nicht ein rein geistiges Tun sein oder werden. Doch gerade in der vergleichenden Betrachtung gegenüber dem Tun des reinen Geistes werden Möglichkeiten und Aufgaben des eigenen menschlichen Tuns ebenso wie seine Grenzen deutlich und klar. Kann die Betrachtung der Umweltkrise dem modernen Menschen einen Hinweis auf die Lücken und Verirrungen in seinem eigenen Verhalten und Verstehen geben, so kann die gläubige Reflexion der Engellehre ihm Hilfe sein, den positiven Ansatz für seine Bewußtseins-, Gesinnungs- und Handelnsordnung wiederzufinden, durch die allein auch die Umweltkrise behoben werden kann (vgl. Joachim Illies, Umwelt und innere Welt [HB 487], Freiburg i. Br. 1974).

3. Eine weitere Bedeutung der Engellehre wird sichtbar – und vielleicht müßte gerade dies heute neu bedacht werden –, wenn wir das Verhältnis der Engel Gottes zur gesamten Schöpfung Gottes betrachten. Hier sind in der Geschichte der Theologie sehr gegensätzliche Meinungen vorgetragen worden, denen gegenüber durch das neue Verhältnis des Christen zur Welt und das neue Gottesbild, wie wir sie im ersten und zweiten Abschnitt der Schöpfungslehre entwickelt haben, eine neue Besinnung auf diese Frage notwendig erscheint. Dort wo von den Engeln wenig oder nicht gesprochen wurde, führte die Betrachtung über das Verhältnis des Schöpfergottes zu seiner Schöpfung zu Vorstellungen, die entweder einem Pantheismus oder einem Deismus nahekamen, zwei Lehren, die das christliche Gottesbild der Offenbarung verfehlen. – In ähnlicher Weise fand die Frage nach der Verantwortung des Menschen für die Welt zwei Antworten, die ebenfalls die Aussagen der Offen-

barung verfehlten: Man überließ die Welt in einem mißverstandenen (stoisch verstandenen) Vorsehungsglauben dem Wirken Gottes, oder man tat (so besonders in unserer Zeit), als ob der Mensch allein aus seinem menschlichen Verstehen der Welt die Welt zu besorgen und zu gestalten habe. Gerade hier könnte eine neue Besinnung auf die Engellehre der Offenbarung zeigen, wie sehr Gott die Sorge für seine Schöpfung und die Heilsgeschichte in ihr seinen Geschöpfen anvertraut, die ganz aus der Kraft und Freiheit ihrer nach dem Bilde Gottes geschaffenen Natur und ebenso ganz aus dem Bewußtsein, uneingeschränkt im Dienste und in der Verantwortung vor Gott zu stehen, diese Aufgabe erfüllen. Gerade die Lehre von den Dienstengeln und den Schutzengeln, von denen noch weiter unten zu reden sein wird, sowie von den Straf- und Gerichtsengeln, wie sie in der Apokalypse dargestellt werden, mag zeigen, wie Gott der Schöpfer, der für Sein und Nichtsein aller außergöttlichen Wirklichkeiten der einzige schöpferische Seinsgrund ist und bleibt, die Veränderungen in dieser Welt nicht nur immanenten Entwicklungsgesetzen überläßt, sondern ebenso durch Geschöpfe, die nach seinem Bild und Gleichnis geschaffen sind, in diese Entwicklung eingreift. Für unser menschliches Tun ist uns dies heute selbstverständlich: wir Menschen haben die Welt ganz entscheidend verändert und uns »unsere Welt« gebaut, eine menschliche Welt, eine künstliche Welt, eine technische Welt, eine oft »unnatürliche« Welt, die nicht nach einem in Ehrfurcht und Demut gesuchten immanenten »Schöpfungsplan« entwickelt wurde, die aus den unter dem Drängen erbsündlicher Neigungen des menschlichen Herzens stehenden Wünschen erdacht und geplant ist als Welt »nach unserem Plan, uns ähnlich«. Mag die Umweltkrise unserer Zeit uns unsere Fehler bewußt machen, auf den rechten Weg wird den Menschen sein selbstherrliches menschliches Denken nicht führen. Nur das Bewußtsein der eigenen Geschöpflichkeit, verbunden mit dem Wissen um die eigene Sündhaftigkeit und die Notwendigkeit der Gnade des Schöpfergottes kann jene innere »Harmonie« im Menschen erzeugen und tragen, die notwendig ist, soll er, der nun einmal »Geschöpf Gottes und Ebenbild Gottes« ist, die Wege finden, die er gehen muß, wenn er sich und seine Welt in der Ordnung erhalten will, die vom Schöpfergott als Wesensordnung in die Welt gelegt ist. Diese Wesensordnung schließt – wenigstens durch die Sünde, wenn nicht schon durch die Geschöpflichkeit gegeben – ein ewiges Werden und Vergehen ein, dem auch der Mensch und seine Welt unterworfen sind und bleiben. Dennoch, wie der Prophet von

Gott gesandt ist mit »Macht über die Völker und Reiche, um auszureißen und einzureißen, zu vernichten und zu zertrümmern, aufzubauen und einzupflanzen« (vgl. Jer 1,10 f), wie den Engeln von Gott befohlen ist, den Menschen »zu behüten auf allen seinen Wegen« (vgl. Ps 91,11–13), aber auch die Gerichte Gottes zu vollstrecken (vgl. Apk 14 ff), so ist es dem gottebenbildlichen Geschöpf aufgegeben, im Dienste Gottes die sich selbst entfaltende Welt weiter zu gestalten. – Erst in der Zusammenschau des großen Weltbildes der Offenbarung, zu dem nicht nur der Schöpfer Gott und die Schöpfung, sondern ebenso die Engel und ihre Dienste, die Menschen und ihre Aufgabe (»Macht euch die Erde untertan«) gehören, zu dem ebenso für die innersten personalen Entscheidungen des Menschen die Wirklichkeiten des verklärten Christus und seines Geistes in seiner Kirche, zu dem die Kirche, ihre Verkündigung, ihre Sakramente und ihre Ämter gehören, – ja erst in der Zusammenschau dieses großen Weltbildes der Offenbarung wird die einmalige Bedeutung der »Schöpfungsidee« sichtbar, in der eben diese alle Wirklichkeiten miteinander verbindenden und untereinander ordnenden Beziehungen grundgelegt und aufgehoben sind. – Schon die natürliche wissenschaftliche Erkenntnis der Welt zeigt uns heute die Notwendigkeit, die mannigfaltigen Beziehungen der Weltdinge untereinander zu erkennen und zu berücksichtigen, wenn unser menschliches Leben in der von uns gestalteten Welt erhalten und glücklich gestaltet werden soll. Der Glaube zeigt uns darüber hinaus, daß zu dieser Welt um des Menschen willen noch viele und viel größere Wirklichkeiten gehören, Wirklichkeiten, ohne die der Mensch, der sich in seiner natürlichen Erkenntnis als Mitte dieser und seiner Welt wähnt, selbst nicht in Ordnung kommen und bleiben kann, ohne die er auch seine ihn tragende und von ihm gestaltete Welt nicht in Ordnung bringen und erhalten kann. Für die Gewinnung dieser Erkenntnis hat die Engellehre eine große Bedeutung. Wenn Thomas von Aquin in seiner stark neuplatonisch bestimmten Seinslehre zu der Feststellung kam, daß die Engelwelt als eine geschaffene rein geistige Welt zwischen der Welt Gottes und der Welt des leibgeistigen Menschen notwendig sei, müßte in unserer Zeit aus ihrem neuen dynamischen Weltbild heraus, wie es uns vor allem durch die Naturwissenschaft vermittelt wurde, der Christ zu der Einsicht kommen, daß für das Funktionieren dieser Welt die Engelwelt und ihr Vorbild für das geschöpfliche Handeln in ihr, das Wissen um die Engel und ihre einmaligen geschöpflichen Dienste im Auftrag des Schöpfers an seiner Schöpfung notwendig sind. – Das Denken der Neuzeit wurde eingeleitet durch das Bestreben, alle Wirklichkeit und alles Geschehen auf möglichst wenige Prinzipien zurückzuführen (so vor allem seit Duns Scotus). Das Resultat dieses Denkens aus dem principium necessitatis hat uns eine Welt beschert, die uns nunmehr wieder zwingt, ähnlich wie Thomas von Aquin nur nach der wirklichen Sache selbst zu fragen, unabhängig davon, wie viele Prinzipien und Elemente anzusetzen sind, um die Sache zu verstehen. Ja, je weiter unsere Erkenntnis fortschreitet, um so mehr scheint wieder deutlich zu werden, daß gerade in der Einsicht in die Vielheit und in die Mannigfaltigkeit der Prinzipien und Elemente die Sache selbst sich so erschließt, daß ein verantwortliches Handeln mit ihr, eine verantwortliche Manipulation der Wirklichkeit durch den Menschen erst möglich wird. Sollte diese Einsicht aus dem natürlichen Bereich nicht auch für die große Theologie gelten?

Diese kurzen Hinweise mögen hier für die Engellehre genügen. Die Erörterung der Glaubensgeheimnisse von Gnade und Sünde als tatsächlichen Bestandteilen der geschaffenen Welt wird uns noch einige Ergänzungen zu dem Gesagten erlauben. (Vgl. D. Peerman [Hrsg.], Theologie im Umbruch. Der Beitrag Amerikas zur gegenwärtigen Theologie, München 1968. – Dagegen: Amerikanische Thesen über Theologie und modernes Denken, Herd. Korr. 29 [1975] 166–168).

3. TEIL

DAS BESONDERE VERHÄLTNIS DER GEISTIGEN UND GEISTBEGABTEN GESCHÖPFE ZU IHREM SCHÖPFER GOTT DURCH DAS GESCHENK DER GNADE (CHARITOLOGIE)

Was der Naturwissenschaftler durch eine immer umfassendere Erforschung und Durchdringung der vorgegebenen Wirklichkeiten der Natur in methodischer Beobachtung, geplantem Experiment, Kausalanalyse und Systembildung gewinnen kann, muß der Theologe bei Erarbeitung seines Gegenstandes durch immer genauere Analyse der Schriftoffenbarung in verantwortlicher Exegese und mit Blick auf das Wachstum der Glaubenseinsicht im Lauf der Geschichte der Kirche (Tradition), mit Hilfe eines analogen Denkens und in systematischer Zusammenschau der so gewonnenen Glaubenseinsichten, erarbeiten. Dieser Weg der Forschung hat dazu geführt, daß eine theologische Schöpfungslehre außer und neben der erfahrbaren Welt (Natur und Kosmos) die Engelwelt als eine eigene Welt der reinen Geister als geoffenbarte Wirklichkeit erkennen und vorstellen mußte. – Derselbe Weg zwingt den Theologen auch, noch von einer anderen eigenen Wirklichkeit im Bereich der realen Schöpfung zu sprechen, die nicht wie die Engelwelt eine substantiale Wirklichkeit, sondern nur eine reale, qualitative Bestimmtheit der geistigen oder geistbegabten Schöpfung darstellt, theologisch jedoch für sie von noch größerer Bedeutung ist als die Natur. Sie wird heute allgemein mit dem Namen »Gnade« benannt. – Da das tiefere Wesen dieser Wirklichkeit erst und besonders in der Offenbarungsrealität des Neuen Bundes, durch das Christusereignis und das Ereignis der Geistsendung im Raum der Kirche Christi deutlich offenbar und gläubig erfahrbar geworden ist, wird diese Gnadenwirklichkeit mit all ihren Bezügen eingehend erst nach der Christologie, also in KKD V unter dem Thema »Das Evangelium der Gnade« behandelt. Hier, im Rahmen der Schöpfungslehre, ist es jedoch notwendig, nach einer kurzen Erörterung über das, was mit Gnade in der Schriftoffenbarung und Theologie gemeint ist (Abschnitt VII: § 40), die wichtigsten biblischen und theologischen Aussagen über die ursprüngliche (paradiesische) Gnadenausstattung des Menschen (Abschnitt VIII: § 41) und über den Gnadenstand der Engel (§ 42) vorzustellen, ehe mit den Darlegungen über den Sündenfall der Engel und der Menschen die Schöpfungslehre zum Abschluß gebracht werden kann.

7. ABSCHNITT

DIE WESENSBESTIMMUNG DER GNADE

Gnade ist eine Grundwirklichkeit der jüdisch-christlichen Offenbarung, konstitutiv für die Gottesvorstellung wie für das menschliche Welt- und Selbstverständnis. Dabei kann nicht übersehen werden, daß diese zentrale Wirklichkeit selbst eben wegen ihrer umfassenden Bedeutung und wegen der geheimnisvollen Tiefe ihres Wesens besonders gefährdet ist. Fordert doch ihre Erkenntnis und Anerkenntnis eine je immer neue Wandlung im Menschen selbst. Von ihr gilt, was Paulus vom Kreuze Christi sagt: »Den Juden, d. h. den Frommen, die aus sich fromm sein möchten, ein Ärgernis und den Griechen, d. h. den Weltweisen, denen es um ein menschliches Selbstverständnis und eine menschliche Selbstbegründung und Selbstverwirklichung geht, eine Torheit (vgl. 1 Kor 1,22 ff). Aufgabe dieser Skizze muß es daher sein, wenigstens die verschiedenen Ansatzpunkte sichtbar zu machen, von denen aus in der Schriftoffenbarung das Geheimnis der Gnade als Realität in der Schöpfung Gottes immer wieder aufgesucht und vorgestellt werden muß.

§ 40 Was sagen Offenbarung und Theologie über das Wesen der Gnade Gottes?

ThW IX (1971) 363–393 (H. Conzelmann, W. Zimmerli). – H. J. Stoebe, Gottes hingebende Güte und Treue, Münster 1950 (Diss. masch.). – H. Jepsen, Gnade und Barmherzigkeit im AT, Kerygma und Dogma 7 (1961) 261–271. – K. Koch, ... denn seine Güte währet ewiglich, Ev. Theol. 21 (1961) 531–544. – K. W. Neubauer, Der Stamm chnn im Sprachgebrauch des AT, Berlin 1964 (Diss.). – R. Bultmann, Theologie des Neuen Testaments Tübingen 1953, 283–310; dazu Besprechung durch N. A. Dahl, Theol. Rundschau 22 (1954) 21–49. – BL 603–607 (P. van Imschoot). – KKD V.

»Gnade« meint eine Wirklichkeit, d. h. ein reales Verhältnis Gottes zur geistigen und geistbegabten Schöpfung (und umgekehrt) von einer Umfänglichkeit und Tiefe, daß vielerlei Worte und Elemente des religiösen Lebens in Betracht gezogen werden müssen, wenn »das Ganze« der Gnade gemäß der Offenbarung bestimmt werden soll. So seien hier in Kürze (1.) die wichtigsten Wortbedeutungen, (2.) die entscheidenden geschichtlichen und sachlichen Bezugspunkte und (3.) die damit verbundenen und im Lauf der

Geschichte entwickelten theologischen Probleme und Aussagen genannt.

1. *Wortbedeutung.* a) Was der Mensch von Gott sagen kann und will, muß er zuerst irgendwie in sich selbst erfahren haben; in der Tiefe des Menschen sind die »Bilder und Gleichnisse« für alles, was er als Ebenbild Gottes (Gen 1,26) über Gott denken und reden kann. Der Mensch kann nun in sich selbst schon als etwas vom Tiefsten und Größten »das gütige, in hilfreicher Tat sich erweisende Sichhingeben einer Person an eine andere« erfahren, wenn er sich etwa des Armen oder Niedrigen erbarmt, ihm in sachlicher Weise oder noch mehr in persönlicher Hingabe hilft. Der Israelit des AT hat diese Grundhaltung (nicht bloß Gesinnung, sondern innere und äußere Tat fordernd) chen = Huld (oder Erbarmen) genannt (χάρις = gratia). Es ist bezeichnend, daß von 56 Stellen im AT mit diesem Wort 41 allein von der »Huld Gottes« handeln. Bei Gott ist diese Grundhaltung Ausdruck seines Wesens. Gott ist die Liebe. Besonders in der Psalmenfrömmigkeit wird dieses Wort häufig gebraucht (19mal chaneni = sei gnädig, erbarme dich meiner). Der alttestamentliche Segenswunsch, etwa des Joseph für Benjamin (Gen 43,29) oder der Priester für das Volk (Num 6,22–26), ist nichts anderes als der Wunsch der göttlichen Huld für den Menschen: »Der Herr erweise seine Huld an dir! Der Herr segne dich und behüte dich! Der Herr lasse sein Angesicht über dir leuchten und sei dir gnädig! Der Herr erhebe sein Angesicht über dich und schenke dir Heil!« – Diese Huld Gottes ist Tat seiner ganz freien, vom Menschen ganz unverdienten Liebe (vgl. Ex 33,19: »Ich bin gnädig, wem ich gnädig bin, und erbarme mich, wessen ich mich erbarme«).

b) So ist diese Gnade »Huld Gottes« gegenüber dem Menschen, der nicht nur armselig, sondern auch schuldig ist. Sie ist darum nicht nur Huld, sondern auch »Erbarmen« (rachum = ἔλεος = misericordia), Huld, die sich dem Unwürdigen zuneigt. 11mal werden im AT »Huld und Erbarmen« (chanun we rachum) miteinander verbunden genannt (vgl. Ex 34,6; Ps 86,15; 103,8; 111,4; 145,8 usw.). Die Entwicklung im Verständnis der göttlichen Huld ging dahin, daß immer mehr unter Gnade statt der gnädigen Tat Gottes eine dadurch hervorgerufene Qualifikation im Empfänger selbst genannt wurde (vgl. ThW IX, 371). Gnade macht aus dem Menschen etwas Neues.

c) Noch wichtiger wurde im Laufe der Geschichte Israels eine Gnadenvorstellung, die Gott nicht nur als den Partner des Menschen, sondern vielmehr als den Bundesgott kennt, der sich in Freiheit und Liebe an Israel selbst gebunden hat, »sein Gott« sein will, so wie Israel »sein Volk« ist (vgl. Ex 19,5; Dtn 7,6 f). Dieses Verhältnis wird chesed (ἔλεος = gratia), Gnade des Bundesgottes genannt. »Es setzt eine bestehende Gemeinschaft voraus und unterscheidet sich dadurch von chanan, bei dem es um das Gefälle von einem zum anderen hin, nicht aber um die Bewährung einer Gemeinschaftsbeziehung geht« (ThW IX, 372, 30 ff). Von den 237 Stellen zu diesem Wort sind 127 allein in den Psalmen und von diesen 124 auf die Bundestreue Jahwes bezogen. Ps 136 besingt in Litaneiform in 26 Versen die Werke der Schöpfung und der Heilsgeschichte Gottes, und auf jeden Vers antwortet die Kultgemeinde: »Denn ewig währet seine chesed, seine Huld und Treue« (vgl. Ps 107). Chesed und emeth (ἀλήθεια = fides oder veritas: Gen 24,27; Ex 34,6 usw.), Huld und Treue gehören zusammen. In der Treue bewährt sich der gnädige Gott, die Gnadenhuld Gottes. Darauf baut das Vertrauen, der Glaube des frommen Israeliten (vgl. Ps 31,6; 40,11 ff usw.).

2. *Personale und sachliche Bezugspunkte zum Verständnis der Gnade.* Gnade kommt von Gott und schenkt dem Menschen etwas, eine Bestimmtheit seines Wesens, die ihm in seiner geschaffenen Natur als Ich noch nicht eigen ist. Die Theologie des MA hat darum von einem superadditum (dazu Hinzugegebenem) gesprochen, von einer Gabe, die dem Menschen eine höhere Qualität gibt, als sie ihm von Natur aus eigen ist, auch wenn diese Natur schon so geschaffen ist, daß sie diese höhere Gabe aufnehmen kann (potentia oboedientialis). Zahlreich sind die Aussagen der Schrift, die von Bezugspunkten sprechen, von denen her dieses Neuartige der Gnade deutlich wird.

a) Da ist zuerst die Tatsache zu nennen, daß Gott in der Geschichte der Menschen wirkend anwesend ist und so »Heil«, d. h. eine Erfüllung schenkt, die nur er schenken kann. Der Anfang dieser Heilsgeschichte Gottes mit den Menschen ist die *»Erwählung durch Gott«* (bahar: 164mal im AT, davon allein 92mal von Gott). Am Anfang steht Abraham als der Stammvater für das Volk Israel (Gen 12,1–3), in dem und dessen Nachkommen alle Geschlechter der Erde gesegnet sein sollen. Mit ihm schließt Gott den ersten *»Bund«* (285mal im AT: berith), verankert im Bundeszeichen der »Beschneidung« (Gen 17,10). Was hier begonnen, findet seine atl. Erfüllung in der *»Berufung«* des Moses (qarar; vgl. Ex 3,4; dafür oft »beim Namen nennen«: Ex 31,2), der im Auftrag Jahwes den Bund am Sinai sanktioniert, durch den nicht mehr das Volk durch den Einzelnen, wie bei Abraham, sondern das Volk als Ganzes in den Bund aufgenommen wird, der selbst nicht nur die religiöse, sondern ebenso die soziale, kulturelle und politische Organisation des Volkes umfaßt und das alte Israel zu einem theokratischen Staatsgebilde macht. – Eine neue Gestalt findet der Bundesgedanke durch die Erwählung des David als König von Israel (1 Sam 16,13; 2 Sam 2,4). Wenn im babylonischen Exil, da der Alte Bund durch die Zerstörung Jerusalems und des Tempels Jahwes zerschlagen scheint, die Propheten von einem »Neuen Bund« sprechen (vgl. Jer 31,31–34; Ez 34,25–31), wird bereits darauf hingewiesen, daß in der kommenden Heilszeit der eine Herrscher des ganzen Volkes Israel König wie David sein soll (vgl. Ez 37,24) und ein Prophet wie Moses (Dtn 18,18). In Christus, dem Messias, dem Gesalbten, dem von Gott Gesandten, finden diese Verheißungen ihre Erfüllung. Er stiftet durch seinen Opfertod den Neuen Bund, er ist selbst der Neue Bund zwischen Gott und den Menschen in einer einmaligen, unüberbietbaren Weise. Hier wird der reine Gnadencharakter, aber auch die Realität der Gnade »in der Geschichte« sichtbar.

b) Ein zweiter Bezugspunkt für das Verständnis der Gnade ist die jüngere Idee der »Schöpfung« (vgl. Gen 1: wohl im 7. Jahrhundert, in der Auseinandersetzung mit den Kosmogonien Ägyptens und Babylons entstanden). Erst in hellenistischer Zeit kommt diese Idee stärker zum Tragen (vgl. Ps 104, 136, 139). Für den Frommen des Alten Bundes gab es noch keine Unterscheidung zwischen der gnädigen Gesinnung Gottes und dem Gnadengeschenk, das er gibt, zwischen der äußeren, leibhaften und der inneren, geistigen oder gar einer übernatürlichen Gabe: alles, was der Mensch hat und empfängt, ist von Gott, wie später Paulus sagt: »Was hast du, das du nicht empfangen hättest?« (1 Kor 4,7). Hier kommt der umfassende Realitätscharakter der Gnade zum Ausdruck.

c) Vor allem nach dem Exil und gegenüber den Weisheitslehren aus hellenistischer Zeit entwickelt sich immer mehr die Erkenntnis, daß eine besondere Weise göttlicher Huld und Gnade das *»Gesetz Jahwes«* (torah, vgl. Dt 4,32–40; 30,11–14; Ps 19,8–11; Ps 119) ist. Es bedeutet Licht und Kraft auf dem Lebensweg des Menschen. Hier wird zugleich deutlich, daß mit dem rechten Verständnis der Gnade das sittliche Tun des Menschen und das Gefordertsein seiner Antwort auf die Gnadenhuld Gottes nicht aufgehoben, sondern aufgerufen sind.

d) Ebenso wird die *»Gerechtigkeit Jahwes«* (sedakah; vgl. Jer 9,23: »Ich bin Jahwe, der Gnade und Recht und Gerechtigkeit auf Erden übt«) immer mehr zur »rettenden Heilstat Gottes« für Israel (vgl. Tob 13,7: »Preise den Herrn, der Gerechtigkeit übt an uns«; Ps 36,6–11, ebd. V. 10: »Denn bei dir ist des Lebens Quell, in deinem Licht schauen wir Licht.«), und die messianische Erlösung, die verheißen wird, erweist sich als ein Aufblühen von Gottes Gerechtigkeit (Is 11,4–9, ebd. V. 5: »Gerechtigkeit ist seiner Hüften Gurt und Treue seiner Lenden Umgürtung«; vgl. ebd. 61,1–3 = Lk 1,52). Gottes Gerechtigkeit macht uns aus Barmherzigkeit »gerecht«.

e) Der Mensch, der vor dem heiligen Gott immer schuldig wird und ist, erkennt die Huld Gottes besonders in seiner *»verzeihenden Barmherzigkeit* (rachum: Ps 51,3; Is 54,7 usw.), und im Zusammenhang mit dem Bundesschluß stellt sich Jahwe dem Moses vor mit den Worten: »Der Herr, der Herr ist ein barmherziger und gütiger Gott, langmütig und reich an Huld und Treue. Huld bewahrt er den Tausenden der Geschlechter. Schuld und Frevel und Sünde vergibt er« (Ex 34,6 f). Darauf baut das Gottvertrauen und die tiefe Ehrlichkeit des Schuldbekenntnisses in den großen sieben Bußpsalmen des Alten Bundes (vgl. Ps 6; 32; 38; 51; 102; 130; 143). Nur Gottes Huld kann Schuld erlassen; sie wird aber nur dem erlassen, der sich zu Gott »bekehrt«.

f) Ein letztes Moment, das im AT die Realität der Gnade zeigen kann, ist in der Aussage zu sehen, daß Gott allein *»heilig«* ist (qadosch: Ex 15,11: »Wer gleicht dir unter den Göttern, Herr? Wer gleicht dir, strahlend in Heiligkeit; furchterregend im Preislied; Wundervollbringer?«), und er heiligt durch seine Erwählung (Ex 19,5 f) das ganze Volk Israel und besonders jene, die er in seinen Tempeldienst ruft (Lev 21,8.15.23: »Heilig bin ich, der Herr, der euch heiligt«). Was hier noch mehr durch den kultischen Dienst bestimmt erscheint, wird zu einer neuen Wirklichkeit im NT.

g) Im NT findet die Gnadenvorstellung des AT in dreifacher Weise wenigstens eine entscheidende Vertiefung: Da ist zunächst zu nennen die »Heiligung«, die nun ganz und gar eine innerliche Wirklichkeit des Christen wird: Er ist geheiligt »in Christus Jesus« (vgl. 1 Kor 1,2: »An die Geheiligten in Christus Jesus, die als Heilige berufen sind«; ebd. 1,30: »Aus Gott seid ihr in Christus Jesus, der uns von Gott zur Weisheit geworden, zur Gerechtigkeit, Heiligung und Erlösung: σοφία – δικαιοσύνη – ἁγιασμός – ἀπολύτρωσις«). Diese innere Heiligung der Christen geschieht durch den »Heiligen Geist« (vgl. Röm 8,15: »Ihr habt den Geist der Kindschaft, in dem wir rufen Abba, Vater. Eben dieser Geist bezeugt unserem Geist, daß wir Kinder Gottes sind«; 1 Kor 6,19: »Wißt ihr nicht, daß euer Leib ein Tempel des Heiligen Geistes ist, der in euch wohnt, den ihr von Gott habt, und daß ihr nicht euch selbst gehört?«), und zwar zuerst durch die »Taufe« (vgl. 1 Kor 6,11: »Ihr wurdet abgewaschen, geheiligt, gerechtfertigt im Namen unseres Herrn Jesus Christus und im Geiste unseres Gottes«). All diesen Aussagen liegt ein Glaubensgeheimnis zugrunde, das in der *»Menschwerdung Gottes«* (vgl. Joh 1,14) seinen Sitz in der menschlichen Geschichte hat und das seit Origenes, unter dem Einfluß platonischer Ideen (vgl. Theait. 176 a–b) ausgesprochen, bei Athanasius (De Incarn. 8: PG 26, 996; vgl. Ep. de syn. 51: PG 26, 784) die Formulierung erhielt: »Der Sohn Gottes ist Menschensohn geworden, damit die Menschensöhne, d. h. die Kinder Adams, Gottessöhne würden ... ein zweites Mal gezeugt würden, d. h. aus Gott.« Die griechische Theologie spricht hier von einer »Vergöttlichung« (θείωις) des Menschen.

h) Die hier angesprochene Gegenüberstellung von Adam (als dem ersten Menschen) und Christus (als dem letzten Menschen: vgl. 1 Kor 15,45; Röm 5,12–21) zeigt das zweite neue Moment im Gnadenverständnis des NT an, das wiederum die geschichtliche Realität der Gnade zum Ausdruck bringt: die *Erlösung durch Christus Jesus*, deren Realität vom Apostel Paulus vor allem durch die Zusammenschau der entscheidenden Ereignisse aus dem Christusleben, dem Tod und der Auferstehung, zum Ausdruck gebracht wird (vgl. Röm 6,3–11, wo die Taufe dreimal als die Teilhabe an *»Tod und Auferstehung Christi«* erklärt wird; 2 Tim 2,11 ff: »Sind wir mit ihm gestorben, werden wir mit ihm auch leben;« vgl. 2 Kor 4,11). Der Sinn dieser Erlösung wird zusammengefaßt in den Worten: »Ihn, (Christus), der von Sünde nichts wußte, hat er (Gott) für uns zur Sünde gemacht, damit wir in ihm Gerechtigkeit Gottes würden« (2 Kor 5,21). Durch die Taufe werden wir »in Christus« eingegliedert als Glieder seines »Leibes« (Röm 12,4 ff: 1 Kor 12, 12–27; Eph 5,30). Das christliche Leben ist »Leben in Christus« (120mal bei Paulus: Adverbialausdruck statt Adjektiv!). »Ist einer aber in Christus, ist er eine neue Schöpfung, das Alte ist vergangen, siehe, Neues ist geworden« (2 Kor 5,17; Gal 6,15). Der Mensch hat einen »neuen Menschen« anzuziehen, der »nach dem Bilde Gottes in Gerechtigkeit, Heiligkeit und Wahrheit (Treue) geschaffen ist« (Eph 4,24; Kol 3,10). Die Früchte dieser Erlösung durch und in Christus sind, daß wir dem Bilde Christi als des eingeborenen Sohnes Gottes »gleichgestaltet« werden (Röm 8,29) und so »in Wahrheit Kinder Gottes werden« (1 Joh 3,1). Das bedeutet, daß wir »mit ihm vom Tode auferweckt und mit ihm in den Himmel versetzt« (Eph 2,6) und »mit ihm herrschen werden« (2 Tim 2,12).

i) Damit wird das dritte neue Moment in der Gnadenauffassung des NT deutlich: die neue Seinsweise, die der Christ in der Vollendung nicht nur durch, sondern »mit Christus« erlangt (Phil 1,23). Christus ist ja für die Christen *»das Licht«* (Joh 8,12) und *»das Leben«* (Joh 10,10; 11,25; 14,6), weil in ihm Gott zu den Menschen gekommen ist, Gott, der in sich Licht und Leben ist. Dieses Leben ist darum »ewiges Leben«, das die Gläubigen bereits auf Erden besitzen (Joh 3,36; 5,24; 6,53; Röm 6,4.11; Kol 3,3 f). Im Glauben an Christi Wort (Joh 3,15; 6,40), in der Taufe (Röm 6,7–11) und in der hl. Eucharistie (Joh 6,51: »Das Brot, das ich geben werde, ist mein Fleisch für das Leben der Welt.«) empfängt der Christ das »ewige Leben«. Christus verheißt dafür: »So übertrage ich euch, wie es mir mein Vater übertrug, das Reich. Ihr sollt essen und trinken an meinem Tische in meinem Reich und auf Thronen sitzen und die zwölf Stämme Israels richten« (Lk 22,29 ff; vgl. Apk 3,21). »Wir werden Gott schauen, wie er ist« (1 Joh 3,2; vgl. Apk 22,4). »Wir alle aber, die wir mit unverhülltem Angesicht den Glanz des Herrn widerspiegeln, werden zum selben Bild umgeformt von Herrlichkeit zu Herrlichkeit, wie sie ausstrahlt vom Herrn, vom Geist« (2 Kor 3,18). Wie schon durch die Gnade der Mensch eine »neue Schöpfung« ist, so wird für die Zeit der Erfüllung bei Gott wiederum verheißen: »Siehe, ich mache alles neu« (Apk 21,5). Was die Apokalypse dem Sieger verheißt, den neuen Namen, das Trinken vom Quell des lebendigen Wassers, das Essen vom Baum des Lebens, daß er zur Säule wird im Tempel Gottes, auf der der Name Gottes, der Name des neuen Jerusalem und der neue Name Christi stehen wird (Apk 2 u. 3), all das ist nichts anderes als der Hinweis auf das für unsere irdische Weltzeit unvorstellbare Glück der Erfüllung in Gott: »Kein Auge hat es geschaut, kein Ohr hat es vernommen, in keines Menschen Herz ist es gedrungen, was Gott denen bereitet, die ihn lieben« (Is 64,3; 1 Kor 2,9). – All diese Bildaussagen wollen nur das Eine zum Ausdruck bringen: die geschichtliche Realität und das Geheimnis der Gnade Gottes.

3. *Aussagen der Theologie:* Was hier in unübertrefflicher Weise von der Schriftoffenbarung über »das Evangelium der Gnade Gottes« (Apg 20,24) »zum Preise der Herrlichkeit seiner Gnade, mit der er uns begnadet hat« (Eph 1,6) gesagt ist, hat die Theologie

für das menschliche Welt- und Selbstverständnis aufzuschließen und zu sichern versucht, indem sie vor allem die Wirkungen der Gnade für den Menschen, wie sie ebenfalls in der Schrift durch menschliche Bilder vorgestellt werden, im natürlichen Denken weiterentfaltet hat. Gnade wirkt nicht nur Sündenvergebung, sie schenkt eine Heiligung, die Gott ähnlich macht, in der die wahre Gotteskindschaft begründet ist; sie schenkt Einwohnung des Geistes Gottes, in der ein bräutliches Verhältnis des Menschen zu Gott seinen Grund hat, sie schenkt eine neue Gottesfreundschaft, in der jene Gemeinschaft mit Gott und Christus im Hl. Geist verankert ist, die am Ende, wenn ein neuer Himmel und eine neue Erde von Gott geschaffen werden, letzten Anteil an der Herrlichkeit Gottes selbst verleiht. So kann der Apostel sagen, daß am Ende »Gott das All in allem ist« (1 Kor 15,28). Aus dieser Auffassung hat die Theologie schließlich zur begrifflichen Erfassung der Gnadenwirklichkeit den aus dem neuplatonischen Denken eingeführten neuen Begriff des »Übernatürlichen« entwickelt, in dem vor allem zum Ausdruck kommt,

a) daß Gnade auf die geschaffene Natur des Menschen bezogen ist und von ihr her verstanden werden muß,

b) daß sie aber eine eigene Wirklichkeit, eine nicht aus der Natur selbst zu erkennende oder zu entwickelnde Qualität des Menschen bedeutet und

c) daß ihr Sinn ist, diese Natur über sich selbst hinauszuführen zu einer Vollendung, die ganz Erfüllung dieser Geistnatur und ganz aus Gott und in Gott ist (vgl. KKD V, 184–194).

d) Wie wir in der Lehre vom »Evangelium der Gnade« (KKD V 148–159) gezeigt haben, wird das Geheimnis der Gnade wohl am besten in seiner Ganzheit gesehen, wenn wir in ihm selbst drei konstitutive Momente festhalten, ein ontisches, ein ethisches und ein personales – eine Sicht, die der oben (§ 23) entwickelten »Struktur des Menschen« ebenso wie den heilsgeschichtlichen Grunddaten »Schöpfung – Erlösung – Heiligung«, »Menschwerdung Gottes – Erlösungstat Christi (Tod und Auferstehung) – Geistsendung« (siehe Dreifaltigkeitsspiegel der geschaffenen Welt = oben § 7) entspricht.

Wo diese neue Realität in der Schöpfung Gottes erkannt und im Glauben angenommen ist, erhebt sich die Frage nach der Geschichtlichkeit dieser Wirklichkeit, die Frage, seit wann und wie Engel und Menschen an dieser neuen Schöpfungswirklichkeit Anteil haben. Diese Fragen seien im folgenden kurz behandelt.

8. ABSCHNITT

DIE ÜBERNATÜRLICHE AUSSTATTUNG VON MENSCH UND ENGEL

Der Entwurf der theologischen Anthropologie hat uns von Anfang an dazu gezwungen, den tiefgreifenden Unterschied zwischen dem Weltbild der biblischen Schriften, die für uns die Offenbarung Gottes enthalten, auf die alle Theologie aufzubauen hat, und dem Weltbild der Moderne zu beachten.

1. Die Schriftoffenbarung sagt uns Dinge vom Menschen, die wir aus unserer natürlichen Erfahrung nicht wissen und nicht wissen können. Das uns Geoffenbarte ist aber etwas, das dem natürlichen Denken und Erfahren des Menschen nicht völlig fremd ist oder gar widersprechen würde: wenn es geoffenbart ist, kann er es auch verstehen. Wo uns ein wirklicher Widerspruch begegnet, ist er im Unterschied der Weltbilder oder in der Hybris des Menschen begründet, nicht in der geoffenbarten Wahrheit selbst. Diese grundsätzliche Haltung des gläubigen Menschen zur Offenbarung kann uns helfen, bei aller Entwicklung im Weltbild durch die ständig wachsenden wissenschaftlichen Einsichten in unsere natürliche Welt, den Offenbarungsgehalt der Schrift selber immer klarer und gültiger zu erfassen. – Dieses Vorgehen wird uns nicht durch die Entwicklung der wissenschaftlichen Welterkenntnis aufgezwungen, es ist vielmehr eine Forderung unseres Offenbarungsverständnisses selbst: Offenbarung ist nicht ein historizistisches Geschehen: nicht irgendeinmal und irgendwo hat ein Gott den Menschen jener Zeit etwas gesagt. Offenbarung ist vielmehr aufgehoben in der Liebe und Sorge des einen überzeitlichen, ewigen Gottes, der nach den Berichten der Schrift von Anfang an und in besonderer Weise in der Geschichte Israels und in Jesus Christus und seiner Kirche Menschen anspricht, und zwar so, daß sie es in ihrer Zeit und aus ihrem Welt- und Selbstverständnis verstehen können, auch wenn das Gesagte immer mehr ist, als das, was in dem jeweiligen Welt- und Selbstverständnis der die Botschaft Gottes empfangenden Menschen ausgedrückt werden kann. So ist zwar jede Generation an die geschichtliche Offenbarung gebunden, aber nicht, insofern sie geschichtlich ist im Sinne des historizistischen Geschichtsverständnisses, sondern insofern sie die Offenbarung des lebendigen Gottes

an den lebendigen Menschen ist, der als Ebenbild Gottes Dei capax, offen für Gott, »Gottes fähig« (Augustinus) ist. – Dieses Offenbarungsverständnis ist von besonderer Bedeutung in dem, was wir hier zu überlegen haben. In der Schrift erscheint der Mensch als ein Geschöpf, wie die ganze Welt in all ihren Einzelheiten Schöpfung Gottes ist, aber als ein Geschöpf, das von Gott von Anfang an in einmaliger Weise ausgezeichnet wird. Der Mensch wird nach dem Ebenbild Gottes geschaffen (Gen 1,26 f), wird in das Paradies versetzt (Gen 2), um, im Widerspruch zu dieser Auszeichnung, die immer erfahrene Hinfälligkeit des Menschen aus dem durch ihn begangenen »Sündenfall« zu erklären. Der Bericht der Schrift erweist sich also als theologische Aussage, als »aitiologische« Deutung des Widerspruches zwischen Gut und Bös, Mächtig und Ohnmächtig, Frei und Unfrei im Menschen. In der ganzen Offenbarung geht es aber um Gott, um seine Allmacht, Weisheit und Liebe, um den wahren, lebendigen und heiligen Gott, dem das Böse und Schlechte in der Welt nicht angelastet werden darf. Dies ist jedenfalls die Grundvorstellung Gottes seit der Zeit, da diese Berichte über die Erschaffung der Welt (Gen 1–3) entstehen oder wenigstens in ihrer heutigen Zusammenstellung und Ausgestaltung redigiert werden. Hinter diesen Berichten steht also das Theodizee-Problem. Wenn frühere Zeiten in der Offenbarungsgeschichte auch das Böse und das Übel Gott als Ursache zugewiesen haben, liegt dahinter ein noch nicht so differenziertes Gottesbild, das um der Größe und Macht Gottes willen auch noch Böses und Übel von Gott erschaffen sein läßt, weil es ja eigentlich außer diesem einen Gott und im Gegensatz zu ihm nichts geben kann.

2. Seitdem die Wissenschaften vom Menschen und von der Welt uns gezeigt haben, daß die Entstehung des Menschen im Ganzen des Weltprozesses eine andere Deutung fordert, eine »Entwicklung des Menschen«, von der wir oben (§ 21) bei der Behandlung der Abstammungsfrage gesprochen haben, ist die Darstellungsweise der Schrift in diesen Dingen als »durch das biblische Weltbild bedingte Einkleidung« erwiesen. Die biblische Offenbarung meint also bei dem Bericht Gen 1–11 nicht einen einmaligen, historischen Vorgang; sie will vielmehr die von Gott uns geoffenbarte Erklärung für den in jedem Menschenleben von Anfang an erfahrbaren Widerspruch zwischen dem Willen zum Guten und dem Hang zum Bösen, zwischen dem Menschen als Gottes Ebenbild und dem Menschen als Rebellen vor Gott, dem Menschen als Bruder und als Feind des

Menschen, dem Menschen als schöpferischen Gehilfen und als Zerstörer der Schöpfung Gottes sein.

3. Daß die Offenbarung uns mehr und anderes sagt, als die Wissenschaft erkennen und sagen kann, mag die Tatsache zeigen, daß sich aus der wissenschaftlichen Erkenntnis Deutungen über den Menschen entwickelt haben, die ebenso das wahre Bild vom Menschen verfehlen, wie die historizistische Deutung des biblischen Schöpfungsberichtes: es sind dies die evolutionistischen Deutungen des »Menschen im Widerspruch«: die *materialistisch-evolutionistische Deutung*, die das Böse im Menschen als Residuum aus seiner tierischen Existenzweise erklärt, die durch natürliche und kulturelle Entwicklung des Menschen von selbst überwunden wird, was aus seiner Welt ein Paradies machen kann (Marxismus); die *idealistisch-evolutionistische Deutung*, wonach das Böse im Menschen vor allem durch Belehrung und Erziehung überwunden werden kann und muß, damit der Mensch endlich so werde, wie er sein soll und sein kann (atheistischer Humanismus). »Der wirkliche Kern der christlichen Lehre aber, gänzlich unabhängig von der historischen Fassung (im biblischen Weltbild), aber auch grundverschieden sowohl vom naturalistischen wie vom idealistischen Evolutionismus, ist das Verständnis des Menschen im Widerspruch von Schöpfungsursprung (Gottebenbildlichkeit) und seinem Gegensatz, der Sünde (des Rebellen gegen Gott)« (E. Brunner, Der Mensch im Widerspruch, 90 f). Dies gilt es im Auge zu behalten, wenn im folgenden die Lehre der Kirche über den Urstand des Menschen dargestellt werden soll, auch wenn die reformatorisch-calvinische Grundhaltung Brunners dabei einige Korrekturen erfahren muß.

§ 41 Die übernatürliche Ausstattung des Menschen (Der Urstand des Menschen. Die praeternaturalen Gaben und die Statuslehre)

E. Brunner, Der Mensch im Widerspruch, Zürich 1937. – M. Schmaus, Das Paradies, München 1965 (Lit.). – J. Feiner, Ursprung, Urstand und Urgerechtigkeit des Menschen, in: Fragen der Theologie heute, hrsg. von J. Feiner, J. Trütsch, F. Böckle, Einsiedeln 1957, 231–263. – K. Rahner, Die Hominisation als theologische Frage, in: P. Overhage-K. Rahner, Das Problem der Hominisation (QD 12/13), Freiburg i. Br. 1961, 13–90. – H. Renckens, Urgeschichte und Heilsgeschichte, Mainz [2]1961, besonders 138–189. – MS II

(1967) 818–843 (W. Seibel; 842 f Lit.!). – P. Lengsfeld, Adam und Christus. Die Adam-Christus-Typologie im NT und ihre dogmatische Verwendung bei M. J. Scheeben und K. Barth, Essen 1965.

Was die Offenbarung über das hinaus, was der Mensch von sich selber wissen kann, dem Menschen sagt, ist dies: So wie der Mensch sich von allen anderen Geschöpfen (außer dem Engel) dadurch unterscheidet, daß er »nach dem Bilde Gottes« (Gen 1,26 f) geschaffen ist, so unterscheidet er sich auch noch von allen Geschöpfen (außer dem Engel) dadurch, daß er für sein Tun, aber auch schon in seinem innersten Sein, noch über sein natürliches Sein hinaus eine »Zuwendung Gottes« erfährt, eine »übernatürliche Ausstattung«, in der die formale Gottebenbildlichkeit in einer materialen Wirklichkeit Ausdruck findet. Entsprechend dem Wandel in der Ansicht über »diese übernatürliche Wirklichkeit«, von der wir im vorausgehenden gesprochen haben, hat sich auch die Aussage der Schrift und der Theologie in der Frage nach der übernatürlichen Ausstattung des Menschen entwickelt. Dies sei hier kurz gezeigt, indem wir erst die Aussagen der Schrift (1), sodann die Darlegungen der Theologie zu dieser Sache (2.) und schließlich die besondere Lehre von den sog. »praeternaturalen Gaben« der ersten Menschen (3.) vorlegen, um dann abschließend (4.) die theologische Statuslehre zu behandeln.

1. *Die Darstellung der Schrift* zu dieser Sache ist sehr eindeutig für den, der die Sprache und Denkweise der Schrift und ihre »theologische Einheit« im Auge behält.

a) Von Anfang an wird uns der Mensch in der Schrift nicht nur wertmäßig, sondern vielmehr in seiner theologischen Ontologie als ein »entartetes« Wesen vorgestellt: er sollte etwas anderes sein als das, was er ist. – Im jüngeren Bericht des P (Priesterkodex) wird gesagt, daß der Mensch, wie der ganze Kosmos (Himmel und Erde), »geschaffen ist« (bara). Das bedeutet, daß alles, was er ist und was er hat, Geschenk Gottes ist, von Gott aus dem Nichts ins Dasein gerufen ist. Mit dieser Aussage ist jedoch sofort die andere verknüpft: »Laßt uns Menschen machen ›als unser Abbild, uns ähnlich‹« (Gen 1,26), womit nicht nur die innere Freiheit des Menschen, sondern sein Herrschertum über die übrige Schöpfung zum Ausdruck gebracht wird. Daß mit diesem Herrschertum »Kraft nach dem Gleichnis Gottes« dem Menschen mitgeteilt wurde, so daß alle Lebewesen ihn fürchteten, bringt später Sir (17,3 f) zum Ausdruck. Die eigentliche Bedeutung dieser »Gottebenbildlichkeit«

wird im NT in der Gestalt Christi gezeigt, der »Abglanz der Herrlichkeit Gottes und Abbild seines Wesens« ist (Hebr 1,3), so daß Paulus in seiner theologischen Anthropologie sagen kann: »Die Gott voraus erkannte, die bestimmte er auch im voraus zur Teilhabe an der Ebenbildlichkeit seines Sohnes, auf daß dieser sei ein Erstgeborener unter vielen Brüdern« (Röm 8,29; vgl. § 22).

b) Im älteren Bericht des Jahwisten fand diese Wahrheit eine andere Aussagegestalt. Der Gegensatz zwischen »Leib aus der Erde des Ackers« und »Lebensodem von Gott« (Gen 2,7) darf wohl nicht im dualistischen Sinne verstanden werden. Hier soll nur die Grundlage für die Deutung der »Sterblichkeit« gelegt werden, wobei freilich sehr bedeutsam bleibt, daß nur beim Menschen von einem »Sterben« geredet wird, nie beim Tier. Das eigentlich »dualistische« Moment kommt hier vielmehr zum Ausdruck durch die Erzählung vom »Paradies«: »Jahwe Gott pflanzte einen Garten in Eden im Osten und setzte da hinein den Menschen, den er gebildet hatte. Und Jahwe Gott ließ aus dem Erdboden allerlei Bäume hervorwachsen, lieblich anzusehen und gut zum Essen, den Lebensbaum aber inmitten des Gartens und den Baum der Erkenntnis von Gut und Bös« (Gen 2,9). Nach der Beschreibung der vier Paradiesesströme heißt es nochmals: »Jahwe Gott nahm den Menschen und setzte ihn in den Garten Eden, damit er ihn bebaue und bewache« (Gen 2,10–15). Wie nachher berichtet wird, ist der Mensch durch das Essen vom Baum der Erkenntnis schuldig geworden und aus dem Paradies vertrieben worden, »damit er nicht auch noch vom Baum des Lebens esse und ewig lebe« (Gen 3,22). Wiederum wird zum Ausdruck gebracht, daß der Mensch außer seinem biologisch-geistigen Leben offenbar noch ein anderes Leben habe oder haben könne. Was will diese Paradieserzählung? »Das Paradies ist ein Kontrastbild der tatsächlichen Welt, deren Erscheinungen der Hagiograph – und d. i. sein ›Pessimismus‹ – mit der sittlichen Verderbnis im Menschen schicksalhaft verknüpft sah. Indem er von einem Paradies ausgeht, das aus den guten Elementen dieser irdischen Welt konstruiert ist, macht der Bericht anschaulich, wie die Sünde alles verdirbt und so die Erklärung für den tatsächlichen Zustand bildet. Die Sünde ist verantwortlich für die Elemente (der Verderbnis und des Übels), die erst künstlich weggedacht werden« (H. Renckens, 147). Die semitische Legende vom Paradies bildet gewissermaßen den vorhandenen Berichtsstoff, das theologische Problem der Theodizee ist das besondere Thema; was zu diesem Thema gehört, die Frage nach der Sünde und nach der dem Menschen über seine Natur hinaus zugedachten Gnade ist sicherer Offenbarungsgehalt von geschichtlichem Ernst. Dabei hat der Hagiograph nicht immer den vollkommenen Ausgleich zwischen der Erzählungslegende und seinem theologischen Glaubensthema gefunden. Dennoch ist wohl darauf hinzuweisen, wie zart er doch die Folgen der Sünde des Menschen (mehr in seiner Situation und der äußeren Welt) andeutet. (Staub fressende Schlange, Dornen und Disteln im Acker, Herrschaft des Mannes über die Frau und ihr Verlangen nach ihm), während später das apokryphe Buch der Jubiläen (5,2) dazu sagt: »Und die Gewalttätigkeit nahm auf Erden zu und alles Fleisch verdarb seinen Wandel, vom Menschen bis zum Vieh und bis zu den Tieren und Vögeln und bis zu allem, was sich auf Erden regt. Sie alle verdarben (durch die Sünde) ihren Wandel und ihr Verhalten und begannen, sich gegenseitig zu verschlingen (wie wenn der Löwe vorher nicht Raubtier gewesen wäre!) und die Gewalttätigkeit nahm zu auf Erden.« Hinter dieser Schilderung steht wohl die Tatsache: »Weil der Mensch in dem Maße, in dem er zu Gott anders steht, auch die Dinge mit anderen Augen zu sehen beginnt, stellt der semitische Erzähler die Dinge selbst anders dar, um so von einer religiösen Situation eine plastische Darstellung zu geben« (H. Renckens, 158). »Er macht seine Lehre zu einem Bericht, und eben das braucht er für sein Volk« (ebd., 169). – Sinn der Darstellung ist: Der Mensch, außerhalb des Paradieses aus dem Staub der Erde (ʿadamah) gemacht, wird dann erst in den eigens von Gott errichteten Garten versetzt, damit er ihn bebaue und bewache (Nutznießer und Wächter sei: vgl. Gen 2,15; Spr 27,18). Er *gehört also zur Familie Gottes* als Verwalter des Gartens Gottes. Nach der Sünde wird der Mensch aus dem Garten vertrieben (dies wird als Strafe dargestellt), muß die Erde im Schweiße seines Angesichtes bebauen, bis er zur Erde zurückkehrt, von der er genommen ist (Gen 3,19). Die Sünde des ersten Menschen erscheint hier als »die Sünde des Menschen schlechthin«. Sie ist Hybris, Stolz, indem das Geschöpf, seine Geschöpflichkeit verleugnend, selbst zum Herrn werden möchte (vgl. dazu Röm 5,12–21; Sir 10,12–18: Der Anfang der Hoffart [hybris] des Menschen ist Abfall von Gott: wenn sein Herz von seinem Schöpfer weicht. Die Hoffart ist der Anfang aller Sünde . . .).

c) Drei Aussagen der Schrift unterstreichen das hier Gesagte und erläutern es noch: (1) Da ist zunächst auf einen alten Bericht zu verweisen, nach dem das Paradies auf dem »Berge Gottes«, also dort, wo Gott selbst wohnt, zu liegen scheint. Is 14,12–15, wo vom Fall Babylons berichtet wird, sagt: »Wie bist du vom Himmel gefallen, Morgenstern, Sohn der Morgenröte! Wie bist du hingeschmettert auf die Erde, Tyrann der Völker! Du, der du in deinem Herzen gesprochen hast: ›Ich will zum Himmel emporsteigen, über den Sternen Gottes meinen Thron errichten und mich setzen auf den Versammlungsberg (der Götter) im hohen Norden. Ich will hinaufsteigen auf die Gipfel der Wolken und gleich werden dem Allerhöchsten!‹ Wahrlich, in die Unterwelt bist du hinabgestoßen worden, in den tiefsten Abgrund!«. Hieronymus, wohl von einem Rabbinen belehrt, läßt darum das Paradies (paradisus voluptatis) mit Erschaffung der Welt selbst (a principio) erschaffen sein (Lib. hebr. qq. in Gen. 2,8: PL 23,941). – (2) Ein jüngerer Text sucht das Paradies ebenfalls auf dem Berge Gottes und legt die Gedanken von Gen 2 zugrunde. Ez 28,2–10 spricht vom Fall des Königs von Tyrus: »Weil dein Herz sich erhoben hat und du gesagt hast: ›Ein Gott bin ich, auf einem Götterthron sitze ich, inmitten des Meeres‹ – während du doch nur ein Mensch bist und nicht ein Gott ... Deshalb, lautet der Spruch des Herrn, lasse ich Fremde auf dich los, die barbarischsten unter den Völkern. Sie werden deinen Glanz beschmutzen und dich zur Grube hinabstoßen. Du wirst eines gewaltsamen Todes sterben ...«. »Du warst voll Weisheit und Schönheit, du warst in Eden, dem Gottesgarten ... geschmückt mit kostbaren Steinen, mit Karneol, Topas, Jaspis, Chrysolith, Onyx, Beryll, Saphir, Karfunkel und Smaragd. Du warst in Gold gefaßt ... am Tage deiner Schöpfung. Einen Cherub gab ich dir zum Schutz, du warst auf dem heiligen Gottesberg, wandeltest inmitten glühender Kohlen. Du warst untadelig auf deinem Weg vom Tage deiner Erschaffung an, bis Ungerechtigkeit an dir gefunden wurde ... Weil du gesündigt hast, habe ich dich deines Glanzes beraubt und vom Gottesberg hinabgestürzt und der zürnende Cherub hat dich ausgetilgt (oder: ich habe dich, den schirmenden Cherub, ausgetilgt) aus den glühenden Steinen. Dein Herz hat dich erhoben ... deshalb stürzte ich dich auf die Erde hinab« (ebd. 28,13–17). – Der König von Tyrus ist hier wie Adam gezeichnet. Das Paradies ist vom Jahwisten viel nüchterner als Gottesgarten auf Erden dargestellt. – (3) Die Bedeutung dieser Paradiesvorstellungen wird in der Schrift noch unterstrichen dadurch, daß der Protologie die Eschatologie entspricht, daß der Endzustand der Welt ähnlich dem Paradiese vorgestellt wird (vgl. Is 30,23–26; Jer 31,12; Ez 34,26 ff). So sagt Is 51,3: »Jahwe hat Mitleid mit Sion ... Er wird seine Steppe in ein Eden verwandeln, seine Wüste in Jahwes Paradiesesgarten.« Ez 36,33–35: »Wenn ich euch gereinigt habe von allen euren Makeln ... wird man ausrufen: ›Dies wüste Land ist in einen Garten Eden verwandelt worden.‹« Is 55,13: »Statt Dornen werden dann Zypressen emporschießen und statt Disteln Myrthen.« Die große Schilderung vom Friedensreich des Messias (Is 11,6–9: »... Nirgends handelt man böse und verderbt auf meinem ganzen heiligen Berg; denn angefüllt ist das Land mit Erkenntnis des Herrn, wie die Wasser das Meer bedecken«) gehört hierher. – Noch deutlicher wird dieses alles im NT, wo Adam immer nur als der gefallene Mensch betrachtet wird und die durch Christus heraufgeführte eschatologische Zeit paradiesische Züge zeigt. Christus ist der zweite Adam, der alles gut macht, was der erste Adam verdorben hat (Röm 5,12–21). Wie in Adam alle sterben, werden in Christus alle Menschen lebendig gemacht (1 Kor 15,22). Der erste Mensch Adam wurde zu einem lebendigen Sinnenwesen, der letzte Adam zum lebendigmachenden Geist ... der erste Adam ist aus Erde, irdisch, der zweite Adam vom Himmel, himmlisch (1 Kor 15,45 und 47). – Auch Röm 7,7–25 wird in neuerer Zeit wieder vielfach auf Adam, den ersten Menschen bezogen, von dem hier Paulus spricht. Vom Christen, der in Christus bereits der Endzeit angehört, gilt: »Die Sünde wird nicht Herrin sein über euch; ihr seid ja nicht unter dem Gesetz, sondern unter der Gnade« (Röm 6,14). Der Christ, aus Wasser und Geist neugeboren (Joh 3,5), ist eine neue Schöpfung (2 Kor 5,17) und alles, was die Apokalypse und der zweite Petrusbrief über den Endzustand sagen, erweist sich als Wiederaufrichtung des »paradiesischen Zustandes«. – Was hier in umfassender Weise und sehr klar von der Schrift über den Urstand des Menschen vorgelegt worden ist, hat die Theologie weiter bedacht und aussagbar gemacht.

2. *Aussagen der Tradition und der Theologie.* Was im AT in der Bilderzählung und im NT im Bildbegriff vorgestellt wurde, hat die Theologie festgehalten und weiterentwickelt. Drei Probleme mußten dabei immer wieder bedacht werden: die Frage nach dem *Verhältnis von Natur* und übernatürlicher *Gnade*, für die in den frühen Zeiten besonders im Anschluß an die Aussagen der Schrift über das Verhältnis von Leib und Seele zueinander angeknüpft wurde; – die Frage nach dem Verhältnis von *Urzustandsgnade und Erlösungsgnade*, zu der besonders Augustinus Entscheidendes beigetragen hat; – die Frage nach dem Zusammenwirken von Natur und Gnade, *Gnade und Freiheit*, die schon für das zweite hier genannte Pro-

blem wichtig war und im MA zu einer neuen Frage nach dem Zeitpunkt der Begnadigung des ersten Menschen geführt hat.

a) Im 3. Jahrhundert sahen Tertullian (De bapt. V 7: CChr I 282) und Irenäus (Adv. haer. III c 23 n 5 [PG 7,963]: »Das Gewand der Heiligkeit, das ich vom Geiste hatte, habe ich verloren.«) die gnadenhafte Ausstattung des ersten Menschen gemäß Gen 2,7 in dem »Lebensgeist« (spiritus), den Gott dem Adam eingehaucht hat. Origenes (Contra Celsum VII n 39: ed. Koetschau II 190) versteht in seiner platonischen Denkweise die Begnadetheit des Menschen, hier dem Kelsus folgend, als »Auge der Seele«, mit dem der erste Mensch sich an der Anschauung Gottes und des Paradieses erfreute, im Gegensatz zum Auge des Leibes, das nur das Sinnliche kennt und für die Dinge Gottes blind ist. Er beruft sich dabei auch auf das Wort Christi (Joh 9,39), daß »die Nichtsehenden sehen und die Sehenden blind werden«. – Gemäß der neuen Thematik in der Theologie bringt Athanasius Anfang des 4. Jahrhunderts (um 318) eine neue Idee, indem er die Gottebenbildlichkeit des Menschen mit der Christologie verbindet und Gen 1,26 entsprechend deutet. Er schreibt: »Gott gab ihm (dem Adam) auch Begriff und Erkenntnis von seiner eigenen Ewigkeit, damit er in demselben Urzustand verharre, nie von seiner Gottesvorstellung abfalle, noch auch vom Umgang mit dem Heiligen sich lossage, vielmehr im Besitz der Gnade des Gebers und seiner eigenen Kraft, die vom väterlichen Logos stammt, freudig mit Gott verkehre, und ein ungetrübtes, wahrhaft seliges, unsterbliches Leben führe« (Contra gentes 2: PG 25,5; vgl. c 34: PG 25, 68 f). Ähnlich sagt er in seiner Rede über die Fleischwerdung des Wortes: »Gott hat uns ja nicht nur aus dem Nichts erschaffen, sondern durch die Gnade des Logos uns auch mit einem gottgleichen Leben begnadigt« (De incarn. 5: PG 25, 104). Ihm folgt großenteils Pseudo-Makarius (vgl. Hom 12,6 f; 15,25; 26,2: PG 34, 560. 592. 676). – Neue psychologisch-theologische Gedanken bringt im Anschluß an die paulinische Christologie der hl. Augustinus. Schon in seinem Kampf gegen die Manichäer schreibt er in seiner ersten Genesis-Erklärung (um 389) zu Gen 2,7: »Wir brauchen darunter noch nicht den geistlichen Menschen (spiritualem hominem) zu verstehen, da er (durch die Einhauchung der Seele) nur zu einem lebendigen Wesen geworden ist, wir denken vielmehr an den animalischen Menschen. Geistlich (spiritualis) ist er erst geworden, als er in das Paradies, d. h. in das selige Leben versetzt worden ist, das Gesetz der Vollkommenheit empfing, um durch das Wort Gottes vollendet zu werden. Als er sündigte, indem er vom Gebot Gottes abließ, und aus dem Paradies vertrieben wurde, kam es dazu, daß er animalisch blieb. Daher kommt es, daß wir alle als animalische Menschen leben, wir, die wir von ihm, dem Sünder (Adam) abstammen, bis wir den geistlichen Adam (vgl. 1 Kor 15,45), d. i. unseren Herrn Jesus Christus erreichen, der keine Sünde getan (vgl. 1 Petr 2,22). Durch ihn neugeschaffen und lebendig gemacht (recreati et vivificati), werden wir in das Paradies zurückversetzt, wo jener Schächer mit ihm am selben Tag zu sein verdient hat (vgl. Lk 23,43), an dem er dieses Leben beendete« (De Gen. c. Manich. II c 8 n 10: PL 34, 201). Die übernatürliche Ausstattung wird hier also mit dem Paradieseszustand erklärt. – Eine ganz neue Ansicht bietet derselbe Augustinus, vielleicht 22 Jahre später, in seinem großen Genesis-Kommentar. Die Gedanken sind hier schon von seiner Gnadentheologie gegenüber Pelagius bestimmt. Drei Ideen legt er vor: Ausgehend von der Idee des himmlischen und des irdischen Menschen in 1 Kor 15,44 f, weist er zunächst die Ansicht zurück, Adam habe von Anfang an einen geistigen Leib (Corpus spirituale) gehabt, ihn aber durch die Sünde wieder verloren, sowie die andere Ansicht, Adam habe zwar nur einen sterblichen Leib gehabt, aber durch die Versetzung ins Paradies den geistlichen Leib empfangen, den er dann durch die Sünde verlor (De Gen. ad lit. VI c 19 n 30 c 20–27: PL 34, 351, 352–355). Seine Antwort lautet jetzt: Adam habe von Anfang an und auch im Paradies einen animalischen Leib gehabt, obwohl der innerliche Mensch, nach dem Bilde Gottes geschaffen, geistlich (spiritualis) war (ebd. c 28: PL 34, 355). – Eine ganz neue Wendung finden diese Gedanken im VIII. Buch, wo Augustinus, ausgehend von Gen 2,15, sein Gnadenproblem auch in die Übersetzung dieses Satzes einbringt. Nach seiner Übersetzung, die er mit Hinweis auf den griechischen Text bietet, soll nicht Adam das Paradies besorgen und behüten; Gott will vielmehr im Paradies den Adam besorgen und behüten. Die Übersetzung lautet hier: »Gott setzte den Adam in das Paradies, damit er (Gott) ihn (Adam) besorge und behüte«. Er schreibt dazu: »Gott versetzte Adam in den Paradiesesgarten, ihn zu besorgen, ut justus esset, und ihn zu behüten, ut tutus esset, ipsa utique dominatione sua, quae non est illi, sed nobis utilis ...« (VIII c 11 n 24: PL 34, 382). »Der Mensch ist nämlich ein Wesen, nicht von der Art, daß er etwas gleichsam aus sich gut machen könnte, wenn der ihn verläßt, der ihn geschaffen hat. Seine ganze gute Tat ist, sich dem zuzuwenden, von dem er geschaffen wurde, und durch ihn immerdar gerecht, fromm, weise und selig zu ›werden‹: nicht zu werden und von ihm zu lassen, wie man vom Arzt des Leibes gesund gemacht wird und von ihm fortgeht (das Wirken des Arztes ist äußerlich, Gottes Wirken ist innerlich); ... von Gott selbst, wenn er nicht von ihm läßt, durch seine Gegenwart (praesentia), wird er gerechtfertigt und erleuchtet und beseligt, indem Gott den Menschen besorgt und behütet und so über ihn herrscht, während dieser ihm gehorcht und unterworfen ist« (ebd. VIII c 12 n 25: PL 34, 382 f). – Die Wirkung Gottes bleibt im Menschen nicht, wie die Wirkung des Landmannes im Acker bleibt, wenn er nach getaner Arbeit weggeht, sondern vielmehr so, wie die Luft durch die Gegenwart des Lichtes nicht leuchtend »geworden ist«, sondern »wird«, »... so wird der Mensch durch die Gegenwart Gottes erleuchtet, durch seine Abwesenheit aber sogleich verfinstert. Man weicht aber von Gott zurück nicht durch eine örtliche Entfernung, sondern durch die Abwendung des Willens« (ebd. n 26: PL 34, 383). – »Gott möge also den Menschen gut machen und behüten, er, der (allein) in unwandelbarer Weise gut ist. Immer müssen wir von ihm her werden (fieri) und vervollkommnet werden (perfici), indem wir ihm anhangen und in der Hinwendung zu ihm verharren« (ebd. n 27: PL 34, 383). Zur Illustration dieser Lehre verweist er auf die zwei berühmten Stellen seiner Gnadenlehre aus Paulus: Eph 2,8–10 und Phil 2,12 f, in denen das menschliche Werk in all seiner Freiheit als ein Werk und Geschenk Gottes erscheint. – Erst gegen Ende seines Lebens, veranlaßt wohl durch seine Predigten zu den Psalmen, in denen der gerechte und selige Mensch als ein Mensch mit einem »geordneten Inneren« (recto corde: vgl. Ps 32,11; 73,1; 64,11; 36,11; 11,7; 94,15; 97,11; 125,4: iaschar = εὐθύς; Koh 7,29: »Nur dies eine habe ich gefunden, daß Gott die Menschen als redlich erschuf [fecit hominem rectum]) erscheint, erklärt er den Zustand des ersten Menschen im Paradies als Zustand der Rechtheit (status rectus). Damit gelingt es ihm, den paradiesischen Zustand vom Zustand der Erfüllung am Ende, die Schöpfungsgnade von der Erlösungsgnade zu unterscheiden. So schreibt er: »Gott hat (wie den Engel) auch den Menschen mit freiem Willen erschaffen und, wenngleich ohne Kenntnis seines zukünftigen Falles, so doch deshalb glücklich, weil er fühlte (sentiebat), es liege in seiner Macht, einerseits nicht zu sterben, andererseits nicht unglücklich zu werden. Hätte er in diesem Stand der Rechtschaffenheit und ohne Mangel (statu recto et sine vitio) gerade kraft seines freien Willens verbleiben wollen, hätte er in der Tat, ohne irgendwie Tod und Unglück zu verkosten, durch das Verdienst dieser Beharrung jene Fülle der Glückseligkeit empfangen, die auch die Glückseligkeit der Engel ausmacht, d. h., daß er ferner nicht hätte fallen können und diese Tatsache mit großer Sicherheit gewußt hätte ... Weil er aber aus freiem Willen von Gott abfiel, mußte er das gerechte Gericht Gottes an sich erfahren« (De corrept. et gratia [verfaßt 427] c 10 n 26–28: PL 44, 931–933). Zur Klärung dieser Aussage macht er hier (c 12 n 33.35: PL 44, 936 f) die berühmte Unterscheidung: »Wir müssen sorgfältig und aufmerksam ins Auge fassen, worin sich die folgenden Ausdruckspaare untereinander jeweils unterscheiden: ›die Fähigkeit haben, nicht zu sündigen‹ und ›nicht die Fähigkeit haben, zu sündigen‹ ... ›die Fähigkeit haben, vom Guten nicht abzufallen‹ und ›nicht die Fähigkeit haben, vom Guten abzufallen‹. Letzteres ist nur Gnade der Erfüllung bei Gott.« Darum sagt Augustinus vom ersten Menschen (ebd. c 11 n 31: PL 44, 935): »Diese Gnade, wodurch er niemals den Willen zum Bösesein gehabt hätte, besaß der erste Mensch nicht. Er hatte aber gewiß eine (Gnade), in der er, hätte er in ihr beharren wollen, niemals schlecht wäre, und ohne die er selbst mit freiem Willen nicht gut sein, die er jedoch durch seinen freien Willen preisgeben konnte. Demnach wollte Gott nicht ein Dasein des ersten Menschen ohne seine Gnade, die er dessen freiem Willen überließ ... Von der Art nämlich war diese Gnadenhilfe (adiutorium), daß er sie preisgeben konnte, wenn er wollte, und in der er verharren konnte, falls er wollte, nicht von der Art, daß es durch sie geschah, daß er wollte. Diese erste Gnade ist die Gnade, die dem ersten Adam gegeben wurde; jedoch eine mächtigere als sie besitzt der zweite Adam. Die erste nämlich bewirkt, daß der Mensch die Gerechtigkeit besitzt, falls er will. Die zweite vermag also mehr, weil sie sogar sein Wollen bewirkt, und zwar ein so starkes mit solcher Liebesglut erfülltes Wollen, daß er den Willen des Fleisches, wenn es Entgegengesetztes begehrt, durch den Willen des Geistes überwindet ... Gott hatte dem Adam die Gnadenhilfe (adiutorium) gegeben, ohne die er im guten Willen nicht hätte durchhalten können, falls er gewollt hätte; die Willensentscheidung aber überließ er seinem freien Willen. Er hätte also beharren können, wenn er gewollt hätte, weil ihm die Gnadenhilfe nicht mangelte, wodurch er es konnte und ohne die er nicht beharrlich am Guten, was er wollte, hätte festhalten können.« – In den 83 Quaestionen (q 82 n 3: PL 40, 99) unterscheidet er ausdrücklich die iustitia, die der Mensch heute braucht, um (nach dem Sündenfall) das ewige Heil zu erlangen, und die iustitia des Adam im Paradies, der das ewige Heil nur festhalten und nicht verlieren sollte. Die hier entwickelte Lehre vom gnadenhaften Zustand des ersten Menschen ließe sich im Zusammenhang mit unserem Bild vom Menschen (oben § 23) und von der Gnade (§ 40) am besten so verstehen: Die Urstandsgnade besteht in der tiefen, persönlichen Beziehung des Menschen zu Gott, einer Beziehung, die noch maßgeblich in den ethischen Bereich des Menschen hineinwirkt, aber noch nicht die neue ontische Bestimmtheit seines Wesens einschließt, die ihm nach seiner Bewährung für immer gegeben worden wäre, – die nach seinem Sündenfall ihm als »Erlösungsgnade Christi (entsprechend dem Geheimnis der »Menschwerdung Gottes«) als ontische Wirklichkeit verliehen wird, die durch sein Wirken in ihr und mit ihr) Angeld der ewigen Erfüllung und Seligkeit bedeutet.

b) Die hier entwickelten Gedanken werden in der Folgezeit teils vereinfacht, teils vertieft. Johannes von Damaskus greift einerseits die schon bei Tertullian erscheinende Unterscheidung zwischen der natürlichen Gottähnlichkeit des Menschen durch seine Geistseele (imago) und der übernatürlichen Gottähnlichkeit durch den hl. Geist in der Taufgnade (similitudo: De fide orth. II c 12: PG 94, 920) auf und faßt seine Darstellung über die gnadenhafte Auszeichnung des ersten Menschen, vor allem in Anschluß an Gregor von Nazianz (vgl. Or. 38 c 12; Or. 44 c 4: PG 36, 324.612), in die Worte: »Mit dem Leib wohnte der Mensch, wie gesagt, in dem höchsten göttlichen und überschönen Ort (Paradies), mit der Seele aber weilte er an einem erhabeneren, überaus schönen Platz, da er den innewohnenden Gott als Wohnung hatte und ihn als herrliches Gewand trug und mit seiner Gnade bekleidet war und der allein süßesten Frucht seiner Anschauung sich erfreute, wie irgendein anderer Engel, und von dieser sich nährte, was eben auch mit Recht ›Baum des Lebens‹ genannt wird« (ebd. II c 11: PG 94, 916). Hier scheinen Urstandsgnade und Erlösungsgnade identisch zu sein, und diese Ansicht blieb maßgeblich in der Ostkirche. Die Westkirche knüpfte seit der Karolingerzeit in ihrer Theologie an Augustinus an und entwickelte drei Ansichten zu dieser Frage, von denen zwei sich bis in unsere Tage hielten (vgl. J. Auer, Gnadenlehre I, 1942, 72–77). Eine erste Ansicht, die keine direkte Nachfolge fand, vertrat Gilbert von Poitiers (In Boethii librum c. Eutychen 8,16 ff: ed. N. M. Haering, Stud. and Texts 13 [Toronto 1966] 354 ff): Danach war der Mensch in einem bloß natürlichen Zustand erschaffen und blieb in ihm auch in der Versuchung, er hätte die Gnade erst empfangen, wenn er die Prüfung bestanden hätte. Hier wird die Eigenart des Menschen, sein einmaliges Verhältnis zu Gott, das zutiefst schon durch seine personale Natur gefordert wird, verkannt. Schon der Begriff der Gottebenbildlichkeit fordert für den Menschen etwas, was größer ist als seine Natur, wodurch er eben dem ganz Anderen, Gott, ebenbildlich wird. – Die zweite Ansicht greift im wesentlichen die Lehrmeinung des Augustinus auf, wonach der Mensch nicht ohne Gnade hätte sein und die Prüfung bestehen können, also von Anfang an in der Gnade war; doch diese Gnade war noch nicht die gratia Christi, durch die der Mensch hätte verdienen können. Es war vielmehr, was Anselm von Canterbury »iustitia originalis« nennt (gebenüber der iustitia personalis: De conceptu virg. c 1 und 2: Op. om. ed. F. S. Scmitt, II 140 f), jene Gnadenhilfe Gottes, durch die die Triebe und Seelenkräfte des Menschen in der rechten Ordnung blieben, wodurch der Mensch etwas hatte, die Prüfung zu bestehen und die Unsterblichkeit zu bewahren. Petrus Lombardus faßt diese Lehre in die Worte: »Der Mensch war in der Gnade erschaffen worden, da er in der Versuchung bestehen, aber nicht fortschreiten (etwas verdienen) konnte, wie die Engel« (Sent. II d 24 c 1: ed. Grottaferata, I [1971], 450 ff). Die frühe und mittlere Franziskanerschule, also Alexander von Hales und Bonaventura, aber auch der Dominikaner Albert der Große, hielten an dieser Ansicht fest. Dahinter steht Augustins Gnadenlehre, die Bonaventura hier in die Worte faßt: »Es war unmöglich, daß der Mensch oder irgendein vernünftiges Geschöpf von Natur aus einen freien Willen besaß, der nicht zum Bösen neigen konnte« (liberum arbitrium inflexibile ad malum: Sent II d 24 p 1 a 1 q 1 c). Um aber der Versuchung des Teufels zu widerstehen, genügte »der dauernde göttliche Einfluß« (continuatio divinae influentiae). Dadurch besaß der Mensch die immunitas des freien Willens von aller Verderbnis und die sinceritas et vivacitas aller seiner natürlichen seelischen Fähigkeiten. Dies bedeutet also keine eigene zusätzliche Gnade (appositio novae gratiae), womit die Gnade Christi, die Verdienstmöglichkeit schafft, gemeint wäre (ebd., q 2 c). – Nach dieser Ansicht muß eben der besondere Geschenkcharakter der Gnade durch eine »eigene Schenkung« deutlich werden, und zugleich soll Gnade dem erwachsenen Menschen nicht geschenkt werden, wenn er nicht dafür »disponiert« ist, was noch keineswegs Verdienst bedeutet. Darum vertrat diese Schule (Matthäus von Aquasparta, Sent. II d 29 a 1 q 2; aber auch Thomas von Aquin, Sent. II d 29 q 1 a 1) auch die Ansicht, daß Adam die Gnade erst nach seiner ersten freien Zuwendung zu Gott empfangen habe (conditus in primo actu suae voluntariae conversionis gratiam accepit: Matthäus von Aquasparta). – Eine dritte Ansicht, die bei Praepositinus beginnt und durch Thomas von Aquin in seiner Summe der Theologie maßgeblich für die Dominikanerschule und seit dem Tridentinum beinahe für die ganze westliche Theologie geworden ist, machte diesen Unterschied zwischen Urstandsgnade und heiligmachender Gnade nicht mehr, sondern identifizierte beide (Gnade ist einfach supernaturale donum Dei). So verlangte Thomas, daß der Mensch von Anfang an diese Gnade besaß, weil nur dadurch die Unterordnung der sinnlichen Kräfte unter den Geist des Menschen gewährleistet sei (vgl. S.Th. I q 95 a 1). Scotus und die Nominalisten unterschieden wieder energisch zwischen iustitia originalis und gratia sanctificans, hielten aber, wie Augustinus, daran fest, daß die iustitia originalis nicht aus der bloßen Natur des Menschen, sondern nur durch besonderes Einwirken Gottes erklärt werden könne. Diese Einwirkung Gottes ist freilich noch etwas anderes als das, was seit etwa 1270 in der Theologie als gratia actualis entwickelt wurde.

c) Eine Neuerung leiteten in dieser Frage die Reformatoren ein, bei denen aus ihrem Denken im Geiste des Humanismus und aus ihrer Feindlichkeit gegen die mittelalterliche Philosophie sowie im Namen ihrer existentiellen Erlebnistheologie die seinsmäßige Unterscheidung von Natur und Übernatur keinen Platz mehr hatte. Gnade ist ja nur Huld Gottes (in Gott selbst), nicht ein den Menschen qualifizierendes Geschenk Gottes (personales Gnadenverständnis). Dies mag schon dahinter stehen, wenn Luther gelegentlich den Urstand des Menschen »naturalis« nennt (WA 14,111; 24,51) und wenn Calvin ausdrücklich die Unterscheidung zwischen imago und similitudo als natürlich und übernatürlich ablehnt (Inst. I c 15, besonders n 3 f). Die neuere evangelische Theologie macht mit Recht darauf aufmerksam, daß mit der Annahme, die Adamserzählung sei nicht historizistisch, sondern primär »exemplarisch« für jeden Menschen, diese Unterscheidung von Natur und Gnade nur noch als »existentieller Gegensatz« gelten könne (E. Brunner, Dogmatik II 57–63). Das katholische Denken wird im Namen des Schöpfer-Geschöpfverhältnisses, das hinter der Unterscheidung von Natur und Übernatur steht, Gnade als eine das Wesen des Menschen (Ontologie), nicht nur sein existentielles Verhalten bestimmende Wirklichkeit sehen. Moderne katholische Versuche, diese Unterscheidung als für unsere Zeit nicht mehr verständlich preiszugeben, müssen nicht nur die zweitausendjährige Tradition, sondern auch die entscheidenden Aussagen der Schrift preisgeben, wie oben bei der Entwicklung des Gnadenbegriffes gezeigt wurde.

3. *Die praeternaturalen Gaben im Urstand des Menschen:*

Das eigentliche Geheimnis der Gnade als einer ontischen Erhöhung der menschlichen Personnatur durch eine »übernatürliche« Mitteilung Gottes wird deutlicher, wenn wir noch jene Besonderheiten betrachten, die nach biblischer Aussage und nach der Darstellung der ganzen Tradition dem Menschen als gottebenbildlichem Geschöpf von Gott zugedacht waren und die der Mensch durch seine Sünde verloren hat. Nochmals sei gerade hier einleitend zu diesem Thema darauf hingewiesen, daß es sich nicht um eine historizistische Feststellung, aber auch nicht bloß um eine existentiell anthropologische Meinung, sondern um eine theologische Aussage handelt, die den historischen Menschen angeht, insofern er gottebenbildliches Geschöpf in Geschichte, in Raum und Zeit ist. Wie bisher gezeigt wurde, sind diese Bestimmungen des Menschen besonders durch die »Paradieserzählung« zum Ausdruck gebracht. Sie werden seit der Väterzeit meist gekennzeichnet durch die vier Aussagen: Der Mensch war in seiner ursprünglichen Begnadigung durch Gott frei von einer ihn bedrängenden inneren Unordnung, wie alle Menschen sie seitdem erfahren (Freiheit von Konkupiszenz) (a); er hatte den seiner biologischen Natur zukommenden natürlichen Tod nicht erleiden müssen (b); er hatte ein höheres, klareres Wissen über den eigentlichen Sinn des Menschseins und des menschlichen Lebens (c); er besaß durch all das eine innere Glückseligkeit, nicht nur aus Hoffnung, wie der Christ in der Gnade der Erlösung, sondern als Besitz, der nicht erst errungen, sondern nur bewahrt werden sollte (d). – Seit dem 19. Jahrhundert ist es üblich geworden, diese besonderen Bestimmungen des Menschen im »Urstand« »praeternaturale Gaben« zu nennen, zum Unterschied von den Gaben seiner Natur, wie er sie seit dem Sündenfall als ideale Möglichkeit und Ziel erkennt, und zum Unterschied von der übernatürlichen Gnade, wie er sie durch die Menschwerdung, Erlösung und Geistsendung Christi in der Kirche kennt (vgl. C. Schrader, De triplici ordine, Wien 1864, p 2 c 1 p 211 ff). Der Sinn dieser Bestimmung »praeternatural« ist also primär nicht von der Natur des Menschen her zu erfassen (»daß der Mensch tiefer und radikaler ... sich selbst besitzen und verwirklichen konnte«: W. Seibel, MS II 833), aber auch nicht von der Erlösungsgnade Christi her, die immer nur dem schon einmal sündig gewordenen Menschen gilt und nicht nur das »Paradies« erneuert, sondern Größeres stiftet (Neuer Bund) und schenkt (den Geist Gottes), sondern vielmehr von dem Geheimnis des »gottebenbildlichen Geschöpfes« her, wie es aus der heiligen und gütigen Schöpferhand Gottes hervorgegangen ist als ein »vollkommenes Gleichnis Gottes« (M. J. Scheeben, Hdb. d. Dogmatik III n 605). In dem Maße, in dem der biblische Schöpfergott und sein Schöpfungsgeheimnis im christlichen Denken unserer Tage verfinstert oder vergessen werden, in dem Maße werden auch die hier anstehenden Aussagen unverständlich werden. Es ist Aufgabe der »christlichen Ehrfurcht und des christlichen Staunens vor der unfaßbaren Fülle und Größe der Schöpfung«, vor diesen Aussagen der Schöpfungslehre über die praeternaturalen Gaben darum wieder still und hellhörig zu werden. Sie haben Entscheidendes zur christlichen Anthropologie beizutragen.

a) *Freiheit von Konkupiszenz:* Um das hier Gemeinte zu verstehen, ist es wichtig, von den Aussagen der Schrift auszugehen, weil die Theologie nachher, besonders durch gnosisnahe Richtungen, aber auch durch Augustinus diese Wirklichkeit in dem Bestreben, sie verständlich zu machen, beinahe mehr verdunkelt als erhellt hat. Konkupiszenz ist immer mehr im Zusammenhang mit Gen 2,25 und 3,7 (»und sie erkannten, daß sie nackt seien«) von der Unordnung der leiblichen Sphäre gegenüber der geistigen Wirklichkeit im Menschen verstanden worden. Große Theologen haben darum sogar davon gesprochen, daß die Ehe erst nach dem Sündenfall gestiftet worden sei (vgl. Gregor von Nyssa, De opif. hom. c 17: PG 44, 188 ff; Chrysostomus, In Gen. hom. 15,4: PG 53, 125 f). Viel tiefer ist wohl der Ausgangspunkt bei Paulus, wenn er gleich zu Beginn des Römerbriefes von den Menschen sagt: »Denn obwohl sie Gott erkannten, erwiesen sie ihm nicht als Gott Verehrung und Dank ... und vertauschten die Herrlichkeit des unvergänglichen Gottes mit der Nachbildung des vergänglichen Menschen ... (Götzendienst); darum gab Gott sie all den Begierden ihrer Herzen (ἐπιθυμίαι τῶν καρδιῶν) und der Unlauterkeit (ἀκαθαρσία) preis ...« (1,21–24). Anschließend schildert er die sexuellen Verirrungen der Heiden. Dennoch fährt er dann fort: »Und wie sie es mißachteten, Gott in der Erkenntnis festzuhalten, so gab Gott sie preis ihrem verwerflichen Sinn (ἀδόκιμος νοῦς), so daß sie tun, was wider die Ordnung ist, erfüllt von aller Frevelhaftigkeit, Schlechtigkeit, Habsucht, Bosheit, voll Neid, Mord, Streit, Hinterlist, Lüge, übler Nachrede, verleumderisch, gottfeindlich, überheblich, großsprecherisch, prahlsüchtig, findig im Bösen ...« (vgl. 1,28–32). Deutlich wird die ganze

Lasterhaftigkeit des Menschen, auf die Paulus öfter in seinen Lasterkatologen zu sprechen kommt (vgl. Gal 5,19 ff; 1 Kor 6,9 f), auf den Abfall von Gott zurückgeführt, wie schon Sirach (10,12) sagt: »Der Hybris Anfang ist der Trotz des Menschen, so daß sein Herz von seinem Schöpfer abfällt.« Unter dem Einfluß der griechischen Ethik war der »Begierlichkeit« (ἐπιθυμία) vielfach die »Leidenschaftslosigkeit« (ἀπάθεια) als Ideal entgegengestellt worden, was der christlichen Lehre nicht entspricht. Leidenschaft (passio) als natürliches Streben gehört zur menschlichen Natur (vgl. dagegen F. Lakner, ZKTh 61 [1937] 437–441). Begierde (concupiscentia) ist demgegenüber böses Streben oder Streben nach Bösem. So schreibt Jakobus: »Jeder wird versucht, weil er von seiner eigenen Begierde gereizt und gelockt wird. Hat aber die Begierde einmal empfangen, gebiert sie die Sünde, die Sünde aber gebiert, wo sie vollbracht ist, den Tod« (1.14 f). Mit concupiscentia ist aber auch keineswegs nur das geschlechtliche Verlangen gemeint, wie P. Mayrhofer, Grundfragen christlicher Anthropologie, Moosburg 1947, behaupten möchte (vgl. dens., ThGl 28 [1936] 133–162, 730–740, und die Erwiderungen durch J. Miklík, Biblica 20 [1939] 387–396, und F. Mikula, ThGl 28 [1936] 724–730; P. Heinisch, Probleme der biblischen Urgeschichte, Luzern 1947, 70 ff). Nicht darum geht es hier, sondern vielmehr um die Tatsache, daß der Mensch in seiner Gottvergessenheit die Wirklichkeit der göttlichen Ordnung in der Schöpfung nicht mehr erkennt und so sein naturgegebenes Streben in falsche Richtungen und auf ungute Ziele lenkt. Johannes (1 Joh 2,15–17, besonders 16) spricht darum von drei Arten falschen Begehrens, von Fleischeslust, Augenlust und Hoffahrt des Lebens (ἐπιθυμία τῆς σαρκὸς – ἐπιθυμία τῶν ὀφθαλμῶν – ἀλαζονεία τοῦ βίου), und die drei Versuchungen Jesu in der Wüste (vgl. Mt 4,1–11) scheinen diesem Schema zu entsprechen, das wir auf die anthropologische Grundstruktur, wie wir sie in § 23 entwickelt haben, zurückführen können: Es gibt im Menschen demnach eine Verkehrtheit seines Strebens von seiten seiner Leibhaftigkeit, seiner Geistseele und seiner Personhaftigkeit her;das Entscheidende aber bleibt die Verkehrtheit der Personmitte, die den freiwilligen Abfall des Geschöpfes von seinem Schöpfer zum eigentlichen Inhalt hat. Das ist der Sinn des Wortes: »Gott widersteht dem Hoffärtigen, dem Demütigen aber gibt er seine Gnade« (vgl. 1 Petr 5,5; Jak 4,6; Spr 3,34; Ijob 22,29). An zahlreichen Stellen hat besonders Augustinus in seinem Kampf gegen Pelagius, der in dieser Freiheit von Begierde eine bloße Naturanlage sah, den besonderen Geschenkcharakter dieser Gottesgabe des Menschen im Paradies herausgestellt (vgl. Ep. 143,6: PL 33,587 f; De Gen. ad lit. XI 1,3: PL 34, 430; De civ. Dei XIV 17: PL 41, 425 f). – Die lehramtlichen Entscheidungen der Kirche führen diese ursprüngliche Freiheit des Menschen von der Konkupiszenz ein durch die Worte »integritas« (so im Arausiacum, con. 19: DS 389 – D 192), bzw. »libertas arbitrii« (ebd. can. 13: Ds 383 – D 186), und das Tridentinum (DS 1511 f – D 788 f – NR 353 f) spricht von »sanctitas et iustitia« (mehr thomasisch: hier werden heiligmachende Gnade und praeternaturale Gabe der integritas zusammengeschaut), und gegenüber M. De Bay (Bajus) (DS – 1907 – D 1007; DS 1909 – D 1009) wurde der reine Geschenkcharakter (Gnadencharakter) eben dieser Freiheit von Konkupiszenz ausdrücklich hervorgehoben. Die Theologie hat diese Lehre weiter entfaltet; so spricht Thomas von Aquin aufgrund seiner aristotelischen Tugendlehre davon, daß der Mensch in statu innocentiae nur gute (Liebe, Freude, edle Sehnsucht), keine schlechten Leidenschaften (Furcht, Trauer) und irgendwie alle Tugenden besaß (S.Th. I q 95 a 2 und 3), eine eigene Herrschaft über die belebte Welt ausübte und die unbelebte Welte ohne Behinderung recht gebrauchte (ebd. q 96 a 1–2), aber nicht über den Mitmenschen eine Herrschaft ausübte, die diesen zum Knecht gemacht hätte (ebd. a 4). Die Theologie des 16. und 17. Jahrhunderts hat gegenüber M. Bajus, C. Jansenius und P. Quesnel diese Lehren besonders eingehend entfaltet. – Unter dem Einfluß des griechischen Geistes wurde der Zustand der menschlichen Integrität vielfach mehr als ein natürlicher Idealzustand geschildert. Die thomistische Theologie hat ihn fast ganz aus der eschatologischen Erlösungs- und Gnadenlehre heraus verstanden. Der Offenbarung wird wohl mehr gerecht, in diesem Zustand eine besondere Gottähnlichkeit und eine innere Ordnung der Natur aus dieser freien, ungeminderten Nähe zu Gott zu sehen, die sich von der inneren Ordnung im Stande der Erlösungsgnade und damit der heiligmachenden Gnade nur dadurch unterscheidet, daß sie primär der eigenen freien Entscheidung für Gott, nicht dem Geschenk der die Freiheit neu prägenden und leitenden heiligmachenden Gnade der Erlösung zu verdanken ist. Wenn M. J. Scheeben den Integritätszustand und den Zustand unter der heiligmachenden Gnade fast auf gleiche Stufe stellt, andere dagegen diese beiden Zustände dahin unterscheiden, daß der Erlösungszustand soviel höher ist, als die Menschwerdung Gottes über dem bloßen Schöpfungsverhältnis der Welt zu Gott steht, ist dazu wohl zu sagen: Die Schrift gibt darüber keine hinreichende Auskunft und als Menschen im Sünden- und Erlösungszustand haben wir kein sicheres Kriterium, um die beiden Zustände unterscheiden zu können. Heilsgeschichtlich scheint jedoch der letztere Standpunkt, der vor allem von Augustinus entwickelt worden ist, zutreffender.

b) *Die Möglichkeit der Unsterblichkeit des Menschen im Urstand.* Eine besondere Rolle hat von Anfang an in der Frage nach den praeternaturalen Gaben des Menschen im Urstand die Frage nach seiner »Unsterblichkeit« gespielt. Wird doch gerade hier der besondere Charakter dieser praeternaturalen Gaben deutlich: denn als biologisches Wesen muß der Mensch mit Naturnotwendigkeit sterben, und die Erlösungsgnade hat diesen Zustand nicht geändert. Wie sollen also die Aussagen der Schrift von einer möglichen Unsterblichkeit des Menschen im Urstand verstanden werden? – Die biblischen Aussagen dafür sind vor allem folgende: Gemäß Gen 2,16 ff gab Gott dem Adam die ausdrückliche Weisung: »Von allen Bäumen des Garten sollst du essen, nur vom Baum der Erkenntnis von Gut und Bös darfst du nicht essen: an dem Tag, an dem du davon ißt, mußt du des Todes sterben« (moth thamuth). Als der Mensch das Gebot übertrat, lautete der Fluch über Adam: »Staub bist du und zum Staub sollst du zurückkehren« (Gen 3,19). Das Buch der Weisheit (2,23 f) sagt später: »Gott hat den Menschen in Unverweslichkeit (ἀφθαρσία; vgl. 1 Kor 15,42: »Auferweckt in Unverweslichkeit«) erschaffen und ihn nach seinem Bild und Gleichnis gemacht. Durch den Neid des Teufels aber kam der Tod in die Welt.« Paulus endlich erweitert diese Aussage noch, wenn er sagt: »Durch einen Menschen kam die Sünde in die Welt und durch die Sünde der Tod, und so ist der Tod auf alle Menschen übergegangen, weil alle gesündigt haben« (Röm 5,12; vgl. 6,23; 3,23). Für die Erfüllung der Endzeit wird darum verheißen: »Der Tod wird nicht mehr sein« (Apk 21,4; vgl. Is 25,8), von dem auch Paulus sagt, daß Christus selbst ihn als letzten Feind Gott, seinem Vater, unterwerfen werde (1 Kor 15,26). – Was hier in der Schrift eindeutig vorgestellt wird, mußte jedoch im theologischen Denken erst geklärt werden, weil sonst die Gefahr bestand, daß die Aussagen der Schrift über eine »geschichtlich mögliche Unsterblichkeit« des Paradiesesmenschen zu einer »natürlichen Unsterblichkeit« in einem mythischen oder einem naturwissenschaftlichen Sinn umgedeutet würden. Als darum zur Zeit des hl. Augustinus diese Fragen aktuell wurden, entwickelte dieser seine berühmte Unterscheidung, daß der erste Mensch nur die »Möglichkeit des Nichtsterbens« (posse non mori), nicht aber die »Unmöglichkeit des Sterbens« (non posse mori: De Gen. ad lit. 6,25: PL 34, 354; vgl. auch De pecc. mer. et remiss. I 2 n 2: PL 44, 109 f) besaß. Besonders gegenüber dem pelagianischen Bischof Caelestius (vgl. Marius Mercator, Common. c 1: PL 48, 69 A; PL 45, 1686) entschied ein Konzil von Karthago 418 diese Lehre im Sinne des hl. Augustinus (DS 222 – D 101 – NR 338). Das Konzil von Trient erklärte, Adam habe durch die Sünde die Verfallenheit zum Tod auf sich geladen, zum Tod, der ihm von Gott vorher angedroht worden war (DS 1511 – D 788 – NR 353; ähnlich später gegen Bajus: DS 1978 – D 1078 – NR 342; und gegen die Synode von Pistoia: DS 2617 – D 1517). – Wie soll diese Unsterblichkeit erklärt werden? Es ist anzunehmen, daß der Mensch unmittelbar in den Zustand der Verklärung versetzt worden wäre, da ein unbegrenztes Leben auf Erden biologisch unmöglich ist. Vielleicht hat schon der Verfasser von Gen 2–3 sich dazu Gedanken gemacht, da er neben dem Baum der Erkenntnis von Gut und Bös einen eigenen »Baum des Lebens« erwähnt (2,9) und sagt, das Verbot habe sich nur auf den »Baum der Erkenntnis von Gut und Bös« bezogen (Gen 2,16 f) und bei der Vertreibung aus dem Paradies habe Gott ausdrücklich gesagt, Adam werde vertrieben, »damit der Mensch nicht noch seine Hand ausstrecke, sich am Baum des Lebens vergreife, davon esse und ewig lebe« (Gen 3,22). Wieweit damit der »Baum des Lebens« als Quelle für diese Unsterblichkeit benannt werden soll, läßt sich bei der Sprechweise dieser Berichte nicht entscheiden. – Es kann jedoch nicht überhört werden, wenn Jesus in der eucharistischen Verheißungsrede bei Johannes davon spricht, daß das Essen vom eucharistischen Brot ewiges Leben schenke (Joh 6,49–58). – Die entscheidendste Aussage bleibt, daß der »Tod der Sünde Sold« (Röm 6,23) und die Gnadengabe Gottes das ewige Leben ist. Damit wird auch der Sinn des theologischen Redens von den praeternaturalen Gaben deutlicher: Natur, Schöpfungswirklichkeit und Erlösungswirklichkeit, d. h. weiter die Weltwirklichkeit in ihrer Spannung zwischen Geschenk der Schöpfung und Aufgabe des gottebenbildlichen Menschen, zwischen Freiheit und göttlicher Schöpferhilfe, Sünde und Erlösungsgnade werden als theologische Probleme angesprochen und sollen eben durch diese Betrachtung des »Urzustands des Menschen« erhellt werden. Thomas von Aquin unterscheidet später eine dreifache incorruptibilitas, eine von seiten der Materie, wie sie etwa dem reinen Geist zukommt, eine andere von seiten der Form, wie sie etwa den leibhaften Seligen in der Glorie zukommt, und schließlich eine incorruptibilitas ex parte causae efficientis, wie sie dem Menschen im Paradieseszustand durch das besondere Einwirken Gottes zukommt (S.Th. I q 97 a 1 c).

c) Noch deutlicher wird der »theologische Ort« der Aussagen über die praeternaturalen Gaben, wenn wir von der *Gabe des »eingegossenen Wissens« und der »Leidlosigkeit«* sprechen. – (1) Die Aussage vom *»eingegossenen Wissen«*, d. h. einem Wissen, das nicht durch Bedenken der äußeren und inneren Erfahrungen, sondern durch Gott als Morgengabe dem ersten Menschen gegeben wurde, hat wohl zuerst Augustinus entwickelt. Aus der Tatsache, daß die Schrift davon berichtet, daß Gott die Tiere, die er aus der Erde gebildet hatte, Adam zur Namensgebung zuführte (Gen 2,19 f) und daß Adam das Wesen der Frau, die aus der Rippe des Adam gebildet worden war, sofort erkannte (Gen 2,23 f), schließt Augustinus auf eine besondere sapientia in saecularibus, da schon Pythagoras sagt, daß der, der den Dingen den Namen gegeben habe, der Weiseste aller Menschen gewesen sei (vgl. Op. imp. contra Jul. V 1: PL 45, 1432). Spätere Theologen verwiesen noch auf Sir 17, 5–10, wo von Gott im Hinblick auf die ersten Menschen gesagt wird: »Er hat gebildet Mund und Zunge, Aug und Ohr, und ihnen eingesenkt ein Herz zum Denken. Mit kluger Einsicht hat er sie erfüllt und sie gelehrt zu kennen Gut und Böse. Er hat gesetzt sein Auge in ihr Herz, um ihnen kundzutun die Größe seiner Werke, damit sie fortan seine Wunder rühmten und seinen heiligen Namen priesen.« Hier wird vor allem der Charakter des »eingegossenen« Wissens ausgesprochen. Thomas von Aquin schließlich beweist auf seine Weise, daß der erste Mensch omnium scientiam, in quibus homo natus est instrui, gehabt habe, d. h. wenigstens alles aus den prima principia per se nota Ableitbare gekannt habe, um dieses unerläßliche Wissen seinen Nachkommen weiterzugeben, und die übernatürlichen Wahrheiten des Glaubens soweit gekannt habe, als zur Ausrichtung des menschlichen Lebens auf Gott in jenem Zustand notwendig war (S.Th. I q 94 a 3). So habe der Mensch selbst das Glaubenswissen über die göttlichen Geheimnisse, also auch das Glaubenswissen um die mögliche Inkarnation (und um die Trinität) gehabt (vgl. De ver. q 18 a 1 und4; S.Th. II II q 2 a 7). Hinter diesen Aussagen steht die Überzeugung, Adam sei als erwachsener Mensch erschaffen worden und habe so schon alles Wissen besitzen müssen. – Es gab jedoch auch Väter (z. B. Theophilus von Alexandrien, † 412; Prokopius von Gaza, † um 538, und Nemesius von Emesa, um 400), die demgegenüber annahmen, Adam habe sein

Leben als Kind begonnen. Auch Bonaventura (Sent. II d 23 a 2) spricht sich in diesen Fragen vorsichtig aus und lehrt, daß die Gotteserkenntnis des Adam zwischen der Erkenntnis in statu miseriae und der Erkenntnis in statu gloria gewesen sei. – Eine Aussage zu dieser Sache kann heute auch nicht absehen von unserem Wissen um die »Entwicklung des Menschen« und von der exegetischen Einsicht, daß der Schöpfungsbericht aitiologisch zu verstehen ist. Dann darf zu dieser Aussage der theologischen Tradition wohl gesagt werden: Es entspricht der gesicherten Glaubensaussage über den status innocentiae, daß die Erkenntnis des Menschen in Sachen seines ewigen Heiles und in Sachen seines natürlichen Lebens, soweit diese Erkenntnis für seine Lebensgestaltung auf das ewige Heil hin bedeutsam war, eine andere, größere, reinere zuverlässigere war als beim Menschen in der Sünde, der in seiner metaphysischen Tiefe in Unordnung geraten ist. In unserem christlichen Denken wird sich diese Aussage noch dazu an dem orientieren können und müssen, was die Eschatologie über die Anschauung Gottes in statu perfectionis et comprehensionis aufgrund der ntl. Offenbarung und der Tradition der Kirche sagen kann. Die theologischen Aussagen über das »Wissen des Menschen in statu innocentiae« werden dadurch nicht etwa weniger bedeutsam; im Gegenteil, gerade angesichts der Weltverantwortung des heutigen Menschen und der Problematik, die durch die Diskrepanz zwischen seinem über die Maßen gewachsenen Wissen und seinem Weltverhalten deutlich wird, gewinnt diese theologische Frage nach dem Wissen des Menschen, der noch nicht oder nicht mehr durch die Sünde verkrüppelt ist, erhöhte Bedeutung. Das eigentlich humane Erkennen und Verstehen (das mehr ist als das naturwissenschaftliche sachliche Wissen) wird von der Wirklichkeit der Sünde wie von der Sündelosigkeit entscheidend bestimmt. – (2) Etwas anders liegt das Problem wohl bei der Frage nach der *»Leidlosigkeit des Menschen in statu innocentiae«*. Die Väter haben diese Lehrmeinung sowohl aus dem Namen des Garten Eden als paradisus voluptatis (Gen 2,8 Vg., manchmal verglichen mit Hld 4,12–16), wie vor allem aus den Strafen nach dem Sündenfall (vgl. Geburtswehen, Mühsal der Arbeit: Gen 3,16–19) abgeleitet. – Im Blick auf die eschatologischen Aussagen über den Zustand immerwährender, erfüllter Freude kann man von dieser Leidlosigkeit des Menschen in statu innocentiae wohl nur so sprechen, wenn man Schöpfungs- und Erlösungsgnade identisch setzt. Wo diese beiden Wirklichkeiten unterschieden werden, wie wir oben getan haben, wird man den Unterschied zwischen dem »paradiesischen

Zustand« und dem »Zustand in der Erfüllung der Seligkeit« auch hier dahingehend festhalten, daß die Leidlosigkeit in statu innocentiae von anderer Art war, als sie in der Erfüllung der Seligkeit sein wird. Seligkeit schenkt »non posse pati«; im Paradies galt »posse non pati«. Außerdem gehört zum Menschen in dieser Welt um des Ernstes der Lebensentscheidung willen die »Versuchlichkeit« (wie sie auch im Paradies gegeben war) sowie die Notwendigkeit eines eigenen Suchens und Strebens nach Größerem und Höherem, als das ist, was schon gegeben ist. Das bedeutet Mühe, die nicht nur Lust und Freude sein kann. Auch können nicht nur körperliche, sondern auch seelische »Schmerzen« eine für die Erhaltung oder Entwicklung des Lebens notwendige Funktion haben, auf die der Mensch auf Erden nicht verzichten kann. Erst in der Erfüllung bei Gott, erst dort, wo das notwendige »Wachstum des Lebens« nicht mehr auch Sache des menschlichen Mittuns, sondern primär Geschenk der Gnadenhuld Gotte ist – Gnade des Immer-weiter- hineinwachsens des endlichen Geschöpfes in die absolut unendliche Fülle Gottes –, kann von einer »reinen Freude« geredet werden. Andernfalls wird das Reden über die Leidlosigkeit in statu innocentiae leicht zur Schilderung des »goldenen Zeitalters«, wie es uns in vielen Mythen der verschiedenen Völker begegnet, und der auch die Väter oft nicht ganz entgangen sind (vgl. Augustinus, De civ. Dei XIV 26: PL 41, 434).

Zusammenfassend können wir sagen, daß das Reden über die Besonderheit des status innocentiae theologisch stets von hoher Bedeutung ist, auch wenn das historizistische Verständnis des Schöpfungsberichtes aus früherer Zeit nicht mehr die Grundlage für diese theologischen Aussagen abgeben kann.

4. *Die heilsgeschichtliche Statuslehre.* Als Abschluß des Gesagten und als Hinführung zu dem Folgenden sei hier kurz die Lehre von den heilsgeschichtlichen Zuständen (status) des Menschen vorgestellt, wie sie die Theologie wenigstens seit dem Mittelalter systematisch zur Darstellung gebracht hat.

a) Zum Verständnis dieser Lehre seien folgende Vorbemerkungen gemacht: Der natürliche Mensch erlebt sich wie im biologischen Bereich als gesund oder krank, so im eigentlich humanen Bereich als sittlich gut oder schlecht, sozial geborgen oder vereinsamt, in seinem innersten Befinden als mit sich eins oder entfremdet. Die Frage nach der Norm für ein Urteil über Gut oder Böse, mit sich einig oder entfremdet findet seit Ausbildung der naturwissenschaftlichen Entwicklungslehre ihre Antwort etwa in der Aussage: Der Mensch hat sich aus dem Tierreich entwickelt und die hier genannten Werturteile (gut oder bös, mit sich einig oder entfremdet) hängen von dem Grad der genetischen Entwicklung und dem damit verbundenen Grad der Entwicklung des Selbstbewußtseins des Menschen ab. Der Mensch erscheint hier als eine Funktion der Entwicklung, in der er im Grunde primär »Gegenstand«, nicht Faktor ist, mag er auch durch die Möglichkeit der modernen Wissenschaft und Technik durch seine eigene Weltgestaltung auch als Mensch in dieser Welt (also wiederum als Funktion »seiner Welt«) immer mehr zu einem Faktor seiner eigenen Entwicklung werden. – Demgegenüber stellt das christliche Welt- und Selbstverständnis, wie oben gezeigt, den Menschen als Geschöpf Gottes, als Krone der Schöpfung Gottes vor, dessen innerstes Wesen und Verhalten nur in Ordnung bleibt, wo er sich dieser seiner Stellung im Ganzen der Schöpfung und vor seinem Schöpfer bewußt bleibt und sich demgemäß verhält. Dieses menschliche Selbstverständnis liegt den Aussagen der Schrift zugrunde, die von einem »paradiesischen Menschen«, vom »Menschen in der Sünde«, vom »Menschen im Alten Bund«, vom »Menschen im Neuen Bund«, von der »inneren Einheit mit Christus«, vom »Menschen und seiner ewigen eschatologischen Erfüllung bei Gott« spricht. Bei aller Anerkennung der absoluten Einmaligkeit des Menschen als eines Geschöpfes nach dem Bilde Gottes in Geistigkeit und Freiheit bleibt die transzendentale, d. h. alle rein menschliche Erfahrung übersteigende Bindung des Menschen an die absolute Schöpferwirklichkeit Gottes die Grundlage für jedes Verständnis vom Menschen, seinem Sein, seinem Verhalten und seinem Wirken in seiner Welt.

b) Wie angedeutet hat die Theologie anhand der biblischen Aussagen meist ausdrücklich von drei Zuständen gesprochen, dem Zustand des Menschen vor der Sünde (im Paradies), dem Zustand des Menschen unter der Sünde (seit der Sünde Adams) und dem Zustand des Menschen nach der Erlösung durch Jesus Christus, dessen endgültige Erfüllung die Seligkeit im Himmel bedeutet. Dabei wurde der Urstand im Paradies teils als ein einziger – der Mensch in der Gnade geschaffen –, teils als ein Zustand mit zwei Phasen – als status naturae integrae und als status naturae elevatae – vorgestellt. Die Gründe für diese theologischen Unterscheidungen haben wir oben dargetan.

c) Die exegetisch bedingte neue Erkenntnis der Theologie, daß der »Paradieseszustand des Menschen« und noch mehr der »eschatologische Zustand der Erfüllung« nicht mit dem Raum- und Zeitdenken unseres gegenwärtigen irdischen Lebens erfaßt werden können, also nicht im selben Sinne »geschichtlich« sind, wie der »Zustand unter der Sünde und der Erlösung« in dieser Welt, legt nahe, theologisch demgemäß heute vier Zustände des Menschen zu unterscheiden, die in sich gewiß von ganz verschiedener innerer Struktur sind, im Menschen als eigentlichem »Gegenstand« dieser Zustände jedoch einen gemeinsamen Nenner haben, der diese vier Zustände in einem einzigen Schema zu betrachten ermöglicht und verlangt.

d) Die vier heilsgeschichtlichen status des Menschen lassen sich demgemäß so vorstellen: (1) *Status iustitiae originalis* (Die Lehre von den »status« geht auf den römischen Juristen Gaius [um 160 n. Chr.], Institutiones I 158–163 [ed. Bizoukides 1937–1941] zurück, dessen Werk für das Corpus Justinianeum [nach 528] grundlegend ist.): Das ist der Zustand des Menschen vor dem Sündenfall. Wie die Darlegungen über den »Urstand des Menschen« oben gezeigt haben, liegen schon hier viele Probleme verborgen, die durch die Theologie mit Hilfe der Unterscheidung zwischen einem status humanae naturae integrae (Augustinus) und einem status humanae naturae elevatae (Alexander von Hales) angesprochen wurden und eine neue Betrachtungsweise im Gnadenstreit des 16. Jahrhunderts durch den Begriff der »natura pura« (T. Cajetanus) erfahren haben. Oben haben wir dargetan, daß wir diesen Zustand als Zustand des Schöpfungsmorgens vom Zustand unter der Erlösungsgnade Christi (im Gegensatz zum Thomismus) unterscheiden möchten. Wir haben ihm darum den Namen status iustitiae originalis beigelegt, den Anselm von Canterbury dafür im Anschluß an Augustinus geprägt hat. Es ist damit der Zustand eines Menschen ausgedrückt, der bestimmt ist durch seine innerste Gottebenbildlichkeit, die noch nicht durch die Sünde verwundet und verderbt ist (vitiata, sauciata, curvata, corrupta: Augustinus; vgl. Erbsündenlehre), und daher durch eine besondere Hilfe Gottes, die noch nicht der Erlösungsgnade durch Christus gleichgesetzt werden kann, fähig ist, die innere Ordnung und die absolute Ausrichtung auf Gott zu bewahren und so die Bedingungen für das ewige Heil und die ewige Seligkeit zu erfüllen und zu sichern. – (2) *Status humanae naturae lapsae:* Durch den Sündenfall ist die menschliche Natur nicht im biologischen, wohl aber im humanen Verständnis tief verwundet und verderbt worden, so daß sie die innere Ordnung (integritas; iustitia originalis) nicht mehr aus sich wiedergewinnen und damit auch nicht die ewige Seligkeit erlangen kann (vgl. unten: Folgen der

Erbsünde). In diese Unordnung ist auch die »Welt des Menschen« mit hineingezogen worden, was die Situation des Menschen nochmals verschlechtert (status iustitiae perditae). In diesem Zustand werden alle Menschen (ausgenommen Maria, die Mutter Christi, des Erlösers) seit der »ersten Sünde des Menschen« geboren. – (3) Seit der Erlösung durch Jesus Christus besteht für die Menschen die »Möglichkeit«, an der Erlösungsgnade teilzuhaben, ein Zustand, den die Theologie im objektiven Sinne als *status naturae humanae reparatae* (bewirkt durch die Ensarkosis = Menschwerdung und Erlösungstat) bezeichnet hat. Doch der Vollsinn der Erlösung ist erst gegeben, wo der geschichtliche Mensch an der heilsgeschichtlich wirksamen Erlösung als Glied der Kirche, besonders durch Taufe und Eucharistie, teilhat, also im *status iustitiae christianae* (in Christo). In diesem Zustand wird nicht der Zustand des paradiesischen Menschen wiederhergestellt, wie aus der Tatsache ersichtlich ist, daß die praeternaturalen Gaben nicht mehr eintreten. Dennoch ist der Zustand der Erlösung dem paradiesischen Zustand nicht unterlegen, vielmehr überlegen: Durch die Menschwerdung Gottes in Christus kann der Mensch in einer Weise Gottes teilhaftig werden, die die Gottebenbildlichkeit des Paradieszustandes soviel übertrifft, als die Menschwerdung Gottes über der Gegenwärtigkeit des Schöpfergottes in seiner Schöpfung steht. In der Gnade Christi kann der Mensch als Christ nunmehr die ewige Seligkeit in einer Weise »verdienen«, daß sie auch als Gnadengeschenk Gottes soviel mehr »sein eigen« wird, als in der Menschwerdung Gottes Gott dieser Welt mehr zu eigen geworden ist, als der Schöpfer seiner Schöpfung schon zu eigen ist. – (4) Von hier aus ist der letzte Zustand, der *status humanae naturae glorificatae* als im Glauben festgehaltenes Gut der menschlichen Hoffnung zu verstehen, als ein Zustand, der nicht nur Erfüllung des Gnadenzustandes in der christlichen Existenz bedeutet, sondern wohl in ähnlicher Weise, wie die Menschwerdung über der Schöpfung steht (status iustitiae consummatae cum Christo in Patre: 1 Kor 15,28). Eine spätbarocke Theologie hat den Vergleich gebracht, daß der Zustand des Paradiesesmenschen, des christlichen Menschen und des Menschen in der Verklärung den drei phänomenal so unbegreiflich verschiedenen Stadien Raupe, Puppe und Schmetterling für dieses eine Lebewesen ähneln könnte. Die Schrift bringt das Neue dieses Zustandes zum Ausdruck mit den Worten :»Kein Auge hat es gesehen und kein Ohr hat es gehört und in keines Menschen Herz ist es gedrungen, was Gott denen bereitet hat, die ihn lieben« (1 Kor 2,9; vgl. Is 64,3).

Ein »neuer Himmel« und eine »neue Erde« werden der Schauplatz dieses neuen Menschen sein, denn der Richter der Endzeit, der auf dem Throne sitzt, spricht: »Siehe, ich mache alles neu« (Apk 21,1.5; Is 65,17). – Auch hier läßt sich zusammenfassend über diese vier Zustände des Menschen sagen: Was schon dem natürlichen Denken als Ausdruck eines ganz tiefen Einblickes in das Geheimnis des Menschen erscheinen mag, ist dem gläubigen, auf der Offenbarung der Schrift aufbauenden Denken als »Wirklichkeit« gegeben, die ebenso Gnade wie Verpflichtung und Gericht bedeutet. – Nochmals sei darauf hingewiesen, daß es sich hier nicht um »Phasen der menschlichen Geschichte« handelt, sondern vielmehr um den Sinn menschlicher Möglichkeiten, die uns in der Schrift als heilsgeschichtliche Wirklichkeiten geoffenbart sind. Für das theologische Verständnis des Menschen sind sie von höchster Bedeutung.

§ 42 Der Urstand der Engel (Schutzengel und Engelkult)

Vgl. F. de Suarez, Op. omnia, T. 2 (Paris 1856), Lib. V, p. 565–631. – J. Pohle-J. Gummersbach, Lehrbuch der Dogmatik I[10], Paderborn 1952, 638–658. – J. Brinktrine, Die Lehre von der Schöpfung, Paderborn 1956, 148–153 (mit Hinweis auf die anderen neueren Dogmatiklehrbücher).

Anders als bei der vorausgehenden Frage nach dem »Urstand des Menschen« steht die Theologie bei der Frage nach dem »Urstand der Engel« vor einer Frage, auf die in der Schrift ebensowenig wie auf die Frage nach der Erschaffung der Engel eine Antwort gegeben ist. Die Aussagen der Theologie sind hier vielmehr auf die »Analogie zwischen Engellehre und Lehre vom Menschen« angewiesen. Dazu kommen dann freilich hilfreiche Aussagen der Schrift sowie der Tradition, die von Anfang an mit diesem Analogiegesetz gearbeitet hat, wie besonders bei Augustinus deutlich wird. Zu diesem Analogiegesetz seien zwei wichtige Hinweise gegeben: a) Zum Wesen der Engel ist zu sagen: So wie Engel und Menschen als »gottebenbildliche Wesen« erschaffen sind, wie ihrem Personcharakter zu entnehmen ist, ebenso sind sie aber auch schon in ihrer Natur grundverschieden, insofern der Mensch wesenhaft nur als leib-geistiges Wesen existiert und die Menschen untereinander durch Zeugung abstammen, während die Engel als reine, personale Geistwesen in ihrer tatsächlichen Zahl je einzeln von Gott erschaffen sind. b) Zu den heilsgeschichtlichen Zuständen ist zu bemerken:

Beide, Mensch wie Engel, beginnen als Geschöpf »in statu viae« und der Mensch bleibt jeweils bis zu seinem Tod in diesem Zustand. Bei den Engeln, die als reine Geistwesen keinen Tod kennen, ist demgegenüber ihre einmalige geistige Entscheidung für oder gegen Gott maßgeblich für ihr ewiges Schicksal, und nach dieser Entscheidung sind sie entweder durch eine besondere Gnadengabe Gottes im Zustand einer gesicherten und unverlierbaren Seligkeit oder durch eigene Schuld im Zustand immerwährender unaufhebbarer Gottferne und Verdammnis. Die Aussagen über diese Zustände selbst werden in der Schrift bei den Engeln mit denselben Worten vorgestellt wie bei den Menschen nach ihrem Tode. – Ausgehend von dieser methodischen Grundlegung sind demgemäß zu dem Problem »Urstand der Engel« die Fragen nach dem Urstand (1.) wie auch nach dem Zustand der guten Engel (2.) zu beantworten und es ist die Lehre von den »Geleit-, Dienst- und Schutzengeln« (3.) kurz darzulegen. Anschließend (4.) ist noch zum »Engelkult« einiges zu sagen.

1. *Die Frage nach dem Urstand der Engel.* Die Tatsache, daß die Schrift von einem Sündenfall der Engel und von bösen Engeln spricht (siehe 10. Abschnitt), zwingt zu der Annahme, daß die Engel, wie der Mensch, im Anfang, bei ihrer Erschaffung, im status iustitiae originalis waren, d. h. in einer inneren natürlichen Ordnung, die nur durch eine besondere Hilfe Gottes gegeben und erhalten werden konnte, deren Erhaltung aber primär der Freiheit des Engels anheimgegeben war. Judasbrief 6 sagt dazu: Die gefallenen Engel »bewahrten ihre ursprüngliche Würde (τὴν ἑαυτῶν ἀρχήν – suum principatum) nicht.« Ambrosius schrieb hierzu: »Der Teufel hat durch den Stolz in seiner Natur die Huld Gottes verloren« (Ipse diabolus per superbiam naturae suae amisit gratiam: In Ps 118 serm. 7 n 8: PL 15, 1283), und Augustinus hebt hervor, daß Gott die Engel »geschaffen und mit der Schöpfung ihrer Natur ihnen zugleich (simul) Gnade verliehen habe« (De civ. Dei XII 9,1–2: PL 41, 356 f, De corr. et grat. 10,27: PL 44, 932). Gegenüber M. Baius und seinen Anhängern hat Pius V. ausdrücklich erklärt, daß es falsch sei zu behaupten, daß der erste Mensch, wie die Engel, durch natürlich gute Werke (bona opera ex lege naturae) allein das ewige Leben erlangen konnte (vgl. DS 1904 f – D 1004 f). Das Geschöpf bedarf eben immer der Mithilfe des Schöpfers, und in der Gottebenbildlichkeit wie im Verständnis der ewigen Seligkeit ist etwas enthalten, was nur gewahrt bleibt, wenn dem Geschöpf von Anfang

an eine besondere Gnadenhilfe Gottes zugesprochen wird, wobei wiederum die Frage nach dem »Zeitpunkt« dieser Begnadigung, ähnlich wie beim Menschen, aus den oben genannten Gründen, bei Thomas von Aquin und seinen Anhängern mit »von Anfang an« (S.Th. I q 62 a 1–3), bei anderen Theologen wie Hugo von St. Viktor, Petrus Lombardus (Sent. II d 5), Bonaventura u. a. mit »unmittelbar nach der Erschaffung, da der Mensch, bzw. der Engel, seinen Blick selber zu Gott erhoben«, beantwortet wird.

2. *Der Zustand der guten Engel:* Wie einleitend hier gezeigt, ist der Zustand der Engel, die sich »von Anfang an« (Jud 6) für Gott entschieden haben, der Zustand der »Seligkeit«, auch wenn sie als Geschöpfe im Dienste der Schöpfung Gottes stehen bis zum Ende der Zeiten. Aus der Aussage der Schrift (vgl. Apk 21,17), daß das Maß eines Menschen auch das Maß eines Engels sei, haben die Theologen in Anwendung der oben genannten »Analogie« meist die Folgerung gezogen, daß darum die Engel, wie der Mensch in seinem Leben durch Mitwirken mit der Gnade, in ihrer ersten und endgültigen Entscheidung für Gott ihre »Seligkeit« verdient haben (vgl. Augustinus, De dono persev. 7,13: PL 45, 1001; vgl. De corr. et grat. 10,27: PL 44,933). Diese kann, wie die des Menschen, entsprechend ihrer Natur und Gnade abgestuft sein, ohne dadurch die volle Erfülltheit des Geschöpfes zu beeinträchtigen. Die Engel können seit dieser ersten Entscheidung nicht mehr sündigen, sie sind ihrer Seligkeit sicher. So lehren wenigstens Gregor von Nazianz (Or. 28,31 und 38,9: PG 36, 72, 321) und besonders Augustinus (De civ. Dei XI c 13, c 24: PL 41, 329, 338; Ench. 57: PL 40, 259; vgl. RAC V 128) sowie Ps.-Dionysius (Cael. hier. 7,2; Eccl. hier. 6, 3, 6: PG 3, 208 f, 537) und Gregor d. Gr. (Moral. XXVII, 39, 65; XXXII, 23, 48: PL 76, 438, 665 f). Frühere Väter glaubten, daß die guten Engel bis zum Ende der Welt noch in statu viae verblieben wie der Mensch und auf die endgültige Herrlichkeit hoffen müßten (vgl. Klemens v. Alexandrien, Quis div. salv. 29, 4: PG 9, 636; Hilarius, In Ps 148,2: PL 9, 879; Ambrosius, Ep. 34,10: PL 16, 1077). Nach Origenes (In Luc. hom. 35: GCS 35 [ed. M. Rauer], 208) konnten sie auch nach ihrer ersten Entscheidung für Gott noch sündigen und brauchten noch die Verzeihung Gottes (Kyrill von Jerusalem, Cat. 2,10: PG 33, 393 ff; vgl. RAC V 127). Vorsichtiger sagt Johannes von Damaskus: »Sie waren schwerlich zum Bösen zu bewegen, aber es war an sich nicht unmöglich. Jetzt aber ist es doch unmöglich, nicht durch ihre Natur, sondern durch die

Gnade Gottes und durch die Hinordnung (der guten Engel) zum allein Guten (Gott)« (De fide orth. II 3: PG 94, 871; vgl. RAC V 128). Die kirchliche Lehre hat sich der Ansicht des hl. Augustinus angeschlossen, und die vorausgehenden Ansichten sind wohl als ein unfertiges Stadium in der Entwicklung dieser Lehre zu betrachten. Die guten Engel sind demgemäß für immer in der Gnade Gottes gefestigt und mit der Anschauung Gottes beschenkt. Sie genießen die selige Gemeinschaft mit Gott (vgl. Augustinus, De civ. Dei VII 30; XI 13: PL 41, 220, 328 f). Sie sind frei von irdischen Leiden, aber deshalb doch nicht gänzlich ohne Schmerz; letzteres kommt nur Gott zu (Johannes Damascenus, a.a.O.). – Die Schrift sagt, daß die guten Engel immer Gottes Angesicht schauen (Mt 18,10; 1 Petr 1,12). Die höchste Erfüllung ihres Lebens ist darum der ständige große Lobpreis Gottes (vgl. Apk 5,11 f; 8–10; 4,9–11; Is 6,2 f). Die Psalmensänger fordern daher auch die Engel zum immerwährenden Gotteslob auf (Ps 103,20; 148,2; Dan 3,58). Die »himmlische Liturgie«, wie sie in der Apokalypse geschildert wird (vgl. Kap. 4 und 5), ist dafür das große Zeugnis. – Diese Glaubensüberzeugung vom Tun der Engel sowie die eigene menschliche Unwürdigkeit sind wohl der Grund dafür, daß die Väter und Theologen aller Zeiten davon sprechen, daß auch der menschliche Kult vor Gott vom »Kult der Engel« getragen und begleitet werde. Ganz besonders steht der eucharistische Kult unter diesem Zeichen. Johannes Chrysostomus hebt hervor, daß der Raum um den Altar angefüllt sei mit himmlischen Heerscharen (De sacerd. 6, 4: PG 48, 681). Gregor d. Gr. bringt dasselbe zum Ausdruck, wenn er sagt, im eucharistischen Kult verbinde sich Irdisches mit Himmlischem (terrena caelestibus iungi: Dial. IV 58: PL 77, 428). In den Vorbereitungsgebeten der verschiedenen Liturgien wird darum immer wieder gebetet, daß der Engeldienst mit unserem menschlichen Gottesdienst sich vereine (συλλειτουργεῖν ἡμῖν: Chrysostomusliturgie). Daher wird in der Chrysostomusliturgie auch auf den Diskos eine eigene Opfergabe zu Ehren der hl. Engel gelegt (wie für Maria und die Heiligen) und im Kanongebet (Canon I) der römischen Messe bittet die Kirche: »Laß diese Opfergabe durch die Hand deines heiligen Engels auf deinen himmlischen Altar vor deine göttliche Herrlichkeit bringen.« Ja, es gibt Meßformulare, in denen Christus aufgefordert wird, durch seinen Engel die »Heiligung« (sanctificari: Missale mixtum, PL 85, 1031) der Gaben zu vollziehen. So steht auch am Anfang des Hochgebetes (in der Präfation) der Preisgesang der Cherubim aus Is 6,3, das dreimal-

»Heilig«, wobei es mehr eine Sache des Stiles ist, ob wir bitten, daß unser Lobpreis mit dem der Cherubim sich vereinigen möge (so die alte römische Fassung), oder ob gebetet wird, die Engel mögen ihren großen Lobgesang mit unserem schwachen menschlichen Lobgesang vereinigen (alte Chrysostomusliturgie; neue deutsche Fassung der Osterpräfation). – J. Brinktrine (Die Lehre von der Schöpfung, 1956,172) weist darauf hin, daß auch bei der Taufwasserweihe und der Taufspendung (so Ambrosius), beim Bußsakrament (so Pastor Hermae, Klemens v. Alexandrien) sowie bei der Krankenölung (altes römisches Rituale), bei der Bischofsweihe (Apost. Konst. VIII 4,5) wie auch bei der Eheschließung (Tertullian, Ad uxorem II 86: C Chr I 393) die Anwesenheit der Engel als Mitliturgen hervorgehoben wird (vgl. E. Peterson, Das Buch von den Engeln. Stellung und Bedeutung der heiligen Engel im Kultus, Leipzig 1935; RAC V, 161–164).

3. Eine besondere Behandlung fand von jeher die Lehre von den guten Engeln, die als *»Dienstengel«*, als *»Schutzengel«* oder als *»Geleitengel«* in der Schrift erscheinen. Bei dieser Frage ist es besonders wichtig, ein Fehlen sowohl per excessum wie per defectum zu vermeiden. Die Tatsache, daß außerhalb der Offenbarung in den verschiedenen Religionen sehr viel von solchen Schutz- und Geleitgeistern für den Menschen die Rede ist, kann nicht Anlaß sein, ähnlich lautende Aussagen der Schrift, der Väter oder der Theologen einfach als durch den Einfluß der heidnischen Umwelt bedingte Aussagen skeptisch zurückzuweisen. Man könnte auch daran denken, daß hier ein Anliegen natürlicher Religiosität vorliegt, das in der Offenbarung nicht verleugnet, sondern aus höherer Sicht beantwortet wird. – Wenigstens vier Gesichtspunkte müssen wir im Auge behalten, wenn das, was hier gesagt wird, recht verstanden werden soll.

a) Da ist zunächst festzustellen, daß all das, was hier von den Engeln gesagt wird, nichts zu tun hat mit den Ideen, die bei den Schutzgeistern der verschiedenen Religionen außerhalb der jüdisch-christlichen Offenbarung am Werke sind. Es handelt sich hier nie um mächtige Wesen, die aus eigener Machtvollkommenheit und in eigener Verantwortung für die Welt oder den Menschen sorgend einstehen, wie es etwa bei den verschiedenen Schutzgottheiten bei den Babyloniern und Ägyptern der Fall ist. Alles, was die Engel in der Offenbarung tun, geschieht im Dienste Gottes. Sie heißen daher bei den Rabbinen, die hier die Lehre der Pharisäer vorsichtig weiterentwickelt haben, »*Dinstengel*« (mal'ak haschhschareth). Da Gottes Wille immer das Heil seiner Schöpfung ist, erscheinen die Dienstengel auch vielfach als »Engel des Friedens« oder als »Engel des Erbarmens« (vgl. RAC V 71 f; 85 f). Engel sind hier vielfach im Auftrag Gottes über die Gestirne, über die ganze Natur, über das Meer und die Bäume, über das Wasser und das Feuer gesetzt (ebd. 134–138), was im NT nur noch in der Apokalypse gesagt wird. Ja, bei den Rabbinen in frühchristlicher Zeit wird noch von eigenen Engeln für das Reifen der Früchte, für die Empfängnis des Lebens gesprochen, Aussagen, die im NT nicht erscheinen. Das naturwissenschaftliche Denken unserer Zeit macht es uns schwer, Sinn oder gar Notwendigkeit eines solchen Eingriffes Gottes in die Natur durch seine Engel anzunehmen. Andererseits wird auch nicht zu übersehen sein, daß die Leugnung einer solchen Möglichkeit leicht in die Gefahr gerät, das große Gottesbild der Offenbarung durch das vermenschlichte und rationalistische Gottesbild des Deismus oder des Pantheismus zu ersetzen. Entspricht es nicht der Größe des geoffenbarten Gottesbildes mehr, anzunehmen, daß eben der Gott, der Himmel und Erde in jener überwältigenden inneren Ordnung und Größe geschaffen hat, die wir durch die Erkenntnis der modernen Naturwissenschaften mehr zu fassen vermögen, daß eben dieser Gott auch in diese seine Schöpfung durch das Wirken jener reinen Geister noch eingreifen kann, wenn es der Freiheit seiner Liebe etwa zum Menschen, als der Krone der Schöpfung, gefällt? Ist nicht ein kleinlicher, alles Personale verkennender Rationalismus am Werk, wo man dies grundsätzlich leugnen will?

b) Die eigentliche Bedeutung des Dienstes der Engel Gottes für seine Schöpfung wird freilich erst deutlich, wenn es sich um den Menschen handelt, der, wie der Engel selbst Ebenbild Gottes, in Ewigkeit Gottes teilhaftig werden soll. Da stehen zunächst die Engel, die nach dem Bericht der Schrift die Heilsbotschaft verkünden, wie Gabriel an Maria (Lk 1,26 f), ein anderer Engel an Joseph (Mt 1,20 f), an Zacharias (Lk 1,11 f) und wie die Engel an die Hirten (Lk 2,9 f). Schon im AT stehen Engel an wichtigen Stellen der Heilsgeschichte (vgl. Gen 16,7 f: Hagar; Gen 22,11: Abraham; Num 22,22. 31 ff: Bileam; Jos 5,13 ff: Josue; Ri 6,11: Gideon; Dan 3,49 f: die drei Jünglinge im Feuerofen usw.). In der Apokalypse werden fast alle großen Ereignisse des Endgerichtes durch Engel in Gang gebracht oder vollzogen. Selbst das Gesetz des Alten Bundes soll durch Engel vermittelt sein (vgl. Dtn 33,2 LXX; Apg 7,53; Hebr 2,2; Gal 3,19). Ganz besonders aber berichtet die

Schrift, daß zum Schutz des Menschen, der auf seinem Weg zur ewigen Heimat in dieser Welt von vielen Gefahren von innen und von außen umgeben ist, Gott seine Engel sendet. Das große Beispiel ist »Raphael« als *Schutz- und Geleitengel* des Tobias. Ps 91,11 sagt: »Seinen Engeln hat der Herr deinetwegen befohlen, daß sie dich behüten auf allen deinen Wegen.« In Ps 34,8 verkündigt der Beter: »Der Engel des Herrn umgibt alle, die ihn fürchten, und rettet sie.« Die Leute des Judas Makkabäus flehen »bittend und weinend gemeinsam mit dem Volk zum Herrn, daß er einen gütigen Engel zur Rettung Israels entsende« (2 Makk 11,6) und gegen die Übermacht des Nikanor fleht Judas »zum wunderwirkenden Herrn«: »Du, o Gebieter, hast zur Zeit des judäischen Königs Ezechias deinen Engel gesandt ... Sende auch jetzt, du Herrscher des Himmels, einen gütigen Engel vor uns her, um Furcht und Schrecken unter den Feinden zu verbreiten« (2 Makk 15,21 ff). Besonders das Wort Christi von den »Engeln der Kinder, die im Himmel immerdar das Angesicht Gottes schauen« (Mt 18,10) wurde in christlicher Zeit für die Schutzengellehre herangezogen. Sie kommt auch in dem Wort der ersten Christen zum Ausdruck, die in ihrem Schrekken über die Stimme des Petrus vor der Türe des Hauses der Maria, der Mutter des Johannes mit dem Beinamen Markus, – des Petrus, der, wie alle wußten, im Gefängnis war, ausriefen: »Es ist sein Engel«, der da an die Türe klopft (Apg 12,15).

c) Von Anfang an hat diese Überzeugung, daß Engel von Gott als Diener und Beschützer der Menschen gesandt werden, reichen Ausdruck in der Theologie gefunden (vgl. RAC V 151–156). »Den Engeln ist die Besorgung aller menschlichen Angelegenheiten anvertraut« lehrt Hieronymus (In Mich. 2,6: PL 25, 1206 BC). Die verschiedenen Menschengruppen und die verschiedenen Verhältnisse der Menschen werden angeführt, um jeweils die besondere Art der Hilfe der Engel darzustellen. Basilius vertritt die Meinung, »daß *jedem Gläubigen* ein Engel zur Seite stehe gleichsam als Erzieher und Hirte, der das Leben leitet«, und er hebt hervor, daß dies niemand bestreite (Adv. Eunom. III 1: PG 29, 656), und wie er sind viele andere Väter der Meinung, daß nur die Christen einen Schutzengel hätten (so Kyrill v. Alexandrien, Simeon Metaphrastes u. a.). Andere Väter hingegen vertreten die Meinung, daß *jeder Mensch,* nicht nur der Christ, einen Schutzengel habe. So verkündigt Johannes Chrysostomus: »Ein jeder Gläubige hat einen Engel, denn auch von Anbeginn an hat jeder rechtschaffene Mensch einen Engel, wie Jakob sagt (vgl. Gen 48,16): »Der Engel, der mich ernährt und befreit hat von Jugend auf« (Hom. 3 in Kol n 4: PG 62, 322; ähnlich Theodoret, In Dan 10,13: PG 81, 1497; später Anselm von Canterbury, Eluc. 2,31, und Thomas v. Aquin, S.Th. I q 113 a 4; vgl. RAC V 154). – Obwohl es kein erklärtes Dogma der Kirche gibt, wird die Schutzengellehre von allen Glaubensbüchern der Kirche festgehalten. Im 16. Jahrhundert entstand in Spanien das *»Schutzengelfest«* (gefeiert am 1. März), Paul V. hat dieses Fest für das ganze »Römische Reich deutscher Nation« eingesetzt und Clemens X. hat es 1670 auf die ganze Kirche ausgedehnt und seine Feier auf den 2. Oktober festgelegt. – Im Anschluß an Dan 10,12 ff. 21; 12,1, wo der Erzengel Michael als »Fürst der Juden« an der Seite Gabriels für Israel gegen zwei Engel kämpft, die »Fürsten der Perser und der Griechen« genannt werden, entwickelte sich immer mehr die Überzeugung, daß auch die Völker, besonders das atl. und das ntl. Gottesvolk, einen eigenen »Schutzengel« hätten. *Michael,* der zuerst Schutzengel Israels war (vgl. Dan 10,21) wird zum Schutzengel der »Kirche Gottes« (Michaelskirchen seit dem frühesten Mittelalter). Auch »einzelne Gemeinden« haben ihren eigenen Schutzengel, worauf wohl schon »der Engel der Gemeinde« in Apk 2 und 3 in den sieben Gemeindebriefen hinweist. – Noch ist hervorzuheben, daß der Engel nicht nur den Menschen vor dem Bösen beschützen möchte, noch mehr will er zur Heiligkeit führen, zu einem vollkommenen Leben schon auf Erden. Diese Überzeugung führt schon sehr früh (vgl. Klemens v. Alexandrien, Paed. II c 9 n 2; 82,3: GCS 12 [O. Stählin], 206 f) zu der Ansicht, daß das menschliche Leben selbst zu einem *»engelgleichen Leben«* werden sollte, und besonders das frühe Mönchtum hat diese Lehre aufgegriffen und in Armut, Abtötung und Jungfräulichkeit Weg und Grundlage zu diesem Leben gesucht (vgl. S. Frank, Angelikos bios. Begriffsanalytische und begriffsgeschichtliche Untersuchung zum »engelgleichen Leben« im frühen Mönchtum, Münster 1964. – J. Bernhart, Der Engel des deutschen Volkes, München 1934. – LThK VII [1962] 393–395).

d) Eine besondere Aufgabe wird den Schutzengeln gegenüber den Verstorbenen manchmal zugesprochen, wenn sie als *»Geleitengel«* vorgestellt werden, die die Seele ins Gericht und vor Gott führen müssen. Ganz besonders gewinnt hier wiederum Michael, der im Kampf gegen Luzifer (vgl. Apk 12,7) als der siegreiche Bannerträger (signifer) erscheint, hohe Bedeutung als Geleitengel der Seelen ins Gericht. So betet die Kirche im Offertorium der Totenmesse: »Der Bannerträger St. Michael begleite diese Seelen in das heilige Licht Gottes« (vgl. C. Blume, Analecta hymn., Bd. 55 Nr. 258). Mag auf diese Vorstellungen die Lehre von dem Geleitengel eingewirkt haben, wie sie im phrygischen Sabazios-Kult üblich war (RAC V 56), die innere Wurzel für diese Verehrung des hl. Michael als Seelenbegleiter liegt gewiß in Dan 10,13.21 und Apk 12,7 und in der Überzeugung, daß der Sterbende in besonderer Weise um seine Treue zu Gott ringen muß, wie auch das letzte Wort Christi am Kreuz »Mein Gott, warum hast du mich verlassen?« zeigen mag.

4. Ein letztes kurzes Wort ist hier, wo die Größe und der Dienst der guten Engel gezeigt worden sind, noch über den *»Engelkult«* zu sagen.

a) Zunächst ist es wichtig, die verschiedenen Inhalte des Wortes »Kult«, vor allem die Anbetung oder latria, die allein Gott als Gott gebührt, von jeder Art der Verehrung oder Anrufung (veneratio – invocatio), wie sie den Heiligen oder den Engeln zukommt, klar zu unterscheiden. – Mit der Aufnahme des Märtyrerkultes in der Kirche seit Beginn des 4. Jahrhunderts und mit der Intensivierung des Christuskultes seit 325 hängt es zusammen, daß vor allem Augustinus mehrfach zu dieser Unterscheidung entschieden Stellung genommen hat. Ausdrücklich hebt er hervor, daß Gott allein latria, d. h. Gottesdienst gebührt, und Apk 19,10 der Engel selbst den Versuch der Anbetung durch Johannes zurückweist mit der Aufforderung: »Gott bete an!« (In Gen. q 61: PL 34, 564). An anderer Stelle sagt er: »Dulia, d. h. Verehrung gebührt Gott als dem Herrn, latria, d. h. Anbetung im Opfer gebührt Gott einzig wegen seiner Gottheit (In Ex. q 94: PL 34, 631; Contra Faustum XV c 9: PL 42, 313). Er bietet eine ausführliche Unterscheidung zwischen Märtyrerkult und Anbetung Gottes (Contra Faustum XX c 21: PL 42, 384 f). Den Unterschied zwischen Anbetung Gottes im Opfer und Engelverehrung in Bewunderung und Anrufung sowie die Berechtigung des Engelkultes endlich hat er im 10. Buch seines Werkes über den Gottesstaat eingehend in Auseinandersetzung mit dem irrigen Dämonenkult der Platoniker (Porphyrius) dargetan (c 3, 7, 9–12: PL 41, 280, 284 ff). – Wird die latria, die Gottesverehrung, in besonderer Weise im Opfer als Ausdruck des totalen Selbstopfers an die Gottheit (letzte personale Übergabe des Geschöpfes an den Schöpfer) deutlich, so umfaßt die Verehrung vielerlei Abstufungen, je nach dem Gegenstand und dem Grund dieser Verehrung. Eines bleibt jedoch maßgeblich auch für alle Verehrung: sie kann nur von einer Person einer personalen Wirklichkeit dargebracht werden. Meist wirken innere Werte des Verehrten und Heilsbedeutung für den Verehrer zusammen; mag gegenüber bedeutenden Menschen und ihren Leistungen für die Menschheit noch von »Hochschätzung« (veneratio) gesprochen werden, so läßt sich die Haltung, die Kinder vor ihren Eltern zeigen sollen, schon als »Verehrung« (religio, pietas) bezeichnen.

b) Etwas ganz Neues kommt ins Spiel, wenn wir von »Verehrung der Heiligen und der Engel« reden. Der Grund für diese Verehrung liegt nicht mehr primär im irdischen Bereich, sondern ist vielmehr ein übernatürlicher: Die Vollendung vor Gott, die diese Wesen durch die Gnade Gottes erreicht haben, ist Anlaß, sie zu bewundern, sie wegen ihrer Gottesnähe zu feiern (colere, cultus) und sie anzurufen (invocatio) wegen ihrer Liebe zu Gott und zu uns, die wir dazu berufen sind, wie sie, an der ewigen Königsherrschaft Gottes einmal Anteil zu haben. So wird der rechte christliche Engelkult selbst zu einem Weg, der wiederum in einer konkreten Gottesverehrung mündet: Wir ehren Gott in seinen Heiligen und Engeln, wie wir einen großen Künstler ehren, indem wir seine Werke bewundern und bestaunen. Dieser Weg der Gottesverehrung ist freilich nur ein »indirekter« (dulia) und nicht zu vergleichen mit der direkten Anbetung Gottes (latria), deren Grundgestalt Anerkennung der totalen Abhängigkeit des Geschöpfes von seinem Schöpfer und totale Hingabe in der Liebe des Kindes an den Vater sowie allumfassende Unterwerfung des Knechtes unter den Willen des absoluten Herrn, alles ausgedrückt in den verschiedenen Gestalten des Opfers, umfaßt.

c) Die *Verehrung der Engel* wird in den heiligen Schriften, wenigstens seit dem Exil, berichtet. So grüßt Loth die beiden Engel durch eine »tiefe Verneigung bis zur Erde« (Gen 19,1); Jakob segnet Ephraim und Manasse mit dem Wort: »Der Engel, der mich von allem Übel erlöst hat, er segne diese Knaben« (Gen 48,16). Josue verehrte den Engel, der sich als »Anführer der Kriegsheere des Herrn« vor Jericho ihm vorstellt, durch eine tiefe Proskynesis (Jos 5,13–15; vgl. Ex 3,2–6), ähnlich wie Tobias – Vater und Sohn – den Raphael verehrten (Tob 12,16). Freilich, gerade hier wird deutlich, daß im AT noch vorherrschend eine Tiefe der Verehrung war, die nur Gott geschenkt werden sollte (vgl. Tob 12,17, 20, 22; vgl. dazu das Zurücktreten der Engelverehrung in der der Vulgata zugrundeliegenden Rezension des Tobiasbuches gegenüber der LXX: RAC V, 75). Auch im frühen Christentum tritt der Engelkult im Namen des Christuskultes zurück (vgl. Kol 1,16; Apk 19,10;

Hebr 1,4.13 f). Dennoch wird in der Kirche von Anfang an von Engelverehrung gesprochen. Den Engeln gebührt eine Verehrung, die Justin (Apol. I 6: PG 6, 336 f) mit »Hochschätzung und Verehrung« (σεβόμεθα καὶ προσκυνοῦμεν), Origenes mit »loben und preisen« (εὐφημοῦμεν καὶ μακαρίζομεν: Contra Cels. VIII 57: PG 11, 1604) und Eusebius mit »ehren« (τιμᾷν: Dem. ev. III c 3: PG 22, 193) wiedergeben.

d) Die *Anrufung der Engel* findet schon in den Aussagen der Schrift, daß der Engel des Herrn für Jerusalem betet (Sach 1,12) oder daß Raphael die Gebete des Tobias vor den Herrn bringt (Tob 12,12–15), eine Begründung. Es entspricht dem Grundgesetz der Offenbarung, daß »die Vielen durch die Wenigen, durch ihr Heilswirken und ihre Fürsprache gerettet werden«, wenn die Kirche, wie sie die Heiligen anruft, auch die Engel in besonderen Anliegen um ihre Hilfe und Fürsprache bittet. Eine besonders breite Bezeugung dafür bietet in früher Zeit Origenes in seinen Untersuchungen über das Gebet, wenn er sagt: »Mit den recht Betenden beten auch die Engel im Himmel, die sich über die Bekehrung des Sünders freuen‹« (vgl. Lk 15,7; De orat. XI 1). Wenn schon Engel Jesus nach seiner bestandenen Versuchung »dienten«, ... »wie viele Engel müssen dann wohl als Diener für Jesus, wenn er (der noch in der Mitte seiner Gläubigen weilt) die Söhne Israels sammeln ... und retten will, ... mithelfen bei dem Wachstum und der Erweiterung der Kirche« (XI 3). »Man darf annehmen, daß manchmal die Anwesenheit der Aufsicht übenden und Gott dienenden Engel für diesen oder jenen Beter herbeigeführt wird, damit sie das Gebet des Betenden mit unterstützen können. Aber auch der Engel eines jeden, auch ›der Kleinen‹ in der Kirche ... betet mit uns und ist uns nach Kräften bei dem behilflich, was wir erbitten« (XI 5: PG 11, 448, 449, 452). Ausdrücklich betont er darum auch, daß »Gabriel, Michael und den übrigen Engeln« als Dienern Gottes Verehrung gebührt, auch wenn man den Begriff »Verehrung« und die »Handlung der Verehrer« recht interpretieren muß (Contra Celsum VIII 13: PG 11, 1533 ff). – War wohl in den ersten drei Jahrhunderten die Engelverehrung noch wenig in Übung, so ist sie besonders seit Ambrosius sehr stark angewachsen. So sagt er: »Wir müssen die Engel, die uns zum Schutz gegeben sind, für uns anrufen« (obsecrandi sunt: De viduis 9, 55: PL 16, 251): »Wenn sie euch beschützen, so schützen sie euch aufgrund eurer Gebetsanrufungen« (Sermo c Aux. 11: PL 16, 1010). Der Grund dieses Anwachsens der Engelverehrung ist wohl in dem Eindringen gnostisch-jüdischer Praktiken in die Kirche nach der Konstantinischen Wende zu sehen, die die Kirche hinnehmen konnte in dem Maße, als sich die theologisch klare Unterscheidung zwischen Anbetung Gottes und Verehrung der Engel (und Heiligen) in diesem 4. Jahrhundert durchsetzte (vgl. RAC V 199 f). – Der hl. Bernhard von Clairvaux faßt die Pflichten eines Menschen gegen seinen Schutzengel in die Worte zusammen: »Wir schulden ihm Ehrfurcht (reverentia) für seine Gegenwart, Verehrung (devotio) wegen seiner Wohltaten und Vertrauen (fiducia) wegen des Schutzes, den er uns angedeihen läßt« (Serm. 12,10: PL 183, 233).

e) Seit dem Mittelalter vor allem nahm die Engelverehrung stark zu. Den Reformatoren war dieser Kult ein besonderer Stein des Anstoßes. So lehnte Luther in einer heftigen Predigt 1531 jede Engelverehrung ab (WA 34 II 225 ff), und ebenso nahm Calvin entschieden gegen sie Stellung (Inst. I c 14 n 10). Hinter dieser Ablehnung, die heute im Geiste des Ökumenismus bei manchen Theologen nicht mehr so heftig erscheint (vgl. C. Westermann), steht die Tatsache, daß hier die Unterscheidung zwischen Anbetung Gottes und Verehrung der Heiligen oder der Engel, vielleicht als Protest gegen manche spätmittelalterliche Entartung, wohl aber auch aus dem negativen Bild vom Geschöpf in der Sünde, abgelehnt wurde. Das Konzil von Trient hat in seiner 25. Sitzung (3. 12. 1563) zur Verehrung der Heiligen und ihrer Reliquien und Bilder Stellung genommen und die Vorwürfe der Reformatoren zurückgewiesen, womit wohl auch die Engelverehrung gesichert werden sollte (vgl. DS 1821–1825 – D 984–988 – NR 474–476). Die dem Konzil folgende Barockfrömmigkeit ist in ihrer Art der Engeldarstellung und der Engelverehrung wohl manchmal in das Allzumenschliche verfallen, was der Sache, besonders seit der darauffolgenden Aufklärung, nicht gedient hat. Seit dem 1. Weltkrieg ist das Bild vom Engel in der katholischen Kunst und Frömmigkeit wieder mehr und mehr im echt biblischen Geist erneuert worden. Je größer – auch durch das Wirken der Wissenschaft – unser Bild von der Welt als Schöpfung Gottes wird, um so mehr müßte auch unser Bild und unser Verhältnis zu den größten Geschöpfen, den Engeln, als den unmittelbaren Dienern Gottes, wieder wachsen (zur Ikonographie der Engel vgl. LThK III [1959] 872 ff. – LCJI [1968] 626–642).

4. TEIL

DAS GEHEIMNIS DER SÜNDE IN DER SCHÖPFUNG GOTTES (HAMARTIOLOGIE)

Theologie ist »Glaubenswissenschaft«. Sie hat die Aufgabe, die Offenbarungswahrheiten der Schrift, die im Glauben der Kirche wirksam und lebendig sind, vor den Fragen der Zeit immer neu zu bedenken. Die letzte und wohl geheimnisvollste Offenbarungswahrheit, die hier in der Schöpfungslehre bedacht werden muß, ist die Wahrheit von der »Sünde« als einer geschichtlichen Realität in der Schöpfung Gottes. Ausdrücklich stellt Paulus als Fundament seiner Gnadentheologie im Römerbrief heraus: »Alle haben gesündigt und ermangeln der Herrlichkeit Gottes. Gerechtfertigt werden sie geschenkweise durch seine Gnade aufgrund der Erlösung in Jesus Christus, den Gott darbot als Sühnopfer, durch Glauben, in seinem Blut, zum Erweis seiner Gerechtigkeit, da er die früher geschehenen Sünden hatte hingehen lassen in seiner göttlichen Geduld, – zum Erweis seiner Gerechtigkeit in der jetzigen Zeit, auf daß er selber gerecht sei und gerecht mache den (Glaubenden) aus dem Glauben an Jesus« (Röm 3,23–26; vgl. 9,22 f). Gal 3,22 sagt er: »Die Schrift hat alles unter die Sünde beschlossen, damit die Verheißung den Gläubigen durch den Glauben an Jesus Christus gegeben werde«, und Röm 11,32: »Gott hat alle in den Ungehorsam einbeschlossen, damit er sich aller erbarme.« – Was ist das für eine geheimnisvolle Wirklichkeit, die der Schöpfer Gott in seiner Schöpfung hat hingehen lassen und die er durch das noch größere, absolute Geheimnis des »Christusereignisses«, durch die Menschwerdung Gottes, durch den Sühnetod des Gottessohnes am Kreuz beantwortet hat? Die ganze Heilsgeschichte, d. h. die konkrete Geschichte dieser Welt als Schöpfung Gottes, gesehen und verstanden vom Schöpfergott her, hat in diesem Geheimnis der Sünde jenes Fundament, das wir Menschen ständig erfahren können, anders erfahren als die Schöpfung selbst, die nur in den Grenzsituationen von Werden und Vergehen, von Geburt und Tod analog für uns greifbar wird. – Sünde und Gnade werden das ganze Leben hindurch von uns erfahren. Dabei läßt sich Gnade als positive Wirklichkeit, als Neuanfang und neues Leben und als ein Ja viel leichter in der Erfahrung erfassen, als die Sünde, die ein Nein ist, das erst in seinen Folgen für das menschliche Leben langsam erfahren wird. Dazu fordert die Erfahrung und Anerkennung von Sünde viel mehr menschliche Anstrengung, ein Sich-selbst-in-Frage-Stellen bis in die Tiefe und Weite des menschlichen Herzens, anders als die Erfahrung der Gnade, die selber unser Herz tiefer und weiter macht und gerade dadurch erfahrbar wird. – Diese Problematik im Geheimnis der Sünde ist wohl der Grund, warum dieses Stück der

Schöpfungslehre ganz anders, als die voraus besprochenen positiven Stücke, erst auf einem längeren theologischen Weg zu erarbeiten ist. Wir wollen diese Wirklichkeit verständlich machen, indem wir in einem 9. Abschnitt uns um ein Glaubensverständnis von Sünde mühen, um dann mit einem 10. Abschnitt die Wirklichkeit und Bedeutung der Sünde in der Welt der reinen Geister, der Engel, soviel die Offenbarung dazu sagt, zu erschließen, und schließlich in einem 11. Abschnitt Wirklichkeit und Bedeutung der Sünde in der geschichtlichen Welt des Menschen sichtbar und verständlich zu machen.

9. ABSCHNITT

DAS WESEN DER SÜNDE

In einem einzigen Paragraphen sei hier die Frage erörtert, was Sünde ist. Daß wir trotzdem einen eigenen Abschnitt daraus machen, hat seinen Grund darin, daß hier die Wirklichkeit Sünde allein in ihrer von der Offenbarung her gegebenen theologischen Sicht vorgestellt werden soll. Gegenüber dieser Betrachtung sind die beiden folgenden Überlegungen primär durch den geschichtlichen Charakter ihrer Aussagen gekennzeichnet.

§ 43 Die Sünde (Wesen und Arten, Ursachen und Folgen)

ThW I (1933) 267–320: ἁμαρτάνω. – J. HAAS, Die Stellung Jesu zu Sünde und Sünder nach den vier Evangelien (Studia Frib. 7), Freiburg i. S. 1953. – J. RÉQUIER, Les sens du péché, Paris 1954. – H. RONDET, Notes sur la théologie du péché, Paris 1957. – P. RICOEUR, Finitude et culpabilité, 2 Bde., Paris 1960. – P. SCHOONENBERG, Theologie der Sünde, Einsiedeln 1966. – L. SCHEFFCZYK, Wirklichkeit und Geheimnis der Sünde (Christliches Leben heute 10/11), Augsburg 1970. – L. LIGIER, Die Offenbarung der Sünde im Mysterium Christi, IKZ 6 (1973) 505–534 (505 Lit.!). – H. VOLK, Emil Brunners Lehre vom Sünder, Münster 1950. – G. SCHEPERS, Die Schöpfung und die allgemeine Sündhaftigkeit. Die Auffassung P. Tillichs im Kontext der heutigen Diskussion (Koinonia, 12), Münster 1974. – W. G. KÜMMEL, Röm 7 und das Bild des Menschen im NT (Theol. Bibl. 53), München 1974.

1. Sünde im christlichen Verständnis gibt es nur vor dem lebendigen Gott der Offenbarung. Je nach der Vorstellung von Gott und Welt wandelt sich darum auch das Sündenverständnis. In einer säkularisierten Welt ist Sünde darum nicht mehr verständlich. Hier gibt es statt dessen »Übel«, das eine allgemeine Unordnung in der Welt meint und von jedem getragen werden muß; »Fehler«, die man am Schaden mißt, den sie bringen; »Unglück«, das schicksalhaft den Unschuldigen ebenso wie den Schuldigen trifft; »Irrtum«, der situationsbedingt ist, für den man nicht kann; »Leid«, mit dem man sich abfinden muß; schließlich die Freiheit zu einem »Nein« gegenüber einer Forderung oder Verpflichtung, die der Mensch in einer bestimmten Situation für unzumutbar oder nicht mehr verbindlich erachtet oder erklärt. – Sünde im Sinne der Offenbarung meint demgegenüber ein menschliches Tun gegen Gott

oder die von ihm in seiner Welt gegebene Ordnung, ein Tun, in dem der Mensch »schuldig« wird im spezifischen Sinn des Wortes, das nur begreiflich ist, wenn Schuld erkannt und anerkannt wird. »Sünde« hat darum immer zugleich eine objektive und subjektive Seite, diese beiden sind nicht von einander zu trennen. Das rechte und umfassende Verständnis von Sünde ist Voraussetzung für das ganze Christusereignis des NT, für Person, Werk und Schicksal des Jesus von Nazareth, aber auch für das Verständnis von Kirche und Mensch.

2. Die Schrift kennt mehrere Ausdrücke für das, was »sündigen« im christlichen Verständnis bedeutet, und die Lehre von der Sünde zeigt in der Schrift auch entsprechend dem Wandel des Gottesbildes und des Weltverständnisses eine bedeutende innere Entwicklung. Der häufigste Ausdruck für »sündigen« ist chatta, das in der LXX mit ἁμαρτάνειν (= peccare, Vulg.) wiedergegeben wird (238 mal). Es bedeutet »verfehlen eines Weges«, also *»Vergehen«*, *»Fehltritt«* oder auch *»Missetat«*. Die Aussage erscheint meist als Eingeständnis des Menschen gegenüber Gott, daß er einen Fehltritt getan habe, daß Gott aber in dieser Sache im Recht sei. So bekennen die Brüder Josephs ihre Schuld (Gen 42,21 ff), ähnlich der Pharao von Ägypten (Ex 9,27); Saul erkennt und bekennt seinen Ungehorsam, da ihn Samuel zur Rede stellt (1 Sam 15,22–26), möchte freilich sein Vergehen »entschuldigen« und wird darum verworfen. David bekennt, von Nathan gemahnt, sein Vergehen gegen Urias, er bereut es und findet darum Vergebung (2 Sam 12,13; Ps 51,6). – Der »Weg« ist im orientalischen Denken »heilige Ordnung«; Sünde meint darum auch Verstoß gegen diese heilige Ordnung als *»Unrecht tun«* (awah), als Ungerechtigkeit, die als Schuld erkannt und als Last getragen wird. So etwa von Kain (Gen 4,13), und Aaron soll zum Zeichen dafür, daß er die Verfehlungen der Israeliten bei ihren Opfern als Priester auf sich nimmt, das Stirnblatt tragen (Ex 28,36–38). Ebenso muß der Prophet Ezechiel die Schuld Israels und Judas symbolisch auf sich laden (Ez 4,4–6), und vom Gottesknecht wird bei Isaias gesagt, daß er unsere Schuld tragen wird (Is 53,4 f; 11; vgl. Joh 1,29). – Daß Sünde noch tiefer eine persönliche Aufsässigkeit und Beleidigung des persönlichen Gottes sei, wird durch das Wort »paša« zum Ausdruck gebracht, das zuerst in Exodus (23,21) erscheint und dann vor allem von den Propheten gebraucht wird (Hos 7,13 f; 8,1; 14,1); es will die Widerspenstigkeit Israels als des Bundesvolkes gegen Jahwe, seine Untreue und

seine Vergehen gegen den Bund zum Ausdruck bringen. – Diese Sünde bewirkt darum, daß Jahwe »gekränkt, erzürnt« (kaas = παροργίξω: Dt 4,25; 9,18; Jer 32,29), ja »verbittert« wird (naas = παροξύνω: Dt 31,20). – Grundlage dieser Sündhaftigkeit Israels ist darum seine *»Halsstarrigkeit«*, Hartnäckigkeit (Ex 32,9; Dtn 9,13; Is 48,4; Jer 19,15) und seine *»Hartherzigkeit«* (Is 63,17; sie haben ein »Herz von Stein«, und Gott wird ihnen aus Gnade ein »Herz von Fleisch« schenken: Ez 11,19; 36,26). Israel wird genannt *»unbeschnitten an Herz und Ohren«* (Jer 4,4; 6,10; 9,26; Ez 44,7; Apg 7,51: σκληροτράχηλοι καὶ ἀπερίτμητοι καρδίαις καὶ τοῖς ὠσίν). – Im NT, da durch die Menschwerdung Gottes Gott dem Menschen so unendlich näher gerückt ist, ist auch die Sünde als innerste Unordnung des Menschen vor Gott noch tiefer gesehen. Hier steht darum neben den Aussagen über die einzelnen Sünden (ἁμαρτήματα: Mk 3,28; παραπτώματα: Mk 11,25) das Wort von *»der Sünde«* (ἡ ἁμαρτία) als Sündhaftigkeit des Menschen. Vor allem bei Pauls erscheint diese Sünde beinahe wie eine »personifizierte Macht«: »Die Sünde ist in die Welt gekommen« (Röm 5,12), »herrscht in der Welt« (Röm 5,21), »die Menschen sind Sklaven der Sünde« (Röm 6,6.17; 7,14) und »die Sünde hat ihr eigenes inneres Gesetz« (Röm 7,23; 8,2). Ähnlich spricht Johannes von der Macht der Sünde im Menschen (Joh 8,21.34; 9,41) und schließlich von der Macht der Sünde in der Welt überhaupt (Joh 1,29; 16,8 f). – Als echtes *»Geheimnis der Bosheit«* (2 Thess 2,7 f: ἀνομία) erscheint schließlich die Sünde in den eschatologischen Reden des NT, so viermal bei Matthäus (7,23; 13,41; 23,28; 24,12), und Paulus macht diese »eschatologische Macht« deutlich, wenn er sagt: »Zieht nicht am fremden Joch mit den Glaubenslosen zusammen! Denn was hat die Gerechtigkeit mit der Ungerechtigkeit zu schaffen? Was haben Licht und Finsternis gemeinsam? Wie vertragen sich Christus und Belial? Was hat der Gläubige gemeinsam mit dem Ungläubigen?« (2 Kor 6,14 f; vgl. Tit 2,13 f). – Dabei sei schon hier darauf hingewiesen, daß bei Johannes der Grund für diese »böse Macht« mehr im »Satan« gesucht wird (vgl. 1 Joh 3,4.8), während Paulus den Grund für sie mehr in der Zugehörigkeit zum ersten Adam sieht, weshalb die Erlösung von Sünde im zweiten Adam geschieht (vgl. Röm 5,12–21; 1 Kor 15,21 f). Dieses zuletzt Gesagte macht deutlich, daß Sünde nicht das Letzte ist, daß die Erlösung in Christus und damit Gott selbst und seine Schöpfung, sein Bund mit den Menschen und die Einheit der Menschen mit Christus in seiner Kirche nicht nur das Ziel, sondern schon jetzt der Weg zum Ziel sind. Doch solange wir auf diesem Wege sind, ist die Sünde eine große, geheimnisvolle Wirklichkeit in der Welt Gottes.

3. Schon der kurze Hinweis auf die wichtigsten Aussagen der Schrift gibt die Möglichkeit, in einer *Phänomenologie der »Sünde«* die konstitutiven Momente und ihre gegenseitige Zuordnung sichtbar zu machen.

a) Sünde ist theologisch gesehen zunächst eine persönliche *Meintat gegen Gott.* Das Geschöpf Mensch möchte sein wie Gott, der Schöpfer (vgl. Gen 3,5), will nicht mehr Gott dienen (vgl. Jer 2,20: »Von jeher zerbrichst du dein Joch, zerreißest deine Stricke und sprichst: Ich will nicht dienen«, wendest Gott den Rücken zu :vgl. Jer 2,27). Der Sünder ist, in der *Schöpfungsordnung* gesehen, »undankbar« (vgl. 1 Kor 4,7: »Was hast du, was du nicht empfangen hättest . . .«) und »treulos« (Dt 32,20; Lk 9,41) gegen seinen Schöpfer, Herrn und Vater. Noch tiefer kommt diese innere Bosheit der Sünde in der *Heilsordnung* in Sicht: die Klagen Gottes, das Werben und das Drohen Gottes gegenüber Israel bei Jeremias (Kap. 2–5) bringen das Geheimnis der Sünde als einer persönlichen Meintat, als Undank und Treulosigkeit des Geliebten vor seinem Liebhaber, dem Bundesgott Israels, erschütternd zum Ausdruck (vgl. Lamentationes vom Karfreitag: »Mein Volk, was hab ich dir getan . . .«).

b) Diese Rebellion des Menschen gegen Gott äußert sich aber auch in seinem *Verhalten gegenüber den Ordnungen,* die der Schöpfergott in seine Welt gelegt, der Bundesgott als Gesetz seines Bundes der Liebe aufgestellt hat. Alle Ordnungen, denen der Mensch nach der oben vorgestellten Struktur seines Wesens zugeordnet ist, die sachliche Seinsordnung, noch mehr die geistig-sittliche religiöse Wertordnung und wiederum mehr die personale Ordnung der Gottes- und Nächstenliebe, sie sind dem Menschen gegeben, damit er sie beachte, bejahe, besorge, verwirkliche und entfalte. Zusammenfassend sagt der Psalmsänger darum: »Tibi soli peccavi (personal) et malum (sittlich-sachlich) coram te feci (Ps 51,6).

c) Noch deutlicher wird der Eingriff der Sünde in das Wesen des Menschen, wenn wir nicht nur den Fehltritt, die Meintat betrachten, wenn wir vielmehr auf die *Verkehrtheit des menschlichen Herzens* selbst schauen, das hinter dieser Tat steht. Die Wege Gottes und seine Gebote werden ja vom Menschen richtig erst in seinem Innersten, in seinem »Gewissen« erkannt. Darum sagt Sir

17,6 ff: »Gott gab dem Menschen ein Herz zum Denken; mit kluger Einsicht hat er sie erfüllt und sie gelehrt zu erkennen Gut und Böse.« Paulus erläutert diese Aussage mit den Worten: »Was nicht aus dem Gewissen ist (ex fide), das ist Sünde« (Röm 14,23). Doch schon im Paradies strebte der Mensch nach einer »autonomen Erkenntnis von Gut und Bös« (Gen 3,4–6), da er nach der Frucht des Baumes griff, und immer wieder ist es eine Grundversuchung des Menschen, nicht Gottes Ordnungen zu seinen eigenen Ordnungen zu machen, sondern umgekehrt, die eigene Ordnung des verkehrten Herzens für Gottes Ordnung zu erklären oder wenigstens dem eigenen Gesetz zu folgen, auch wenn es das Gesetz ist, das dem Gesetz Gottes und ebenso »dem Gesetz meiner Vernunft widerstreitet und mich gefangennimmt durch das Gesetz der Sünde, das in meinen Gliedern ist« (Röm 7,23). Paulus nennt dieses verkehrte Gesetz selbst »die in uns einwohnende Sünde« (Röm 7,17.19). Hier ist die Quelle der Sünde die »Abkehr von Gott und Hinwendung zu einer zum Götzen gemachten Kreatur« (vgl. Augustinus). Das von Gott geschenkte *»Gewissen«* ist dagegen jenes Existenzorgan des Menschen, in dem die von Gott gegebene Schöpfungsordnung in der jeweiligen subjektiven Situation des Menschen in Freiheit und zur Freiheit erfaßt wird. Die tiefe Diskrepanz zwischen der wahren Ordnung Gottes und der Menschenordnung aus der Sicht der den Menschen einwohnende Sünde bringt Paulus zum Ausdruck in der großen Gegenüberstellung von *»Geist und Fleisch«* (vgl. Röm 7,25 – 8,11: das Trachten des Fleisches ist feindlich gegen Gott; Gal 5,16–26) und die Sünden der zahlreichen »Lasterkataloge« (vgl. Mt 25,41–46; Röm 1,24–32; Kol 3,5–11) werden von Paulus als »Werke des Fleisches« (vgl. Gal 5,19–21) zusammengefaßt, und ihnen wird die eine Frucht des Geistes in ihrer neunfachen (Vulg.: zwölffachen) Fächerung gegenübergestellt (Gal 5,22: »Die Frucht des Geistes aber ist Liebe, Freude, Friede, Geduld, Freundlichkeit, Güte, Treue, Frömmigkeit, Enthaltsamkeit«).

d) Mit diesen zuletzt genannten Aussagen wird wohl das Tiefere angezeigt, das eigentliche »Geheimnis der Sünde«, das in dem Begriff *»Schuld«* zuerst angesprochen wird. Schuld ist eine Wirklichkeit, die der Mensch sich zuziehen, sich aufladen, aber nicht mehr selbst tilgen, nicht mehr losbringen kann. Er kann nur den Beleidigten (Gott) bitten, daß er ihm die Schuld erlasse, schenke, verzeihe. »Wer kann Sünden vergeben, außer Gott allein?« (Lk 5,21; vgl. Is 43,25; 55,7; Joh 5,14). Was diese »Schuld« bedeutet, wird für den Christen sichtbar an dem »Sühnopfer Jesu Christi zur Vergebung der Sünden« (Mt 26,28). Dem »Geheimnis der Bosheit« (μυστήριον τῆς ἀνομίας: 2 Thess 2,27) entspricht »der Skandal und die Torheit des Kreuzes« (σκάνδαλον – μωρία: 1 Kor 1,23). Das Geheimnisvolle, d. h. das die natürliche Dimension wesenhaft Überschreitende in dieser »Schuldhaftigkeit« der Sünde gründet in der Absolutheit des Abstandes von Schöpfer und Geschöpf, der Liebe Gottes zu seinem ihm ebenbildlichen Geschöpf, gerade wenn es schuldig geworden ist (Erlösungsgeheimnis) und schließlich in der alles überragenden Herrlichkeit des Zieles, das Gott dem Menschen gesetzt hat in der Erfüllung bei ihm (1 Kor 2,9), auch wenn er dieses Ziel als Sünder nur durch Bekehrung und Vergebung hindurch als Christ nur durch das Kreuz Christi erlangen kann. Die Frage, welcher Heilige im Himmel der größere ist, der Sünder, der durch die Gnade Gottes zum Büßer und zum Bekehrten geworden ist, oder der Unschuldige, der durch die Gnade Gottes schuldlos geblieben ist, ist eine theologische Frage, die nicht zu beantworten ist.

e) Dieses Ineinander von *persönlichen und sachlichen, sittlichen und mystischen* Elementen in der Wesensstruktur der Sünde wird deutlich, wenn Johannes in seinem ersten Brief kurz hintereinander schreibt: »Sagen wir, wir haben keine Sünde, so betrügen wir uns selbst, und die Wahrheit ist nicht in uns« (1,8: sachlich und heilsgeschichtlich) und »wer immer aus Gott gezeugt (geboren) ist, begeht keine Sünde, weil Gottes Same in ihm bleibt, und er kann nicht sündigen, weil er aus Gott gezeugt ist« (3,9: sittlich-mystisch; vgl. dazu 2 Kor 6,14 f). – Mit dieser Vielheit der Strukturelemente im Wesen der Sünde hängt auch zusammen, daß in einer philosophischen, geschichtsfremden Seinsbetrachtung Sünde als »Übel« bald im manichäischen Sinn als eine *»böse Wirklichkeit«* (Verdinglichung) erscheinen kann, während sie in einer ebenso geschichtsfremden neuplatonischen Betrachtungsweise als ein *»nicht-Seiendes«* (μὴ ὄν), als ein bloßer »Mangel« (esse deficens) gesehen wird. Die christliche Betrachtung schaut in der Sünde die menschliche Freiheit (libertas humana) und die von Gott gegebene Ordnung (lex aeterna) zusammen. »Sünde bezeichnet nicht nur die privatio boni, die in der Ungeordnetheit liegt, sondern vielmehr den menschlichen Akt, dem dieser Mangel innewohnt« (Thomas v. Aquin, S.Th. I II q 75 a 1 c und ad 1). Die unterschiedliche Auffassung von Sünde auch im christlichen Raum wird deutlich, wenn Thomas die Frage, ob das Sündigenkönnen Zeichen der menschlichen Freiheit sei, verneint, während Scotus diese Frage bejaht. – Von den genannten Strukturelementen her sind die zahlreichen

»Arten von Sünden« zu verstehen (vgl. Tatsünde und Unterlassungssünde; Sünde per excessum und Sünde per defectum; Sünde per cogitationem, verba et opera usw.), wie auch die Mitverursachung der Sünden durch die verschiedenen Seelenkräfte außer Verstand und Willen sowie durch die Verhältnisse (circumstantiae), in denen der Mensch steht. Auch die peccata ignorantiae (occulta!) und die peccata aliena sind hier einzuordnen (vgl. Ps 19,13: Ab occultis meis munda me, et ab alienis parce servo tuo! vgl. Thomas v. Aquin, S.Th. I II q 72–74). In der Weltbetrachtung des P. Teilhard de Chardin erscheint Sünde mehr als ein unpersönliches schicksalhaftes »Übel«, denn als persönliche Tat (vgl. A. Haas, Teilhard de Chardin Lexikon [HB 407 f], Freiburg i. Br. 1971, II 351 f).

f) Die Schrift selbst gibt Anlaß zu bestimmten Charakterisierungen von Sünden: (1) *Todsünde und läßliche Sünde:* War für schwere Vergehen in der älteren Zeit des AT noch Ausschluß aus der Volksgemeinschaft angedroht (vgl. Gen 17,14; Num 9, 13), so spricht Dtn dann von dem »Fluch«, der als Strafe ausgesprochen wird (27,15–26), und das NT bringt eine Anzahl von Sündenkatalogen, die Ausdruck für eine sündige Haltung sind, die vom Himmelreich ausschließt (vgl. Eph 5,3–5; 1 Kor 6,9 f; Phil 3,18 f). Johannes schließlich unterscheidet eine »Sünde zum Tode« (wer eine solche begeht, für den soll man nicht mehr beten) und »eine Sünde, die nicht zum Tode ist« (1 Joh 5,16 f: einem solchen Sünder hilft unser Fürbittgebet). An zahlreichen Stellen spricht die Schrift von »vergebbaren Sünden« (Mt 6,12: Vaterunserbitte!) oder von Sünden, die durch »Läuterung« getilgt werden (1 Kor 3,15: »Er wird gerettet, jedoch wie durch Feuer hindurch«). Die Kirche hat darauf ihre Unterscheidung zwischen »schweren und läßlichen Sünden« aufgebaut und ausdrücklich die Ansicht des M. Bajus, jede Sünde verdiene ewige Strafe, verworfen (DS 1920 – D 1020 – NR 856). – Die Moraltheologie hat darzutun, wieweit der Unterschied zwischen diesen beiden Arten von Sünde durch die scholastische Unterscheidung von contra legem und praeter legem getroffen wird, wieweit der Sachbereich (Gottes- oder Nächstenliebe oder Sachgüter), wieweit das Maß der Einsicht und der Freiheit, wieweit die Motivation und anderes diese Unterscheidung begründen kann. Bei diesen Überlegungen hat man sich in gleicher Weise vor Rigorismus wie vor Laxismus zu hüten. – (2) *Aktuelle und habituelle Sünde:* Aktuelle Sünde besteht im je neuen persönlichen Sündenakt des Menschen. Von habitueller Sünde spricht man, wo eine »latente, sündige Grundhaltung der Seele« vorliegt, die von selbst und fast notwendig zur aktuellen Sünde führt, sobald diese Haltung durch äußere oder innere Umstände aktualisiert wird (z. B. Haß). Hier ist auch der *»Acht-Laster-Katalog«* zu nennen, der zuerst von Evagrius Ponticus († 399) in seinem Antirrheticus erarbeitet wurde und abgewandelt bei Cassian (Coll. V 2: PL 49,611) und Gregor d. Gr. erscheint und unter dem Thema »Hauptfehler« in die Beichtspiegel der Kirche seit der Barockzeit eingegangen ist: Stolz, Geiz, Neid – Zorn, Trägheit, Völlerei – unbeherrschte Sexualität und Traurigkeit (vgl. M. W. Bloomfield, The Seven Deadly Sins, Michigan 1952). Moderne Psychologie vermag hinter diesen »Lastern« oft psychophysische Störungen als Ursachen zu entdecken. Es ist jedoch irreführend, die Freiwilligkeit, die Schuldhaftigkeit und damit die Bekehrungsmöglichkeit für die »aktuellen Sünden« deshalb leugnen zu wollen. – (3) Als Sünde besonderer Art hebt die Schrift noch hervor *»die Sünde mit erhobener Hand«* (Num 15,30: offener Fluch gegen den lebendigen Gott). – Hier nutzt kein Sündopfer des Priesters mehr; »ausgerottet werde der Sünder aus seinem Volke«, verlangt das atl. Gesetz. – Vielleicht ist im NT dem vergleichbar das Wort Jesu zur *»Sünde wider den Hl. Geist«* (Mk 3,22–30 Par.). Es ist dies wohl das habituelle Sich-Versagen des Menschen gegen Gott, der ihn trotzdem immer sucht. Dieses Immer-sich-Verschließen sucht sich selbst zu rechtfertigen, indem es die Gnadenerweise Gottes als Werke des Bösen auslegt (Teufelsaustreibung durch Beelzebub). »Wer aber lästert wider den Hl. Geist, findet in Ewigkeit nicht Vergebung, sondern er ist ewiger Sünde verfallen« (Mk 3,29). – Die Sünde endlich wider das Leben des anderen wird als *»himmelschreiende Sünde«* gekennzeichnet (Gen 4,10 f; Ex 22, 20–23; Jak 5,40). – Wenn Luther alle Sünden als *»Sünden des Unglaubens«* deklariert, hat er das Christliche wohl zu sehr auf das Personale eingeengt und die große Welt der göttlichen Ordnungen auch in der außerpersonalen Schöpfung, die den Menschen als Person trägt, zu wenig beachtet.

4. Gegen die Aussage der Schrift, daß Sünde eine persönliche Meintat gegen Gott ist, stellt die Theologie die Frage, *ob denn die Sünde Gott,* den ganz Anderen, den Transzendenten *überhaupt treffen könne.* Die Antwort darauf muß lauten: Gott ist nicht nur der Transzendente, in der Offenbarung erscheint er immer als »im Bund mit den Menschen« und Sünde richtet sich gegen diesen Bund und damit gegen Gott. Der transzendente, heilige Gott ist zugleich

als Schöpfer der immanente Gott in seiner Schöpfung. Die Offenbarung spricht darum von besonderen »Reaktionen« Gottes auf die Sünde des Menschen. Es heißt hier: Gott zürnt. Der göttliche Zorn ist die Züchtigung der Sünde, nicht der Ausbruch der schlechten Stimmung oder der Eifersucht in Gott. Dies ist besonders deutlich im NT, während im AT, sich noch Aussagen vom Zorne Gottes finden, die geheimnisvolle, dämonische Züge tragen (vgl. Ex 4, 24–26; Gen 32,23–33; 2 Sam 24,1). Vor allem bei Paulus und in der Offenbarung erscheint dieser *Zorn Gottes* (ὀργή: 33 mal) als Bild, um die Bosheit der Sünde zu charakterisieren. Der Gerichtstag ist der Tag des Zornes Gottes (Röm 2,5; Apk 6,16 ff; vgl. ThW V [1954] 382–448 ὀργή). – Wiederum ist der Zorn Gottes nicht das Letzte; höher ist die Barmherzigkeit Gottes, so daß Paulus von den Christen zugleich als »Gefäßen des Zornes und Gefäßen des Erbarmens« (Röm 9,22) sprechen kann. Der Zorn Gottes bringt dem Menschen Tod (Röm 1,18) und Verderben (Röm 9,22); die Bekehrung (μετάνοια) befreit den Menschen von der Wirkung dieses Zornes (1 Thess 1,10; Joh 3,36). Ähnliches kommt zum Ausdruck, wenn die Schrift davon spricht, daß es »*Gott reute*, den Menschen auf Erden gemacht zu haben« (Gen 6,6), oder daß Gott für sein Volk, das er liebt, »*eifersüchtig* geworden ist« (vgl. Is 9,6; 37,32 = 2 Kön 19,31; Ez 36,5), um immer wieder seine Rechte und seine Herrlichkeit in diesem Volk herzustellen. Der letzte, höchste Hinweis auf diese »freiwillige Betroffenheit Gottes durch die Sünde des Menschen« ist, daß er sich selbst entäußert (Phil 2,7), seinen eingeborenen Sohn für uns dahingibt (Joh 3,16), ja, ihn »zur Sünde macht für uns« (2 Kor 5,21), damit wir Menschen wieder »Gerechtigkeit Gottes« würden. Vom Rückfall des Christen in die Sünde sagt der Hebräerbrief 6,4–6: »Sie kreuzigen für sich abermals den Sohn Gottes.«

5. Die *Ursache der Sünde* kann nur in der Freiheit des Geschöpfes liegen, das zugleich nach Gottes Willen in der Gnadenordnung stehen muß, wenn es nach Gottes Plänen sein soll. Eine »creatura naturaliter impeccabilis«, also einen Menschen, der seiner Natur nach nicht sündigen könnte, gibt es nicht, ebensowenig wie eine »substantia creata supernaturalis«, d. h. ein geschaffenes Wesen, das seiner Natur nach übernatürlich wäre. – In *Maria* war die Sünde nur de facto, durch das Gnadenprivileg Gottes, ausgeschlossen. *Christus* ist impeccabilis (unsündlich), weil er nicht bloßer Mensch, sondern Gott-Mensch in einer Person ist. – Auf die Frage,

ob Gott selbst Ursache der Sünde sein könnte, da er den Pharao verhärten läßt (Ex 4,21; 7,3), und Paulus später sagt: »Wen Gott verhärten will, den verhärtet er« (Röm 9,18), ist zu sagen, daß hier nur von der transzendentalen Gegenwart des Schöpfergottes in seiner Schöpfung gesprochen wird, wo von »Allursächlichkeit« (nicht Alleinursächlichkeit) die Rede ist. Vom lebendigen, geschichtlichen Gott aber gilt: »Gott kann vom Bösen nicht versucht werden, und er versucht niemanden« (Jak 1,13 ff). – Dennoch kann Gott die Sünde zulassen, a) als Strafe für vorausgegangene Sünden, b) da für den Menschen aus dieser negativen Erfahrung Positives erwachsen kann wie Reue, Buße, Bekehrung, demütiger Dank und treue Liebe (vgl. Lk 15,17 ff: der heimgekehrte, verlorene Sohn in P. Wust, Ungewißheit und Wagnis, Salzburg 1937).

6. Auch die *Wirkungen der Sünde* sind nicht in einem säkularisierten Denken psychologisch und juristisch zu verstehen, sondern müssen aus der übernatürlichen Situation und Zielsetzung des Menschen verstanden werden. Die Pelagianer haben die Folgen der Sünde *naturalistisch verharmlost*: Sünde bringe natürlichen Schaden und bedeute schlechtes Beispiel. – Die Reformatoren haben Sünde *naturalistisch übertrieben*: Sünde zerstöre die Natur und mache sie zum Guten vor Gott unfähig. – Die rechte Auffassung von den Wirkungen der Sünde ist vom Übernatürlichen her zu nehmen.

a) Als erste Wirkung der Sünde ist zu nennen: Sie macht vor Gott *schuldig* (Lk 15,21: Ich bin schuldig vor dem Himmel und vor dir: reatus culpae). In der Sprache der hl. Schrift heißt dies: Gott zürnt dem Sünder, der Sünder verfällt dem Zorn (der Strafgerechtigkeit) Gottes (vgl. Mt 3,7; Joh 3,36; Röm 1,18; 2,5; 9,22; Eph 2,3 usw.). Das Strafgericht Gottes, welches das durch die Sünde verletzte Recht (Ordnung und Wille und Liebe Gottes) wiederherstellen will, wird in der Schrift »Zornkelter Gottes« genannt (vgl. Is 63,3; Apk 14,19 f; 19,15: reatus poenae; vgl. ThW V [1954] 382–448: ὀργή). – Das »Feuer« im Fegfeuer und in der Hölle ist Ausdruck der göttlichen Gerechtigkeit und Liebe (vgl. Mt 18,21–34). Die Schrift hat noch einen sehr sachlichen Schuldbegriff (vgl. ThW V [1954] 559–565: ὀφείλω; vgl. Mt 6,12: Schuldigkeit des Geschöpfes vor dem Schöpfer) und darum auch einen sehr sachlichen Strafbegriff.

b) Wohl kennt die Schrift auch die subjektive Seite, das »schlechte *Gewissen*« als Wirkung der Sünde unter dem Namen »Herz«

(1 Sam 24,6; 25,31; 2 Sam 24,10) oder »tiefe innere Unruhe« (vgl. Ps 32; Spr 15,16; 28,1), von der oft die Rede ist (vgl. Gen 3,8.10; Ex 32,22 ff). Der Mensch wird durch die Sünde dem Fleische gehorsam (Gal 5,16–26; Röm 7,14–18), die »Begierde« wird in ihm übermächtig (Röm 7,7 f), er verfällt in die »Knechtschaft der Sünde und des Gesetzes und des Satan« (vgl. Röm 6,15–23; 5,14; Gal 4,3–10); er wird zu einem »Menschen in lauter Konflikten«, die er selbst nicht mehr zu lösen vermag (vgl. Sartres Existenzverständnis). Die Schrift spricht auch von einer *Verfinsterung des Geistes* als Strafe Gottes (obcaecatio und obduratio: Ex 7,3–7).

c) Da das sündige Handeln des Menschen auch die natürlichen Ordnungen der Welt stört, kann die Sünde auch *»natürliche Folgen«* haben, die in der Schrift als Strafen oder Heimsuchungen Gottes gedeutet werden (vgl. Gen 42,21 ff; 2 Sam 12,1–13: David). Jesus weint über Jerusalem, weil es seine »Heimsuchung« nicht erkannt habe (Lk 19,41 f).

d) Wie die Sünde die Gnade zerstört (destruit, annihilat), wurde von den Theologen gemäß den verschiedenen Auffassungen von Gnade verschieden erklärt: Als Abwendung von der Lichtquelle der Gnade in Gott (Bonaventura), als Zerstörung der natürlichen Voraussetzungen der übernatürlichen Gnade im Menschen (Thomas von Aquin), als direkte Wirkung der Sünde (causa deficiens) gegenüber der Gnade (Wilhelm von Mare, Matthäus von Aquasparta).

e) Sünde *zerstört* nicht nur die Gnade, sondern auch alle *vorausgegangenen Verdienste*, die mit Hilfe der Gnade erworben worden waren (exspoliatio: Mk 3,27; vgl. KKD VII 183 f). Auch die mit der Gnade verknüpfte übernatürliche Tugend der Gottesliebe wird zerstört, und Glaube und Hoffnung werden geschwächt (vgl. DS 1544 – D 808 – NR 814).

f) Ein besonderes Charakteristikum des jüdisch-christlichen Sündenbegriffes ist es, daß Sünde nicht nur sehr stark im objektiven Raum (Lev 5,17), sondern auch vor allem *im sozialen Raum* steht, so daß der Einzelne nicht nur für sich, sondern auch für seine Familie und Sippe, für Volk und Kirche sündig wird (Lev 4,3; Jos 7,11–15; 2 Sam 21,1; Is 14,21 usw.), ja selbst für seine Nachkommen (Ex 20,5; 34,7), was nicht etwa durch völkisches Denken, sondern allein durch das Verständnis für »die Solidarität der Heilswirklichkeit« (Adam und Christus als korporative Personen) erklärt werden muß. Die Lehre von der »Erbsünde« wird dazu Näheres zu sagen haben. – Das letzte Wort ist jedoch auch hier nicht die Sünde, sondern die Gnadenhuld Gottes, in der der Vater seinen Sohn »die

Zornkelter« für den Menschen treten läßt (vgl. Apk 14,19 f) und der Vater den Sohn, »der von keiner Sünde wußte, für uns Sünde werden ließ, damit wir Gerechtigkeit Gottes würden in ihm« (2 Kor 5,21). – (Zur »Sündenvergebung« vgl. KKD VII [1972] 138–147; E. Dassmann, Sündenvergebung durch Taufe, Buße und Martyrerfürbitte in den Zeugnissen frühchristlicher Frömmigkeit und Kunst [Münstersche Beiträge zur Th. 36] Münster 1973).

10. ABSCHNITT

DIE SÜNDE DER ENGEL

Die Sünde als geschichtliche Wirklichkeit in der Schöpfung Gottes ist nach den Aussagen der Schrift nicht nur Sache der Menschen; manches, nicht nur das Wirken des Satans in der Menschenwelt, sondern schon der Bericht vom »Sündenfall der Stammeltern« (Gen 3) scheint darauf hinzuweisen, daß das Böse in der Schöpfung zuerst in der Engelwelt aufgesucht werden muß, wenn es in der Menschenwelt »heilsgeschichtlich« (nicht nur ethisch) richtig verstanden werden soll. So sei hier von der Sünde der Engel die Rede, und zwar zunächst von ihrer Wirklichkeit und Gestalt (§ 44) und dann von den Folgen dieser Sünde für die Engelwelt selbst und damit auch für die Welt der Menschen (§ 45).

§ 44 Die Geschichtlichkeit der Engelsünde (Der Sündenfall der Engel)

N. Corté, Unser Widersacher der Teufel (Der Christ in der Welt V 5), Aschaffenburg 1957. – H. Schlier, Mächte und Gewalten im NT (QD 3), Freiburg i. Br. 1958. – E. v. Petersdorff, Dämonologie, München, I: 1956; II: 1957. – A. Winkelhofer, Traktat über den Teufel, Frankfurt/M 1961. – L. Kolakowski, Gespräche mit dem Teufel, München 1968. – H. Haag, Abschied vom Teufel, Einsiedeln 1969. – HerKorr 27 (1973), 125–131 (Paul VI gegen H. Haag). – O. Böcher, Das NT und die dämonischen Mächte (SBS 58), Stuttgart 1972 (ev.) – J. Pohle-J. Gummersbach, Lehrbuch der Dogmatik I[10] (1952), 658–671. – MS II (1967) 996–1019 (D. Zähringer). – ThW II (1935) 1–21: δαίμων (W. Foerster).

Die Schrift erwähnt neben den guten Engeln, von denen oben (§ 38 und 42) die Rede war, oft und auf sehr verschiedene Weise »böse Engel«. Sie heißen hier bald »böse Geister« (1 Sam 16,14.23; Apg 19,15 f: πνεῦμα πονηρόν) bzw. »unreine Geister« (Mt 10,1; Lk 4,36; 6,18; Apg 8,7: πν. ἀκάθαρτον), bald »Dämonen« (LXX: δαιμόνια statt δαίμονες, weil letzteres im griechischen Sprachgebrauch auf göttliche Wesen hinweist: Mt 8,31: Gerasa; 9,34 = 12,24: Vorwurf der Pharisäer bei Teufelsaustreibung durch Christus; 10,8: Weisung an die Apostel; Lk 10,17: Erfolg der Apostel,apostolische Tätigkeit usw.). Dabei ist festzustellen, daß im Spätjudentum und besonders im NT Dämonen nicht animistisch verstanden werden als »Geister von Verstorbenen«, die schaden können, oder als »Schadengeister« (Gespenster) in der Natur, wie im Hellenismus, sondern primär mit den »Engelwesen« zusammengeschaut werden (vgl. ThW II [1935] 17). Von ihrer Art und ihrem Wirken, vom Satan und seinen Engeln wird im nächsten Paragraphen zu reden sein. Hier mag die Feststellung genügen, daß es solche bösen Geister gibt, und es erhebt sich die Frage, woher diese Wesen in der Schöpfung Gottes stammen: Sind sie böse geschaffen, sind sie böse geworden, wodurch und wie sind sie böse geworden?

2. Es ist eine Grundaussage der Offenbarung, daß ein ethisch-personal Böses nicht von Gott geschaffen, daß es nur aus sich dazu geworden sein kann. Der heilige und der gute Gott schafft nur Gutes und zumal alle Wesen, die in der Sprache der Schrift »gottebenbildlich« genannt werden müssen, also Engel und Menschen, können in ihrer Schöpfung nur gut gewesen sein. Gegenüber dem Manichäismus, wie er besonders wieder im Priszillianismus des 5. Jahrhunderts entwickelt wurde, bestimmte darum endgültig das Konzil von Braga (in Portugal, 563): »Wenn jemand sagt, der Teufel sei vorher nicht als guter Engel von Gott erschaffen worden und er sei von Natur aus nicht ein Geschöpf Gottes gewesen, sondern er sei aus dem Chaos und aus der Finsternis emporgetaucht und habe keinen Urheber seiner selbst, er sei vielmehr selbst ein Prinzip und das Wesen des Bösen, wie Manichäer und Priszillianer gelehrt haben, an. s.« (DS 457 – D 237 – NR 289). Schon Augustinus hatte in seinem Werk De nuptiis et concupiscentia (um 419) geschrieben: »Der Teufel selbst ist ein unreiner Geist, und zwar gut, weil er Geist ist, böse, weil er unrein ist; Geist ist er von Natur, unrein durch seine Schuld, das erste von beiden ist von Gott, das zweite von ihm selbst« (I 23,26: PL 44, 429). Dieselbe Lehre hob das IV. Laterankonzil 1215 gegen die Albigenser und Katharer wieder hervor: »Der Teufel und die anderen Dämonen sind von Gott zwar von Natur aus gut erschaffen worden, durch sich selbst sind sie aber böse geworden (DS 800 – D 428 – NR 295,918).

3. a) Diese Lehre hat ihre biblische Grundlegung in folgenden Aussagen: Jud 6: »Auch die Engel, die ihre Würde nicht wahrten, sondern ihre Stätte preisgaben, hält er (Gott) für das große Gericht mit ewigen Fesseln in der Finsternis in Verwahrung.« Dasselbe sagt 2 Petr 2,4: »Denn Gott hat die Engel, die sich versündigten,

nicht geschont, sondern sie den finsteren Abgründen der Unterwelt übergeben, um sie zu verwahren für das Gericht.«

b) Worin bestand diese Sünde der Engel? Gen 6,1–4 (Sünde der Engel mit Menschentöchtern), das vom apokryphen Henoch 12,4; 15,2–12 und dem Jubiläenbuch 5,1 in dieser Frage herangezogen wird, findet in der Schrift sonst keine Verwendung und ist zur Deutung der Engelsünde unbrauchbar (vgl. P. Heinisch, Probleme der biblischen Urgeschichte, Luzern 1947, 117–122). Die Sünde der Engel als reiner Geister ist nur als »geistige Sünde« zu denken. Schon vom Untergang Babels, dem Symbol der gottwidrigen Mächte, sagte Isaias: »Es stürzte dein Stolz (die angemaßte doxa) dich in den Hades« (Is 14,11). Ezechiel verkündigte beim Sturz des Fürsten von Tyrus: »Hochfahrend wurde dein Herz ob deiner Schönhheit; deine Weisheit verdarbst du ob deines Glanzes, auf die Erde stürzte ich dich hinab« (Ez 28,17, vgl. 12–19), und Jesus Sirach faßte diese Berichte in die Worte zusammen: »Des Stolzes Anfang ist der Trotz des Menschen, so daß sein Herz von seinem Schöpfer abfällt« (Sir 10,12). Was Jud 6 und Petr 2,4 gesagt haben, findet in Apk 12,1–8 (bes. 7–9) eine Illustration: »Da erhob sich ein Kampf im Himmel. Michael (= »Wer ist wie Gott«) und seine Engel kämpften mit dem Drachen (dem Widersacher des Gottesvolkes), und auch der Drache und seiner Engel kämpften. Doch sie richteten nichts aus, und es blieb kein Platz mehr für sie im Himmel. Gestürzt wurde der große Drache, ... hinabgestürzt auf die Erde und seine Engel wurden mit ihm gestürzt.«

c) Die Frage, worin dieser Stolz der Engel bestand, wurde im Anschluß an die angeführten Schriftstellen verschieden beantwortet: Manche sahen sie im Stolz des obersten dieser Engel, der im Anschluß an Lk 10,18 Luzifer (vgl. Is 14,12.15) genannt wurde (vgl. Origenes, De princ. I 5,5: PG 11, 163; Eusebius von Cäsarea, Dem. ev. IV 9: PG 22, 272 [n 159]). Die »Hybris« ist ja in der Theologie der alten Griechen Selbstherrlichkeit und Selbstvertrauen, das die allen Geschöpfen gesetzte Grenze überschreitet und zur offenen Rebellion gegen Gott und zu Gotteslästerung führt (vgl. C. del Grande, Hybris, Neapel 1947). Nach Tob 4,14 und Sir 10,14 f (Vulg.) ist der Stolz das Prinzip (die Wurzel) aller Sünde. Worin näherhin dieser Stolz bestand, darüber enthält die Schrift keine genauen Aussagen. – Aus dem Namen des großen Gegners Michaels (Apk 12,7) sowie aus dem Wort der Schlange im Paradies, »Ihr werdet sein wie Gott« (Gen 3,5), haben die Teologen vielfach abgeleitet, daß eben »Sein-wollen-wie-Gott« der Urstolz des Engels war. Dieses »Sein-wollen-wie-Gott« hat Hugo von St. Viktor im Anschluß an 2 Thess 2,4 als reale Gottgleichheit (aequalitas cum Deo: Summa Sententiarum, tr 2 c 4: PL 176, 84) ausgelegt, während Thomas von Aquin darunter nur verstand, der Satan wollte als Ziel seiner Entfaltung eine Gottgleichheit erreichen und für den Weg zu diesem Ziel Gott nichts verdanken, also aus eigener Kraft einmal Gott gleich werden (S.Th. I q 63 a 3). – Eine besondere Erklärung dieses Stolzes gibt F. de Suarez (De ang. VII c 13,13): Demnach hätte Gott dem Luzifer die Menschwerdung des ewigen Wortes geoffenbart und Luzifer hätte darauf die Anbetung dieses Gottmenschen abgelehnt, ja, sei voll Neid auf den Menschen geworden und habe für sich eine hypostatische Union und die Anbetung (wie von Christus in der Wüste, Mt 9,9) gefordert. – Den »Neid auf den Menschen« nannten schon frühe Väter (vgl. Irenäus, Adv. haer. V 24,4: PG 7, 1188; Cyprian, De zelo IV: PL 4, 640 f) im Anschluß an Weish 2,24: »Durch den Neid des Teufels ist der Tod in die Welt gekommen« als Ursünde der Engel. Doch dieser Neid auf die Menschen kann wohl nur eine Folge der ersten Sünde, des Stolzes und der damit gegebenen Verdammung sein. So schreibt schon Augustinus dazu (De Gen. ad lit. XI c 14 n 18: PL 34, 436): »Einige nämlich sagen, das habe dem Satan zum Fall gereicht, daß er auf den Menschen, der nach dem Bilde Gottes geschaffen wurde, Neid hatte. Jedoch der Neid folgt dem Stolz, geht ihm nicht voraus. Ursache des Stolzes ist nicht der Neid, Ursache des Neides aber ist der Stolz. Da nämlich der Stolz die Liebe zur eigenen Auszeichnung ist, Neid aber die Mißgunst auf fremdes Glück, ist klar, was aus wem hervorgeht. Wer immer seine eigene Auszeichnung eifersüchtig liebt, beneidet Gleichrangige, weil sie ihm gleichen, oder Niedrigere, damit sie ihm nicht gleichen, oder Höhergestellte, weil er ihnen nicht gleicht.« – A. Winklhofer deutet diesen »Stolz der Engel« als die besondere Art des »Ungehorsams des reinen Geistwesens«, wobei er von den zwei Voraussetzungen ausgeht, daß den Engeln die Herrschaft über die Welt und in besonderer Weise über die Menschen übertragen worden sei und daß sie nach dem Bild des Hl. Geistes geschaffen wurden. Diese Auszeichnung, diese Weltherrschaft hätten sie dazu benützen sollen, »dem Feuer des Heiligen Geistes, der alles verwandelt, die Tiefen der Schöpfung bereit zu machen«, d. h. die ganze Welt zur freien Gottesliebe gegen den Schöpfer zu führen, so wie das göttliche Wesen, Vater und Sohn, sich selbst mit Notwendigkeit im Hl. Geist ihre eigene Liebe erwidern. Die einmalige und abgründige Sünde des Ungehorsams der

Engel als reiner Geistwesen bestand nun gerade darin, daß sie selbst Gott diese Gegenliebe nicht schenken und dazu selbstherrlich über den Kosmos herrschen wollten, und nach dem Sündenfall erst recht die Welt zu dieser Verweigerung der Gottesliebe des Geschöpfes gegen den Schöpfer führen möchten (Traktat über den Teufel, 38–53). Dazu ist zu sagen: Daß den Engeln allgemein von Anfang an eine »Herrscherstellung im Ganzen des Kosmos« übergeben worden sei, ist biblisch nicht zu belegen, und aus der Tatsache, daß die bösen Engel nach ihrem Sündenfall auf die Erde geworfen wurden (Apk 12,9), und aus dem lügenhaften Angebot Satans an Christus (Mt 4,9: »Dies alles werde ich dir schenken«) sowie aus dem Titel »der Gott dieser Welt« (2 Kor 4,4), den Paulus dem Satan gibt, läßt sich diese Voraussetzung nicht ableiten. Man könnte freilich fragen, ob die Sünde der Engel nun mehr in einem Nein gegen Gott oder mehr in einer hybriden Selbstherrlichkeit bestand. Es ist vielleicht dem leib-geistigen Wesen des Menschen nicht möglich, hier eine Entscheidung zu fällen. Für den leib-geistigen Menschen ist das Wesen der Sünde und das Wachsen der Sünde meist durch die »Selbstherrlichkeit« bestimmt, die eine Leugnung der eigenen Geschöpflichkeit bedeutet, was wesenhaft Lüge ist. Wie bei dem reinen Geist »Engel« diese »wesenhafte Leugnung der eigenen Geschöpflichkeit« als Wurzel aller Sünde aussehen mag, wird schwerlich auszumachen sein. Auch die Aussagen der Schrift sind als die Aussagen von leib-geistigen Menschen hier nicht mehr hinreichend. Wertvoll in dem Versuch Winkelhofers ist, daß er die hier gestellte Frage nach der Eigenart der Sünde der Engel mehr aus der Schrift und mehr aus dem Bedenken der besonderen geschöpflichen Geistnatur des Engels zu deuten sucht, als es etwa Thomas von Aquin tat. – Von hier aus ist auch die Frage nach der Möglichkeit der Engelsünde und nach dem Zeitpunkt im Leben der Engel zu beleuchten. Ähnlich wie wir im Anschluß an Agustinus vom Menschen (§ 41, 2 a) und vom Engel angedeutet haben (§ 42,1), ist auch hier zu sagen: Die Möglichkeit dieser Engelsünde ist theologisch nur zu verstehen, wenn angenommen wird, daß die Engel auch als reine Geister noch nicht in der Anschauung Gottes waren, aber von Gott soviel an Selbstoffenbarung erhielten und so von ihrem Wesen und ihrer übernatürlichen Erhöhung wußten, daß sie in die Situation des Glaubens versetzt wurden (vgl. A. Winklhofer, 44). In dieser Situation des Glaubens war von ihnen eine freie Entscheidung für Gott im Gehorsam als Weg zu einer neuen Selbstverwirklichung verlangt, die sie hätten leisten können, die sie aber in Selbstherrlichkeit verweigerten. War dem ersten Menschen als leib-geistigem Wesen diese Selbstentscheidung anläßlich einer von außen kommenden »Prüfung« abverlangt worden, so ist wohl anzunehmen, daß die Engel als reine personale Geistwesen schon im ersten Akt ihres Bewußtwerdens in dieser Gottesoffenbarung über sich verfügt haben, und zwar die einen in Freiheit und Hingabe für Gott, die anderen (die dadurch zu bösen Engeln wurden) in Freiheit zur selbstherrlichen Absage gegen Gott. Die Frage nach der Möglichkeit der Engelsünde ist, wie überhaupt die Frage nach der Möglichkeit von Sünde des Geschöpfes gegen seinen Schöpfer, wenn überhaupt, so nur im »Geheimnis der geschöpflichen Freiheit des personalen, gottebenbildlichen Geistwesens« zu beantworten. Die Verständnisschwierigkeit kommt hier wohl daher, daß Freiheit auch noch im Geschöpf nicht sachliche Gegebenheit und nicht bloße Zuständlichkeit, sondern vielmehr im tiefsten immer »freies, aktives Tun« ist (vgl. Duns Scotus), das in einer »Wesensaussage« nicht zu erfassen, das nur als »Tat-Sache« feststellbar ist.

4. Diese Aussagen über die Engelsünde lassen nun auch die allgemeinen Folgen dieser Sünde verstehen.

a) So wie die Engel als reine personale Geistwesen einzeln und von Anfang an in ihrer Vollzahl erschaffen wurden (vgl. § 38, 2 a), so muß nun auch von der Sünde der Engel gesagt werden: Jeder Engel hat selbst und allein diese Sünde begangen, selbst wenn anzunehmen ist, daß bei Feststellung von Rangstufen niedrigere Engel dabei frei und bewußt einem höheren Engel auch im Sündigen gefolgt wären. Als letzte und innerste Selbstentscheidung des freien Geistwesens wird diese Engelsünde zu einer Selbstbestimmung oder Selbstverwirklichung der eigenen Geistnatur, die für diese Geschöpfe eine endgültige und unwiderrufliche Ausformung bedeutet, die nur von Gott durch eine »Neuschöpfung« weggenommen werden könnte. Nach den Aussagen der Schrift aber hat Gott diese Neuschöpfung der Engel nicht mehr gewirkt und wird sie nicht mehr wirken. Dies ist folgenden Aussagen der Schrift zu entnehmen: »Weichet von mir ihr Verfluchten in das ewige Feuer, das dem Teufel bereitet ist und seinen Engeln« (Mt 25,41). »Der Teufel, der sie (die Menschen) verführt hat, wurde in dem See von Feuer und Schwefel geworfen, wo auch das Tier und der Lügenprophet (vgl. Apk 19,20) gepeinigt werden Tag und Nacht in die Ewigkeit der Ewigkeiten« (Apk 20,10; vgl. Ez 38,22; Mt 18,8; Lk 16,26). – Eph 1,10 und Kol 1,20, wo von der Universalität der Erlösungstat

Christi gesprochen wird (»alles im Himmel und alles auf Erden«), sprechen nicht von der Erlösung »der gefallenen Engel«, die nicht mehr im Himmel sind. Augustinus interpretiert diese Stelle also: Christus hat Himmel und Erde dadurch versöhnt, daß durch ihn unsere Liebe zu den guten Engeln einst so groß sein wird, wie ihre Liebe zu uns, daß wir mit ihnen Gott schauen dürfen und daß die durch den Sündenfall entstandene Lücke der Engel aufgrund der Erlösung in Christus durch uns (vgl. Mt 22,30) wieder ausgefüllt wird (Ench. c 62 f: PL 40, 261: vgl. A. Winklhofer, Die Welt der Engel, Ettal 1958, 167 f, Anm. 35). Aus der reinen Geistigkeit der Engel die Unvergebbarkeit ihrer Sünde abzuleiten, überfordert wohl die Leistung eines theologischen Beweises.

b) Die Folgen dieser einmaligen Abkehr der auf Gott hin geschaffenen reinen Geistwesen, dieses endgültige Nein der gottebenbildlichen reinen Geister zum absoluten Geist Gott – wenn sie nach dem Bild des Hl. Geistes in Gott geschaffen sind: diese wesenhafte Verkehrung des in Liebe einigenden Wesens des Pneumas in ihrem in innerster Freiheit gesprochenen Nein der Trennung von Gott –, die Folgen dieser Engelsünde sind nicht nur objektiv als endgültiger Verlust der ewigen Anschauung Gottes, Verfinsterung des Verstandes, Verstockung des Willens im Nein des Hasses zu kennzeichnen: sie sind vielmehr besser (vgl. A. Winklhofer, Traktat über den Teufel, 46–50), eben wegen der reinen personalen Geistnatur der Engel, existentiell verständlich zu machen. Alles, was eine Auszeichnung ihrer von Gott gegebenen Natur ist und was dazu geschaffen ist, von Gott selbst in Gnaden zur höchsten Erfüllung geführt zu werden, wird in dem Augenblick, da die freie Entscheidung gegen Gott, die eine Wesensentscheidung des reinen Geistes ist, geschieht, zum tiefsten Vorwurf und zum Grund für die radikal entgegengesetzte Haltung gegenüber der dieser Natur eingeschaffenen Grundhaltung. Der Widerspruch wird zur Ordnung, der Unsinn wird Sinn, das selbstzerstörerische Existential des Ungehorsams zum existentiellen Selbstvollzug des ganzen Wesens: die Zerstörung der Gemeinschaft mit Gott schließt in sich die immer neue und nie endende Zerstörung aller diesen Engelwesen von Natur beigegebenen Hingeordnetheit auf Gemeinschaft, auf Gemeinschaft mit den guten Engeln, aber auch auf Gemeinschaft mit den gefallenen Engeln. Ein in Ketten schlagender Haß tritt an die Stelle aller befreienden Liebe, Zwietracht steht für Eintracht, und dies alles in der Freiheit der inneren Entscheidung, die selbst nur Selbstvergewaltigung bleibt, Vernichtung der Freiheit der personalen Geistnatur durch das nicht mehr einzuholende endgültige Nein (in der ersten Sünde) zu dieser Natur selbst. Es ist jene unbegreifliche »Freiheit«, wie sie dem Nein des Geschöpfes zum Schöpfer, der Verweigerung der Gegenliebe des Geschöpfes zur absoluten Liebe des Schöpfers eignet. – Es bleibt immer eine Aufgabe der Theologie, neben dem »Ja« im innersten Geheimnis des Seins und des Seienden, des Guten, Wahren und Schönen, im Geheimnis der Liebe, der Freude und der Festfeier, auch das »Nein« im Geheimnis des Bösen, des Ekels, des Hasses und der Verzweiflung manchmal zu bedenken, um das Wirken des mysterium iniquitatis, wie es uns in der Offenbarung vorgestellt wird, und wie wir es im folgenden Paragraphen behandeln müssen, zu verstehen. Gewiß ist nicht dieses Geheimnis des Bösen, sondern immer nur das Geheimnis des Guten das Letzte. Doch das Christentum ist in seinem Wesen »Erlösungsreligion«, hat seine Mitte, solange es auf Erden lebt, im Kreuz, und Kreuz und Erlösung erschließen sich unserem Denken nur, wenn wir auch den abgrundtiefen Ernst des Bösen und seines Geheimnisses bedenken.

§ 45 Der Satan, seine Wirklichkeit und Wirksamkeit in der Unheilsgeschichte der Menschheit

Vgl. Lit. In § 44. – Études carmélitaines 27 (1948): Satan (Sonderheft, 666 Seiten = Apk 12,7–18). – P. J. DE TIQUÉDÉC, Les maladies nerveuses ou mentales et les manifestations diaboliques, Paris 1938. – *Ikonographie*: H. SCHADE, Dämonen und Monstren, Regensburg 1962. – LCI 1 (1968) 465–468: Dämon; ebd. 4 (1972) 295–300: Teufel; ebd. 1 (1968) 76 f.: Affe. H. HAAG, Teufelsglaube, mit Beiträgen von K. ELLIGER, B. LANG und M. LIMBECK, Tübingen 1974. – H. M. BARTH-H. FLÜGEL-R. RIESS, Der emanzipierte Teufel, Literarisches, Psychologisches, Theologisches zur Deutung des Bösen, München 1974. – O. BÖCHER, Das neue Testament und die dämonischen Mächte [SBS 58], Stuttgart 1972. – Conc. 11 (1975) H. 3.

Was die Offenbarung über die Engelsünde gesagt, ist geschichtliche Wirklichkeit, insofern diese Ereignisse ein Stück der Geschichte der Schöpfung zum Inhalt haben. Es kann dabei freilich nicht übersehen werden, daß die »Geschichtlichkeit« der Engelwelt als einer Welt der reinen Geister von anderer (uns schwerlich vorstellbarer) Natur ist als die Geschichtlichkeit des leibgeistigen Menschen. Die »Geschichtlichkeit« dieser Engelwelt wird in ihrer tiefen Bedeutung für uns sichtbar, wenn wir deren Wirklichkeit und Wirken in der Schöpfung, und damit auch inmitten unserer Welt des Menschen betrachten, so wie uns die Offenbarung davon Kunde gibt.

1. Von der Wirklichkeit dieser Welt der bösen Geister in unserer Welt gibt die Schrift Kunde. Trotz des eindeutigen Gottesbildes, trotz der tragenden Kraft der Schöpfungsidee ist die Wirklichkeit der Engelwelt wie die Wirklichkeit einer Welt der bösen Geister in der Schrift eine Selbstverständlichkeit. Ehe wir diese Aussagen der Schrift kurz vorlegen (b), wird es notwendig sein, die Bedenken des modernen Menschen gegenüber dieser biblischen Wirklichkeit etwas zu »bedenken« (a).

a) Wie wir sehen werden, spielt die Welt der bösen Geister im AT eine geringere Rolle, auch wenn sie an sehr entscheidenden Stellen deutlich wird. Einen breiteren Raum nimmt diese Wirklichkeit – vielleicht auch von den apokryphen Schriften des AT beeinflußt – im NT, zumal in der Botschaft und im Wirken Jesu selbst ein. Dennoch ist zu sagen, daß hier überall eindeutig diese Welt der bösen Geister ganz im Rahmen des rechten biblischen Gottes- und Schöpfungsbildes bleibt. Ja, »Jesus selbst hat und schenkt die Freiheit zur Tischgemeinschaft mit ... Unreinen und erzwang Verzicht auf die gängigen Abwehrriten der alten Welt!« (O. Böcher, Das NT und die dämonischen Mächte, 73). Mächtiger, manchmal mit fast manichäischen Elementen aus der Gnosis durchdrungen, begegnet diese Welt wieder bei manchen Kirchenvätern des frühen Christentums. Dennoch hat die Kirche diese Wirklichkeit in ihren offiziellen Verlautbarungen nicht näher behandelt. Nur gegenüber der Behauptung des Origenes, daß in einer allgemeinen Apokatastasis am Ende der Zeiten alles Böse, also auch die bösen Geister, einfach vernichtet würden, damit in Ewigkeit nur Gott als das gute Prinzip bleibe – nur gegenüber dieser Lehre hat die Kirche die Wirklichkeit und die ewige Verdammnis des Satans und seines Anhanges als Glaubenslehre erklärt (DS 411 – D 211 – NR 891; vgl. DS 443 – D 228 a). Wesenhaft entstellt wurde der biblische Dämonenglaube dadurch, daß zunächst menschlicher Aberglaube, wie Wahrsagerei, Zeichendeutung, Pfuscherei und Götzendienst (vgl. Ex 22,18; Lev 20,6,27; Dtn 18,10 ff), besonders im Römischen Recht und im germanischen Volksrecht, damit verbunden wurden. Ausdrücklich hat jedoch hier die Kirche bis ins 14. Jahrhundert nur kirchliche Bußen und Strafen gekannt und sie hat gelehrt und verteidigt, daß es keine Hexen gebe (Regino von Prüm; Burchard von Worms usw.). Erst als im 14. Jahrhundert diese menschlichen Torheiten als »Ketzerei« gekennzeichnet und durch die »Inquisition« aufgesucht und durch die öffentliche Macht bestraft wurden, kam es zu jenen unseligen Einrichtungen der »Hexenprozesse« (Innozenz VIII. 1484 mit der Hexenbulle; H. Institoris und J. Sprenger 1487 mit dem Hexenhammer), die besonders zwischen 1590 und 1630 für die ganze abendländische Kultur, jenseits aller konfessionellen Grenzen, ein dunkler Fleck sind. Politische und wirtschaftliche Interessen konnten dieses Instrument des Wahnes benützen. Wer jedoch aus diesen Verirrungen nun Schlußfolgerungen auf einen »Irrtum der Schrift« in Sachen Dämonenglauben ziehen wollte, müßte sich doch den Vorwurf einer unwissenschaftlichen Grenzüberschreitung gefallen lassen. Die Tatsache, daß in unserem naturwissenschaftlichen Zeitalter die biblischen Glaubensaussagen von einer eigenen Engelwelt, zu der auch die Welt der bösen Geister gehört, auf manche Verständnisschwierigkeiten stoßen, sowie der Säkularismus und die praktische Gottesferne (»Gott-ist-tot-Theologie«, politischer und praktischer Atheismus) machen es verständlich, daß die Leugnung der Engelwelt, seit der Aufklärung im philosophischen Bereich, nun auch im theologischen Bereich Eingang gefunden hat und die entsprechenden biblischen Aussagen darüber dementsprechend interpretiert werden. R. Bultmann, der die Botschaft Christi vom Reiche Gottes eine »Mythologie« nennt, muß daher sagen: »Ebenso mythologisch sind die Voraussetzungen für die Erwartung der Gottesherrschaft, nämlich die Theorie, daß die Welt vom Bösen, dem Satan, regiert wird, obwohl sie von Gott geschaffen ist, und daß die Armee des Satans, die Dämonen, Grund allen Übels ist, Ursache von Sünde und Krankheit. Das ganze Weltverständnis, das in der Predigt Jesu wie allgemein im NT vorgesetzt wird, ist mthylogisch; das heißt: die Vorstellung der Welt, die in drei Stockwerke Himmel, Erde und Hölle eingeteilt ist, die Vorstellung, daß übernatürliche Kräfte in den Lauf der Dinge eingreifen, und die Wundervorstellung, insbesondere die, daß übernatürliche Kräfte in das Innenleben der Seele eingreifen, die Vorstellung, daß der Mensch vom Teufel versucht und verdorben und von bösen Geistern besessen werden kann. Dieses Weltbild nennen wir mythologisch, da es sich von dem Weltbild unterscheidet, das von der Wissenschaft seit ihrem Anfang im klassischen Griechenland gebildet und entwickelt wurde, und das auch von allen modernen Menschen angenommen worden ist. In diesem modernen Weltbild ist die Verbindung von Ursache und Wirkung grundlegend« (Jesus Christus und die Mythologie, Hamburg 1964, 11 f). Der Beschränkung aller menschlichen Wissenschaft auf die materielle Welt mit Ursache- und Wirkungszusammenhang wird kein Philosoph und kein Theologe uneingeschränkt zustimmen können. – In dieselbe Richtung zielte ein Artikel des französischen Dominikaners Chr. Duquoc (Symbol ou réalité?; vgl. Theologie der Gegenwart 9 [1966] 187–193), in dem er die Aussagen der Schrift über den Satan ebenfalls nur dem unverbindlichen Weltbild, nicht der Offenbarungsaussage der Schrift zuteilt. A. Winklhofer wandte sich entschieden gegen diese Aussage, R. Schnackenburg stellte fest, daß der Exeget dazu nichts Endgültiges sagen könne (ebd. 193–196). – Dieselbe Ansicht wie Duquoc hat in neuerer Zeit H. Haag vertreten, wenn er schreibt, »daß die Satansaussagen des NT nicht zur verbindlichen Botschaft, sondern nur zum unverbindlichen Weltbild der Bibel gehören können« (Abschied vom Teufel, Einsiedeln 1969, 47), »daß diese Vorstellung nicht mehr mit unserem Weltbild vereinbar ist und daß wir daher das Recht haben, sie aufzugeben« (ebd. 27); »Satan ist die Personifikation des Bösen, der Sünde ... Das NT selbst gebraucht also wechselweise und bedeutungsgleich die Begriffe: der Satan, der Teufel, die Welt, die Sünde, das Böse« (ebd. 47 f). Wer das NT nüchtern und unvoreingenommen liest, wird der zuletzt genannten Wortgleichsetzung nicht ohne weiteres zustimmen können. Auch die hier zugrundegelegte Unterscheidung zwischen »verbindlicher Botschaft« und »unverbindlichem Weltbild« ist ohne inneren Sinn für das »theologische Verhältnis« dieser beiden Größen durchgeführt. – Offenbar mit Bezug auf H. Haag hielt Papst Paul VI. am 15. 11. 1972 eine Ansprache, in der er die Wirklichkeit des Teufels als einer personalen Wirklichkeit, die in der Unheilsgeschichte der Menschheit am Werke sei, anhand zahlreicher Schriftzitate vorstellt und sagt: »Wer sich weigert, diese (Realität) als existent anzuerkennen, verläßt den Geist der biblischen und kirchlichen Unterweisung« (vgl. HerKorr 27 [1973] 125–127, hier 126). Ausdrücklich hebt er dabei immer wieder die Andersartigkeit, Eigenständigkeit und Notwendigkeit dieser theologischen Betrachtung anhand der Schrift gegenüber den notwendigen, aber auch beschränkten psychologischen und soziologischen Untersuchungen und spiritualistischen Erfahrungen hervor.

Noch entschiedener wird die Realität der »bösen Geister« von Haag und für das NT vor allem von M. Limbeck in dem neuen Werk »Teufelsglaube« (1974: vgl. 386–388; 503–505) geleugnet. Man kann sich des Eindruckes nicht erwehren, daß hier von der Voraussetzung ausgegangen wird, daß es die bösen Geister nicht geben kann, um dann die Schrift daraufhin zu »interpretieren«. Das führt zu dem Schluß: »Es ist für uns unmöglich, die satanischen Aussagen aus dem NT zu übernehmen ... Insofern kann man sagen, daß der Teufelsglaube ein Anachronismus und zwar nicht nur für den aufgeklärten Bürger des 20. Jahrhunderts, sondern gerade auch für den Christen ist« (388). Das Werk geht von der Idee aus, die Rede vom Satan könnte nur den Sinn haben, das Böse in der Welt zu erklären. »Aber der Teufel ist für die Erklärung des Bösen in der Welt nicht nur unbrauchbar, er ist auch unnötig« (504). – Ganz anders argumentiert der evangelische Theologe H. M. Barth, dem es nicht um die Frage nach der Existenz des Teufels geht, sondern vielmehr darum, wie der moderne Mensch über diese »Glaubenswirklichkeit« im Rahmen seines modernen Weltbildes noch sprechen kann. So kommt er zu der Feststellung: »Eine Frage, um die sich die gegenwärtige Theologie zu bemühen hat, ist die, ob sich die Relevanz Jesu für uns und unsere Welt nicht auch ohne hergebrachte Gottes- und Teufelsvorstellung zum Ausdruck bringen läßt. Denn auch demjenigen, der weder mit dem Gedanken an Gott noch mit dem an einen Teufel umgeht, muß die Relevanz Jesu als für ihn gültig und als auf ihn sich erstreckend gepredigt werden. Vielleicht kann er sogar auf den Gottesbegriff leichter verzichten, als auf eine Vorstellung vom Teufel« (Der emanzipierte Teufel, 158). – Barth geht offenbar von der christologischen Engführung in der Theologie K. Barths aus und hat in Auseinandersetzung mit L. Feuerbach (beeinflußt von der »Gott-ist-tot-Theologie«) die Idee entwickelt, daß für den modernen Menschen der Glaube nicht von der objektiven Schriftoffenbarung her, sondern vielmehr von der anthropologischen Grundfrage nach dem Sinn des Seins her begründet werden muß. Die Wirklichkeiten des Glaubens sind nur die notwendigen »Objektionen« von möglichen Antworten auf jene drängenden Fragen des Menschen, von deren Beantwortung her er »existiert«. So schreibt er: »Der Glaube an Teufel und Dämonen erwächst offenbar aus demselben Urgrund, wie der Glaube an die Götter, ja, er gehört ursprünglich und unmittelbar und kaum unterscheidbar mit ihm zusammen« (ebd. 110). Von diesem Glaubensverständnis her kommt er zu der Forderung: »Entmythologisierung des Teufels darf nicht den Nachweis zum Ziel haben, daß »es den Teufel nicht gibt«. Sie muß sich um den Aufweis dessen bemühen, in welcher Weise »es« den Teufel »gibt« und in welcher Weise nicht« (ebd. 127). Die Wirklichkeit des Teufels wird also aus den menschlichen Erfahrungen begründet. So schreibt er: »Jedenfalls haben wir Menschen – und Christen – Erfahrungen, die uns veranlassen, das Böse ins Auge zu fassen und zu vermuten, daß es mit der Benennung »das Böse« oder auch »der Böse« nur unzureichend beschrieben ist. Indem der Mensch von Teufeln und Dämonen redete, schuf er nicht nur Bilder, wie sie seine geängstigte Phantasie entwarf. Durch seine Projektionen transzendierte er nicht nur die Schwierigkeiten, die er mit sich und seiner Umwelt im weitesten Sinne hatte, sondern es gelang ihm damit auch, sie zu bezeichnen und zu deuten. Die Rede vom Teufel gab ihm die Möglichkeit, dessen ansichtig zu werden, was zwischen ihm und sich selber, zwischen ihm und seinen Mitmenschen, zwischen ihm und Gott stand« (133). »Dem Teufel begegnen wir und es fällt uns nicht schwer einzusehen, daß das Reden von ihm sinnvoll sein kann, auch wenn es ihn nicht gibt« (158). – Der Teufel ist hier also wohl als eine Wirklichkeit gesehen, deren Begründung freilich nicht biblisch, sondern anthropologisch erscheint und die Frage aufwirft, ob diese erkenntniskritisch scheinbar saubere Art der Analyse »unseres Redens vom Teufel« noch jene »Wirklichkeit« hinreichend zum Ausdruck bringt, die uns die Offenbarung »unabhängig von ihrem Weltbild« als »geoffenbarte Wahrheit und Wirklichkeit« vorstellen will, und von der auch die besondere »christliche« Art des Glaubens an den Teufel bestimmt ist.

b) Wenden wir uns nach dieser geschichtlichen Einführung dem biblischen Zeugnis zu. Die Religionsgeschichte kann zeigen, wie außerhalb der Offenbarung in beinahe allen alten Religionen eine böse Macht, meist als Gegengott, als böses Prinzip vorkommt: so im Parsismus gegen den guten Ormuzd Ahriman, der auch ein Gefolge von dämonischen Mächten hat; die beiden Götter werben um den Menschen, und in der Religion Zoroasters ist eindeutig, daß am Ende mit Hilfe der Menschen die guten Mächte um Ormuzd siegen werden. In der indischen Volksreligion kämpfen Brahma, Wischnu und Schiwa ständig gegen die dämonischen Mächte und Wischnu nimmt schließlich eine Inkarnation auf sich, um das Böse, das auf Erden überhandgenommen hat, zu besiegen. (Es ist unsicher, aus welcher Zeit dieser Mythos stammt und ob hier christlicher Einfluß vorliegt.) In allen Mythen Babylons und Ägyptens, Japans und Süd- und Nordamerikas finden sich ähnliche Bilder. Bei den primitiven Völkern der Südseeinsel überwiegen die bösen Geister und die Geisterfurcht, Magie und Beschwörung. Ein einziger Blick in die Bibel macht offenbar, daß damit die jüdisch-christliche Lehre vom »Satan und seinem Anhang« nichts zu tun hat. Er ist kein

Gegengott, ja bei aller Breite und Weite seiner Wirksamkeit, den letzten Sinn und gar den Erfolg seiner Machtausübung bestimmt nicht er, sondern Gott, dem selbst sein Wirken noch dienen muß. Das wird deutlich, wo er in dem theologischen Traktat »Ijob« (1,6 – 2,7) als einer der »Söhne Gottes« erscheint, der aber doch nichts anderes kann, denn die Menschen als ihr Widersacher anklagen; und hier erhält Satan (= der Ankläger) noch dazu von Gott selbst die Weisung, den Ijob auf die Probe zu stellen. Sach 3,1 klagt er vor Gott den Hohenpriester Jesua an und 1 Chron 21,1 (hier zum erstenmal Satan ohne Artikel: Eigenname) tritt er als Widersacher Gottes auf. Wohl kommt der Name »Satan« = Ankläger auch im bürgerlichen Bereich vor (Num 22,22.32; 1 Sam 29,4 usw.); doch in den allermeisten Fällen ist das Engelwesen »Satan« gemeint, und die LXX gibt diesen Titel regelmäßig mit diabolos, d. h. einem Wesen, das alles durcheinanderbringt, in Verwirrung stürzt, wieder. In den Apokryphen des späten Judentums, besonders auch in Qumran, ist dieser Ankläger fast dualistisch zu einem Widersacher Gottes geworden. Er wird mit dem einst von Gott abgefallenen (vgl. Apk 12,7) und mit seinem Anhang aus dem Himmel gestürzten Engelfürsten identifiziert (Hen 69,4 f; Leben des Adam und der Eva, Str. 12–16), wird zum Gegner Gottes und Verführer der Menschen (Jub 10,1–13; Hen, 69,6–9). Besonders in Qumran wird er zum »Engel der Finsternis«, wirksam auch im Herzen des Mannes (1 QS 3,21–25). Aber auch hier wird das Ende der Untergang dieses Engels und der Sieg des Guten (Michael) sein (1 QS 4,20–25; 1 QH 11,12 f, 25–27: ThW VII [1964] 151–164: σατανᾶς [W. Foerster]; II [1935] 70–80: διάβολος [W. Foerster]). Wie alle Engel des AT ist er ein »depotenziertes, kreatürliches Wesen, über das Gott absolut verfügt,« ja er hat »eine geringere Selbständigkeit als der relativ selbständig geschaute Mensch« (vgl. H. Groß, Der Engel im AT, ALW VI/1 [1959] 28 f). Im NT wird die spätjüdische Lehre ohne den dualistischen Akzent weiterentwickelt und gegenüber der Erlösungswirklichkeit in Christus sind nun Satan und seine Engel, die Dämonen, sehr häufig genannt (bei Matthäus 11mal, Markus 13mal, Lukas 23mal, Johannes 6mal). Der Satan erscheint in erster Linie als Widersacher Christi und des in Christus gegenwärtig gewordenen Reiches Gottes. Christus kam, um Sündenvergebung und damit das Heil zu bringen. Als Veranlasser zur Sünde erscheinen immer wieder Satan und seine Engel. Er wird »der Böse« schlechthin (Mt 13,19.38), der »Feind und Widersacher« (Mt 4,3; 1 Thess 3,5), der »Fürst dieser Welt« (Joh 12,31; 14,30; 16,11), der »Gott dieser Welt« (2 Kor 4,4) genannt, und die Offenbarung faßt dies alles zusammen, wenn sie schreibt: »Gestürzt wurde der große Drache, die alte Schlange, die den Namen Teufel und Satan trägt, der den ganzen Erdkreis (Ökumene) verführt (täuscht)« (Apk 12,9). Am deutlichsten wird die Lehre vom Teufel im NT, wenn wir sein Verhältnis zu den einzelnen geschichtlichen Wirklichkeiten betrachten.

c) (1) *Satan und Gott:* Wie schon mehrfach hervorgehoben, ist Satan keine Gegenmacht gegen Gott, den alleinigen Schöpfer und Herrn. Er tritt auch nirgends in der Schrift als Feind Gottes, sondern immer als sein Diener auf. Er kann nur wirken, wenn und wann Gott es zuläßt (vgl. Augustinus, Contra Jul. IV 7,38: PL 44, 757). Dies bringt zuerst Ijob 1,12 und 2,6 in seiner theologischen Überlegung zum Ausdruck. Nirgendwo erscheint darum in der Offenbarung eine Aussage, daß etwa der Gottesfürchtige den Teufel fürchten müßte. »Dämonenangst« ist der biblischen Offenbarung fremd, auch wenn Wachsamkeit verlangt wird (1 Petr 5,8). Ausdrücklich sagt Christus in den Abschiedsreden zu den Aposteln: »In der Welt (das ist diese Welt unter dem Bösen) werdet ihr Drangsale haben. Doch seid frohgemut, ich habe diese Welt überwunden« (Joh 16,33). Im 1. Johannesbrief heißt es: »Alles, was aus Gott geboren ist, überwindet die Welt; das ist der Sieg, der die Welt überwindet, unser Glaube« (1 Joh 5,4). Ja, alles Wirken des Bösen muß am Ende im Dienste Gottes stehen. So schreibt später Augustinus: »Der Teufel weiß gar nicht, wie die überaus erhabene Weisheit Gottes sein Nachstellen und sein Wüten zum Heil ihrer eigenen Gläubigen benützt« (De Trin. IV 13,18: PL 42, 900). Ganz besonders wird dies im NT deutlich, wo Christus den Dämonen gebietet (vgl. Mt 8,31 f). Im Anschluß an Gal 4,8 (»Als ihr Gott nicht kanntet, dientet ihr Göttern, die das in Wirklichkeit gar nicht sind« [Götzen]) sagt Augustinus, auch jene abgefallenen Engel mit ihrem Anführer, dem Teufel, sollten richtig Diener und Vollstrecker (procuratores et actores: vgl. 1 Kor 8,5) der göttlichen Vorsehung genannt werden, und er verweist dabei noch auf 1 Tim 1,20 und 1 Kor 5,3 ff, wo Paulus die Sünder zur Bekehrung »dem Satan übergibt« (Augustinus, In Gal. 4,8 n 32: PL 35, 2128). – (2) *Satan und Christus:* Hier wird der Kampf der bösen Geister gegen das Reich Gottes in der Welt besonders deutlich. In allem wollen sie das Werk der Erlösung stören oder vereiteln. So tritt der Satan Christus entgegen, der sich nach der Johannestaufe auf sein Messiaswirken in der Öffentlichkeit vorbereitet (vgl. Mt 4,1 f; Lk

4,1 ff), um ihn an seiner Berufung irre zu machen. Der Satan will die Apostel zu Fall bringen (Lk 22,31), er inspiriert den Verräter Judas (Lk 22,3; Joh 13,2.27). Christus sagt in seinen Gleichnissen, daß er Unkraut unter den Weizen säe (Mt 13,39) und daß er den guten Samen des Wortes Gottes aus den Herzen der Menschen reiße (Lk 8,12). Markus berichtet als erstes Wunder Jesu die Teufelsaustreibung in Kapharnaum, wohl um damit die Erlösungsaufgabe Jesu zu kennzeichnen, und er läßt den bösen Geist das erste Messiasbekenntnis ausprechen: »Was willst du von uns, Jesus, Nazarener? Du kommst, um uns zu vernichten. Ich weiß, wer du bist: der Heilige Gottes (= Messias)« (Mk 1,21-27). Drei weitere Teufelsaustreibungen berichtet Markus, eine im Lande der Gerasener (Mk 5,1–20), eine aus der Tochter der Kanaaniterin (Mk 7,24–30) und eine aus dem besessenen Knaben (Mk 9,14–29). Im Zusammenhang mit der letzteren (oder einer eigenen) Teufelsaustreibung erheben einige (Schriftgelehrte und Pharisäer) den Vorwurf, Christus treibe durch Beelzebub, den obersten der bösen Geister, die bösen Geister aus, wogegen Christus seine große Verteidigungsrede hält (Mk 3,22–27; Mt 12,22–30; Lk 11,14–23). Markus und Matthäus bringen in diesem Zusammenhang noch das Wort Jesu von der Unvergebbarkeit der »Sünde wider den heiligen Geist«, womit wohl die besondere Art der Ungläubigkeit der Pharisäer gekennzeichnet werden soll (Mt 12,31 f). Paulus und Johannes haben darum das Erlöserwirken Christi immer wieder gegenüber dem Wirken und dem Reich des Satans, das das Reich der Finsternis ist, gekennzeichnet. Vor Christus wandelten die Menschen in der Finsternis; Christus kam als das Licht der Welt (vgl. Joh 1,5; 8,12; 12,46; 1 Thess 5,4 f; Eph 5,8; 1 Petr 2,9). Jesus selbst versteht sein Wirken als »das Gericht über den Fürsten dieser Welt« (Joh 12,31). Ja, »der Fürst dieser Welt ist schon gerichtet« im Wirken Jesu (Joh 16,11). Ausdrücklich hat Christus seinen Jüngern und Aposteln in der Aussendung »Gewalt über die unreinen Geister« gegeben (Mk 6,7; Lk 9,1; Mt 10,1.8), und als die Jünger von ihrer Aussendung zurückkommen und berichten, daß auch die Dämonen im Namen Jesu ihnen untertan gewesen seien, sagt er zu ihnen: »Ich sah den Satan wie einen Blitz vom Himmel fallen« (Lk 10,17 f). – (3) *Der Satan und der Mensch:* Da der Mensch Gottes Ebenbild und der eigentliche Raum des »Reiches Gottes« auf dieser Erde ist, kann man verstehen, daß das Wirken des Satans nach den Aussagen der Schrift vor allem gegen den Menschen und sein Heil gerichtet ist. Der erste Petrusbrief (1 Petr 5,8) faßt dies in die Worte: »Seid nüchtern und wachsam, denn euer Widersacher, der Teufel (ὁ ἀντίδικος ὑμῶν διάβολος) geht umher wie ein brüllender Löwe und sucht, wen er verschlingen könne; widersteht ihm standhaft im Glauben.« Das Wirken des Bösen wird besonders bei Paulus in einer großen Psychologie der Versuchung und Verführung vorgestellt: Der Satan wirkt »mit allerlei Macht und trügerischen Zeichen und Wundern, mit allerlei bösen Verführungen für jene, die verlorengehen, weil sie die Liebe zur Wahrheit nicht angenommen haben zu ihrer Rettung. Daher schickt ihnen Gott die Kraftentfaltung der Verführung, so daß sie der Lüge glauben, damit alle gerichtet werden, die der Wahrheit nicht glaubten, sondern Gefallen hatten am Frevel« (2 Tess 2,9–12). Der Satan legt dem Menschen seine Schlingen (1 Tim 3,7; 2 Tim 2,26), spinnt Ränke (Eph 6,11), knüpft an die menschlichen Leidenschaften an, um zu versuchen (1 Kor 7,5), übervorteilt den Menschen (2 Kor 2,11), täuscht durch Verwandlung in einen Engel des Lichtes (2 Kor 11,14), verblendet den Sinn der Ungläubigen (2 Kor 4,4). Grundlegend in all den vielen Aussagen zu diesem Thema ist in der Schrift jedoch dreierlei: 1. Der Teufel vermag nichts über den Menschen, wenn Gott es nicht zuläßt. 2. Der Teufel vermag nichts über den Menschen, wenn nicht der Mensch selbst durch eigene innere Begierlichkeit oder durch Furcht »dem Satan Raum gibt« (Eph 4,27; vgl. Augustinus, Sermo 32 [in Ps 143] c 11, 11: PL 38,201 f), wenn der Mensch nicht durch seine freiwillige Sünde Gemeinschaft mit den bösen Geistern pflegt (Augustinus, Sermo 71 [in Ev. Mat.] c 12, 19: PL 38, 455: »nulla vi alia nisi societate et obligatione peccati«); der Teufel hat keine Macht über den Menschen, der im lebendigen Glauben an Christus und seine Erlösung bleibt (Augustinus, ebd.: »Princeps huius mundi mittitur foras fide nostra,« vgl. 1 Joh 5,4). 3. Der Teufel selbst hat keine Macht, er ist immer nur »der Versucher« (ὁ πειράζων: 1 Thess 3,5; vgl. Gen 3,13; Mk 1,23), von dem Augustinus sagt: »Er ist von Gott an die Kette gelegt wie ein Hund, der nur den beißen kann, der sich ihm leichtsinnig selbst zu sehr naht« (vgl. F. Van der Meer, Augustinus der Seelsorger, Köln 1953, 85–94). Die Kirchenväter haben eingehend die Psychologie der Versuchung aus dem menschlichen Herzen, aber auch aus der Lüge und Täuschungskunst des Satans behandelt (vgl. Chrysostomus, In Mt [27,26] Hom. 86 n 3 und 4: PG 58, 766 ff). – (4) *Satan und das Gottesreich:* Eine besondere Rolle spielt die Lehre vom Teufel in der frühen Kirche bei der Auseinandersetzung mit den heidnischen Religionen. Schon Ps 95 (hebr. Text 96),5 lautet in der Übersetzung in LXX und Vulgata: »Alle

Götter der Heiden sind Dämonen« (statt »Nichtse« = elilim in Mas.); Dtn 32,17 und Ps 106,37 verstehen Götzenopfer als Dämonenverehrung. Auch Paulus sagt, daß die Heiden ihre Opfer den Dämonen darbrächten, weil ihre Götter nichts seien (1 Kor 8,4; 10,19 f: vgl. 2 Kor 6, 15 f). Schon Tertullian lehrte darum, daß der Teufel im Heidentum wie in den Häresien die wahre Religion Jesu Christi nachgeäfft habe (Ad uxorem I 6 und 7: CChr 1,380 ff). Die heidnischen Religionen werden hier wie bei Paulus (Röm 1,18–32) als Verirrungen der natürlichen Religion des menschlichen Herzens gesehen. Augustinus kommt auf dieses Thema immer wieder zu sprechen (Enarr, in Ps 95 n 5–6: PL 37, 1230 ff; Sermo 26 [in Ps 95,5]: PL 38, 178 f). Der Kampf gegen das Heidentum wurde als Kampf gegen das Wirken des Teufels verstanden, wozu die Waffenrüstung Gottes, wie sie Paulus gezeichnet hat, verlangt wird: »Ziehet an die volle Ausrüstung Gottes, damit ihr bestehen könnt gegen die Anschläge des Teufels. Wir haben ja nicht zu kämpfen gegen Fleisch und Blut, sondern gegen die Mächte und gegen die Gewalten, gegen die Weltherrscher der Finsternis, gegen die bösen Geister im überirdischen Raum. Leget darum an die Vollrüstung Gottes, damit ihr am bösen Tag widerstehen und alles erfolgreich bestehen könnt. Tretet also an, eure Lenden umgürtet mit Wahrheit, angetan mit dem Panzer der Gerechtigkeit und die Füße beschuht in der Bereitschaft für das Evangelium des Friedens. Zu allem ergreifet den Schild des Glaubens, mit dem ihr alle feurigen Pfeile des Bösen auszulöschen vermöget. Nehmet den Helm des Heiles und das Schwert des Geistes, das ist das Wort Gottes. Betet zu jeder Zeit und in jeder Art von Gebet und Anrufung im Geiste und wachet dazu in aller Beharrlichkeit und Fürbitte für alle Heiligen« (Eph 6,11–18). Zu dem diesen Aufforderungen zugrundeliegenden Weltbild ist nachher noch etwas zu sagen.

Die Schrift kennt noch eine besondere Art von Herrschaft des Teufels über den Menschen, die sie *»Besessenheit«* nennt (vgl. dazu A. Rodewyk, Die Beurteilung der Besessenheit. Ein geschichtlicher Überblick, ZKTh 72 [1950] 460–480; ders., Dämonische Besessenheit im Lichte der Psychiatrie und Theologie, GuL 24 [1951] 55–66; ders., Die dämonische Besessenheit in der Sicht des Rituale Romanum (XII 1–3), Aschaffenburg 1963. – LThK 2 [1958] 294–300 [B. Thum-R. Schnackenburg-A. Rodewyk-K. Rahner]). Drei Bestimmungen sind dafür von grundsätzlicher Bedeutung. Das eine ist, daß es sich um ein Ergriffenwerden des Menschen durch Kräfte handelt, durch die die Verfügungsgewalt über die psychischen und oft auch physischen Funktionen des Leibes beschränkt bzw. aufgehoben wird, durch die jedoch in keinem Fall der Personkern des Menschen selbst erfaßt oder verändert wird. Zum anderen sind mit diesem Zustand vielfach Erscheinungen verbunden, die echte Krankheitssymptome darstellen, so daß eine liberale Interpretation vielfach nur Krankheitsbilder darin erkennen möchte. In der Schrift sind jedoch Besessenheit und das damit vielfach verbundene Krankheitsbild deutlich unterschieden (Christus heilt viele Kranke, bei denen nicht die Rede von Besessenheit ist), und da Besessenheit Gegenstand des Glaubens ist, Krankheitsphänomene in jedem Fall Gegenstand einer empirischen Erfahrung oder Feststellung sind, können die Krankheitserscheinungen nicht als Kriterien für Besessenheit genommen werden. Diese werden vielmehr – das ist das dritte – aus Reaktionen des Besessenen gegenüber Heiligem und geweihten Dingen (Kreuz, Eucharistie) und Vorgängen (Exorzismus und Gebet) erschlossen und durch die Fragen der bösen Mächte selbst (vgl. Teufelsaustreibungen im Evangelium) eruiert (vgl. Rituale Romanum, Tit. XII c. 1). – Die Kirche hat gegenüber dem ungebundenen Wirken urchristlicher Charismatiker (vgl. Hippolyt, Traditio apostolica 14: ed. Botte 32) einen eigenen Stand der »Exorzisten« für die Mitwirkung bei der Taufvorbereitung entwickelt (zuerst erwähnt bei Papst Cornelius, † 253, in Rom, und bei Firmilian von Cäsarea, † um 268, im Osten). Im 5. Jahrhundert geriet dieser Stand in Rom in Vergessenheit, wurde in Südgallien um 500 neu belebt und im 9. Jahrhundert wiederum in Rom als dritte der vier niederen Weihen (Vorstufen zum Priestertum) eingeführt; durch Paul VI wurde er mit dem Apostolischen Schreiben vom 15. 8. 1972 (AAS LXIV, 529 ff) wieder abgeschafft. Man wird dieses römische Vorgehen jeweils auch als zeitbedingt verstehen müssen; das gläubige Wissen um die Wirklichkeit und das Wirken der bösen Mächte in der Unheilsgeschichte der Menschheit bleibt gemäß dem biblischen und Traditionszeugnis Bestandteil der kirchlichen Glaubesüberzeugung (vgl. IV. Laterankonzil: DS 800 – D 428 – NR 295, 918; Konzil von Trient: DS 1541 – D 806 – NR 811 [Rechtfertigung], DS 1668 – D 894 – NR 642 [Buße], DS 1694 – D 907 – NR 696 [Ölung]). – Die Untersuchung von Besessenheitsfällen und die Anwendung des Exorzismus bedarf der besonderen Erlaubnis des Bischofs (CIC, can. 1151). Die Fragefolge wie das Vorgehen gegen die bösen Mächte sind seit dem 15. Jahrhundert (Heinrich von Gorkum) formuliert und seit 1614 im Rituale Romanum (Tit. XII cap. 1–2) aufgenommen. – Es bleibt ein Geheimnis der Heilsgeschichte, warum Gott auch heute noch nach der Erlösung diese Ereignisse zuläßt, die nicht nur Strafe für persönliche Schuld sein können, sondern ebenso der Läuterung des Frommen oder der Offenbarung der göttlichen Macht dienen wollen. – Wiederum ist zu sagen, daß auch die Tatsache möglicher Besessenheit keinerlei Dämonenangst in der Kirche begründet, auch wenn aus nichttheologischen Gründen in den Zeiten der Hexenprozesse eine solche Angst in den christlichen Ländern der westlichen Kirche festzustellen war. Die Möglichkeit von Mißbrauch und Verirrung kann nicht hinreichend Grund dafür sein, den in der Offenbarung und der Tradition der Kirche begründeten Glauben der Kirche an diese Wirklichkeit der bösen Mächte zu verdunkeln oder preiszugeben. Es geht um die ganze Welt der Geister (Engel), die aus der Offenbarung nicht wegzuinterpretieren ist.

5. Ein Gebiet, auf dem modernes und biblisches Denken sich heute auseinandersetzen müssen, ist angesprochen mit der Frage nach dem *Verhältnis der bösen Geister zur materiellen Welt des Kosmos*. Der Satan ist nach seiner Sünde, zum Zeichen der Verdammnis und der inneren Gottferne, auf diese Erde herabgeworfen worden, und die Schrift sagt dazu: »Gestürzt wurde der große Drache, die alte Schlange, die den Namen Teufel und Satan trägt, der den ganzen Erdkreis verführt; er wurde hinabgestürzt auf die Erde und seine Engel wurden mit ihm gestürzt . . . Wehe der Erde und dem Meer! Denn hinabgestiegen ist zu euch der Teufel voll grimmigen Zornes. Er weiß, daß er nur eine kurze Frist hat« (Apk 12,9.12). Paulus schreibt zu diesem Thema an die Epheser: »Auch ihr waret tot in euren Fehlern und Sünden, in denen ihr ehedem dahinlebtet nach Art dieser Weltzeit (αἰών), nach Art des Herrschers im Machtbereich der Luft (vgl. 6,12), des Geistes, der noch wirksam ist in den Söhnen des Ungehorsams« (Eph 2,1 f) und spricht vom »Gott dieser Welt« (ὁ θεὸς τοῦ αἰῶνος τούτου: 2 Kor 4,3; vgl. 6,14 ff). Johannes nennt den Satan dreimal »Fürst dieser Welt« (ὁ ἄρχων τοῦ κόσμου τούτου: Joh 12,31; 14,30; 16,11). Der Mensch, der Böses tut, wird »Sohn des Satans« genannt (1 Joh 3,8.10), »der von Anfang an sündigte und ein Menschenmörder war von Anfang an, der aus seinem Eigenen spricht, wenn er lügt, da er Lügner und Vater der Lüge ist« (Joh 8,44). Das Konzil von Trient sagt darum noch, daß der Mensch durch die Sünde »in die Knechtschaft unter die Herrschaft des Teufels« kam (DS 1511, 1521 – D 788, 793 – NR 353, 791). – Drei Probleme sind hier zu sehen und zu beantworten:

a) Zunächst ist wohl zu sagen, daß die Aussagen des Paulus über die »Geister in den Lüften«, wie überhaupt über die Kräfte des Kosmos (Paulus nennt darum diese feindlichen Mächte auch »Weltelemente« – τὰ στοιχεῖα τοῦ κόσμου: Kol 2,8.20; Gal 4,3) mit dem kosmischen Weltbild seiner Zeit zusammenzuschauen sind und daß diese Aussagen nicht zeigen, daß diese reinen Geister nun im kosmischen Raum angesiedelt sein müßten.

b) Zum anderen ist diesen genannten Aussagen des Paulus und Johannes auch nicht zu entnehmen, wie es in neuerer Zeit auch P. Bouyer (Dieu vivant 1948, Heft 6) und A. Winklhofer in seinem Traktat über den Teufel (S. 71 ff) annehmen, daß Gott selbst dem Satan die Welt als seinen Herrschaftsbereich übergeben habe. Auch Mt 4,9 ist nur eine lügenhafte Prahlerei des Satans. Der Grund für die Macht dieser bösen Geister in der Welt liegt vielmehr in ihrer reinen Geistigkeit, da auch ihr Haß, ihr Neid und ihre Lüge dadurch auf die erbsündige Schwäche des Menschen größeren Einfluß haben. Der Mensch aber ist für den Satan der Zugang zur Welt, nicht der Kosmos der Zugang zum Menschen. Dabei mag die leibliche Welt des Menschen als besonderes Einfallstor für die Angriffe der bösen Mächte gelten. Bernhard von Clairvaux schreibt dazu (Ep. 190,5,14: PL 182, 1065): »Das ›Recht‹ des Satans auf den Menschen ist nicht rechtmäßig erworben, sondern durch Bosheit mit Gewalt angeeignet, dennoch von Gott zugelassen« (non iure acquisitum, sed nequiter usurpatum; iuste tamen permissum).

c) Das dritte Problem wird durch das Wort von dem »mystischen Leib des Satan« (Gottschalk von Orbais) angesprochen. Vor allem im Anschluß an die Schilderung der Apokalypse von dem Drachen mit seinen beiden Tieren (Kap. 13) und von dem großen Babylon, der Hure, die die ganze Welt verführt (Kap. 17 und 18), kam immer wieder die Rede von einem »Leib des Satans« auf, der wie eine »Gegenkirche«, als ein mystischer Leib des Satans gegenüber dem mystischen Leib Christi gekennzeichnet wurde (vgl. PL 35, 2442). Doch ausdrücklich ist demgegenüber hervorzuheben, daß diese Analogie irrig ist. Die Einheit der Erlösten durch Christus ist durch Gottes Macht, die innerlich schafft, was sie verheißt, durch Gottes Liebe, die alles schenkt, was das Geschöpf zu seiner Erfüllung und Vollendung braucht, durch Gott selbst zusammengehalten. Die Kirche ist der »Leib Christi, die Vollgestalt dessen, der alles in allem erfüllt« (Eph 1,23). Die Gemeinschaft, die Satan mit seinen Engeln (Apk 12,9) und mit allen Menschen, die ihm folgen werden, bildet, ist einig nur im Haß gegen Gott und im Neid gegen die

Menschen. Dennoch ist nicht zu übersehen, daß auch das Negative in der Welt »gemeinschaftbildend« sein kann, wenn auch nur in einem negativen Sinn. Die Macht des »Zeitgeistes«, der öffentlichen Meinung, der Mode, verstärkt durch die Macht der Wirtschaft und der Politik, die den einzelnen Menschen zu einem Stäubchen in der Masse, zu einem Rädchen im großen Getriebe zu machen versuchen – die Macht dieses Zeitgeistes bildet in der Welt der Menschen einen »geistigen Raum der Anonymität«, die den einzelnen Menschen als Person in letzte Gefahr und Not bringen kann: In dieser Masse kann der Mensch sich wenigstens äußerlich getragen fühlen, die niedrige Gesinnung, die schlimmsten Verbrechen, die er mitverschuldet, belasten ihn äußerlich nicht; aber gegen diesen Strom zu schwimmen und seine eigene Gewissensüberzeugng zu bekennen und zu vertreten, verlangt eine Anstrengung der Geistperson, die der Einzelne aus sich oft kaum aufzubringen vermag. Insofern kann man von einem »(Schein-)Reich des Bösen« auf Erden sprechen, dem als wirkliche Macht aber nur das »Reich Gottes«, das Reich der Gnade Christi gegenübersteht, in dem der Einzelne verwurzelt und geborgen sein kann, wenn er in Dankbarkeit von Gott empfängt, was er zu seinem innersten Wesen braucht, und mit der Gnade mitwirkend dem Bösen widersteht, um so sich selbst als Geschöpf und Ebenbild Gottes in dieser Welt zu finden und sich darzuleben. – Ein Blick in die menschliche Geschichte, die in der Apokalypse zu jeder Zeit eine »theologische« Deutung findet, mag diese Wahrheit illustrieren (B. Philberth, Christliche Prophetie und Nuklearenergie, Zürich [4]1963, verläßt den Boden des »Theologischen« zu sehr). Ja, es wird schwer oder unmöglich sein, die großen Greueltaten der Menschheitsgeschichte, die bis in die Gegenwart trotz Aufklärung, Wissenschaft und Technik davon nicht frei geworden ist – man denke an die Versuche der innersten Versklavung von Menschen, die heute mit den Mitteln der Technik und der Wissenschaft (Chemie, Psychologie) versucht werden, wie dies früheren Zeiten nie möglich war –, ohne den biblischen Glauben an die über den Menschen stehenden Mächte des Bösen zu erhellen, ebenso wie es nicht möglich ist, ohne das Geheimnis des erhöhten Herrn und seines Geistes in der Kirche Christi das wirklich menschlich Gute und Heroische der christlichen Geschichte zu begreifen. Dabei ist Kirche gewiß nicht allein die äußere Institution, sie ist aber auch nicht nur das innere Reich der in Christus Erlösten und Geheiligten und Lebenden, ohne die äußere Institution der Kirche, die von dem Heiligen und für die Heiligen lebt.

11. ABSCHNITT

DIE SÜNDE DES MENSCHEN

Was Sünde ist, können wir Menschen nur in uns selbst erfahren. Von dieser Erfahrung her mußte auch die »Sünde der Engel« im Vorausgehenden verständlich gemacht werden. Dennoch ist nach der biblischen Darstellung in heilsgeschichtlicher Schau das Letzte nicht die Sünde der Engel, sondern die Sünde des Menschen. Was von der Sünde des Menschen erfahrbar ist, wird im wesentlichen in der Moraltheologie behandelt. Die Dogmatik, speziell die Schöpfungslehre, hat nur von Unordnungen im »mysterium iniquitatis«, im Geheimnis des Bösen, zu sprechen, von den Unordnungen, die über die geschichtlich erfahrbare Welt hinaus eigentlich Gegenstand der »Heilsgeschichte« sind. Wir handeln darum hier von der besonderen »Geschichtlichkeit der Sünde des Menschen«, wie sie in der Offenbarung in der Erzählung vom Sündenfall des ersten Menschen vorgestellt wird (§ 46), um dann das in dieser »Geschichtlichkeit« wurzelnde Moment jeder erfahrbaren einzelnen Sünde und der Sünde der Menschheit zu betrachten, was seit Paulus als »stammväterliche Sünde« (ἁμαρτία προπατορική: so heute noch in der ostkirchlichen Theologie genannt), seit Meliton von Sardes und besonders seit Augustinus als »aus dem Ursprung ererbte Sünde« (peccatum originale) angesprochen wurde (§ 47).

§ 46 Die Geschichtlichkeit der Sünde des Menschen (Der Sündenfall des Menschen)

Vgl. Lit. zu § 43; dazu POHLE-GUMMERSBACH, Lehrbuch der Dogmatik I[10] (Paderborn 1952) 586 f (Lit.!). – MS II [1967] 845–941 [P. Schoonenberg].

1. Im älteren, jahwistischen Schöpfungsbericht ist neben den Aussagen über den »paradiesischen Zustand« des »ersten Menschenpaares« der Bericht über »Prüfung, Sünde und Strafe für die Sünde« das Hauptthema der Erzählung. Ein aitiologisches Verständnis dieser ersten drei Kapitel der Genesis wird davon ausgehen müssen, daß hier, am Anfang dieses Vorspanns (Gen 1–11) vor der großen Geschichte Israels, der inspirierte Verfasser darstellen will und muß, wie nach seiner in Gottes Gnade und Erleuchtung ruhenden Glaubensüberzeugung »Sünde, Leid und Tod«, das Böse, das Übel und

der Tod in die Welt gekommen sind, in die Welt, die doch Schöpfung des einen guten Gottes ist. Vielleicht ist eben die Beantwortung dieser *Grundfrage der »Theodizee«* gegenüber allen umliegenden Völkern in dieser Zeit, da Israel seine völkische Selbständigkeit und seinen einmaligen Jahweglauben findet – nach dem Bericht der Schrift unter Moses, bei der Wüstenwanderung und besonders am Berge Sinai –, von geschichtlich grundlegender Bedeutung für Volk und Glaube Israels (und diese beiden sind voneinander nicht zu trennen). Die umliegenden Völker, besonders auch alle jene Völker, die Israel dann besiegen wird, oder auch jene, von denen später Israel besiegt werden sollte, haben in ihrem dualistischen Denken das Böse einfach als eine zweite Gottheit neben der guten Gottheit oder wenigstens als eigene, böse göttliche Macht erklärt. Das aber hätte dem einmaligen und großen Jahwebild Israels zutiefst widersprochen, hätte das Jahwebild Israel selbst und damit das Volk und seine Geschichte in Frage gestellt. Um dieses einmaligen Jahwebildes und der Offenbarung willen muß Israel die eben gestellte Frage der Theodizee gleich am Anfang seiner bewußten Geschichte und hier grundsätzlich lösen. So ist dieser Bericht vom »Sündenfall der ersten Menschen« ebenso ernst geschichtlich zu verstehen, wie der Jahweglaube Israels und damit seine eigene Volksgeschichte, die in diesem Jahweglauben wurzelt. – Die Antwort auf dieses eben genannte Theodizeeproblem mußte darum auch notwendig drei Feststellungen einschließen, die wiederum die drei großen Grundfragen des Problems deutlich machen.

a) Kannten die außerisraelitischen Völker damals vielfach, da sie ein unklares Gottesbild hatten, auch Erzählungen von heroischen und absolut sündenlosen Menschen, so hielt Israel um seines Gottesbildes willen, aber vielleicht auch aus dem geschichtlichen Realismus und der Tiefe seiner menschlichen Wahrhaftigkeit heraus, die in diesem Gottesglauben wachsen konnten, immer daran fest, daß alle Menschen ohne Ausnahme Sünder sind, daß die Sündhaftigkeit wie eine »zweite Natur« zum Menschen an sich gehöre.

b) Diese Sündhaftigkeit läßt sich jedoch in keinem Fall aus der von Gott geschaffenen Natur des Gott ebenbildlichen Menschen erklären. So drängt die Frage, woher diese allgemeine Sündhaftigkeit des Menschen vor Gott komme, dahin, diesen Zustand auf eine einzige und erste Tatsünde zurückzuführen, die ihrerseits aber nicht irgendeine Sünde ist, sondern die wesentlichen Grundelemente enthält, die in jeder Sünde wieder sichtbar und am Werke sind, die deshalb aber auch eine »Tat« sein muß, die für das Leben, das Wesen des Menschen selbst, eine »Tat-Sache« begründet, die man als »Sündhaftigkeit«, d. h. als Prägung zur Sünde für jeden Menschen kennzeichnen muß.

c) Die Frage nach dem besonderen Grund für diese Sündhaftigkeit und ihre besondere Gestalt, die natürlicherweise nicht im moralischen Sinne als »Folge der einen Tat« erklärt werden kann, war die dritte Grundfrage, die beantwortet werden mußte. Der biblische Bericht gibt die Antwort mit dem Hinweis auf die »Ausweisung der Stammeltern aus dem Paradies«, d. h. mit dem »geschichtlichen« Hinweis, daß der »paradiesische Zustand« des Menschen verlorenging und nun ein Zustand eintrat, der der »sündigen Tat« im Paradies entsprach. Dieser »Zustand« nach dem »verlorenen Paradies« wurde noch näher gekennzeichnet, indem auch die Leiden des Menschen und schließlich sein Tod als Folgen der Sünde und Wesenselemente dieses neuen Zustandes herausgestellt wurden. Die weitere Geschichte Jahwes mit seinem Volk, der Bundesschluß unter Noe, Abraham und Moses hat dieses große Jahwebild Israels erneut gegenüber der Sünde und der Unheilsgeschichte Israels herausgestellt. So bilden auf dem Hintergrund des einmaligen und feststehenden großen Gottesbildes der Offenbarung diese Aussagen über die »Sünde des Menschen« das Fundament und die Überleitung zur großen Erlösungsgeschichte in Christus, wie sie uns in der Offenbarung des NT gegeben ist.

2. Von diesen Vorüberlegungen her ist nun zu verstehen, was Gen 2,4 b – 3,24 gesagt wird.

a) Oben (§ 17, 2a)wurde die Thematik dieses Berichtes bereits angesprochen. Hier sei nur noch einiges zur Auslegungsgeschichte ergänzt, die ebenfalls oben § 17, 3 vorgelegt wurde. Die Berichte, die deutlich mythische Sprache und Bilder aufweisen, sind nicht nur dem Wandel der exegetischen Methode unterworfen, sie haben auch ihres Themas wegen vielfach eine ganz besondere *Auslegung* erfahren. Manichäer und Gnostiker ebenso wie die platonisierenden jüdisch-christlichen Alexandriner des 3. und 4. Jahrhunderts haben durch oft sehr kühne »Allegoresen« Aussagen dieser Schriftstelle, die ihrer natürlichen menschlichen Erfahrung nicht zu entsprechen schienen, umzudeuten versucht. Noch gefährlicher für das Verständnis dieser Texte wurde die »religionsgeschichtlich mythische Interpretation«, die schon bei Celsus und Porphyrius zu finden ist und im 19. Jahrhundert (vgl. F. J. Delitzsch, Winkler, Jensen usw.)

aus dem Geiste der modernen Aufklärung heraus in diesen Berichten die verschiedenen Mythen der alten Naturvölker wiederfinden wollte. Th. Lessing und I. Kant sehen in dem Bericht eine Umdeutung eines großen und wichtigen Vorganges in der Menschheitsgeschichte, des Durchbruchs des Menschen vom Instinktwesen zum denkenden und urteilenden Wesen. G. Wellhausen sah in seiner reformatorischen Sicht von Welt in diesen Berichten Erzählungen, die das Kulturwerk des Menschen als freie geistige, selbstverantwortliche Tat überhaupt zur Sünde erklären wollten. D. F. Strauß deutete demgegenüber in liberalem Optimismus den sog. Sündenfall als Durchbruch des Menschen zur Mündigkeit der Freiheit. Die Bibelkommission hat am 30. Juni 1909 alle Versuche, die den sensus literalis historicus ablehnen, verurteilt (vgl. DS 3512–3519; D 2121–2128), worauf F. v. Hummelauer seinen Beitrag über die »Literarischen Genera in der Schrift« veröffentlichte, der zu seiner Emeritierung als Lehrer der Exegese führte. Nachdem in der Enzyklika Afflante Spiritu vom 30. 9. 1943 die Bedeutung der literarischen Genera für die Auslegung der Schrift Anerkennung gefunden hatte (vgl. DS 3829–3831 – D 2294), antwortete auch die Römische Bibelkommission auf einen Brief von Kardinal Suhard am 16. 1. 1948: »Diese literarischen Formen (von Gen 1–3) entsprechen nicht unseren klassischen Kategorien und können nicht beurteilt werden im Lichte der griechisch-lateinischen oder modernen literarischen Arten« (vgl. DS 3864 – D 2302). Ohne speziell auf Gen 1–3 einzugehen spricht das Dekret über die Offenbarung (Verbum Dei) des 2. Vatikanischen Konzils in Artikel 12 über die Methoden der modernen katholischen Exegese und hebt dabei hervor, daß »die Wahrheit in den Texten von unterschiedlicher geschichtlicher Art« dargelegt wird und daß »der Erklärer nach dem Sinn zu forschen hat, den der Hagiograph aufgrund einer ganz bestimmten Lage, seiner Zeit und Kultur entsprechend, mit Hilfe der damals üblichen literarischen Arten hat ausdrücken wollen und wirklich zum Ausdruck gebracht hat«. Von hierher ist der oben vorgetragene Versuch zu verstehen, die besondere Geschichtlichkeit dieses Schöpfungsberichtes aus der Zeit des Verfassers und dem in dieser Zeit drängenden Theodizeeproblem zu verstehen. Wie angedeutet ist jedoch die Antwort des Hagiographen nicht bloß als seine private Antwort, sondern als der Ausdruck der Glaubensüberzeugung seines Volkes zu verstehen, so wie sie sich damals unter dem Einfluß des Wirkens des göttlichen Geistes als des ersten Urhebers der Schrift entwickelt hatte und vom Hagiographen verstanden und niedergeschrieben wurde. Die von Hummelauer noch vertretene »Urtradition«, die von den Zeitangaben der Schrift über das Alter der Erde und das Alter der einzelnen Ahnen und Väter des Volkes Israel ausgeht, ist angesichts des tatsächlichen Alters der Menschheit (etwa 1 Million Jahre) und angesichts der Tatsache einer »Entwicklung der Menschheit« in diesem langen Zeitraum in dieser Form nicht mehr vertretbar. Damit wird die »Geschichtlichkeit« dieser Berichte nicht preisgegeben, sie ist nur in theologischer Weise und in Hinsicht auf das Offenbarungsgeschehen zu verstehen. Weder der naturalistische (das physische Zeitfaktum verabsolutierende) noch der idealistische (alles Inhaltliche verabsolutierende: vgl. E. Troeltsch) Historizismus kann dem Geschichtsdenken der Offenbarung gerecht werden. Die Antworten im neuen »heilsgeschichtlichen Geschichtsverständnis« sind auch möglich, ohne daß die Frage nach dem Monogenismus oder dem Polygenismus schon endgültig beantwortet sein muß.

b) Gen 2,4b–3,24 gibt einen Bericht von der ersten Sünde des Menschen, in dem das Werden und Wesen der Sünde und ihre Folgen schlechthin gekennzeichnet werden. Was hier als »Sünde der Stammeltern« vorgestellt wird, ist paradigmatisch für alle Sünden des Menschen. Zugleich wird in diesem Sündenfall die »Sündhaftigkeit des Menschen« aitiologisch erklärt und so das theologische Fundament für das Erlösungsgeschehen und das Erlösungsgeheimnis in Christus im NT gelegt. Es ist von großer Bedeutung, die wichtigsten Momente dieses Berichtes herauszustellen, weil die hier angesprochene Wirklichkeit ein echtes Glaubensgeheimnis ist, das, wenn einmal geoffenbart, sich unserem natürlichen Verstehen wohl erschließt, das jedoch nicht mit unserem natürlichen Denken selbst gefunden werden kann.

3. Im einzelnen sei darum zu folgenden Momenten in diesen Berichten etwas gesagt. Eine eingehende Behandlung derselben bietet die Exegese (vgl. P. Heinisch, Probleme der biblischen Urgeschichte, Luzern 1947, 66–92;C. Westermann, Genesis, Darmstadt 1972).

a) Die Sünde geschieht als Übertretung eines Gebotes. Das Gebot selbst erscheint als geringfügige Forderung, die eben die Bedeutung des inneren Gehorsams des Geschöpfes gegenüber dem Schöpfer deutlich machen soll. Dem Menschen gehört das ganze Paradies, d. h. die ganze Welt, die Gott eigens für ihn geschaffen hat; nur vom »Baum der Erkenntnis von Gut und Böse« soll er nicht essen. Die Idee dieses »Baumes der Erkenntnis von Gut und Böse« (Gen 2,9.17; 3,3) hat eine überaus mannigfaltige Deutung gefunden. Vielleicht ist der Sinn dieser »Erkenntnis« nach orientalischer Denkweise im »Herrsein des Menschen über die Sache« zu sehen, die man kennt, so daß der Sinn des Gebotes ist: Das Geschöpf muß seine geschöpfliche Beschränkung anerkennen gegenüber dem allein allmächtigen Gott und dies in einer kleinen Kleinigkeit. Bei diesem Verständnis des Gebotes läßt sich auch die angedrohte Strafe: »sterben«, als Ende des Daseins dieses Geschöpfes erklären. Das Geschöpf, das nicht mehr Geschöpf sein will, kann eben überhaupt nicht mehr sein, weil es nichts anderes sein kann als Geschöpf, das dem Schöpfer sein ganzes Sein verdankt. Von dieser Erklärung her wird auch der Weg zur Sünde verständlich. »Die Schlange« versucht zuerst, das *Gottesbild* im Menschen zu zerstören. In der die Wahrheit verdrehenden Frage: »Hat Gott wirklich gesagt, ihr dürft von keinem Baum des Gartens essen?« (Gen 3,1) soll der gütige Schöpfer Gott als der neidische und grausame Tyrann hingestellt werden, der dem Menschen Sisyphusqualen bereitet. Nachdem so das Gottesbild angeschlagen ist, wird das rechte *Selbstverständnis des Menschen* zerstört durch die lügenhafte Behauptung: »Auf keinen Fall werdet ihr sterben, sondern es verhält sich so: Gott weiß wohl, sobald ihr davon eßt, werden euch die Augen aufgehen, und ihr werdet wie Gott sein, wissend Gut und Böse« (Gen 3,4.5). Wiederum wird Gott als der neidische, mißgünstige Tyrann hingestellt und dem Geschöpf Mensch wird vorgegaukelt, es könne wie der Schöpfer Gott selbst sein, wenn es gegen dieses Gebot handle. – Das Innerste aller Sünde, die Zerstörung des Bewußtseins vom Schöpfer-Geschöpf-Verhältnis als Grundlage aller Gottesfurcht und Frömmigkeit, wird hier in seinem Werden und Sein im Menschen vorgestellt.

b) Sünde steht nicht nur zwischen Gott und Mensch, Sünde steht auch zwischen Mensch und Mensch, ist Zerstörung aller wirklichen Gemeinschaft des Menschen. So wird auch in dieser ersten theologischen Besinnung auf die »Sünde des Menschen« als zweites Wesenselement der Sünde die »Verführung« vorgestellt. Im Guten wie im Bösen ist der Anfang allermeist nicht im Menschen selbst und allein zu suchen, er kommt vielmehr aus der menschlichen Gemeinschaft: ein Mensch ist dem anderen entweder Vorbild und Wegweiser zum Guten oder Verführer zum Bösen. Was gut und böse ist, lernt der Mensch schon als Kind in der Familie oder sonst in einer menschlichen Gemeinschaft, längst ehe er dazu fähig ist, selbst zu beurteilen, was gut und böse ist. So wird auch hier, teils als »Warnung«, teils vielleicht auch als »Entschuldigung« dargestellt, wie die erste »Verführung« zum Bösen nicht aus dem menschlichen Herzen und nicht von der Sache, vom Baum der Erkenntnis, kommt, sondern vielmehr von »der Schlange, die listiger war als alle anderen Tiere des Feldes« (Gen 3,1), die hier als Symbol der Hinterlist, der Macht der bewußten Verführung vorgestellt wird. Die Schlange wird hier auch noch nicht Satan genannt, sie ist einfach ein Geschöpf Gottes, und vielleicht soll damit das »Geheimnis« angesprochen werden, daß plötzlich innerhalb der Schöpfung Gottes selbst Versuchung gegen Gott aufsteht und obsiegt. Erst Weish 2,24; Joh 8,44 und Apk 12,9 nennen die Schlange dann Satan. Gemäß dem orientalischen Verständnis vom Menschen wird zuerst die Frau von der Schlange »verführt« (vgl. Koh 7,25–29; Sir 25,13–26, besonders 24). Der Mann wird nachher nicht eigentlich von der Frau verführt, er tut als Lebensgefährte einfach mit, auch wenn er nachher seine Schuld auf die Frau abwälzen möchte (Gen 3,12). Doch auch hier spricht er nicht von »Verführung« (– »die Frau hat mir gegeben« –), während die Frau sagt: »Die Schlange hat mich betört (getäuscht)«. Das »Mittun«, das Mitläufertum als Grund der Sünde wird hier neben der Verführung herausgestellt. Auch dieses Mitläufertum zerstört echte Gemeinschaft, die nur in Verantwortung der Einzelnen gebaut werden kann.

c) Aus denselben notwendigen Gemeinschaftsbeziehungen des Menschen ist auch der Bericht von dem neu erwachten »Schamgefühl« zu deuten. Die hier angesprochene sexuelle Seite ist nur als Paradigma für den größeren Zusammenhang zu sehen: das »Mittun« in der notwendigen Gemeinsamkeit menschlichen Lebens kann als Weg zum Bösen zu einem »Schuldgefühl« führen, kann aber auch als Weg zum Guten (vgl. Gen 3,7.21: »Sie machten sich Kleider – Gott machte ihnen Kleider«) Zeichen der gegenseitigen Achtung und Liebe sein. Die Ambivalenz der »Scham« entspricht der ambivalenten Bestimmung des Baumes der Erkenntnis »von Gut und Böse«. Damit wird das Grundgeheimnis menschlichen Lebens, das vielfach auf Umwegen zum Ziele führt, angerührt: das Geheimnis, das auch in der Aussage des Apostels zum Ausdruck kommt, wenn er schreibt: »Gott hat alle Menschen zusammengeschlossen im Ungehorsam, um sich aller zu erbarmen« (Röm 11,32).

d) Das letzte Moment der Ursünde, Bestandteil sowohl wie Folge der Sünde, wird im biblischen Bericht zum Ausdruck gebracht, wenn im Anschluß an die Zerstörung des Gottesbildes und des rechten Menschenbildes (vgl. oben a) gesagt wird: »Da sah das Weib, daß der Baum gut war zum Essen, daß er eine Wohllust den Augen war und ein Anreiz der Baum, zu begreifen. Sie nahm von seiner Frucht und aß und gab auch ihrem Mann, und auch er aß« (Gen 3,6). – Läßt sich die Zerstörung des ursprünglichen Gottesbildes im Menschen in seiner *»Selbstgenügsamkeit«* erkennen, die nicht mehr um seine tiefe, geschöpfliche Abhängigkeit vom Schöpfergott weiß, und die Zerstörung des wahren Menschenbildes in seiner *»Selbstgerechtigkeit und Selbstherrlichkeit«*, die nicht mehr die Notwendigkeit der ganz unverdienten und aus Gottes unendlicher Liebe kommenden Gnade erkennt, so ist dieses letzte Moment der Ursünde als *»Weltverlorenheit«* zu kennzeichnen: Der Mensch hat nicht nur seinen archimedischen Punkt über sich, Halt und Ziel in Gott, sondern auch die Mitte in sich selbst und damit seine wahre Identität und Selbsttreue verloren und verfällt darum dem Reiz und der Macht der unter ihm stehenden Welt. Dadurch wird auch das im Personalen wurzelnde, rechte Verhältnis von Mensch zu Mensch zerstört. Die Versklavung an die »Welt« schafft jenen mächtigen »Egoismus«, der die Offenheit und Freiheit der zwischenmenschlichen Liebe nicht mehr aufkommen und wirksam werden läßt.

e) Auf dieselben Gemeinschaftsbeziehungen, aber auch auf den Zusammenhang derselben mit dem tieferen Gott-Mensch-Verhältnis weist das nächste Stück in diesem Bericht hin: Das *Verhör* Gottes und das *Gerichtsurteil* über den Menschen. Die böse Tat hatte zunächst in sich selbst eine Folge: das Wissen um die Verantwortlichkeit voreinander und füreinander ist erwacht und hat ein erstes »Schuldgefühl« geweckt. Das eigentliche »Schuldbewußtsein« aber muß erst in einem rationalen Prozeß wachsen, der durch das Dazukommen Gottes in Gang gesetzt und durch Gott selbst zu Ende geführt wird bis zum Urteil mit Strafmandat und Gnadenverheißung. Die theologische Tiefe des Berichtes wird deutlich in der Schilderung, wie die durch die Sünde unterbrochene Gemeinschaft zwischen Gott und Mensch durch den Anruf Gottes (– »Adam, wo bist du?« [Gen 3,9]) und durch den Entschuldigungsversuch des Menschen (– »Ich hatte Scham, da ich nackt bin; so versteckte ich mich« [Gen 3,10] –) wieder angeknüpft und aufgenommen wird. Gott macht den Anfang.

f) Das *Strafmandat* für den Mann in seinem Kulturwerk, für die Frau in ihrer Aufgabe als Gattin und Mutter sowie das endgültige

Todesurteil für die Schlange (– »das Weib wird dir den Kopf zertreten« –), die Vertreibung des Menschen aus dem Paradies (Gen 3,24: Vielleicht weist der Cherub mit dem Flammenschwert darauf hin, daß Gott das Paradies durch eine Naturkatastrophe zerstört und so den Menschen den Zugang vereitelt hat: Heinisch, 66), diese »Strafmandate« eröffnen die theologische Betrachtung der dritten Strukturbestimmtheit des Menschen: seiner Beziehung zur »Welt« als der ihm gegebenen und aufgegebenen Wirklichkeit (vgl. oben § 23). So wird in diesem kurzen Bericht die Folge der Sünde deutlich: der Verlust des Paradieses (der Gnade Gottes), die Todverfallenheit, in der die Gottesferne am Werke ist, und die Veränderung des Menschen in seiner ganzen Weltsituation an Leib und Seele zum Schlechteren. – Ausdrücklich hat die Kirche – vor allem seit Augustins Klärung der Gnadenfragen gegenüber dem Pelagianismus – diese Wahrheiten von der Sünde und den Folgen der Sünde als Glaubenswahrheiten herausgestellt (so auf dem Konzil von Karthago 418: D 101 – DS 222; von Orange 529: D 174 – DS 371) und auf dem Konzil von Trient 1546 (D 788 – DS 1511) in die Worte zusammengefaßt: »Wer nicht bekennt: nachdem Adam, der erste Mensch, das Gebot Gottes im Paradies übertreten hatte, verlor er sogleich die Heiligkeit und Gerechtigkeit, in die er hineingesetzt war, und zog sich durch die Beleidigung dieses Sündenfalles den Zorn und die Ungnade Gottes und somit den Tod zu, den Gott ihm vorher angedroht hatte, und mit dem Tod die Haft unter der Macht dessen, der daraufhin die Herrschaft des Todes innehatte, das heißt des Teufels, und Adam wurde durch diese Beleidigung des Sündenfalles ganz, an Leib und Seele, zum Schlechteren gewandelt, an. s.« – Grundlage dieser Aussagen ist nicht so sehr der Bericht von Gen 3, als vielmehr die Theologie des hl. Paulus, die dieses Paradiesesereignis von der christlichen Erlösungstheologie her betrachtet.

g) Die traditionelle klassische Theologie hat aus ihrem »geschichtlichen Verständnis« des biblischen Berichtes vom Sündenfall die Frage gestellt, ob die Stammeltern sich bekehrt haben und gerettet worden sind, wie alle großen Theologen und mit ihnen der Glaube der verschiedenen Kirchen in ihren Liturgien in Ost und West meist angenommen haben, oder verdammt worden sind, wie Tatian (vgl. Irenäus: Adv. haer. III 23: PG 7, 960–965) oder im Mittelalter noch Rupert von Deutz annahmen (vgl. In Gen. III 30 f: PL 167, 317 f: Pohle-Gummersbach 590 f). Das neue »geschichtliche Verständnis« dieser Berichte macht deutlich, daß diese Frage hier ebensowenig wie bei irgendeinem anderen Menschen der Geschichte oder der Heilsgeschichte beantwortet werden kann. Die eigentliche Bedeutung dieses Berichtes vom »Sündenfall der Stammeltern« liegt vielmehr in seinem paradigmatischen Charakter und schließlich darin, daß mit dieser »Sündentat des ersten Menschen« die »Sündhaftigkeit *des* Menschen« und der Menschheit schlechthin aitiologisch erklärt werden sollen, die Sündhaftigkeit, von der im folgenden die Rede sein muß.

§ 47 Die Erbsünde (Die Unheilsgeschichte in der Heilsgeschichte: Geschichte und Deutung der Erbsündenlehre)

DThC 12, 1 (1933) 275–624: Gaudel und Jugier: Péché original. – LThK 3[2] (1959) 965–972: Erbsünde (Auer). – J. GROSS, Geschichte des Erbsündendogmas, München, I Entstehungsgeschichte (Bibel bis Augustinus) 1960; II Entwicklungsgeschichte (3.–11. Jh.) 1963; III Im Zeitalter der Scholastik (12.–15. Jh.) 1972 (eine Kampfschrift gegen die augustinische und kirchliche Erbsündenlehre). – A. M. DUBARLE; Unter die Sünde verkauft. Die Erbsünde in der hl. Schrift, Düsseldorf 1963. – E. KINDER, Die Erbsünde. Eine Auseinandersetzung mit dem Manifest der »Sammlung«, Stuttgart 1959. – P. SMULDERS, Theologie und Evolution (Teilhard de Chardin), Essen 1963, 110–243. – L. SCHEFFCZYK, Die Erbschuld zwischen Naturalismus und Existentialismus, MThZ 16 (1965) 27–57. – DERS., Versuche zur Neuaussprache der Erbschuldwahrheit, MThZ 17 (1966) 253–259. – J. ALSZEGHY-M. FLICK, Die Erbsünde in evolutiver Sicht (Theol. d. Gegenwart 9, 1966) 151–159. – P. LENGSFELD, Adam und Christus, Münster 1965. – H. HAAG, Biblische Schöpfungslehre und kirchliche Erbsündenlehre, Stuttgart 1966. – P. SCHOONENBERG, Theologie der Sünde, Einsiedeln 1966. – DERS., MS II (1967) 845–941 (Lit.!). – HerKorr. 21 (1967) 76–82: Zur Diskussion um die Erbsünde. – P. GRELOT, Reflexions sur les problèmes du péché originel, Nouvelle Révue théol. 99 (1967) 337–375. J. SCHARBERT, Prolegomena eines Alttestamentlers zur Erbsündenlehre (QD 37), Freiburg i. Br. 1968. – K. H. WEGER, Theologie der Erbsünde (QD 44) Freiburg i. Br. 1970. – F. DEXINGER-F. STAUDINGER-H. WAHL-J. WEISMAYER, Ist Adam an allem schuld? Innsbruck 1971.

1. Die im vorausgehenden vorgestellte Unterscheidung zwischen »persönlicher Tatsünde« und »allgemeiner Sündhaftigkeit« des Menschen muß hier weiter geklärt werden, wenn die Sache, die in der Theologie »Erbsünde« genannt wird, deutlich werden soll. Schon die Tatsache, daß hier an dem Terminus »Erbsünde« festgehalten wird und nicht der mehrfach vorgeschlagene Begriff »Erbschuld« dafür gesetzt wird, mag zeigen, daß mit dem zu besprechenden Gegenstand nicht bloß von einer »Schuld« im abstrakten

Sinne (debitum) die Rede ist; es ist vielmehr die »faktische Sündenverhaftetheit des Menschen« angesprochen, seine Neigung zur Sünde und die Tatsache, daß alle Menschen immer wieder sündigen. Die vom religiösen Menschen immer wieder erfahrene Durchdringung von »schicksalhafter Fehlerhaftigkeit« und »personaler Verantwortung« für eben diese Fehler muß hier betrachtet werden. Nicht eine psychologische Wirklichkeit – etwa die erlebbare Neigung zur Sünde allein –, aber auch nicht nur die faktischen Sünden, die statistisch zu erfassen sind, werden hier angesprochen: es handelt sich vielmehr um das »Schuldbewußtsein« des Menschen, der um die Heiligkeit, Gerechtigkeit und Liebe Gottes weiß und sich selbst als »gottebenbildliches Geschöpf« von diesem Gott her und auf ihn hin und immer vor ihm stehend weiß, so daß »Schuldigkeit« und »Schuldhaftigkeit« in diesem »Schuldbewußtsein« miteinander korrespondieren. – Das Entscheidende bleibt, daß es sich um eine Glaubenswahrheit handelt, die den Aussagen der Hl. Schrift zu entnehmen ist, von der gilt, was schon mehrfach angesprochen wurde: Die hier vorgestellte Wirklichkeit ist nicht zuerst ein einfaches Erfahrungsdatum des täglichen Lebens, das nun theologisch gedeutet wird: es ist vielmehr eine in der Offenbarung immer wieder vorgestellte Wahrheit, die, einmal geoffenbart, nun auch durch Daten der täglichen Erfahrung verständlich gemacht werden kann.

2. *Die Hl. Schrift* wird nicht müde, immer wieder auf die allgemeine Sündenverhaftetheit der Menschen hinzuweisen. Dabei ist festzuhalten: Mit dieser Sündenverhaftetheit ist nicht ein formaljuristischer oder rein sittlich-moralischer Sachverhalt angesprochen: es ist vielmehr gesagt, daß das Verhältnis des Menschen zu Gott und dadurch auch das Verhältnis der Menschen untereinander und zu ihrer Welt in Unordnung geraten ist. Lawinenhaft läßt die Schilderung der Schrift die Sünde von der Paradiesessünde der Stammeltern über den Brudermord Kains und den verzehnfachten Fluch Lamechs sowie die mythische Erzählung von der Sünde der Gottessöhne mit den Töchtern der Menschen (Gen 6,1–3) hin anwachsen zur Sintfluterzählung, die eingeleitet wird mit den Worten: »Der Herr sah, wie groß die menschliche Bosheit auf Erden war und daß jegliches Gebilde ihrer Herzensgedanken allzeit nur böse war. Es reute ihn, den Menschen erschaffen zu haben auf Erden ...« und er beschloß, den Menschen und alles Getier vom Erdboden zu vertilgen (Gen 6,5–7). Als Noe nach der Flut durch

ein Opfer Gott versöhnt hatte, sprach Gott: »Ich will ferner nicht noch einmal die Erde verfluchen um des Menschen willen; denn das Innere des Menschen ist zum Bösen geneigt von Jugend auf« (Gen 8,20 f). Was hier in der aitiologisch konzipierten Frühgeschichte beispielhaft vorgestellt wird, findet in den folgenden Büchern der Schrift seinen Ausdruck in der Feststellung, daß es eben »keinen Menschen gebe, der ohne Sünde ist« (Ansprache Salomos, 1 Kön 8,46), daß vor der Heiligkeit Gottes der Mensch immer nur als »unrein« erscheinen könne (Ijob 15,14 f; Ps 41,7; 130,3; 143,2: »Gehe nicht ins Gericht mit deinem Knecht, denn vor dir ist niemand gerecht, der lebt«). Daß diese Sündhaftigkeit des Menschen freilich mit der »Sünde Adams« zusammenhänge, wird im AT noch nicht ausdrücklich gesagt, und in der außerkanonischen Literatur des Judentums wird ebenfalls großenteils noch nicht von Erbschuld, wohl aber von einem »Erbübel und Erbtod« geredet (vgl. syr. Bar. 56,5 f). Ja, oft ist der »böse Trieb« (jeser hara) nicht Folge, sondern Quelle der Adamssünde (vgl. 4 Esdr 1,21: »Ein böses Herz trug schon der erste Mensch, kam in Schuld und ward besiegt, desgleichen alle, die ihm entstammen;« vgl. ebd. 2,30: »Ein Körnchen bösen Samens ... welche Sündenfrucht ...«). Man sagt sogar: »Adam trägt einzig und allein für sich die Schuld; wir alle aber wurden, jeder für sich selbst, zum Adam« (vgl. syr. Bar. 44,19). – Erst die Heilsgeschichte des NT hat den Schuldcharakter der Sündhaftigkeit aller Menschen im Sühnetod Christi am Kreuz sichtbar gemacht, so daß Paulus daraufhin in seiner großen Heilstheologie, wie er sie im Römerbrief entfaltet hat, aus der Parallele »Adam – Christus – Adam als Vater der Sünde, Christus als Vater der Erlösung – die christliche Erbsündenlehre entwickeln konnte. Der klassische Text (Röm 5,12–21) dafür lautet: 12: »Wie daher durch einen Menschen (Adam) die Sünde (ἡ ἁμαρτία) in die Welt gekommen ist und durch die Sünde der Tod und so der Tod auf alle übergegangen ist, weil alle (Vulg. in dem alle) gesündigt haben ...« 15: »Aber nicht wie beim Sündenfall ist es auch bei der Begnadigung. Denn wenn durch die Sünde des einen Menschen (Adam) die Vielen gestorben sind, so ist um vieles mehr die Gnade Gottes und die Gabe in der Gnade des einen Menschen Jesus Christus auf die Vielen reichlich übergeströmt ...« 17: »Denn wenn durch die Sünde eines Einzigen (Adam) der Tod herrschte eben durch den Einen, werden um vieles mehr jene, die die Fülle der Gnade und der Gabe der Gerechtigkeit empfangen haben, im Leben herrschen durch den einen Jesus Christus.« 18: »Wie es also nun durch die

Übertretung (παράπτωμα) eines Einzigen für alle Menschen zur Verurteilung (κατάκριμα) kam, so auch durch die Rechtstat (δικαίωμα) eines Einzigen zur Rechtfertigung (δικαιοσύνη) des Lebens.« 19: »Wie nämlich durch den Ungehorsam (παρακοή) des einen Menschen (Adam) zu Sündern gemacht wurden die Vielen, so werden auch durch den Gehorsam (ὑπακοή) des einen (Jesus Christus) zu Gerechten gemacht die Vielen ...« 21: »damit, wie die Sünde herrschte durch den Tod, so auch die Gnade herrsche durch die Gerechtigkeit zu ewigem Leben durch Jesus Christus, unseren Herrn.« – Der Text als ganzer zeigt, daß Sünde und Tod auf Adam, Gerechtigkeit und Leben auf Christus zurückgeführt werden. Dies gilt, auch wenn in V. 12 das griechische ἐφ' ᾧ richtig mit »weil« gegenüber dem Vulg.-Text »in quo« = in dem, nämlich in Adam, widergegeben wird. Die Tatsache, daß die Erlösungsgnade durch Christus, ohne unser »Verdienst«, uns geschenkt wird, veranlaßt Paulus zu dem theologischen Schluß: Auch die Sünde Adams ist ohne unsere »persönliche Schuld« auf uns gekommen, und er verdeutlicht diesen Schluß durch den Hinweis auf den »Tod«, der auf alle Menschen gekommen ist, auch schon als es noch kein Gesetz gab und damit auch keine persönliche Gesetzesübertretungen, also keine persönliche Schuld möglich war. Denn die Menschen sind schon vor Moses gestorben, obwohl Moses erst das Gesetz brachte und damit die Möglichkeit der Gesetzesübertretung und der Schuld. (Röm 5,14: »Und doch herrschte der Tod von Adam bis Moses auch über jene, die nicht sündigten in der Art der Übertretung Adams, der das Vorbild ist des Zukünftigen« [Christus]). – Der tiefe theologische Sinn dieser Parallele Adam – Christus wird bei Paulus nochmals bei der Auferstehungsfrage angesprochen, wenn er schreibt: »Da nämlich durch einen Menschen der Tod kam, so kam auch durch einen Menschen die Auferstehung der Toten; denn wie in dem Adam (ἐν τῷ 'Αδάμ) alle sterben, so werden in dem Christus (ἐν τῷ Χριστῷ) auch alle lebendig gemacht werden« (1 Kor 15,21 f). Paulus spricht noch nicht von einem »Erbe«. Bei ihm ist vielmehr maßgeblich die Idee der »korporativen Persönlichkeit« (vgl. H. Wheeler Robinson, 1936; J. de Fraine), d. h. Adam erscheint als Stammvater der sündigen Menschheit wie Christus der Stammvater der erlösten Menschheit ist. Die Idee dieses Stammvaters erwächst aus dem nomadischen orientalischen Sippendenken: jede Sippe führt ihren Bestand auf einen »Stammvater« zurück. Diese natürliche Idee wird hier ins Theologische übertragen. Die Bedeutung dieser Idee liegt darin, daß damit die

Universalität der Unheilsgeschichte in Adam und der Heilsgeschichte in Christus zusammengeschaut werden, daß damit die relative Vorgegebenheit von Heil bzw. Unheil, die totale Verstricktheit des Menschen in Heil oder Unheil (vgl. Eph 2,3: »Wir (Kinder Israels) sind von Natur [φύσει] Kinder des Zornes Gottes, wie alle (die Heiden) anderen auch«) und die eschatologische Endgültigkeit dieser Entscheidung, die freilich für jeden Einzelnen erst offenbar werden wird, angesprochen und festgehalten sind.

3. *Geschichte.* Was in der Schrift grundgelegt ist, findet in der Geschichte der Theologie seine Entfaltung.

a) In den ersten Jahrhunderten wurden vier Ansichten entwickelt, die später als irrig zurückgewiesen werden mußten. – Schon Philon (Mundi op. 49. 53 f; de nobil. 3) sowie vor allem dann Gnostiker, Manichäer und Priszillianisten lehrten, Adam habe durch seine persönliche Sünde die menschliche Natur verdorben (vgl. Röm 5,19) und alle Menschen erben darum von ihm eine »in sich verderbte Natur«. – Nach Origenes (Contra Celsum VII 50: PG 11, 1494; De primo princ. II 8,3: PG 11, 222 f; in Gen III 21: PG 12, 101 a) haben »alle Menschen in ihrer seelischen Präexistenz gesündigt« und kommen, mit dieser Schuld beladen, zur Welt. – Tertullian (Ende des 2. Jahrhunderts) fand in montanistischer Denkweise den Grund der Erbsünde in der »sündhaften Geburt«, d. h. in der Sündhaftigkeit des Zeugungsvorgangs (De an. 41: PL 2, 720 A). – Die Pelagianer des 5. Jahrhunderts endlich lehrten, wie die syrische Baruchapokalypse, die Sünde Adams sei seine persönliche Sache geblieben; die Erbsünde bestehe nur »im schlechten Beispiel«, das die Nachkommen bei den Vorfahren sehen und nachahmen (vgl. Marius Mercator, Comm.: PL 48, 69). Ähnlich lehrten später wieder die Sozinianer, Zwingli und die Rationalisten der Aufklärung.

b) In der Ostkirche, die sich mehr mit dem platonischen Manichäismus auseinandersetzen mußte, besonders in der Antiochener Schule (Theodor von Mopsuestia, Theodoret von Cyrus), findet sich häufig die pelagianische Ansicht. Doch sind auch hier Zeugen der Erbsündenlehre vorhanden, wie sie zur Erlösungslehre seit Paulus notwendig erscheint. So betonen Athanasius (Contra Arian. I 51: PG 26, 117) und Basilius (Or. 9, 8 f: PG 31, 345, 348 f), daß die Sünde von Adam weitergegeben wurde. Gregor von Nazianz (Or. 22, 13: PG 35, 1145) und Chrysostomus (In Joh. 36, 2: PG 59, 206) lehrten, daß die Sünde Adams schon unsere Sünde war. Isidor von Pelusium, Proklus von Konstantinopel, Kyrill von Jerusalem nehmen im Anschluß an Paulus Stellung gegen Theodoret und erklären die Notwendigkeit der Kindertaufe mit der Belastung der Menschennatur durch die Sünde Adams (vgl. Tixeront, Hist. de dogmes II 141 ff; III 208 ff). Ja, der früheste und deutlichste Zeuge für den Begriff der »Erb-Sünde« ist in der Ostkirche Meliton von Sardes († 190) in seiner Passa-Homilia (ed. J. Blank, Sophia 3, Freiburg i. Br. 1963: Strophe 49 und 50). Er sagt: »Adam hinterließ seinen Kindern ein Erbe (κληρονομία), als Erbe aber nicht Reinheit sondern Unreinheit, nicht Unvergänglichkeit sondern Vergänglichkeit, nicht Ehre sondern Unehre, nicht Freiheit sondern Sklaverei, nicht Königsherrschaft sondern tyrranisches Joch, nicht Leben sondern Tod, nicht Heil sondern Verderben ... Sie wurden von der tyrannischen Hamartia vergewaltigt und in die Wirbel der Begierde geworfen« (vgl. Rö 1,21–32).

c) Ganz ähnlich lehrte schon vorher in der Westkirche Irenäus von Lyon († nach 200), wenn er schreibt: »Wie wir durch die erste Zeugung den Tod erbten, so sollten wir durch die zweite Zeugung (in der Taufe durch Christus) das Leben erben« (Adv. haer. V 1,3; 12,3; 14,1: PG 7, 1121, 1161; Dem. ev. I 3,34: TU 3/1, S. 3, 19). Wir haben in Adam Gott beleidigt, da wir sein Gebot nicht hielten (Adv. haer. V 16,3: PG 7, 1167). Er bringt auch zuerst die Gegenüberstellung von Paradiesesbaum und Kreuzesbaum (Adv. haer. III 22,4; V 19,1: PG 7, 959; 1175: vgl. Kreuzespräfation!). Auch Origenes hatte schon im Anschluß an Röm 5,12 den Generationenzusammenhang aller Menschen mit Adam (»alle waren in den Lenden Adams«: PG 14, 1009 C) gelehrt. Allgemein lehrte man in der Westkirche eine physische und moralische Belastung durch die Erbsünde (Ambrosius, Zeno, Hilarius, Hieronymus usw.). Die theologische Entfaltung aber fand diese Lehre erst bei Augustinus gegenüber dem Pelagianismus (vgl. De grat. Christi et pecc. orig. 418; 6 Bücher contra Julianum 423 und das unvollendete letzte Werk Contra secundam Juliani responsionem 429). Seine Hauptbeweise nahm Augustinus aus Röm 5,12, wo er »in quo« auf Adam bezog und die pelagianische Deutung »eo quod« ablehnte. Seine Hauptargumente sind (vgl. Tixeront II 465–482): »Die Sünde kann nicht in der Nachahmung bestehen, denn auch der Tod wird von Menschen nicht nachgeahmt« (Sermo 294, 15; Contra Jul. II 63, 5: PL 38, 1344) – Die pelagianische Unterscheidung, daß Taufe zum Himmelreich, aber nicht zum ewigen Leben notwendig sei, widerlegt er mit Joh 6,54 und der Erklärung, daß Kommunion Taufe voraussetze, also das Himmelreich vor dem ewigen Leben stehen müsse

(Sermo 294, 2 f: PL 38,1336). – Seinen großen Beweis führte er aus der Tradition für die Kindertaufe, die zeige, daß die Menschheit eine massa perditionis (damnata) sei (vgl. De pecc. orig. 29, 34: PL 44, 402 De civ. Dei XXII 22, 14: PL 41, 784 ff; De nupt. et con. I: PL 44, 428). – Leiden, Begierlichkeit und Tod der Menschen sind nur als Folgen der Erbsünde (schon bei den Kindern, die noch keine persönliche Schuld kennen) zu erklären. Wären sie von Natur, wäre der Mensch das armseligste aller Geschöpfe (De nupt. et con. I 24: PL 44,429; Contra Jul V 12, 48: PL 44,811). Das Fundament seiner Erbsündenlehre ist aber die Adam-Christus-Parallele (vgl. de grat. et pecc. orig. II: PL 44, 402). – So eindeutig für ihn die Tatsache der Erbsünde ist, so schwer ist es auch für ihn, ihr Wesen näher zu kennzeichnen (De mor. eccl. I 40: PL 32, 1328). Die Erbsünde zeigt sich vor allem in der »concupiscentia«, die aber nicht nur als Begierde aufgefaßt wird, sondern mit der Abkehr von Gott, dem allein unwandelbaren, gedeutet wird (vgl. De lib. arb. I 35: PL 32, 1240: »Cum quisque avertitur a divinis vereque manentibus et ad mutabilia et incerta convertitur«; dagegen: De nupt. et con. I 24/27: PL 44, 429). – Auf den Einwurf, daß auch nach der Taufe noch die Begierde bleibe, antwortet er mit der Unterscheidung von actus (Tatsünde) und reatus (Schuldzustand): Die aktuellen Sünden gehen actu vorüber, bleiben aber reatu; die Erbsünde dagegen bleibt actu und geht reatu in der Taufe vorüber (De Trin. XIV 23: PL 42, 1054). Das Geschoß (Schuld) wird in der Taufe entfernt, die Verwundung (Folge der Schuld) bleibt. Die menschliche Natur nennt er eine natura sauciata, vulnerata, vitiata (vgl. De nat. et grat. 19, 21: PL 44,256). Den Schuldcharakter der Erbsünde erklärt er so: »Illud quod in parvulis dicitur originale peccatum, cum adhuc non utantur arbitrio voluntatis, non absurde vocatur etiam voluntarium, quia a prima hominis mala voluntate contractum, factum est quoddammodo hereditarium« (Retract. I 13, 5: PL 32, 604). Sed peccatis inquis alienis non utique perire debuerunt (parvuli). Aliena sunt, sed paterna sunt: ac per hoc iure seminationis atque germinationis et nostra sunt (Contra Jul. op. imp. I 48: PL 45, 1071; De corr. et grat. 6, 9: PL 44, 921). – Einmal schreibt er, die Forterbung geschehe durch den Zeugungsakt, der auch bei den getauften Menschen noch concupiscentia carnis geschehe (vgl. De nupt. et con. I 18/20, 19/21, 24/27: PL 44, 425, 429). Da ihm Julian daraufhin vorwirft, daß er die Folgen der Erbsünde manichäisch deute, erklärt er: »Non dixeram (naturam humanam) malam non esse sed malum non esse ... Non dixeram vitiatam non esse sed vitium non esse« (Contra Jul. Op. imp. III 190, 192: PL 45, 1330). Deutlich setzt er sich damit auch vom Pelagianismus ab, der auf sein Betreiben hin in Mileve 416, in Carthago 418 verurteilt wurde (vgl. auch das Edikt des Papstes Zosimus D 101, 109a – DS 222, 231; Indiculus Caelestini D 130 – DS 239; Konzil von Orange, D 174 f – DS 371 f). In klarer Weise ist so durch Augustinus die Erbsünde als eine heilsgeschichtliche Wirklichkeit gekennzeichnet und die irrige Auffassung von einer »aktuellen Sünde«, wie sie im Mittelalter wieder von Abailard [D 376 – DS 728] vertreten wurde, sowie der Irrtum von einer »Natursünde«, wie sie in der Lehre Luthers erscheint, sind zurückgewiesen worden.

d) Das hohe Mittelalter hat die augustinischen Lehren besonders in Hinsicht auf die Frage nach der Art der Weitergabe oder Vererbung dieser »habituellen Sünde« weiterentwickelt, um in jedem Fall die manichäischen und origenistischen Irrlehren auszuschalten. Dabei ist die Erbsündenlehre fast ganz aus dem biblischen Verständnis vom »Menschen als Glied der Menschheit« herausgenommen worden: Erbsünde erschien nicht mehr in biblisch-heilsgeschichtlicher Sicht, sondern in psychologisch-ethischer und damit individualistischer Sicht (vgl. Thomas von Aquin, S.Th. I II q 82 und 83). – Als bei Luther die Erbsünde durch die aus dem Spätmittelalter übernommene psychologisch-ethischen Auffassung von »concupiscentia« wieder in die Gefahr geriet, manichäisch verstanden zu werden, und aufgrund der reformatorischen Betonung des persönlichen Glaubens als Tor zur Rechtfertigung die »Wiedertäuferbewegung« aufkam, stellte das Konzil von Trient 1546 (Sessio 5) die augustinische und scholastische Erbsündenlehre erneut heraus (DS 1510–1516; D 787–792; vgl. H. Jedin, Geschichte des Konzils von Trient II, Freiburg i. Br. 1967, 125 ff).

e) Der Wandel, der sich durch die Entwicklung des abendländischen Denkens im Welt- und Selbstverständnis des Menschen seit Renaissance und Aufklärung und nicht zuletzt durch die Entwicklung der Naturwissenschaften seit dem 19. Jahrhundert angebahnt hat, hat vor allem seit dem 2. Weltkrieg und dem Aufbruch des theologischen Denkens im 2. Vatikanischen Konzil zu großen neuen Versuchen über dieses Glaubensgeheimnis der Offenbarung geführt, die neben mancher alten Irrlehre im neuen Gewand einige wesentliche neue Gesichtspunkte in die Betrachtung der Erbsünde gebracht haben, die freilich noch der Zusammenschau bedürfen. Als die wichtigsten Gesichtspunkte seien hier genannt: (1) Durch das neue naturwissenschaftliche Verständnis vom Menschen sind eine Anzahl von Fragen in dieser Sache aufgetreten, die vor allem um das Problem »Monogenismus oder Polygenismus als Grundlegung der Erbsündenlehre« und um das Problem »die Entwicklungsgeschichte des Menschen und die sogenannte Ursünde des Menschen« kreisen. – Das erste Problem »Monogenismus oder Polygenismus« hat im deutschen Sprachraum vor allem durch K. Rahner und P. Overhage seit 1957 eine reiche Behandlung gefunden (vgl. Zusammenfassung bei Weger, 176–223). Ein Blick in die zahlreichen Abhandlungen (– ein voller Überblick kann für diese »kleine Dogmatik« nicht erwartet werden –) erlaubt folgende Aussagen: Die Schwierigkeit in der Stellung wie in der Beantwortung der hier einschlägigen Fragen liegt in der Tatsache, daß die Naturwissenschaften (vgl. § 21) keine Erfahrungsdaten haben und wohl auch nie haben werden, die ihnen hier eine endgültige Antwort erlauben würden. Ebenso hat aber auch die Theologie keine Prinzipien, die hier zu einer bestimmten Antwort zwingen würden, wenn man bedenkt, daß die Schrift gerade in dieser Sache keine naturwissenschaftliche, sondern lediglich eine theologische Aussage machen will und kann. Die theologische Aussage aber hat zum Inhalt die Feststellung, daß sich die Menschheit als ganze von Anfang an in einem Zustand der Sündenverhaftetheit befindet, der durch die Menschheit selbst verursacht sein muß, nicht vom Schöpfer Gott kommen kann, der aber nicht ein bloß ethischer Mangel ist, sondern einer, der primär das Verhältnis des Menschen zu Gott zur Grundlage und zum Inhalt hat. Die ethischen (psychischen, sozialen und physischen) Übel müssen in diesem »theologischen Mangel« begründet sein. Im Hintergrund der ganzen Problematik steht die alte Frage, wie Glauben und Wissen sich zueinander verhalten, ein Problem, das jeder Zeit von ihren je immer neuen Wissensgrundlagen her aufgegeben ist, das daher keine Zeit endgültig für alle Zeiten lösen kann (vgl. dazu die Kontroverse um die Ansprache von Papst Paul VI. am 11. 7. 1966). Wenn die theologische Spekulation heute darauf hinweist, daß jedenfalls die Allgemeinheit der Sündenverhaftetheit der ganzen Menschheit sich auch bei einem durch allgemeine naturwissenschaftliche Prinzipien etwa nahegelegten Polygenismus als möglich erweisen läßt, soll damit nur die Offenheit der Frage gewahrt, nicht etwa irgendeine Antwort auf das Monogenismusproblem selbst gegeben werden. – Dazu sei hier angemerkt, daß diese naturwissenschaftlichen Überlegungen noch kein Recht dazu geben, die allgemeine Sündenverhaftetheit der Menschheit völlig aus dem Generationenzusammenhang herauszunehmen und sie allein durch das »Situiertsein des Menschen in einer sündigen Welt« erklären zu wollen, wie es vor allem P. Schoonenberg (vgl. »Theologie der Sünde« und »MS«) versucht. Gen 2 und 3 haben gezeigt, daß auch »Verführung« und »Mittun« zur theologischen Deutung der Sünde durch diesen Bericht gehören, zwei Tatsachen, die nicht nur soziologisch und psychologisch, sondern auch geschichtlich im »Generationenzusammenhang« erklärt werden müssen. – Ein zweites Problem, das unter dem Einfluß der »Evolutionslehre« in der Erbsündenfrage auftritt, ist die Frage, ob nicht *die »Ursünde des Menschen« selbst* als *ein spezifisches Moment dieser »Entwicklung«* verstanden werden kann und muß. Wohl nicht ganz unbeeinflußt von den schon erwähnten Ideen der Aufklärung, daß die Ursünde des Menschen nichts anderes gewesen sei als der Durchbruch vom Instinktwesen zum Verstandeswesen oder der Durchbruch zur Freiheit und Verantwortung, versucht W. Böhm den Sündenfall nicht an den Anfang der Menschheit, sondern etwa in das 6. Jahrtausend v. Chr. (Übergang zum Metallzeitalter) zu verlegen: in dieser Zeit sei der Mensch zum selbständigen Handeln übergegangen, nicht mehr bereit gewesen, sich und seine Welt Gott zu verdanken (»Wissenschaft und Weltbild«, Österreichischer Bundesverlag, 17 [1964]). Ähnlich lehrt H. Pfatschbacher (Politische Anthropologie, München 1963), daß die erste Sünde nicht den entwicklungsgeschichtlichen, sondern den heilsgeschichtlichen »Erstmenschen« anzulasten sei, bei denen die Entwicklung von der Hominisation zur Deifikation verlangt gewesen sei. Die späteren Menschen hätten an dieser Sünde nur durch Vermischung mit diesem sündigen Menschengeschlecht Anteil. Vorsichtiger haben J. Alszeghy und M. Flick (Il peccato originale in prospectiva evoluzionistica, Greg. 47 [1966] 201–228) die Ansicht vertreten, die Ursünde der Stammeltern habe in der Ablehnung eines »Gnadenangebotes« und damit der möglichen menschlichen Evolution in der Gnade bestanden, wobei eine präadamitische Menschheit und Polygenismus angenommen werden. – Zeitlebens scheint P. Teilhard de Chardin die klassische Erbsündenlehre der Kirche als »das enge Gewand« empfunden zu haben, »in dem sowohl unser Denken als auch unser Herz ersticken« (Mein Glaube, Olten 1972, 98). Er beabsichtigte darum, »dem Dogma vom Sündenfall eine Erscheinungsform zu geben, die mit den am wenigsten hypothetischen Gegebenheiten der Erfahrung und der Geschichte vereinbar ist« (ebd., 58). Dabei gehen freilich seine 1922/1923 entstandenen Studien noch von dem naiven, historizistischen Verständnis von Gen 1 und 2 aus, das wenigstens seit der Enzyklika Afflante Spiritu und vor allem seit dem 2. Vatikanum in der Kirche und ihrer Theologie überholt ist. Mit Recht sagt er, daß die Erbsünde unsere Erfahrung »transzendiere«. Dieses Transzendieren sucht er in seiner naturwissenschaftlichen Denkweise allerdings zu interpretieren, indem er entgegen den bisherigen Aussagen, die nach seiner Ansicht die Ursünde und Erbsünde »verharmlosen«, sie für so groß erklärt, daß sie für die Entwicklung der Geschichte und der Menschheit eine völlig neue »Weichenstellung«, ja einen »Umguß des erfahrbaren Universums« hervorgerufen hat, die uns darum dieses Ereignis, das tatsächlich der Größe des unbegreiflichen Christusmysteriums in der Geschichte der Menschheit entspricht, wieder in seiner »Größe des Mysteriums« nahebringen kann. Er stellt der »Humanisation durch Erlösung« eine »Humanisation durch Evolution« (ebd., 172) entgegen. Unter diesem Gesichtspunkt will er die Erbsünde, in ihren kosmischen Grundlagen betrachtet, »mit dem Mechanismus der Schöpfung (der sich entwickelnden Schöpfung) selbst verschmelzen – wo sie das Wirken der negativen Kräfte der ›Konter-evolution‹ darstellt« (ebd., 179). Ursünde und Erbsünde sind so »Faktoren der Konter-evolution« in der evolutiven Welt; sie entwickeln sich mit der Entwicklung der Menschheit darum weiter in den persönlichen Sünden der Menschen wie aber auch im Übel und Leid des Kosmos. Die Erbsünde wächst also bis zum Ende der Zeiten. – Der Begriff der »persönlichen Schuld« scheint hier keinen Platz zu haben, während das einmalige Ereignis von Menschwerdung und Erlösungstat in Christus hier zu einem »kosmischen Ereignis« umgedeutet wird. – Allgemein gesehen erscheinen diese Versuche belastet durch eine allzusehr vereinfachte und dadurch falsche Zusammenschau von Natur und Übernatur, Glauben und Wissen, Einzelnem und Gemeinschaft, Mensch und Kosmos (vgl. Scheffzyk, Versuch zur Neuaussprache, 258). – (2) In den neuen exegetischen Versuchen sind vielfach moderne psychologische, soziologische und formallinguistische Denkweisen zur Anwendung gekommen, die den theologischen Aussagen der Schrift in ihrer »mythischen Form« nicht immer gerecht zu werden vermögen. So kommt es dazu, daß Haag(vgl. Abschied vom Teufel ²1970, 20) sagen kann: Was uns die Paradieseserzählung beschreiben will, ist nicht die »Erbsünde«, sondern einfach die Sünde des Menschen; die Erbsünde (vgl. Röm 5,12–21) gehört nicht zur Lehre, sondern zum unverbindlichen Weltbild der Bibel« (ebd., 32 f). – Trotz dieser kritischen Bemerkungen sei nochmals festgestellt, daß gegenüber der scholastischen Theologie durch die neuen Fragestellungen und Ansätze versuchter Antworten die Erbsündenlehre der Schrift wieder tiefer und umfassender gesehen worden ist.

4. Nach diesen geschichtlichen Hinführungen zum Thema »Erbsünde« ist zunächst als *Lehre der Kirche* festzustellen: Jeder Mensch entbehrt als Glied der Menschheitsfamilie, die in der Schrift auf das »Stammelternpaar Adam und Eva« zurückgeführt wird, vom ersten Augenblick seines Daseins der dem Menschen heilsgeschichtlich zugedachten justitia originalis und ist damit auch mit den Folgen belastet, die die »Ursünde der Stammeltern« für die Menschheit mit sich gebracht hat (vgl. dazu die 10 Thesen bei Scharbert, Prolegomena, 111–117). Das bedeutet: Alle Menschen sind als geschichtliche Menschen von Anfang an erlösungsbedürftig und müssen dieser Erlösung durch Jesus Christus durch das Sakrament der Taufe, sobald als möglich, teilhaftig gemacht werden (vgl. dazu Konzil von Karthago 418: D 102 – DS 223; 2. Konzil von Orange 529: D 174 f – DS 371 f; Konzil von Trient: D 789–792; DS 1512–1515). – Außer dem schon vorgestellten Text Röm 5,12–21 sei noch auf folgende biblische Begründungen verwiesen: Joh 1,9–13 und 3,5 f verlangen für die Gottwohlgefälligkeit des Menschen eine »Geburt aus Gott ... Wiedergeburt aus dem Wasser und dem Hl. Geist«; die Geburt aus dem »Blut, aus dem Wollen des Fleisches, aus dem Wollen des Mannes« wird als unzureichend hingestellt für das Himmelreich. »Was geboren ist aus dem Fleisch, ist Fleisch; was geboren ist aus dem Geist, ist Geist« (Joh 3,6). »Fleisch und Blut können das Himmelreich nicht erben« (1 Kor 15,50). – Schon ein Konzil von Karthago 252 unter Cyprian (es waren 50 Bischöfe anwesend) hat bestimmt, daß die Kinder gleich nach ihrer Geburt getauft werden müssen (so wie die Kinder Israels am 8. Tag beschnitten wurden), damit ihnen aliena peccata nachgelassen werden (vgl. PL 3, 1018). Auch wenn Kinder christlicher Eltern in der Schrift einmal, wegen der Sorge dieser Eltern für ihre Kinder, schon »Heilige« genannt werden (1 Kor 7,14), so sind doch auch sie »von Natur Kinder des Zornes« (Eph 2,3), weil, wie Augustinus sagt, non quod regeneratus, sed quod generatus est, traicit (homo pater: De pecc. orig. 40, 45: PL 44,407; guter Ölsame bringt doch nur wilde Ölbäume hervor). –

Wenigstens drei Glaubenswahrheiten bleiben in diesen Aussagen verbindlich: (a) einmal die Wahrheit, daß jeder Mensch als Mensch, also vom ersten Augenblick seines Daseins an, Sünder ist, nicht erst durch seine persönliche Sünde in die Reihe der Sünder eingereiht wird. (b) Diese Sündhaftigkeit ist Schuldhaftigkeit, die darum einzig und allein durch die »Erlösung in Jesus Christus« beseitigt werden kann. Der Mensch kann auch durch ein »persönlich sündeloses Leben« diese jeder persönlichen Sünde vorausliegende Urschuld nicht tilgen. (c) Der Zusammenhang zwischen der »Sündeverhaftetheit des Einzelnen« mit der »Sündhaftigkeit der Menscheit« wird wenigstens seit Röm 5,12–21 mit der »Lebensgemeinschaft mit Adam« bzw. »Lebensgemeinschaft mit Christus« erklärt, Gemeinschaftsvorstellungen, die wenigstens seit dem 2. Jahrhundert als »Erbgemeinschaft« (nicht im biologischen, sondern im geschichtlichen Sinn) verstanden werden. Diese letztere Deutung ist in unseren Tagen vor allem zum Problem geworden, wie wir gezeigt haben.

Das hinter dieser Problematik stehende »Glaubensgeheimnis« könnte sich vielleicht etwas erhellen, wenn wir den biblischen Begriff des »Erbes« bedenken. Als Erbe erscheint im AT vor allem Kanaan, das Land der Verheißung für Israel, und mit dem Ausdruck »Erbe« soll hier gesagt sein, »daß es Gottes ursachlose Bestimmung ihm (Israel) zum Besitz zugeteilt hat und daß es daraufhin von Israel als sein rechtmäßiger, ihm gewordener Anteil, tatsächlich ererbt und in Besitz genommen worden ist« (ThW [Kittel] 3, 1938 759. 34–37). Es ist also »Erbbesitz«, nicht »Besitzerbe«, d. h. nicht die Sache, sondern die Unverdientheit, der Geschenkcharakter soll zum Ausdruck gebracht werden. So entspricht es dem Geschöpf, das alles dem Schöpfer verdankt. Sollte dazu auch die »Unverschuldetheit« der Erbsünde (auch hier nicht »Sündenerbe«, sondern »Erbsünde«) gehören? Ehe wir diese Frage behandeln, wird es notwendig sein, über das Wesen der Erbsünde etwas Genaueres zu sagen. (Vgl. BL [Haag]² 402–408).

5. Zunächst ist von hier aus nochmals festzustellen, *was Erbsünde* nach der Lehre der Schrift und Tradition *nicht sein kann:* a) Erbsünde ist nicht ein böses Prinzip oder ein böses Wesen im Menschen, wie Manichäer und Priszillianisten, auch Flacius Illyricus behauptet haben (vgl. D 241 – DS 461). – b) Erbsünde ist nicht persönliche Sünde der präexistenten Seelen, wie Origenes gesagt hat (D 203, 236 – DS 403, 456), ist aber auch nicht nur persönliche Sünde des Menschen in dieser Welt, da schon die unge-

borenen Kinder mit ihr belastet sind (vgl. Augustinus und die Praxis der Kleinstkindertaufe in der Kirche). – c) Erbsünde ist nicht die Begierlichkeit, die auch nach der Taufe bleibt (Flacius Illyricus) oder nur abgeschwächt wird (Luther: vgl. D 742 f – DS 1452). – d) Erbsünde ist nicht bloß Straffolge (poena), sondern »Schuldhaftigkeit« (culpa) wie gegenüber Abailard (vgl. D 376 – DS 728) und Zwingli (D 789 – DS 1512) hervorgehoben wurde. – e) Erbsünde ist nicht bloß äußere (forensische) Anrechnung der persönlichen Sünde Adams, wie gegen Albertus Pighius festgelegt wurde (D 792 – DS 1515). – Den neuen Versuchen gegenüber ist wohl zu sagen: f) Erbsünde ist nicht Weltübel (kosmisch), das mit den persönlichen Sünden der Menschen in der Menschheit weiterwächst (Teilhard de Chardin), wie auch die Gnade Christi nicht in der Kirche als Gemeinschaft weiterwächst. Als »Schuld« bleibt Sünde ähnlich wie Gnade, auch wenn sie von »Adam« oder von »Christus« her gedeutet werden müssen, Sache jedes Einzelnen. – g) Erbsünde ist nicht bloß »Situiertheit« des Einzelnen in der Menschheit als Gemeinschaft von Sündern (Schoonenberg). Damit kann wiederum nur »Weg zur Sünde«, nicht »Sünde als Schuld im einzelnen« erklärt werden. – h) Erbsünde ist nicht als »Konterevolution in einer evolutiven Welt« (Teilhard de Chardin) zu erklären. Sünde wie Gnade sind nicht auf ein geschichtlich lokalisierbares »Ziel« in der Evolution, sondern jeweils auf das Ganze des »Menschen als Person« bezogen: daher ist die Möglichkeit der »Todsünde« wie des »neuen Lebens durch die Taufe« für den Einzelnen zu erklären.

6. Soll nunmehr gesagt werden, *was »Erbsünde«* ist, gilt es zuerst festzuhalten, daß es sich hier nur um einen Versuch handeln kann, die bisherigen Aussagen der kirchlichen Lehre und die möglichen neuen Gesichtspunkte aus den neuen Versuchen vor dem Hintergrund der »Schriftaussagen« zusammenzuschauen. Dabei ist ganz allgemein darauf hinzuweisen, daß es bei der Frage der »Erbsünde« ganz besonders wichtig erscheint, nach Möglichkeit keinen der wichtigsten »Gesichtspunkte« zu vernachlässigen, die zum Verständnis des Ganzen der Erbsünde gehören. Aus dem bisher Gesagten ist zu entnehmen, daß man wenigstens drei Gesichtspunkte im Auge behalten muß, wenn das Ganze der Erbsünde sichtbar bleiben soll, nämlich die Antworten auf die drei Fragen: Was ist Erbsünde im Menschen? Woher kommt sie? Wohin führt sie? (Was sind ihre Folgen?).

a) Zur Frage, *was Erbsünde im Menschen sei,* ist zu sagen: Erbsünde ist peccatum unicuique proprium, wie aus der Notwendigkeit der Taufe für jeden Einzelnen zu erschließen ist. Dabei sind die drei Wirkungen der Taufe: Sündenvergebung, Heiligung, Eingliederung in die Lebensgemeinschaft Christi (vgl. KKD VII, Taufe, § 5), festzuhalten, einerlei, wie man ihre Reihenfolge vorstellen und begründen will. Da Erbsünde nicht »aktuelle persönliche Sünde« sein kann, wird sie etwas mißverständlich manchmal peccatum naturae (des geschichtlichen Menschseins, nicht des Wesens Mensch) oder peccatum habituale (als Zustand der Sündeverhaftetheit vom Anfang des Daseins an) genannt. Vielleicht wäre die Aussage peccatum essentiale personae (Person in ihrer Geschichtlichkeit verstanden) besser. – Schon Augustinus stellt wenigstens zwei Momente in dieser Sünde heraus: Das Fehlen der Gnadenverbindung des Menschen mit Gott und die concupiscentia, die über ersteres hinaus noch eine innere Unordnung im Menschen bezeichnet und oft noch die Folgen der Erbsünde einschließt. Thomas von Aquin sieht im Fehlen der dem Menschen heilsgeschichtlich zugedachten Gnade Gottes das formale, in der concupiscentia das materiale Moment der Erbsünde. Man wird Teilhard de Chardin recht geben müssen, daß Erbsünde das Ganze des Menschen in seiner totalen Weltsituation ergreift, auch wenn man seinen Aussagen im einzelnen nicht folgen kann. Dann läßt sich die Erbsünde im Menschen vielleicht so beschreiben: (1) Jeder Mensch ist vom ersten Augenblick seines Daseins an jener inneren und äußeren Beziehung zu Gott bar, die zu ihm heilsgeschichtlich gehört, wie die Aussagen Jesu vom ewigen Ziel des Menschen bei Gott zeigen. Das bedeutet vor allem, daß er die »Heiligkeit« (iustitia Dei, Röm 3,21–26; Phil 3.9 f), die ihm als gottebenbildlichem Wesen eigen sein müßte, nicht mehr besitzt. – (2) Diese Tatsache hat zur Folge – besser, sie schließt in sich ein –, daß der Mensch als »gottebenbildliches Wesen« nicht mehr den Spiegel seiner Ebenbildlichkeit dem Urbild des lebendigen Gottes zugewendet hat und von sich aus nicht mehr zuwendet, wenn nicht Gottes Gnade ihn neu und aus sich wieder dazu bewegt. Augustinus hat für diese Unordnung des menschlichen Wesens, das sowohl eine falsche Ausrichtung (Abwendung von Gott) wie auch die damit verbundene innere Selbstentfremdung, Ruhelosigkeit und Ekel am Sein (und die damit grundgelegte Lieblosigkeit) umfaßt, den Terminus concupiscentia entwickelt, der freilich noch mit vielen sachfremden Elementen beladen erscheint. – (3) Damit ist schon angedeutet, daß in diesem Moment der concupiscentia neben sachfremden »Folgen der Erbsünde« wenigstens jene tiefere »Unordnung« miterfaßt wird, die den erbsündigen Menschen in seinem Verhältnis zu sich selbst und zu seiner Welt und besonders zur Welt der Mitmenschen kennzeichnet. – Nicht zuletzt wegen der Unklarheiten, die in diesem concupiscentia-Begriff enthalten sind, hat Duns Scotus die Erbsünde einzig im »Fehlen der Heiligkeit« oder der iustitia originalis gesehen (Peccatum originale non est nisi carentia iustitiae debitae: Ox. II d 32 n 7, XIII 310 s). Die concupiscentia ist materiale der Erbsünde nur in dem Sinne, als durch das Fehlen des Zügels das Pferd, durch das Fehlen des Steuerruders das Schiff außer Kontrolle gerät (homo immoderate fertur in concupiscentias carnis, deperdita iustitia originali: Rep. II d 33 n 19 XXIII 163 b: vgl. P. Minges II 331). – Die Lehre des Scotus führt bei aller Klarheit des Gedankens leicht zu einer allzu formalen und juristischen Auffassung von Sünde. Das, was bei Augustinus concupiscentia genannt wird, erscheint Röm 6,12–14 als »Sünde«: »Nicht herrsche also die Sünde in unserem sterblichen Leib, daß ihr hörig seid seinen Gelüsten und bietet nicht eure Glieder als Werkzeug des Unrechts (ἀδικίας) der Sünde an, sondern bietet euch selbst Gott an als solche, die aus Toten lebendig wurden, und eure Glieder als Werkzeug der Gerechtigkeit (δικαιοσύνη) für Gott. Denn die Sünde wird nicht Macht haben über euch; ihr seid ja nicht unter Gesetz, sondern unter Gnade.« Wenn Paulus mit diesen Worten an die Christen in Rom die »Erbsünde« bestimmt im Sinne der »Begierlichkeit«, kann dieses Element wohl nicht als bloße »Folge der Erbsünde« betrachtet werden. Es muß als »Moment in der Erbsünde« anerkannt werden. Das Konzil von Trient sagt darum, die Konkupiszenz werde peccatum genannt, »quia ex peccato (Adae) est et ad peccatum (actuale) inclinat« (D 792 – DS 1515). – (4) Inhaltlich läßt sich über die Erbsünde wohl nur im Anschluß an den biblischen Bericht von der Ursünde (vgl. § 46,3) Gültiges aussagen; die modernen Versuche, mit psychologischen und soziologischen Kategorien dieses Phänomen zu beschreiben, erreichen nicht den übernatürlichen Glaubenscharakter und die transzendente Tiefe dieser Wirklichkeit. Inhaltlich läßt sich die Erbsünde demnach als die in der transzendenten Tiefe des Menschen offenbar und wirksam werdende *»Selbstgenügsamkeit, Selbstherrlichkeit, Selbstgerechtigkeit und Weltverlorenheit«* kennzeichnen. Das Verhältnis des Menschen zu Gott, zu sich selbst und zu seiner Welt, und damit auch zum Mitmenschen, ist in der transzendenten Tiefe seiner Person gestört. Heilsgeschichtlich bedeuten diese drei fundamentalen Störungen den Verlust des rechten Verhältnisses zum Schöpfergott, zum Erlöser Jesus Christus und zum Hl. Geist als Vollender der Welt und ihrer Geschichte. Damit fällt der lebendige Glaube an Gott, die tätige Liebe zum Nächsten und die dienende Verantwortung für die Welt. – Die Sakramentenlehre muß zeigen, wie die Initiationssakramente Taufe, Firmung, Eucharistie und die Taufe mit ihrem Gnadengeschenk, den sog. Göttlichen Tugenden Glaube, Liebe und Hoffnung eben gegen diese tiefe Verwundung und Hinfälligkeit des Menschen gegeben werden. – Diese Gnaden und gnadenhaften Tugenden sind freilich nicht innerweltliche, natürliche Größen, sie sind vielmehr reales Angebot »in Christus«, eine übernatürliche Gabe, die in der »Nachfolge Christi« in Handeln und Leiden täglich angenommen werden muß und kann. – Hier hat das Glaubensgeheimnis seinen Platz, das die Kirche in der Lehre von der »Erbsündelosigkeit Mariens, der Gottesmutter« zum Ausdruck bringt und das besagt: Maria, die von Ewigkeit erwählte Mutter des Erlösers Jesus Christus, ist durch ein besonderes Gnadenprivileg Gottes als »Vorerlöste« von Anfang an von dieser Erbsünde frei geblieben, sie war von Anfang an in Glaube, Liebe und Hoffnung offen und frei zu Gott, zu den Menschen und zu ihrer Weltaufgabe und wurde so in ihrem Leben »Gottesmutter« (431: Konzil von Ephesus), »Mutter der Kirche« (2. Vatikanisches Konzil: Paul VI.) und »Königin der Welt« (Pius XII.).

b) Zur Frage *»Woher kommt die Erbsünde?«* sind heute wohl folgende Aussagen zu machen: (1) Da die Erbsünde einerseits eine Schuldverhaftetheit vor jeder persönlichen Schuld bedeutet, andererseits aber nicht als Mangel des geschaffenen Wesens des Menschen selbst erklärt werden kann, muß sie im »geschichtlichen Wesen des Menschen« verankert sein. Die Schrift bringt dies zum Ausdruck durch den Zusammenhang eines jeden Menschen mit dem »Stammvater Adam«, was wenigstens zweierlei besagt: Einmal, daß dieser Mangel in die Zugehörigkeit zur geschichtlichen Gattung Mensch einzubringen ist, andererseits aber auch, daß diese Zugehörigkeit nicht bloß in der Ebene der Gleichzeitigkeit, sondern vielmehr auch in der Ebene des geschichtlichen Nacheinander, der Abstammung begründet sein muß. Diese letztere Aussage mag eine zweifache Wurzel im menschlichen Denken haben: Einmal ist nur auf diese Weise die Sündenverhaftetheit des Kleinstkindes vor jeder persönlichen Sünde begreiflich zu machen, und zum anderen wird durch diese Lehre auch erst die allgemeine Sündhaftigkeit der ganzen Menschheit vom ersten Augenblick ihres Daseins an verständlich zu machen sein. Daß dabei den ersten Menschen die Begründung dieser Sündhaftigkeit durch ihre persönliche Sündentat zugesprochen wird, ist durch den Sündenbegriff als einem ethischen Begriff gefordert. Diese kurzen Überlegungen mögen darauf hinweisen, daß es sich hier um theologische Schlußfolgerungen aus Offenbarungs- und Glaubenswahrheiten, nicht primär aus Erfahrungsdaten des Menschen handelt. – (2) Ein allzu starkes Insistieren auf Erfahrungsdaten hat Tertullian dazu geführt, irrigerweise im Zeugungsakt den Grund für die Vererbung der Sünde zu sehen. Das Mittelalter hat im Anschluß an Augustinus eine komplizierte Theologie dieses Vererbungsweges entwickelt. So schreibt Bonaventura: »Persona (Adae) corrumpit naturam (humanam) et natura corrupta (humana) corrumpit personam (uniuscuiusque posterorum)« (Breviloquium III 6; ähnlich Thomas S.Th. I II q 81 a 1). Ausdrücklich heben die Theologen immer wieder hervor, daß nur die Erstsünde die Natur des Menschen verderbt habe; alle folgenden Sünden verderben die Person, nicht die Natur, und werden daher nicht vererbt (vgl. ebd. a 2 sowie die modernen Ansichten über die »Vererbung erworbener Eigenschaften«). – Die Auffassung von der Erbsünde als »Situiertsein«, das durch die »Sünde der Welt ergänzt und in die Sünde der Welt aufgenommen wird« bei Schoonenberg will die Naturhaftigkeit und die personale Komponente der Erbsünde festhalten und dabei die »willentliche Komponente« ausscheiden. Diese flächenhafte Betrachtung der Sache wird dem Generationenzusammenhang, der dem Sündenfallbericht Gen 3 und Röm 5,12–21 zugrundeliegt und durch das Wort »Erbsünde« zum Ausdruck gebracht wird, nicht gerecht. – (3) Vielleicht ist es wiederum sinnvoll, die Antwort auf diese Frage in drei zueinander gehörigen Schritten zu versuchen. Erster Schritt: Die Erbsünde ist Schuldhaftigkeit des Menschen als Glied der Menschheit und darum mit der Generationenreihe verknüpft, einerlei, wie nun der Anfang dieser Generationenreihe geschichtlich aussieht: auch wenn am Anfang eine Mehrzahl von Menschenpaaren stünde (Polygenismus), könnte jeder lebende Mensch seine Abstammung doch nur auf ein einziges Menschenpaar zurückführen. An diesem ersten Menschenpaar ist durch die Ursünde der Grund für die Erbsünde zu suchen. Da der Zusammenhang ein Generationszusammenhang ist, gilt in dieser Sicht hereditarium propagatione. – Zweiter Schritt: Insofern Erbsünde »Schuldigkeit« bedeutet, muß dieses Moment besonders erklärt werden. Da keine persönliche Schuld vorliegt, Schuld aber immer mit Person zu tun haben muß, hat Scotus hier ein decretum divinum voluntarium angenommen: Gott als Schöpfer des Menschen hat es so gewollt, daß der erste Mensch seine Entscheidung nicht nur für sich, sondern auch für alle seine Nachkommen treffen muß (P. Minges Joh. Duns Scoti Doctrina philosophica et theologica, 2 Bde., Quaracchi 1950, II 322: Ox. II d 32 n 9 f XIII 313). Diese Entscheidung des Menschen betrifft aber nicht nur eine Sache oder einen Sachverhalt, »den Besitz der Gnade«, sondern sie bezieht sich zutiefst auf die menschliche Natur selbst, die der Mensch in der Zeugung weitergibt. Eine untheologische, zu primitive Denkweise hat darum diesen Sachverhalt in die Formel gekleidet: Was der Stammvater verloren hat, können die Kinder nicht mehr erben, auch wenn es zu ihnen gehören würde, wie es zum Vater gehört hat. Eine »Schuldhaftigkeit« ist in diesem Zusammenhang nur unterzubringen, wenn es ein decretum divinum gibt. Dieses decretum divinum über die Verantwortung des Stammvaters für alle seine Nachkommen in der Sündenfrage würde in etwa dem Ratschluß Gottes zur Erlösung der Menschheit durch einen den Jesus von Nazareth (vgl. Eph 1,5–10) entsprechen. – Dritter Schritt: Außer dem naturhaften Zusammenhang durch die Generationenreihe und dem personalen Zusammenhang durch Adams freie Tat und das göttliche Dekret, ist wohl auch ein Zusammenhang in der Frage nach der »Freiwilligkeit« in der Erbsündenlehre nicht einfach auszuklammern, wenn Erbsünde »Schuld« sein soll. Die Frage lautet also: Wie ist neben dem materialen Moment des Generationszusammenhanges und dem formalen Moment der Anrechnung der Schuld des Stammvaters aufgrund des göttlichen Dekretes dieses ethische Moment der Willentlichkeit in der Erbsünde der Nachkommen einzubringen? Ist es möglich, von einem »mystischen Leib Adams« zu reden, in dem der Wille der Nachkommen mit dem Willen des Stammvaters innerlich eine gewisse Einheit bildet, wie wir von einem »mystischen Leib Christi« sprechen, der nicht naturhaft, aber auch nicht bloß durch freiwillige Entscheidung, sondern getragen von der Gnade Christi, eine »Gemeinsamkeit des Willens zwischen Christus und den Christen« ermöglicht? Sollte dies möglich sein, müßte »Erbsünde« nicht mehr bloß als Mangel, sondern auch als Anruf und Möglichkeit zu einer christlichen Wirklichkeit und Erfüllung verstanden werden. Die paulinische Aussage über den Weg vom »Ungehorsam Adams zum Tod« zum »Gehorsam Christi zum Leben« müßte auf ihre mögliche Inversion hin befragt werden. Die Frage müßte lauten: Ist nicht auch für den Christen der Blick auf die »Erbsünde von Adam her« ein Weg zu einem christlichen Heilsverständnis, so wie der Blick auf das »Kreuz Christi« den Weg zur Auferstehung und Erhöhung mit Christus eröffnet? Die Frage nach der Möglichkeit einer »Inversion« in der theologischen Betrachtung ist nicht schlechthin von der Hand zu weisen, wenn wir bedenken, daß auch Eschatologie und Protologie miteinander korrespondieren und das nicht bloß in ihrer geschichtlichen Ausrichtung vom Anfang zum Ende hin, sondern auch in ihrer übergeschichtlichen sachlichen Zuordnung zueinander. Diese Gedanken mögen bei Behandlung der letzten Frage noch einmal erörtert werden.

c) *Wohin führt Erbsünde?* Was sind die Wirkungen und Folgen der Erbsünde? Vielleicht ist diese Teilfrage die entscheidende Frage für ein rechtes Verständnis von »Erbsünde«, obwohl sie bisher wohl am wenigsten bedacht worden ist, wohl deshalb, weil die paulinische »Erbsündentheologie« in Röm 5,12–21 fast isoliert, ohne Zusammenhang mit Röm 6–8 betrachtet worden ist. – (1) Die Folgen der Erbsünde, die selbst Folge der persönlichen Sünde Adams ist, wurden, ähnlich wie die Folgen der Sünde Adams, in herkömmlicher Theologie so bestimmt: der Mensch wird ohne die iustitia originalis, ohne die ihm heilsgeschichtlich zugedachte Gnade geboren, als Kind des Zornes Gottes, das darum die poena damni verdient. Die harten Aussagen des hl. Augustinus über das Schicksal der ungetauft sterbenden Kinder haben sich darum durch alle Zeiten, trotz mancher Bedenken, bis ins 19. Jahrhundert hinein erhalten (vgl. KKD VII, 66 f: Taufe, § 10, II). Mit diesem Verlust der Gnade ist der Verlust der präternaturalen Gaben verknüpft, wie bei den Stammeltern. Der Mensch steht unter der Herrschaft des Bösen, und Leid und Not der ihn umgebenden Welt sind, wie dem Strafmandat Gottes über die Stammeltern entnommen wurde, Folgeerscheinungen auch der Erbsünde. – Die Reformation hat, wohl von der spätmittelalterlichen Frömmigkeit mitbestimmt, diese Folgen in fast manichäischer Weise vorgestellt. Luther lehrte, der Mensch sei als Sünder sine metu dei, sine fiducia erga deum et cum concupiscentia (CA II 1). Die Erbsünde ist eine »tief böse Verderbnis der Natur« (AS 101 III), die greuliche, schreckliche Erbseuche, welche die ganze Natur verderbt (SP I 5). Der Mensch hat nach Luther auch den freien Willen verloren und entweder »reitet ihn der Teufel oder es reitet ihn Gott« (De servo arbitrio im Anschluß an Pseudoaugustinus: Hypomnaesticon III 11, 20: PL 45, 1632; vgl. E. Schlink, Theologie der lutherischen Bekenntnisschriften, München 1940, 67–104). Ausdrücklich hat die Kirche gegen diese reformatorischen Lehren Stellung genommen und gelehrt, daß der Mensch nicht substantial verderbt sei und daß er seinen freien Willen noch besitze, hat aber doch im Anschluß an das 2. Konzil von Orange festgehalten, daß Adam (und damit jeder Mensch) secundum corpus et animam in deterius commutatum fuisse (D 788 – DS 1511). Mit Augustinus (De nat. et grat. 62: PL 44, 277) hat sie die Natur des Menschen gekennzeichnet als natura vulnerata, sauciata, vexata, perdita etsi bona. Diese Ansicht übernahm auch Thomas von Aquin (S.Th. I II q 82 a 1), da sie seinem Verständnis vom Verhältnis von Natur und Übernatur im Menschen entsprach. Scotus hat demgegenüber entsprechend seinem, mehr aus der Erfahrung geschöpften Naturbegriff und seiner stärkeren Trennung zwischen Wissen und Glauben gelehrt: »Naturalia manent integra in peccatore« (Ox. II d 29 XIII 267 s). Da er fürchtete, die Summierung der einzelnen Sündenschäden führe zu einem manichäischen Menschenbild, deutete er den Schaden der Erbsünde nur als »Fehlen des Zügels beim Pferd oder des Steuerruders beim Schiff« (Report. P. II d 33 n 19 XXIII 163 b). Schon das bisher Gesagte zeigt, daß die Frage nach den »Folgen der Erbsünde« sehr schwer zu beantworten ist, weil überall dort, wo die Konkupiszenz als materiales Element der Erbsünde anerkannt wird, die »Folgen« eben nicht bloß Folgen sind, sondern vielmehr »ein Moment der Erbsünde selbst«. – (2) Wie sind also »Erbsünde« und »Folgen der Erbsünde« zu unterscheiden? Die Schwierigkeit, diese Fragen zu beantworten, zeigt sich in der Schrift und in der Erfahrung. Schon Paulus schreibt an die Christen in Rom nach seiner Darstellung der Taufwirkungen im Imperativ, nicht im Indikativ: »Es herrsche darum nicht die Sünde in eurem sterblichen Leib ...« (Röm 6,12 ff), und seine Klage über die »Ohnmacht des Menschen ohne Christus« (Röm 7,14–25) ist ebenfalls an die Christen in Rom geschrieben. Christliches Leben steht eben immer zwischen »Indikativ und Imperativ«, zwischen »Gnade und Freiheit,« und in diesem »Zwischenraum« ist »die Sünde« als concupiscentia, als Teil der Erbsünde und Folge der Erbsünde anwesend und »lauert vor der Türe« (Gen 4,7). – Ebenso wird es in der Erfahrung schwer oder unmöglich sein, einen Christen von einem Nichtchristen zu unterscheiden, auch wenn damit nicht geleugnet sein soll, daß christliche Heiligengestalten einen Rang erreicht haben, der außerhalb des Christentums nicht zu finden und nicht denkbar ist, weil das Leben des Menschen auch durch sein Weltbild bestimmt wird und das geoffenbarte Weltbild des christlichen Glaubens Höhen und Tiefen enthält, die außerhalb dieser geoffenbarten Religion nicht zu finden sind. Das Entscheidende ist nun, daß durch die Taufe die Erbsünde getilgt wird, die Folgen der Erbsünde aber bleiben. Die »Schuldhaftigkeit«, die primär im Fehlen der Gnade zu sehen ist, wird aufgehoben. Der Mensch bleibt aber auf dem Weg, hineingestellt in Schwierigkeiten und Versuchungen von innen und von außen. Auch der Gnade gegenüber ist er frei und muß sich immer neu entscheiden, mit der Gnade mitwirken, auch wenn die Gnade mit jedem freien Mitwirken an Macht und Kraft gewinnt und so die freie Entscheidung immer mehr erleichtert. – Wie läßt sich hier concupiscentia als materiales Element der Erbsünde und concupiscentia als Folge der Erbsünde unterscheiden? Ein Weg zur Klärung dieser Frage ist gegeben, so scheint mir, wenn wir gemäß unserem Schema für die Struktur des Menschen (§ 23) und für die Struktur der Gnade (§ 41 Schluß), ausgehend von der personalen Betrachtung uns der ethischen und sachlichen Betrachtung zuwenden. – Wie die Sünde des Menschen »im Paradies« als Abkehr von Gott und die Umkehr durch den persönlichen Anruf Gottes (Adam, wo bist du?) und den Dialog zwischen Gott und Mensch eingeführt wurde, so ist auch der Zustand unter der Erbsünde »Entfremdung von Gott«, und in der Taufe ruft uns Gott durch Jesus Christus wieder, und der Mensch kann, entsprechend seiner menschlichen Reife, den Dialog mit Gott aufnehmen. Konkupiszenz als Element der Erbsünde bedeutet »Abkehr von Gott«, Konkupiszenz als »Folge der Erbsünde« beinhaltet die Schwierigkeiten, die der lebendige Mensch in dieser Welt bei seinem Dialog mit Gott von sich aus immer, auch als Christ noch hat. Konkupiszenz als materiales »Element der Erbsünde« ist Stück einer statischen, intellektuellen Erbsündebetrachtung; Konkupiszenz als »Folge der Erbsünde« entspricht einer »existentiellen, erfahrungsgebundenen Erbsündebetrachtung«. – Bei dieser existentiellen Erfahrung kann nun die negative Erfahrung vorherrschen und zu den »manichäischen« Aussagen über die Erbsünde führen, wie wir sie auch bei Luther finden. Diese existentielle Erfahrung kann sich aber auch im Glauben dem »Anruf Gottes zuwenden« und, »von Gott her« Schwierigkeiten und Versuchungen als »Folgen der Erbsünde« betrachten. Dann sehen auch diese ethischen und sachlichen Wirklichkeiten anders aus. – (3) Wohin führt also die Erbsünde? Was bedeuten die »Folgen der Erbsünde« für den Menschen? Diese Fragen finden in einer existentiell christlichen Sicht eine ganz neue Antwort. Die Folgen der Erbsünde zeigen sich hier als etwas ganz anderes, als was sie zu sein scheinen. Nur Andeutungen seien dazu noch gemacht. So heißt es im Jakobusbrief gleich zu Beginn: »Haltet es für lauter Freude, Brüder, wenn ihr in mancherlei Anfechtungen fallet, und wißt, daß die Prüfung eures Glaubens Geduld wirkt. Die Geduld aber soll das Werk vollenden, so daß ihr vollkommen und ohne Fehl seid und an nichts Mangel leidet« (1,2–4; vgl. 1 Petr 1,6 f). Paulus schreibt in ähnlicher Weise: »Wir sind froher Stimmung in den Drangsalen, da wir wissen, daß die Drangsale Geduld wirken, Geduld Bewährung, Bewährung aber Hoffnung. Die Hoffnung aber läßt nicht zuschanden werden; denn die Liebe Gottes (die uns Hoffnung gibt) ist ausgegossen in unseren Herzen durch den heiligen Geist, der uns gegeben ist« (Röm 5,3–5). Fast alle paränetischen Teile der Paulusbriefe enthalten solche »christliche Mahnungen«, weit mehr als »moralische Mahnungen«. Diese christlichen Weisungen nehmen »das Kreuz Christi« ernst, das nur von den »Folgen der Erbsünde« her zu verstehen ist. Sie haben zum Ausgangspunkt nicht ein positives Tugendideal, wie wir es in der griechischen Tugendlehre finden, das den Menschen und seine Vervollkommnung zum Ziel hat, damit aber zutiefst den Menschen in seinem Eigenen »egoistisch« gefangenhält. Sie haben vielmehr negative Tugenden (vgl. Mt 5,3–12; Eph 4,2; Gal 5,22 f) zum Ziel, in denen der Mensch von sich frei, offen und bereit für den Dienst am Nächsten und im Reiche Gottes wird. »Nun freue ich mich der Leiden für euch und will das, was an Christi Drangsalen noch aussteht, ergänzen in meinem Fleisch zum besten seines Leibes, das ist die Kirche« (Kol 1,24). In diesem Verständnis des christlichen Lebens als eines Dienstes am Reiche Gottes werden die eigenen Leiden zu »Leiden Christi«. Allgemein könnte man sagen: Die Folgen der Erbsünde, die auch dem Christen, der sein Leben noch nicht »christlich« versteht, als Mühsal, Leiden und Versuchungen erscheinen, werden in dieser »christlich existentiellen Betrachtung« zu »Leiden Christi«, zu »Heimsuchungen Gottes«. Der Apostel faßt diese Haltung in dem Wort zusammen: »Mir sei ferne, mich in etwas anderem zu rühmen als im Kreuz unseres Herrn Jesus Christus, durch das mir die Welt gekreuzigt ist und ich der Welt gekreuzigt bin« (Gal 6,14). Das ist die Grundhaltung der »neuen Schöpfung« (ebd. 6,15). »Ist also einer in Christus, ist er eine neue Schöpfung; das Alte ist vergangen, siehe, Neues ist geworden; das alles aber ist aus Gott, der uns mit sich durch Christus versöhnt und uns den Dienst der Versöhnung übertragen hat. Ja, Gott war es, der in Christus die Welt mit sich versöhnt, ihnen ihre Vergehen nicht anrechnet und das Wort der Versöhnung in uns gelegt hat. An Christi Statt also walten wir des Amtes in der Überzeugung, daß Gott durch uns mahnt« (2 Kor 5,17–20).

Hier könnten wir den biblischen Begriff des »Erbes«, den wir oben (§ 47, 4) vorgestellt haben, begründeterweise dann auch auf die »Erbsünde« anwenden. Nicht ein »Sündenerbe« liegt hier vor; es handelt sich um »Erbsünde«, die nichts anderes meint als dies, daß die ganze Schöpfung Gottes von Anfang an in das Geheimnis Christi gestellt ist, das »in der Fülle der Zeit« als das Geheimnis von »Kreuz und Auferstehung« geoffenbart wurde. So, wie alles Positive, die Welt und ihre Herrlichkeit, alle Gaben im Menschen selbst, als Geschöpf »Geschenk Gottes« und für alle Menschen »Erbe« sind, so gehört auch das »Negative«, die Sünde, in diese Schöpfung Gottes als geschichtliche Wirklichkeit hinein, wie das Kreuz in das Geheimnis Christi. Für unser »menschliches« Bild von Gott kann dieses Negative freilich nicht in Gott selbst seinen Grund haben. Es ist darum von »Adam« her erklärt. Als »Faktum« ist es freilich ein Stück der Schöpfung, wie der Mensch sie erfährt, ein Faktum, das jedem Menschen daher auch »Erbe« bedeutet.

Erst hier findet das christliche Grundgesetz der Liebe »Sitz im Leben«. Christliche Liebe ist ja nicht »Eros«, der Antwort auf ein hohes Gut bedeutet, das zu meiner eigenen Vervollkommnung beiträgt; christliche Liebe ist »Agape«, die sich zum Niedrigen, Verachteten und Verderbten neigt, um es aufzuheben und ihm zu seiner Selbstfindung und Selbstverwirklichung zu helfen. Man könnte sagen: Die Folgen der Erbsünde sind der von Gott geschenkte Boden, auf dem erst die von Gott in Christus und seinem Kreuz und seinem Erlöserleben uns gezeigte »christliche Liebe« wachsen kann. Die Folgen der Erbsünde und damit die Erbsünde selbst so verstehen zu lernen ist eine, ist die letzte Aufgabe des Christseins. In diesem Verständnis von »Erbsünde« wird in der Welt, in der wir leben, der tiefere Grund des »Geschöpfbewußtseins« erst wieder sichtbar und fruchtbar.

So läßt sich zusammenfassend zum Mysterium der Sünde folgendes sagen: Das im Sacramentarium Gallicanum (7. Jahrhundert) als Benedictio cerei sancti Augustini episcopi zuerst angeführte »Exultet« auf die Osterkerze bietet die theologisch großen Dankrufe: »O vere necessarium Adae peccatum, quod Christi morte deletum est! O felix culpa, quae talem ac tantum meruit habere Redemptorem!« Diese Sätze sind nichts anderes als die hymnische Umschreibung des paulinischen Satzes Röm 5,20: »Wo aber die Sünde sich mehrte, da strömte über die Gnade, damit, wie die Sünde herrschte durch den Tod, so auch die Gnade herrsche durch die Gerechtigkeit zu ewigem Leben durch Jesus Christus, unseren Herrn«. Dem menschheitsgeschichtlichen Faktum der Sünde wird das heilsgeschichtliche Faktum der Erlösung gegenübergestellt, die Sünde Adams wird nicht nur als menschliche Tat, sondern vielmehr als göttliche Zulassung, Zulassung der göttlichen Liebe, gekennzeichnet, die uns im Opfertod Christi offenbar geworden ist. Die menschliche Schuld ist der dunkle Hintergrund, auf dem das Licht der göttlichen Liebe sichtbar wird für unser menschliches, für das Übernatürliche und Göttliche so trübe Auge (vgl. Röm 5,7; 1 Joh 4,10). Das Wort von der felix culpa läßt sich nicht nur auf die Sünde Adams, es läßt sich auch auf die Folgen der Erbsünde anwenden, die Anlaß zu Kämpfen und Siegen sind, in denen die Gnade Gottes offenbar, die Liebe des Menschen zu Gott lebendig wird (vgl. 2 Tim 2,9 f). – Das Problem, das die neue Sicht der Erbsünde aufwirft, hat Paulus in die Worte gekleidet: »Sollen wir also in der Sünde verharren, damit die Gnade Gottes sich um so größer erweise? Nimmermehr! – Die Sünde darf keine Macht mehr über euch haben! Ihr steht ja nicht mehr unter dem Gesetz, sondern unter der Gnade« (Röm 6,1,14). Die Frage wie die Antwort des hl. Paulus hier sind für unser theologisches Verständnis der Sünde wie der Gnade gleich wichtig. Die Frage zeigt uns, daß Sünde nicht nur menschlich-ethisch, sondern heilsgeschichtlich-christlich verstanden werden muß. Auch hinter der Sünde steht noch das Geheimnis des Schöpfergottes. Eben bei der Betrachtung der »Erbsünde« als jenes geheimnisvollen Grundes aller personalen Sünde sind wir auf den Schöpfergott verwiesen, der mit seiner Gnade das Leben des Menschen einleitet und um der Größe der gottebenbildlichen Freiheit des Menschen willen die Sünde zuläßt, die den Menschen aus dem geschlossenen Kreis seines Gutseins und Vollkommenwerdens herausreißt und ihn mit existentieller Macht auf das Grundgeheimnis zurückverweist, daß alles Gute nur »Gnade« sein kann, daß alle menschliche Leistung nur »Mitwirken mit der Gnade« ist, nicht eigene Leistung, die bereits am Anfang aller menschlichen Leistung sich als »Fehlleistung« erwiesen hat. Das Geschöpf kann nur sein, was es empfängt. Die Leistung des Geschöpfes kann nur ein »Empfangen« sein gegenüber dem, was es empfängt. »Was hast du, das du nicht empfangen hättest. Hast du es also empfangen, was rühmst du dich, als hättest du es nicht empfangen?« (1 Kor 4,7).

NACHWORT

Die KKD bringt, wie angekündigt, die Schöpfungslehre hier als Band III, also nach der Gotteslehre und vor der Christologie. Wer dies heute noch unternimmt – ganz unabhängig davon, was in dem Band selbst dazu gesagt wird –, muß sich mit den Vorschlägen auseinandersetzen, die in der »Bilanz der Theologie im 20. Jahrhundert« (Bd. 3, Freiburg i. Br. 1970, 36–62) durch G. Colombo vorgelegt werden. Hier wird gefordert, »den Traktat über die Schöpfung auf die Traktate über die Heilsgeschichte folgen« zu lassen (S. 61), d. h. nach Gotteslehre, Christologie, Kirchen- und Sakramentenlehre (die Eschatologie wird hier nicht eigens genannt) die Schöpfungslehre einzubringen. Der Grund für diese Forderung ist in der diesem Versuch zugrundeliegenden Tendenz zu sehen, nicht primär die Sache, sondern vielmehr »den Sinn der Sache« zum Gegenstand der Theologie zu machen. Als Grundidee der biblischen Schöpfungslehre wird darum festgestellt, daß die Schöpfung »in Jesus Christus« gesehen sei, in Christus, der nicht nur als Wirkursache, sondern vor allem als Exemplarursache und Finalursache der Schöpfung (S. 58) anzusehen ist. Schöpfung ist darum nur vom »Bund« her zu verstehen (S. 52), der Sinn der Schöpfung ist das Heil. Schöpfungsbegriff, Erlösungsbegriff und Gnadenbegriff dürfen nicht getrennt werden (S. 53). Die Schöpfungslehre der Kirche, die sich vor allem seit den Apologeten des 3. Jahrhunderts entwickelt und im Mittelalter in einem falschen kosmischen Denken entfaltet hat, muß, so die Forderung dieses Vorschlages, wieder auf das biblische Denken und Anliegen zurückgeführt werden.

Die Ausführungen dieses Bandes haben, wie ich glaube, keines der hier geforderten Anliegen unterschlagen, haben aber, wie ich hoffe, Entscheidendes dazu deutlich gemacht, was in dem neuen Vorschlag meines Erachtens nicht einzubringen ist oder darin wenigstens nirgendwo zum Tragen kommen könnte. – Zunächst seien einige Fragen an die zwei Positionen gestellt, die als »gesicherte Wahrheiten« für obigen Vorschlag vorausgesetzt werden. Die erste Aussage ist die seit K. Barth üblich gewordene These, das AT spreche von Schöpfung »nicht um ihrer selbst willen, sondern in Hinblick auf den Bund« (S. 52). Ganz gewiß ist richtig, daß das AT von Schöpfung nicht um ihrer selbst willen spricht, wenn Schöpfung als kosmische Wirklichkeit betrachtet wird. Es ist aber schwerlich zu erweisen, daß der Grundtext, der den Schöpfungsgedanken in die atl. Offenbarung eingebracht hat, der Bericht des Priesterkodex in Gen 1 (verfaßt wohl in der frühexilischen Zeit), im Hinblick auf den Bund konzipiert sei. Ist es nicht vielmehr so, daß dieser Bericht »aitiologisch« verstanden werden muß in dem Sinne, daß hier der Verfasser angesichts der babylonischen und ägyptischen Kosmogonien eben das ganz Neue der biblischen Schöpfungsidee gegenüber jeder menschlichen Kosmogonie herausstellen muß, um die absolute Einmaligkeit und Größe Jahwes, des Gottes Israels, eben in dieser Situation der Erniedrigung Israels in der babylonischen Gefangenschaft zum Ausdruck zu bringen? Alle Götter der Heiden, die Gestirne (Babylons) wie die Tiere (Ägyptens) sind nur Geschöpfe Jahwes und alles, was überhaupt Dasein hat, verdankt dieses Dasein allein Gott, der vor und über allem für uns erfahrbarem Seienden ist. Das »gläubige« Verständnis der »Transzendenz Gottes« wird hier begründet, das seinerseits wieder den Glauben an die absolute Einmaligkeit des Gottes Israels und seine Größe und damit auch das religiöse und hier noch politisch verstandene Selbstbewußtsein Israels begründet. Die absolut neue »Schöpfungsidee« von Gen 1 dient dem Gottesbild und dem damit verbundenen religiös-politischen Selbstverständnis Israels. Nur in diesem Sinnzusammenhang kann man sagen, daß die Schöpfungsidee dem Bundesgedanken dient, wenn Bund bereits in dem politischen Sinn des späten Israels verstanden wird. – Noch mehr scheint mir die Aussage, daß die Schöpfung primär eine »christologische Dimension« habe, in diesem neuen Vorschlag schief gesehen zu sein. Was im NT über die Mittlerschaft Christi in der Schöpfung ausgesagt wird (in Joh 1,3; Hebr 3,4 und besonders Kol 1,15–17) hat im Rahmen des Ganzen des NT gerade nicht die »Schöpfungsaussage« zum Thema (Thema als Sinnziel der Aussage gedacht), sondern vielmehr das »Gottsein Christi«. Darum ist eben auch in den anti-arianischen Streitigkeiten des 4. Jahrhunderts eben diese Idee von der Mittlerschaft Christi in der Schöpfung so sehr betont worden. So wie in Gen 1 das israelitische Verständnis vom Gottsein Jahwes durch die einmalige »Schöpfungsidee« festgelegt werden sollte, so soll hier im NT die göttliche Größe Christi, des Erlösers und Hauptes der Kirche, eben durch seine wesenhafte Einfügung in Gottes Schöpfungstat herausgestellt werden. Über das Schöpfungsgeheimnis selbst ist damit nichts weiter ausgesagt. Es ist ja in Gen 1 bereits hinreichend artikuliert. – Von diesen Gesichtspunkten aus ist weiter zu fragen: Wie soll in der Christologie das »In ihm ist alles erschaffen« biblisch verstanden werden können, wenn das Glaubensgeheimnis von der »Schöpfung« aus dem Glaubensgeheimnis des einmaligen Jahwe abzuleiten ist, der Wunder wirkt, »der Tote erweckt und nicht Daseiendes ins Dasein ruft« (Röm 4,17), und dieses Glaubensgeheimnis erst am Ende aller christologischen Traktate zur Sprache kommen soll. – Colombo hat sicher recht, wenn er die Trennung der Heilsfrage von der Schöpfungsfrage anprangert. Er hat aber nicht recht, wenn er die Schöpfungsfrage von der Heilsfrage her verstehen will; die Tatsache, daß im Bericht der Schrift Schöpfung und Erlösung als Werke Gottes nacheinander vorgestellt werden, gibt nicht das Recht, daraus ein notwendiges »System« zu machen, wie Hegel es tat. Alle Werke Gottes sind unergründliche Taten seiner Freiheit und Liebe. Soll das Mitwirken Christi in der Schöpfung recht verstanden werden, muß zuerst der Sinn des Offenbarungsgeheimnisses von der »Schöpfung aus nichts« in seinem eigenen Stellenwert erhellt sein. Andernfalls würde ein oberflächliches, relationistisches, funktionalistisches Gerede aus dem, was die Härte und den Ernst der biblischen Wahrheit zum Ausdruck bringen soll. – Aufs Ganze gesehen darf man wohl sagen: Das Zueinander von biblisch geoffenbarten, philosophisch durchdachten und naturwissenschaftlich erfahrenen Wahrheiten in eben diesem komplexen Begriff der »Schöpfung« ist komplizierter, als es in dem neuen Vorschlag erscheint. In dem vorliegenden Band möge § 23 über die »Struktur des Menschen« (irgendwie die Mitte des Bandes) etwas Licht über diese Komplexheit verbreiten. – Was mit dem im ersten Teil dieses Bandes Ausgesagten für das »Gottesbild« erreicht werden soll, will mein Aufsatz »Transzendenz nach außen – Transzendenz nach innen«, ein Beitrag zu einem neuen Schöpfungsverständnis (Franziskanische Studien 1975, H. 2: Beiträge des Bonaventura-Kongresses in Münster, Oktober 1974) zeigen. Die Folgerungen, die sich aus der hier vorgetragenen Anthropologie für die Eschatologie des Menschen ergeben, werden in dem Aufsatz »Was bedeutet Auferstehung des Fleisches heute noch?« (MThZ 1975, H. 1) behandelt. In dieser KKD werden Band II über die Gotteslehre und Band IV über die Christologie das in diesem Band Gesagte neu zu beleuchten haben. (Zum Schluß sei noch auf L. Scheffzyk, Einführung in die Schöpfungslehre, Darmstadt 1975, hingewiesen, das soeben nach Drucklegung dieses Bändchens erschienen ist).

NAMENREGISTER

SACHREGISTER

(Ergänzung zum Inhaltsverzeichnis)